Henderson **L**and Group

The Bank of **E**ast Asia

CK **A**sset Holdings Limited

Sun **H**ung Kai Properties

...

馮邦彥

著

香港華資財團

1841
-
2020

香港華資財團 ¹⁸⁴¹ 2020

著　者	馮邦彥

責任編輯	李　安　許正旺　張軒誦
書籍設計	道　轍

出　版	三聯書店（香港）有限公司
	香港北角英皇道 499 號北角工業大廈 20 樓
	Joint Publishing (H.K.) Co., Ltd.
	20/F., North Point Industrial Building,
	499 King's Road, North Point, Hong Kong
香港發行	香港聯合書刊物流有限公司
	香港新界荃灣德士古道 220-248 號 16 樓
印　刷	陽光（彩美）印刷有限公司
	香港柴灣祥利街 7 號 11 樓 B15 室
版　次	2020 年 12 月香港第一版第一次印刷
	2023 年 9 月香港第一版第二次印刷
規　格	16 開（170mm×240mm）784 面
國際書號	ISBN 978-962-04-4706-8

目錄

前言

香港華資和香港英資,長期以來均是香港經濟中舉足輕重的兩大資本勢力,彼此之間密切相關而又激烈角力,交織成一部近現代香港經濟的發展史。從這一意義上說,本書是《香港英資財團(1841-2019)》(香港三聯書店 2019 年版)的姐妹篇。

對"香港華資"這一範疇,歷來存在頗為分歧的認識。在本書,筆者將其定義為:由華人控制及管理的、以香港為基地或經營重心的私人資本。具體而言,包括 3 層規範:

首先,香港華資是指由華人控制及管理的資本,以區別於英資、美資、日資及其他國際資本。至於華人的定義,則是指中國人,不論其是否香港永久性居民,持有何種國籍護照,來自何處。從歷史上看,香港華資基本上是由來自中國內地、東南亞及美國、澳洲等海外地區的華人資本,與香港本地的華人資本融合並成長起來的。因此,華資的概念首先具有民族性。

其次,香港華資是指以香港為基地或經營重心的華人資本,具有明確的地域性。一般而言,這些資本應以香港為集團總部所在地,其主要資產、業務和盈利來源集中在香港及大中華地區,來區別於以東南亞諸國等海外地區為基地而進軍香港的僑資。當然,這些僑資一旦將其經營重心轉移到香港,亦會逐步融入香港華資之中。另外,如李嘉誠旗下的長和系等從香港崛起而拓展至全球的企業財團,當然也在此列。因此,香港華資是一個動態的概念。

再者,香港華資還有一個特定的規範,它是華人資本中的私人資本,亦區別於以國家資本為後盾的中資。中國內地一些政府部門、國家企業以私人名義在香港的投資,其性質仍非私人資本,故不屬香港華資的範疇。

本書就是以這特定內涵為前提,來研究香港華資財團的,並試圖從歷史與經濟相結合的角度,對香港華資財團由萌芽、形成、崛起以至稱雄的整個歷史進程,作出客觀、平實的概述和剖析。全書共分九章:第一、二章"行商和買辦的崛起"和

"家族財團嶄露頭角"，概述了香港開埠首一百年間華資財團的萌芽、形成、發展及其歷史背景。第三、四章"新興財團勢力抬頭"和"崛起中的挫敗"，敘述了新興華資財團隨著香港的工業化和經濟起飛，在工業、航運、地產及其他行業相繼崛起，於香港經濟中的整體勢力迅速提升，以及局部的挫敗對華資財團長遠發展的影響。第五章"稱雄香江"，重點描述了20世紀70年代末至80年代中後期新興華資財團打破英資的長期壟斷、稱雄香港的歷程，剖析了這種急遽轉變背後所深藏的政治、經濟等種種客觀及主觀因素。第六章"過渡時期的投資策略"，考察了進入過渡時期以後香港華資大財團的主要投資策略及其轉變，這種轉變的時代背景及其對香港經濟的影響。第七、八章"回歸後大財團新發展"和"新進展與新動向"，重點考察了香港回歸中國20年來華資大財團的新發展、新策略，以及這一時期華資在香港各個主要經濟領域的新進展與新動向。第九章"歷史回顧與前瞻"，是全書的總結，在簡要回顧香港華資財團演變、發展的全過程之後，重點分析了華資及華資財團在香港經濟中的地位、作用與特點；華資家族企業經營管理模式的基本特點及利弊，最後作發展前瞻，剖析華資及華資財團在新的歷史發展階段所面對的挑戰，以及未來的發展機遇。

　　本書的寫作，最初始於香港回歸前夕。當時，香港正在籌組特區政府，以董建華先生為首的香港特別行政區首屆政府班子已大體組成，平穩過渡已成定局，經濟穩定發展，中央政府對香港實施的"一國兩制"、"港人治港、高度自治"等一系列方針政策正逐步付諸實踐，香港正在全球注目之中邁進一個歷史新時期。香港回歸後，香港與中國內地的關係將發生質的變化，從中英兩國之間的外部關係轉變為一個國家內部兩種不同制度之間的特殊關係，橫跨在兩地間的主要政治障礙將隨之消除，香港與內地之間多層次、多領域的經濟合作更形廣闊，香港作為國際資本進軍中國內地的橋樑和跳板的戰略地位亦將大大提高。這種歷史性的轉變，無疑將為香港的華資財團帶來空前的發展機遇和空間。因此，正是恰當時機對香港華資財團的歷史作一個總結和簡明的前瞻，以從另一個側面反映逾一個半世紀以來香港經濟所經歷的深刻變化、各種資本與財團勢力的激烈競爭和角力，並藉此透視香港華資財團在歷史新時期的發展路向。1997年7月，本書以《香港華資財團（1841-1997）》為題出版，受到市場的歡迎。其後，該書與《香港英資財團（1841-1996）》一道，被三聯書店在國際書展上列為其年度"十大推薦書籍"之一。

及至 2017 年，香港回歸中國已進入整整二十個年頭。這一時期，隨著港英政府的偃旗返國，香港特別行政區政府成立施政，香港華人在香港的政治事務中的地位迅速提升。隨著經濟實力的增強，華資大財團在香港經濟中取代了傳統的英資財團，發揮主導作用。與此同時，隨著香港回歸，香港與中國內地的經濟合作或融合加速進行，這種合作進一步推動香港經濟結構的轉型，並為華商在香港，尤其是中國內地的投資提供龐大而廣泛的機會。正是在這種特定的政治、經濟背景下，香港的華資大財團獲得了空前的發展，他們以香港為基地，突破狹窄地域的限制，發展成為全國性、多元化、現代化的企業大財團。其中，如李嘉誠領導的長和系，更一舉成為全球性的跨國企業集團。此外，在香港採礦起家的呂志和家族則把握澳門博彩經營權開放的良機，取得博彩經營牌照，並一舉躍升為澳門新"賭王"，成為回歸以後最快速崛起的大財團。

隨著傳統英資財團逐步淡出，香港華資財團獲得進一步發展的空間，這尤其表現在電訊業、商貿業等傳統英資佔優勢的領域。在電訊業，隨著 20 世紀 90 年代以後全球電訊業的逐步開放，長期壟斷香港電訊業的英國大東電報局決定撤退，結果由李澤楷領導的盈科拓展集團成功併購香港電訊，使華資財團在香港電訊業取得了壓倒性的優勢。在採購貿易等商貿業，隨著英之傑、太古集團等相繼退出，具有百年歷史的華資利豐集團先後收購英之傑採購和太古貿易等公司，從而結束了香港由英資洋行主導進出口貿易的局面。另外，在地產、酒店等華資佔優勢的領域，得益於中國內地改革開放的擴大，其中以瑞安、恒隆、嘉里建設為華資公司代表，透過進軍內地市場，發展成為全國性的企業集團。

不過，在金融業、影視傳播等領域，由於遭受 1997 年亞洲金融危機及 2008 年全球金融海嘯的兩次嚴峻衝擊，華資財團的地位進一步下降、式微。在投資銀行業，香港最大華資投行百富勤在亞洲金融危機中被迫清盤。在證券業，由馮景禧創辦的新鴻基證券因經營困難而被家族後人出售，最後成為進軍香港的中資公司光大集團的證券旗艦。在銀行業，隨著中小銀行經營環境的惡化態勢，包括永隆銀行、創興銀行等一批華資中小銀行相繼"賣盤"。另外，在影視業，經營時間最長的亞洲電視最終被迫停播，長期佔據主導地位的無綫電視及其控股公司邵氏兄弟，亦隨著其靈魂人物邵逸夫的淡出、辭世，最終走向"賣盤"的道路，結束其作為香港本地華資影視巨擘的歷史。

回歸以來，香港華資及華資財團這些新發展，對於香港、中國內地乃至世界經濟的發展，無疑都產生了深遠的影響。為此，本書在 1997 年版的基礎上作了大篇幅的修訂，特別是補充了回歸 20 年來香港華資及華資財團的新發展、新策略、新進展及新動向（主要體現在第七至九章）。

展望前景，在新的歷史發展時期，華資及華資財團的發展，無疑將受到一系列的挑戰，特別是近年來華資老一輩的企業家相繼部署交班，逐步淡出商界。接班的家族第二、三代是否能夠順利地從父輩手上接過接力棒，在新的歷史環境下將家族企業發揚光大，正有待觀察。另外，回歸以來，香港作為中國內地"走出去"的橋頭堡和橋樑的地位日趨重要，大批中資企業在香港獲得快速發展，中資在銀行、證券、影視傳播、航運等領域正發揮日益重要的作用。這在某種程度上對華資及華資財團形成競爭態勢。不過，隨著香港與內地加快融合，特別是粵港澳大灣區發展戰略的提出、實施，為華資及華資財團拓展中國內地市場，以及國際市場提供了新的發展機遇和發展空間。

一部香港華資財團的歷史，實際上就是香港近現代政治、經濟歷史的一輯極其生動的側影，從中反映了逾 170 年來香港經濟所經歷的深刻變化、各種資本與財團勢力的激烈競爭和角力、中英兩國的國力在遠東地區的此消彼長，以及在新的歷史環境下香港面對的種種發展機遇和嚴峻挑戰。筆者希望藉本書將這種深刻的變化再現於讀者面前，從中了解香港經濟的發展歷史、發展脈搏、發展態勢以及發展規律，並就此得到一些歷史性和現實性的啟示。如果本書能對讀者有所裨益，筆者將深感欣慰。

在本書即將出版之際，筆者首先要衷心感謝當年為本書內容進行訂正或提供資料圖片的各公司創辦人、其後人及資深員工，他們戮力相助、一絲不苟的精神，使本書增添了更高的歷史價值，以不負創業者走過的艱辛。現列諸位芳名如下（按該公司在書中出現先後為序）：李寶椿置業執行董事李兆增先生，周埈年爵士公子周湛樵先生，東亞銀行主席李國寶先生，馮秉芬企業主席馮秉芬爵士，許愛周先生家族成員許晉奎、許晉乾、許晉義先生，王統元先生千金王培諸小姐，利豐集團董事長馮國經博士，梁銶琚先生千金梁潔華小姐，大昌貿易行資深員工梁智斌先生，余仁生副主席余經堯先生，白花油國際執行董事顏福偉先生，前南海紡織主席唐驥千先生，南豐紡織主席陳廷驊先生，南聯實業名譽董事長安子介先生，南聯實業常務董事唐翔千先生，開達實業董事長丁午壽先生，麗新集團主席林百欣先生，前東方海外國際主席兼行政總裁董建華先生，華光航業董事總經理趙世光先生，萬邦集團董事長曹文錦先生，霍英東集團主席霍英東先生，廖創興銀行董事長廖烈文先生，長江實業主席李嘉誠先生，合和實業主席胡應湘先生，新世界發展主席鄭裕彤先生，恒基兆業主席李兆基先生，信德集團行政主席何鴻燊先生，柏寧酒店集團主席陳澤富先生，鷹君集團主席羅鷹石先生，華人置業主席劉鑾雄先生，嘉里集團董事長郭鶴年先生，卜蜂國際副總裁陳定國博士及力寶集團主席李文正先生。

同時，南北行公所、東華醫院、香港中華總商會、先施公司、永安公司、東亞銀行、恒生銀行、中建集團、利豐集團、廣生堂、白花油國際、香港電視廣播有限公司、信德集團、富麗華酒店、新鴻基地產、華人置業、國浩集團及力寶集團之公關部或有關負責人，亦協助核實資料及提供圖片，他們的專業精神，使人印象深刻。

此外，為本書提供圖片的尚有冼玉儀博士、李培德博士、鄭寶鴻先生、巫羽階先生、香港大學香港歷史研究室、《資本》雜誌、《大公報》資料室、香港中文大學出版社、市政局、新華出版社、約翰·溫納出版社、中山大學出版社、Graham Brash出版社、香港三聯書店、明報出版社及名流出版社。

最後，筆者衷心感謝香港三聯書店前任總編輯趙斌先生及侯明女士，衷心感謝本書原版責任編輯李安女士及新版責任編輯許正旺先生和張軒誦先生，沒有他們的全力支持、熱誠幫助、專業精神和辛勤努力，本書實難以順利完成，並在此重要的歷史時刻出版。

由於筆者水平所限，其中定有不少疵誤和錯漏之處，懇請識者批評、指正。

馮邦彥　謹識

1997 年 6 月

修訂於 2020 年 12 月

1

行商和買辦的崛起

1840 年中英鴉片戰爭爆發，英國侵佔香港，迫使香港開埠。隨著英資洋行、銀行、保險及輪船公司的湧入，香港傳統的自然經濟日趨瓦解，西方資本主義式的現代商業社會迅速形成。到 19 世紀末，香港已從昔日的漁農社會演變成遠東轉口貿易的商埠，這種急遽的經濟轉變，為香港近現代華商勢力的崛起，提供了廣闊的社會背景。

香港早期的華商，其主力是以南北行、金山莊為代表的行商和依附英資洋行、銀行、大公司的華人買辦。這兩股勢力的崛起，形成了香港華資的第一次發展浪潮，使華商成為香港經濟中一股具影響力的重要力量。不過，這一時期，香港華商就整體而言，基本上仍是作為英資財團的附屬力量而存在、發展的，或是在其夾縫中萌芽、成長的，尚未具備獨立性。這正處於香港華資家族財團的萌芽時期。

01

香港開埠與早期華商發展

香港早期華商勢力的冒起，基本上是和香港開埠、逐步演變為遠東轉口貿易商埠的整個發展歷程同步展開，並互為動力。

》 英國侵佔香港的經過

1840 年 6 月，英國政府憑藉當時如日中天的國勢，悍然向日漸腐敗無能的中國清王朝發動鴉片戰爭，結果英國侵佔香港及近代香港開埠。

19 世紀上半葉，東印度公司及以怡和、寶順、旗昌等為首的英美洋行，對中國進行的日益猖獗、規模浩大的鴉片貿易及走私行動，誘發中國嚴重的社會危機，大量白銀外流，導致銀貴錢賤。這種局面不但危害了中國人民的生計，還動搖了清政府的統治地位。在全國要求禁煙的呼聲日益高漲的情況下，清廷終於下定決心嚴禁鴉片。1838 年底，道光皇帝派遣力主嚴禁的 "抵抗派" 領袖、湖廣總督林則徐為欽差大臣，到廣東查禁鴉片。翌年 6 月，林則徐在虎門主持銷煙，制止了鴉片貿易持續驚人增長的勢頭。然而，以怡和、寶順洋行為首的英商，不甘就此放棄其所攫取的鴉片貿易的龐大利益，遂積極鼓動英國發動侵略戰爭。1840 年 6 月，英國政府派遣海軍少將懿律（George Elliot）和英國駐華商務監督義律（Charles Elliot）為正副全權代表，率領東方遠征軍前往中國作戰，是一支由 48 艘船艦組成，包括 16 艘軍艦和 4,000 名海陸士兵的軍隊。懿律率軍封鎖廣東珠江口後，即揮師北犯，直達海河口，威脅京津重鎮。清政府面對嚴峻的軍事形勢，大為恐慌，遂將林則徐革職，改派 "投降派"、直隸總督琦善為欽差大臣，到廣州與英軍交涉。

1841 年 1 月，英軍發動攻擊，佔領虎門、穿鼻兩大要塞，琦善束手無策，只好在英國提出的條約上簽字，即是《穿鼻草約》。1 月 20 日，義律發佈了一項 "給女王陛下臣民的通知"，聲稱已與琦善簽訂《穿鼻草約》，將香港島割讓予英國，並補償沒收英國商人的鴉片價款 600 萬銀元。惟此條約未經清政府同意，琦善上奏時不過懇准 "其就粵東外洋之香港地方，泊舟寄居"，並無割讓香港之意。英國政府對這項 "草約" 亦極為不滿，認為義律從中國攫取的利益太少，決定推翻，解除義律在華的一切職務，改派侵略印度有功的砵甸乍（又稱 "璞鼎查"，Henry Pottinger）為侵華全權代表。

　　砵甸乍到中國後，即率英軍艦隊大舉進攻，年內先後攻陷廈門、定海、寧波、上海，並進攻長江，直達南京江面。1842 年 8 月 29 日，在英國強大軍事壓力下，清政府被迫與英國簽訂中國近代史上第一個不平等條約——《江寧條約》（即《南京條約》）。《南京條約》涉及的內容極為廣泛，包括賠款 2,100 萬銀元；開放上海、寧波、廈門、福州和廣州五口通商；協定關稅；給予領事裁判權及片面最惠國待遇等條款。其中最重要的是割讓香港島予英國，規定中國 "准將香港一島給予大英國君主暨嗣後世襲王位者，常遠據守主管，任便立法治理"。

　　不過，英國政府並不滿足於只佔領香港島。1856 年 10 月，英國藉 "亞羅號" 事件，❶ 組成英法聯軍發動第二次鴉片戰爭。1860 年 10 月 24 日，英國強迫清政府簽訂《北京條約》，將界限街以南的九龍半島割讓。1894 年中日甲午戰爭後，西方列強在中國掀起劃分勢力範圍的熱潮。1898 年 6 月 9 日，英國政府再迫令清政府簽訂《展拓香港界址專條》，強行租借深圳河以南、界限街以北的九龍半島及附近 200多個島嶼，即後來被稱為 "新界"（New Territories）的地區，租借期為 99 年，到1997 年 6 月 30 日屆滿。

　　就這樣，在英資洋行的竭力鼓動下，英國政府用堅船利炮強行侵佔香港，揭開了香港逾 170 年近現代歷史的序幕。

》 香港開埠與經濟發展

英國對香港的侵佔其實早有預謀。1834 年英國首任駐華商務監督律勞卑（William John Napier）來華時，已看準香港的重要戰略和商業價值，提出了佔領香港的建議。怡和洋行創辦人威廉·渣甸（William Jardine）也表示：如果認為 "我們必須佔有一個島嶼或是佔有一個鄰近廣州的海港" 的話，那麼香港最為適宜，因為 "香港擁有非常安全廣闊的停泊港，給水充足，並且易於防守"。❷ 事實上，林則徐在廣州禁煙期間，原停泊在伶仃洋面的大部份鴉片躉船均已轉移到香港區域海面。佔領香港，無疑為英國在中國的擴張以及英商對華鴉片貿易，奪得最有利的據點。

1841 年 1 月 25 日，就在義律單方面宣佈已與清政府簽訂《穿鼻草約》的數天後，他率領的東方遠征軍就迫不及待地強行侵佔香港島，翌日由英國駐遠東艦隊支隊司令伯麥（Commodore Bremer）率部舉行隆重的升旗儀式。登陸地點就是香港島上環水坑口街附近一個高約 200 呎的海角，後稱 "佔領角"（Possession Point）。同年 6 月 7 日，義律代表香港殖民當局宣佈將香港開闢為自由港，允許船隻自由出入，從此香港正式開埠。

香港作為自由港，確有其得天獨厚的地理環境。香港地處廣東珠江口東側，臨近南中國海和西太平洋，是中國南方的重要門戶。它位居亞洲太平洋的要衝，處在日本和東南亞諸國的航運要道上。最具戰略和商業價值的是香港島和九龍半島環抱的維多利亞海港，它港闊水深，海港面積達 60 平方公里，最闊處近 10 公里，最窄處 1.6 公里，水深 9-16 米，港內可同時停泊 150 艘遠洋輪船，即使是吃水 12 米的遠洋巨輪可自由進出。港外有天然屏障，港內風平浪靜，是與舊金山、里約熱內盧齊名的世界三大天然良港。這種優越的地理條件，使它在開埠後的 100 多年間，從對華鴉片走私的基地發展為遠東轉口貿易的繁榮商埠。

1841 年英治初期，香港主要是一個海島型的漁農社會，據 1841 年 5 月 15 日香港政府公佈的統計數據，當時香港島的人口僅 5,450 人，散居於赤柱、筲箕灣、香港村等約 20 個村落，主要是漁民、佃農、石匠、市集商販和少量來自九龍半島的勞工。❸ 漁民主要居住在香港村、群大路、大浪等漁村，以沿海捕魚為生；佃農則向錦田鄧族、南頭黃族、上水廖族租種位於港島北岸黃泥涌、掃桿埔及南部赤柱、深水灣、淺水灣的農地；石匠聚集在港島的鰂魚涌、阿公岩、石塘咀等地採石，供當地漁農修築房屋、興建神廟。其時，九龍半島西岸的油麻地、何文田、大角咀及東岸的紅磡、大口環等地亦散居著為數約 5,000 名的漁農石匠，而後稱作"新界"的地區則聚居著以錦田鄧族、河上鄉侯族、粉嶺彭族、上水廖族及新田文族五大姓氏為主的居民，以農耕為業。這五大族皆於宋、元、明三代間遷入香港。❹ 很明顯，開埠之初，香港仍處於中國傳統的自然經濟模式，由漁民、佃農、石匠和市集商販構成社會的主體。

　　不過，這種平靜的社會結構很快被打破。隨著侵佔香港的英軍登陸，以怡和洋行為首的一批與鴉片走私密切相關的英資洋行，相繼從廣州、澳門進入香港，他們搶先在港島北岸從銅鑼灣到中環地段建立據點。原先停泊在伶仃洋面的鴉片躉船也紛紛駛進維多利亞海港。當時，部份財雄勢大的英資洋行搶佔港島沿海地段，如怡和洋行（Jardine Matheson & Co.）和林賽洋行（Lindsay & Co.）就分別在銅鑼灣東角和灣仔春園建立倉庫。有的洋商甚至向港島原居民收購合適的地皮作為立足點。❺但這些土地的擁有和買賣都沒有徵得殖民當局的同意，也沒有經過適當的註冊程序

維多利亞城遠眺。19 世紀 50 年代香港已略具遠東貿易轉口港雛形，各項建設亦告展開。

以使購買者確認所有權利。❻ 為了制止這種混亂情況，使土地分配循合理和有序的程序進行，1841 年 5 月 1 日，義律代表香港殖民當局首次公佈土地拍賣原則，即按照英國土地制度實行公開招標拍賣，價高者得。❼

　　1841 年 6 月 14 日，義律代表香港殖民當局首次拍賣沿海土地，他在港島北岸劃出 35 幅地段公開拍賣，每幅地段約佔有 100 呎海岸，面積則因海岸線與皇后大道的距離而各不相等，每幅土地均以底價 10 英鎊開投。結果，競投激烈，除一幅土地外，其餘 34 幅土地全部成功出售，最低價為 20 英鎊，最高價達 265 英鎊，平均每幅地段價值 71 英鎊，香港殖民當局從中共獲得 3,272.1 英鎊的收益。❽ 中標者包括 25 家洋行或私商，大部份是英資洋行，以怡和洋行、寶順洋行（Dent & Co.）、林賽洋行和丹拿洋行（Turner & Co.）實力最雄厚。其中，怡和洋行投得銅鑼灣東角，林賽洋行投得灣仔春園，寶順洋行則投得中環地段。

　　1841 年 8 月，砵甸乍抵港，接替義律主持香港的殖民開發，並於 1843 年出任首任香港總督。砵甸乍到香港後即著手制定香港的城市發展規劃，他將港島劃分為 3 個區域，包括海域區、城市區和郊區：規定離海岸 200 呎範圍之內的區域為海域區，現今中環沿海地區、跑馬地、赤柱及香港仔等處為城市區，而其他地區則為郊區。❾ 後來，中環沿海地區發展成維多利亞城。當時，怡和洋行在銅鑼灣東角經營，孟加拉志願軍則駐紮在西營盤，1842 年建成的皇后大道將東西兩個據點連接起來。皇后大道至海面的沿海地區是洋行、貨倉的聚集地，商店則集中在燈籠洲，即後來的銅鑼灣東角和灣仔春園一帶，後來向西發展，形成皇后大道的繁華商業區。

　　1843 年底，即中英《南京條約》批文交換後不久，砵甸乍為維護殖民者利益，將中環維多利亞城中心劃為洋人專屬居住區和商業區，東西兩側為華人區，跑馬地一帶則供華洋上流社會打獵、郊遊之用。自此，域多利皇后街與花園道之間包括威靈頓街、雲咸街、雪廠街、畢打街在內的中環地區，逐漸發展為洋人居住區和洋行、銀行的集中地，成為香港繁榮的核心商業區。

» 早期香港華商的經濟活動

隨著香港資本主義式的現代商業社會形成，華人經濟開始發展。最早湧入香港的是廣東沿海的水上艇戶，俗稱"蜑民"。他們駕駛著小艇進入香港的港灣，向停泊在維多利亞海港的洋船提供服務，將洋船上的貨物運返倉庫，或將岸上的補給送交洋船。由於生意不俗，這批艇戶的人數在短短數月間便急增至 2,000 人，❿ 成為當時華人經濟中活躍的一群。不少艇戶早在鴉片戰爭期間或之前已與洋商有密切聯繫，部份甚至已充當洋行的買辦，其中著名的是充當兵船買辦的盧景，他在鴉片戰爭時期已藉供給食用品予英船而累積起財富。戰爭結束後，他移居香港，到 1850 年已擁有樓房、店舖逾 100 間，成為當時香港華人首富。⓫ 除艇戶外，一些過去在澳門和廣州與洋商有來往的中國人，也開始乘帆船來港，他們向香港的洋行購買鴉片、棉布、胡椒及其他商品，也運來一些中國貨品。有些帆船甚至來自福建和浙江沿海。⓬

與此同時，隨著香港城市建設的展開，大批來自廣東、福建沿海地區的貧民湧入香港，組成築路建屋的龐大勞工隊伍，其中的新富是這支勞工隊伍的工頭。昔日的石匠已搖身變為石廠老闆，他們僱用來自外地的勞工以擴大生產規模，利用所掌握的熟練技術，將礦場的大石切割為大小方塊、長條，或雕琢成石柱，生產出堅牢耐用的建築材料。著名的如鄧元昌，原籍廣東五華，來港後開設元昌石行，向香港政府承辦了大量石工，在石塘咀、西營盤一帶開採石場，成為巨富。⓭ 因承包建築工程而致富的還有譚才。譚才，原籍廣東開平，早年移居新加坡，在政府船塢當管工，1841 年來香港發展，成為當時最大的承建商之一。香港早期一些有名的建築物，如鐵行大廈、交易大廈等，都是由他承建的。譚才後來還成為香港最大的苦力貿易經紀及賃船商，通過販賣華工積累了大量財富。

19 世紀 40 年代中期，隨著廣東沿岸各地華人的大量流入，以西環太平山為始點，東至砵甸乍街、西至西營盤的華人新移民區逐漸形成，成為港島人口最密集的社區。為適應區內居民日常生活的需要，由華商經營的店舖如雨後春筍般湧現。據不完全統計，1845 年華人開設的店舖有 388 家，行業種類共 59 個，包括米舖、食

19 世紀 80 年代港島威靈頓街，早期
的華商經濟已呈現繁榮景象。

20 世紀 10 年代的干諾道中近三角碼頭一帶，海旁是碼頭林立的貨物裝卸區，也
是省港澳輪船停泊之處，故大批金山莊、船務公司和旅店聚集於附近地區。

肆、酒舖、麵包店、洋食辦館、食品雜貨、漆器店、茶葉莊、絲織莊、呢絨莊、洋服店、故衣店、理髮店、旅店、兌換店、當舖、鴉片煙館等等，有關居民日常所需的衣、食、住各類物品一應俱全，**⑭** 形成了一個與中環核心商業區迥然不同的繁華華人社區。

》 行商及買辦崛起的歷史背景

儘管華人經濟開始蓬勃發展，但直到 19 世紀 40 年代末，華商在香港經濟中的力量仍然是微不足道的。19 世紀 50 年代初，有兩項事件對香港華商的發展進程起了積極的影響，這就是太平天國運動的爆發以及美國、澳洲先後發現金礦。

1851 年，洪秀全從廣西發動太平天國運動，迅速席捲廣西、廣東以至大半個中國，當太平軍迫近廣州時，廣州及附近城鄉的大商賈、大地主紛紛挾資財逃難到香港，這是內地華人富戶首次移居香港。在此之前，湧入香港的主要是艇戶、商販、工匠、苦力以及地痞流氓、私梟海盜。這批富戶到港對香港華商的冒起產生了重大影響。對此，英人理雅各認為："這是香港發展過程的轉折點，廣州的安全受到威脅，富有的家庭爭相走難，很多逃到香港來，房子需求大增，房租激升，往常人跡疏落的街道一下子擠滿人，新的華人商號啟業，華人商業受到刺激……"。**⑮** 這批華商紛紛在香港開設商號，令香港市面呈現開埠以來僅見的繁榮氣象。

1848 年和 1851 年，美國加利福尼亞州和澳洲悉尼先後發現金礦，掀起空前的淘金熱潮，大批中國勞工經香港赴美、澳當苦力，刺激了香港航運業的勃興。隨著美、澳及南洋各埠華人社區的形成，在香港經營南北洋轉口貿易的 "南北行" 商和專門販運貨品到北美及南洋的 "金山莊"、"南洋莊" 等行商乘時崛起。這種由華人經營的行商因為切中海內外華人社會的需要，在香港很快發展起來，成為當時華商中經濟實力最強的一股勢力。這些行商約掌握了當時香港貿易總額的四分之一。**⑯** 行商的迅速崛起，將當時香港社會因沿海五口通商而引致香港貿易地位衰落的悲觀情緒，**⑰** 一掃而光。

與此同時，華商中另一股重要的經濟力量——受僱於外資洋行、銀行、輪船公司的華人買辦勢力亦迅速抬頭。19 世紀 60-70 年代，以英資為主體的洋行數目急增，據統計，1846 年香港有洋行 22 家，❶ 1870 年已急增到 202 家。❶ 這時期，著名的洋行有英資的怡和洋行、沙宣洋行、太平洋行、林賽洋行、丹拿洋行、仁記洋行、德忌利士洋行、太古洋行，以及美資的旗昌洋行、瓊記洋行和德國資本的禪臣洋行等。這些洋行的業務，主要是經營大宗貨品的遠洋轉口貿易，包括鴉片、棉紡織品、洋貨、茶葉、絲綢和中國的土特產品。

隨著轉口貿易的發展，英商將投資的觸角伸向當時香港經濟的 4 個最重要的行業：航運、倉儲碼頭、船塢業和金融業。隨著英資洋行、銀行及輪船公司在香港的大量開設，受僱於這些英商，充任其業務代理人和中介的華人買辦數量大幅增加。據統計，1851 年香港洋行買辦僅 5 人，到 1891 年已增加到 126 人，短短 40 年間增長超過 20 倍。❷ 華人買辦利用其代理人的身份，依靠當時洋行如日中天的權勢，迅速致富，成為香港華商的中堅力量。買辦致富後，他們多以購股的方式投資於外商經營的金融、保險、航運及公用事業等企業，也有自資開設商號，經商牟利。

» 華商在房地產的投資與發展

19 世紀 70 年代中後期，以行商和買辦為代表的華商勢力在香港經濟中冒起，他們開始在房地產市場向洋商進迫。當時，香港的洋商受到清政府 "海關封鎖" 的影響，疲莫能興，頻頻宣佈破產，這給華商的發展提供良機。部份富裕華商開始衝破香港政府過去設立的種族隔離線（以鴨巴甸街為界），大舉收購洋商破產後的商行和堆棧，他們沿著荷李活道和威靈頓街向中環商業核心區推進，在荷李活道、威靈頓街、皇后大道中、雲咸街一帶街區購置原屬洋商的房地產，自建中國式的 "唐樓"。據統計，僅 1880 年 1 月至 1881 年 5 月不足一年半的時間內，華商向洋商購入的地產和物業，價值就高達 171 萬港元，向港府承租的官地，每年需繳付的地稅達 17,705 港元。❷

19 世紀 80 年代初，華商在地產業的勢力已開始壓倒英資。當時，港督軒尼詩（J. P. Hennessy）曾承認，華商已成為香港最大的業主，香港外國銀行發行的通貨大部份掌握在華人手中，而香港政府的稅收有 90% 來自華人。❷ 根據香港政府公佈，1876 年香港繳交差餉 2,110 港元以上的 20 名大戶中，洋商佔 12 人，繳稅 62,525 港元，人均 5,210 港元；華商 8 人，繳稅 28,267 港元，人均 3,533 港元。當時華商仍居劣勢。到 1881 年，香港繳交差餉 3,996 港元以上的 20 名大戶中，洋商佔 3 人，繳稅 21,032 港元，人均 7,010 港元；華商 17 人，繳稅 99,110 港元，人均 5,830 港元。❷ 華商在人均繳稅額雖仍不及洋商，但差距已經縮小，而繳稅總額和納稅大戶人數兩項，均已超過洋商。對此，香港《循環日報》創辦人王韜曾有這樣的評論："昔之華商多仰西人之鼻息"，"近十年以來，華商之利日贏，而西商之利有所旁分矣"，"凡昔日西商所經營而擘畫者，今華商漸起而預其間"。❷

不過，香港經濟仍然是英資的天下。華商大舉收購地皮物業及破產的商行、堆棧，令地價大幅上升，引發地產投機熱潮。根據安德葛（G. B. Endacott）在《東方轉口港》（*An Eastern Entrepot*）一書中的記載，從 1877-1980 年，香港主要的稅款以印花稅、物業稅和官地拍賣收入為最大宗，當時買賣土地樓宇的印花稅平均每年為 12 萬港元，物業稅約 19 萬元。到 1881 年上半年最高峰時，買賣土地樓宇的印花稅增加到逾 16.7 萬港元，物業稅則增加到逾 21 萬港元，當年的賣地收入更高達 20 萬港元，可見地產炒風之盛。據估計，從 1877-1981 年上半年最高峰時，地價樓價的升幅高達 6 倍。❷ 當時很多洋商也參與炒地皮物業，不過他們事先得知英國殖民地部將會派專員到香港調查，計劃取締華人的舊式屋宇，所以在 1881 年地產業最高峰時已將物業轉賣給華人，僅當年上半年洋商所拋售的地產物業就達 171 萬港元，而華商並不知道危機將至，仍積極承購。1881 年 10 月，地產市道大幅急跌，結果華商在轉口貿易中所賺取的財富，轉眼間便落入洋商之手。事後華商損失慘重，破產者極多，元氣大傷。據說當時香港立法局首位華人議員伍廷芳，就是因為投機地產失敗而悄然離港北上，出任清朝大臣李鴻章的幕僚。❷

是役，華商儘管大傷元氣，但洋商壟斷中區的局面畢竟被打破了，越來越多的華人移居中區，開設商行店舖。為了防止華人業主在中區的勢力過份擴張，1889 年，港督德輔主持制定了《歐洲人住宅區保護條例》，規定在港島威靈頓街和堅道之間，只准許建西式洋房。他特別聲明這並非種族隔離政策，只是阻止華人在歐人居住區內建築窄迫而不合衛生條件的舊式住宅。

19世紀90年代，華商不僅移居中區，而且開始在中區大舉興建街道、店舖。當時，廣東台山籍華商金利源向香港政府購買了中區填海得來的大片土地，在此興建街道、店舖，並以自己的名字命名。該街道於1894年建成，共有31間店舖，即現在的利源東街。利源東街建成後，金利源已顯資金不足，於是由另一台山籍富商李迺晉接手。李迺晉作風較為穩健，他將利源東街的樓宇基本售完後，才繼續向西拓展，於1906年建成利源西街。利源東、西兩條街道的建成，極具象徵意義，意味著華商已打破洋商在中區地產業的壟斷地位。

踏入20世紀，華商在香港地產業有了進一步的發展。尤其是1912年民國成立後，東南沿海城市的遺老遺少紛紛南逃香港，他們攜帶的金錢，多則一百數十萬元，少亦有二三十萬元。這些人除自置物業外，還廣購房地產。當時，最著名的，有前清禮部尚書許應騤的兒子許秉璋，前清舉人馮光及其兒子馮偃修、馮煜夫等。許秉璋由其太太出面，購入干諾道中數幢洋房，當時每幢售價僅兩三萬元，但很快便升至二三十萬元。許氏於是更廣置產業，買入賣出，獲利豐厚。1930年後，許氏財產已增加到100-200萬元，據說比父親許應騤做官一生的資產還要多。馮光及其兒子亦將現金經營地產，到1930年已增值至500-600萬元。[27]

» 華商在工商業的發展

19世紀後期，英商將其投資的領域從航運、金融業，逐步擴展到地產、酒店以及煤氣、電力、交通運輸及通訊等公用事業行業，先後創辦了香港大酒店、置地公司、中華煤氣、香港電燈、中華電力、天星小輪、山頂纜車、香港電車以及後來的香港電話公司等著名企業，逐步確立了英商對香港經濟的壟斷地位。[28]

這時期，華商經營的工商業亦有長足的發展，涉及的行業包括轉口貿易、批發零售商業、製造業以及銀號、典押等各個領域。1894年由中華印務總局出版的《香港雜記》，曾對當時華商經營的經濟有這樣的描述："唐人之工作，則如煮洋藥、吹玻璃、製銀珠、製白油、淹牛皮、染料房、製豆豉、製火柴、製呂宋煙。……唐人貿易，其多財善賈者，則有若南北行，約九十餘家，次則金山莊，約有百餘家，次則銀號，約三十餘家，寫船館約二十餘家，磁器舖約十餘家，呂宋煙舖約有六七家，煤炭舖約有五六家，建造水泥舖約有五十餘家，花紗舖約有十五六家，麵粉舖約有十二三家，金銀首飾舖約有十五六家，生鴉片煙舖約有三十餘家，當押舖約有四十餘家，米舖約有三十餘家，茶葉舖約二十餘家，疋頭舖約五十餘家，餘則有洋貨舖、傢俬舖、銅鐵舖、日本莊、席包舖、裁縫舖、藥材舖、油豆舖、油漆舖、影相舖、寫真舖、藤椅舖、硝磺舖、辦舖、酒館、碇砵舖、鐘錶舖、木料舖，尚有別項生意，難以盡錄。而生意之熱鬧，居然駕羊城而上之矣。"❷⑨

　　19 世紀末葉，華商的勢力雖然仍遠不足以與英資抗衡，但它已成為香港經濟繁榮的重要因素。這一點就連英國人亦不否認。1894 年 8 月 23 日，英國殖民地大臣里本就曾對港督羅便臣（Hercules Robinson）表示："在英國政府保護下，香港已變成一個華人社會而不是英人社會，⋯⋯而華人居留者從來就是香港繁榮的一個主要力量。"❸⓿

02

行商：南北行和金山莊

———————————

19 世紀 50 年代，受太平天國運動的影響，內地大批華人富商紛紛逃難到香港，各種商行如雨後春筍般湧現。其中，最矚目的就是南北行、金山莊的相繼冒起，這是香港開埠初期華商勢力崛起的標誌。

以南北行、金山莊為代表的行商，主要經營轉口貿易，將內地華北及江南兩線的物產轉運到南洋、北美及澳洲，再將當地的貨品轉銷內地，由於適應海內外華人社會的需要，因而在短時期內相繼湧現。據統計，1858 年，香港行商僅得 35 家，1859 年增至 65 家，1860 年達 77 家，兩年間已增長一倍以上。19 世紀 60 年代，香港行商受經濟不景影響，數目一度下降至 49 家，但其後再度增加，1870 年已達 113 家，1881 年更增至 393 家，比 1858 年增長逾 10 倍。❸❶

》香港南北行的崛起

行商中，以南北行的歷史最悠久，影響最為深廣。其實，南北行的業務早在香港開埠前百多年間已相當活躍，主要由廣東潮汕地區的商人經營。1722 年（康熙六十一年），清政府開始允許暹羅官運大米 30 萬石到福建、廣東、寧波等地出售，給予免稅的優待。1751 年（乾隆十六年），清政府決定對運米 2,000 石以上者賞給頂戴。在清政府的鼓勵下，以廣東省澄海縣樟林港為出海口的潮州商民紛紛前往暹羅運米回國販賣。由於暹羅盛產建造帆船的最堅實木料——柚木，質優價廉，該國遂成為潮商的海外造船中心。澄海樟林港也因潮商販運暹米、利用暹地柚木建造"紅頭船"而興盛起來。從 18 世紀中葉到 19 世紀中葉的百年間，以樟林為始發港的潮屬紅頭船，每年順著季候風南來（經廣州、雷州、瓊州至越南、柬埔寨、暹羅、馬來亞等地）北往（經廈門、台灣、杭州、寧波、上海至青島、天津等地），而香港就處於這條南北貿易線的中點站。

當時，很多潮汕人到東南亞一帶做生意，稍有基礎後便在當地成家立室，或將家鄉中的親友接到南洋。經過百多年的發展，東南亞各地尤其是暹羅國（今泰國）的潮籍華僑越來越多，逐步形成海外華人社會。那時期，潮州對南對北的貿易，以潮汕地區澄海縣的樟林鄉、饒平縣的柘林鄉為轉口中心，輸出的貨品以紅糖為大宗，每年三四月間，便乘南風之利將貨品裝上帆船，運往華北天津各埠，把各種貨物沽清，收取現款後再購入棉花、色布、大豆以及其他土特產，乘初秋東北風漸起，開船南回，部份在本地出售，部份則轉運到雷州、瓊州販賣。對東南亞的貿易也是如此，且獲利比北航更甚。不少人藉此行業成為富商。❸²

1841 年香港開埠，長期在這條貿易線做南北生意的潮屬紅頭船船主，很快就發現香港在南北貿易上的有利地位，於是便先後在香港設立南北行，主理南北生意和經營轉口貿易。這就是香港南北行的東主多是潮商的社會歷史淵源，也是暹羅華商之所以成為開創香港南北行的先驅者的社會歷史淵源。19 世紀 50 年代，部份南北行商人鑑於當時太平天國運動興起，局勢動蕩，又看到香港港口優良，地處華南要衝，外通五洋，航運業發達，遂開始以香港為基地經營南北行業務。

1850 年，廣東澄海籍潮商高元盛首先在港島文咸西街開設元發行商號，作為他經營中暹貿易的中轉基地。一說高元盛早在 1843 年已開始在香港籌組元發行，擁有可以堆放暹米和南北土特產的多間貨倉。1851 年，廣東饒平籍潮商陳煥榮，在元發行附近搭蓋棚廠，開設乾泰隆商號，作為其南北貿易的中轉站。元發行、乾泰隆開設之初，中環海旁以西這片華人新移民區還是簡陋棚屋，像元發行、乾泰隆這樣頗具規模的商行還極罕見，像它們這樣大批量經營進出口暹羅大米及做大生意的更是絕無僅有。元發行和乾泰隆可說開創了香港華人最早的貿易——南北行業的先河，為香港之成為貿易轉口港奠下基石。

據說，陳煥榮早於 1840 年中英鴉片戰爭後，已開始自置紅頭船隊行駛於汕頭、香港、南洋各地及上海、青島、天津等地。1851 年，陳煥榮鑑於出入口貿易的重要，且利用自身航運的利便，遂與族人合資，在香港南北行街（即今文咸西街），創設乾泰隆行，行址設於文咸西街 27 號，並在西環擁有大貨倉。乾泰隆行成立後，除在香港經營"寄售取傭"業務外，還繼續通過紅頭船隊採辦中國土產運銷南洋各地，復以暹米運銷港粵。1865 年，陳煥榮之子陳慈黌開始在曼谷主持乾泰隆行南線貿易的航運業。鑑於暹米是輸港最重要的貨物，陳慈黌乃於 1871 年創設陳黌利行於暹京曼谷，經營出入口貿易，尤以運銷暹米為大宗，又陸續創設各火礱（機器碾米廠），以適應時代需要。從此，暹京陳黌行總行便躍升為陳氏家族事業的核心，香港乾泰隆行則成為陳氏家族進行區域性經營的樞紐。❸

　　香港的南北行商號發展很快，到 19 世紀 70 年代，已增加到 30 餘家，著名的包括元發行、乾泰隆、合興行、義順泰行、怡豐行、順發行、怡泰行等。其中，元發行、乾泰隆是高、陳兩姓的自家生意，合興行原來是柯振捷和潮安王姓商人合股的，40 年後改組由王姓商人承受，改名為"承興行"。1868 年，由高滿華、陳煥榮、招雨田、陳殿臣、胡鼎三、蔡傑士等一批經營南北行業的股商發起，南北行同業籌組的南北行公所宣告成立，這是香港早期華商最重要的同業組織。它的成立，標誌著香港轉口貿易發軔時期華商最重要的行業——南北行正式形成。南北行商號聚集的文咸西街後來遂被稱為"南北行街"。

　　所謂南北行，其中的"南"指"南洋"，即現今東南亞一帶；"北"指"中國"，即從事中國與東南亞之間轉口貿易的商行。這些行商所經營的業務，包括對北線和對南線的貿易，將北線天津、上海、福州、廈門、汕頭等地的豆類、食油、雜糧、藥材和各類土特產品，經香港轉銷到南洋各埠，又將南洋暹羅、新加坡、馬來西亞、緬甸、越南、印尼、菲律賓等地的大米、樹膠、錫礦、椰油、椰乾、沙藤、海產等貨品，經香港販賣到中國沿海各埠，形成一個以香港為樞紐，北至華北各線、日本，南至東南亞各國的貿易網絡。

　　南北行的業務，包括自辦貨物和代客買賣貨物兩類。代客買賣貨物，按所得貨值收取佣金，以"九八計算"，即 100 元貨值收取 2 元佣金。雖然所得甚微，但由於代客買賣的，多是糖、油、米、豆及雜糧等大宗貨品，營業額龐大，故收入相當可觀。由於代客買賣的行規是以"九八計算"，南北行往往又稱為"九八行"。南北行的業務，除自辦貨物和代客買賣貨物外，有的還兼營銀行的匯兌業務。當時，香港的華人，一般對匯豐、渣打等英資銀行並不信任，倒是對華商開設的信譽昭著的商號倚重有加，願意將現款存入這些商號生息，一來存款、取款都很便利，二來利息又高，就是存款人突然去世，其家人憑單據和存摺，亦可提款，甚至連存戶的姓名都不必更改（因為十之八九皆用某某堂、某某記的印鑑，或不用印章只認人），十分方便。一些規模大的商號如元發行等於是兼營銀行匯兌業務，生意越做越大。

》 從元發行的創辦、發展看南北行

　　香港南北行商號以元發行為代表。元發行初由高元盛開設，數年後他因業務不振、年紀大而兒子不肖，遂轉讓予高滿華，由高滿華將之發揚光大。

　　高滿華（又稱高廷楷、高楚香），廣東澄海縣人，早年在家鄉耕田，粗通文字，早在鴉片戰爭前已越洋赴暹羅謀生，曾當過苦力、廚師，漸有積蓄，於是購置帆船販運貨物回潮州，人稱 "滿華船主"。他又在泰國開設元發盛商號，擁有碾穀廠，故又有 "滿華座山" 之稱。1853 年，高滿華接掌元發行後，加以改革整頓，仍稱 "元發行"，以香港為基地，經營暹羅大米的進出口生意，他在暹羅擁有 5 間碾穀廠，所產白米全部運返香港出售。除白米外，元發行還經營南北土產，生意規模越做越大。高滿華出身寒微，白手興家，卻深明發財立品之道。當時，華商雖然長期在香港發展，但不少人都樂意花錢向清政府捐官以抬高身份，高滿華也從俗捐了一個正五品的候選同知，並按士紳的習慣改名廷楷，取字宗實，別號楚香。1868 年南北行公所成立時，高滿華是發起人之一，1869 年東華醫院籌辦時，高滿華被南北行同業推舉，出任東華醫院的倡建總理。當時，高滿華已是南北行同業的領袖之一。❸❹ 1877 年華北大旱，李鴻章責成福建巡撫丁日昌向香港及南洋一帶勸捐，高滿華在香港、暹羅、新加坡各地積極助捐，成績斐然。丁日昌對高滿華稱讚不已，李鴻章更上奏朝廷，謂高滿華 "深明大義，勇於為善"，清政府即賞高滿華 "即用知府加五級" 的功名，以示表揚。

　　1882 年，高滿華逝世，元發行遂由其次子高舜琴繼承。高舜琴曾高中光緒十一

將南北行之先驅——元發行發揚光大的高滿華家族,圖中央者為高滿華,是當年南北行同業的領袖,人稱"滿華船主"。

1910 年的上環文咸西街,亦即當年赫赫有名的南北行街,經營南北轉口貿易的華資行商,尤其是南北行大量聚集於該區。圖中建築物現多拆卸重建,只有右方之百昌堂至 1994 年仍保留古色古香的外貌。

年（1885 年）己酉科第三十七名舉人，又捐得二品銜道台，1892 年曾出任東華醫院主席。高舜琴接掌元發行後，將父業發揚光大，先後在上海、牛莊、天津、安南、新加坡等遠東各大商埠開設聯號，又在暹羅曼谷開設元章盛、元得利兩家商號，自營暹羅大米的進出業務，並經辦安南、緬甸、新加坡的土特產品轉口內地。元發行又取得爪哇糖王黃仲涵的華南總代理權，經銷洋糖；並代理英資太古洋行的南洋貨運。元發行全盛時期，每年僅代客買賣的貨值就高達一千數百萬元，收取佣金 30 萬元左右。❸⑤ 其時，元發行已成為香港經營南北行業有數的大商行，亦成為香港早期華資財團的最初萌芽形式。

元發行的大門，每逢農曆新年就掛出一副對聯，曰："元亨通生利，發育煥精華"。該聯由咸豐、同治年間廣州大名士陳璞所撰寫。正如對聯所云，元發行在相當一段時期中業務蒸蒸日上，聲譽日隆。對高舜琴經營元發行的這段日子，其子高貞白曾有這樣的描述："元發行的生意非常興旺，凡是託元發行買賣貨品的，無不順利，而且獲利三倍，於是來委託賣貨辦貨的人越來越多。也許是迷信人所說的'行運'吧，有些客人託元發行賣貨，元發行太忙，實在人手不敷，未能顧及，或有什麼問題，不便接納，把客人婉卻了，客人不得已另託別家，往往賺不到好價，下一次還是來託元發行，說了不知多少好話。接納了，客人又賺錢了。因此一班客人認為元發行'旺'，非委託它不可。於是元發行其門如市，一連廿五六年都是賺大錢，大小職員的薪水本來甚微，但佣金和下欄卻大有可觀，年尾雙糧之外，還有賞金、花紅。不少職員後來自立門戶，發了財的，最顯著的例子便是陳春泉表伯了。"❸⑥ 這段話生動地反映了當年元發行乃至整個南北行業全盛時期的興旺景象。

南北行是在 19 世紀末至 20 世紀 20 年代期間進入全盛時期。據估計，在 20 世紀 20 年代，聚集在港島文咸西街、文咸東街、德輔道西、皇后街、永樂街一帶街區的南北行商號，多達 100 餘家，❸⑦（表 1-1）儼然成為中環商業區西側另一繁盛的商業區域。南北行商號中，九成以上是由廣東潮籍華商經營，全盛時期，這些街道聽到的都是潮州話和木屐聲，嗅到的都是外地人所不習慣的潮州食物的香味（尤其是魚腥味）。這些南北行商號中，規模宏大者每年的營業額都在 2,000 萬港元以上。❸⑧

表 1-1 20 世紀初南北行商行概況

商行名稱	所在地	東主
元發行	文咸西街 10 號	高舜琴
合興行	文咸東街 130-131 號	王少咸 柯斗南
榮發行	文咸西街 1 號	陳碧泉
紹和行	文咸西街 3 號	
歧豐行	文咸西街 11 號	
昌盛行	文咸西街 12 號	黃煜南
廣茂泰	文咸西街 15 號	
廣萬祥	文咸西街 16 號	羅昌
裕德盛	文咸西街 18 號	葉榕孫 * 陳殿臣 *
乾泰隆	文咸西街 27 號	
廣德發	文咸西街 30 號	曾秉鈞 *
興泰	文咸西街 31 號	梁贏洲 韋譜秋
廣耀昌	文咸西街 35 號	
元成發	文咸西街 36、38 號	蔡傑士 *
吉祥興	文咸西街 45 號	
誠安行	文咸西街 47 號	
公和行	文咸西街 48 號	盧冠庭
廣美盛	文咸西街 48 號 A	吳仰僑
元德行	文咸西街 49 號	
德昌行	文咸西街 53 號	
金豐裕	文咸西街 55 號	
鳴裕泰	文咸西街 50 號	陳秩如 * 陳碧光 *

商行名稱	所在地	東主
富珍齋	文咸西街 54、56 號	陳景端 *
均安隆	文咸西街 58 號	馮達卿
和興泰	文咸西街 59 號	李泰康
萬成興	文咸西街 60 號	謝麗卿 *
恒豐泰	文咸西街 61 號	李澄秋
吳源興	文咸西街 64 號	吳理卿
華記行	德輔道西 37 號	賴傑英
信安行	文咸西街 77 號	黃花農
同福泰	文咸西街 79 號	
均興隆	文咸西街 87 號	
廣豐和	文咸東街 60 號	曾思譜 *
廣和昌	文咸東街 64 號	張毓川 *
永和昌	文咸東街 67 號	
公發源	文咸東街 68 號	關子康 *
端記	文咸東街 104 號	杜西端
敦和行	文咸東街 132 號	
逢西	永樂西街 122 號	
敬和	永樂西街 124 號	
順成	永樂西街 160 號	
興利	皇后街 3 號	蔡香甫
振順興	皇后街 18 號	陳振茂 葉懿文
廣德興	德輔道西 24 號	唐廣譜
雙德豐	德輔道西 27 號	王景仰 *
聚德隆	德輔道西 26 號	
慎生源	德輔道西 28 號	

商行名稱	所在地	東主
永昌行	德輔道西 30 號	蔡昭卿 *
捷茂	德輔道西 34 號	蕭瓊珊
廣順泰	德輔道西 35 號	
周健合	德輔道西 36 號	周逸山
榮新行	文咸西街 51 號	
德盛	德輔道西 39 號	
捷和行	德輔道西 51 號	
新合興	德輔道西 81 號	黃大炎
天順行	德輔道西 89 號	
有源	德輔道中 317 號	杜少游
恒泰	干諾道西 74 號	
合福祥	永和街 5 號	沈湘波

* 為商行的司事

資料來源：單華封著，《香港華商人名錄》，香港：1908 年版，第 1-6 頁。

　　這一時期，南北行對其所經營的大宗貨物，包括大米、糖、藥材及南洋土特產等，多處於壟斷地位。以藥材為例，香港開埠之初，藥材是從廣州運來香港的，及至香港貿易轉口港地位形成，很多藥材開始從內地其他口岸運來香港，廣州的藥材商人反而需要從香港進口藥材。到 19 世紀中葉，香港已成為藥材轉口中心。當時，中國的四川、陝西、雲南、廣西、江蘇、浙江等 10 多個省的藥材，從上海、青島、武漢、重慶、天津等地運來香港，銷往越南、南洋、美國、加拿大等地的華人社區；與此同時，花旗參、胡椒、高麗參等非中國土產的藥材，也從世界各地運至香港，銷往中國內地。

　　當時，內地各藥區的藥材商人，直接將藥材運到香港出售，但由於沒有自己的貨倉和店舖，只好交給南北行商處理。南北行內專門出售藥材的 11 家行商，為了維持信譽及維護自身利益，共同組織了一個同業公會性質的機構——公志堂。公志堂無形中壟斷了所有藥材的出售權。在香港的生藥行、歸片行、茯苓行、省城標家（廣州幫）、東京幫、金山莊、下府幫、汕頭幫、廈門幫等藥材商家要買各種各樣的藥材，都要到南北行公志堂屬下的 11 家大藥材行莊購買。[39] 另外，要購買參茸、燕窩等珍貴藥材，則要到南北行的另一個同業組織——寶壽堂去購買。南北行在香港轉口貿易中地位之顯赫，由此可見一斑。

　　1925 年，省港大罷工爆發，公志堂的壟斷引起買家的不滿和抗議，為了打破壟斷，各路藥材買家聯合起來，籌建"中藥聯商會所"，於 1926 年 4 月 16 日召開第一次籌備會議，組成管理架構，並於同年 5 月 22 日在香港註冊。會所成立後，即集資 20 多萬港元，派人到各個藥材出口口岸去自辦藥材來港，並開設"聯益行"自行賣藥，最終打破了公志堂的壟斷。[40]

» 從和興號的創辦、發展看金山莊

　　金山莊的崛起源於 19 世紀 40 年代末以後，美國西岸和澳洲悉尼相繼發現金礦。1848 年，美國加利福尼亞州首先發現金礦，翌年即有大批華工經香港前往舊金山（San Francisco）開採金礦。在 1852 年內，約有華工 3 萬人從香港乘船前往舊金山，當時航行於香港至舊金山之間的船隻多達 44 艘。同期，還有大批華工前往秘魯、古巴以至南洋各埠當"豬仔"。1851 年，澳洲悉尼也發現金礦，悉尼遂被稱為"新金山"，大批華工亦從香港湧入澳洲。大量華人移民北美、澳洲和南洋，刺激了這些地區的華人社會對中國貨品的需求，一批專門供應海外華僑的商行應運而生。專賣販運貨品供應北美華僑的，稱為"金山莊"；專賣販運貨品供應南洋華僑的，則稱為"南洋莊"或"叻莊"。此外，還有秘魯莊、庇能莊、安南莊、暹羅莊、渣華莊、呂宋莊等等。其中，以金山莊最具代表性。

　　由於切合海外各埠華人社會的需要，金山莊、南洋莊等在短時期內迅速冒起，19 世紀 70 年代有 30 餘家，19 世紀末已增加到 100 餘家，[41] 到 20 世紀 20 年代金山莊更增加到 280 餘家，（表 1-2）再加上南洋莊、秘魯莊等，數目高達 650 家左右。[42] 這一時期，香港的金山莊主要分佈於皇后大道中、皇后大道西，德輔道中、德輔道西、文咸街，永樂街以至干諾道等。其中，著名的金山莊有：和興號、萬利棧、同德堂、永安泰、聚昌隆、永昌吉，以及由陳孔欽創辦的華英昌、古輝山創辦的寶隆和蔡昌創辦的瑞永昌等。蔡氏於 1912 年創辦大新百貨公司。與溝通南北方向貿易的南北行不同的是，金山莊主要是溝通東西方向的貿易，而且主要由廣府籍商人經營。以南北行、金山莊為代表的華資行商，大約掌握了當時香港貿易總額的四分之一，成為了推動香港轉口貿易發展的一股重要力量。

表 1-2　20 世紀初金山莊概況

地址	金山莊商號名稱
德輔道中	裕順、謙信榮、廣興昌、容記棧、興利公司、怡來、瑞泰、榮泰祥、連牲棧、永耀祥、維安祥、廣信隆、合和興、昌隆棧、永同吉、肇豐棧、均祥盛、乾元泰、廣華源、廣怡英、中華盛、同德盛、萬源和、永昌隆、永興祥、廣盛隆、新廣合、同亨泰、福安和、萬合源、興盛隆、聚昌隆、華英昌、聚昌成、同安泰、廣聯泰、華安泰
德輔道西	廣禎祥、均益泰、源棧、源隆棧、永兆隆、廣昌恒、廣泰安、金和棧、寶隆興記、福和泰、寶源興、永同興、怡合隆、永昌泰、永昇昌、肇和祥、永安泰、萬利棧合記、利華源
干諾道中	合益和、德貞祥、新錦隆、華益昌、廣泰源、瑞安祥、金逢美、同協隆、恒豐、裕盛隆、同德安、廣南興、廣永昌、廣華源棧、永怡昌、明記、廣兆榮、永祥吉、廣裕源、新同昌、廣兆隆、廣耀成、廣恒隆、永利隆、廣祥源、廣聚源、萬生隆、永益隆、曹聚和、三益、怡泰榮、金隆泰、廣生成
干諾道西	永昌棧、公發榮、廣同棧、萬信榮、東興隆、永華記、裕生源、廣禎祥、廣友信、新廣隆、公慎隆、和隆興、時利和、廣元亨、錦和隆、怡興隆、同德堂、悅盛隆、榮德祥、宜昌、金裕源、均棧、新昌隆、廣勝隆、芳萬華、廣興源、南昌盛、華安昌、公和昌、永義昌、南興泰、華興隆
永樂東街	廣泰來、萬會同、仁生泰、普華安、協同興、新源盛、正利生、怡利隆、均成昌、廣信泰、福和昌、和昌隆、公益榮、永生和、錦發、謙益祥、利生和、廣榮安、廣發榮、永祥盛、新廣興、廣裕榮、廣泰隆
永樂西街	廣興號、兆英泰、均同昌、茂昌隆、昇昌隆、廣源隆、德興泰、廣聯和、萬棧、利英昌、保利榮、廣裕豐、同亨裕、泰全
文咸東街	永生隆、廣茂興、華經
文咸中街	安吉、仁昌泰

地址	金山莊商號名稱
文咸西街	寶安隆
皇后街	公發祥、恒益、旋昌泰、信和昌
永和街	廣安記、廣德隆
高陞街	合和昌、德昌和、廣來源、廣益隆
皇后大道中	洪昇
威利麻街	廣昌隆
禧厘街	錦綸祥
孖沙街	德興祥
乍畏街	福隆
紫薇街	昆源
摩囉上街	榮昌隆
新街市新街	寶生和
皇后大道西	廣泰和

資料來源：單華封編，《香港華商人名錄》，香港：1908 年版，第 6-21 頁。

　　金山莊的代表是廣府籍華商李陞開設的和興號金山莊。李陞，又稱李玉衡、李璿，祖籍廣東新會，1854 年因家鄉新會七堡被太平軍攻陷，遂與兄長李良逃難至香港。李陞兄弟初期從事銀錢兌換生意，1857 年在港島西環購入一幅土地，並在該地段開設和興號金山莊，經營對北美的轉口貿易，同時兼營苦力貿易、鴉片販賣、錢莊、賭業、地產等。與元發行的高滿華相比，李陞的投資較為廣泛，他還曾與另一華商彭華炳合作參與一個開發婆羅洲的計劃，後因資金不足而告吹。李陞最為人詬病的是，曾資助英軍組織華人參與第二次鴉片戰爭，當時他向英軍捐資 10 萬港元，為香港政府所賞識，為他在香港這塊殖民地的經營創造了有利條件。

　　1864 年，李良逝世，大筆遺產分成 5 份，李陞成為家族中領袖，繼續致力發展其龐大業務，而和興號更成為金山莊中響噹噹的商號。李陞極為勤奮節儉，事無大小都親力親為。1869 年，李陞由金山莊同業推舉，出任東華醫院的倡建總經理，地

創辦和興號金山莊的莊主李陞，是 19 世紀下
半葉香港華商最重要的領袖之一，堪稱當時
香港華商的首富。

和興號金山莊

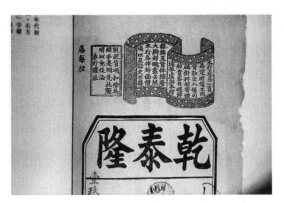

乾泰隆收據（局部）。乾泰隆是歷史最悠久的南北行
商，逾百年來屹立不倒。

位僅次於仁記洋行買辦、出任主席的梁雲漢。和興號金山莊的業務,可從其向香港政府繳付的稅款中看出。1876 年,和興號在香港首 20 戶納稅大戶中排名第 11 位,1881 年更躍居榜首。❸

李陞發跡後,在港島西環大量購置地產物業,建築碼頭倉庫,成為香港聞名的大業主,擁有大批物業,港島皇后大道的高陞大戲院、西營盤的李陞街、堅尼地城的李寶龍台均是其物業的一部份。當時,香港作為英國殖民地,一般的街道均以英國名人及港督名字命名,但李陞街的命名卻打破這一傳統,可見當時李陞地位顯赫。1889 年,他與怡和洋行買辦唐廷樞等人合資開設廣州城南地基公司,購買土地,建築碼頭、堆棧。李陞與當時香港最大的英資洋行怡和關係密切,1889 年置地公司創辦時,李陞亦是該公司的股東,成為該公司董事局中僅有的兩位華人董事之一。

李陞還積極投資於金融、航運及礦業等各個領域。1877 年李陞與人合夥籌資 40 萬元創辦安泰保險公司,以西方企業方式經營輪船保險,承保來往香港與澳洲、美國、東南亞、中國等地的船隻。1881 年,安泰保險加入俗稱 "西商會" 的香港總商會,成為總商會第一家華資企業。安泰保險公司的創辦,被譽為 "19 世紀下半葉華人闖入洋商壟斷的商業和金融領域的重要一步"。❹ 他還擁有數間銀號。1883 年,李陞又投資 10 萬兩白銀,參與開發廣東中山的大嶼山鉛礦和儋州銀礦,其後還投資英商主持的省港澳輪船公司,出任該公司董事。李陞無疑是 19 世紀下半葉香港最重要的華商領袖之一。1869 年,他是發起興建東華醫院的核心成員,其後又是成立華商公局的積極推動者。1900 年他逝世時,遺產高達 600 萬港元,比當年香港稅收總值還多 180 萬港元,堪稱香港華商首富。❺

李陞逝世後,家族財富由第二代繼承。據《雲步李氏宗譜》載,李陞幾個兒子在清代及民國皆任高官,而繼承李陞事業者卻推李寶龍及李寶椿。其中,第三子李紀堂曾支持孫中山先生從事推翻滿清運動,及資助提倡革命的 "采南歌" 粵劇社。香港人較熟悉的是李寶椿,為李陞的第八子。李寶椿繼承遺產後,主要經營紡織、地產及飲食業,兼任李寶椿置業公司和月宮酒樓董事,旗下著名的地產物業是位於上環的李寶椿大廈。據說他喜歡做事親力親為,70 多歲時仍每天上班,生活節儉,給子女的金錢必定將數目和日期記在日記上。李寶椿為當時著名的慈善家，樂於捐輸行善，熱心教育辦學長達半個世紀，他捐款多以先父、先母和自己的名義，建立了多所學校和健康院，包括捐出鉅款創建西營盤及大坑口的李陞小學。該校的校訓是："敬業樂群，敬師愛生，業精於勤，樂善勇敢，群策同心。"他還成立了李寶椿獎學基金，鼓勵品學兼優的學生。1922年，由李寶椿獎學基金撥款興建的香港李寶椿聯合世界書院在烏溪沙落成。該書院是一所國際性預科學院。李寶椿於1963年病逝，享年77歲。

» 南北行和金山莊的衰落

香港開埠後的近百年間，以南北行、金山莊為代表的行商，隨著香港貿易轉口港的形成、確立而崛起、興盛，然而，也隨著香港內外環境的轉變而逐步衰落。20世紀30年代以後，南北行、金山莊的發展開始呈現不景，二次大戰後雖然一度恢復發展，但至50年代初因為受到聯合國對華實施貿易制裁的打擊，自此一蹶不振。

誠然，南北行、金山莊的衰落，也與其自身的局限有關，這可從元發行破產一事略窺一二。事實上，自1909年高舜琴逝世後，元發行的經營便開始衰落。由於缺乏強而有力的掌舵人，商行的經營亦缺乏現代企業的經營制度，家族中人肆意揮霍商行公款，導致負債纍纍，元發行被迫先後出售新加坡的樹膠園、元發棧，以及暹羅的元發盛。元發行的不景更導致各聯號間意見不合，分崩離析。1933年，元發行上海聯號宏發行將汕頭聯號光發行一張8萬元的匯票退回，觸發汕頭4家聯號光發行、智光行、鴻發盛及嘉發銀莊連鎖性倒閉。事發後，主持元發行的高承烈驚慌失措，攜款潛逃，使經營逾80年的老牌商號在短短數日間便冰消瓦解。當時，元發行在暹羅的聯號元章盛所付運的8,000包大米已即將運到香港，一經銷售便有現金周轉，實為可惜。❹ 元發行的倒閉令南北行同業唏噓不已。然而，元發行由盛轉衰，又何嘗不是南北行的縮影呢？

時至今日，當年稱雄一方的南北行、金山莊已十不存一，百年老字號僅剩乾泰隆一家巋然獨存，成為香港歷史最久遠的華人商號。直至香港回歸前，每逢農曆新年，乾泰隆仍然懸掛出其閱盡百年滄桑的對聯："乾坤浩蕩財源遠，泰岱崢嶸氣象隆。"從這副對聯，人們仍依稀可想見南北行、金山莊當年的鼎盛境況及其風采。可惜的是，就是這家歷史悠久的商行，也不敵歲月的侵蝕，於 90 年代後期倒閉。

03

依附英資的華人買辦

───────

　　19 世紀下半葉，隨著大量英資洋行、銀行及輪船公司湧入香港，依附英商的華人買辦數目大幅增加，他們利用其代理人和中介人的身份，憑藉著當時英商的權勢，迅速致富，成為香港華商中另一股舉足輕重的經濟力量。

》近代華商買辦的源起

　　所謂"買辦"，是指 1840 年鴉片戰爭以後，受僱於在華外資洋行、銀行或其他公司，出任其代理人的中國人。"買辦"一詞是借用的舊稱，在明代是指專司宮廷供應的商人，後來，凡在官府從事採購的人員都統稱"買辦"。到了清朝，連官宦人家的採購人員亦稱"買辦"。18 世紀，清朝將廣州十三行中招待外商的商館辦事人員統稱為"買辦"。買辦的英語 Comprador 則是從葡萄牙語的 Comprar（意即"採辦"）轉化而來的，指外資洋行中的聽差頭子。英國人和美國人稱呼那些在廣州商館裡的首席秘書（外國出納），以及在黃埔為船隻提供供給的人為 "Compradors"。買辦原受清政府的嚴格控制，不過，1820 年後伶仃洋鴉片貿易勃興，私充買辦大量湧現。1842 年《南京條約》簽訂後，廣州的十三行制度被廢除，買辦便取代了十三行成為外商的拍檔，其角色也逐漸從管家轉化為外商的業務代理人，他們不再向廣東海關領取執照，也無需由十三行擔保，而直接受僱於外商洋行，這是近代買辦的起源。

　　在廣州貿易時期，為外商、洋行提供補給品的貿易由買辦控制。1704 年，查爾斯‧羅克耶（Charles Lockyer）曾指出："每一個商館都有一位正規的買辦為他們服務。"這一時期，廣州買辦出現兩種類型，即為商館服務的"商館買辦"和為船隻服務的"商船買辦"。其中，商館買辦為廣州的外國商館提供所有補給品和服務人員，他們通常與外國人居住在一起，全年為外商服務。有些洋行甚至同時僱用多個商館買辦，不過通常由其中一位負總責（總買辦）。商船買辦則與商館買辦不太一樣，他們主要為停泊在中國港口的外國船隻上的水手提供必需品和勞務服務。1842年之後，商館買辦的職能發生進一步的變化，他們逐漸成為外資洋行的僱員和代理人，聯繫內地市場並向外國公司提供產品，在此之前這是被禁止的。[47] 一般而言，買辦的職責，在鴉片戰爭前大體沿襲廣州公行制度時期的舊例，以保管現金，管理商行內外雜務，充當僕役頭目為主；鴉片戰爭之後逐漸擴大到管理財務，代理洋行業務，代銷代購商品，探聽經濟情報，打通中國官府關節等，並藉此收取薪金、佣金，以及投資利息和經商利潤等。

買辦與洋行初期並無穩定的僱傭關係，每一次交易完成，雙方的業務關係也就結束，故一個買辦往往可同時兼理數家洋行業務。鴉片戰爭後，買辦與洋商的關係逐漸通過買辦責任保證制度，以契約形式確定下來。所謂買辦責任保證制度，首先是買辦的信用保證，買辦須向洋行繳交少至數萬、多至數十萬的保證金，並須有保證人擔保；其次是買辦必須對他所經手的交易、錢財以及所僱用人員作出保證。這種買辦責任保證制度，實際上使買辦承擔了外資洋行在賺取利潤時原應由它們自行承擔的商業風險，為外資洋行築起一道防禦風險的防波堤。正因如此，外資洋行、銀行在面對陌生的市場、不同的語言、複雜的貨幣折算、互不了解的信用關係的情況下，仍可長驅直入，打進中國內地市場，在追逐利潤的同時又可以在很大程度上避免商業風險。美資瓊記洋行老闆曾表示："保證責任原則是中國的特產，在中國整個政治體系中都可以看到。對此，我們以完全的信心加以依賴。" [48] 另一洋行老闆甚至說："我認為，假如售貨的款子不由（買辦）擔保，那還不如不做生意好。因為總有一天，損失會把所賺的利潤統統抵銷掉。" [49] 很明顯，買辦責任保證制度是外商洋行得以在中國立足和迅速崛起的重要因素。

然而，正因為外資洋行需依賴買辦抵禦商業風險，一切交易都交由買辦經手，這使得買辦處於中外貿易、城鄉貿易的壟斷地位，成為中間商人角色，而壟斷從來就是豐厚利潤的來源。買辦的收入中，薪金的收入並不是主要部份，主要的是代理洋行業務所收取的佣金，一般為成交額的 2-3%，還可從客戶那裡取得可觀的回扣。佣金之外，買辦還可利用經營洋行的銀錢、賬目之便利，將洋行剩餘資金拆借給銀行、錢莊收取利息。有些買辦，以洋行的名義經營自己的業務，其盈利也悉歸己有，或者，藉代理洋行的棉紗、布疋和煤油，操縱內地市場，牟取暴利。如此等等，不勝枚舉。19 世紀末香港著名華商何啟估計，香港洋行每賺取一元，他的買辦也同樣賺取一元。❺⓿ 就這樣，買辦托庇於洋商，利用其中介人的有利地位，在不太長的時間內積累了驚人的財富。

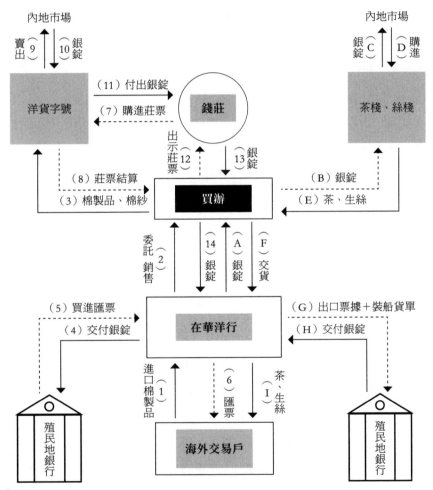

買辦在中外貿易中所處的中介地位（資料來源：〔日〕本野英一著，《19 世紀 60 年代上海買辦登記制度的挫折和出口貿易體制的改變——以怡和洋行為中心》，轉載自丁日初主編：《近代中國》（第三輯），上海：上海社會科學院出版社，1993 年版。）

» 香港著名買辦：何東家族與莫仕揚家族

香港開埠後，隨著怡和、寶順這兩家最具規模的英資洋行，先後將其總部遷到香港，其他洋行也紛紛在香港開設分行。原來活躍於廣州、黃埔的買辦便隨這些洋行移居香港。香港早期的買辦，主要是以兵船、商船、洋行為服務對象的艇戶，與洋商有業務往來的商人以及原廣州公行人員。早期的買辦，聞名的有兵船買辦盧景、怡和洋行買辦吳祝、穢乜洋行買辦何亞錫、鮑勒洋行買辦韋亞光以及鐵行輪船公司買辦郭甘章。盧景又稱盧亞貴，鴉片戰爭期間充當英軍兵船買辦，戰後定居香港，開設賭館、妓院，放高利貸，販賣鴉片，擁有共 100 間房屋，在早期香港擁有很大的權勢。吳祝在 1848 年曾投得中央市場的租權，而何亞錫、郭甘章和韋亞光在 19 世紀 40 年代均曾購入不少土地。韋亞光後來出任有利銀行買辦。

19 世紀 50 年代以後，買辦的人數迅速增加，其財力和影響力亦有顯著增長。據統計，1851 年受僱於香港外資洋行的買辦僅 6 人，1871 年和 1881 年已分別增加到 76 人和 95 人，1891 年更增加到 126 人。[51] 這些買辦利用其特殊的身份迅速致富，成為香港華商中另一股重要的經濟力量，其中著名的有：怡和洋行買辦何東、何福、何甘棠；太古洋行買辦莫仕揚、莫藻泉、莫幹生；滙豐銀行買辦羅伯常、羅壽嵩；渣打銀行買辦容良、容憲邦、容子民、容次岩；有利銀行買辦韋亞光、韋玉；仁記洋行買辦梁雲漢；德忌利士洋行買辦郭甘章。

怡和洋行買辦何東，是香港洋行買辦的代表。何東（Robert Ho Tung, 1862-1956），原名何啟東，英中混血兒，父親何仕文是英國人，母親施氏，原籍廣東寶安縣，故何東自署廣東寶安。何東出身寒微，早年在中央書院（今皇仁書院）畢業，曾應聘前往廣州海關任職，兩年後辭職返港。1880 年何東獲怡和洋行大班賞識，進入該洋行任助理，後來因表現出色，被擢升為怡和洋行屬下香港火險有限公司和廣州保險有限公司的經理，並兼辦航運、貿易，經營菲律賓和爪哇原糖的轉口業務。1894 年何東晉升怡和洋行總買辦一職，6 年後因病告退，將總買辦一職推薦給其弟何福。何東在怡和洋行前後任職 20 年，積累的財富逾 200 萬港元，成為巨富。[52] 何東家族是香港著名的歐亞混血兒家族，歐亞混血兒來源於前往香港經商、參軍的歐人與本地華人女子通婚。19世紀50-60年代，歐亞混血兒數目增加，當時華人懂得英語者寥寥可數，而混血兒則精通中英兩語，因而往往成為英資洋行的買辦。何東家族就是其中的典型。

在擔任買辦期間，何東在協助洋行推廣業務過程中看到巨大的商機，並掌握了商業拓展的網絡和資訊，因而開始了其創業之路。最初，何東是以"附股形式"投資於其他英美企業，藉以分散風險，其後，他創辦自己的商號——何東公司（Ho Tung & Company），自行經商。據考察，令何東一炮而紅並賺取鉅額利潤的，是從菲律賓、印尼等東南亞盛產食糖的國家進口廉價食糖，之後轉售到對食糖有龐大需求的中國內地。進而，何東在菲律賓投資甘蔗種植和食糖提煉，形成"垂直整合"的商業組織，又組成船隊——生和有限公司（Sang Wo S. S. Co. Ltd.），開始承辦旗下食糖生意，其後擴展到一切華洋貿易運輸。[53]

19世紀80年代以後，何東開始進軍香港地產。他不但投資港島及新界的土地物業，還在九龍半島，尤其是在尖沙咀、大角咀、旺角及太子等區域，收購大批地皮，從而成為香港深具影響力的"大地主"。何東名下包括連串價值連城的私家豪華大宅，他先是在西摩道八號興建"紅行"，之後又在1906年從當時的按察司Francis Piggott手中買入山頂Mount Kellett旁的The Eyrie大屋，打破華人不能在山頂居住的規則。該地段後來建成私人大宅The Chalet、The Dunford兩間大屋，兩間大屋中間更築起兩個標準網球場，使之連成一體。何東家族還染指鴉片生意，又聯合華商創辦大有銀行，接手《工商日報》，並擔任多達14家名堂響亮的大企業的主席、董事或管理委員。[54]何東家族可以說也是香港早期華資財團的最初萌芽形式。

太古洋行買辦莫仕揚家族亦是香港華人買辦的代表。莫仕揚，祖籍廣東中山，早期在廣州經商，與廣州的洋行素有往來。1860年，莫仕揚從廣州移居香港，經營建築及轉口貿易，並擔任美資瓊記洋行買辦。當時，香港政府鼓勵商人投資地產，並以低價將土地批予申請人建造房屋，莫仕揚以其經營的置業公司投資興建現處擺花街的數十幢房屋及30間（香港街名，因莫仕揚首先在此興建30幢房屋而名）的樓宇。1870年，英資太古洋行在香港開設分行，得知莫仕揚在香港商界素有信譽，並與南北行有密切聯繫，因而力邀莫出任太古洋行買辦。當時，太古洋行的主要業務是轉口貿易，因為獲得英資銀行的支持，業務發展迅速，莫仕揚從每筆成交交易中收取 5% 的佣金，還可從中國商人那裡取得回扣。莫仕揚任買辦後，憑著他與港穗工商界的淵源，迅速打開局面，太古得到莫仕揚相助後如虎添翼，而莫仕揚也依託太古洋行而名聲大噪。後來太古開展航運業務，莫仕揚兼理客貨運業務，從中積累了大量財富。

1879 年莫仕揚逝世後，香港太古洋行買辦一職由其子莫藻泉繼任，其時太古航運業正飛速發展，莫藻泉為適應業務需要，在香港另設南泰號，起用其堂侄莫仲達任主事，專門聯絡南北行商人，又於 1881 年在廣州開設太古分行，為香港太古負責廣州與華北各口岸的航運業務。1880 年，莫氏父子在香港鰂魚涌以低價買下一大片荒地，協助太古創辦太古糖廠，使食糖生意成為太古買辦的一宗大業務。莫藻泉再在廣州開設大昌棧，以大昌棧的名義向太古洋行訂貨，大量囤積太古糖，利用市場的價格差牟取暴利。❺ 當時，莫藻泉推出一種類似海報的“月份牌”，由香港設計師設計畫面，用重磅銅板紙印製，大肆宣傳太古糖廠“太極圈”牌白糖。由於“月份牌”色彩艷麗，大受中國內地群眾歡迎，風靡千家萬戶，太古白糖很快便佔領了市場，把傳統的爪哇糖排擠出內地。月份牌也就成為太古洋行首創的宣傳手段，畫面內容也由花卉、吉祥人物（如福祿壽、天官賜福、迎春接福、八仙賀壽等）發展成為盛行的“中國仕女”圖。這種新穎的宣傳方法，獲得巨大成功。怡和洋行、廣生堂等也紛紛仿效，以宣傳推銷自己產品。

1917 年，莫氏家族第三代莫幹生接任太古買辦，直至 1931 年。當時，正值太古車糖價格上漲幅度最大時期，太古砂糖原來市價每擔不超過 8-10 港元，一次大戰後，歐洲各國放鬆對食糖的管制，食糖需求量大增，1917-1919 年間食糖價格一度高達每擔 80 港元。這幾年間，莫幹生手中擁有的太古糖維持在 10 萬包左右，通過低買高賣，賺得的利潤竟然高達 500-600 萬港元。這一時期，太古集團旗下的太古糖廠、船塢、保險、航運、漆廠、外貿等業務繼續得到發展，為太古洋行積累了鉅額財富，莫幹生的弟弟也於 1928 年被聘為太古洋行的幫買辦（副買辦），主管糖廠。這個時期，太古洋行超過怡和，躍登洋行首位。莫氏家族也成了這個龐大英資集團的支柱。當時，在香港的外資洋行中，沒有一家像太古洋行那樣，買辦是由莫氏家

英資怡和洋行的著名買辦何東。何東從買辦
起家，並藉地產投資迅速崛起，是香港戰前
最顯赫的華商家族。

英資太古洋行的買辦莫藻泉。莫藻泉及
其父親莫仕揚和兒子莫幹生一家三代出
任太古洋行買辦前後長達 61 年。

族祖孫三代連續充任的。而且，除莫氏三代買辦和副買辦外，太古洋行的幾乎每一
個分支機構，都是由莫氏子孫或旁系子侄任職，百年之間累計達千人，故 "只知有
莫，不知有英" 一語，在員工中流傳著。[56]

　　莫氏家族三代歷任太古洋行買辦前後達 61 年，期間積累了驚人財富。據莫幹
生胞弟莫應溎的回憶，僅莫幹生本人在太古任職買辦的十數年間，積累的財產就高
達 1,000 萬港元。[57] 20 世紀 20 年代，莫幹生在操縱太古糖市場價格以賺取暴利後，
斥資 100 多萬港元在港島靠近山頂處購地逾 10 萬平方呎，興建一座全香港最豪華的
英國皇宮式別墅。當這幢皇宮式別墅入伙時，莫幹生舉行了相當豪華的宴會，太古
洋行的經理英國人布朗出席宴會後，暗中派人查了莫幹生的賬目，要莫幹生把經手
購入裝糖的蒲包，高於市價部份，"賠償" 給太古洋行。其後，經過反覆磋商，1929
年雙方同意，由莫幹生被迫賠款 25 萬港元給太古洋行，方才了事。[58] 莫幹生受此次
"釜底抽薪" 般的打擊，感到難以在太古再待下去，遂於 1931 年向洋行遞交了辭職
書。自此，太古洋行總行取消了買辦制度，代之以經理制。莫應溎雖仍留任糖業部
經理，但太古洋行的氣候已變了，莫氏家族在太古逐漸失勢，莫應溎本人也只好於
1935 年 "掛印" 離去。

» 香港買辦的投資領域

在買辦的收入中，薪水的收入並不是主要部份。據資料顯示，1786年廣州貿易時期，外國商人聘請一位買辦需要花費300兩銀元，但100年後，到19世紀80年代，買辦的薪水變動幅度並不大。但買辦除薪水之外的佣金、營運洋行的資金、差價、巧立名目的其他收入則大大增加。除此之外，買辦由於經營洋行的錢銀、賬務，可以利用職務的便利，將洋行多餘的資金用"日拆"的方式，短期拆放給銀行、錢莊，這樣洋行既有利息收入，買辦也可以從中賺取佣金和利息。據瓊記洋行行東在19世紀50年代末期的計算，買辦每年可從這項資金拆放中獲得5,000-6,000元的額外收入。此外，買辦還可以利用保管資金的便利，挪用一部份資金來經營自己的生意。❺⁹

買辦通過各種途徑積累的財富相當驚人。19世紀60年代，瓊記老闆在一封私人函件中曾經評論旗昌洋行買辦陳竹坪，說他除了在旗昌有投資13萬兩銀元之外，還有4艘輪船，"在租界里的房地產有一半是他的"。寶順洋行買辦徐潤，僅房地產收入，"每日可得租金四百二十兩"。徐潤雖然貴為"地皮大王"，但在70年代也不得不承認，"上海地皮產業首推汪澤堂（麗泉洋行買辦）"。據估計，徐潤積累的財產高達600萬兩。❻⁰ 買辦通過各種途徑致富後，開始向獨立商人轉化，利用手中所積累的鉅額財富以附股形式投資於英商開設的企業，或自設商號，自行經商牟利。

香港買辦以附股形式投資於外商開設的企業，主要集中在金融、保險、航運及相關行業，早期出資附股，僅限於收取股息，並無參與經營，19世紀70-80年代後，參與經營管理的才逐漸增多。怡和洋行買辦何東，就曾大量購入英資公司的股票，包括怡和的印—華輪船公司、置地公司、香港火險有限公司、廣州保險有限公司、省港澳輪船公司、香港電車公司、黃埔船塢及中華電力公司等。何東本人亦曾任置地公司、省港澳輪船公司、黃埔船塢、香港電車、印—華輪船公司的董事，並出任香港火險、廣州保險兩家公司的顧問。鐵行輪船公司買辦郭甘章亦附股省港澳輪船公司及公正輪船公司。買辦購買外商企業股票，主要是想藉此分享外商企業的利潤，有的買辦投資於他任職的外商企業，使原來的主僱關係又增加了合夥人的性質。

　　買辦自設商號，自行經商，到 19 世紀 60-70 年代已比較普遍。太古洋行買辦莫
仕揚家族，在任職期間就曾先後開設南泰號南北行、太古廣州分行、大昌棧等。滙
豐銀行買辦羅壽嵩，既是滙豐銀行的華股代表，又自行開設元隆號、永同仁銀號，
以及一些錢莊。他一面以買辦身份作保，介紹錢莊向滙豐銀行借款，一面又以錢莊
老闆的身份經商，成為當時香港金融界的實力人物。❻ 鐵行輪船公司買辦郭甘章，
1854 年購入鐵行輪船公司的機械工程部和修理廠，承接船舶修理業務，同時開設發
興行，經營船舶租賃業。1877 年，郭甘章擁有輪船 13 艘，航行於省港澳之間，成為
香港航運界的鉅子。❻

　　買辦自設商號的一個重要特點，就是其投資方向、業務方針以至經營範圍通
常與其洋東企業保持一致，亦步亦趨。這樣，他們既充當同洋行作交易的對手，又
能在購銷、信貸、勞務、運輸等各方面為洋東提供對口服務，這樣既發揮自己的特
長，又獲得洋東的支持。因此，買辦無論是附股投資，或是自設商號，基本上都是
作為英資財團的附屬力量而存在、發展，本身卻缺乏獨立能力。

　　買辦致富後，最重要的投資領域要數房地產業。早期的買辦，無論是盧景、
何亞錫、郭甘章、韋亞光等，無一不在房產業作大量投資。太古洋行買辦莫仕揚在
擔當瓊記洋行買辦時，就已大量購置地皮物業。當時，莫仕揚以低價向港府購得大
量土地，投資興建了現處港島擺花街的數十幢房屋和 30 間的樓宇。❻ 何東退職後
自行經商，亦大量投資於房地產業。到二次大戰後，何東家族擁有的物業，包括山
頂的何東樓，港島中區的恒生銀行總行地盤、舊中央街市地段，灣仔的東生大廈、
東城大廈、承業大廈，尖沙咀的東英大廈，旺角的東興大廈，以及彌敦道的數幢商
廈。❻ 何東家族亦因此成為香港戰前最顯赫的華商家族。

》 香港華商買辦的衰落

　　香港華人買辦作為一股勢力，在 20 世紀 30 年代開始步入衰落期，其標誌是
1931 年太古洋行取消買辦制度。20 世紀 20 年代後期，太古洋行自覺在華業務已有

雄厚基礎，無需再假手買辦，遂壓縮買辦的業務範圍，買辦經手買賣的佣金也從早期的 5% 降至 2%，後期甚至減至 0.25%，莫氏家族遂於 1931 年向太古洋行辭職，結束長達 61 年的買辦生涯，而太古洋行亦取消買辦制度，買辦間少數人員被聘為行員，部份留為僱員，其餘遣散。至於莫氏家族人員，除部份繼續留任為太古洋行行員，大部份陸續改業，分別當了醫生、工程師或自行經商，部份沉緬於鴉片或賭博，最終淪落或破產。據莫應溎的回憶，莫氏家族幾代任買辦積累起來的財富，"揮霍掉的佔十之八九，能夠積聚起來的不及十之二三"。❻❺

買辦勢力衰落的另一個重要標誌，是 20 世紀 30 年代著名買辦世家何東家族分支何世光、何世亮兄弟相繼破產。何氏兄弟的父親何福是何東胞弟，曾先後任怡和洋行、沙宣洋行買辦，又是香港立法局議員，顯赫一時。何福逝世後，何世光成為當年叱咤風雲的人物，既是怡和買辦，又出任立法局議員、東華三院主席。不過，後來何世光誤信怡和大班的假消息，炒股失敗終至破產，連麥當奴道祖屋、赤柱度假屋及其全部家產都要賣掉。何世光出走越南西貢，其弟何世亮則吞槍自殺。❻❻

04

華商在香港政壇的冒起

───────────

19 世紀下半葉，華商經濟實力不斷壯大的重要標誌，就是其在香港政壇的地位日漸提高。這種轉變促使香港政府被迫改變早期嚴重歧視、排斥華人的政策。

» 香港華商組織的創辦

首先反映華商實力壯大的，是一系列華商組織的創辦。香港開埠不久，已有華人團體成立。不過，這些團體多是由同鄉或同一行業所組成的小團體，旨在聯絡感情，或為團體內成員辦些紅白二事。香港首個重要的華商組織當數 1868 年正式成立的南北行公所。如前所述，19 世紀 50 年代以後南北行在香港崛起，當時，中國北方各省貨物大多於上海、青島、廈門、汕頭等港口集中後運往香港，而兩廣和湘贛的貨物則由廣州入口，逐漸形成若干區域性商人團體，如潮州幫、廣東幫、福建幫、上海幫等。1864 年，潮商元發行高滿華、粵商廣茂泰行招雨田等為避免互相爭執，遂邀請同行，劃分經營範圍，組成同業團體，並議定《南北行規約》以共同遵守。南北行公所就是在這種背景下產生的，其宗旨是 "策同業福利，謀市面繁榮"。❻ 這是當時香港實力最強大的華商同業組織。

然而，南北行公所畢竟是南北行同業組織，未能充份代表華商的力量。有鑑於此，19 世紀 70 年代，寶隆金山莊行的古輝山便聯同 10 多名華商，倡議建立香港中華會館以 "聯鄉誼而通商情"。1880 年 2 月，買辦郭甘章、金山莊商人馮明珊、南北行商人招雨田及著名文人王韜等 24 人，代表全港華民紳鄉，要求香港政府撥款撥地，建立華商會館作為華商集會場地，兼作中西產品陳列館，使 "中外商人同受

1946 年南北行公所的內景。南北行公所創辦於 1864 年，是當時香港實力最強大的華商同業組織。

1954 年新落成的南北行公所開幕

厥益"。同年 9 月，梁安、李陞、伍廷芳、韋玉等 778 人，要求港府撥太平山大笪地一地段，作為華商會館館址。港督軒尼詩（KCMG, Sir John Pope Hennessy）同意撥款 4 萬港元助建會館，並給工務司下達撥款指示。但軒尼詩離任後，署理港督馬殊（William Marsh）擔心華商會館成立後，可能會成為與港府分庭抗禮的華人代表機構，於是藉口館址難擇，將此事擱置。❻

　　1887 年 3 月，華商何亞美、李陞、韋玉、何啟等人，在籌備英國維多利亞女皇（Queen Victoria）登基 50 週年慶典時，再度提出籌建華商會館一事，獲得香港政府批准。香港華商於是組成籌建華商會館委員會，推選安泰保險公司總幹事何亞美為主席、大律師何啟為書記。1889 年 5 月，籌委會向港府輔政司提交成立華商會館的備忘錄和章程草案等。但由於香港政府遲遲未能履行撥地承諾而被迫再度擱置。1895 年，由寶隆金山莊主古輝山、聚昌號疋頭綢緞莊主黃堯卿、中華匯理銀行買辦馮華川，以及著名華商何亞美、李陞等數十位知名華商再度發起，並決定自行集資購地興建會館，選擇港島西半山地段動工興建，於 1896 年 1 月 17 日落成，定名為"中華會館"（Chung Wah Wui Koon）。❻ 開幕時，邀請了中國駐九龍協副將陳崑山主持開幕典禮。1900 年，香港中華會館改組為香港華商公局（The Chinese Commercial Union），公推中華匯理銀行買辦馮華川出任主席，其時華商公局已有會員 400 多人。香港中華會館和華商公局的成立，是華商在香港政壇冒起的重要標誌。自此，華商在香港政壇上逐漸成為一股重要力量。

　　香港華商公局成立後，曾多次代表華人向香港政府提出建議，深受華商的支持。及至 20 世紀初葉，香港各種華人商會和公會相繼成立，計有：香港華商保險公會（1903 年）、僑港中山商會（1904 年）、報業公社（1907 年）、普益商會（1908 年）、四邑工商總會（1909 年）、米業商會（1911 年）、香港增城商會（1912 年）、東莞商會（1912 年）、三水商會（1912 年）、順德商務局（1912 年）、鶴山商會（1912 年）、全港雞鴨行工商總會（1912 年）、番禺公所（1912 年）、華人審計師公會（1913 年）等。❼ 華商公局自成立以來，一直未獲得港府同意，正式註冊為法團，而且"公局"這一名字亦顯然陳舊。有鑑於此，1913 年，屈臣氏大藥房總行買辦、時任華商公局主席的劉鑄伯認為，當時香港各邑商會已紛紛成立，並相繼加入華商公局，故華商公局實際上已成為總商會性質的團體，如果仍沿用公局名稱，實難以反映它在華商團體中的領導地位。為此，劉鑄伯、葉蘭泉、何澤生、陳啟明等人發起倡議，並獲得多數會員贊同。同年 11 月 22 日，香港華商總會（The Chinese Chamber of Commerce）正式成立，推舉劉鑄伯、袁英山為正副主席，這是香港中華總商會的前身。當時，香港華商總會已擁有逾千名會員，成為由英商控制的香港總商會（1861年成立）之外另一個最重要的商會組織。

》華商積極參與香港社會事務

　　華商在香港政壇冒起的重要表現，是積極參與香港的社會事務，籌組各類社會慈善機構，包括東華醫院、保良局、團防局等。

　　1869 年，為改善香港華人的醫療狀況，由香港各業華商集資興辦的東華醫院籌辦成立，當年的倡建總理 12 人，包括仁記洋行買辦梁雲漢、瑞記洋行買辦陳桂士、滙豐銀行買辦羅伯常、和興號金山莊主李陞、元發行東主高滿華、廣利源南北行商鄧伯庸，以及同福棧的陳朝忠、謙吉疋頭行的楊寶昭、天和祥的陳美揚、建南米行的何錫、福隆公白行的吳振揚、創辦《循環日報》的黃勝，可說是囊括了當時華商的精英，其中又以買辦和行商佔主流。據統計，1869-1899 年歷屆東華醫院的 362 名總理中，買辦和南北行商所佔的席位最多，在決策和管理過程中起到關鍵的作用，金山莊、公白（鴉片）行、米行、疋頭行商人的地位也引人注目。[74] 這種結構，反映了當時華商

20 世紀 10 年代的香港華商總會。香港華商總會創立於 1913 年，是香港中華總商會的前身。

19 世紀末的東華醫院委員會委員。東華醫院是由以買辦和行商為代表的華商組成，創辦於 1869 年。

各系中的實力對比。

　　東華醫院創辦後，除免費向貧病華人提供醫療外，尚兼辦其他慈善事業，包括收容老弱婦孺、賑糧派衣、興辦平民學校等。當時，香港色情事業泛濫，拐騙和販賣婦孺成為突出的社會問題，東華醫院經港督同意，開始僱用暗差偵查並緝拿拐匪。1881 年，經東華醫院總理建議，港府立例成立保良公局，以協助港府 "防範誘拐，保障婦孺"。保良局的總理亦由華商出任。據統計，1887-1899 年保良局歷任總理 116 人中，南北行商、買辦、金山莊商人地位突出，錢莊、銀號、綢緞，花紗布和洋貨店商人也舉足輕重，情形與東華醫院大同小異。❼

　　華商參與的另一個重要組織是團防局，其前身是更練，是經港府批准成立的民間治安團體。1891 年，港府為加強控制，改組為團防局，由港府的華民政務司任主席，並任命何啟、李陞、何福、韋玉、劉渭川等 12 人為局紳。團防局的局紳，基本上亦由買辦和行商出任。

　　華商在香港政壇冒起的最重要標誌，是華商領袖打破英商的壟斷進入香港的立法、行政兩局。1880 年 1 月，伍廷芳獲委任為首位華人立法局議員。伍廷芳（1842-1922），祖籍廣東新會，生於新加坡，後隨父回國，居廣州，13 歲時曾被綁票，逃脫後隻身赴香港聖保羅學院求學，接受了 6 年的西式教育，5 年後，以優異成績畢業。

1873 年與王韜、黃勝等創辦《循環日報》，1874 年赴倫敦林肯律師學院進修，3 年後取得大律師資格，旋即返港成為首位華人大律師，並一度出任署理首席檢察官。1878 年 12 月，伍廷芳被香港政府委派為掌法紳士（後譯"太平紳士"），開華人任太平紳士之先河。1880 年，港府裁判司返英度假，伍廷芳奉委署職。同年 2 月 19 日，由港督軒尼詩和香港華人領袖推薦，伍廷芳成為香港開埠以來第一位立法局華人議員。伍廷芳積極支持軒尼詩的開明政策，反對歧視華人，廢除公開笞刑，遏制販賣女童等，對香港的商業發展、城市建設及社會福利諸方面貢獻良多。1880 年，他與富商梁安等聯名上書，請求成立華人商會。1881 年，他提議創建電車計劃，並建議其妻弟何啟進行九龍灣填海工程，他還多次捐款支持香港教育事業。1882 年伍廷芳炒樓失敗離港，其立法局議員職位遂由黃勝、何啟先後繼任。

1896 年，港府增任多一位華人立法局議員，由有利銀行買辦韋玉出任。韋玉（1849-1921），廣東中山人，生於香港，父親韋光（1825-1879）為有利銀行買辦。早年就讀中央書院，19 歲負笈英倫，在蘇格蘭大來書院畢業。1872 年返港進入有利銀行，協助父親韋光發展業務。1879 年韋光逝世，韋玉繼承父職，出任有利銀行買辦，成為當時著名的華商領袖。1882 年，韋玉被選為太平紳士。韋玉於 1898-1917 年間出任香港立法局議員。1898 年，英國根據《展拓香港界址專條》派兵進駐新界，遭新界鄉民激烈反抗，最後經韋玉等人協助調停，新界才得以納入香港版圖。韋玉多次代表香港與內地交涉，深得清政府信任。辛亥革命爆發後，廣東水師提督李準向胡漢民投降時，以韋玉為保證人，協助政權平穩過渡。韋玉於 1917 年退休，淡出政壇，1921 年 12 月 16 日病逝。出任香港華商總會主席的劉鑄伯則於 1913-1922 年間出任香港立法局議員，致力為華人謀求福利。

華人出任香港行政局議員，則一直延遲到 1926 年才實現，首位華人行政局議員是參與創辦東亞銀行的周壽臣。周壽臣（1861-1959），1861 年於香港島黃竹坑新圍出生，11 歲便由父母送往中央書院，接受西方教育。洋務運動期間，清廷決定"派童赴美"，以吸收西洋知識，派容閎為代表來港訪尋學童。由於周壽臣在港已經接觸西學，因此被容閎選入第三批大清留美幼童，同時被選中的還有唐紹儀、詹天佑、梁如浩等人。1874 年，周壽臣等人到達美國，獲安排進入溫斯第小學（Winsted Local

Grammer School）唸書。一年後，周壽臣從溫斯第小學畢業，並於同年 9 月入讀菲立斯學院。不過，因為清廷命令，周壽臣被迫提早回國。周壽臣於 1881 年任多處海關稅務，1903 年任天津招商局總辦、京奉鐵路總辦及清外交部大臣，官至二品，1905 年任唐山路礦學堂總辦（校長）。辛亥革命後退隱，出任多間中外商號的董事。回到香港後，他從 1907 年起成為香港太平紳士，1918 年與李冠春、李子方及簡東浦等華商合資創辦東亞銀行，1925-1929 年期間任董事局主席。1922 年，周壽臣獲香港政府委任為香港立法局議員，1926 年更成為香港首位華人行政局非官守議員，並獲授封為英國爵士。香港島南區的壽臣山，與壽臣劇院皆以他命名。周壽臣出任香港行政局議員時，香港的華資家族財團已經崛起。

註釋

❶ "亞羅號"本為一般中國船,為方便走私,故在香港註冊,並掛英國旗。1856 年 10 月,英國駐廣州代理領事巴夏禮聲稱廣東水師上船搜查海盜時,曾侮辱懸掛於船上的英國國旗,遂發起進攻珠江沿岸,史稱"第二次鴉片戰爭"。

❷ 《威廉‧渣甸致巴麥尊》(1839 年 10 月 28 日函),見倫敦檔案館藏英國外交部檔案第 17 類第 35 卷。

❸ 《香港憲報》第 1 期,1841 年 5 月 15 日出版,載《中國叢報》第 10 卷第 5 期,1841 年 5 月,第 289 頁。

❹ 林友蘭著,《香港史話》,香港:香港上海印書館,1978 年,第 116 頁。

❺ 同註 4,第 8 頁。

❻ G. B. Endacott, *A History of Hong Kong*, Hong Kong: Oxford University Press, 1964, p.28.

❼ Roger Nissim, *Land Administration and Practice in Hong Kong*, Hong Kong: Hong Kong University Press, 1998, p.4.

❽ 同註 7,第 6 頁。

❾ 沈永興主編,《從砵甸乍到彭定康 —— 歷屆港督傳略》,香港:新天出版社,1994 年,第 4 頁。

❿ 同註 4,第 4 頁。

⓫ Carl Smith, "The Emergence of a Chinese Elite in Hong Kong", *Journal of the Hong Kong Branch of the Royal Asiatic Society*, Vol.11, 1971, p.82.

⓬ 同註 10。

⓭ 鄧元昌資料見註 11,第 88 頁。

⓮ 《1846 年香港年鑑及行名錄》(*The Hong Kong Almanac and Directory for 1846*),《德臣西報》館,1846 年。

⓯ 理雅各著,《香港殖民地》,香港:《中國評論》,第 1 卷,1872 年 7 月至 1873 年 6 月,第 171 頁。

⓰ 同註 4,第 31 頁。

⓱ 馮邦彥著,《香港英資財團(1841-2019)》,香港:三聯書店(香港)有限公司,2019 年,第 23-25 頁。

⓲ 同註 14。

⓳ *The Chronicles and Directory for China, Japan and the Philippines*, Hong Kong: Hong Kong Daily Press, 1870, p.221, quoted in Yen-p'ing Hao, *The Comprador in Nineteenth Century China: Bridge between East and West*, Cambridge, Massachusetts: Harvard University Press, 1970, p.102.

⓴ 見英國殖民地部檔案,C.O.133,《香港藍皮書》,轉引自余繩武、劉存寬主編:《十九世紀的香港》,香港:麒麟書業有限公司,1994 年,第 342 頁。

㉑ 同註 4,第 79-80 頁。

㉒ 《軒尼詩致金伯利函》，1880 年 7 月 9 日，英國殖民地部檔案，C.O.129/189，第 33 頁。

㉓ 《香港政府憲報》第 28 卷第 9 期，1882 年 3 月 4 日，第 241 頁。此處所引是香港政府公佈的更正數字。

㉔ 王韜著，《弢園文錄外編》卷 4，第 91-92 頁。

㉕ 魯言著，《十九世紀八十年代的香港》，《香港掌故》（第 3 集），香港：廣角鏡出版社，1981 年，第 114 頁。

㉖ 同註 25，第 112-114 頁。

㉗ 陳謙著，《香港舊事見聞錄》，香港：中原出版社，1987 年，第 91-92 頁。

㉘ 同註 17，第 54-74 頁。

㉙ 陳鏸勳著，《香港雜記》，香港：中華印務總局，1894 年，轉引自《香港掌故》（第 9 集），香港：廣角鏡出版社，1981 年，第 74 頁。

㉚ 同註 4，第 108 頁。

㉛ 余繩武、劉存寬主編，《十九世紀的香港》，香港：麒麟書業有限公司，1994 年，第 328 頁。

㉜ 高貞白著，《從元發行的盛衰看南北行的發展》，香港：《信報財經月刊》雜誌，1977 年第 1 卷第 8 期，第 54-55 頁。高貞白係元發行東主高滿華後人。

㉝ 匯感百科，《暹羅華商首創香港南北行》，http://www.hgzz.net/baike/82216.html。

㉞ 同註 32，第 55-56 頁。

㉟ 同註 34。

㊱ 同註 32，第 57 頁。

㊲ 陳湜、李史翼編，《香港——"東方的馬爾太"》，上海：華通書局，1930 年，第 210 頁。

㊳ 賴連三著，《香港紀略》，上海：萬有書局，1931 年，第 101 頁。

㊴ 魯言著，《香港南北行藥材商及壟斷事件》，《香港掌故》（第 12 集），香港：廣角鏡出版社，1981 年，第 92-93 頁。

㊵ 同註 39，第 100-109 頁。

㊶ 同註 29。

㊷ 賴連三著，《香港紀略》，上海：萬有書局，1931 年。

㊸ 同註 31，第 331 頁。

㊹ 施其樂著，《香港史片斷（一）》，《英國皇家亞洲學會香港分會會刊》第 26 卷，1986 年，第 224-225 頁。

㊺ 賴特著，《商埠志》，第 184 頁，轉引自余繩武、劉存寬主編：《十九世紀的香港》，香港：麒麟書業有限公司，1994 年，第 331 頁。

㊻ 同註 32，第 61 頁。

㊼ 范岱克（Paul A. Van Dyke）著，江瀅河、黃超譯，《廣州貿易—— 中國沿海的生活與事業（1700-1845）》（*The Canton Trade: Life and Enterprise on the China Coast, 1700-1845*），北京：社會科學文獻出版社，2018 年，第 52-72 頁。

㊽ Augustine Heard, Jr. "The Poisoning in Hongkong", GQ-2, Heard Collection, quoted in Yen-p'ing Hao, *The Comprador in Nineteenth Century China: Bridge between East and West*, Cambridge, Massachusetts:

Harvard University Press, 1970, p.102.

❹ "H. G. Bridges (Kiukiang) to A. F. Heard (Shanghai)", June 29, 1862, HM-23, Heard Collection, quoted in Yen-p'ing Hao, *The Comprador in Nineteenth Century China: Bridge between East and West*, Cambridge, Massachusetts: Harvard University Press, 1970, p.69.

❺ Diplomatic and Consular Reports [F. S. Bourne], *Report on the Trade of Central and Southern China*, 1896-1897, London, 1898, p.94.

❺ 詳見註 20。

❺ 何文翔著,《香港家族史》,香港:三思傳播有限公司,1989 年,第 11 頁。

❺ 鄭宏泰、黃紹倫著,《香港大老何東》,香港:三聯書店 (香港) 有限公司,2007 年,第 90-91 頁。

❺ 同註 53,第 104、117-121 頁。

❺ 張仲禮、陳曾年、姚欣榮著,《太古集團在舊中國》,上海:上海人民出版社,1991 年,第 155-156 頁。

❺ 麥國良著,《掌管太古洋行六十年的三代華人買辦── 莫仕揚、莫藻泉、莫幹生、莫應溎祖孫》,廣州:《中山文史》,第 20 輯,2006 年 2 月 28 日,http://zszx.zsnews.cn/Article/view/cateid/256/id/29705.html。

❺ 莫應溎著,《英商太古洋行在華南的業務活動與莫氏家族》,《文史資料選輯》第 14 輯,北京:中國文史出版社,1988 年,第 173 頁。

❺ 同註 55。

❺ 1859 年 9 月 17 日,《A. F. 何德致函約翰・何德函》,《何德藏件》,HL-14,轉引自復旦大學歷史系、《復旦學報》編輯部、《歷史研究》編輯部編輯,《近代中國資產階級研究》,上海:復旦大學出版社,1983 年,第 320-321 頁。

❻ 復旦大學歷史系、《復旦學報》編輯部、《歷史研究》編輯部編輯,《近代中國資產階級研究》,上海:復旦大學出版社,1983 年,第 322-323 頁。

❻ 同註 31,第 344 頁。

❻ 同註 61。

❻ 同註 55。

❻ 同註 52,第 11-12 頁。

❻ 同註 57,第 160-163、174 頁。

❻ 何文翔著,《香港富豪列傳》,香港:明報出版社,1991 年,第 159-162 頁。

❻ 同註 31,第 370-371 頁。

❻ 周佳榮、鍾寶賢、黃文江編著,《香港中華總商會百年史》,香港:香港中華總商會,2002 年,第 5 頁。

❻ 同註 68,第 6 頁。

❼ 同註 68,第 28 頁。

❼ 同註 68,第 365 頁。

❼ 同註 68,第 368 頁。

2

家族財團
嶄露頭角

19 世紀末 20 世紀初，香港的地域從港島、九龍擴展到新界，人口亦增加到逾 30 萬人，並且確立為遠東的貿易轉口港，成為了中國南方重要的對外開放經濟門戶。轉口貿易的蓬勃發展，進一步推動了航運業、金融業的勃興，而人口的急速增長，亦刺激了零售百貨、地產、酒店以及其他各行業的興旺。香港經濟的發展進程，為近現代華資家族財團的萌芽、誕生和發展壯大等階段，創造了有利的客觀條件。

這一時期，以行商和買辦為主力的本地華商繼續崛起，從北美、澳洲以及東南亞地區掘得"第一桶金"的華僑富商也紛紛移師香港，而中國內地則因義和團運動、八國聯軍侵華、辛亥革命，以及日本發動的侵華戰爭而依然處於動蕩，大批富商陸續移居香港，另闢經營領域。這三股力量的匯聚，令華資家族財團開始在香港的零售百貨、銀行、航運、地產、以至醫藥等各個領域嶄露頭角，形成了香港華資的第二次發展浪潮。

不過，整體而言，香港華商基本上仍然是在強大的英資財團的夾縫中生存、發展，並未在任何一個重要的經濟行業佔據優勢，或對英資財團構成強而有力的競爭威脅。

01

華資家族財團形成的背景

────────

　　19 世紀末 20 世紀初，香港近現代華資家族財團、華資企業集團的形成和誕生，是有其獨特的歷史背景的。

» 遠東貿易轉口港確立與經濟發展

　　不少研究香港史的歷史學家，都將 1898 年作為香港最終確立其遠東貿易轉口港地位，及進入新的歷史發展時期的起端。事實上，這一年發生了兩件大事，對於香港最終確立貿易轉口港的地位產生了重要而深遠的影響。

　　第一件是香港的地域擴展到新界地區。19 世紀末，西方列強相繼在中國劃分勢力範圍，1898 年 6 月 9 日，英國政府強迫清政府簽訂《展拓香港界址專條》，強行租借深圳河以南、界限街以北的九龍半島及附近 200 多個島嶼，即後來被稱為 "新界" 的地區，租借期為 99 年，從同年 7 月 1 日開始，到 1997 年 6 月 30 日屆滿。新界地區納入香港版圖，使香港邊界從界限街大幅推進到深圳河南岸、東至大鵬灣西及后海灣一線，當時新界共擁有 971.1 平方公里的土地及約 10 萬名居民，侵佔新界使香港的土地增加 11 倍、人口增加三分之一。這無疑為香港經濟的發展提供了廣闊的空間及充份的人力資源，並注入了新的活力。

　　第二件是興建貫通香港與廣東的鐵路動脈 —— 九廣鐵路。1898 年，英資滙豐銀行與怡和洋行已看到興建九廣鐵路的重要性，同年即合組著名的中英公司，準備承建港府計劃中的九廣鐵路，並爭取華南以及華東各區鐵路的修築權。九廣鐵路英段從九龍尖沙咀到深圳羅湖，全長 22 里，1906 年正式動工，1910 年 10 月 1 日通車，羅湖至廣州的中段稍後於 1911 年 10 月通車。九廣鐵路的全線貫通，使香港與以廣州為中心的華南地區的交通運輸更加便利，進而透過中國的鐵路網絡與華東、華中聯繫，使香港的貿易轉口港地位更加鞏固。

疆域的擴展及九廣鐵路的興建，使九龍半島的開發提到議事日程上。初期，九廣鐵路的九龍總站計劃建於油麻地，港督彌敦決定把鐵路伸延到九龍半島的最南端，於是修路工程人員將阻隔油麻地與紅磡海岸之間的小山劈開，把泥土運往東南海岸填海，在新填海區開築了漆咸道、梳士巴利道，並在梳士巴利道末端興建起尖沙咀總站及著名的鐘樓。為了開發九龍半島，港督彌敦下令修築貫通九龍半島的彌敦道，住宅樓宇和商廈逐漸在九龍各街區矗立起來。這時，香港的市區已從港島中環向西環、灣仔、銅鑼灣及九龍伸展，整個城市已初具規模。據統計，1907 年，香港總人口已突破 40 萬人，其中華人佔 39.58 萬人。❶

這一時期，香港轉口貿易進一步推動了航運業、銀行業的發展。據統計，1898年，進出香港的貿易船隻總數為 11,058 艘，總噸位為 1,325 萬噸，但到 1913 年已分別增加到 21,867 艘和 2,294 萬噸，增幅近一倍。第一次世界大戰中，香港的轉口貿易一度陷入停滯，進出口貿易船隻的噸位數從 1914 年的 2,207 萬噸減少到 1918 年的 1,696 萬噸，跌幅達 23%。不過，戰後香港的商人利用歐洲各國經濟疲弱無暇東顧的有利時機，積極開拓遠東市場。1924 年，進出香港的貿易船隻總噸位達到 3,547萬噸，比戰前最高紀錄增加五成以上。1930 年，香港首次出現官方對外貿易統計數字，該年香港對外貿易總額達 8.12 億港元，其中出口總額達 3.57 億港元。❷ 這一時期，香港的航線已伸延到中國沿海及內河各港口，以及東南亞、澳洲、北美和歐洲各大商埠，形成極為發達的航運網絡。

在銀行業方面，19 世紀末 20 世紀初，隨著轉口貿易的發展，外資及中國銀行紛紛進入香港，主要包括法國的東方匯理銀行，日本的正金銀行、台灣銀行，美國的萬國寶通銀行、運通銀行、大通銀行，英國的大英銀行，荷蘭的小公銀行、安達銀行，比利時的華比銀行等。及至 20 世紀 30 年代，日本發動侵華戰爭，內地的一批中國資本銀行湧入香港，包括廣東省銀行、廣西銀行、交通銀行、上海商業儲蓄銀行、中南銀行、金城銀行、新華信託儲蓄商業銀行、中國國貨銀行、聚興誠銀

20 世紀 10 年代初的九廣鐵路九龍總站。九廣鐵路於 1911 年 10 月全線通車,進一步加強了香港與內地的聯繫。

約 1918 年的粉嶺火車站

行、國華商業銀行、南京商業銀行、中國實業銀行等，它們與早期進入香港的中國銀行、鹽業銀行等，構成香港銀行業中的一個新類別。

到 1941 年日軍侵佔香港前夕，香港擁有的各類銀行已達 40 家左右。當時，由於內地遭受戰亂，政局動盪，大量資金湧入香港，香港銀行業呈現一片繁榮，1939 年出版的《香港華僑工商業年鑑》就指出：抗戰爆發以來，"吾人所有財力，多數集中本港，以致各大銀行營業，多有戶限為穿，拒而不納之勢"，"本港銀業，可謂極一時之盛"。❸ 戰前，香港各類銀行的業務多以匯兌、押匯、僑匯為主，以配合香港作為地區性商業中心和貿易轉口港的定位。這些銀行均在中環皇后大道中和德輔道中銀行區開設分行，形成香港開埠以來銀行業的第二次發展高潮。廣東銀行、東亞銀行等一批由華商創辦的近現代西方式銀行企業，就是在這歷史背景下產生的。

》 華資家族財團的形成與發展

疆域的擴展、交通的便利、人口的急增及經濟的繁榮，為香港華資家族財團的形成創造了有利條件。事實上，早在 19 世紀末期，香港本地華商經數十年的孕育、發展，最早一批的家族財團已開始萌芽，其中著名的有周少岐、周卓凡家族。周氏兄弟的父親周永泰，祖籍廣東東莞，1862 年移居香港，是最早一批移居香港的華商。周永泰在香港初期以經營紅白喜事所用的祭祀器具為生，後來從事金銀首飾的製造，逐漸積累了財富。周永泰是一位甚具遠見的華商，他看到香港當時中外間的商務交往日盛，遂命長子周少岐、次子周蔭橋學習英語及西方先進的管理經驗，又命三子周卓凡學習中文，務求家族子弟學貫中西以適應時勢的需求。周少岐（1864-1925）在香港皇仁書院畢業後，先後任職政府船政署秘書和萬安保險公司司理，逐漸掌握了經營航務、保險業務的先進管理經驗。這些均為周氏家族的崛起建立了基礎。

19 世紀後期，周少岐兄弟自立門戶，先後創辦全安保險公司、香港九龍置業按揭公司、裕安輪船公司、兆安輪船公司及泰新銀號，經營的領域涉及航運、地產、保險、銀號等多個行業。周少岐還曾兼任省港澳輪船公司、香港九龍汽車公司、廣協隆船廠等多家公司的總理。據周氏家譜記載，周少岐當司理的多間公司，在他經

周少岐（左）、周卓凡（右）兄弟，曾先後創辦全安保險、九龍置業按揭、裕安輪船、兆安輪船等公司及泰新銀號，是香港最早的華資家族財團之一。

Certificate of Incorporation
of
The Chun On Fire Insurance Company Limited

I hereby Certify that "The Chun On Fire Insurance Company Limited" is duly incorporated as a Company, limited by shares having a Capital of Six Hundred Thousand Dollars divided into Three thousand shares of Two hundred Dollars each, that the registered Office is situated at No 2, Queen's Road West, Victoria, in the Colony of Hongkong, and that the said Company is duly Registered in accordance with the Companies Ordinances 1865 to 1890.

Witness my hand and seal of Office this Second day of March One thousand eight hundred and ninety five.

C. F. A. Sangster.
Registrar of Companies

周少岐家族經營的全安火險有限公司證書（1895 年）

營的三四十年間，所獲溢利不少於 200 餘萬銀元，相當於今日的 10 億港元。❹ 19 世紀末 20 世紀初，周氏家族所經營的生意，無疑已初具近現代家族財團的規模，周氏家族顯然是香港最早一批崛起的華資家族財團。

最能反映香港本地華資家族財團崛起的，是著名的東亞銀行的創辦。20 世紀初葉，南北行、金山莊等行商已乘時崛起，其對使用押匯和信用證的需求急增，傳統的銀號已日漸不能適應華商經濟發展的需求。因此，在一批當地最有實力及影響力的行商以及熟悉西方銀行企業運作的華人買辦的合力推動下，根據西方銀行運作模式創辦的東亞銀行便應運而生。東亞銀行作為香港一家華資銀行財團，其誕生是 19 世紀下半葉香港華商的兩股最重要勢力——行商和買辦實力壯大的必然結果。

這一時期，經過數十年的艱辛經營，在北美、澳洲以及東南亞地區積累了一定財富的華僑富商，由於看到香港作為拓展潛力龐大的中國內地市場的橋樑這一重要戰略地位，紛紛移師香港發展。據估計，當時海外華僑平均每年帶入香港的財富多達 1,000 萬港元。❺ 這批海外華僑不僅為香港華商的發展帶來了大量的資金，更重要的是，他們帶來了西方國家先進的企業管理經驗。他們的投資，除繼續投向航運、地產等傳統行業外，還拓展到零售百貨、銀行、醫藥製造及銷售等領域，一批家族式企業集團相繼創辦。其中，最典型的是由澳洲華僑先後創辦的先施、永安等百貨公司。到 20 世紀 30 年代中期，先施、永安等公司已發展成多元化的大型企業集團，它們無疑是香港最早一批華資現代企業集團。

20 世紀上半葉，中國內地長期處於動蕩局勢，先後爆發義和團運動、八國聯軍侵華、辛亥革命、袁世凱復辟帝制、北洋軍閥內戰、日本發動的大規模侵華戰爭等。這期間，香港的社會經濟環境相對穩定，一批在中國內地已有相當經營規模的富商陸續遷居香港，部份循貿易、航運到地產發展的模式崛起，著名的有馮平山家族、許愛周家族、張祝珊家族及馮漢柱家族；部份則從金融業發展，著名的有由林炳炎、何善衡、梁植偉、盛春霖創辦的恒生銀號，該銀號在 20 世紀 60 年代初發展為華資最具規模的銀行集團。

就這樣，早期的一批華資家族財團，在香港經濟的各個領域中漸次崛起，嶄露頭角。

02

百貨宗師：先施與永安

20 世紀初，由澳洲華僑創辦的百貨公司，包括先施、永安等，可以說是香港開埠以來華資創辦的最早一批現代企業集團。自此，一批華資家族財團乘勢崛起。

百貨業原是香港歷史最悠久的行業，發軔於香港開埠初期。1848 年，英國一位船東 T. A. Lane 來港經商，售賣一批日用百貨，發現生意不俗，於是與夥伴 N. Crawford 合作，於 1850 年在香港中環海旁創辦首家百貨公司——連卡佛（Lane Crawford Co.）。未幾，香港又出現第一家經營外國貨物的華人百貨公司，店舖設於中環海旁，名字叫 "義生發"，專門收購外資輪船進入香港時那些海員帶來的外國貨，後來生意蒸蒸日上，該公司開始轉而從美國檀香山及舊金山等華埠訂貨。

不過，香港百貨業的真正崛起應始於 20 世紀初葉，其時，香港已成為遠東轉口貿易商埠，擁有逾 30 萬人口，百貨業發展的條件已趨成熟。當時，一批澳洲華僑將西方經營百貨的先進觀念引入香港，先後創辦了先施、永安、大新、瑞興、新新、中華百貨等一批百貨公司，其中，先施、永安、大新和中華百貨曾並稱 "華資四大百貨公司"。到 20 世紀 30 年代中期，先施、永安已崛起為香港最具規模的多元化企業集團，永安甚至躋身當時中國最大規模企業集團之列。這是香港華資現代企業集團的發端。

》先施公司的創辦與發展

首先開業的華資百貨公司是先施公司，於 1900 年由澳洲華僑馬應彪倡導創辦。根據馬氏的解釋，"先施" 二字取自《禮記》的《中庸》篇君子之道四末節，意謂經營之道首要貴乎誠實，如果未能先以誠實之道施於人，則難取信顧客。先施的英文名 Sincere 亦為誠實之義，與中文名音義相同。❻ 先施的命名反映了創辦人馬應彪的經營思想。

馬應彪（1864-1944），祖籍廣東中山，早年家境清貧，稍長即從事農業，並兼做蔬菜、鮮魚小販，19 歲隨叔伯兄弟赴澳洲悉尼當煤礦工人。1892 年，馬應彪與同鄉蔡興、馬永燦、郭標等人創辦永生公司，經營各埠土特產及中國雜貨，生意蒸蒸日上。據馬永燦後人馬景華回憶："那段日子，他們（馬應彪和馬永燦）每天上班都途經一間百貨公司，而每次都見到顧客絡繹不絕，生意滔滔，於是便留下深刻印象，並且刻意留心別人的經營手法。" ❼ 相信馬氏創辦先施的意念，自此已經萌發。1894 年，馬應彪將永生公司的生意託付蔡興等人，攜帶歷年經商所積貨財回鄉省親結婚。不久，馬應彪移居香港，自行經商，創辦華信莊及永昌泰號金山莊，經營轉口貨品。

當時，馬應彪目睹香港華商的經營方法落後，店舖商品均沒有明碼實價，顧客需費勁地講價，費時失事，於是決心將西方先進的經營思想和手法引進香港，創立"不二價"公司。然而，當時香港的華商因循南北行的傳統經營方法，對馬氏的倡議反應冷淡。1899 年，馬應彪再度倡議創辦一家不二價的百貨公司，結果得到澳洲華僑蔡興、馬永燦、郭標、歐彬、司徒伯長、馬祖容以及美國華僑鄭幹生等人的響應和支持，又得到香港富商林敏良、李月林、王廣昌、黃在朝等人的協助，連計中國內地外僑股友共 12 名，共籌集得 2.5 萬港元，創辦先施公司。❽

1900 年 1 月 8 日，位於中環皇后大道中 172 號的先施公司剪綵開業，僅裝修費就花去 2 萬港元，所餘 5,000 港元，用以購入貨品，馬應彪被推舉為正司理（總經理），李月林為副司理。先施一開業，就打破香港華商多項經營傳統。當時香港華商經營的店舖大都只開地舖，舖面窄小，先施則把二、三樓也闢為商場，地舖銷售日用百貨，樓上則陳列布匹、成衣等，顧客光顧先施，不論購物多少，都開具收銀單據，不滿意者還可退貨。更令人矚目的是，先施首創"不二價"的規矩，並聘請女售貨員，打破當時辦莊一律是灰色短打小夥計的慣例。先施開業當日，馬應彪妻子親自上櫃台售貨，並率領數位女售貨員迎送顧客，結果轟動全港，連九龍的顧客也聞風而至，紛紛搭船渡海，將店舖擠得水洩不通，需由當局派上警察維持秩序。先施的創辦無疑是香港商業經營領域的一場革命，自此，陸續成立的百貨公司均加以仿效，以年輕貌美的小姐出任售貨員，招攬生意，使傳統辦莊的灰色短打小夥計逐漸退出櫃台，其影響之深遠，直至多少年後才逐漸被人們所認識。

不過，先施創辦初期並不順利，開業僅一個月，就有股東藉口錄用女售貨員，歷練未深而提出收盤，惟馬應彪堅持才不致結業。同年 8 月，先施遭一場罕見颱風吹襲，二三樓舖面嚴重損毀，被迫遷至永安街另覓舖位經營；而舊舖的重建又受制於當時香港的建築條例和繁複的審批手續，拖了 4 年之久。直到 1904 年，舊舖重建完成並再度開業，先施業務才逐漸走上軌道。1907 年，公司除分派股息紅利外，尚有盈餘 9 萬餘銀元，基礎開始鞏固。1909 年，先施改組為有限公司，正式在香港註冊，並邀得澳洲華僑陳少霞、夏從周、馬煥彪、歐亮、許敬樞、馬英燦、馬祖金等入股，註冊資本擴大到 20 萬港元。❾

當時，永安、大新兩家百貨公司相繼成立，先施為加強競爭力，擴大業務，在德輔道中 215-221 號租下 5 間相連、樓高 4 層的舖位，全部闢為商場，規模之大，雄視港島。為招攬生意，先施又率先引進美國紐約時興的彩色霓虹燈招牌，裝點門面。每當入夜，五彩繽紛的霓虹燈將先施公司門面照耀得如同白晝，吸引了大量顧客。短短數年間，新店的營業利潤就急增四五倍。

1913 年，先施的註冊資本增加到 80 萬港元，在德輔道中 173-179 號通連永和道、康樂道地區購入大幅地皮，興建一幢樓高 6 層的商廈，作為先施公司的總行所在地。新廈仿效美國紐約百貨大廈的設計模式，在德輔道、永和道和康樂道開設 3 扇大門，店內南北兩端設有電梯直通 6 樓，樓頂則闢為遊樂場，開設飲食部、茶點部，供顧客休息。晚上還會舉辦歌舞會、雜技晚會，以吸引遊客。1917 年 1 月 8 日，即先施創辦 17 週年紀念日，先施新廈開幕，旋即成為當時港島中區的主要購物娛樂中心。其時，先施公司已初具規模，註冊資本亦已增加到 200 萬港元。❿

1915 年以後，先施積極拓展多元化業務，同年 7 月 12 日，先施創辦先施保險置業有限公司，專營水火保險，買賣股票地產，以及按揭匯兌等業務，該公司先後在上海、廣州、石岐、江門、梧州、福州、天津、漢口，以及新加坡、安南、暹羅

1900 年創辦初期的先施公司，位於中環皇后大道中 172 號。先施公司將西方先進的經營思想和手法引進香港，推動了香港百貨業的發展。

先施公司的創辦人馬應彪

早期先施公司在油麻地上海街的分店。請注意百貨大樓牆壁上有"始創不二價"等廣告字樣。

等地設立分局,在南北各大商埠設立代理多達 70 餘處。1922 年,先施公司再創辦先施人壽保險有限公司,註冊資本為 200 萬港元,每股 10 港元,先施佔四分之一股份,其餘由各倡辦人及股東認購,於當年 11 月 21 日正式開幕。先施人壽保險創辦後,業務發展迅速,不久即在上海、天津、廣州設立分行,並在澳門、石岐、江門、汕頭等地設立分局及代理處。開業兩週年,公司“保本已達數百萬元,而股息紅利並能按年分派”。❶ 在實業方面,先施於民國初開始在上海、廣州兩地經營實業,先後開設 20 間化妝品廠,1922 年在香港設立總廠,地址設在堅尼地城爹核士街。1926 年,在香港註冊為“先施化妝品有限公司”,註冊資本增加到 130 萬港元。此外,先施創辦人馬應彪還倡議創辦國民商業儲蓄銀行。到 20 世紀 30 年代,先施已發展為一家以百貨業為主業,兼營銀行、保險、地產及實業的多元化企業大集團。

» 永安公司的創辦與發展

繼先施之後創辦的第二家大型華資百貨公司是永安公司。永安與先施一樣,均發軔於澳洲悉尼,其前身稱為“永安果欄”,取“永享安寧”之意。創辦人是郭樂、郭泉兄弟。永安的發展規模,後來超過了先施。

郭樂(1874-1956)、郭泉(1879-1966),祖籍廣東中山,在兄弟 6 人中分別排行第二、第三。郭樂少年時在家隨父務農,17 歲時徵得父親同意遠赴澳洲投靠大哥郭炳輝。當時,郭炳輝在澳洲墨爾本作幫工,僅堪餬口,更於 1892 年病逝。郭樂遂轉赴悉尼,做菜園工人及菜販。後來,郭樂經堂兄郭標介紹,進入由馬應彪、郭標等人開設的永生公司任職,幾年後稍有積蓄,於是有意離開永生自行經商。碰巧,當地一家由華僑開設的永安棧果欄因經營不善,有意出售,郭樂遂與同鄉歐陽初民、梁創、馬祖星、彭容坤等人合夥,籌集資金 1,400 英鎊,購下該果欄,命名為“永安果欄”,並於 1897 年 8 月開業,由郭樂任司理。

永安果欄初期的業務,主要是經營各類水果批發,兼營中國土特產和當地雜貨。永安經銷的水果,除部份從當地收購外,大部份購自斐濟。斐濟盛產香蕉,貨源充足,質高價廉,但交通不便,只靠帆船通航,單程就需時一個多月。為了擴大經營，永安聯同當時壟斷悉尼水果市場的永生、泰生在斐濟開設生安泰果欄。其時，郭樂弟弟郭泉、郭葵、郭浩、郭順等已先後赴悉尼襄助郭樂主持永安果欄，郭樂遂派郭泉前往斐濟主持生安泰。生安泰的創立，確立了日後郭氏永安集團旗下聯營及附屬公司互相支援的發展模式。

1907 年，郭樂眼見同鄉馬應彪在香港開設先施百貨取得成功，遂決定進軍香港百貨業。永安果欄原已兼營百貨，郭樂在這方面已積累了不少經驗。當時，悉尼有幾間規模較大的英資百貨商店，郭樂就利用業務上的聯繫，暗中觀察和學習其經營之道，摸到門路之後，郭樂、郭泉就聯同歐陽初民、梁創等永安果欄股東，加上永安果欄積累的資金，共籌得 16 萬港元，在香港開設永安公司，由郭泉返港主持，出任司理。

1907 年 8 月 28 日，永安公司在香港正式開業，店舖設於中環皇后大道中 167 號，僅得一間舖面，員工 10 餘人，談不上規模。永安的經營以“環球百貨”為主，兼營金山莊進出口生意，同時代理華僑有關業務，諸如出國回國手續、匯款、儲蓄等。以 16 萬港元想創辦一家大型百貨，資金顯然並不足夠，幸而郭泉得到何東等人擔保，分別向滙豐銀行、渣打銀行借得 200 萬元和 100 萬港元，實力大大增加。

1909 年，永安的註冊資本增加到 60 萬港元，郭樂亦親赴香港出任永安總監督，並負責統籌悉尼、香港兩家聯營公司的業務和資金安排，悉尼永安果欄則由其弟郭葵、郭順主持。1912 年，郭氏兄弟將永安改組為“私人有限公司”，永安百貨亦遷到德輔道中，店舖擴充到 4 間，員工亦增至 60 餘人。永安明確提出“以統辦環球貨品為鵠的，凡日用之所需，生活之所賴，靡不盡力搜羅”的經營方針，❷它經營的貨品種類繁多，從家具、樂器、洋酒、煙草、廚具器皿、鐘錶、時裝、化妝品、衣料，以至玩具、體育用品等，式式齊備，貨源來自歐美各國及中國內地（以工藝品及土特產為主），加上提倡“不二價”，很快便成為香港中上層人士的購物中心。

1916 年，永安改組為“公共有限公司”，公開對外招股，註冊資本增加到 200 萬港元。其後，永安的資本不斷增加，到 1931 年已增加到 630 萬港元，包括股東 400 萬港元，公積金 70 萬港元，匯兌準備金 20 萬港元以及建築準備金 140 萬港元，

永安公司創辦人合照。前排左二及右二分別是郭樂、郭泉兄弟。

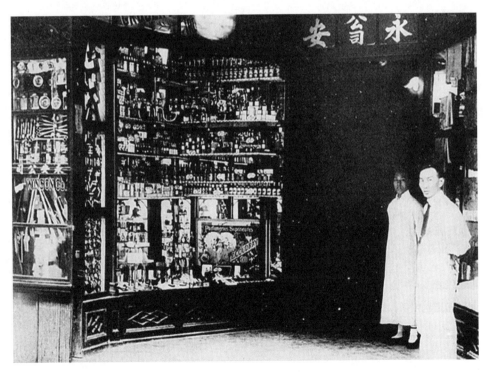

1907 年創辦初期的永安公司

永安公司 20 世紀 20 年代的廣告

早期搬遷到中環德輔道中的永安公司，其時該公司已初具規模，成為香港中上層人士的購物中心。

為原始資本的 39.4 倍。[13] 其間，永安的舖位亦以德輔道中開業的 4 間為基礎向外收購擴充，到 1931 年已增加到 30 間，佔地約 4 萬平方呎，這地段就是今日的永安中心地盤。

郭氏兄弟素以英商企業為楷模，永安的經營管理制度基本上是仿效英商企業的經營模式，業務機構分設若干幹事部和貿易部，幹事部設有 7 個，分別管理總務、出納、辦貨、中賬、西賬、股務、租務等各項工作，貿易部則按商品類別劃分，設有 30 個之多。此外，還設有德育部、智育部、體育部，分別負責對職工進行品德教育和業務訓練。永安公司的各部部長基本上都由澳洲或北美回國華僑出任，他們有的是郭氏合夥人，有的是其親友，有的是郭氏兄弟聘請的專業人員，這批人一般在公司都有投資，既是公司股東又是公司經營管理者。[14] 這套西方企業制度的引入，對永安在短時期內迅速崛起，發揮了重要作用。

永安在香港百貨業站穩陣腳後，亦循先施的路向積極推行業務多元化策略，將業務拓至貨倉、酒店及地產業。1916 年，永安在港島德輔道西興建樓高 5 層的永安貨倉，永安貨倉是當時香港有名的倉庫，主要儲存罐頭洋貨。永安罐頭部主管曾誇口說：永安貨倉儲存的罐頭，可供全港人口數月之食用。[15] 1918 年，永安在總公司北段海旁即干諾道一邊興建大東酒店，經營酒店業務。1919 年，永安又收購維新織造廠，生產各類棉針織品。郭氏兄弟深知香港地價將隨香港經濟的繁榮而大幅上漲，因此屬意旗下各附屬企業在香港各地廣置地產物業，數十年間購入物業達 200 餘間，遍佈港島德輔道西、高士打道、柯布連道，跑馬地山村道，九龍彌敦道，油麻地吳淞街、何文田、花園街等，九龍尖沙咀的永安行，橫跨北京道、彌敦道、樂道及漢口道，規模宏大。這批地產物業日後均大幅升值，為永安集團的發展奠定雄厚的資產基礎。1960 年，郭泉曾在其自述《四十一年來經商之經過》說過："余觀察東西通商大勢，深感香港在國際貿易上地位之重要，商業之興，地價與日俱漲，勢所必然，因於永安各聯號獲利豐厚之餘，廣置地產。……余早年之部署，不唯數十年來獲租金收益，其更大利處，乃今日見之。"[16] 這番話，反映出郭泉在其晚年之際，對早年高瞻遠矚的部署不無得意之情。

永安除投資貨倉、地產業外，還將業務拓展至保險、銀行業。1915 年，郭氏兄弟在香港集資 61 萬港元，創辦永安水火保險有限公司，該公司業務發展迅速，分行後來遍設內地各大城市及東南亞各埠。1925 年，郭氏再創辦永安人壽保險有限公司，將保險業務擴展到人壽保險。為加強集團資金實力，1931 年郭氏再創辦永安銀行，實收股本 220 萬港元，分別在香港及南京註冊，總行則設在香港。1934 年永安銀行正式開業，翌年即在九龍彌敦道開設分行。到 20 世紀 30 年代，永安集團已發展為香港最具規模的多元化企業集團。

》先施、永安：進軍中國內地市場

20 世紀初葉，香港作為貿易轉口港的地位剛確立，人口僅數十萬，市區亦局限於港島中環和九龍半島，經濟繁榮程度遠不如內地的上海、廣州等大城市，經營百貨的條件仍受到一定掣肘。澳洲華僑投資香港百貨，目標卻都是指向內地。因此，在香港立足後，先施、永安、大新均先後進軍上海、廣州等地，形成跨地域、跨行業的大型企業集團。

最早進軍內地的是先施公司，1910 年，先施董事局認為，馬應彪的新式百貨公司的試驗已取得成功，應向人口稠密的廣州、上海發展。同年，先施調撥部份資金，並在廣州集資，籌得資金 40 萬港元，在廣州長堤大馬路購入一幅約 4,000 平方米地皮，興建一幢 5 層樓高的商廈，闢為百貨公司。1912 年 6 月 20 日，先施廣州分店開業，由香港先施董事馬祖金任司理。廣州分店的店舖設計，完全參照香港總行模式，設有電梯直達樓頂，樓頂闢為遊樂場，又設有品茗室、酒菜部、照相部、理髮室、戲院、劇場等，成為當時廣州主要娛樂購物中心。1914 年先施廣州分店在鄰近地段投資興建東亞大酒店，兼營旅業及飲食業。後來，先施廣州分店又在繁華商業區十八甫開設一分店，並先後開辦了 10 多家工廠，計有：製鞋廠、餅乾廠、汽水廠、皮革廠、五金廠、機器廠、玻璃廠、木廠、肥皂廠、化妝品廠等，僱用數千名男女工人，生產紡織品和日用百貨，除供應先施旗下各百貨商店銷售外，還遠銷海外，規模日漸壯大。❶

1914 年，馬應彪決定向當時中國最繁華的商業中心上海進軍，在上海集資 60

萬港元，在香港註冊成立上海先施有限公司。馬應彪在上海南京路購入逾 7,000 平方米地皮，計劃興建 8 層樓高的百貨大廈。由於資金不足以支持龐大工程，馬應彪再在上海集資，將上海先施的資本額增加到 200 萬港元。❶❽ 在當時，以 200 萬港元經營百貨公司，聞者皆嘆為創舉。經過 3 年籌備，1917 年 10 月 20 日，上海先施公司正式開業。當日，整幢百貨大廈盛裝打扮，樓頂高高飄揚著先施的旗幟。上午 10 時，馬應彪在一片鞭炮聲中剪綵，宣告上海先施誕生。上海先施的設計，亦完全參照總行模式，樓頂闢為先施樂園，並設有東亞旅店，"樓台起伏，花木扶疏，百戲雜陳，笙歌悅耳，極具園林之勝"。❶❾ 上海先施開辦後生意源源不絕，營業額和利潤很快就超過了香港總行。先施上海分行，除了搜羅全球貨品之外，還自設製造工廠，以適應當時振興國貨的需求。1917 年，先施在上海閘北會館路設立工廠，設有木工、鐵工、家具、油漆等 4 個部門。1923 年，工廠規模擴大，改設於美國租界華

1917 年先施公司在當時中國最繁華的商業中心上海開業，圖為樓高 8 層的上海先施大樓。

德路，面積擴大至 20 餘畝，耗資 10 餘萬港元，歷時 18 個月，建成新廠，設有車床、鑽床、銀箱、首飾箱、鐵夾萬、新式火爐、中西家具、兒童玩具、大小機品及承接建築裝修工程等部門，僱傭工人達 300 多名。

1918 年，香港、廣州、上海 3 家先施公司實行資本重組，以香港先施為總行及控股公司，廣州、上海先施為分行。董事局設在總行，由 3 家先施的董事選舉組成，廣州、上海分行設立參事部，由董事局授權行使經營職責。重組後，先施的註冊資本增至 700 萬港元。20 世紀 20 年代後，先施進一步向海外拓展，先後在中國澳門、新加坡、日本、英國等地設立分支機構。到 30 年代中期，先施進入全盛時期，成為一家以香港為基地，以百貨為主業，業務遍及內地及海外的多元化大型企業集團。

永安進軍上海，時間上比先施更早。永安創辦不久即在上海開設商號。1913 年，永安決定籌組上海永安公司，初期資本定為 50 萬港元。1914 年第一次世界大戰爆發，西方列強忙於戰爭，放鬆了對華經濟控制，成為當時中國民族資本發展的黃金時期，海外華僑對內地投資熱潮迭起。永安遂決定將上海永安的資本額增加到 200 萬港元。郭氏兄弟向海外華僑發起集資，結果順利完成，其中香港永安是大股東，佔 20% 股權，郭氏家族佔 5.6%，而連同香港永安、郭氏家族及海外華僑所佔股份則達 91.5%，[20] 上海永安成為當時海外華僑競相投資的企業。

郭氏派四弟郭葵前往上海主持上海永安的籌建，郭葵對店舖的選址十分謹慎，曾派人分守南京路路南路北，結果，發現路南人流明顯比路北多，結果選中正籌建中的先施公司對面舖位。上海永安籌建不久，郭葵不幸病逝，郭樂只好親赴上海主持大局，指揮興建百貨大廈，整幢大廈的興建工程分三期進行，直至 1924 年才全部完成。1918 年，大廈首期工程完成，永安即以先聲奪人的姿態籌備開業，在傳媒報刊連續刊登開業廣告。在籌備期間，永安積極向英、美、日三國購貨，又四出搜購國內土特產，購儲的商品多達一萬多個品種。永安百貨公司的商場分佈於大廈的底層及二至四樓，面積逾 6,000 平方米，40 個商品部分佈各層商場內，每個商品部都相當於一間專業性商店，這樣浩大的經營規模，當時除先施外，內地同業都望塵莫及。1918 年 9 月 5 日，上海永安開業，結果人潮如鯽，顧客爭相採購，開業僅 20

圖為高聳入雲的上海永安公司大樓。上海永安公司從 1918 年開業到 1930 年，利潤累積高達
1,070 萬港元，為原始資本的 4 倍多，成為當時中國成長最快的華資公司之一。

天，就將計劃銷售一季度的存貨，售出了大半。[21]

　　為了加強競爭力，郭樂極為強調建立上海永安"顧客第一、服務第一"的品牌
形象，永安還在商場顯眼處樹立彩色霓虹燈標語："Customers are always right"（顧
客永遠是對的）。上海永安創辦初期，就以"經營環球百貨，推銷中華土產"為號
召，透過各種渠道，採購全球各地質優價廉、款式新穎的各類貨品，必要時還特別
替顧客加工或訂製貨品。上海永安的方針是：凡是上流社會所需的商品，公司應有
盡有，顧客只要叫得出商品名稱，公司總設法滿足他們的需要。就這樣，永安成功
建立起獨特形象，上海股商富戶都以用永安的商品為榮。不少人即使離開了上海，
也要寫信向永安郵購貨品，永安的郵購服務範圍廣至東北的瀋陽、安東；西北的潼
關、西安以至成都、福州，永安的成功，可見一斑。

　　永安的經營手法更是層出不窮，包括設立特價部，經常舉行大減價、大贈送、
大抽獎等活動，又發行禮券和"摺子"。由於永安是一流百貨公司，"永安"二字

又討吉利，購買永安禮券餽贈親友在當時的上海成為一種時尚。"摺子"即現在的信用卡，永安對於上海的殷商富戶、社會權貴、各國領事及洋行大班，均主動送上摺子，令其購物時無需即時付款，相當方便。一時間，永安摺子成為上海有地位的象徵，上流社會爭相使用。永安的這些經營手法，後來均被眾多百貨公司仿效，沿用至今。由於經營得法，上海永安從開業到 20 世紀 30 年代初，發展相當順利，到 1930 年，利潤累積高達 1,070 萬港元，約為原始資本的 5 倍。同年，上海永安的利潤率高達 47.55%。這在當時的華資企業中是相當罕見的。㉒

上海永安創辦不久，郭氏兄弟決定以"振興實業、挽回利權"為口號，利用永安在海外華僑中的地位和聲譽，集資創辦上海永安紡織有限公司。上海永安紡織的資本額原定為 300 萬港元，由於華僑踴躍購股，資本額增至 600 萬港元。當時中國工業基礎薄弱，社會消費力低，技術水平遠不及歐美，永安在上海發展紡織業，無疑有較大風險。然而，中國地大物博，人口眾多，原料充足，人工低廉，是實業家大展拳腳的理想之地。永安在香港、上海及各大城市均有分支機構，對建立產品分銷網絡深具信心，故敢於毅然前行。

1921 年，上海永安紡織有限公司成立，著手籌建永安紡織一廠，翌年建成投產，獲利頗豐，遂決定擴展。1925 年收購中華紗廠，改名為"永安紡織二廠"；1928 年又收購鴻裕紗廠，改名為"永安紡織三廠"；1932 年建成永安紡織四廠，1933 年兼併緯通紗廠（後改為"永安五廠"）；1935 年再在楊樹浦建成大華印染廠。至此，永安紡織已成為紡、織、印、染全能的紡織企業集團，規模僅次於無錫榮氏家族的申新紡織，在內地居第 2 位。㉓

到 30 年代中期，郭氏永安集團進入最鼎盛時期，旗下的聯營公司多達 16 家，成為一家以香港為基地，橫跨澳洲、香港及中國內地的多元化企業集團，亦是當時香港最具規模的華資財團。（表 2-1）郭氏兄弟的艱苦創業精神，後來被譽為著名的"永安精神"，至今仍在香港華資企業中熠熠生輝。

繼先施、永安之後，1911 年，曾參與創辦先施的蔡興聯同其昆季蔡昌、蔡子輝及澳洲華僑梁輝君、鄭元爵、黃杏林、黃仲林、陳麟等，集資 40 萬港元，在香港創辦大新公司。到 30 年代，大新公司亦發展為一個多元化企業集團，它先後在廣州西

表 2-1　20 世紀 30 年代中期永安集團旗下的附屬及聯營企業

企業名稱	地點	創辦年份	創辦時資本額	經營業務範圍
永安果欄	澳洲悉尼	1897	1,400 鎊（澳鎊）	水果、雜貨
永安公司	香港	1907	16 萬元（港幣）	環球百貨、附設銀業部
金山莊	香港	1907	附屬於香港永安公司	進出口貿易、代辦華僑出入口手續
永安銀號	中山縣石岐	1910	同上	儲蓄、僑匯
大東酒店	廣州	1914	同上	旅館、酒菜
大東酒店	香港	1918	同上	旅館、酒菜
維新織造廠	香港	1919	同上	織造內衣
大南酒店	梧州		同上	旅館、酒菜
永安貨倉	香港	1916	同上	倉位出租
永安水火保險公司	香港	1915	75 萬元（港幣）	水火保險業務，在國內外各地設分局或代理處
永安公司	上海	1918	200 萬元（港幣）	環球百貨、附設銀業部
大東旅社	上海	1918	附屬於上海永安公司	旅館、酒菜、茶室、彈子房、西菜間、跳舞廳、飲冰室
天韻樓遊樂場	上海	1918	同上	遊樂場
永安紡織印染公司	上海	1921	600 萬元（銀元）	5 個紡織廠、1 個印染廠、紡織印染棉紗棉布
永安人壽保險	香港	1925	200 萬元（港幣）	人壽保險業務
永安銀行	香港	1931		銀行

資料來源：上海社會科學院經濟研究所編著，《上海永安公司的產生、發展及改造》，上海：上海人民出版社，1981 年版。

堤及惠愛路開設大新百貨分店及遊樂場，又創辦亞洲酒店，其在惠愛路的遊樂場當時被譽為"遊樂場之巨擘"，其業務之盛，可以想見。1936年，大新集資600萬港元，在上海開設分行，備受矚目。❷ 不過，大新的規模仍遠不及永安、先施。1930年，澳洲華僑陳少霞、周日光等在中環皇后大道中創辦中華百貨公司。這一時期，華資在香港百貨業佔據了主導地位。

1931年，日本趁歐美各國自顧不暇之際，悍然發動侵略中國東北三省的"九一八事變"，1937年更發動了大規模侵華戰爭。受戰爭的影響，永安、先施、大新在內地的分店，營業額直線下降，永安上海分店更遭炮火轟炸，4層商場幾乎夷為平地，損失慘重。1941年太平洋戰爭爆發後，香港淪陷，永安、先施、大新等均進入慘淡經營時期。大戰結束後，永安、先施等積極籌辦復業，其時郭樂在美國主持的商號替上海永安購入大批百貨商品，在沒有競爭對手的情況下，上海永安迅速又活躍起來。1946年，上海永安在漢口購置地皮，準備興建漢口永安百貨。先施的上海、廣州分店則到1949年才復業。1949年，中華人民共和國宣告成立，其後全國私營企業陸續被改造為國有企業，永安、先施、大新遂將其在內地的全部資產、員工移交國營機構管理，並將業務撤回香港。

03

銀行翹楚：東亞與恒生

踏入 20 世紀，華資開始在香港銀行業取得重大發展，按西方現代銀行模式運作的華資銀行如雨後春筍般湧現，一批華資銀行財團從中崛起。

» 早期華商創辦的銀號與西式銀行

銀行業亦是香港歷史最悠久的行業，1845 年，英資東方匯理銀行在香港開業，揭開了香港銀行業發展的序幕。接著，有利銀行、渣打銀行等一批英資銀行相繼進入，1864 年滙豐銀行在香港創辦，奠定了英資在香港銀行業的壟斷地位。早期的英資銀行，業務主要是向從事對華貿易的外資洋行，提供資金及匯兌服務，本地客戶只限於規模最大的華資行商及少數殷商富戶，與華人社會鮮有聯繫。華商經營的業務，其信貸主要依靠由華人，尤其是來自廣東南海、九江、順德、東莞及台山等地華人經營的銀號，即北方所謂錢莊或票號。

據考究，香港最早的銀號成立於 1880 年間。陳鏸勳的《香港雜記》記載：1890 年，香港已有"銀號約 30 餘間"。❷到 20 世紀 30 年代初，香港各類銀號發展至接近 300 家，規模大者資本約有數百萬元，多屬香港銀業聯安公會；規模小者資本也有 4-5 萬元，業務以買賣為主，且多屬金銀業貿易場成員。這些銀號主要集中在港島文咸東街、文咸西街（南北行）及其鄰近的皇后大道中、德輔道西一帶。它們均在香港政府登記註冊，有獨資經營的，也有合股經營的，但作為股份有限公司者則極少。經營方式與當時中國的錢莊、銀號相似，多在廣州或其他各地設有聯號。

其中，著名的銀號有馮香泉和郭君梅的瑞吉銀號、鄧天福的天福銀號、潘頌民的匯隆銀號、周少岐兄弟的泰新銀號、余道生的余道生金舖，以及昌記銀號等。香港的銀號中，瑞吉銀號以資本雄厚、業務穩健見稱，創辦於 1884 年前後。該銀號經營近半個世紀，突然於 1931 年宣佈收盤，一時令同行吃驚。原來是該號股東馮香泉看見掌權者濫取濫支，擔心危及其他股東，因而力主收盤。據聞該銀號創辦時集股共 10 份，每份出銀 500 兩，經過數十年後收盤，每股分得港幣 10 萬港元以上。❷⑥

不過，總體而言，除了少數規模較大的銀號之外，香港的銀號一般資本額並不大，且利息高、信貸期短，存貸款極依賴人際關係，局限較大。到了 20 世紀初葉，隨著香港轉口貿易的蓬勃發展，行商對使用押匯和信用證、支票的需求急增，然而傳統銀號並不辦理此類業務。很明顯，傳統銀號已無法滿足香港華商經濟發展的客觀要求，在這種背景下，一批將西方銀行先進的經營方法與傳統銀號結合起來的華資銀行遂應運而生。

香港第一家華資銀行是中華匯理銀行，創立於 1891 年，創辦人潘士成是廣州有名的潘、盧、伍、葉四姓大家族中為首的潘姓家族成員。初期，該行董事會共有 7 名成員，其中華人佔 3 席，實際上是華洋合資的銀行。到 20 世紀初，中華匯理銀行實備 291 萬餘港元，分支行及代理處 “遍佈天下”，並曾在香港發行過面值 5 元、10 元的鈔票。不過，該行於 1911 年倒閉。

另一家早期創辦的華資銀行是廣東銀行，創辦於 1912 年，創辦人是來自美國三藩市的華僑李煜堂、陸蓬山等人，總行設在香港中環德輔道 6 號，而非傳統銀號聚集的上環。初期資本額定為 200 萬港元，後來擴充至 500 萬港元，分為 20 萬股，每股 25 港元。當時，廣東銀行的業務主要包括：匯兌、儲蓄、附貯（存款）、來往附貯、按揭（放款、押款）、保管箱等；後來在上海開設分行，更獲發鈔權，從事鈔票發行業務。創辦初期，由於信用未孚，又缺乏經營銀行的經驗，廣東銀行的業務發展較遲緩，“其營業狀況不過一大銀號而已”。❷⑦ 第一次世界大戰期間，金價暴跌，這給廣東銀行帶來極好的發展良機，廣東銀行乘金銀比價巨大變動之際，將資本改為英鎊，即將原已收取的港銀全部折為英鎊，並再次向外招股。到世界大戰結束時，金價回升到原位，廣東銀行的資本已增至 935 萬港元，躋身全國資本較雄厚的銀行之列。

自廣東銀行創辦後，華資銀行或銀號相繼成立，早期的有：由華人買辦劉鑄伯、何福、何甘棠以及羅長肇、陳啟明等創辦的大有銀行（1914 年），由支持孫中山的部份前“仁社”社員和同盟會會員集資創立的工商銀行（1917 年），由米商劉小煇、劉亦煇、劉季煇，以及安南華僑劉希成等創辦的華商銀行（1918 年），由華商簡東浦、李冠春、李子方等人創辦的東亞銀行（1918 年），由馬應彪、蔡興等先施公司股東創辦的香港國民商業儲蓄銀行（1922 年）等。❷⑧ 後期著名的還有道亨銀行（1921 年）、康年儲蓄銀行（1922 年）、嘉華儲蓄銀行（1922 年）、永安銀行和廣東信託商業銀行（1931 年）、恒生銀號和永隆銀號（1933 年）、香港汕頭商業銀行（1934 年）、恒隆銀號（1935）、廖創興儲蓄銀莊（1948 年）等。

工商銀行創辦於 1917 年，總行設於香港，資本總額 500 萬港元，實繳資本 80 萬港元。工商銀行成立之初，主要作為孫中山與華僑聯絡的機關。1919 年以後，該行在總經理薛仙舟的主持下，業務有了較大發展，除從事一般銀行業務外，經營重點放在接受海外華僑匯款上。許多華僑都認為它是華僑銀行，把匯款轉到該行辦理，業務蒸蒸日上，分行設至廣州、漢口、上海、天津等地。可惜的是，1930 年薛仙舟去世，工商銀行受到外資銀行的排斥打擊，加上經營匯兌業務失敗，被迫停業倒閉。

華商銀行創辦於 1918 年，總行設於香港，資本額 500 萬港元，實繳資本 500 萬港元。該行創辦初期即在廣州開設分行，其後又先後在上海、紐約等地開設分行。華商銀行的業務重點是儲蓄存款，1922 年上海分行開業時為吸引儲蓄存款，不惜提高存款利息，規定“於開幕一星期內，新開各存戶永遠固息 8 厘起息”，結果市民踴躍前往儲蓄，開業第一天即吸收存款 50 餘萬元。可惜，1924 年，該行因總行難以維持而牽動各分行，被迫倒閉。

國民商業儲蓄銀行創辦於 1922 年，總行設於香港中環德輔道中，董事長為蔡興，馬應彪和王國旋分別任監督及正司理。該行初期實收資本 200 萬港元，分為 20 萬股，每股 10 港元。由於主持人都是香港當時的殷富巨商，信用甚高，該銀行業務發展迅速，獲利相當豐厚，每年盈利都在 20 萬港元以上，分行亦很快開至香港九龍的油麻地、旺角，中國內地的廣州、漢口、上海、天津，以及海外的新加坡等地。

當時，國民商業銀行雖然未能與廣東銀行、東亞銀行這兩家最重要的華資銀行並駕齊驅，但地位已日漸重要，被稱為廣東省"華資經營之銀行中後起之健者"。不過，30 年代以後，該行受到廣東銀行擠提風潮的影響，一度也被迫停業，經改組後於 1936 年復業，但業務已大不如前。抗日戰爭爆發後，該行自行清理停業。

嘉華儲蓄銀行創辦於 1922 年，當時稱為"嘉華銀號"，地址設於廣州市西濠口，"嘉華"二字即來自當時銀行的兩位股東"嘉南堂"的"嘉"及"南華公司"的"華"，創辦人是林子豐先生。其實，早在銀行創立之前，作為置業公司的嘉南堂和南華公司已設有銀業部。隨著公司業務的發展，銀業部的存款也不斷增加，兩家置業公司遂聯同廣西梧州的桂南堂、桂林的西南堂成立嘉華銀號，資本額為 200 萬港元，實收資本 52 萬港元，後增至 100 萬港元。1924 年 6 月，嘉華銀號以"嘉華儲蓄銀行"之名在香港註冊成為有限公司，總行設於香港德輔道中 208-210 號，初期並不對外營業，真正營運的是其廣州分行。1926 年，嘉華儲蓄銀行改名為"嘉華銀行公眾有限公司"。嘉華銀行的業務方針以儲蓄為主，藉社會資金為 4 家置業公司的投資提供更好的融資條件。1929 年總行正式對外營業，廣州方面轉為分行。1935 年，受世界經濟大危機的影響，嘉南堂和南華公司相繼倒閉，波及銀行，該行被迫宣佈停業。1936 年復業後，香港、廣州兩行分拆開來，各自經營。

隨著華資銀行的增加，華資銀行組織的同業團體也相應成立。1919 年，香港華商銀行同業公會（Chinese Bankers' Association，簡稱"香港華商銀行公會"）由中國銀行倡議成立，目的在於面對外資銀行的歧視時，保障華資銀行應有的利益。這一時期，華資銀行的創辦，成為 20 世紀上半葉香港銀行業一股令人矚目的發展趨勢，早在 20 年代就有評論指出："華資銀行相繼創辦，一如雨後春筍。華人以其精明之特性，進軍本為外國人壟斷之金融領域，實為當時十分矚目之現象。"[29]

當時，在這批迅速崛起的華資銀行中，影響最深遠的，當數東亞銀行和恒生銀號，前者成為今日香港最具規模的華資銀行，後者成為英資滙豐銀行集團成員，是香港僅次於滙豐的第二大商業銀行。

» 東亞銀行創辦：“有意為祖國策富強”

東亞銀行創辦於 1919 年，創辦人主要是和發成船務公司老闆李冠春、李子方兄弟及德信銀號東主簡東浦。此外，尚有和隆莊龐偉廷、殷商周壽臣、昌盛行的黃潤棠、有恒銀號的莫晴江、晉昌號的陳澄石以及南洋煙草公司的簡英甫。

李冠春、李子方兄弟，祖籍廣東鶴山，父親李石朋早年在廣州經商，販賣水果，後轉移到香港發展，初期在一家船務公司任職文員，七八年後，船東無意繼續經營，便由李石朋承購，改名“和發成船務公司”。第一次世界大戰爆發後，英國向香港船商徵用所有輪船，和發成的船隻因過於破舊，不在徵用之列，結果在船隻缺乏的情況下，和發成的生意源源不絕。後來，李石朋又創辦南和行，在香港及安南經營食米、船務、銀號及地產多種生意，成為富商。李石朋奠定事業基礎後，便將鄉間的兒子李冠春接到香港，李冠春在聖約翰書院讀了一年書，便到和發成做雜工，成為父親得力助手，協助經營家族龐大業務。李石朋晚年曾有意創辦一家現代銀行，一度有意要李冠春進入東方匯理銀行實習，可惜李石明不幸於 1916 年遽然逝世，其遺願只好由李冠春及剛在香港大學畢業的李子方完成。

簡東浦（1884-1963），原籍廣東順德，出身於銀行業世家，其父簡殿卿是日本正金銀行香港分行買辦。簡東浦早年就讀於皇仁書院，後到日本進修，通曉中、英、日三國語言。簡東浦完成學業後，曾在日本神戶的正金銀行及萬國寶通銀行任職。1916 年，簡東浦返港後與曾任屈臣氏大藥房總行買辦的劉伯鑄合資開設德信銀號。簡東浦在實踐中積累了經營西式銀行和傳統銀號的豐富經驗，深切體會到銀行業對發展國民經濟的重要性，萌發了創辦現代銀行的意念。1918 年，簡東浦與李氏兄弟合作，並取得 6 位華商的支持，著手創辦東亞銀行。

1918 年 11 月 14 日，東亞銀行有限公司在香港註冊成立，法定資本 200 萬港元，分 2 萬股，每股 100 港元，由 9 位創辦人各認購 2,000 股，其餘股份在社會公開發售。9 位創辦人成為東亞銀行董事局永遠董事。1921 年，東亞銀行因應業務發展的需要，將法定資本增加到 1,000 萬港元，實收資本增至 500 萬港元，其中殷商馮平山、簡照南、郭幼廷、吳增祿、黃柱臣以每股 100 元各認購 2,500 股，成為東亞銀行

東亞銀行的創辦人之一——李冠春

東亞銀行的創辦人之一——李子方，
攝於 20 世紀 20 年代初。李子方於
1919-1953 年間出任東亞銀行經理。

東亞銀行的創辦人之一——簡東浦，
攝於 20 世紀 20 年代初。簡東浦自 1919
年起一直出任東亞銀行總司理，並於
1959 年兼任東亞銀行董事局主席，是香
港以至中國早期傑出的銀行家。

東亞銀行的創辦人之一——周壽臣。
周壽臣於 1925-1929 年間出任東亞銀
行董事會主席，並且是香港行政局首
位華人非官守議員。

永遠董事。**㉚**

東亞銀行的創辦，情形與滙豐銀行頗為類似。滙豐銀行當年就是由香港最著名的外資洋行和大公司創辦的，因而得到這些洋行、大公司的充份支持，從而發展成香港首屈一指的銀行集團。東亞銀行亦是由當時香港最有實力的華商創辦，這批人所主持的南北行、金山莊商號和公司，包括李氏家族的和發成、南和行，龐偉廷的和隆莊，馮平山的兆豐行，吳增祿的吳源興，黃潤棠的昌盛行、昌盛隆，陳澄石的晉昌號，以及周壽臣、簡東浦的南洋兄弟煙草公司。這些商行和公司"在香港各大行業，如大米、紡綢、金屬、航運、煙草及房地產等皆處於領先地位"，**㉛** 再配合馮平山的亦安銀號、維吉銀號，簡東浦的德信銀號，李冠春的同興銀號，莫晴江的有恒銀號，在香港形成龐大的商業網絡，為東亞銀行的成功奠定了堅實的基礎。

東亞銀行創辦之初，以"有意為祖國策富強"為宗旨，它在招股簡章中表示："同人等有鑑於此，擬厚集鉅資，刺取良法，組織一名實相符、信用穩固之銀行，按切吾國社會之習慣，參以外國銀行之精神，斟酌損益，盡善盡美，庶幾勝券可操，而吾國商業也可期發展。"**㉜** 這段話，反映了東亞銀行創辦人在當時外商勢力如日中天之際，試圖藉西方先進的經商經驗發展國家經濟，抗衡西方經濟侵略的愛國熱忱。

東亞銀行註冊成立後即組成董事局及管理層，首屆董事局主席由龐偉廷出任，1925 年起改由周壽臣出任，其時周氏已出任香港立法局非官守議員，翌年更出任香港行政局議員，是香港出任此職位的首位華人。東亞銀行的正副司理則分別由簡東浦和李子方出任。開業首年，東亞銀行存款、貸款已分別達 400 萬港元和 200 萬港元。1921 年，東亞銀行向置地公司購入德輔道中 10 號及 10 號 A 一幢物業，經增建和裝修後啟用，作為東亞銀行總行所在地。

》 東亞銀行："華南最穩健、實力最強的華資銀行"

東亞銀行創辦後，積極拓展業務，致力籌建國際性業務代理網絡。最初，李氏家族的南和行成為銀行在西貢和堤岸的代理，到 20 世紀 20 年代末，東亞銀行的代理已遍及天津、北京、漢口、東京、橫濱、神戶、長崎、台北、馬尼拉、新加坡、檳城、孟買、加爾各答、墨爾本、悉尼、倫敦、巴黎、紐約、西雅圖、三藩市及檀香山。東亞銀行先後在上海（1920年）、西貢（1921年）、廣州（1922年）及九龍廣東道和油麻地（1924年）建立分行。1933年，東亞銀行與東南亞華僑富商旗下的利華銀行在新加坡合資建立外匯部，拓展東南亞業務。

東亞銀行在海外的分銷網絡中，以上海分行最為重要。東亞上海分行以經營英鎊、美元等外匯業務為主，並設有錢莊，幾乎壟斷了當地廣東籍華商客戶的業務，包括先施、永安紡織，以及規模宏大的茂和興糧油莊和經營食油的茂和昌，其中最大客戶是經營化妝品的廣生行上海分行，該行老闆明令所有存款均存於東亞銀行。東亞上海分行一開業就在上海銀行業佔有一席地位，1920年加入上海銀行公會，1924年更成為發鈔銀行。

隨著業務的發展，東亞銀行在香港銀行業亦開始嶄露頭角。1921年，東亞銀行加入香港華商銀行公會，當時公會成員還有廣東銀行、香港國民商業儲蓄銀行、中國銀行、華僑銀行及鹽業銀

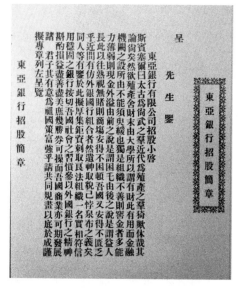

東亞銀行的創業宗旨："有意為祖國策富強"。

1929年位於中環德輔道中10號的東亞銀行，其時東亞銀行剛成立10週年，被譽為"華南實力最強、效率最高的華資銀行"。

行。東亞銀行還先後加入香港外匯銀行公會和香港票據交換所。到 30 年代末，票據交換所共有 16 家會員銀行，其中華資銀行僅 5 家，東亞銀行因而成為若干非會員銀行的票據結算代理，此舉奠定了東亞銀行日後在香港中央票據結算制度中的結算銀行地位。

不過，東亞銀行的發展並非一帆風順。1924 年，華商銀行倒閉，嚴重打擊了存戶對華資銀行的信心，大量存款從華資銀行流向英資等外資銀行，受此影響，東亞銀行的存款亦從 1923 年的 1,040 萬港元下降至 1924 年的 800 萬港元。當時，華資銀行開始成為英資銀行的競爭者，華商事件正好為英資銀行提供了機會。同年 7 月，渣打銀行聯同數家外資銀行致函華資銀行，規定華資銀行購買外匯時須以現金支付，此舉無疑打擊了華資銀行的外匯業務。

1935 年的銀行擠提風潮，對東亞銀行構成了另一次嚴重打擊。受世界經濟衰退的影響，香港部份過度投資地產、外匯的華資銀行最早遭受打擊。當年，嘉華銀行、廣東銀行及國民商業儲蓄銀行先後被迫宣佈暫停營業。受擠提風潮影響，大批存戶湧到東亞銀行擠提，東亞銀行將一箱箱的銀元、金條搬到營業大堂堆放，才得以度過危機。1929 年，東亞銀行創辦 10 週年之際，董事局宣佈，銀行存款已從創辦初期的 400 萬港元增加到 1,050 萬港元，員工亦從當初的 18 人增加到 200 人。1935 年，被譽為 "現代化流線型建築之楷模"、樓高 14 層的東亞銀行總行大廈落成，標誌著東亞銀行進入一個新階段。當時，東亞銀行已成為 "華南最穩健、實力最強的華資銀行"。

但好景不常，1941 年太平洋戰爭爆發，香港淪陷，東亞銀行被日軍接管，度過了三年零八個月的艱苦歲月。戰後，在總經理簡東浦的領導下，東亞銀行重新開業，重建海外代理網絡。40 年代初，香港的工業化開始起步，工業界對銀行貸款的需求日趨迫切，但當時香港的銀行鮮少願意貸款給他們。簡東浦首先看到了銀行業發展的新趨向，貸款予工業界。50 年代，香港銀行業急速發展，但東亞銀行仍維持一貫謹慎的經營方針，如重視存戶質素，繼續維持流動資金比率在 80% 的高水平等。這種審慎的經營方針，顯然使其在後來的銀行危機中免遭厄運，但是卻導致東亞銀行逐漸被恒生銀行超越，後者更一躍而成為香港最大規模的華資銀行。

1959 年，簡東浦被董事局推舉為主席，同時兼任董事總經理，直至 1963 年因腦溢血逝世。簡東浦歷任東亞銀行總經理 40 年，對東亞銀行的發展貢獻甚大。他逝世後兩年，東亞銀行被香港外匯銀行公會列為 A 級銀行。香港著名學者冼玉儀博士在其論著《與香港並肩邁進：東亞銀行 1919-1994》中，曾對簡氏作過高度評價，她認為：簡東浦 "作為銀行家，他的建樹遠遠超越創立東亞銀行這一層面。……他是把中國銀行業從銀號形式推進到現代商業銀行的先驅者之一，這等於是從中世紀一下子躍進到 20 世紀。因此，他和貝祖詒、陳光甫、李銘被並列為本世紀（按：20 世紀）20 年代以來中國最偉大的銀行家"。❸

值得指出的是，簡東浦還是一位熱誠的愛國者，他創辦東亞銀行時，就把 "為祖國策富強" 作為宗旨。1931 年 "九一八事變" 後，簡氏曾在香港領導銀行界，積極募捐援助中國抗日，體現了崇高的愛國情懷。簡東浦逝世後，東亞銀行董事局主席由其子簡悅強出任，總經理由馮平山之子馮秉芬出任，東亞銀行進入由第二代掌舵的新時代。

》 戰後東亞銀行的業務發展與多元化

20 世紀 50-60 年代，香港銀行業轉型，將經營重點轉向發展中的企業和市民，銀行之間展開 "分行戰"。東亞銀行於 1962 年在九龍旺角開設戰後第一間分行。其後，東亞穩步擴展分行網絡，先後在港島的西營盤、銅鑼灣、香港仔和灣仔等人口密集的舊區設立分行，目標是吸引存款和出租保險箱。到 70 年代初，新界地區人口激增，東亞銀行發現新界和九龍北部的房地產按揭業務越來越多，"向北推進" 恰逢其時，於是在 1973 年在新界開設第一間分行，並逐步擴展到九龍北及新界各區。到 1982 年，東亞銀行的分行網絡已擴展到 42 間。

為了配合分行網絡的發展，銀行的 "電腦化" 也提到議事日程。1968 年，東亞銀行開始考慮實施電腦化建議。1970 年 9 月，東亞採用 NCR Century 200 聯機系統，將總行的儲蓄存款賬戶全部轉入電腦系統，其後更擴展到全銀行各分行。1985 年，為了適應銀行業務的發展，東亞銀行將電腦系統轉換為效率更高的 IBM 系統。與此同時，東亞銀行於 1981 年 12 月引進自動櫃員機系統，並於 1982 年聯同上海商業銀行、永隆銀行和浙江第一銀行創辦 "銀聯通寶有限公司"（JETCO），發展取款卡業務，到 1987 年該系統已有 600 台機器，成為香港最大的自動櫃員機網絡。

80 年代，東亞銀行的董事會完成了新舊交替，選舉出了新的董事會成員。從 1981 年起，李冠春家族的第三代、董事局主席李福樹之子——李國寶出任董事總經理（1986 年起改稱行政總裁）。李國寶，1939 年生於倫敦，二戰期間回到香港，持有劍橋大學經濟及法律碩士學位。他在董事局主席李福樹培養下，在 30 歲加入東亞銀行，從會計師做起，先後出任總會計師，總經理助理，直至總經理。1997 年，李國寶又被委任為董事會主席兼行政總裁。80 年代初，東亞銀行依然由參與創辦的幾大家族控制。李國寶上任後，不斷吸納外部人才、資本與夥伴加入，極大地提升了東亞銀行的整體實力以及經營管理質素。

這一時期，東亞銀行在發展零售銀行業務的同時，也致力於推動業務的多元化發展。1974 年，東亞銀行與美國銀行合組公司，於翌年合作推出 "東美信用卡"。1987 年，東亞銀行成為 Visa（Visa International）和萬事達公司（MasterCard Inc）的主要成員。1988 年，東亞銀行開始發行自己的 Visa 信用卡。1989 年，東亞銀行又為公司賬戶發行萬事達信用卡。在投資銀行業務方面，東亞銀行早於 1972 年就為恒隆有限公司上市做證券包銷。1973 年，東亞銀行與日本住友銀行成立聯營商人銀行——東友有限公司。1982 年，東亞銀行與總部設在倫敦的華寶公司（S. G. Warburg & Company Limited）合組商人銀行 "東亞華寶有限公司"，在香港及東南亞各地以港幣或美元，進行合股融資投資經營及銀團貸款等各項業務。其後，東亞銀行又與中國銀行及法國興業銀行聯合組成 "鼎協租賃國際有限公司"，從事設備租借、汽車分期付款銷售及飛機成套設備和輪船抵押等。

在保險業，1983 年，東亞銀行與安泰國際公司（Aetna International Corporation）合組 "東亞安泰保險（百慕達）公司"，經營亞太區的保險業務。1991 年，東亞銀行再和東亞安泰、安泰國際公司另組 "藍十字（亞太）保險有限公司"，經營一般保險業務和高品質集體與個人醫療保險，並於 1999 年收購該公司全部股權，成為香港最大的旅遊保險公司之一。在證券業，東亞先後設立了東盛證券有限公司、東盛期貨有限公司及東亞資產管理有限公司等公司。其中，東盛證券已成為香港最活躍的股票經紀公司之一，並於 1992 年在深圳和上海的股票交易所取得 B 股指定經紀人的資格。到 90 年代中期，東亞銀行集團透過旗下 18 家主附屬公司，所經營業務已涵蓋商業銀行、投資銀行、資產租賃、保險、證券、基金管理、物業管理等領域。

» 恒生銀號創辦：“永恒長生”

如果說東亞銀行創辦之初即以西方現代銀行為楷模，那麼 20 世紀 60 年代初崛起為香港最大規模華資銀行的恒生銀行，在成立初期不過是聚集於港島文咸街、永樂街眾多舊式銀號中並不顯眼的一家。相信連它的創辦人當日亦絕未料及恒生會發展成今日蔚然壯觀的局面，成為僅次於滙豐的香港第二大銀行。

恒生銀行的前身是恒生銀號，創辦於 1933 年 3 月 3 日，初期實收資本僅 10 萬港元，後來隨著新股東的加入，股本增至 12.5 萬港元。創辦人是林炳炎、何善衡、梁植偉和盛春霖。銀號取名“恒生”，據恒生銀行出版的紀念冊解釋，是取其“永恒長生”之意。不過，據曾出任恒生副董事長何添的說法，“恒生”二字分別取自當日盛春霖開設的恒興銀號和林炳炎開設的生大銀號，恒生銀號是恒興和生大的結合。

恒生銀號的主要創辦人林炳炎（1886-1949），祖籍廣東清遠，早年在上海發跡，“一生充滿傳奇”，❸❹ 走遍大江南北，具有濃厚的江湖道德觀念，仗義輕財，從不計較一時的得失。他早年曾在上海開設生大銀號，專門買賣外匯黃金。1929 年，林炳炎在上海被綁架，獲釋之後決定到香港發展，於是便聯同好友何善衡、盛春霖、梁植偉在香港創辦恒生銀行。

4 位創辦人中，對恒生銀行的發展影響最深遠的是何善衡。何善衡（1900-1997），祖籍廣東番禺，1900 年出生，家境寒微，只讀過幾年私塾，許多商業知識均靠日後自修得來，故此何氏發跡後極注重倡辦教育。1978 年他創辦恒生商學書院，為貧苦學生在踏入社會前提供商科訓練；1985 年更捐資 2,000 萬港元成立何氏教育基金，捐助教育事業。何善衡 14 歲便踏足社會，在廣州一間鹽館當雜工，稍後轉到一間金舖學做生意，因為做事勤快，22 歲便當上金舖司理。❸❺ 後來他放棄了這份優差，自立門戶當金融經紀，略有積蓄。1933 年恒生銀號創辦時，他出資最少，僅有 1,000 港元。不過，何善衡參與創辦恒生，不但影響了他的一生，也影響了恒生銀行的發展歷程。當時提起恒生銀行，相信定有不少市民會聯想起何善衡勤懇待人、服務周到的形象，這種作風的形成與其待人之道有莫大關係。

恒生銀號最初開設於銀號、錢莊林立的永樂街 70 號一幢舊式建築物內，面積僅 800 平方呎。據何善衡的回憶："舖面的設計十分傳統，顧客只需走上三步，便已碰到櫃面。" ❸❻ 當時，銀號的董事長由林炳炎出任，經理和副經理分別由何善衡和梁植偉出任，整間銀號職員僅 11 人，規模頗小。初期，恒生銀號的業務主要是買賣黃金、匯兌及找換，走的是傳統路線，如仍沿用算盤結算賬目，賬項亦是用毛筆書寫在賬簿上，並蓋上銀號的朱砂印。開業首年，恒生銀號獲利 10,389 港元。

恒生銀號創辦不久，就以香港為基地將業務擴展到廣州、上海等內地大城市，董事長林炳炎經常往來於香港、廣州、上海三地，統籌策應，何善衡則較多專注廣州的業務。在林、何二人的領導下，恒生在首數年間已穩步發展，漸上軌道。1937 年，日本發動對華侵略戰爭，內地各大城市股商富戶紛紛南下，或急於把銀元兌換成港幣，上海、廣州、漢口和香港之間的匯兌業務因而急增，恒生銀號早已在各地建立完善的業務網絡，故此生意滔滔不絕。據何添的回憶：當時，"貨車把一箱箱的大洋從內地運來，由於內地政府急需外匯支付抗日軍費，因此每隔兩天我們便獨家代理兌換的工作，把這些大洋換成港幣，並從中收取佣金，恒生因而賺了大錢"。❸❼

1941 年，日本悍然發動太平洋戰爭，香港淪陷。面對急劇的變局，恒生銀號與其他同業一樣，被迫暫停營業。林炳炎、何善衡等人將資金調往澳門，並帶同 18 位員工暫避澳門。當時，澳門因為葡萄牙在歐洲持中立態度而未被捲入戰火之中，得以偏安一隅。然而，其時澳門已開設有一家恒生銀號，由區氏家族所擁有。林、何等人遂以永華銀號的商號經營。永華的命名，體現了恒生銀號 4 位創辦人的愛國情懷，並沒有因為身處困境而改變。就這樣，恒生銀行在澳門度過了艱難的三年零八個月的黯淡日子。

1945 年香港光復後，林、何等人即返香港重整旗鼓，將恒生銀號從永樂街舊地遷入中環皇后大道中 181 號的自置物業，新店舖規模遠較舊舖為大。在這時期，日後在恒生銀行擔任重要角色的利國偉亦加入恒生。利氏在戰前曾任職國華銀行，抗日戰爭期間曾在澳門協助恒生的股東處理業務，故此在 1946 年應邀加入恒生，負責處理海外黃金買賣。戰後，香港經濟迅速復原，南北物資交流和匯兌等業務蓬勃發展，恒生銀號及時把握時機，利用過去所建立的網絡，再度在黃金買賣、匯兌和找換市場中大顯身手，奠定了日後大展鴻圖的基礎。這段時期林炳炎仍繼續經常往返香港、廣州、上海三地之間，居中策應。

1946 年，中國內戰烽火再起，後來國民黨政府節節敗退，開始大量發行金元券、銀元券，藉此搜刮民間財富，貨幣大幅貶值。江浙一帶的富有人家及華南地區的股商富戶遂紛紛將手中的紙幣兌換成外幣、黃金。在這股拋售本國貨幣以求保值的洶湧浪潮中，香港成為一個重要的樞紐，金融業蓬勃發展。1947 年以前，何善衡原在廣州主理業務，後來香港黃金買賣轉趨蓬勃，何氏便返回香港主持這方面的業務。[38] 何氏是黃金及商品期貨買賣的高手，1946-1949 年間曾出任香港金銀業貿易場主席，當時在美國期貨交易界已享有盛名。在何善衡的領導下，恒生銀號的有關業務自然蒸蒸日上。

》恒生銀行：最具規模的華資銀行

1949 年 2 月，林炳炎在香港逝世，創辦人四折其一，恒生銀號改由何善衡掌舵，出任董事長，梁植偉任副董事長，1933 年已加入恒生的何添任總經理，組成新的領導層。同年 10 月，國民黨政府撤退到台灣，中華人民共和國在北京宣告成立。1950 年，朝鮮戰爭爆發，以美國為首的聯合國對中國實行貿易禁運。時局的急遽劇變，使香港頓然喪失與內地的轉口貿易和匯兌業務。黃金、外匯買賣亦大幅下跌，一時間百業蕭條。恒生的匯兌、押匯業務也受到影響。幸而，在此期間，香港經濟開始邁向工業化道路，紡織業、製衣業以至塑膠業的工廠大量湧現，一個工業化的新時代已經來臨。種種跡象顯示，長期以來在香港華商經濟中扮演重要角色的傳統銀號正日漸式微，而現代化銀行在推動香港工業化的進程中日漸重要。這反映出這種變化的是，1948 年香港政府首次制訂銀行法例，並向銀行發放牌照。同年，香港

二次大戰後遷往中環皇后大道中 181 號的
恒生銀號

1962 年恒生銀行新總行大廈正式開幕,恒生銀行創辦人之一的何善衡向各位賓客
敬酒致意,慶祝其創辦 30 週年。其時,恒生銀行已成為最大規模的華資銀行。

銀行急增至 143 家，比 1946 年的 46 家大幅增加兩倍以上。

面對香港銀行業的這種轉變，恒生銀號的首腦隨即因應時勢，積極籌辦改組銀行。為此，1950-1952 年間，何善衡與何添、利國偉等先後 3 次赴歐美考察銀行業務，足跡遍及南北美、加拿大、馬來西亞、新加坡、南非及歐洲。據當時擔任翻譯的利國偉回憶："何善衡曾經考慮，如果香港一旦有變，恒生可遷至何處發展。但到了最後，他堅信香港才是恒生的發展基地，較之於其他陌生的地方，他對香港更有信心。" ❸❾ 1952 年 12 月 5 日，恒生註冊為私人有限公司，註冊資本 1,000 萬港元，實收資本 500 萬港元，組成新的董事局，仍由何善衡出任董事長，梁植偉出任副董事長，何添任總經理。翌年，恒生遷入中環皇后大道中 163-165 號一幢樓高 5 層的自置物業，全面開展商業銀行業務。當時，恒生實際上已成為一間銀行。這次改組，正好配合了香港經濟其後數十年的迅速發展。

當時，恒生為了在銀行同業的激烈競爭中突圍而出，獨樹一幟，決心以服務群眾為宗旨，面向香港的中小型工業企業和商行，面向市民大眾。何善衡表示："我們自始至終本著顧客第一的精神，並時刻提醒員工，不論是草根階層，還是勞苦大眾，只要他們一踏進恒生銀行，便成為我們的上賓。" ❹⓿ 根據何善衡的原則，恒生訂立了一系列服務守則，如員工要勤懇盡職，反應敏捷，要培養忍耐、忠誠、整潔及樂於助人的精神，僱員更不可誤導或批評客人，或與客人爭辯，應該耐心聆聽他們的需求，並即時答覆，還要緊記客人的名字，在客人離去時更應親自送行等等。因此，每當顧客踏入恒生銀行，就會得到職員的熱情招待及協助，如代填表格，引介至適當櫃台等等。就這樣，恒生透過一系列富中國人情味的周到服務，拉近了銀行與社會大眾的距離，在眾多銀行同業中確立了獨特形象，贏得了顧客信任。

當時，香港一般市民及中小廠商仍覺得那些大銀行高不可攀，難於接近，因此紛紛轉向恒生。這些新顧客主要是製衣、玩具、塑膠、五金及電子業的廠商，多為廣東籍人，他們希望得到銀行的信貸，但既無公司資產負債表，亦無足夠的條件支持他們申請貸款，但恒生銀行並不介意，正如曾任該行副董事長的何德徵所說："因為我們不但認識他們，更了解他們的生活背景、家庭情況及公司業務，我們樂意助他們一臂之力，香港的成就全賴這群人努力。" ❹❶ 不少早期得到恒生協助的小公司，後來都逐漸崛起為大公司、大集團，成為香港製造業和出口貿易的骨幹，恒生的業務亦因而與它們一同成長。利國偉就曾表示："這些公司對於恒生早期的幫助，銘記於心，至今仍是恒生的大主顧。" ❹ 這是恒生日後迅速崛起的關鍵因素。

1959 年，對香港和恒生銀號來說，均是十分重要的一年，當年香港的本地產品出口值首次超過轉口貿易，標誌著香港正從純轉口商港蛻變成工商並重的城市。就在同年 10 月，恒生銀號註冊資本增加到 3,000 萬港元，實收資本也增至 1,500 萬港元，存款更從 1958 年的 6,000 萬港元急增至 1959 年的 8,200 萬港元，恒生改組為現代銀行的條件已趨成熟。1960 年 2 月 17 日，恒生正式改組為銀行，註冊為公共有限公司。同年，恒生銀行先後在九龍油麻地和旺角等商業繁華區開設兩間分行，其後，恒生積極在港九各區拓展分行網絡。到 1965 年 6 月，恒生銀行開設的分行已增加到 9 間。❹

隨著規模的迅速擴大，恒生銀行開始籌建新行大廈。1959 年，何善衡與何東家族達成協議，以 550 萬港元價格購入德輔道中 77 號一幅面積約 1.6 萬平方呎的土地，用作興建恒生銀行總行新廈。1962 年聖誕節，恒生銀行新總行大廈落成啟用。該大廈樓高 22 層，成為當時香港最高的建築物。整幢大廈由鋼架、鋁質及玻璃外牆所組成，當日《南華早報》曾形容說："閃耀光輝的鋁質外牆，與墨綠色的玻璃窗幕，構成一個華麗的形象，與海港和諧地融為一體。" 在 1965 年危機前的 10 年間，恒生銀行取得了非凡的發展。從 1954-1964 年，恒生的資本賬戶從 630 萬港元增加到 5,250 萬港元，存款從 2,100 萬港元增至 7.2 億港元；總資產從 3,200 萬港元增至 7.61 億港元。❹ 到 1965 年危機發生前，恒生銀行已超過東亞銀行，在存款和資產方面成為香港最大規模的華資銀行，並在銀行零售業務方面開始成為滙豐銀行的主要競爭對手。

04

從貿易、航運到地產投資

---

19 世紀末，香港最終確立為遠東轉口貿易商埠。隨著轉口貿易的發展，香港經濟日漸繁榮，從以南北行、金山莊為代表的本地行商，及移居香港的海外華僑和內地富商中，逐漸崛起一批家族式企業集團，它們的發展模式，大致上循著貿易、航運到地產投資一路崛起，著名的有利希慎家族、馮平山家族、許愛周家族、張祝珊家族等。

» 利希慎家族的崛起

利希慎家族屬於海外華僑回香港發展的類型。利氏雖從南北行開始經營，但導致其迅速致富的主要原因，卻是在香港、澳門等地經營鴉片貿易，再從鴉片貿易的巨利中蛻變成銅鑼灣赫赫有名的大地主。

利氏家族，祖籍廣東新會，其在香港的第一代利良奕早年在家鄉務農，1860年偕同妻子遠赴重洋，到美國舊金山當金礦工人。利良奕在舊金山勞碌半生後，於1896年返回中國並到香港發展，初期在中環皇后大道中 2 號開設 "禮昌隆" 商號，稍後又在九龍彌敦道開設金興號商號，專營男裝內衣批發，銷往北京、天津一帶，並從京津購回大批染色布匹及絲絹銷售，屬傳統南北行行商。

20 世紀初，在香港經營鴉片尚未屬違法，香港政府甚至設立鴉片專賣局，港九各區開設的鴉片舖至少達 30 餘家。利良奕眼見售賣鴉片獲利豐厚，便躍躍欲試，後來轉而全力發展，並取得澳門進出口、轉口、提煉及銷售鴉片的專利權，遍銷中國內地及東南亞各埠，財富急劇膨脹。

利良奕育有四子兩女，次子利希慎，1879 年在美國檀香山出生，早年在美國接受教育，能操流利英語。17 歲隨父從美國返港，在皇仁書院畢業，曾留校任教，又先後在銀行、報館及船務公司任職，後來協助父親開設成發源商行，經營鴉片生意，又開設南亨船務公司，專門販運從印度銷往東南亞及省港澳的鴉片，同時兼營棉紗和地產。利良奕逝世後，利希慎便繼承父業，由於經營有方，生意越做越大。

據考察，1912 年，利希慎與馬持隆、古彥臣、梁建生等人合資創辦專門經營鴉片生意的裕興有限公司，股本為 20 萬元，每股作價 100 元，共發行 2,000 股，利希慎本人持有 20 股，由利希慎和梁建生兩人出任董事總經理。公司創辦之初已擁有212 箱鴉片，這在當時屬於一個很龐大的數目。❹ 後來，利希慎曾兩次因為鴉片生意而對簿公堂，但兩次均獲勝訴，因而令他聲名大噪，成為名震江湖的 "公煙（鴉片煙）大王"。第一次訴訟是 1914 年，利希慎為爭奪時值逾 100 萬銀元的 98 箱生鴉片所有權，到法庭打官司，經逾 5 個月的法庭訟訴，終於獲得勝訴。第二次訴訟是1920 年，利希慎懷疑澳門政府鴉片專員羅保（Pedro Lobo）欲將鴉片專利權從裕盛行轉給他人，曾強烈指責羅保，結果羅保控告利希慎誹謗，要求賠償名譽損失，雙方經數月訴訟，利希慎再度勝訴。當時，利氏曾在訴訟中透露，利氏家族擁有裕盛行三分之二股權，而該商行在澳門獲獨家經營鴉片專利權，資本額高達 300 萬港元。❻利氏家族經營的鴉片王國，從中可見一斑。

利希慎在鴉片生意上獲取豐厚利潤後，即將投資觸角伸向多個領域，包括投資多家上市公司的股票，如中華電力公司、中國糖房、牛奶公司、香港電燈、滙豐銀行、香港電車、均益倉及青洲英坭等。其中，利希慎在中華電力公司擁有的股份，在 1928 年已達 43,416 股，約佔公司已發行股權的 6.03%。❼ 與此同時，利希慎亦積極投資地產業。1923 年，利希慎創辦希慎置業公司，並於翌年 1 月以 380 萬港元代價向怡和洋行大班威廉·渣甸（Dr. William Jardine, 1784-1843）購入銅鑼灣鵝頭山（即今日香港島銅鑼灣的利園山道、利舞台、波斯富街、恩平道一帶）的大片土地。❽利希慎原計劃將這塊地建為提煉鴉片工場，但後來日內瓦會議通過決定，禁止會員國售賣鴉片，利氏遂在鵝頭山興建遊樂場 "利園"，以及一座後來聞名香港的利舞台，開設戲院。

當時，利希慎認為，香港的遊樂場僅得地處北角的"名園"一處，且市民對此種遊樂場有相當大的需求，而遊樂場的投資並不算多，因而決定興建後來命名為"利園"的遊樂場，在遊樂場內設置亭台樓榭、水池石山、酒樓茶廳，以及遊藝場等。其後，又在山腳平坦處興建"利舞台"。利舞台的設計沿用 19 世紀末德國和意大利式歌劇院模式，外西內中，裡面的穹窿圓頂，繪有飾以金箔的九條金龍，舞台頂層精雕著丹鳳朝陽，下層為二龍爭珠，極盡豪華瑰麗。舞台兩旁的對聯是："利擅東南，萬國衣冠臨勝地；舞徵韶護，滿台簫管奏鈞天"，當中擁有能 360 度旋轉的自動轉景舞台。利舞台於 1925 年開業，旋即成為當年香港最豪華的劇院，一代代香港名藝人曾在此登台獻藝。鵝頭山利園和利舞台的興建，實際上是利氏家族投資地產業的開端。

20 世紀 20 年代中後期，利希慎繼續大量購入地皮物業，除銅鑼灣、堅尼地道住宅及皇后大道中的自用寫字樓外，利希慎的其他產業遍佈波斯富街、利通街、灣仔道、太和道、石水渠街、皇后大道東、海旁街、第二街及春圓街等，逐步奠定利氏家族銅鑼灣地產王國的基礎。

1928 年 4 月 30 日，利希慎在途經中環威靈頓街前往會所吃午飯時遭槍手暗殺，當場傷重死亡，成為香港開埠以來最轟動的謀殺案。據報道，當時利希慎的遺產高達 446 萬港元，約佔香港政府當年財政收入的 17.9% 左右。[49] 利希慎共娶有一妻三妾，生育 14 名子女，其長子利銘澤聞訊後從英國兼程趕回，當時年僅 23 歲，開始參與管理家族生意。利銘澤（1905-1983），幼年時曾受中國傳統文化薰陶，使他培養出一般紈絝子弟所沒有的民族情懷，12 歲時與 7 歲弟弟利孝和同赴英國讀書，1927 年畢業於英國牛津大學，獲工程碩士學位。利銘澤參與管理家族生意後，曾計劃削平利園山，興建商業及住宅樓宇，但因工程浩大及二次大戰期間香港被日軍侵佔而夭折。

二次大戰後，利銘澤、利孝和兄弟正式掌管家族生意。利銘澤出任希慎置業有限公司董事總經理，他透過希慎置業，大規模開闢利園山，先後建成銅鑼灣波斯富街、利園山道、恩平道、新會道、新寧道等街區的大批樓宇，建成格調豪華的利園酒店、希慎道一號、禮頓中心、興利中心、新寧大廈及新寧閣等物業。其中，利園

富甲一方、稱雄銅鑼灣的利希慎家族。圖為利銘澤結婚照，後排穿馬褂者為利希慎。

曾培育香港一代代藝人的銅鑼灣利舞台內景，利舞台是當年香港最豪華的劇院。

酒店是當時銅鑼灣第一家三星級酒店，亦是當時香港少數由華人管理的豪華酒店。利園酒店的聲譽在 70 年代中期達到高峰，當時利孝和是香港電視廣播有限公司創辦人、大股東兼主席，每年香港小姐選美例必在利舞台舉行，然後在利園酒店彩虹館設宴招待佳麗和嘉賓，利舞台及利園酒店一時衣香鬢影，艷光四射，成為香港傳媒最關注的熱點。

這一時期，利氏家族不僅成為銅鑼灣區最大的業主，其投資更遍及貿易、酒店、航運、銀行及公用事業，成為香港赫赫有名的華資財團。利銘澤作為家族的掌舵人，成為約 10 家大公司的董事局主席或董事，並長期出任香港立法局、行政局議員。利銘澤還是香港著名的民族主義者，具有高尚的愛國情懷，1983 年利銘澤因心臟病發逝世，香港《英文虎報》就曾以"哀悼一位愛國者"為題悼念他，中國領導人亦紛紛致唁電哀悼。❺⓿ 利銘澤逝世後，利氏家族生意遂轉由其弟利漢釗繼承（利孝和亦先於 1980 年因心臟病發逝世）。

》 馮平山家族的崛起

繼利氏家族之後，從經營南北行崛起的，最典型者要數馮平山家族財團。到六七十年代，馮氏集團旗下經營的業務，已遍及地產、銀行、保險、貿易、運輸、製造業以至傳播業，成為顯赫一時的華資家族財團。

馮平山（1860-1931），祖籍廣東新會，早年曾在家鄉接受私塾教育，15 歲前往暹羅投靠叔父，在叔父開設的"廣同興"商號做學徒，學習經營絲綢的土特產生意。4 年後馮獲委派每半個月回省港辦貨，前後約 8 年時間，積累了豐富的經商經驗。1883 年，馮平山 23 歲，他覺得暹羅一地的商業環境未足以令他一展抱負，決定返回內地發展。馮平山在四川重慶開設安記商號，從香港、澳門採購果皮、砂仁、木香、桂皮等藥材運往重慶銷售，又將四川的土特產銷往香港、廣州。那時，香港與重慶之間的電報剛開通，馮平山自編暗碼，作為與行家競爭的秘密武器，利用電報取得最新貨品的市價行情。後來生意越做越大，馮平山又購買了兩艘當時在中國速度最快的英國輪船，行駛長江進行貿易，十數年間積累了數以百萬計的家財。❺❶

1909 年，馮平山在廣州開設兆豐行南北行，4 年後將兆豐行移設香港，正式以香港為基地。馮平山從內地採購大批冬菇及各類海產，批發給其他商行，兆豐行的生意相當興隆，很快便成為香港南北行中響噹噹的字號。馮平山除經營貿易外，1913 年和 1918 年又先後在香港開設維吉銀號和亦安銀號，1919 年又投資銀行業，成為剛創辦的東亞銀行的主要股東和董事。1922 年，馮平山與李冠春合資創辦華人置業有限公司，1923 年再與押業大王李右泉合組安榮置業有限公司，開始涉足地產業。1925 年，馮平山在越南西貢開設東南興號，業務漸趨多元化。❺❷ 1903 年，廣州三元里經營川土（鴉片）

馮平山（前）及其子馮秉華（右）、馮秉芬（左）。馮平山不但是香港早期著名的華商，而且是有名的慈善家。1931 年馮平山逝世後，其子馮秉芬將父業發揚光大，創立馮秉芬集團。

的商人，誘以一年內可獲利數十萬，遊說馮平山加入兼營。馮平山以"立品做人者係做正當事業，問諸良心，斷不敢做"，嚴辭拒之。馮平山一生堅持做正行生意，他在其自傳中曾表示："我曾見行家以東洋參冒充花旗參欺騙顧客，以獲取厚利，又見別人售賣鴉片發達，不過到頭來仍是兩手空空，做正行生意雖然進步慢些，但卻令人安心。"

馮平山不但是香港早期著名的華人企業家，而且是著名的慈善家。他發跡後十分重視發展教育事業，積極開辦男女義塾和孔聖會中學。1917 年，馮平山慷慨捐贈 14 萬銀元，在家鄉新會縣城開辦平山貧民義塾（後改為平山小學），凡貧家子弟均免收學費入學。1924 年，馮氏到歐美各國考察商業期間，看到外國對教育事業的重視，深感香港教育的落後。返港後他即倡辦漢文中學，即官立金文泰中學的前身。1927 年，馮平山建議香港大學設立中文科，經他及多位華商的大力捐助，港大中文學院在同年正式成立。他又捐資 10 萬港元興建港大中文圖書館，以供發展中國學術文化之用。香港大學為紀念他的貢獻，將該館命名為"馮平山中文圖書館"。該館於1964 年改建為馮平山博物館，專門收藏珍貴古物及藝術品，在香港及國際上均享負盛名。1931 年，馮平山逝世，送殯時港府派出軍樂隊護送，極盡哀榮。

馮平山逝世後，家族生意遂由其四子馮秉芬掌舵。馮秉芬（1911-2002），1911年在香港出生，早年就讀於其父倡辦的金文泰中學和香港大學中文學院，未畢業就出任東亞銀行經理職位。他提早結束學業，主要是其父年事已高，需要一個兒子協助管理家族業務。其時，他的兩個兄長早已夭折，孖胎兄長馮秉華性喜讀書，對經商沒有興趣。馮秉芬長袖善舞、八面玲瓏，其眼光和手腕均不遜於乃父，論魄力更尤有過之。1932 年，馮秉芬、馮秉華兄弟分別同時迎娶簡東浦千金簡美嫻及李子方千金李慧賢，成為香港第一宗"孖胎婚禮"，轟動香港上流社會。❸ 馮、簡、李三大家族的聯姻，更鞏固了他們在商界的地位。當時，馮秉芬憑藉父親的餘蔭在商場上縱橫馳騁，將父業發揚光大。1938 年，馮秉芬創辦馮秉芬集團有限公司，打著"馮秉芬"的旗號經商，可說既是"海派作風"的體現，亦反映出他極強的自信心和進取心。

20 世紀 50-70 年代，馮秉芬經營的家族生意大放光芒。早在 20 年代，馮平山已在灣仔填海區大規模發展住宅樓宇，馮秉芬繼承發展，地產業成為馮氏商業王國的基礎。1963 年，馮秉芬曾一度出任東亞銀行董事總經理，他本人就自稱是"由一個訓練有素的銀行家，發展為實業家"。到了 70 年代，馮秉芬集團旗下的聯營及附屬公司，除了兆豐行和東亞銀行之外，尚包括馮秉芬有限公司、仙力有限公司、啟祥洋行、愛華啟祥有限公司、大業建設、同安漁業、中華百貨、華人置業、東方置業、聯大建築、會德豐紗廠、太平洋海產、南華保險、麥當奴酒樓、海洋公園等等，經營的行業涉及地產、銀行、保險、貿易、運輸、實業以至傳播業等，其代理的貨品，從白蘭地洋酒、音響器材到漢堡包，應有盡有，形成一個龐大的商業王國。

馮秉芬經商之餘，與父親一樣亦熱心社會公益事業。40 年代，太平洋戰爭爆發，香港慘遭戰火浩劫。馮氏家族並無離開香港，移民外地。相反，他更積極投入社會工作，籌劃聖約翰救傷隊及開展其他公益事務，協助維持香港民心安定。所以在戰後，馮秉芬獲頒聖約翰救傷隊二次大戰長期服務獎章，更獲頒贈太平洋之役保衛勳章。此外，他不但是香港大學終身校董及中文大學創辦校董，襄助創辦近 20 間中、小學，而且還任香港東華三院顧問、保良局總理，多間醫院、孤兒院、慈善社、樂善堂之會長、委員、顧問等職。六七十年代，馮秉芬還先後出任香港立法、行政兩局議員，成為政壇紅人。1978 年香港馬會發生"馬伕風潮"，勞資雙方談判破裂，香港賽馬被迫暫停兩週。最後由擔任馬會董事的馮秉芬出面調解，罷工風潮才告平息。馮氏的影響力由此可見。

馮氏家族對家鄉的捐助也不遺餘力。除馮秉芬父親馮平山之外，1983 年 9 月，馮秉芬昆仲克紹箕裘，攜帶擴建平山小學藍圖回家鄉新會，與有關部門研究，並捐資 50 萬港元擴建平山小學教學樓、興建平山小學育英游泳池等。馮秉芬除捐贈 20 萬港元外，另捐贈微型卡拉 OK 設施。其兄馮秉芹也為學校的擴建資助 10 萬港元。1984 年，馮氏兄弟又為修理學校翼樓捐贈 30 萬港元。1986 年，馮秉芬昆仲為解決新會縣城圖書館讀者日益增多的問題，捐資 200 萬港元擴建其父馮平山創建的景堂圖書館，所建新樓面積達 4,030 平方米，並贈送冷氣機、電視、音響及影印機、傳真機、中文打字機等一批設施。1992 年 12 月，新會市人大常委會授予馮秉芬"新會市榮譽市民"稱號，新會市政府授予他"振興新會貢獻獎"。

» 許愛周家族的崛起

許愛周家族亦是 20 世紀初葉從南北貿易、航運崛起的另一個著名的華資家族財團。40 年代初，許氏正式從湛江移師香港，以香港為基地發展，時間上稍遲於利、馮兩家。不過，其時許愛周的名字，早已紅遍省港澳各地。

許愛周（1881-1966），祖籍廣東湛江，出生於一富商家庭，自幼便受到商業薰陶，小學畢業後即隨父學習經商。成年後自立門戶，在湛江開設福泰號商行，專營花生油等食品雜貨。1899 年，湛江（廣州灣）地區被法國強行租借，成為海外通往中國大西南的交通樞紐和土特產集散地，許愛周看準機會，先後在吳川、湛江赤坎、霞山等地開設福泰號、廣泰宏、天元號等，又在香港開設廣泰宏分號，一面將內地的黃麻、蒜頭等土特產批發出口，一面又從香港進口洋貨銷往雲南、貴州、廣西等內陸省份。許愛周又先後在湛江等地開設天和號、天泰號、廣源泰等油行，收購當地盛產的花生，榨製成馳名的"灣油"銷往香港、美國舊金山及內地城市。許愛周還在湛江開設福成號，代理美商德士古煤油，開設周泰號經銷水產品，生意越做越大，並成為湛江有名的富商。❺

　　20世紀20年代初，湛江等廣州灣一帶已是粵、桂、滇三省貨物運銷的港口，城市日趨繁榮，許愛周把握商機，與友人合股向政府投標赤坎海灘的填海工程，展開大規模的填海工程，填出了今天民主路、民權路、民生路等大片商業用地，並將海岸線推到了赤坎區的鴨𪃹港以外。填海工程完成後，許愛周獲分配100間舖位地皮自行發展，他在其中興建了商店和住宅樓宇達40多間，又在赤坎今日的中山二路興建當時廣州灣首座新型酒店"寶石大酒店"（即今天的紅寶石）。許愛周不僅投資房地產業，還涉足酒店業和租賃業，促進了赤坎城市的發展和商業的繁榮。他還帶頭捐資並積極協助建設廣州灣商會會館，成為當時地產建築界的名流及富商。

　　30年代初，許愛周眼見當時中國沿海及長江航運被英資太古、怡和洋行壟斷，遂決定創辦順昌航業公司，發展中國的航運事業。他首先購入一艘數百噸的貨船，取名為"寶石號"，航行於湛江至香港之間。1937年日本發動侵華戰爭，廣州亦相繼淪陷，省港客貨輪全部停航，當時湛江仍屬法租借地，懸掛法國旗的商船仍可航行，湛江便成為了當時中國的主要港口，大批物資從海外經湛江運往大西南。許愛周見順昌航業生意興旺，先後再創辦大安航業、太平航業、泰豐航業、廣利航業等航運公司，大量購置輪船，組成龐大船隊航行於廣州灣至香港及東南亞各埠，成為了華南地區的航運鉅子。❺

　　40年代初，許愛周鑑於香港在航運業中的重要地位，舉家移居香港。1941年香港淪陷後，許氏被迫暫時中止香港業務，避居內地。戰後，許愛周返回香港重整家族生意，1952年，順昌航業在香港註冊為有限公司，再度大舉購置輪船，組成龐大船隊航行中國沿海及東南亞各埠，成為當時香港最重要的航運集團之一。

　　戰後，許氏在恢復航運業的同時，開始大舉向香港地產業進軍，在港九各地大

20 世紀 30 年代華南地區的航運鉅子許愛周

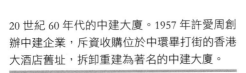

20 世紀 60 年代的中建大廈。1957 年許愛周創辦中建企業，斥資收購位於中環畢打街的香港大酒店舊址，拆卸重建為著名的中建大廈。

量購入地產物業。1957 年，許愛周與嘉華地產主席彭國珍等人合資創辦中建企業有限公司，斥鉅資收購香港大酒店集團位於中環畢打街的香港大酒店舊址，拆卸重建為著名的中建大廈。中建大廈毗鄰置地廣場，成為華商打入英資長期壟斷的中環核心商業區的重要建築。1959 年，許愛周再購入皇后大道中地段，改建為亞細亞行。其後，許氏家族還先後購入中環的遐寧大廈、灣仔的中怡中心、愛群大廈及司徒拔道的曉廬等物業。到 60 年代，許氏已成為當時香港著名的華資地產商。

1966 年，許愛周逝世，家族生意遂由其子許岐伯、許士芬、許世勳等第二代主理。為紀念父親，許士芬捐資香港大學，立許愛周科學館紀念。許愛周一生堅持"實業救國，振興中華"的宗旨，被譽為愛國商人。早在二三十年代，廣州灣煙賭場林立，許愛周堅持原則，拒絕參與鴉片販賣，並建議當局禁賭。日軍侵佔香港前夕，許愛周毅然將兩艘來不及撤退的船隻鑿沉。他返回廣州灣避難期間，幼子許世勳結婚，他以國難當前為由，將筵席費全部捐出作抗戰經費，表現了高尚的愛國情操。許愛周逝世後，許氏家族將業務重點轉向地產業，以周興置業為控股公司，低調發展。

不過，直到 70 年代，許氏家族仍是香港最重要的華資財團之一。1973 年，英資滙豐銀行邀請許世勳出任董事局董事，許世勳成為繼包玉剛之後第二位滙豐銀行的華人董事，其後更一度出任滙豐董事局副主席，此舉反映了滙豐對許氏家族的重視。2018 年 12 月，許世勳逝世，享年 97 歲。許氏生前專注地產業務，身家極為豐厚，僅遺下的物業估計至少就值 400 多億港元，著名的有位於中環、號稱 "醫生大廈" 的中建大廈。許世勳還是香港最大的馬主，創下逾百次拉頭馬紀錄，在馬會史上寫下傳奇的一頁。

》 張祝珊家族的崛起

20 世紀上半葉在香港崛起的華資財團中，尚有張祝珊家族。張氏家族亦是走從貿易致富、在地產崛起的模式。不過，與利、馮、許家族顯赫一時的形象相比，張氏家族無疑要低調得多。

張祝珊（1882-1936），祖籍廣東新會，早年隨父經營家庭手工藝生意，依靠編織並出售竹蓆、藤籃、藤椅等謀生。其後移居廣州，開設張錦記商號，專營藤器批發零售。1936 年，張祝珊病逝，遺下生意由其妻郭庚及長子張玉階繼承。1938 年日軍侵佔廣州，張家遂結束張錦記生意，攜帶多年積累的 3,000 銀元移居香港。❺❻

張家抵港後，在中環永吉街重開張錦記商號，改營華洋雜貨。1941 年香港淪陷後，郭庚攜幼子避居廣州灣，張玉階則與三弟張玉麟分別在廣州和澳門開設張錦記。戰後，張玉階在香港開設祝興洋行和泰和行，以香港為基地採購各類洋貨藥材運往澳門、廣州、湛江等地分銷，又從當地收購土特產、食米、糖、煤等運往香港出售。其時，泰和行亦是典型的南北行。張玉階還派二弟張玉麟前往越南西貢主持食米的進出口業務，生意規模開始擴大。

不過，令張氏家族真正致富的，卻是經營西藥批發零售。戰後，張玉階看到香

張氏四兄弟合照。前排左起為張玉麒和張玉階，後排左起為張玉麟和張玉良。

港、內地及東南亞各國西藥缺乏的情況，認為經營西藥有利可圖，遂將永吉街張錦記改為張錦記洋雜西藥店，兼營西藥銷售，又在廣州開設利來藥行。張玉階還取得外國藥品的銷售代理權，在昭隆街開設歐洲海岸有限公司，代理盤尼西林等藥品。由於西藥經營課稅很高，歐洲海岸公司遂將西藥批發給同系的祝興洋行，再由祝興洋行分銷給其他零售商，以及張錦記洋雜西藥店，藉此減輕課稅，賺取三重利潤。朝鮮戰爭爆發後，聯合國實施對華禁運，內地急需大批藥品，張玉階利用往來香港與內地船隻，將藥品大批銷往中國，賺取豐厚利潤，因而迅速崛起。[57]

　　50 年代，張氏家族開始投資地產業，先後創辦錦興置業有限公司、興隆按揭地產公司、英德建築公司、香港代理有限公司、工廠代理有限公司以及聯錦公司等，[58] 在港九各地大量購入物業，興建樓宇。50 年代中期，張玉階透過錦興置業，向英資卜內門化工原料有限公司購入銅鑼灣百德新街大批貨倉用地，拆卸重建為商住樓宇。1960 年，百德新街的商廈和住宅樓宇先後落成，當時因市場疲弱、缺乏租戶，張家遂與日商合作成立大丸百貨公司（張家佔 49% 股權）。大丸百貨成為銅鑼灣地區首家百貨公司，亦是日資百貨集團進軍香港百貨業的先聲，當時誰也沒有料到，日後這些日資百貨竟然成為華資百貨最強勁的競爭對手。後來，銅鑼灣發展成香港最繁華的商業區，張氏家族的財富因而以幾何級數急增。

1959 年，張玉階病逝，家族生意遂由四弟張玉良主持。張玉良繼續投資地產，先後在中環建成聯邦大廈和國際大廈。70 年代初，華資公司紛紛在香港上市，張玉良亦先後將聯邦大廈和國際大廈注入上市公司聯邦地產，換取聯邦地產 77% 股權。後來，張玉良再以聯邦地產股份，加上半山梅道等物業，交換英資四大行之一的會德豐集團的股份，令張氏家族持有的會德豐股份超過 40%，成為會德豐的最大股東，張玉良亦進入會德豐董事局。❺❾ 這一時期，張氏家族在香港的事業達到高峰，成為香港重要的華資財團。

05

華資大商行：利豐與大昌行

---

20 世紀上半葉，華商經濟中還崛起了一批令人矚目的類似英資早期洋行的大商行。其中的佼佼者，當數馮漢柱家族的利豐公司，以及何善衡、梁銶琚等人創辦的大昌貿易行。

》 利豐公司的創辦與發展

利豐創辦於 1906 年，迄今已有逾 110 年的悠久歷史。創辦人馮柏燎（1880-1943），祖籍廣東鶴山，早年曾被父親送到香港皇仁書院就讀，精通英語，畢業後曾留校任教師，但不久即離開香港返回廣州，在商人李道明的一家名為"寶興磁莊"的瓷器商店任出口部經理。寶興磁莊專營來自江西景德鎮及全國各地的精美瓷器，生意頗具規模。當時，英美洋行壟斷了中國絕大部份的進出口貿易。馮柏燎認為，中國的商業機構在社會聯繫及對本地產品的熟悉程度等各方面都比外國公司優勝，如果在語言溝通方面沒有問題，由中國人經營本國出口商品，一定會比外國公司做得好。馮柏燎的想法得到了李道明的支持。兩人決定合夥創建一家華資貿易公司，由李道明出資，馮柏燎負責公司的業務經營。

1906 年 11 月 28 日，馮柏燎與李道明合資，創辦利豐公司（Li & Fung Co.），店舖就設在廣州沙面隔河相對的岸邊，即今日的六二三路 188 號。其中，馮柏燎佔 51% 權益，李道明佔 49%。公司的名稱，由李道明的"李"和馮柏燎的"馮"兩字的諧音"利"與"豐"組成，寓意"利潤豐盛"。**⑩** 馮柏燎與李道明創辦利豐，是試圖以純華資的做法，直接主理中國貨品的採購及外銷。利豐開業之初，以外銷陶

廣州時代的利豐行，圖中三人分別為馮柏燎及其子馮慕英、馮漢柱。利豐行是中國第一家由華商經營的進出口貿易公司。

1962 年馮漢柱（右）視察利豐的塑膠花工廠之一——偉大實業公司，當時該工廠已採用半自動化機械生產。

藤器家具製品是利豐行在 20 世紀 50 年代的主要出口產品。有兩張小型藤椅曾被選送白金漢宮，供英國皇儲查理斯及安妮公主專用。

瓷為主業，並兼營古董及工藝品，將景德鎮陶瓷、石灣陶瓷以及"廣彩"陶瓷源源不斷地銷往海外，生意興旺。其後，利豐逐步將外銷的業務擴展到竹器、藤器、煙花、炮竹，以及玉石和象牙等手工藝品。當時，利豐十分注重創新產品的設計及包裝，如創製"紙封"鞭炮取代傳統的泥篤鞭炮，由於新產品重量較輕，進口稅相應減低，令買家節省開支，同時亦可除去傳統鞭炮泥塵飛揚的弊端，結果大受歡迎。後來利豐行代理的黑貓牌鞭炮、煙花均成為暢銷歐美的名牌產品。

圖為利豐行出口，享譽海外的黑貓牌炮竹煙花。

　　早期，利豐行的產品主要向美國出口。1915 年，馮柏燎獲當時中國政府委派，參加了在美國舉辦的巴拿馬—太平洋國際展覽會。在回程的船上，馮柏燎結識了美國紐約伊拿士有限公司的首腦約瑟夫·聶沙。伊拿士有限公司是美國著名的東方進口商，它為美國眾多的高級連鎖店、郵遞購物服務公司及百貨商店供應貨品。馮柏燎結識約瑟夫·聶沙後，伊拿士有限公司即成為了利豐最大買家之一，其後該公司一直向利豐購買各類貨物，時間長逾半個世紀之久。自此，利豐行出口美國的業務迅速發展。❸ 20 年代，利豐開始將業務多元化發展，先後開設輕工藝廠及倉庫，又相繼取得多家著名公司的代理權，包括香港歷史悠久的域景洋行、日本大阪商船株式會社、日本郵船株式會社、大阪海運及火災保險公司等。❷ 利豐行亦初具發展規模，在廣州沙面建有樓高 5 層的利豐大廈。

　　20 年代末到 30 年代初，馮柏燎的二子馮慕英、三子馮漢柱及四女馮麗華等相繼加盟利豐，3 名子女分別在香港的拔萃書院、嘉諾撒聖心書院及英皇書院畢業，掌握流利英語。1935 年，正值日本醞釀發動大規模侵華戰爭前夕，馮柏燎有感於時局的急遽變化，遂委派三子馮漢柱前往香港開設分行，計劃逐步將業務轉移到香港。馮漢柱在港島皇后大道中 9 號建立了利豐的分公司，並為利豐在香港購入首個物業，該物業位於干諾道中 18-20 號，瀕臨海濱。1937 年，日軍攻佔廣州，利豐在廣州的總部關閉，同年在香港註冊為有限公司——利豐（1937）有限公司，由馮漢柱出任公司經理。

抗日戰爭爆發初期，香港的轉口貿易一度蓬勃發展，利豐行經營的範圍從廣東擴展到廣西、福建、湖南數省。其間，馮柏燎看到戰時港製手電筒成為最暢銷貨品，遂開設域多利電筒製造有限公司，生產戰時緊俏的手電筒。可惜，這種繁榮的景象隨著 1941 年 12 月日軍侵佔香港而驟然中斷。1943 年，馮柏燎返回廣州辦理重新登記他的房地產以及繳交物業稅等事宜，期間不幸中風病逝，家族生意遂由馮漢柱兄弟掌舵。

戰後，馮漢柱兄弟重返香港，決心重整利豐業務。1946 年，利豐重組公司管理層，馮柏燎的兩個兒子——馮慕英和馮漢柱出任公司常務董事長，其中，馮慕英負責公司的財政和管理，馮漢柱發展貨品來源及銷售，李馮麗華出任公司執行董事，負責會計及人事工作。公司在重組管理層初期，遇到了嚴重困難。利豐的另一主要股東李道明，在馮柏燎逝世後，不願再與利豐繼續保持關係。1946 年 10 月 1 日，李道明將所持的利豐有限公司 300 股股份出售給馮氏家庭成員，並簽署文件。李道明在戰後初期匆忙出售利豐股份，誠為可惜。這不僅使他放棄了一宗大有前景的生意，也宣告了馮、李兩家長達 40 年的深厚商業合作關係結束。

從 50 年代起，利豐因應香港經濟的轉變而調整經營方針，將業務的重點從出口內地產品轉向代理香港本地製造產品的出口，包括成衣、玩具、電子製品、鞭炮、塑膠花以及傳統的陶瓷和工藝品等。同時，也向工業生產進軍，投資塑膠花、藤器家具、木器及金屬餐具等製造業。60 年代，世界貿易保護主義開始抬頭，紡織成衣出口開始實施配額制度，利豐因出口成衣量龐大，獲分配大量配額，成為香港最大成衣出口商之一。❻馮漢柱的次子馮國倫表示："60 年代中期，利豐的成衣生意越做越大，在成衣出口行中數一數二。"這一時期，無論是在製造或出口方面，紡織品及成衣都成為利豐利潤最豐厚的生意，佔香港出口貨品的四成半甚至五成以上。這一時期，利豐的海外客戶多達數百家，採購網絡遍及香港超過 1,000 家製造工廠，它的業務獲得長足的發展。據統計，1969 年，利豐的營業額為 7,100 萬港元，到

1973 年已增長到 1.89 億港元，年均增長率高達 27%。

五六十年代，利豐進一步多元化發展其業務，1957 年，它重建了旗下 3 幢位於中環海濱干諾道中 18-20 號的住宅樓宇，建成樓高 12 層的寫字樓 "馮氏大廈" 作為集團的總部所在地。利豐又發展倉儲業，向外租借貨倉，並合併經營貨物集散及轉運的名商集運有限公司。70 年代，利豐又進軍航運業和金融業。1973 年，利豐與其他公司合資購入數艘二手貨船，經營航運業；1977 年又和康年銀行合作，成立利康信貸有限公司，為香港本地工廠提供貿易金融服務。

60 年代後期至 70 年代初，馮氏家族的第三代，包括馮慕英的兒子馮國康、馮國礎，馮漢柱的兒子馮國經、馮國綸，以及馮麗華的兒子李永康等相繼加盟利豐。1973 年，獲得美國哈佛大學工商經濟學博士學位的馮國經加入利豐，在此之前 4 年，其獲得美國普林斯頓大學工程理學士學位及哈佛大學工商管理碩士學位的弟弟馮國綸亦已加入利豐。馮國經兄弟加入利豐後，即運用現代西方的企業管理制度和技術著手檢查公司的組織、結構和人事，並致力於公司的現代化。在馮國經兄弟的推動下，利豐於 1973 年 4 月在香港上市，以每股 1.65 港元發售 1,350 萬股新股，獲得 113 倍超額認購。上市後，利豐的管理制度發生變革，從老闆一人說了算的舊式商號模式（One Boss/Employees System）逐漸轉變為實施現代經理負責制度（The Proper Management Hierarchy）的股份制公眾上市公司。公司員工結構也發生變化：公司上市前，利豐員工全部沒有大學學歷，但到 1978 年，利豐 120 名職員中已有約 20 位大學畢業生，企業經理層均受過專業或大學教育，具有先進的工商管理知識。[64]

利豐上市後，即四出尋找新途徑，以加強其傳統的業務。利豐早已在 60 年代後期開始向外拓展採購銷售網絡，先後在中國台灣、新加坡、南韓、馬來西亞、泰國等地設立分公司，代理成衣、電子產品、自行車、鞭炮等產品出口。上市後，利豐進一步在巴黎、倫敦、三藩市等地設立分公司，並積極投資與貿易有關的行業，包括商標印刷、金融信貸、鞋襪成衣及玩具製造等。與此同時，利豐逐漸放棄過去採用的垂直整合的運作模式，將下游生產工序外發給各地廠商。自己則專職中介人角色，並對有發展潛力的廠商給予財力支持，如參與部份股東投資等。

80 年代，利豐在香港本地零售市場上開始建立起自己的形象，這主要得益於利豐在香港的兩項投資："玩具反斗城"和"Circle K 便利店"。玩具反斗城由利豐與一家美國公司合資於 1986 年開設,各佔 50% 股權。該家公司在美國擁有超過 400 間連鎖店,其在全球開設的玩具反斗城逾 500 家之多,營業額超過 50 億美元。利豐在香港開設的玩具反斗城以超級市場形式經營,在尖沙咀海運大廈、沙田及荃灣等地擁有多家分店。此外,利豐還獨資在台灣開設 3 間玩具反斗城。利豐在香港零售

繼承父業的利豐行第三代傳人馮國經博士,是華資家族財團成功接班的佼佼者。

以超級市場方式經營的"玩具反斗城",是利豐第三代繼承人的重要投資項目之一。圖為"玩具反斗城"的沙田分店。

市場的另一項重要投資是與美國的 Circle K 便利店及日本的 UNY 合作，在香港開設 Circle K 便利店（簡稱"OK 便利店"），該便利店已在香港設有逾 70 間分店，遍佈港九各區，是規模僅次於"7-Eleven 便利店"的第二大連鎖集團。除玩具反斗城、OK 便利店外，利豐在香港的零售業務還有麵包盧、快圖美、繽紛樂園和美國優惠店，在香港、台灣及內地共擁有逾 208 間零售店，員工超過 2,000 名。

20 世紀 80 年代初，香港前途問題逐漸浮現。香港社會各階層、各界別難免會隨著時局的變動而有不同的心態和考慮，利豐大股東馮氏家族亦不例外。當時，家族中年老的股東，如馮漢柱已年屆 70 歲，正考慮家族事業的接班問題；有的股東則對香港地位的轉變產生了擔憂、恐懼，希望將手中所持的股票拋售套現，移民海外；另外部份股東早已成為專業人士，他們也不想繼續經營家族生意。不過，作為利豐管理層的馮國經、馮國綸兄弟卻有不同看法，他們認為中國正在逐步開放，香港正處於從事對外貿易的黃金時期，可以中國內地為腹地拓展國際商貿業務。

馮國經、馮國綸兄弟決定對利豐展開全面收購，以取得公司的控制權。1988 年 10 月 10 日，利豐宣佈將向公司全體股東提出全面收購建議，使利豐成為經綸公司的全資附屬公司。經綸公司（King Lun Limited）在英國維爾京群島註冊成立，已發行股本由馮國經和馮國綸兄弟實質擁有，各佔 50% 股權。經綸公司以每股 8.50 港元現金價格，向利豐全體股東收購其所擁有利豐已發行及已繳足的全部 5,400 萬股股份。收購完成後，利豐有限公司取消在香港的上市地位，成為經綸公司的全資附屬公司。1988 年 9 月 9 日，即最初宣佈進行有關磋商前股份的最後交易日，利豐的最後成交價為每股 5.05 港元，即收購價格比市場價格有 68.3% 的溢價，市盈率為 20.7 倍。而在此之前 6 個月，利豐的最高價及最低價分別為 6.30 港元及 4.75 港元。當時，利豐每股綜合資產淨值為 5.14 港元，收購價亦有 65.4% 的溢價。

1988 年 12 月 7 日，由香港法庭指令的利豐公眾股東大會和利豐股東特別大會先後召開，決議接受管理層收購。1989 年 1 月，收購行動完成。馮氏兄弟策動的這次收購行動可說開創了香港公司管理層收購的先河，是一次成功的"槓桿式收購"（Leveraged But-out）。當時，有評論指出："馮氏兄弟能利用嶄新的財技，解決了向來困擾華人家族事業業權與管理權糾纏不清的這個老大難問題。這可說是華人家族新生代借助西方學來的管理學識來更新古老家族事業的典例，姑勿論這次管理層收購是否真的如馮國經口中的那樣和諧地完成，但手法乾淨俐落，環顧地區內華人商界眾多家族事業此起彼伏地為傳承問題而危機四起，利豐的現代化實在是個突出的成功個案。" [65]

利豐從 1973 年上市到 1989 年私有化的整整 16 年間，營業額從 8,400 萬港元急增到 15 億港元，[66] 平均每年的增幅高達 20%，成為期間增長最快的貿易商行之一。

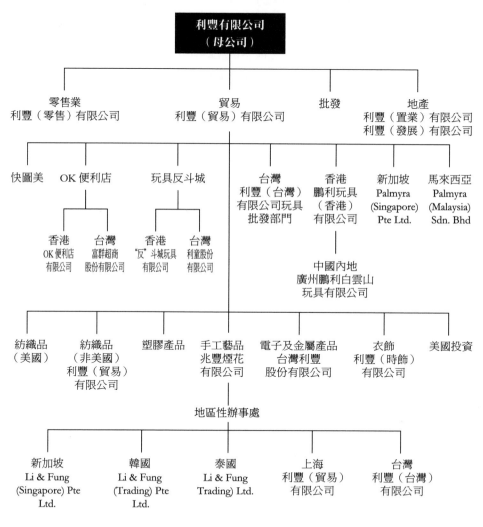

利豐集團業務輪廓（1991）（資料來源：香港《資本》雜誌，1992 年 2 月號。）

» 大昌貿易行的創辦與發展

20 世紀上半葉崛起的華資貿易商行中，另一家著名的是大昌貿易行，到 80 年代，大昌貿易行已發展為大型綜合性貿易商行，被譽為與英資洋行齊名的"本地老牌洋行"。

大昌貿易行的創辦要追溯到 1937 年"七七事變"後由何善衡、梁銶琚等人在香港創辦的合成行。1941 年香港淪陷後，合成行與恒生銀號一樣，遷到澳門，而梁銶琚則代表澳門合成行和大豐銀號坐鎮廣州灣。梁銶琚（1903-1994）乃廣東順德人，1903 年出生於銀號世家，早年曾在廣州創辦元興銀號和元盛銀號。1938 年廣州淪陷前夕開始長駐香港，並在香港開設銀號，遂與林炳炎、何善衡等建立密切的合作關係。梁銶琚坐鎮廣州灣後，利用自己多年經營銀號的經驗，調度錢銀支持合成行的發展，將南方的海味、食米、白糖、木材、藥品及國外的鋼鐵等物資運往北方及大西南，又將北方的大豆、藥材、絲綢、生絲等土特產品運往南方，並出口南洋、北美。合成行是典型的南北行、金山莊性質的商行，所以後來他把累積的豐富經驗，在恒生銀號、大昌貿易行及各聯號充份發揮，成效卓著。

1945 年抗戰勝利後，林炳炎、何善衡、梁植偉、盛春霖、梁銶琚、何添等人重返香港後，在重整恒生銀號的同時，即著手籌辦大昌貿易行。戰後，香港人口迅速增加，物資供應短缺，歐美國家急於恢復對華貿易，對香港倚重有加。何善衡、梁銶琚等人憑多年經驗，認為香港日後必定成為重要的國際貿易運輸樞紐，對外貿易大有可為，於是決定創辦大昌貿易行。1946 年，大昌貿易行在香港註冊成立，由何善衡出任董事長，梁植偉出任副董事長，梁銶琚出任董事總經理。當時，大昌貿易行並沒有獨立辦公地點，只是在恒生銀號佔用若干位置，而僱員亦是兩面兼顧。 [67]

大昌貿易行創辦後，即積極在中國內地及海外拓展商業網絡，先後在廣州開設大昌貿易行，在上海開設同和興、裕生祥商號，又在漢口開設大昌分行，在常德開設桐油廠，發展對中國轉口貿易。1949 年中華人民共和國成立後，朝鮮戰爭爆發，聯合國對華實行貿易禁運，大昌貿易行得知訊息後搶先將中國急需的物資如鋼鐵、工業原料和藥品等運往內地。50 年代，大昌貿易行又將貿易重點轉向東南亞和東

北亞市場，除在 1948 年開設紐約分行、1950 年開設東京分行之外，梁銶琚秉承董
事會之命，親赴越南西貢及法國巴黎創立分行，待業務稍為穩定；又即轉往泰國曼
谷，開設泰國分行，將泰國的大米運銷香港；並將泰國糯米運銷日本，同時在泰國
創辦綠寶飲品廠，產製各種果汁飲品。待業務納入正軌後，梁銶琚又抽調幹員，同
往新加坡設立分行，初期以貿易為主，未幾兼營地產。購地百餘萬平方呎，興建安

1964 年 9 月堅尼地城海旁大昌貿易行西環貨倉及其一號鐵躉船。其
時鐵躉船剛剛建成啟用。

圖為梁銶琚（右三）新船舉行下水禮時攝

樂新邨,分戶出售,每戶兩層,兼有車位,銷情平穩。此時越南三邦,如南越、柬埔寨、寮國等,須經常接受聯合國救濟品。日本之大商社甚欲接辦此種生意,但因未簽戰敗和約而無法經營。而大昌已在西貢、金邊、永珍設有分行或聯號,業務穩健,日本商社乃委託大昌代辦手續,參加經營。

1954年,大昌貿易行被香港政府指定為香港首批進口米商及儲糧倉庫。大昌貿易行積極發展香港本銷市場,從泰國、美國和中國內地選購精米供應香港市場,又從加拿大、澳洲、新西蘭、丹麥、瑞典、挪威、英國及日本等地採購各類山珍海味,包括鮮凍鮑魚、各式漁鮮、鮮凍豬牛羊鹿等肉類及雞鵝鴨鴿等禽類,以及各種油類、罐頭、糖品、飲料等,供應香港的批發商、超級市場、加工製造商、各式酒樓餐廳等,成為香港最大規模的多元化食品供應商之一,而大昌貿易行開設的大昌食品市場連鎖店更發展至遍佈港九每個角落。

50年代末,大昌貿易行積極發展拆船業務。當時,梁銶琚為拓展貿易業務,經常遠赴海外各地考察,他發現戰時報廢的大批商船和舊軍艦,停泊在各港口碼頭,日曬雨淋,而當時許多國家為發展經濟正急需各類鋼材。大昌貿易行遂從海外購入一批廢舊艦船,在香港的牛頭角、醉酒灣等地闢建場地拆卸舊船,3年間共拆卸廢舊商船近百艘、航空母艦4艘,獲利豐厚。大昌貿易行此舉引起香港及東南亞許多商家的注意,紛紛投入拆船行業,導致用高價搶購舊船的成本增高,而拆得舊鐵,則低價競銷,幾乎無利可圖。此時,大昌貿易行又轉向發展新興的航運業,1964年曾自資建造當時香港最大的700噸散裝駁船,後來甚至發展成香港擁有最多駁船的商行之一。每艘載重量亦按步增至2,000餘噸,共有12艘,均屬儲運本行貨物之用。後來更參加母公司恒昌投資建造載重數萬噸之大運油輪多艘。

1962年,大昌貿易行開始經營汽車銷售代理業務,先後收購或創辦了合眾、合群、合誠、合安、合德、合豐、合信、合泰等8家汽車有限公司,逐漸擴大其在汽車代理及維修市場上的佔有率。大昌貿易行先後獲授代理權的汽車,包括美國的佳特利、標域、奧士無比、潘迪、雪佛來,日本的本田、日產、五十鈴,以及德、意、英、法等國的多款名牌汽車。代理的車種則包括豪華轎車、跑車、營業車、客貨車、旅遊車、動力機械及專用車輛等。1964-1972年,大昌貿易行先後在新蒲崗和

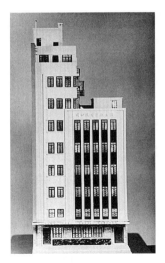

大昌貿易行 1953 年成立時，曾在位於皇后
大道中 163 號的恒生銀行大樓 2 樓辦公。

1962 年 12 月大昌貿易行遷往中環德輔道中
77 號

1983 年建成規模龐大的大昌貿易行汽車服務大廈，位於九龍灣啟祥道。

長沙灣開設兩家汽車服務中心，其中新蒲崗汽車服務中心地積 1 萬平方呎，樓高 10 層，總面積共 10 萬平方呎。長沙灣汽車服務中心則樓高 12 層，總面積共 12 萬平方呎。1978 年又建成港島鰂魚涌汽車服務中心，地積 2.6 萬平方呎，樓高 16 層，總面積 40 餘萬平方呎。80 年代，大昌貿易行在九龍灣興建地積 10 萬餘平方呎、總面積達 100 萬平方呎的大型汽車服務中心，先後分三期完成，該中心成為全東南亞規模最大、設備最先進的汽車維修保養中心，為大昌貿易行集團代理的超過 12 萬部車輛提供全面維修保養服務。

大昌貿易行的營業部門，除設有米業部、糧油雜貨部、食品部、化妝品部、味精部、建材部、機械工程部，以及 8 家汽車公司、4 間維修服務中心之外，還設立電器部，代理意大利、德國、美國及日本廠的家庭電器和音響器材；出口部為全球買家介紹及代理銷售香港製品，包括時裝、運動鞋類、電子電器、石英鐘錶及新奇產品。到 80 年代，大昌貿易行又先後在加拿大溫哥華、新加坡、澳洲悉尼開設 3 家分行，在澳洲墨爾本、加拿大多倫多及美國洛杉機設立辦事處，形成全球性商業購銷網絡。充分發展進出口和轉口的國際貿易業務。此時，全體員工總數已達 5,000 餘人。

1964 年，何善衡、梁銶琚等恒生銀行及大昌貿易行的主要股東鑑於兩家公司業務發展迅速，遂在香港註冊成立恒昌企業有限公司，作為恒生銀行和大昌貿易行控股公司，恒昌即取自恒生銀行的"恒"和大昌貿易行的"昌"。如果不是 1965 年爆發銀行危機，恒生銀行控股權轉移至滙豐銀行手中，以恒生銀行的財力配合大昌貿易行的龐大分銷網絡，恒昌企業集團極可能發展成香港最具規模的華資財團之一。

從外界觀察所得，大昌貿易行集團取得如此成就，主要有下列 8 個要素："齊心合力，有志竟成。公司業務，透明度高。關懷職員，互相扶助。情逾手足，兄弟稱呼。多設福利，嘉惠員工。歸屬感強，任勞負責。衷誠研討，坐言起行。秉公持正，以身作則。"自大昌貿易行創辦以來，便一直奉行這種傳統的管理手法，效果明顯。

可惜，這家具有 50 多年輝煌歷史的華資貿易大商行，在進入 90 年代時，因為幾位大股東兼領導人，雖仍精神壯健，但都年事已高，而多位合選之後輩，均各有志趣，無意挺身繼承，經過多次會議商討，決定在各位長者有生之年，將全部股權及資產出售，把所得款項親手奉還予各股東，而出售之條件為：（1）聘請會計師及法律顧問，核訂有關資料。（2）價格必須合理並以現款交易。（3）保證全體職工繼續留任，保持平穩過渡。（4）業務政策，盡量保持不變，令職工安心工作。

這個出售消息傳到市面，大昌貿易行立刻成為多個大財團覬覦爭購的對象，談判差不多一年時間才有定案。結果，由中信泰富為首，聯同富商李嘉誠、郭鶴年等的財團以符合各項條件而獲得承購，1991 年 6 月，成功以 330 億港元價格收購大昌的控股公司恒昌企業 97% 股權。稍後，中信泰富再斥資 30 億港元向其他股東全面收購恒昌。大昌貿易行遂由一家華資大商行轉變成中資集團中信泰富的一家全資附屬公司，進入另一個發展新時期。

在中信集團的經營下，大昌行獲得快速的發展，於 2007 年在香港聯交所主板上市（2020 年 1 月被中信股份私有化）。目前，大昌行集團已發展成為一家亞洲多元化汽車及消費品分銷企業，擁有廣泛覆蓋的物流網絡。在汽車業務方面，大昌行已成為區內最大的汽車總代理商及分銷商之一，在香港及澳門代理 13 個汽車品牌，包括奧迪、賓利、本田、Infiniti、五十鈴、MAN、日產，以及其他商用汽車品牌；並在內地代理多個知名的國際汽車品牌，包括賓利、一汽奧迪、本田、五十鈴、雷克薩斯、梅賽德斯—奔馳、日產、慶鈴、上海通用別克、豐田等。同時從事多種汽車相關業務，包括汽車租賃、連鎖式汽車維修中心、二手車買賣、汽車金融、汽車保險、汽車機油調配、特種車工程，以及分銷零部件及汽車環保產品。

在消費品業務方面，大昌行的食品業務已拓展至食品製造、消費品分銷及零售業務，打造全面的食品供應鏈，包括在上游生產方面提供多種冷凍及冷藏食品、茶類及咖啡飲品，在中游貿易代理不同種類的冷凍食品，以及數以百計的國際知名快速消費品品牌；零售方面則在香港經營超過 50 間大昌食品市場及大昌食品專門店。另外，在物流方面，經過多年的拓展，大昌行在內地發展起一個全國性的配送網絡，並已於各地建立無縫冷凍鏈物流網絡，覆蓋香港、澳門、新會、深圳、廣州、昆明、廈門及上海。這些現代物流配套為集團的食品業務提供了強大的物流支持。

06

華資在化妝、醫藥業的發展

———————

20 世紀上半葉，香港作為海外的華人社會，傳統的醫藥業獲得很大的發展。這一時期，華資在醫藥業以及化妝品製造及生產等領域的投資亦相當活躍，並冒起一批頗有名氣的企業，其中，家喻戶曉的有馮福田的廣生行、余東璇的余仁生堂、胡文虎的永安堂及顏玉瑩的白花油藥廠。

》 廣生行的創辦與發展

廣生行創辦於 1898 年，1910 年在香港正式註冊，並於 1941 年在香港上市，可說是一家與香港經濟同步成長的老牌華資公司。創辦人馮福田，祖籍廣東南海，早年曾在廣州設店舖售賣化妝品，後因資金周轉不靈，遂結束廣州生意，到香港發展。馮福田抵港後，曾任職於專營西藥的德建洋行，從中學會英文及配藥知識，並結識不少外商，為日後發展打下基礎。

當時，外國輸入香港的化妝品售價極高，只是外商家眷和富家小姐的專用品，普羅大眾根本無緣問津。馮福田看到香港一般女性缺乏價格相宜的優質化妝品，萌生創業意念，遂於 1898 年與友人林壽廷、梁澤周等人合資，創辦香港第一家化妝品公司——廣生行，1910 年正式註冊為有限公司，股本 20 萬港元。1912 年，廣生行在港島灣仔及銅鑼灣等區購入地皮，設置廠房，其時分行數目已擴展至 20 多間，遍及香港和中國內地。

廣生行的產品，以"雙妹嚜"為註冊商標。據說，"雙妹嚜"的來由有段美麗傳說，傳聞馮福田有一天在中區閒逛，突然看見兩位美麗少女，身穿白衣，面貌俏麗，就如天仙下凡，遂靈機一動，為其產品取名"雙妹嚜"。不過，亦有另一傳聞，廣生行開業前一晚，天使報夢馮福田，說他與雙妹有緣，其產品如以雙妹命名，必能帶來財富。馮氏醒後照辦無誤，結果，"雙妹嚜"產品一經推出，反應熱烈，不久即成為香港家喻戶曉的名牌產品。當然，廣生行產品大受歡迎，主要原因是採用外國進口原料，質優價廉。

到二三十年代，廣生行的業務如日中天，所生產銷售的產品中，除了著名的花露水外，尚有雪花膏、茉莉霜、爽身粉、如意膏、美髮霜、生髮油、粉底霜、熱痱粉、除臭狐膏等等，多達 350 餘種，產品暢銷香港、中國內地及東南亞各埠。廣生行先後在灣仔、銅鑼灣等地大量購入地皮，興建廠房，擴大生產規模，又在上海、天津、南京、漢口、東莞、中山等地遍設分店。如前所述，廣生行上海分店當時就是東亞銀行在上海的最大客戶，超過先施、永安等百貨公司。

廣生行在第二次世界大戰前步入全盛時期。如果作個比喻，當年的廣生行，比起現今和記黃埔旗下的屈臣氏藥房，可說有過之而無不及。全盛時期，廣生行在香港及中國內地開設了 38 間分行，並在上海、廣州、漢口等內地 4 個主要城市設有廠房自行生產。當時，廣生行不僅從事生產化妝品，更生產盛載化妝品的玻璃器皿，兼營報紙印刷等，每年贏利超過 100 萬港元。由於產品暢銷，規模迅速擴大，廣生行的贏利大幅增長，相繼在香港各區購置大量廠房地皮，這亦為其日後向地產業發展奠定基礎。1941 年 10 月 13 日，廣生行在香港證券交易所上市，立即成為股市中藍籌股。這是廣生行的黃金時代。❻❽

可惜，好景不常。中日戰爭爆發後，廣生行與其他大企業的命運一樣，面臨向南遷移，業務亦由極盛走向衰落。1941 年香港淪陷後，廣生行的灣仔貨倉被日軍焚毀，德輔道中總行被日軍佔用，業務大受打擊。戰後初期，香港經濟尚未復甦，廣生行生意自然大不如前。到 1949 年，廣生行更喪失內地龐大市場，期間亦面臨歐日化妝品大量輸入的競爭，廣生行的收益無可避免地銳減。

五六十年代，香港人口急增，經濟開始起飛，地產市道被看好，廣生行在經營化妝品之餘，也開始利用其所擁有的大量地皮發展地產業務。1975 年，廣生行更設立地產發展部，全力發展地產，並與李嘉誠的長江實業合作，把手上物業拆卸重

廣生行創辦人馮福田的塑像

早期廣生行產品的標誌

創辦初年位於廣州的廣生行店舖。廣生行以“雙妹嘜”為註冊商標，其產品曾風行香港及東南亞各埠。

建，供出售或出租之用，廣生行業務亦漸趨多元化。及至 1988 年，廣生行已大致將手上物業發展完成，成為一家以租金收入為主的地產投資公司。當年，公司純利高達 1.5 億港元。當時，廣生行擁有約 70 萬平方呎的收租物業，主要包括位於銅鑼灣的萬國寶通中心部份面積約 22 萬平方呎的樓面，及位於南灣、淺水灣、赤柱等區多項高級住宅。其時，廣生行傳統的化妝品營業額約 600 萬港元，提供贏利僅佔集團純利潤的 1%，實在微不足道。此外，公司亦持有大量現金，除部份用作股票投資外，大部份均存放在銀行收息。

廣生行的股價，曾經是香港股市中最高價的股票。1987 年 10 月股災前，廣生行每股市值接近 1 萬港元（股災前最高報每股 9,995 港元），以當時每手 100 股計算，買賣一手廣生行股份總值高達 100 萬港元，加上廣生行已發行股本只有 180 萬股，在市場貨源疏落及價格高昂的情況下，一般小投資者很難染指。有見及此，廣生行曾數度將股份拆細。1987 年 11 月，廣生行宣佈將股份 1 拆 15，雖然如此，每股仍高達 450 港元水平。❻❾ 廣生行後來因創辦人家族主事人年事已高，被李嘉誠收購，後再轉售予梁伯韜創辦的百富勤集團。

》余仁生堂的創辦與發展

余仁生堂創辦於 1879 年 7 月，但直至 1909 年才在香港開設分店，創辦人是南洋巨富余東璇的父親余廣培（又名余廣），祖籍廣東佛山。1873 年，21 歲的余廣培攜妻子梁亞有、弟弟余廣進離開佛山，赴南洋馬來西亞霹靂洲採礦市鎮謀生，經營錫礦和橡膠園，漸成巨富。當時，馬來西亞天氣酷熱，余廣培經營的錫礦和橡膠園的員工多染疾病，遂開設余仁生堂，經銷藥材。據說，取名"仁生"，代表"仁愛"和"生命"，意為"仁澤眾生"，成為余仁生堂的經營理念。"仁生"中藥店創辦那天，是余廣培獨子余東璇兩週歲生日。1891 年，余廣培因患病逝世，享年 38 歲。其時，獨子余東璇才 13 歲，遠在老家佛山讀書。後來，余廣培的二太太文氏，才把余東璇接來檳城，接受西式教育，準備傳承家業。

1898 年，21 歲的余東璇開始接掌家族業務，不過當時他接手的卻已是"爛攤

余仁生堂東主余東璇

20 世紀 50 年代的余仁生堂。余仁生堂的
"白鳳丸"和"保嬰丹"馳譽香港及海內外。

子"。余東璇像父親那樣從採礦起步,進而拓展至橡膠業,又在新加坡創辦利華銀行,並將"仁生"店更名為"余仁生堂",遍設東南亞各埠。1909 年,余東璇在香港開設余仁生堂,店舖設在文咸東街,以"余仁生"商標經營中藥批發零售,至1926 年遷進中環皇后大道中 109 號。該店舖直至 90 年代才拆卸重建。余仁生堂在香港開設後,所售賣的中藥材多達 800 餘種,包括人參、鹿茸等名貴藥材,以及按古方配調的"清宮四寶"袋裝藥湯等。該堂還製造及售賣 30 多種丸散產品,當中最著名的是"白鳳丸"和"保嬰丹",馳譽香港及海外,屢獲國際獎項。余仁生堂不僅以貨真價實聞名香港,在東南亞亦享有盛名。

　　1927 年,余東璇移居香港,將余仁生總行遷至香港,當時余仁生在東南亞各地已建立龐大分銷網絡。余東璇移居香港後,先後在港島般含道、淺水灣道和大埔吐露港興建 3 座規模宏大的古堡式建築物,命名為"余園"。1931 年,般含道余園最早建成,古堡仿效維多利亞時代哥德式的設計,分中央大廳和東西兩翼 3 個部份,中央大廳底層樓高 20 呎,配以金碧輝煌的金箔裝飾,氣派與皇宮無異。東西兩側分別飾以中國民間故事雕塑的立體壁畫和西式的天使、裸女浮雕。整座古堡樓高 3 層，設有升降機。古堡後面是佔地數萬呎的花園，氣派非凡，成為余氏家族在香港勢力的象徵。

1941 年底香港淪陷，余仁生堂被日軍徵用，後經余東璇多番力爭，才得以留用繼續經營。當年，余東璇因心臟病去世，遺下家族生意由 13 名兒子繼承。戰後，余仁生繼續在香港經營，惟其後數十年間一直沒有擴大規模。1957 年，余東璇長子余經鑄去世後，散居各地的余氏家族後人群龍無首，各自為營，導致家族的利華銀行於 1973 年被黃祖耀家族旗下的新加坡大華銀行收購，余仁生也被其他公司收購。70 年代中期以後，余氏家族逐漸淡出香港，大埔吐露港余園及其餘兩座余園先後被售賣給南豐紡織的陳廷驊及其他地產商，最後更被拆卸重建，淹沒在香港歷史的洪流之中。幸而，余氏家族還持有新加坡、馬來西亞兩地余仁生中藥行的股權。

1989 年，余仁生由余氏家族第四代、余東璿第七子余經文的兒子余義明接管。余義明早年畢業於英國倫敦大學，曾先後在零售、電腦、證券等多個行業任職。余義明後來說："這是承載家族名號的生意，如果就這樣消失，實在令人難過。我想看看能為這門生意做些什麼。雖然我沒有中藥領域的知識，但此前 18 年在各個領域的工作經驗，讓我對自己的管理能力更有信心。" 1992 年，余仁生在香港聯交所掛牌上市。1993 年，余義明等余氏家族中人購回了新加坡余仁生的中藥部門以及以前所有余仁生店舖，並引進家族以外的專業人才管理，使余仁生氣象為之一新。1997 年，余氏家族透過總部位於新加坡的余仁生國際，聯同新加坡淡馬錫控股，成功私有化香港余仁生，使得余仁生品牌重新歸於一家所有。目前，余仁生在新加坡、馬來西亞、中國香港及海外多國共開設 300 多間零售中藥專賣店，並從事藥材批發業務，向歐美上千家西藥房供應其中藥產品。❼

》 永安堂的創辦與發展

以研製、銷售 "虎標牌" 萬金油聞名的永安堂，乃由胡文虎家族創辦經營。胡文虎（1882-1954），祖籍福建永定，在緬甸仰光出生。其父胡子欽早年赴南洋謀生，在仰光創辦永安堂中藥店，售賣中藥材並行醫。1908 年，胡子欽逝世，永安堂遂由其子胡文虎、胡文豹兄弟經營，其時，永安堂僅是仰光一間極普通的中藥店。

胡氏兄弟為了將永安堂發揚光大，針對東南亞地區氣候濕熱的特點，在祖傳秘方“玉樹神散”的基礎上，利用薄荷、樟腦、山基子等中藥原料，並採用西藥的科學研製方法，先後研製出多種良藥，包括萬金油、八卦丹、頭痛散、清快水、止痛散等，又設計了以老虎為圖案的商標，統稱“虎標良藥”，永安堂中藥店亦改名為“永安堂虎豹行”。永安堂的虎標良藥推出後，由於功效顯著，攜帶方便，價格便宜，很快便受到普羅大眾歡迎。其中又以虎標萬金油最馳名，暢銷緬甸及東南亞各國。

1932 年，胡文虎為了拓展中國內地市場，將永安堂總行遷至香港，在香港開設虎標永安堂藥廠，其後更在香港島的大坑道興建著名的虎豹別墅，以作為在香港的居身之所。當時，胡文虎的事業如日中天，永安堂在廣州、汕頭等地興建更大規模的製藥廠，又在中國內地各大城市和東南亞各埠遍設分銷機構。據估計，當時全世界約有半數以上的華人人口都使用過虎標萬金油，胡氏兄弟成為家喻戶曉的“萬金油大王”，一躍而成為東南亞巨富。

抗日戰爭爆發後，中國前後方均缺乏藥品，萬金油一度成為緊俏走私品。香港淪陷後，百業凋敝，然而永安堂的生意居然越做越旺。由於貨幣貶值，市民爭相搶購萬金油作為保值，甚至倒賣到內地，從中漁利。胡文虎為了方便內地客商購買，在韶關等地銀行開設賬戶，內地客商只需將現金存入該戶口，憑銀行收據就可到香港永安堂提貨，永安堂的生意更加興旺。這時期永安堂的業務達到最鼎盛時期。

胡文虎為了推銷虎標良藥，每年均在報刊大肆刊登廣告，花費巨大，他由此產生自辦報紙的意念。1929 年，胡文虎在新加坡創辦《星洲日報》，其後又先後創辦《星檳日報》、《星華日報》、《星光日報》、《星閩日報》、《星滬日報》、《星暹日報》、《星暹晚報》等，在無意中創辦了另一個商業王國──星系報業。1937 年抗戰爆發後，香港成為永安堂的主要基地，胡文虎在香港創辦了《星島日報》。1938 年 8 月 1 日，《星島日報》首次在香港出版，國民黨政要林森為《星島日報》題寫了報名，而中共元老朱德、葉劍英等，亦為該報題辭。葉劍英的題辭是“民眾喉舌”。

當時，星島報社已擁有最新型的高斯捲筒印刷機，配有彩色套印，每小時可印5萬份，其規模在當時香港報業堪稱一流。《星島日報》後來成為香港的大報，是香港政府刊登法律性廣告的有效刊物，日常銷量上升到7萬份。《星島日報》出版不到半個月，《星島晚報》亦於1938年8月13日創刊。1948年1月16日，廣州發生"廣州市民焚燒沙面英國領事館事件"，《星島晚報》即僱用直升飛機採訪，發回大量新聞圖片報道，當天即在該報頭版刊出。自此銷量急升，成為香港最有影響力的一份晚報。1948年，胡文虎再在香港創辦一份英文報紙，即《英文虎報》，英文名叫"Hong Kong Standard"。自此，香港星系報業自成系列。胡文虎一生前後共創辦了16份報紙，到其晚年，其報業方面的業務已大大超過了成藥方面的生意，而胡氏作為報業總裁的名氣，也超過了他作為永安堂東主的銜頭。

1954年，胡文虎病逝，遺下家族生意分別由其子女侄兒繼承。可惜，胡氏後人未能齊心協力守住祖業，甚至為遺產所有權對簿公堂，導致整個商業王國四分五裂，後來大部份更落入外人之手，包括著名的永安堂虎豹行。對此，胡文虎的女兒胡仙曾發出這樣的慨嘆："我們本來擁有全部，一個令別人羨慕、妒忌的龐大帝國，可惜胡文虎死後，沒有人去統率它，每個家族成員都想，卻沒有一個有能力那樣

藉研製銷售虎標良藥而崛起為巨商的胡文虎

早年的虎標良藥商標

做。"❼ 胡仙的這番感慨，對於研究香港華資家族財團的興衰，無疑有著深刻的啟迪意義。

　　幸而，胡文虎在香港創辦的 3 份報紙，包括《星島日報》、《星島晚報》和《英文虎報》為其女胡仙所繼承。憑藉著香港政局穩定、經濟繁榮的有利條件，胡仙將星系報業經營得有聲有色，1968 年，《星島日報》更創辦海外版，先後發行至紐約、三藩市、溫哥華、多倫多、悉尼、倫敦等全球 9 個城市，逐步發展成全球性龐大報業集團。胡仙本人更一度出任世界中文報業協會主席、世界新聞協會主席，並被譽為"香港最有財勢的女人"。❼ 由此，胡文虎的事業得以藉此"半壁江山"發揚光大。

》 白花油藥廠的創辦與發展

　　以"和興白花油"聞名的白花油藥廠，創辦於 1927 年，創辦人顏玉瑩（1900-1981），祖籍福建海澄，早年隨父漂泊南洋謀生，初期在新加坡一間辦館任職，後自立門戶開設辦館及糖果廠。他的辦館常替船公司辦伙食業務，每天都得親自到港口送伙食上輪船，得以結識一位德國隨船醫生，這是他創辦白花油藥廠的起點。

　　東南亞一帶天氣溫熱，蚊蟲滋生，肚痛、風寒、瘡毒是當地常見病。當時，這位德國醫生經多年研究試驗，發現用薄荷腦、樟腦、桉葉及薰衣草等天然物料調製出的藥油極具療效，尤其對熱帶居住的人更加適用。他曾將這種藥油帶回德國，但似乎對西方人療效不大，遂將配方贈送給顏玉瑩。顏氏將按配方製成的藥油分贈給親友試用，發現療效理想，遂決定結束原有業務，專注白花油生意。

　　1927 年，顏玉瑩在新加坡設廠生產白花油，由於顏氏喜愛水仙花，而該藥油氣味亦頗似水仙，便以白花油命名。很快，白花油從新加坡銷到東南亞各地，在香港則由余仁生堂代理。戰後，香港的藥油行業競爭激烈，市場流行著多種牌子，其中以虎標萬金油和二天油最流行，而余仁生代理的白花油卻售價高，銷售網點也不理想。顏玉瑩為打開香港市場，決定在香港開設白花油藥廠，自行經銷。1951 年，白花油藥廠創辦，廠址位於英皇道 372 號。1953 年，白花油首次參加香港工業展覽會，當時工展會有一項"慈善小姐"選舉，選舉標準並非"美貌與智慧並重"，而是

20 世紀 50 年代工展會內的白花油展攤　　　　　20 世紀 50 年代工展會內的白花油展攤

以售賣產品做善事得款最多者為勝，結果由白花油一位職員榮獲"慈善小組"名銜。

　　50 年代以後，白花油藥廠一再搬遷擴建，現時人們乘電車途經銅鑼灣中國國貨公司時，抬眼望見的一個巨大白花油牌匾，就是 60 年代白花油藥廠廠址。後來港府將該幅地撥作商業樓宇用途，白花油廠再遷到鰂魚涌。1991 年，顏氏家族將白花油業務以"白花油國際有限公司"名義在香港上市。經數十年的發展，白花油國際以"和興"品牌生產的產品，包括和興活絡油、和興白花膏及福仔 239（清幽味和興白花油）等，已成為香港甚至全球華人社會家喻戶曉的名牌產品，其分銷網絡亦從香港拓展到中國內地、東南亞各國以至歐美市場。

　　19 世紀上半葉，隨著香港作為中國內地主要貿易轉口港地位的確立和發展，從本地華商、移居香港的海外華僑和內地富商中，孕育出一批華資家族財團，它們相繼在香港的地產、航運、百貨零售、銀行以至醫藥業等領域嶄露頭角，形成香港華資的第二次發展浪潮。不過，這一時期，香港華商基本上仍然是在強大的英資財團的夾縫中生存、發展，並未在任何一個重要經濟行業佔據優勢，或對英資財團構成強而有力的競爭威脅。

註釋

❶　林友蘭著，《香港史話》，香港：香港上海印書館，1978 年，第 127 頁。

❷　G. B. Endacott, *Hong Kong Eclipse*, London: Oxford University Press, 1978, p.23.

❸　《香港略志》，《香港華僑工商業年鑑》，香港：協群公司，1939 年，第 3 頁。

❹　何文翔著，《周錫年家族發跡史》，香港：《資本》雜誌，1988 年 12 月，第 147 頁。

❺　同註 1，第 107 頁。

❻　《"先施"之由來》，香港：《資本》雜誌，1990 年第 8 期，第 94 頁。

❼　《馬景華與先施的蛻變》，香港：《資本》雜誌，1995 年第 7 期，第 78 頁。

❽　《先施公司成立及發展的經過》，香港：《明報》"先施九十週年紀念特刊"，1990 年 1 月 8 日。

❾　同註 8。

❿　參閱《"先施"之由來》，香港：《資本》雜誌，1990 年第 8 期，第 94-95 頁。

⓫　同註 8。

⓬　上海社會科學院經濟研究所編著，《上海永安公司的產生、發展和改造》，上海：上海人民出版社，1981 年，第 1 頁。

⓭　同註 12，第 7 頁。

⓮　同註 12，第 8 頁。

⓯　陳謙著，《香港舊事見聞錄》，香港：中原出版社，1987 年，第 80 頁。

⓰　郭泉自述，《四十一年來營商之經過》，轉引自齊以正著：《永安的創始人 —— 郭樂與郭泉》，香港：《南北極》雜誌，第 120 期，1980 年 5 月 16 日，第 8 頁。

⓱　吳嘉琳、莊新田著，《百貨宗師馬應彪家族》，《香港至尊大家族》，南寧：廣西人民出版社，1993 年，第 78-79 頁。

⓲　同註 8。

⓳　同註 8。

⓴　同註 12，第 11 頁。

㉑　同註 12，第 18 頁。

㉒　同註 12，第 19 頁。

㉓　譚仁傑著，《永安公司創始人郭樂》，中國人民政治協商會議廣東委員會文史資料委員會編：《廣東文史資料》，第 62 輯，廣州：廣東人民出版社，1990 年，第 42 頁。

㉔　黃南翔編著，《香江歲月》，香港：奔馬出版社，1985 年，第 309-310 頁。

㉕　陳鏸勳著，《香港雜記》，香港：中華印務總局，1894 年，轉載自魯言著，《香港掌故》，第 9 集，香港：廣角鏡出版社，1985 年，第 74 頁。

㉖　同註 15，第 103 頁。

㉗　郭小東、潘啟平、趙合亭等著，《近代粵省二十餘家商辦銀行述略》，《銀海縱橫：近代廣東金

融》，廣州：廣東人民出版社，1992 年，第 153 頁。

❷ 同註 27，第 154-157 頁。

❷ 冼玉儀著，《與香港並肩邁進：東亞銀行 1919-1994》，香港：香港大學出版社，1994 年，第 5 頁。

❸ 同註 29，第 18 頁。

❸ 同註 29，第 11 頁。

❸ 同註 29，第 9 頁。

❸ 同註 29，第 96 頁。

❸ 袁國培、方外著，《林秀峰捧出百寧順》，香港：《信報財經月刊》雜誌，第 5 卷第 6 期，第 33 頁。

❸ 張先聞著，《何善衡先生訪問記》，香港：《信報財經月刊》雜誌，第 4 卷第 12 期，第 6 頁。

❸ Gillian Chambers, *Hang Seng: The Evergrowing Bank*, Hong Kong: Hang Seng Bank Ltd., 1991, p.12.

❸ 同註 36，第 17 頁。

❸ 郭峰著，《恒生銀行的崛興》，香港：《南北極》雜誌，第 116 期，1980 年 1 月 16 日，第 4 頁。

❸ 同註 36，第 22 頁。

❹ 同註 36，第 34 頁。

❹ 同註 36，第 36 頁。

❹ 同註 41。

❹ 同註 38，第 5 頁。

❹ 饒餘慶著，壽進文、楊立義譯，《香港的銀行與貨幣》，上海：上海翻譯出版公司，1985 年，第 204 頁。

❹ 鄭宏泰、黃紹倫著，《一代煙王利希慎》，香港：三聯書店（香港）有限公司，2011 年，第 87-88 頁。

❹ 何文翔著，《香港家族史》，香港：三思傳播有限公司，1989 年，第 93 頁。

❹ Vivienne Poy, *A River named Lee*, Scarborough: Calyan Publishing Ltd., 1995, pp.25-27.

❹ 同註 46，第 118 頁。

❹ 同註 45，第 217 頁。

❺ 黃炘強著，《舞臺之利》，香港：《壹週刊》雜誌，1991 年 9 月 20 日，第 67-68 頁。

❺ 何文翔著，《馮平山家族名譽第一》，《香港富豪列傳之二（修訂版）》，香港：明報出版社，1993 年，第 235 頁。

❺ 樂文送著，《從提倡中文到推銷漢堡包 —— 新會馮族三代談》，齊以正、林鴻籌等著：《香港豪門的興衰》，香港：龍門文化書業有限公司，1986 年，第 42 頁。

❺ 同註 29，第 10 頁。

❺ 《許愛周家族發跡史》，香港：《資本》雜誌，1989 年 12 月，第 86 頁。

❺ 同註 54，第 87 頁。

❺ 同註 46，第 131 頁。

❺ 何文翔著，《張祝珊家族發跡史》，香港：《資本》雜誌，1989 年第 1 期，第 119-120 頁。

❺ 同註 46，第 133 頁。

❺ 何文翔著，《張祝珊家族發跡史》，香港：《資本》雜誌，1989 年第 6 期，第 120 頁。

60 ［英］哈特臣（Robin Hutcheon）著、黃佩儀譯，《錦霞滿天—— 利豐發展的道路》，廣州：中山大學出版社，1992 年，第 26 頁。

61 同註 60，第 9 頁。

62 《馮漢柱家族發跡史》，香港：《資本》雜誌，1992 年第 2 期，第 61 頁。

63 招艷顏著，《九十年、三代人》，香港：《資本家》雜誌，1996 年 2 月號，第 54 頁。

64 "The Rules Must Change", *Hong Kong Trader*, Volume2, 1978, p.7.

65 同註 63，第 55 頁。

66 同註 60，第 69 頁。

67 同註 36，第 20 頁。

68 參閱《老牌的雙妹嚜》，香港：《資本》雜誌，1989 年 11 月，第 34 頁。

69 參閱《廣生行：百富勤的概念股》，香港：《資本》雜誌，1989 年 11 月，第 38 頁。

70 唐蘇著，《135 年余仁生老店：從拱手他人到回歸》，鳳凰財經網，2014 年 8 月 25 日。

71 寄丹著，《報業豪門—— 胡文虎、胡仙傳》，廣州：廣州出版社，1995 年，第 255 頁。

72 王敬羲著，《香港最有財勢的女人—— 胡仙》，王敬羲等著：《香港億萬富豪列傳》，香港：文藝書屋，1978 年，第 124 頁。

3

新興財團勢力
抬頭

20 世紀中葉，外來的華人資本對香港華資的發展起了關鍵作用，尤其是 1949 年中華人民共和國成立前後從內地流入香港的華人資本，使香港華資在數量上急劇擴張。50 年代初，朝鮮戰爭爆發，聯合國對中國實行貿易禁運，香港的轉口貿易一落千丈，傳統的經濟發展道路被堵塞。這時期，一批從上海等內地城市移居香港的華人實業家，連同其攜帶的資金、機器設備、技術以及與海外市場的聯繫，在香港建立起最初的工業基礎。

　　六七十年代，伴隨著香港工業化的快速步伐，整體經濟起飛，各業繁榮，新興華商勢力不僅在製造業取得統治地位，而且相繼在航運、地產、酒店及影視娛樂等一系列重要行業逐漸取得上風。其中，一批國際級的航運集團和財雄勢大的地產集團乘時崛起，成為長期壟斷香港經濟的老牌英資財團的強大競爭對手。這是香港華商的第三次發展浪潮，這次浪潮來勢之迅猛、規模之浩大、影響之深遠，前所未見。

01

製造業：群雄並起

———————————

　　香港早期的製造業，是由香港作為貿易轉口港而衍生的，主要是船舶修理及製造業、煉糖業，包括英資創辦的黃埔船塢、太古船塢、中華火車糖廠及太古糖廠等。1899 年，英資怡和洋行在香港創辦首家紡織廠，但幾年後便宣告結業。跨入 20 世紀，華商開始加強在香港製造業的發展，先後創辦利民興國織襪廠（1908 年）、紹興織造廠（1911 年）、中華電池廠（1913 年）及大興織造廠（1914 年）等。1931 年"九一八事變"後，內地工廠遷移香港的步伐加快，據《香港百年商業》的記載，30 年代時華資在香港開設的工廠達 2,000 家之多，投資達 100 億元以上，執香港經濟牛耳。❶ 當時，紡織、電筒及膠鞋製造業已成為香港重要的工業。可惜，這一萌芽中的工業在二次大戰期間被全面摧毀。

　　戰後，香港經濟迅速復原，再次成為中國內地的貿易轉口港。1951 年朝鮮戰爭爆發，以美國為首的聯合國對中國實施貿易禁運，香港的轉口貿易驟然萎縮，經濟衰退，傳統的經濟發展道路被堵塞。這時期，大批從上海、天津等內地大城市移居香港的華人實業家，連同其攜帶的資金、機器設備、技術、企業人才以及與海外市場的聯繫，在香港建立了最初的工業基礎，初期是紡織、塑膠業，其後拓展到製衣、玩具、鐘錶、電子等。在新興華商的推動下，香港經濟迅速邁向工業化，從傳統的貿易轉口港蛻變成遠東出口加工中心和工商並重的城市。據統計，從 1950-1970 年，香港的工廠數量從 1,478 間增加到 16,507 間，工人從 8 萬人增加到 55 萬人；1970 年，製造業在香港本地生產總值（GDP）中所佔比重達 30.9%，成為香港經濟中最大的行業。❷

» 紡織業巨頭：上海紡織大亨

伴隨著香港工業化的快速步伐，一批新興的華資製造商相繼崛起，其中，最矚目的是一批來自上海的紡織大亨，著名的有香港紡織的王統元，南海紡織的唐炳源，南豐紡織的陳廷驊，永新企業的曹光彪，中國染廠的查濟民，南聯實業的安子介、周文軒及唐翔千等。當時，香港的紡織業可說是上海大亨的天下。有評論認為：若用"香港紡織業是上海人的世界"這句話去形容香港的紡織工業，雖未必百分百準確，但亦相去不遠。據統計，在 50 年代香港的紡織廠中，只有一家並非由上海人擁有，而在 1978 年，上海籍華商擁有的紗廠數目約佔總數的八成。❸ 這反映由內地移居香港的華商對香港紡織業以至整個製造業發展的重要性。

上海紡織大亨對香港紡織業發展的推動，以香港紡織的王統元最典型。王統元家族經營的紡織業，早在其父親時代已經創立。王統元是在紡織業中長大的，他在幫助父親經營紡織業之餘，曾在上海聖約翰大學就讀，畢業後又赴英國攻讀紡織技術兩年。1933 年王統元返回上海後，即創辦一間新紡織工廠，其後出任父親公司的總經理。1940 年，父親突然去世，王統元出任公司董事長，當時公司僱員約有 2,000 人，已甚具規模。1946 年，王統元鑑於當時中國政局動蕩，曾計劃將一批從英國訂購的新紡布機和動力織機運往香港。他在香港考察了 6 個星期，發現香港雖然是自由港，條件理想，但本銷市場狹窄，缺乏供應足夠的水和熟練工人，且天氣酷熱潮濕，很難進行棉紡，結果敗興而歸。

1947 年 2 月，國民黨政府告知王統元，由於外匯極度不足，他訂購的紡織機器不准進口，王統元幾經考慮，遂電告英國廠商將所訂購機器運到香港。1948 年，王統元派遣 80 名優秀工人和技師從上海來到香港，開辦香港紡織有限公司，而他則往來於香港、上海之間。1949 年王統元舉家移居香港，其時他的業務已逐漸轉移到香港。香港紗廠無疑是當時香港紡織業中規模最大、設備最先進的一間紡織廠，據 1958 年 3 月的統計，香港棉紡工業同業公會的會員中，香港紡織公司擁有的紗錠達 45,440 枚，僱用工人 1,907 人，棉紗月產 166.39 萬磅，比居第 2 位的南洋紗廠多 58%。❹ 當時，香港紗廠的外銷市場已從東南亞轉向英國和美國，成為這一行業的先驅者。

　　來自上海的另一位著名實業家是唐炳源。唐炳源（1898-1971），祖籍江蘇無錫，早年曾赴美國麻省理工學院攻讀，獲工程學學士。1923 年畢業後返回無錫，先後創辦紡織廠、菜油加工廠、麵粉廠、水泥廠等，並成為美國佳士拿汽車代理商，他曾出任當時全國最高經濟委員會委員，是內地著名的實業家。1947 年，唐炳源移居香港，即憑藉其財力和經驗創辦南海紡織有限公司，在荃灣青山道開設大規模紡織廠。南海紡織的產品在 50 年代已打入英美市場，與香港紡織同為該個行業的先驅。1964 年，唐炳源將南海紡織在香港上市，法定資本 5,000 萬港元，實收資本 2,400 萬港元，規模已超過在香港上市的其餘兩家紡織公司會德豐紡織和南洋紗廠。1970 年，南海紡織在荃灣擁有的廠房已擴大到 72 萬平方呎，棉紗月產 240 萬磅、棉布 410 萬方碼，總資產達 8,468 萬港元，成為大型紡織企業集團。

創辦香港紡織的王統元，是香港紡織業的先驅者。

　　1971 年，正當南海紡織準備與日商合作加快發展之際，唐炳源因病逝世。唐炳源生前已被譽為“紡織大王”，曾出任港府立法、行政兩局議員，他對香港早期紡織業的發展，無疑貢獻良多。唐炳源逝世後，南海紡織遂由其子唐驥千繼承，唐驥千將南海紡織的業務拓展到製衣業（該業務於 1987 年以“聯亞集團”名義在香港分拆上市），將父業發揚光大。唐驥千被譽為“紡織先生”，1984 年曾出任香港總商會主席，打破百年來傳統，成為香港總商會首位華人主席。同年 5 月，唐驥千應邀加入滙豐銀行董事局，此舉反映出滙豐銀行對他在香港工商界地位的重視。

　　陳廷驊創辦的南豐紡織是香港紡織業的後起之秀。陳廷驊（1923-2012），祖籍浙江寧波，1923 年出生於一個布商家庭。他秉承寧波傳統，中學畢業

創辦南海紡織的著名實業家唐炳源，被譽為香港的“紡織大王”。

繼承南海紡織的唐驥千（右），在 1987 年獲日本頒最
高榮譽獎章時攝。其父唐炳源亦曾於 1971 年獲頒此
獎，以表揚他對戰後日本經濟發展的貢獻。

20 世紀 60 年代的南海紡織廠，佔地 18 英畝。該廠是當時香港最大和設備最完善的紡織廠之
一，替香港棉紡織品打開了英美及歐洲市場。

後便立志經商，20多歲已成為上海及寧波3家商業機構的總經理。1949年陳廷驊從上海移居香港，在中環愛群行設立辦事處，初期從事棉紗、布匹等貿易生意。1954年，陳廷驊投資60萬港元，在荃灣創辦南豐紗廠有限公司，兩年後正式投產，每月生產棉紗400包。據香港棉紡工業同業公會1958年3月的統計，當時南豐紡織僅擁有紗錠8,360枚，僱用工人280人，是該公會中一家小型紡織廠。為了打開國際市場，陳廷驊設計了一種4-6支的粗棉紗，可用以製造各種毛巾產品。該產品推出後深受國際市場歡迎，南豐紗廠因而闖出了名氣。到1960年，南豐紗廠已擁有紗錠逾5萬枚，資本額增加到600萬港元。1969年，陳廷驊將南豐紡織改組為南豐紡織聯合有限公司，並於1970年4月在香港上市，向公眾發售475萬股新股，每股面值2港元，以每股6港元上市，藉此集資達2,850萬港元。其時，南豐紡織法定資本4,500萬港元，旗下擁有南豐紗廠、南豐二廠、錦豐製衣廠等3家全資附屬公司，成為一家縱式企業集團。

　　1970年，正值國際紡織業出現技術性突破，空氣紡錠織布技術面世，生產效率比傳統舊式紗錠高出數倍，南豐紡織上市後即大量購入新式空氣紗錠，更新設備，購買大量土地擴建廠房，在紡織業大展拳腳。自此，南豐一直以引進先進技術設備作為經營的重要策略，並推動了香港紡織業的革命。1979年，南豐紡織已擁有環錠和空紡紗錠10.4萬枚，棉紗月產640萬磅，穩執香港紡織業的牛耳。80年代初，香港紡織業陷入低潮，陳廷驊率先推出紡織牛仔布的空氣紡織，牛仔布一時風靡全球，人人均以穿著牛仔褲為時尚，香港紡織製衣業亦因陳氏的獨到眼光而在國際市場再領風騷。到1987年，南豐紡織已擁有空氣紡錠及環錠15.7萬枚，棉紗月產1,800萬磅，約佔香港棉紗總產量的六成，❺陳廷驊亦因而被譽為香港的"棉紗大王"。不過，1989年，陳廷驊將南豐紡織聯合有限公司私有化，納入南豐集團。

　　70年代中期以後，陳廷驊鑑於紡織業已漸走下坡，開始積極推動集團多元化發展策略，將相當部份資金轉移到地產發展和證券投資。其實，早在1965年，南豐已發展集團首個地產項目福祥苑。1967年香港地產低潮時，陳廷驊更大量購入廠房地皮和乙種公函換地證書，為集團日後的地產發展奠定堅實基礎。1970年南豐上市時，已擁有工業及住宅樓宇41.3萬方平方呎，乙種公函換地證書32萬平方呎，農地

創辦南豐紡織的陳廷驊，是香港的
"棉紗大王"。

20 世紀 50 年代中期的南豐紡織廠。到 80 年代，
南豐紡織廠已成為香港最大規模的棉紗紡織廠。
香港廠家所用的棉紗，八成由該廠供應。

1978 年入伙、位於香港鰂魚涌太古谷的南
豐新邨。南豐新邨是陳廷驊早期發展的大
型地產項目，他藉地產發展躋身香港華資
大財團之列。

12.8 萬平方呎，是製造業中的大地產集團。1976 年，南豐透過旗下南豐發展以 4,000
萬港元向英資太古洋行購入鰂魚涌太古山谷英皇道一幅土地，發展為南豐新邨，由
於需求殷切，由 12 幢物業組成的南豐新邨一共 2,800 多個住宅單位一售而空。當
時，銀行利率較低，南豐為取得更大利潤，還自行經營按揭業務。自此，南豐亦成
為香港重要的地產集團。陳廷驊的多元化策略事後證明相當成功，他是華資製造商
中向地產發展的佼佼者，並藉此在香港華資家族大財團中穩佔重要一席。

　　香港的毛紡業中，以曹光彪的永新企業最具盛名。曹光彪，祖籍浙江寧波，
1920 年在上海出生，其父是專售呢絨的"鴻祥"商號老闆。1939 年，曹光彪在母喪
父病的情況下接掌鴻祥商號，將生意越做越大，不出幾年已可與上海灘老資格的布
店"寶大祥"、"協大祥"齊名，人稱"三大祥"。其後，鴻祥商號先後在南京、重

慶、台北等地開設分店,到 40 年代末,鴻祥已成為全國屈指可數的呢絨商行。1949年,曹光彪移居香港,他敏銳地發現香港這個中國南部重鎮幾乎無紡織業,因而於1954 年在香港開設了首家毛紡廠——太平毛紡廠,成為毛紡業的早期拓荒者。1964年,曹光彪與朋友創辦永新企業有限公司,七八十年代香港地價和工資快速增長,曹光彪及時將業務向海外拓展以降低成本,先後在澳門、毛里裘斯、葡萄牙、美國、法國、德國等地開設分廠,逐漸發展成一家包括毛紡、棉紡、針織、紡品、亞麻、漂染及織造的縱式紡織集團,成為世界最大的毛衣生產商之一,他本人被尊為"香港毛紡界的元老",贏得了"世界毛紡大王"的稱號。1978 年,曹光彪首創以補償貿易的方式與內地合作,投資 740 萬港元在珠海開設香洲毛紡廠,成為港商進軍內地市場的開拓者。

香港最具規模的紡織集團首數南聯實業。南聯實業有限公司於 1969 年 7 月在香港註冊,創辦人是周文軒、安子介、唐翔千等。周文軒(1920-2007),祖籍江蘇蘇州,1920 年出生,抗戰期間移居上海,在一間印染廠當化驗員,後來與友人合夥開設機械廠並經營貿易。1949 年,周文軒移居香港,翌年他憑藉手頭一些資金及在上海當化驗員的經驗,與安子介、唐翔千及其胞弟周忠繼等在荃灣青山道創辦華南染廠。當時,正是紡織業耕耘期,一切須從零開始,華南染廠除碰到水源不足的問題外,布料亦甚缺乏。周文軒等人再創辦永南布廠、中南紗廠及一間製衣廠,形成紡織、印染、整理、製衣一條龍流水作業體系。❻ 當時,香港紡織業都試圖打開南非、印尼等一些進口紡織品數量龐大的市場,但南非對紡織品進口有嚴格規定,要求每英寸布至少有 172 根紗,否則課以重稅。香港業內人士都認為這要求難以達到,安子介等經深入研究,創造出一種"三經一緯"斜紋布,超過南非的標準,成功打入南非、印尼及美國市場。❼

1969 年,3 家"南"字號紡織廠合併,組成南聯實業集團,由安子介出任董事局主席,周文軒、唐翔千任常務董事。安子介(1912-2000),祖籍浙江定海,1912年在上海出生,早年畢業於上海聖芳濟學院,30 年代開始從商,著有《陸沉》、《國際貿易實務》等,是有名的學者。唐翔千(1923-2018),1923 年生於江蘇無錫,祖父唐驤庭、父親唐君遠均是上海著名的紡織商人。唐翔千在上海大同大學畢業後,曾奉父命到英國考察紡織業，並獲美國伊利諾大學經濟學碩士學位，1950 年到香港中國實業銀行任職，3 年後走上創辦實業的道路。

1969 年 11 月，南聯實業在香港上市，當年市值即達到 7,000 萬港元。南聯實業上市後即銳意擴張，先後收購太平染廠、怡生紗廠、海外紡織公司，並透過中南紗廠收購永南企業 60% 股權，1972 年永南企業與經緯毛紡廠合併，組成南聯和記企業，該公司在當時曾是全球最大毛紡織品供應商之一。1974 年，南聯與美國 The H. D. Lee Co., Ltd. 合組香港 H. D. Lee，專責生產 "Lee" 牌成衣，行銷全球各地。南聯還購入永南貨倉 20% 股權。到 1974 年，南聯實業旗下聯營、附屬公司達 42 家，擁有紗錠 18.2 萬枚，約佔香港紗錠總量的一成。這時，南聯實業已成為香港最大的縱式紡織集團，集團總資產 5.2 億港元，員工逾 1 萬人。

1973 年中東石油危機爆發，世界經濟衰退，香港紡織業開始走下坡路，南聯實業亦不能倖免，旗下南聯和記企業虧損嚴重，被迫重組。70 年代末，南聯乘國際市場掀起牛仔布、燈芯絨熱潮再度發展，營業額和利潤分別突破 10 億港元和 1 億港元

創辦永新企業的曹光彪，是香港的 "毛紡大王"。

南聯實業的創辦人之一——周文軒

南聯實業的創辦人之一——唐翔千

1951 年華南染廠同寅合影。位於九龍青山道的華南染廠與中南紡織廠、永南紡織廠均為南聯實業的前身，是香港紡織業的先驅。

1967 年，南聯實業的創辦人安子介（左二）陪同港督戴麟趾參觀製衣廠時攝。

大關。不過，進入 80 年代以後，紡織業已漸成夕陽工業，南聯相繼結束怡生紗廠、華南染廠、太平染廠，將生產基地轉移到馬來西亞、緬甸及中國內地，同時將騰空的土地作地產投資或發展，並推動業務多元化發展。這一時期，南聯雖然在本業方面遇到不少困難，但是憑著優良的管理層質素，仍使盈利保持上升，1987 年度南聯的業績達到歷史高峰，純利達 3.8 億港元。

當時，香港主要的紡織企業還有查濟民創辦的中國染廠。查濟民（1914-2007），祖籍浙江海寧，1914 年出生，早年就讀海寧商校，曾任職上海達豐染廠，1945 年任大明紡織股份有限公司經理，並被上海工商界推選為紗布接收大員，出席南京侵華日軍受降儀式，成為上海工商界著名人士。1947 年，查濟民舉家移居香港，兩年後在荃灣創辦當時規模最大的中國染廠。中國染廠初期業務主要是漂染，後擴展到印花，產品遠銷到澳洲和英國，是持有最多出口英國的滌綸棉紡混印染配額的紡織企業。1958 年以後，查濟民相繼創辦新界紗廠、新界紡織有限公司，又在英、美等國建立無紡布廠，在非洲設立生產基地，創辦加納紡織有限公司（Askosombo Textile Ltd.）和尼日利亞紡織有限公司（Nichemetex Industries Ltd. 及 United Nigerian Textiles Ltd.），將事業推向國際化。查濟民在經營紡織業的同時，亦積極向地產業發展，創辦香港興業，在芸芸製造商中脫穎而出，並曾一度躋身香港二十大上市財團之列。

》 製衣業佼佼者：麗新製衣與長江製衣

香港的製衣業始創自 1935 年，在此之前，香港不但沒有恤衫廠，連進口恤衫在香港的銷量亦很少，因為當時香港市民仍流行唐裝短衫褲及長衫等中國傳統服飾。直到 1935 年，墨西哥歸僑李照貴來香港投資設廠，香港才開始製造恤衫等成衣。由於李氏熟悉海外市場行情，懂得利用當時香港享有的特惠關稅優待，故製衣業開展得頗順利。1941 年日本侵佔香港，製衣業遂告癱瘓，戰後受到東南亞各國需求的刺激，再度起步發展，但不久即遭到 1951 年禁運的打擊，製衣業在缺乏進口生產機器的劣勢下，再陷於低潮。直到 1953 年，香港製衣廠商購進新型電動衣車後，才如魚得水，蓬勃發展。到 60 年代，製衣業已逐漸超過紡織業成為製造業中最大和最重要的行業。60年代以後，從眾多規模細小的中小型廠商中，逐漸崛起多家大型企業集團，其中著名的包括林百欣的麗新製衣集團、陳俊的鱷魚恤、陳瑞球的長江製衣。

麗新製衣在戰前已設立，當時僅是一間規模細小的製衣工場，1950年開始由林百欣接辦。林百欣（1914-2005），原籍廣東潮陽，1914年出生，早年曾在一家汕頭銀行任職，1937年移居香港，初期做成衣推銷員，稍後在深水埗元洲街開設成福針織廠，1947年接辦麗新製衣。麗新製衣在深水埗基隆街僅得兩間舖位，主要製造恤衫，銷往東南亞各國。50年代，麗新製衣積極拓展新市場，當時麗新接到一份東非訂單，訂製700打恤衫，要求於限期內送貨，其時香港每月僅有一班輪船從日本經香港駛往非洲，在香港僅停留三四天，麗新即從日本訂購人造纖維布料，爭取在停泊香港期間完工並及時送貨。據林百欣後來的回憶：“船到後，我們到碼頭收貨，一定要在船離港直航非洲之前把製成的恤衫落貨，如果不能用同一班船運往東非，信用狀必然過期，結果，全廠通宵開裁，翌早外發車縫，再回廠上領、釘鈕⋯⋯至包裝，一切工序，在三天之內完成，及時將貨送上船，打破一切紀錄。”林氏還表示：“當時全靠上上下下齊心拚勁，能人所不能，假如是今日的分科流水作業生產方式，根本做不到。” ❽ 林百欣這番話，形象生動地反映了香港製造商當年艱苦創業情景及其高效率，結果，林百欣成功開闢非洲市場，並被同業冠以“非洲王”的稱號。

1959年，麗新在香港註冊為有限公司，並成功將產品打入英美市場。1964年，麗新製衣遷入青山道一幢自置的3層樓高廠廈，生意越做越大。當時，因為要從台灣購買呢絨、燈蕊絨布等布料，為確保布料來源，麗新收購了台灣上市公司民興紗廠大部份股權，該廠擁有2萬枚紗錠，頗具規模。到60年代後期，麗新製衣的產品已遠銷美、英、德和加拿大，成為香港主要的成衣製造商。

1972年，林百欣趁香港股市高潮將麗新製衣在香港上市，並將上市所籌得的資金用於更新設備，購置先進製衣機器，擴建廠房。當時，麗新製衣已成為香港最大的紡織品配額持有人之一。70年代，林百欣憑多年辦廠經驗，看到投資地產的潛力，遂將公司剩餘資金用於購地興建廠房，用作收租。1980年，麗新旗下投資廠房面積已逾100萬平方呎，每年提供的租金收入達7,000萬港元。地產收益已逐漸成為麗新的重要收益來源。1983年，香港地產低潮，當時大部份地產商或受之前地產狂潮所累，或對香港前景抱觀望態度，麗新卻將從製衣及配額賺取的資金，悉數投入地產，最初吸納的主要是九龍塘至窩打老道一帶的貴重住宅用地，1985 年地產復甦時，麗新的實力已不同凡響了。❾

早年的林百欣

1987 年，林百欣在赴美留學歸來的次子林建岳協助下大展拳腳，同年 9 月，林氏透過麗新製衣斥資 7.92 億港元向陳俊家族購入上市公司鱷魚恤 60% 股權。鱷魚恤在香港早已家喻戶曉，其歷史最早可追溯到 20 世紀初葉，1910 年一家德國公司在香港註冊的 "鱷魚恤" 商標，從事出口業務，50 年代初這盤生意輾轉相傳至陳氏家族。1952 年，陳氏家族成立鱷魚恤有限公司，並在香港開展零售業務。當時的香港，男士恤衫只能在大型百貨公司，如瑞興、先施、占飛等店內購買，而此類恤衫價格較高，並非普羅大眾所能負擔。陳氏家族看準市場空檔，乘時推出鱷魚恤，以合理價格銷售，又因應

1987 年其中一間被麗新收購 60% 股權的鱷魚恤門市

位於百欣大廈的麗新製衣廠，是香港最具規模的成衣製造廠之一，攝於 1987 年。

顧客需要提供"包換領"服務，很快便佔領市場，產品也從男士恤衫延伸到其他男士配套服裝，包括西裝、皮帶、鞋、內褲等。❿ 1971 年，鱷魚恤在香港上市，到 80 年代中期已發展為外銷與本銷並重的製衣集團，在港九各區擁有逾 30 間鱷魚恤零售店，並在中區擁有鱷魚恤大廈作為集團總部。1987 年，陳俊家族因對香港前途信心不足，準備移民加拿大，遂將鱷魚恤控制權出售，但仍持有 10% 股權。

麗新收購鱷魚恤後，於同年 10 月重組集團架構，成立麗新製衣國際有限公司，作為集團控股公司，向麗新製衣購入包括鱷魚恤在內的全部製衣業務，同年 12 月在香港上市。麗新製衣則改名為"麗新發展有限公司"，專責地產發展業務。麗新發展分拆後，在地產發展方面更加進取，先後興建銅鑼灣廣場、長沙灣商業廣場、麗新廣場等，成為香港股市中的中型地產集團。1988 年，麗新發展和林氏家族再展開收購行動，先後收購經營北美洲酒店業務的景耀國際（後改名為"麗新酒店"）逾六成股權及亞洲電視逾四成股權。這時，林氏家族透過麗新國際控制的上市公司已增加到 4 家，包括麗新國際、麗新發展、鱷魚恤、景耀國際，又持有亞洲電視半數股權，躋身香港華資大財團之列。

長江製衣廠由陳瑞球於 50 年代初創辦，它與麗新製衣一樣，同為這個行業的

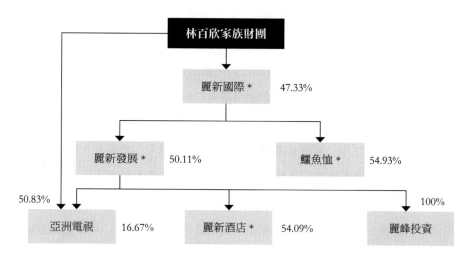

* 為香港上市公司

林百欣家族財團結構圖（1996 年）

早期拓荒者。陳瑞球（1926-2018），祖籍廣東東莞，1926年出生於香港一個布商家庭，24歲時自立門戶，在深水埗創辦長江製衣廠。陳瑞球後來回憶當年創業情景時表示：「我的家族原在香港經營布匹入口，但作為一個年青人，自然有一股要闖天下的衝動，由於自己和家人向來從事布匹生意，所以熟悉和了解的範圍，不外乎一些與布匹有關的人和事，在不熟不做的原則下，很自然就選擇了製衣作為創業的台階。1951年在深水埗開設長江製衣廠時，只是抱著嘗試的心情經營，對發展前景沒有多大幻想，僱用工人100多名，生產廉價成衣銷往東南亞國家，後來舍弟陳蔭川在美國學成回港，加入長江，再憑若干接踵而來的種種際遇，使長江製衣廠擴展到現時的規模，這根本是創業初期所料想不到的。」❶

　　長江製衣廠創辦於香港製衣業的萌芽時期，它的發展差不多就是香港製衣業發展史的縮影。長江製衣廠剛成立時，港製成衣根本無法打入歐美市場，直到50年代中期日本成衣受到歐美限制，部份歐美買家開始來港訂貨，香港製衣業才呈現生機。當時歐美的訂單都以低價成衣為主，數量龐大，長江製衣廠業務迅速發展。1959年，英國開始限制香港紡織品入口，陳瑞球擔心成衣業將受到海外貿易保護主義限制，為未雨綢繆，遂於1962年起先後在新加坡、馬來西亞、中國台灣等地投資設廠，以使集團在面對外國貿易限制時，能有更廣泛的生產基礎和出口，同時借助各地不同生產條件去製造品味不同的產品，達到產品多元化的目的。

　　1961年，長江製衣廠註冊為有限公司，廠房亦從深水埗搬遷到新蒲崗自置廠廈，當時公司員工已達6,000人，分銷辦事處遍設新加坡、法國、意大利、英國及美國，形成龐大海外分銷網絡。1970年8月，陳瑞球將長江製衣在香港上市，生產規模進一步擴大。1972年，國際多邊纖維協定的簽署，結束了香港製衣業的高增長時期，長江製衣除向高品質方向發展以外，也開始進軍香港本銷市場，設立長江製衣門市部。其後，長江製衣先後成立威格（香港）有限公司、馬獅龍有限公司等，著力發展本銷業務。陳瑞球認為：「本銷是一種零售式的出口途徑，因為本港是海外旅客的購物天堂，又是領導東南亞時裝潮流的城市，每年有不少旅客或水客會來港購成衣，雖然在數量上無法與海外訂單相比，但按單位價格計算，卻較海外訂單利潤厚，況且不受貿易保護主義影響，在積少成多的前提下，實行本銷與外銷並重的原則，長江製衣門市部和後來增設的威格和馬獅龍，正是依照上述原則而發展的，可以說取得極之令人滿意的成果。" ⓬ 到 80 年代初，長江製衣的本銷業務，已佔總產量的兩成。

80 年代中，長江製衣的海外生產和香港本銷業務已趨成熟，1987 年長江製衣重組，將海外生產業務和香港本銷業務分拆為 YGM International Ltd. 和 YGM Trading Ltd. 兩家公司，並在香港上市。YGM International Ltd. 在百慕達註冊，陳氏家族持有 43.7% 股權，該公司主要經營在新加坡、馬來西亞的製衣業務，以及美國的地產投資。YGM Trading Ltd. 在香港註冊，長江製衣和陳氏家族分別持有 29.5% 和 29.3% 股權，該公司主要經營在香港的成衣批發零售業務，持有威格、馬獅龍等 7 家公司以及投資物業。至此，長江製衣已發展成大型製衣集團企業。

製衣業中的佼佼者還有羅定邦家族的羅氏針織、田元灝家族的萬泰製衣、方肇周家族的肇豐針織，他們與林伯欣家族的麗新國際，並稱香港製衣業的四大家族。其中，羅氏針織創辦於 1975 年，主要業務是生產紡織成衣，1978-1982 年間相繼在廣東佛山、斯里蘭卡及葡萄牙等地設立生產基地，又全資收購恒衣織造廠有限公司，1984 年向日本 Shima Seiki 購入電動編織機，並邀請香港工業署署長參加開幕典禮。1985 年，羅氏針織入股詩柏高貿易有限公司（J&R Sparkle Trading Ltd.），首次進入香港成衣零售市場，並於 1986 年創立 Bossini（堡獅龍）時裝品牌。1987 年，羅氏針織在香港上市，1989 年遷冊至百慕達，成立羅氏國際集團，代替羅氏針織上市。1991 年及 1993 年，羅氏國際先後分拆羅氏地產及堡獅龍國際在香港上市，不過，1998 年羅氏家族又將羅氏國際私有化。時至今日，羅氏集團已成為供應全球多國時裝的知名成衣生產和供應鏈管理者。

萬泰製衣於 1958 年創辦，創辦人田元灝（1916-1992），原籍上海，1949 年移居香港，1957 年與兩名上海同鄉開辦經緯紡織，做進出口生意。翌年，田元灝與一美國商人，連同經緯紡織的兩個夥伴，以及中國染廠的查濟民等，合辦萬泰製衣。但沒幾年，公司散夥，田元灝分得製衣廠，自此與妻子榮志文（榮氏家族後人）艱苦創業。萬泰製衣主要做出口生意，60 年代開始主要做美國客人的訂單，70 年代全盛時期在香港設有 4 間工廠，擁有僱員 1,500 人。田元灝亦因而被稱為 "一代褲王"。他於 1974 年被任命為立法會議員，攀上了事業的高峰。田元灝育有兩子田北俊及田北辰。長子田北俊於 1971 年回港，替父親打理萬泰。90 年代以後，萬泰製衣業務轉型，逐步向地產業發展，成為一家較為活躍的地產發展商。次子田北辰則於 1980 年創辦縱橫二千集團（Generation 2000 Limited），並於 1985 年及 1986 年先後創辦 G2000 和 U2 等服裝品牌。其中，G2000 的產品包括成衣、鞋、帽、手袋、襪、圍巾、領帶等，旗下的時裝店發展至香港、澳門、中國內地、台灣、馬來西亞、新加坡等多個地區。

肇豐針織創辦於 20 世紀 40 年代後期，創辦人方肇周，原籍江蘇南通，年輕時到上海創業，1948 年由於一批貨滯留在香港，方肇周決定因勢就利，在香港就地處理掉這批貨，因而創辦了方氏集團（S. C. Fang & Sons），逐步發展成為香港最大的紡織品製造商之一，多年來一直是包括 Gap、Liz Claiborne、瑪莎百貨（Marks & Spencer）等諸多品牌的供應商。1961 年，方肇周兒子方鏗從美國麻省理工學院畢業後，返港接替父親打理家族生意，出任肇豐針織董事局主席。90 年代以後，方鏗回家鄉先後投資創辦了南通盛達印染、南通時代置業、江蘇大富豪啤酒、南通東亞紡織裝飾品、淮安市華豐彩印等十多家企業，業務邁向多元化。2000 年，肇豐針織以 500 萬英鎊價格，收購了陷於困境中的蘇格蘭奢侈品牌 Pringle，並將 Pringle 這家毛衣生產商轉型為一個高檔奢侈品牌，一舉打響國際知名度。

》 金屬、塑膠、玩具業開拓者：捷和、開達、長江工業、彩星

40 年代末 50 年代初，隨著紡織、製衣業的勃興，金屬製品、塑膠、玩具等行業也起步發展，到 70 年代逐漸成為香港製造業的主要支柱，並從中崛起一批大型企業集團，著名的包括鄭氏家族的捷和集團、丁熊照的開達實業及李嘉誠的長江塑膠。

捷和集團可說是香港歷史最悠久的製造業拓荒者之一，事實上，其創辦人鄭氏家族早在 1922 年，已在家鄉潮州揭陽創辦捷和，當時只是家庭式手工業。1937 年抗日戰爭爆發，鄭氏家族開始在香港設廠，當時主要經營金屬製品，包括供應軍部的鋼盔、餐具、防毒面具、鐵鏟等。該廠在日本侵佔香港時停產。1947 年，鄭植之、

鄭則耀、鄭翼之及鄭榮之四兄弟合力創辦捷和製造廠有限公司，初期主要業務是為港府整理港口、碼頭及主要航道，包括拆船等，再將拆船所得廢鋼經軋製，製成當時香港建築業所急需的鋼材。後來，捷和開設分廠生產銅片、鉛片，以及電筒、鬧鐘等，到 50 年代末已成為一家規模巨大的企業集團。

及至六七十年代，捷和集團分別和日本及澳洲廠商合作，在九龍將軍澳及青衣島購地設廠，生產供高級餐具、器具用的銅合金片，以及用鋁合金製造貨櫃箱。當時，香港及遠東地區經濟起飛，人民生活水平提高，對高級餐具需求大增。60 年代末，香港航運進入貨櫃化時代，各大船舶公司對貨櫃箱需求迫切，捷和的業務蒸蒸日上。在經營過程中，捷和在觀塘、將軍澳及青衣等地購入大量地皮，隨著地產、股市的蓬勃發展，1973 年 7 月，鄭氏兄弟將捷和旗下的物業組成捷聯企業分拆上市，業務擴展到地產。到 80 年代末，鄭氏經營的集團已成為規模龐大的企業集團，旗下公司包括捷和物業、捷和實業、捷眾造紙、捷和神鋼、捷和集團、美亞廚具、泰國鋼鐵廠等，業務包括地產、紙張、搪瓷、金屬、電腦、鐘錶、鋼鐵、鉛片、財務、保險等，連同海外公司，聘請的員工逾萬人。[13]

戰後香港工業界中，丁熊照是與唐炳源齊名的著名工業家。丁熊照（1903-1976），祖籍江蘇無錫，15 歲已進入上海一間綢緞洋布莊做學徒，後進入大東電池廠工作，積累了資金和經驗。1925 年，丁熊照創辦匯明電池廠，所生產的電池以"大無畏"作商標，表示創業不懼艱辛之意。1934 年，丁氏再創辦保久小燈泡廠和公明炭精廠。丁熊照苦心研製的"大無畏"牌電池，因經久耐用而暢銷全國，幾乎將外國同類產品趕出中國市場。日本侵佔上海期間，以日本強大軍事、政治為後盾的日商仍然無法戰勝丁熊照的"大無畏"牌電池。[14] 抗戰勝利後，丁熊照本打算向新興的塑膠工業發展，在上海設立塑膠廠，但適逢國民政府凍結外匯，而建設新廠必須向海外購買新型機器設備和原料，故幾經考慮，廠址乃改設在香港，並於 1947 年派員到香港創辦開達實業公司，生產塑膠製品。1948 年丁熊照移居香港，當時開達實業因經營不善，已瀕臨破產。丁熊照到港後親自主理開達業務，他首先增加員工薪金，又整頓企業管理制度，向銀行貸款 300 多萬港元購置先進設備，興建廠房，開達實業逐漸走上軌道。

開達實業是香港塑膠業的早期拓荒者，初期產品主要是一些簡單的塑膠日用品，銷路也局限於東南亞及香港本地市場。1951年，丁熊照赴英國參加英國工業展覽會，發覺玩具銷路廣，前途無限，遂決定向玩具業發展。1954年，開達實業開始生產塑膠玩具，成為香港最早生產玩具的廠家之一。初期的產品包括以發條和齒輪為動力的玩具及手推玩具，既代歐美生產其指定牌子的玩具，亦以"OK"商標自行製造銷售。60年代起，開達開始替外國客戶大量製造由電池驅動的汽車和模型火車，營業額大增。為保證玩具部件的來源和質量，丁熊照又創辦精達金屬電子有限公司，專責生產微型馬達，精達後來擴展業務，到70年代中生產收音機及其他電子產品。丁熊照還創辦明達電池廠，以生產玩具所需電池，逐漸形成縱式生產系統。

創辦開達實業的丁熊照（左一），是香港著名的實業家，被譽為香港的"塑膠先鋒"。

規模宏大的開達實業廠房。開達實業是香港屈指可數的大型塑膠玩具製造商。

早在 60 年代初，丁熊照還與日本著名的三洋機電公司合作創辦收音機製造廠，該廠亦是香港電子業早期的拓荒者。丁熊照對香港早期塑膠業、玩具業、電子業的發展貢獻良多，被譽為香港的"塑膠先鋒"，是香港最著名的工業家之一。

1968 年，丁熊照因患腦溢血宣佈退休，但仍寄情於工作，直至 1976 年病逝為止，開達實業遂由其子丁鶴壽、丁午壽繼承。丁氏兄弟分別畢業於美國緬因州哥培大學和伊利諾大學，他們在留美期間已十分注意美國玩具行情，加上精通英語，生意越做越大。1985 年，丁氏兄弟藉椰菜娃娃熱潮將開達在香港上市，當時開達實業在北角擁有 8 幢工業大廈，員工近萬人，日產椰菜娃娃 4 萬隻、玩具汽車 3 萬輛，已成為大型塑膠玩具企業集團。

日後崛起的長江工業亦是從塑膠業起步的，為香港最重要、最具規模的華資財團，創辦於 1950 年。創辦人李嘉誠，原籍廣東潮安，1928 年在家鄉出生，11 歲時因日寇侵華，隨父母舉家南遷香港。他 15 歲時，父親因病逝世，便只好輟學外出謀生，初期在舅父莊靜庵的中南公司當學徒，接著先後到一家五金製造廠及塑膠褲帶製造公司當推銷員，22 歲時晉升為工廠經理。1950 年，李嘉誠以自己多年積蓄及向親友籌借的 5 萬港元在港島筲箕灣租下廠房，創辦長江塑膠廠，邁開其建立日後宏偉基業的第一步。之所以取名"長江"，以李氏的解釋，是"長江不擇細流，才能納百川歸大海"。

長江塑膠廠創辦初期，主要生產一些普通的塑膠玩具及日用品。由於資金有限，生產設備極為簡陋，產品質量不過關、積壓滯銷，長江塑膠廠一度瀕臨破產。1957 年，李嘉誠得悉意大利人利用塑膠製成塑膠花，正向歐美市場推銷，便親自前往意大利考察學習，並把當時最暢銷的繡球花品種買回香港，作樣品之用，進行研究創新。1957 年，長江塑膠廠重組為長江工業有限公司，將各類塑膠花新產品以比意大利同類產品便宜一半的價格推上市場，結果獲得大批訂單，業務自此走上軌道。

長江工業生產的塑膠花，以質優價廉取勝，終於引起歐美一些大批發商的注意。當時，北美有一家最大批發商決定派購貨部經理到長江工業考察，準備下大量訂單。李嘉誠得知這個消息後，立即決定擴大生產規模，在西環士美菲路租入一幢 5 層樓高廠廈的 3 層樓面，並即時購入 100 多部塑膠機。美國客商見長江工業的陣容鼎盛，遂訂下數以百萬計的訂單。

　　1958 年，長江工業的資產已突破 100 萬港元，當年李嘉誠在港島北角興建了一幢樓高 12 層的工業大廈，作為公司的總部所在地，這成為李氏投資地產業的起端。60 年代，香港經濟開始起飛，香港的塑膠花生產進入了大發展時期，幾乎每個公共場所、辦公室和每個家庭的陳設和裝飾都離不開塑膠花。塑膠花的興盛給李嘉誠的長江工業帶來數千萬港元的實際收益，為其日後的地產發展掘得第一桶金。這時，李嘉誠已成為香港有名的"塑膠花大王"。

　　彩星集團是香港第一家玩具製造上市公司。彩星創辦於 1966 年，創辦人陳大河（1932-2020），廣東省潮汕普寧人，其父為當地著名商人。1962 年到香港定居。彩星創辦初期，主要生產洋娃娃玩具，到 1970 年代自創玩具品牌，擴展新銷售管道。彩星透過參與國際大型玩具展，先後在美國麻塞諸塞州建立銷售網絡，在美國加州設立貨倉，並將其分銷業務拓展到加拿大。1984 年 11 月，彩星玩具有限公司在香港上市，成為首家在港上市的玩具製造商。1987 年，彩星購得忍者龜（美國漫畫公司幻影工作室 Mirage Licensing Inc. 創作的漫畫角色）全球獨家玩具總特許權的專營權，為全球獨家特許權。1989 年，由嘉禾電影製作真人英語電影《忍者龜》，結果大受

風華正茂的李嘉誠，時年 20 多歲。

位於北角的長江大廈在 1959 年建成，是李嘉誠進軍香港地產業的首宗地產發展項目。

歡迎，令彩星忍者龜產品暢銷海外市場，在美國玩具市場中銷量第一。美國《資本家》雜誌將彩星集團評為"1990 年全球盈利最高的玩具商"。當年，彩星的營業額達 41.31 億港元，純利急升逾 10 倍至 12.1 億港元。⑮90 年代期間，彩星單在內地的生產線工人就多達數萬人。1993 年，彩星在香港及內地購入大量物業，轉向地產發展，除在香港擁有 4 個物業發展項目外，亦分別投資在深圳和上海的商業和商住物業。1994 年 1 月，彩星集團重組，將地產業務以"彩星地產有限公司"名義獨立以介紹方式上市。這一時期，彩星集團成為香港製造業的"明星"企業集團。

》 電子、鐘錶業領軍者：康力投資、中南鐘錶、寶光實業

曾在香港電子業名噪一時的康力集團，最初發源於其創辦人柯俊文於 60 年代中期所接辦的一間塑膠製造廠。柯俊文，原籍福建廈門，1938 年出生。50 年代初舉家移居香港，本來家中經營茶葉出口，其後生意失敗，家道中落，柯俊文中學尚未畢業便出外打工，初期在一間塑膠廠做學徒。1965 年，正值中國爆發文化大革命期間，一間塑膠廠東主急於移民，柯俊文便以低價購入該塑膠廠，改名為"志源實業有限公司"，試圖藉此大展鴻圖。當時，志源僅得 5 名工人，經營資金 6 萬港元，主要製造收音機外殼及一些簡單的電器塑膠配件。1969 年志源正式註冊成立，後來發展成香港電子業的最大塑膠產品工模及塑膠產品製造商之一。

1971 年，柯俊文開始投資電子業，1973 年註冊成立康力電子製造有限公司，生產收音機及卡式錄音機。1974 年香港股市崩潰後，柯俊文趁低價展開連串收購行動，收購或合併了多家收音機製造廠，甚至包括幾家日本、台灣的零件廠，有的外商亦寧願把電子廠賣給康力，轉而向康力訂貨。1975 年，柯俊文成立康力投資有限公司，作為集團的控股公司，兩年後開始以"康力"、"康藝"、"Zegna"等商標自行生產及銷售各類電子產品，包括收音機、卡式錄音機、電子錶、電視機、電話答話機、印刷線路板等，規模日漸擴大。到 80 年代初，康力已迅速崛起為香港電子業規模最龐大的企業集團，旗下公司多達 30 餘家，僱員逾 1.1 萬人，廠房面積達 160 多萬平方呎，其中六成為自置物業，遍佈觀塘、新蒲崗、西貢、沙田、屯門及元朗

等各工業區，集團每年的營業額已超過 10 億港元。這時，柯俊文的聲名可謂一時無兩，震動了整個香港工業界。

1981 年 8 月，柯俊文將旗下 12 家附屬公司重組為康力投資有限公司，公開發售 7,000 萬新股在香港上市，成為香港第一家電子業上市公司。可惜，柯氏的電子王國發展得實在太快，除了志源實業、康力電子、聯華電子等少數幾間經營效益較好之外，多數均無利可圖或虧損嚴重，各電子廠管理層亦良莠不齊，實際上僅是一家"山寨總匯"，或"龐大的山寨廠集團"。⑯ 康力集團基本上是依靠銀行貸款發展起來的，1984 年 1 月，康力集團受經濟衰退影響，虧損嚴重，由中資新瓊企業注資 1.8 億港元，取得該公司 34.8% 股權而成為大股東，康力成為中資企業，1993 年 4 月被中國航天工業總公司收購，易名為"航天科技國際集團有限公司"。

鐘錶業方面的開拓者和領軍者要數中南鐘錶、寶光實業等。中南鐘錶公司的創辦者是莊靜庵（1908-1995），原籍潮州潮安，早年到廣州謀生，在一家銀號當學徒，後晉升為經理，1935 年移居香港，創辦中南鐘錶公司，是香港鐘錶製造業的開拓者。50 年代，中南鐘錶開始組裝瑞士鐘錶，並先後取得瑞士樂都、得其利品牌的經銷權，奠定了在香港鐘錶業的穩固基礎。60 年代，伴隨著中南鐘錶出口業務的興旺，公司投資興建樓高 11 層的廠房樓宇。1976 年石英鐘面世，海外訂單源源不斷，中南鐘錶進一步發展，先後在北角、鰂魚涌、筲箕灣、葵涌、荃灣等地陸續設立廠房，總公司又在灣仔洛克道建成樓高 22 層的中南大廈。這時期的中南鐘錶成為香港最大的鐘錶廠商之一，莊靜庵因而被稱為"鐘錶大王"。80 年代中期，中南集團開始到內地投資設廠，並創辦專注內地發展的"中南創發"集團，先後在深圳龍崗建立布吉利群鐘錶廠、江南鐘錶廠和億利鐘錶廠，加工生產石英錶、鐘錶配件及其他電子產品等。

到 90 年代，莊氏家族第二代莊學山、莊學海、莊學熹兄弟以"分工不分家"的形式接手家族生意。大哥莊學山對外代表家族形象，出任香港潮州商會會長等社會職務，並出任中南集團主席，兼任旗下的中南股份有限公司、中南鐘錶有限公司主席等，二弟莊學海、莊學熹負責家族企業的具體運作事務，分別出任中南創發董事長和總經理。此時，中南創發旗下擁有多家知名企業，包括"維達利實業"、"昶聯金屬材料應用製品"、"中南機械精密製品"等多家企業，在香港、深圳、廣州、蘇州、上海、天津、浙江、湖北等地設有工廠，在美國、英國、瑞士等國家設有研發基地，擁有員工 1.5 萬人，其經營的業務範圍及產品既涉及傳統的鐘錶行業，又涉足於粉末冶金（MIM）、精密機械加工、自動化設備、真空電鍍（PVD），鋰電池、玻璃加工、觸摸屏、和光學薄膜等科技含量較高的行業，是蘋果、三星電子、科利耳等國際品牌的重要供貨商，其觸摸面板、金屬注射成型等核心技術，在行業內處於領先地位，穩執香港鐘錶行業的牛耳。莊氏家族旗下的中南股份、中南鐘錶、中南創發等公司雖然一直沒有上市，但生意卻遍佈全球，是香港典型的隱形富豪。

寶光實業創辦於 1963 年，當時的名稱是"寶光製造有限公司"，創辦人是泰國華僑黃子明。黃子明（1919-2003），祖籍廣東普寧，早年已在泰國曼谷開設通城錶行，業務發展迅速。其後，黃子明取得海島燕窩開採權，並以賺取的利潤在曼谷大量購入土地儲備，為他旗下的兩家上市公司曼谷置地和華榮泰的發展奠定基礎。到80 年代中後期，黃氏家族控制的曼谷置地已成為泰國最大的地產公司之一，擁有約7,000 萬平方呎土地儲備，並在曼谷市北部的國際機場附近發展一個名為"通城新都"的衛星城。泰華榮主要經營地產發展、酒店、飲食業、電訊及公共運輸系統，擁有土地儲備約 1.63 億平方呎。

60 年代初，黃子明到香港發展，1963 年創辦寶光製造有限公司，初期主要是從事製造高級手錶配件，只有數十個僱員，資本額是 40 萬港元，規模有限。60 年代，大量新移民湧入香港，為寶光提供了充裕的廉價勞動力，生產規模迅速擴大，在短短數年間便賺了大錢。1967 年香港政局動蕩，物業價格大幅下跌，黃子明趁機在新蒲崗購入一塊工業用地，自建廠房大廈，作為寶光在鐘錶製造業的基地。1972 年，寶光在香港上市，其時公司已有僱員 2,500 人，盈利 740 萬港元，已初具規模。其後，黃子明透過寶光實業先後收購了美國製錶商寶路華部份股權、香港美漢置業、Winsome 錶殼廠、E. J. Clewley，以及瑞士的 Metalum S. A.、Orac S. A. 和 Jean Vallon S. A. 等，這些公司大部份與鐘錶有關。

70 年代中期，受到經濟不景的影響，寶光的鐘錶業務遭到很大損失，開始向地產發展，以附屬的上市公司美漢企業為旗艦，投資地產業。1979 年，寶光實業調整策略，出售美國寶路華、香港京華銀行、美漢置業和瑞士兩家獨資公司，將所得資金發展地產，不過寶光實業的地產發展並不成功，在 1983-1984 年地產低潮中泥足深陷。寶光於是在 1981 年改組為寶光實業（集團）有限公司，1985 年向本地零售市場進軍，成立手錶連鎖集團——時間廊，先後在中國香港、新加坡、馬來西亞等地區開設逾 100 間連鎖店，成為香港以至東南亞著名的手錶製造及零售集團。

與此同時，黃子明還於 1974 年在香港創辦白花貿易公司，經營進口洋酒批發業務。1981 年，該公司取得了著名運動品牌德國"美洲獅"在香港、澳門地區的代理權。1982 年，白花貿易公司易名為"華基泰有限公司"，並於 1983 年再取得"彪馬"在中國內地及泰國的代理權。1989 年，華基泰和寶光實業分別收購家族公司——寶基有限公司。這時，華基泰已發展成為經營運動用品、投資和管理酒樓及酒店、項目管理媒介及娛樂事業、發展地產的綜合性集團。

香港鐘錶業的前輩還有潘錦溪旗下的藝林、金輪鐘錶公司，據說早年與莊靜庵齊名。潘錦溪兒子潘迪生於 1978 年在美國大學畢業後就在父親公司任職售貨員，其後又到瑞士著名鐘錶珠寶店 Chopard 做學徒，不僅掌握了製錶工藝，能自行裝配出一隻手錶，而且汲取了瑞士鐘錶商經營高檔鐘錶珠寶行的經驗。1980 年，潘迪生回到香港，向父親借 100 萬美元，在港島中環置地廣場開設一家迪生鐘錶珠寶店，代理瑞士高級手錶、勞力士等名牌，結果業務發展快速。1985 年，潘迪生收購上市空殼公司順福企業，並注入多項批發零售業務，易名為"迪生創建"，翌年在香港上市。1987 年，迪生創建收購國際知名的法國都彭公司，著手發展"都彭"的商標、形象及產品系列，專注發展高級消費品。

除了在香港大展拳腳之外，迪生創建還在東南亞及歐洲設立分銷網絡，1987 年在台北開設百貨公司及精品店，1988 年在泰國設立貿易公司，同年又向潘氏家族收購國際時計有限公司及新加坡迪生鐘錶有限公司，並收購香港茂昌眼鏡，易名為"新創見"。1991 年再收購英國 Harrey Nichols，這是國際著名的時裝店，並在倫敦心臟地區擁有一幢商業大廈。到 90 年代初期，迪生創建的市值突破 50 億港元，發展成為香港規模最大的批發零售集團之一。❼ 1992 年，時任香港政府布政司赫德稱潘迪生"創造了商業界的奇跡"。

» 豆奶巨頭：維他奶

　　維他奶集團創辦於 1940 年，創辦人為羅桂祥（1910-1995），原籍廣東梅州。當時，羅桂祥希望能夠為香港一般家庭提供廉價而蛋白質豐富的飲品，以替代較為昂貴的牛奶，他認為由大豆製成的豆奶，可成為牛奶替代品，因此研製出 "維他奶" 豆奶飲品。維他奶的首家工廠位於港島銅鑼灣記利佐治街，首天只售出 6 瓶豆奶，售價為港幣 6 仙，早期由售貨員以自行車逐戶派送，當時由於沒有經過消毒處理，需要即日飲用，未受消費者歡迎，戰前每日約售 1,000 瓶。二戰後，維他奶於 1950 年將工廠遷往香港仔黃竹坑，除每日派送外，亦透過零售商分銷方式銷售，並於 1953 年起改以高溫消毒法，無須冷藏貯存，銷量開始大增，至 50 年代中期已達每年 1,200 萬瓶。最初，維他奶推出時的豆奶沒有經過加工，1962 年加入麥精維他奶，同年於九龍觀塘工業區興建新廠房。70 年代，維他奶推出廣告 "維他奶，點止汽水咁簡單"，一時在香港家喻戶曉。

　　1975 年，維他奶在香港率先採用無菌包裝技術生產飲品，並於翌年在香港推出全新的 "維他" 果汁系列產品。1979 年，維他奶推出集團首創的即飲 "維他" 檸檬茶。1987 年，維他奶耗資 1 億港元在新界屯門興建的總部大樓及廠房落成。1992 年，維他奶在美國西岸收購一所豆腐廠房，1994 年又在廣東深圳開設新的生產基地。同年 3 月 30 日，維他奶在香港聯交所上市。1998 年及 2001 年，維他奶將生產基地擴展到中國上海、美國麻省艾爾市及澳洲。時至今日，維他奶的產品已銷往全球多個國家和地區，成為香港著名的生產品牌。

　　維他奶創辦後，羅氏家族眾人紛紛從老家梅州前來香港，加入維他奶公司，羅桂祥九弟羅芳祥自維他奶豆品廠創辦以來一直在公司服務，至 1972 年退休才離開，長達 33 年；八弟羅騰祥由 1952 年一直服務至 1969 年離職，他聯同侄兒羅開睦等創辦大家樂；羅桂祥的六兄羅階祥早年也在公司擔任收賬。羅桂祥本人於 1978 年退休，由其兩名兒子羅友禮及羅友義接棒。羅芳祥亦於 1972 年自立門戶，與侄兒羅開福一道創立大快活連鎖快餐店。換言之，從豆奶、檸檬茶、牛奶，到早餐、中餐、下午茶和晚餐，羅氏家族的生意貫穿了每位香港人的日常生活。

》 其他製造業的佼佼者

從製造業其他行業崛起的華資大型企業集團還有莊重文的莊士機構、黃克兢的寶源基業、蔣震的震雄集團、羅仲炳的金山實業、汪松亮的德昌電機、黃氏家族的南順集團等，這些企業集團都是各自行業的佼佼者，是香港製造業的驕傲。

莊重文（1912-1993），原籍福建惠安縣，早年赴南洋學習、任教，二戰後販運茶葉至香港銷售發跡，於 1949 年在香港創辦莊士餐具廠，生產刀叉器具。翌年與英國 Miner 公司合作，由該公司在英國全權代理莊士產品，業務蒸蒸日上。在 70 年代全盛期曾錄得日產 50 多萬支餐具的紀錄，訂單多得做不完，莊重文因而被稱為"餐具大王"。1971 年 6 月，莊士餐具（集團）有限公司在香港上市，並向地產業進軍，1972 年 6 月易名為"莊士集團"，其後將物業組成莊士發展有限公司上市。1973 年，莊士發展趁地產高潮購入銅鑼灣樂聲戲院地皮，結果損失不菲。1976 年轉而發展電子器材，1983 年 8 月改組為能達科技在香港上市。1987 年，莊士集團重組，將莊士集團與莊士置業合併，出售能達科技上市空殼，又先後收購遠生金屬和宇宙投資股權。到 80 年代後期，莊氏家族共擁有 3 家上市公司，包括莊士機構、宇宙投資及遠生實業，在香港股市自成一系。

寶源基業則由廣東新會籍華商黃克兢於 1957 年創辦，主要業務為製造照相機。1972 年，寶源基業的資產擴展到原來投資額的 400 倍，廠房擴展至柴灣、沙田、北角、筲箕灣等 9 處地方，生產工場面積達 30 多萬平方呎，公司僱用員工 3,000 人，另外又在澳門、台灣兩地設有分廠，各有員工 1,000 人。到 80 年代，寶源基業各廠房每日平均生產中價照相機 3 萬部，望遠鏡 6,000 副，銷往除蘇聯及中國以外的全球多個國家，重點為歐美市場。寶源又在日本設立零件供應及技術改良中心，在歐洲設立分銷辦事處，堪稱"光學儀器大王"。

震雄集團由山東籍華商蔣震於 1958 年創辦，初期僅是一家小型機器工場，為街坊修理水喉及專造簡單的機械零件。1966 年，震雄成功研製出首部港製 10 安士螺絲直噴塑膠機，並獲得中華廠商會頒發的"最新產品榮譽獎"。自此，震雄站穩腳跟，建立商譽，逐步拓展市場。1981 年，震雄在新界大埔工業村建立第一間廠房，採用電腦化生產，在 80 年代發展成為全球最大的注塑機製造商，年產注塑機達 8,000 台。

　　金山實業由羅仲炳於 1964 年創辦，當時只是家族式的小型乾電池廠，70 年代產品趨向多元化，開始生產電子及電器產品，並到海外設廠，1984 年在香港上市。80 年代中後期，金山實業加強在內地的業務比重，先後在內地設立多家合資企業，主要生產精密零配件，包括卡式機芯、數碼調協器及五金配件等，到 90 年代初，金山實業先後將旗下的電池部、電器部在新加坡上市，發展成為一家多元化跨國公司，旗下的金山電池國際有限公司以生產 GP 超霸電池聞名，已成為全球第二大電池生產商，部份產品在世界市場上佔有三成比重。

02

蜚聲國際的航運四鉅子

———————

　　20 世紀 50 年代以前，香港的航運業幾乎完全操縱在以英資太古洋行、怡和洋行為首的外商手中，華商僅有數十艘中小客貨輪航行於香港至廣州灣、汕頭等華南沿海地區及海防、西貢、曼谷、新加坡等東南亞各港口。50 年代以後，香港工業化的步伐急速邁進，從日本進口的機器設備、原材料及從香港銷往歐美市場的產品大幅增加，刺激了航運業的勃興。這時期，由於朝鮮戰爭爆發，日本在美國的大力扶植下，已成為戰爭的補給基地，工商業逐漸恢復，並迅速崛起，進口原材料與日俱增，成為世界航商的最大客戶。加上香港及遠東經濟的蓬勃發展，推動了香港航運業的高速增長，一批華資航運集團乘勢崛起，打破了英資的長期壟斷，並在國際航運業上叱咤風雲。其中最著名的，是包玉剛的環球航運，董浩雲的金山輪船、中國航運、東方海外，趙從衍的華光航業，及曹文錦的萬邦航運。

» 包玉剛的環球航運

　　環球航運創辦於 1955 年，70 年代末全盛時期是全球最大規模的航運集團，其船隊載重量超過美國和蘇聯全國商船總噸位的總和。創辦人包玉剛（1918-1991），原籍浙江寧波，祖父是絲綢商人，父親包兆龍在漢口經營布鞋生意。抗戰期間，包玉剛隨父避難重慶，開始進入銀行界工作。戰後，包玉剛隨銀行返回上海，被擢升為上海市銀行副總經理。1949 年，包玉剛舉家南遷香港，開始了他海外發展的大業。

　　1955 年，37 歲的包玉剛看好世界航運業前景，他說服父親，創立環球航運有限公司，斥資 70 萬美元購入一艘 27 年船齡、載重 8,700 噸的燒煤船。當時，包玉剛雄心勃勃，準備以英文字母的順序來排列他的船名，這艘原叫"仁川號"的舊船遂以"A"字排法，中文名取"金安號"，於同年 7 月 30 日啟航，包氏的環球航運集團亦由此起步。1956 年，埃及收回蘇伊士運河，世界航運費用大幅上漲，包玉剛趁機向銀行貸款增購船隻，擴大經營，至該年底，環球輪船公司屬下船隻已增至 7 艘。

包玉剛的船隊多以長期租約的形式租予日本航運公司。包玉剛對這種"長租政策"極為重視。1976 年他在哈佛大學商學院的演講中曾明確指出："租不出去的船，與其說是資產，毋寧說是負累。"❸ 包玉剛船隊的迅速壯大是與他這種穩健的經營作風分不開的。銀行家出身的包氏，對把握不大的事不願冒風險。當時，一般船東都喜歡採用"散租"的方式，視航運需求而制訂租金標準，這種方式在航運業好景時獲利豐厚。但包玉剛獨具慧眼，不為一時厚利所動，堅持長租政策，他的做法在當時遭到部份航運界人士的嘲笑，但事後證明了包玉剛的高瞻遠見。

包玉剛的成功，還與他和英資滙豐銀行建立的特殊關係密不可分。早在 1956 年，包玉剛就曾成功說服滙豐銀行會計部主任桑達士（J. A. H. Sannders），打破了滙豐銀行"不可借貸給輪船公司"的戒條而取得貸款。包氏具銀行家風度的穩健經營作風贏得了滙豐的高度評價。1962 年，桑達士出任滙豐銀行董事局主席，其時滙豐銀行已確立扶植一批本地華商的政策，桑達士自然選中包玉剛，自此，包氏與滙豐銀行結下不解之緣。

1955 年，包玉剛以 70 萬美元購入的第一艘載重 8,700 噸的燒煤舊船——金安號，邁開建立環球航運集團的第一步。

1961 年包玉剛與日本造船廠
代表簽署他的第一艘新建造
船隻——東梅號的協議書。

　　到 60 年代，雙方已發展到共同投資。1963 年包玉剛與滙豐銀行、會德豐集團先後合組環球巴哈馬航業有限公司和環球百慕達航業有限公司，各佔三分之一股權。1970 年，包玉剛又與滙豐銀行合組環球船務投資有限公司，包氏佔 55% 股權。1972 年包玉剛再與滙豐銀行及日本興業銀行合組環球國際金融有限公司。包氏的環球航運集團通過與滙豐銀行及日本銀行的結合，充份取得銀行信貸，運用“三張合約”的方式，即用租船合約去取得銀行貸款合約，再以銀行貸款合約去簽訂造船合約，迅速擴大其船隊及航運業務。

　　同一時期，環球航運從購買舊船轉為建造新船，1961 年包氏首次向日本造船公司訂造新船“東梅號”，開始了環球航運大規模訂造新船的時代。接著，集團旗下的“東竹號”、“東櫻號”、“東松號”、“有利號”、“有福號”、“東菊號”、“世宏號”、“世冠號”、“皇后號”等船相繼投入服務。憑著良好的口碑信譽，世界各大石油公司如蜆殼、美孚、德士古、埃索等都先後向包氏的環球航運租船，以穩健著稱的包玉剛開始賺到可觀的利潤。1962 年底，包氏的船隊已使用完 26 個英文字母，其海上王國初具規模。

　　1967 年，中東危機一度使蘇伊士運河關閉，日本對油輪的需求急增，包玉剛為適應大型油輪時代的來臨，即訂造多艘 10 萬噸級以上的超級油輪，開始躋身“世界船王”行列。據 1973 年 3 月號美國《財富》雜誌所載，當時包玉剛的船隊已達 57

艘，總噸位 960 萬噸，美國船王路維與希臘船王奧納西斯已難望其項背。1973 年中東石油危機爆發，油輪需求驟減，世界航運業首次出現不景，但環球航運集團則因"長租政策"而安渡難關。

到 70 年代，包玉剛的環球航運集團已趨形成，其中，包氏家族的私人公司——環球輪船代理有限公司實際上是該集團的總公司，於 1957 年在香港註冊，是一家船隻管理公司，統一管理集團內部所有船隻，這些船隻則分屬在香港、百慕達、東京、倫敦、紐約、新加坡、里約熱內盧、利比里亞等地註冊的 200 餘家公司。這些公司中，最重要的是環球巴哈馬航運、環球船務投資、環球會德豐輪船、亞洲航業及隆豐國際。其中，當數隆豐國際及亞洲航業這兩家在香港的上市公司發展得最快。

隆豐國際前稱"隆豐投資有限公司"，創辦於 1918 年，1963 年在香港上市，原是英資會德豐集團旗下一家附屬公司，60 年代初被包玉剛取得控制權。該公司初期業務主要是經營包氏旗下船隊，並持有亞洲航業 20% 股權，1979 年擁有 16 艘船舶，共 166 萬噸載重量。[19] 70 年代中包玉剛曾一度有意將隆豐培植為另一家亞洲航業公司，可惜形勢差強人意，航運業好景不再，結果成為旗下一隻冷門股。當時，誰也料不到，這隻冷門股居然在 1980 年收購九龍倉一役大顯身手，並最終成為包氏集團陸上王國的旗艦。

環球航運旗下發展最快的要算亞洲航業，該公司創辦於 1941 年，1948 年在香港上市，原屬會德豐集團，亦是 60 年代中被包氏取得控制權。70 年代期間，包氏對亞洲航業悉心培育，利用其上市的優勢，透過股市集資或發行固定利息債券，將所籌資金作極度運用，大量訂購新船。到 1979 年，亞洲航業已擁有 38 艘船舶，載重量總噸位從 70 年代初的 39 萬噸急增到 496 萬噸，10 年間增幅超過 10 倍，[20] 成為香港股市中成長最快的航運公司。

1979 年，包氏的環球航運集團步入最昌盛時期，它成為世界航運業中高踞首位的私營船東集團，旗下漆有集團標誌"W"的船隻超過 200 艘，總噸位超過 2,050 萬噸（其中包括已訂造的 38 艘新船），比排名世界第 2 位的日本三光船務公司超出一倍，超過美國和蘇聯全國商船噸位的總和。[21] 同年，包玉剛當選為國際油輪協會主席，成為在國際航運業當之無愧的首席 "世界船王"。

» 董浩雲的東方海外

與包玉剛同時躋身世界級船王的尚有董浩雲。董氏創辦的航運集團遠比環球航運早，可追溯到 20 世紀 30 年代。董浩雲（1912-1982），原籍浙江定海，自幼就對航運發生濃厚興趣，他在其自述中曾表示："本人自幼即對海洋發生興趣，以船為第二生命。" ❷ 董浩雲中學畢業後考入當時北方金融鉅子周作民興辦的航運業訓練班，畢業後被派往天津航運公司任職，由於他肯奮鬥和苦幹，因此備受公司器重，10 年後擢升為公司常務董事，30 年代初被先後推選為天津輪船同業公會常務理事、副會長，開始在航運業嶄露頭角。

30 年代初，日本藉 "九一八事變" 侵佔東三省，塘沽以北的東北航線均被日本航商壟斷，而塘沽以南的沿海及長江航線又被英資的太古輪船公司、藍煙囪公司、鐵行輪船公司及怡和的印—華輪船公司所控制，中國的民族航運業尚在夾縫中掙扎求存，除官辦的輪船招商局之外，民營的主要有三北輪船、政記輪船及民生實業等公司。1936 年，董浩雲針對當時中國航運業的癥結，提出一份 "整理全國航業方案"，提出了抗衡外資航商、發展民族航運事業的策略建議，可惜未被當時的國民政府接納。1941 年 3 月，董浩雲籌集 25 萬港元資金，在香港註冊成立中國航運信託有限公司。他以外商身份，於船隻懸掛英國和巴拿馬國旗作掩護，經營中國沿海及東南亞航運事業。不過，中國航運信託公司創辦不久，就碰上日本偷襲珍珠港，第二次世界大戰全面爆發。日本佔領香港後，中國航運信託公司的船隊，被視為 "敵產" 而被接管。

戰後，董浩雲看準因二次大戰破壞而造成全球性的船荒之機，於 1946 年 8 月創辦中國航運公司，先後購入 "凌雲號"、"慈雲號"、"唐山號"、"昌黎號"、"天龍號"、"通平號" 等輪船，組成船隊展開沿海及遠洋航行。1947 年，董浩雲派遣全由中國船員操作的 "天龍號" 從上海首航法國、"通平號" 首航美國舊金山，成為中國航運史上的創舉。同年 7 月，董浩雲再創辦復興航業股份有限公司，向美國購入 3

艘勝利型萬噸級貨船，取命"京勝號"、"滬勝號"、"渝勝號"，從事遠洋航運。1949 年中華人民共和國成立前後，董浩雲將中國航運公司和復興航業公司的船隊遷往台灣。1950 年，美國以"欠債未還"為由將復興航業的"京勝號"和"滬勝號"扣押，復興航業僅餘"渝勝號"苦苦支撐遠洋航運局面。據董浩雲的回憶，當時"局面萬分艱苦，仍竭力奮鬥，掙扎圖存，尤以近幾年來，外遭國際優秀船隻競爭傾軋，內受貨少船多運費跌落的影響，……債台高築，不僅老舊船隻無力作新陳代謝之謀，即現有的噸位亦逐漸銳

躋身世界七大船王之列的著名航運家董浩雲

減，遂使無依無靠之中國僅有少數民營海運事業，幾處岌岌可危的境地之中"。❷❸ 形勢雖然惡劣，但董浩雲並沒有氣餒，1949 年他在香港創辦金山輪船國際有限公司，將航運的基地逐漸移到香港。

不過，董浩雲面對的困局很快得以改變。五六十年代，中國香港、中國台灣、日本等東亞地區經濟蓬勃發展，進出口貿易大增，再加上朝鮮戰爭、中東戰爭及越南戰爭的相繼爆發，刺激了航運業的發展。其時，美、日的龐大船隊已因海員工資大幅上升、工會勢力壯大而削弱了競爭力，以香港為基地的航商卻擁有一支工資低廉而工作效率高的海員隊伍，遂在競爭中逐漸佔據優勢。60 年代初，金山輪船公司以 100 萬美元的低廉價格，向美國購入 12 艘萬噸級"勝利"型貨輪，並將它們冠以"香港"之名，如"香港生產"、"香港代表"、"香港出口"等，加入遠東至美國的定期航線。稍後，金山輪船又以不航行歐洲線為條件，低價向西德購入一批 1.4 萬噸的雙柴油機雙軸客貨船，分別命名為"東方學士"、"東方藝人"等，先後投入繁忙的遠東至北美航線中，董氏的船隊迅速擴大。❷❹

60 年代，當航運業進入巨型油輪時代，董浩雲再次站在前沿。1959 年，董浩雲已看到石油航運的輝煌前景，遂利用日本方面實行的"造—租"政策，向日本佐世堡船廠訂造 7 萬噸級的油輪"東方巨人號"，這是當時全球十大油輪之一。1960 年《大英年鑑》載有該油輪的有關資料："這是由亞洲人建造及擁有的最大一艘輪船，

甚至船員、管理、機器裝置等也都由亞洲人一手包辦。"1966 年，董氏航運集團再向日本訂造 6 艘 22.7 萬噸的超級油輪；同年，董氏訂造的 11.8 萬噸級油輪"東方巨龍號"下水啟航。至此，董氏航運集團已初具規模，其業務向兩個方面發展，一是以自己的船隊自行經營遠東至北美、西歐的客貨運輸，二是訂造大噸位散裝貨輪和超級油輪，以計時租賃的方式租予客商。

60 年代末，香港航運開始進入貨櫃運輸時代，董氏航運集團成為最先進入貨櫃紀元的先鋒。1969 年，董浩雲以"東方海外貨櫃航業公司"的名義，開辦全貨櫃船業務，把 7 艘舊式貨船改裝為貨櫃船，每星期一次航行美國西岸。1973 年，董浩雲將東方海外貨櫃航業公司在香港上市，集資 1.2 億港元，用於訂造新船和還債。這就是東方海外實業有限公司的前身。1973 年 10 月，第三次中東戰爭爆發，阿拉伯國家首次使用"石油武器"，導致燃油大幅加價。當時，正值西方國家經濟放緩，對原油的需求沒有預期那樣急迫，使得盲目發展的北歐及希臘航商陷入困境，油船被迫停航擱置，元氣大傷。1975-1977 年間，董浩雲的東方海外實業購入了一些十分廉宜的油船。

從 70 年代中起，董浩雲悉心培育東方海外實業，先後將統一散裝貨船公司、統一貨櫃航業公司和大德公司等注入東方海外實業，令其船隊急增至 14 艘以上，包括貨櫃輪船"香港貨櫃號"、"太平洋鳳凰號"、"太平號"、"太和號"、"東方領袖號"、"東方騎士號"、"東方導師號"、"大德美洲號"等，以及散裝貨輪"東方使者號"、"大西洋挑戰號"、"太平

董浩雲旗下的"如雲號"於 1962 年首航美國紐約。"如雲號"是當時中國第一艘高速客貨輪。

洋出口商號"等。東方海外實業極注重旗下船隊的質素，不斷以"汰舊建新"的方式保持競爭優勢。1978 年度，東方海外實業的盈利達到 1.1 億港元，比上市初期增長一倍。1980 年，東方海外實業斥鉅資收購了英國最大的航運集團富納西斯輪船公司。經此一役，東方海外實業的總噸位從 1979 年的 46 萬噸躍升到 120 萬噸，成為董氏旗下實力最強大的航運公司。這一時期，董浩雲除了經營船務之外，還開始作多元化發展，包括經營與航運相關的其他行業，如船務保險，又投資於美國及香港的貨倉、碼頭業等。1977 年，金山輪船與香港中華造船廠、歐普多船舶工程公司合作，組成"歐亞造船廠"，在青衣島興建新型船塢。該廠於 1981 年開始投產，初期主要是維修船舶，並計劃生產萬噸級以上的輪船。

進入 80 年代，董浩雲更加雄心萬丈。1980 年 4 月，他以 1.125 億美元，買下英國第二大船業集團富納斯公司，成為第一個接管英國大公司的華人。這一時期，董浩雲躋身世界七大船王之列，集團旗下漆有黃煙囱、標有"梅花"標誌的船隻達 149 艘，總載重噸位超過 1,100 萬噸，附屬公司包括中國航運、金山輪船、東方海外實業等遍佈全球各地，包括中國香港、中國台灣、新加坡、日本、英國、美國、加拿大、沙特阿拉伯等地，成為世界級跨國航運集團。董浩雲則被美國《紐約時報》稱為"世界最大獨立船東"。

1980 年，董浩雲宣佈退休，同年，他訂購的超巨型油輪"海上巨人號"下水，該船載重噸位達 56.3 萬噸，成為全球最大船舶，而董氏本人亦被稱為"海上巨人"。1982 年，董浩雲因病逝世，家族生意由其子董建華、董建成繼承。董浩雲一生熱愛航海事業，他對中國航運業的熱切期望，奇跡般地由他本人實現。董浩雲從事航運亦不忘社會公益，1971 年他曾購入超級油輪"伊利莎伯皇后號"並改裝為"海上學府"，計劃在海上創辦一所大學。"海上學府"於同年被焚後，他再購入"大西洋號"，並易名為"宇宙學府"。他更設立"董浩雲獎學金"，供亞洲和南美著名大學生登輪進修。董浩雲留下的遺言是："地球表面四分之三是海洋，我們應該有雄心征服海洋。"然而，他沒有料到，數年後他創立的海上王國正面臨嚴峻的危機。

» 趙從衍的華光航業

華光航業是香港第三大華資航運集團，創辦人趙從衍，1912 年出生於江蘇無錫，早年畢業於上海東吳大學法學院，曾任執業律師。1940 年，汪精衛在日本人的支持下成立傀儡政府，由於當時做律師要註冊登記，趙從衍不願做 "漢奸"，於是改行做進出口生意，與一位英國朋友開設了一家洋行代理船務工作。1945 年，二戰結束，趙從衍見內地經歷多年戰爭，物資緊缺，航運業務大有可為，於是購買了一艘 3,000 噸舊貨船，命名為 "國星號"，航行於秦皇島至上海之間，販運煤炭，由於當時上海煤炭短缺，生意倒也不俗。1948 年，上海政局日趨動盪，趙從衍囑咐妻子和幼女率先飛往香港，自己則與四位兒子乘搭 "國星號" 離開上海，前往香港。❷⑤

1949 年，趙從衍深感世界航運業大有可為，遂創辦華光航業公司。其時，華光雖然經營航運，但實際上所有航運業務，包括僱用船員、購買保險、配置機件等均交由挪威的華倫洋行代理。趙從衍感到自己在航運方面外行，遂派遣長子趙世彭赴英國最大的造船大學杜倫大學攻讀輪機系，又先後到瑞士著名的哥登堡船廠、英國的蘭特兄弟船務公司及勞氏驗船公司實習、工作，為趙氏在航運界立足奠定基礎。1961 年，趙世彭學成返港，出任華光航業董事，將全部船務業務從華倫洋行手中接管，自己經營。當時，華光航業已擁有 4 艘輪船。

60 年代初，世界航運業一度不景，歐洲的大批舊船停拋各港口，單是亞丁港就停拋逾 300 艘舊船，價錢低廉，等待各地船東前來選購，當時只需花 6 萬美元就可購入一艘萬噸輪船，而且可向銀行貸款 4 萬美元。❷⑥ 趙從衍遂派其子趙世彭前往希臘和亞丁港考察，結果認為有利可圖，於是購入一批舊船，並從亞丁港裝運貨物駛回中國香港、中國台灣、日本、印尼等地，其中部份運貨後即拆卸，作廢鐵出售，部份則編入華光船隊再出租，使華光航業取得很大發展。到 1962 年，華光航業旗下船隊已增至 23 艘，❷⑦ 一躍而成為一家大型航運公司。

1963 年，英國著名的勞氏保險公司，突然宣佈大幅增加對舊船裝運貨物的保險費，首當其衝的自然是日本。為了應付這種轉變，日本政府採取了一系列鼓勵造船的政策，凡訂造新船的，可以 5 厘年息向日本銀行貸款八成，其餘兩成船價分期

創辦華光航業的趙從衍（中）及其子趙世光（左），右為趙世光夫人何莉莉。

華光航業旗下的巨輪——"和諧勇士號"，載重 228,327 噸。

付款。這一優厚政策吸引了香港的船東如包玉剛、董浩雲等從經營舊船轉向訂造新船，華光也把握良機。1965 年，趙從衍四子趙世光代表華光航業首次向日本訂造新船，前後共訂造 6 艘，令船隊的規模進一步擴大。

跨入 70 年代，香港股市漸趨蓬勃，趙氏家族不失時機地將旗下業務上市，吸納資金。1972 年，華光首先與恒生銀行合作，將旗下的新世紀航業公司在香港上市，集資 1.4 億港元。1973 年，趙從衍進一步將新世紀航業的控股公司——華光航業在香港上市，同時再將家族經營地產業務的華光地產上市。趙氏透過 3 家公司的上市，先後共吸納近 8 億港元資金。當時，華光航業擁有船隻 8 艘，載重噸位 19.3 萬噸，規模雖不及附屬的新世紀航業，但船隊質素較好。上市一年後，另外 3 艘新船相繼投入服務，華光的船隊遂增加到 11 艘，51 萬載重噸，其中包括一艘 22.7 萬噸超級油輪 "和諧勇士號"，其餘主要是乾貨船和散裝貨船。

1973 年中東石油危機爆發，世界航運業遭受沉重打擊，北歐、希臘的航商元氣大傷，幸而香港的航商大多經營穩健，故能順利渡過危機，華光航業亦是如此。1974 年華光航業趁股市低潮，以換股方式收購了新世紀航業，令旗下船隊增至 29 艘輪船，108 萬噸載重量。1976 年，華光利用股市供股集資 4,400 萬港元，用於訂造新船。華光亦頗注重維持船隊質素，採取 "汰舊置新" 措施去擴展船隊，當訂造新船的同時，售出舊船或出租率不高的輪船，以保持財政狀況的穩健和船隊的質素。

踏入 80 年代，華光航業船隊規模擴展的步伐加快，到 1984 年底，華航旗下船隊已急增到 70 艘（包括已訂購在未來 3 年內投入服務的），總載重量增至 500 萬噸，當時華光航業已從一家中型航運公司，躍升為香港規模僅次於環球航運及董氏航運集團的第三大華資航運集團。

» 曹文錦的萬邦航運

萬邦航運是香港另一家重要的華資航運集團，創辦人曹文錦（1925-2019），1925 年出生於上海浦東一航運世家，祖父曹華章從事長江沿岸航運，商號為曹寶記，父親曹隱雲向金融業發展，創辦上海勸業銀行，並出任總經理。曹文錦在上海聖約翰大學畢業後，跟隨祖父及父親學做生意，每天上午到父親的銀行工作，下午到祖父的公司實習，接受"壓迫性"的經營訓練。1949 年，曹氏家族舉家南遷香港，當時曹文錦已對航運產生濃厚興趣，他與呂姓朋友合夥，花 40 萬港元購入一艘建於 1908 年的 1,200 噸級舊貨輪"Ebono 1 號"，並成立"大南輪船公司"，航行於香港至山東威海衛及日本之間，將從香港進口的水泥、車胎、汽油等物資運到山東威海衛，再從當地裝運綠豆、黃豆、花生等農產品銷往日本，開始了重建家族航運事業的第一步。❷⁸

創辦萬邦航運的曹文錦

50 年代初朝鮮戰爭爆發，以美國為首的聯合國對中國實施貿易禁運，租船費用暴漲，曹文錦經營的"Ebono 1 號"貨輪，冒著風險衝破海上封鎖，將一批批物資運入中國。該船在一次航運中觸礁沉沒，並被保險公司拒賠。曹文錦沒有氣餒，集資

曹文錦旗下的"萬邦號"貨輪，是萬邦航運創業初期的船隻。

再購入一艘建於 1918 年的 3,000 噸級舊船，繼續冒險從事到內地的航運事業，結果生意越做越大。曹文錦曾表示："我事業的轉折點是朝鮮戰爭，那時 150 美元付運一噸貨物，我們運載大批化學物品，日用品、木材往大陸，並兼做出入口生意，業務急劇增長。"❷❾ 曹文錦將賺來的錢再投資，購入數艘廉價舊船，組成"萬邦船隊"，將航運業務擴展到日本。

戰後的日本，經濟逐漸恢復並蓬勃發展，日本的客商成為香港航商"搶客"的對象。香港各航運公司幾乎每天都派人到機場等客，當時曹文錦甚至包玉剛等也在"搶客"的行列中。50 年代香港啟德機場導航設備落後，日本的班機亦較舊，常常誤點，曹文錦只好採取"笨鳥先飛"的辦法，清晨 4 點多便動身到啟德機場，有時一等就是兩三個小時。當日本客商從機場出來，"搶客"者就一擁而上你爭我奪。包玉剛聰明機智，他先奪過日商的皮包大聲招呼說："先生跟我走！"日商見皮包被奪，只好趕緊擺脫眾人，跟著包玉剛。包玉剛把日商接到預訂的酒店，一邊備酒為其接風，一邊談貨運生意。包玉剛不會喝酒，為了生意的成功也只好陪客"痛飲"。據曹文錦的回憶，他有時亦是這樣搶客的。❸⓿ 香港航商創業伊始的艱辛，頗令人掩卷慨嘆。

曹文錦的萬邦船隊都是超期服役的舊船，船齡大都在三四十年以上，跑幾趟航次，就需到日本船廠修理，日積月累欠下船廠一大筆修理費。當時日本造船業不景，船廠老闆對曹文錦表示，可暫緩繳付所欠修理費，將資金用作造新船，結果使萬邦船隊逐步更新汰舊，成為一支現代化船隊。

1966 年，曹文錦正式註冊成立萬邦航業投資有限公司，並於 1972 年 10 月在香港上市。萬邦航業旗下的船隊在 70 年代中期曾擁有 10 艘散裝貨船，共 33.2 萬載重噸的規模。不過，70 年代中期以後，世界航運業漸漸陷入不景，曹文錦經細心分析研究，認為航運業不大可能在短期內復甦，於是逐漸將旗下舊船出售。到 80 年代中，萬邦的船隊僅剩下 4 艘，22.5 萬噸載重量，因而成功避過當時全球航運業大衰退的災難。

80 年代中期以後，航運業逐漸復甦，曹文錦把握時機，趁低價連續購入多艘新船，令船隊規模再度擴大。到 90 年代初，萬邦船隊已增加到 16 艘（其中 4 艘在建造中），總噸位達到 63.2 萬噸，而整個曹氏家族的船隊更增加到 44 艘輪船，總噸位

數達 157 萬噸。●

　　曹文錦從 50 年代後期起,將投資從香港擴展到馬來西亞、泰國及新加坡等東南亞國家,投資的領域包括紡織廠、製衣廠、水泥廠、醫藥用品、農產品及食品處理、房地產及財務公司,逐漸向多元化發展。●1985 年,應新加坡總理李光耀的邀請,曹文錦與李嘉誠、鄭裕彤、李兆基、邵逸夫、周文軒等組成財團,合資投資新加坡大型房地產國際會議綜合項目——新達城中心。不過,家族最主要的業務還是航運業,佔 40%。曹氏旗下的航運公司,除設於中國香港、馬來西亞、泰國、新加坡外,還設在澳洲、日本、南韓、中國、美國及歐洲等地。到 90 年代初,曹氏的萬邦航運集團已成為一家跨國性多元化的航運集團。

03

證券市場：從 "四會時代" 到聯交所成立

香港證券市場的發展最早可追溯到 19 世紀 60 年代。早在 1866 年，即《公司條例》通過後的第二年，香港已有證券買賣活動，早期的證券經紀人大多是歐洲人。1891 年 2 月 3 日，香港股票經紀會（The Stockbrokers' Association of Hong Kong）宣告成立。這是香港第一家證券交易所，發起人是著名英商保羅‧遮打（Paul Chater, 1846-1926），最初只有 21 名會員。1921 年 10 月 1 日，香港出現第二家證券交易所──香港證券經紀協會（Hong Kong Sharebrokers' Association），主要由華人會員組成。該協會的創辦人兼首任主席是曾經營進出口及汽船代理業務的商人嘉勞（A. H. Carroll），會址設在中環雪廠街 10 號，即在香港證券交易所的毗鄰。1947 年 3 月，在香港政府和部份證券經紀的推動下，"香港證券交易所" 和 "香港證券經紀協會" 合併，仍稱為 "香港證券交易所"。新成立的交易所由裘槎（N. V. A. Croucher）出任主席，章程規定會員名額限制在 60 人，開業時已有 54 名會員，來自兩家前交易所者各有 27 名。這就是後來 "四會時代" 所稱的 "香港會"。當時，香港會的會員大部份為外籍人士以及通曉英語的華人，上市公司則主要是一些外資大行。可以說，在一個很長的歷史時期，香港證券市場基本上是由英商所控制的。

》 "四會時代"：遠東會、金銀會和九龍會的誕生

20 世紀 60 年代後期，香港經濟已經開始 "起飛"，工業化進程接近完成，房地產價格穩步回升，工商業活動漸趨正常，許多公司都準備將股票上市以籌集資金。這些公司不僅包括歷史悠久的老牌英資公司，也包括許多新成立及有潛質的華資公

司。然而，當時香港證券交易所訂定的上市條件仍相當嚴格，不少規模頗大的華資公司的上市申請都被拒諸門外，於是有人倡議創辦新的證券交易所，這就導致了日後"遠東會"、"金銀會"和"九龍會"的誕生。

首先打破香港會壟斷的是"遠東會"，全稱"遠東交易所有限公司"（The Far East Exchange Limited），創辦人是李福兆、王啟銘、馮新聰、周佩芬、廖烈文等 11 位財經界人士。李福兆出身於富家世族，其父李冠春和叔叔李子方是東亞銀行創辦人。李氏早年出國留學，成為特許會計師，回港後開設了一家小型投資公司和會計師事務所。1969 年，李福兆購入若干香港證券交易所的席位，準備發展證券業務，但他的申請卻遭到香港會的否決。後來，李福兆發現香港法例對證券交易所數目並無限制，因此與多位財經人士一起創辦遠東交易所。1982 年，李福兆在接受記者訪問時曾談到他創辦遠東會的最初意念，他說："1967 年暴動事件後，香港會曾經有過3 個星期停市。當時我覺得有點寒心，因為港會一停市，手頭持有的股票便等於'公仔紙'。因此跟幾個友好談起，究竟交易所是不是有專利的？由此觸發起組織遠東會的意念。籌備遠東交易所的初期，還有一段小插曲，為了保密，連申請一百多具電話都不敢用交易所的名義，因此我個人墊支了 10 多萬元來裝線。交易所成立後，公眾反應良好，總算是將一種投資方式帶給了公眾。" [33]

遠東交易所設於皇后大道中華人行 201 室，於 1969 年 12 月 17 日正式開業，創辦時擁有會員經紀行 35 家，會員經紀人 46 名。遠東會打破了香港會英國式的運作風格，以粵語進行交易，並創建了不少新規例，如容許多過一個出市員出市，破例容納女出市員等，其所制定的規則較適合華人經紀和中國人的商業社會。許多缺乏經紀資格的華商只要繳付 50 萬元的會籍費就可成為會員。[34] 因此，遠東會的會員經紀行發展迅速，到 1970 年底增加到 113 家，1971 年底增加到 165 家，而到 1973 年更增加到 341 名，絕大部份為華人經紀。遠東會的創辦，打破了過往證券交易和企業集資必須透過香港會進行的傳統，為香港證券業的發展開闢了新的紀元。遠東會的業務發展很快，開業第一年成交額就達 29.96 億港元，佔當年（1970 年）股市總成交額的 49.5%，其後更旋即超過香港會成為佔香港成交總額比例最高的交易所，大部份成交活躍的上市公司都在遠東會掛牌買賣。

遠東會的成功，刺激了其他證券交易所的成立。1971 年 3 月 15 日，由金銀業貿易場理事長胡漢輝等倡議成立的 “金銀證券交易所有限公司”（The Kam Ngan Stock Exchange Limited，俗稱 “金銀會”）正式開業。胡漢輝（1922-1985），籍貫廣東順德市桂洲鎮，香港著名的黃金商人，有 “香港金王” 之稱。

胡漢輝早於第二次世界大戰結束初期已在香港金融業界發展，在香港營運金號，1955 年加入香港金銀業貿易場，1970 年當選為金銀業貿易場理事長，其後一直連任此職位，直至 1985 年逝世為止。創辦初期，金銀證券交易所的交易地點設在德輔道中大生銀行大廈，後來遷往康樂大廈（即今怡和大廈），面積已擴大到 1,400 平方呎。金銀會成立的目的，原希望可以為金銀業貿易場行員提供一個日漸普及的證券投資機會，因此最初的會員均是金銀業貿易場的行員，後來修改章程，容許非貿易場成員參加，故有金銀業貿易場成員的入會費為 5 萬港元，而非貿易場成員的入會費為 8 萬元的規定，但後來已趨多元化。金銀會在創辦時共有會員 72 名，到 1973 年已更加到 350 名。金銀會的業務發展很快，成交額逐漸超過香港會而僅居於遠東會之下。

1972 年 1 月 5 日，由陳普芬等人創辦的 “九龍證券交易所有限公司”（The Kowloon Stock Exchange Limited，俗稱 “九龍會”）也正式開業，地點設在皇后大道中萬邦大廈。九龍會在創辦初期有經紀會員 135 名，1973 年增至 171 名。九龍會是 4 所交易所中規模最小的一家，其成交額也最少。❸❺ 這一時期，香港至少還有兩家證券交易所註冊成立或開業。1970 年 1 月 20 日，由新界領袖陳日新創辦的 “亞洲證券交易所” 在香港註冊成立。該交易所計劃在 1973 年 2 月 18 日正式開業。為了阻止更多的證券交易所成立，香港政府於 1973 年 2 月 23 日緊急頒佈《證券交易所管制條例》（*The Stock Exchange Control Ordinance*），重罰經營未經認可的證券交易所的人士。

自此，四會並存的局面形成，並一直持續到 1986 年 4 月。這是香港股市迅速發展的時期。隨著遠東會、金銀會、九龍會的誕生與發展，證券經紀的數量大幅增加，從 1969 年初的 57 名增加到 1973 年的超過 1,000 名，❸❻ 其中絕大部份為華資證券經紀，以新鴻基證券為代表。這一時期，華資證券經紀逐步成為香港證券經紀行業的主流。

» 香港聯合交易所的成立

在四會時代，由於 4 家證券交易所各自獨立經營，在股票的報價及行政管理上均難以統一，使有意投資香港證券市場的外國投資者感到不便，政府在執行監管時也遇到很大的困難。因此，70 年代中後期，香港政府便積極推動四會合併。1976 年 2 月，港府頒佈《證券（證券交易所上市）規則》，同年 8 月根據有關規則，規定上市公司必須委任香港證券登記公司總會屬下的會員為股票過戶處。

1974 年，4 家證券交易所組織起來，成立香港證券交易所聯會，每家交易所的主席輪流出任聯會的主席。儘管聯會的決議無法律效力，但聯會也並非僅僅是空談的場所。當時，即使在政府的壓力下，也並非四會都同意合併。最初，首任證監專員施偉賢提出要把經紀數目由 950 人削減至 300 人時，4 家證券交易所皆一致反對。❸❼

1977 年 5 月 7 日，在香港證券監理專員的促成下，四會各委出代表 3 人，組成以證券監理專員任主席的“合併工作小組”，討論合併的可行性及議定合併的具體步驟，目的是“商定一個程式表（連同時間表），使 4 間交易所合併為 1 間認可交易所”。合併工作小組最初提議香港會與金銀會合併、遠東會與九龍會合併，由 4 個交易所合併為 2 個，再由 2 個合併為 1 個。由於合併過程相當緩慢，政府有見及此，於 1979 年制訂條例，設立一家聯合交易所，規定為唯一合法的交易所。

1977 年 8 月 24 日，經過多月的研究、籌備，“越所買賣”首先在香港會及金銀會開始。當天兩會經紀反應熱烈，全日共有 20 宗成交，涉及金額 38 萬港元。“越所買賣”促進了各交易所證券經紀之間的聯繫，導致了 1980 年香港證券經紀協會的創立，促進了四會的合併，加強了股市的靈活性，並向投資者提供了買賣的方便。

1980 年 6 月，合併工作取得了進展，各個證券交易所推舉授權兩名委員，代表交易所出任即將成立的新交易所——香港聯合交易所有限公司（The Stock Exchange of Hong Kong Limited）的發起人。這 8 名發起人分別是香港證券交易所的莫應基、吳兆聲，遠東交易所的李福兆、王啟銘，金銀證券交易所的胡漢輝、屈洪疇，以及九龍證券交易所的陳普芬、鍾明輝。香港聯合交易所有限公司於 1980 年 7 月 7 日正式在香港註冊成立。同年 8 月 6 日，立法局正式通過《證券交易所合併條例》(The Stock Exchanges Unification Ordinance)，批准合併後的聯交所日後取代四會的法律地位。

根據合併條例，在聯合交易所會員依合併條例選出第一屆委員會前，聯合交易所的管理及控制權交由一個過渡委員會負責。過渡委員會的成員，即四會推舉的 8 位發起人，委員會推舉金銀會的胡漢輝出任主席。1981 年 10 月 30 日，香港聯合交易所在富麗華酒店舉行第一屆會員大會，選出第一屆由 21 人組成的委員會，其中，胡漢輝獲選為主席 (583 票)，湛兆霖 (523 票)、李福兆 (511 票)、王啟銘 (505 票) 及馬清忠 (498 票) 分別獲選為副主席，委員則包括孔憲紹、應子賢、許達三、李和聲、鍾立雄、曹紹松、馮新聰、顧家振、葉黎成、何廷錫、王欣康、余金城、莊英茂、周佩芬、吳兆聲及徐國炯等。

在香港聯合交易所第一屆委員會就職典禮上，主席胡漢輝致詞說："近十年來香港證券業發展蓬勃，每日成交總額由數百萬元進至超逾億元，1980 年 11 月 3 日一天更創下成交達 14.2 億元的紀錄。為適應時勢的需要，配合當局的要求，4 家交易所合併組成香港聯合交易所，集中業內人力物力，訂立完善的章程和統一交收制度，建立現代化的電腦系統，保障投資者和會員的利益，並致力引進更多外資投入香港的證券市場，相信香港可迅速與國際證券市場並駕齊驅。"

1986 年 3 月 27 日收市後，香港、遠東、金銀、九龍四會宣佈正式停業。4 月 2 日，香港聯合交易所在備受矚目的情況下正式開業，並透過電腦系統進行證券交易。聯交所的所址設在中區交易廣場二樓，佔地約 4.5 萬平方呎，其中交易大堂佔地 2.5 萬平方呎，配有最先進的電腦交易系統。當日，由港府財政司彭勵治主持按鈕儀式，聯合交易所交易系統便開始運作，第一隻成交的股份是太古洋行。當日聯交所股票成交達 3,300 萬股，成交金額達 2.26 億港元。同年 10 月 6 日，在港督尤德爵士的主持下，香港聯合交易所經過 6 個月的運作，宣佈正式開幕。自此，香港證券業進入一個新階段。

04

名震香江的 "地產五虎將"

———————————

戰前，香港的經濟水平遠不及上海，房地產業發展亦有限，當時，上海外灘的建築物就比香港中環的宏偉漂亮，連滙豐銀行上海分行大廈也要比香港總行豪華壯觀。戰後，中國內地政局依然動蕩不安，內戰越趨激烈，滙聚在上海等內地大城市的各國商人及內地股商富戶紛紛湧入香港，香港一時成為遠東 "冒險家的樂園"、"投資者的天堂"。50 年代以後，香港邁向工業化，經濟開始蓬勃發展，再加上大量移民湧入，人口從戰時的 60 萬人激增到 50 年代末的 280 萬人，種種因素刺激了香港房地產業的發展，業務進入一個新紀元。

當時，香港的房地產市場，英資財團因為擁有大量廉價土地，仍佔有無可比擬的優勢，如怡和洋行及置地公司，就擁有中環金融商業區大批貴重商廈及銅鑼灣 "渣甸倉" 大批土地；太古洋行擁有鰂魚涌至西灣河的太古船塢、太古糖廠、一系列工人宿舍及英皇道以南太古山谷龐大的土地儲備；黃埔船塢公司則擁有紅磡黃埔船塢、香港仔船塢及附近大片地段。不過，這一時期，早期崛起的華資財團，包括何東家族、郭氏永安集團、利希慎家族、馮平山家族、余東璇家族、張祝珊家族、許愛周家族等，均開始在地產業大顯身手，在中環、灣仔、銅鑼灣、西環等地擁有大批物業。

這時期香港的工業化才剛剛起步，香港市民生活水平還不高，一般居民還不敢奢望擁有屬於自己的住房，香港的資金尚未大量投入房地產業。儘管如此，一批新興的華資企業家，已開始將其經營的重心轉移到房地產業，成為戰後香港房地產業的拓荒者，其中著名的有霍英東的霍興業堂置業及立信置業，彭國珍的嘉年地產及廖氏家族的廖創興企業。

» 戰後香港地產業的開拓者：霍英東、彭國珍、廖寶珊

霍英東可說是這一時期香港房地產業的佼佼者，他首創的"分層出售、分期付款"的售樓方式，對推動戰後香港房地產業的蓬勃發展可謂居功至偉。霍英東（1923-2006），原籍廣東番禺，1923 年生於艇戶家庭，7 歲時父親在一次風災中沉船身亡，靠母親經營駁船及與人合夥開設雜貨店為生。霍英東早年曾就讀皇仁書院，18 歲開始打工生涯，協助其母經營雜貨店。1945 年霍氏自立門戶，開始經營戰後剩餘物資生意，朝鮮戰爭爆發後，霍英東與何鴻燊等人合夥創辦信德船務公司，衝破海上封鎖，將剩餘物資運往內地，在短短時間內積累了日後崛起的最初資本。

霍英東看好香港地產業前景，1953 年創辦霍興業堂置業有限公司，註冊資金為 465 萬港元，這在當時已是一個不少的數目。霍氏為建立在地產界的形象，以現金 280 萬港元向利氏家族購入銅鑼灣一幢高級樓宇，又相繼創辦專營建造和樓宇買

早年的霍英東。20 世紀 50 年代，他首創"分層出售、分期付款"的售樓方式，對推動戰後香港房地產業的發展居功至偉。

賣的立信置業有限公司、從事工程建築的有榮有限公司及福堂有限公司等，在地產建築界大展拳腳。1954 年，霍英東以每平方呎 20 多港元的價格，向猶太籍英商嘉道理家族購入九龍油麻地公眾四方街一幅面積約 17 萬平方呎土地，計劃興建 100 多幢樓宇，合共 600 多個單位，在當時屬於大型地產發展項目。當時，儘管"分層出售"的方式已經開始流行，❸ 但有能力購買住房的市民仍然不多。針對這種情況，霍英東與律師行師爺研究後，首創"分期付款"的"售樓花"制度，購樓者只要預付 10% 的現金，就可購入一幢即將興建完成，可供銷售的樓宇中的一個或若干單位。霍英東曾表示，他的靈感來自工廠的經營，即

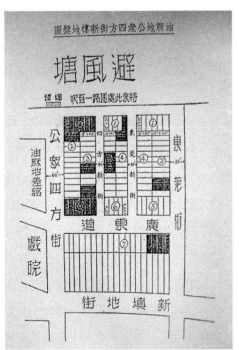

20 世紀 50 年代霍英東分層出售的樓宇圖則

	(一)	(二)	(三)	(四)	(五)(六)	(七)
新樓段位置	海皮新街	四方東莞街	四方新街	東莞新街	廣東道向山	廣東道向海
層數	六層	五層	五層	五層	五層	五層
騎樓四呎	約八百一十五七呎 有		約八百一十呎 無	百一十呎 無	約八百一十七半呎 有	約八百一十七呎 有
樓下（鋪位任擇）	三萬二千元		二萬八千元	二萬八千元	二萬六千元	三萬六千元
樓二式	二萬四千元		二萬元	二萬元	二萬五千元	二萬四千元
樓三	二萬二千元		一萬八千元	一萬八千元	二萬三千元	二萬二千元
樓四	二萬元		一萬六千元	一萬六千元	二萬元	一萬九千元
樓五	一萬八千元		一萬四千元	一萬四千元	一萬八千元	一萬七千元
樓六	一萬六千元					
企位（間）	十二萬五千元		九萬元	九萬元	十萬五千元	十一萬一千元
註備	由二樓至六樓有呎俱大十樓					

（D）分層售價招

單邊樓宇另議

上圖樓宇圖則的價目表

"將房地產工業化"。他又首創香港第一份售樓說明書——《九龍油麻地公眾四方街新樓分層出售說明書》，開創了地產經營方式的先河，結果 600 多個單位很快銷售一空。霍氏開創的"售樓花"制度，大大加快了地產發展商資金回流的速度和市場的容量，有力推動了香港房地產業的勃興。❸

就在興建公眾四方街樓宇的同時，霍英東又與牛奶公司合作，利用牛奶公司提供的一幅位於九龍彌敦道和佐敦道街角土地，興建立信大廈。同時，霍英東又向何東家族購入位於九龍尖沙咀一幅地皮，興建樓高 10 層的香檳大廈。在銷售香檳大廈時，霍英東與律師研究分層分單位出售的大廈公共契約，進一步完善分層出售制度。1955 年，霍英東以 130 萬港元向利氏家族購入銅鑼灣利園山一幅土地，興建了當時全香港最高的住宅樓宇——樓高 17 層的蟾宮大廈。1956 年以後，霍英東再接再厲，在銅鑼灣興建希雲大廈、禮頓大廈和加路連山大廈，又先後建成東盧大廈、禮加大廈、禮希大廈等。1958 年，香港政府推出限制樓花售賣措施，地產一度陷入危機，霍英東趁低大量吸納地產物業，資產急增。這一時期，霍英東成為香港最有影響力的地產發展商之一。

1965 年，在霍英東倡議下，香港地產界的華商中堅及活躍人士共 69 人，發起創辦"香港地產建設商會"，加入商會的商號和個人多達 300 多個，幾乎囊括了當時香港所有具影響力的華人地產商和建築商。在地產建築商會第一屆會董會議上，霍英東被推選為首任會長。可惜的是，60 年代中期，霍氏在地產業亦慘跌一跤。1967 年香港發生政治騷動，霍英東興建的位於九龍天星碼頭的星光行剛好落成，當時左派與香港政府已勢成水火，由於霍氏一向親中的立場，星光行的出售及出租遭到意想不到的困難，有意租用星光行的客戶都受到香港電話公司的滋擾，言下之意是星光行的電話接駁可能遙遙無期，令星光行無法出租。❹ 結果，霍英東只好以 3,600 萬港元的低價，將星光行賤售給英資置地公司。當時，香港騷動已接近尾聲，置地購入星光後，在短時間內即將數百間辦公室成功租出，令霍氏遭受一次重大損失。

60 年代中期以後，霍英東在地產業的發展轉趨低調，轉向海沙供應、工程建築、博彩娛樂、航運等領域發展。在海沙供應方面，霍英東看好香港地產、建築業的前景，認為沙子生意一定興旺。因此，香港政府每次公開招標，有榮公司都全力以赴，志在必得。為改革舊的採沙方式，霍英東派人到歐洲訂購了一批先進的挖沙機船。1961 年，霍英東以 120 萬港元從泰國購入一艘先進的挖沙船"曼哈頓號"（後改名為"有榮二號"）。該船載重 2,890 噸，每 20 分鐘可入海底挖取泥沙 2,000 噸，自動卸入船艙。同時，他又收購美資的太平島船廠和荷蘭治港公司的全部機器設備，作為後勤支援。❹ 當時，有榮公司還與港府簽有長期合約，負責修理港島各處碼頭、港口，清理海底淤泥等工程，有榮公司擁有大批挖沙船與機械工具，實力甲冠香港。霍英東也被譽為香港的"海沙大王"。不過，70 年代中後期，有榮公司逐年減少採沙量，把更多的資源投放到承接市政和海港工程上。

在工程建築業，霍英東主要透過旗下的有榮有限公司展開。早在霍英東開展海沙業務的同時，就利用有榮的資源承接香港的市政設施、填海及港口工程等業務。據粗略計算，從 1958-1970 年間，有榮在香港承建的工程超過 40 項，包括灣仔、堅尼地城、柴灣和九龍紅磡等地的填海及相關工程。其中，還包括規模龐大的船灣淡水湖第三期工程等。❷ 1968 年"星光行事件"後，霍英東投得汶萊港口工程，率領400 多人的船隊前往汶萊，建成汶萊最大規模的斯里巴加灣港口和貨櫃碼頭。這一時期，有榮在香港是參與最多填海開港之類工程的公司之一。

新興地產發展商的另一個主要代表人物是彭國珍。1955 年，彭國珍創辦嘉年地產，在港九各區購入地皮或舊樓，興建住宅樓宇分層出售。當時，嘉年地產購入中華煤氣公司位於九龍油麻地渡船街附近的一幅舊式煤氣廠地皮，遂連同毗鄰物業一併發展，於 1961 年建成 8 幢高層住宅樓宇，命名為"文華新邨"，首創香港私人屋邨的先河。當時，香港經濟開始起飛，大量移民源源湧入，對住宅樓宇需求極大，文華新邨逾 3,000 個單位以接近 1.6 億港元售罄，嘉年地產賺取了豐厚利潤。❸ 其後，嘉年地產再接再厲，在銅鑼灣大坑道，以先進的沉箱技術成功在斜坡上建成豪華高層住宅大廈——豪園，當時每個住宅單位的售價達 20 萬港元左右，在地產界轟動一時。❹ 自此，嘉年地產奠定其在香港地產建築業的穩固地位。1972 年 5 月，彭國珍將嘉年地產在香港上市，成為香港最早上市的大型華資地產公司。嘉年地產在1973 年全盛時期，規模比李嘉誠的長江實業和郭得勝的新鴻基地產還要大。可惜，70 年代中期以後，嘉年地產將發展重點轉向海外，投資策略出現嚴重失誤，實力逐漸削弱。

同時期活躍的地產集團還有潮商廖寶珊旗下的廖創興企業。廖寶珊（1905-1961），原籍廣東潮陽，1941年移居香港，初期在一間油莊打工，後自立門戶經營糧油、布匹生意，並炒賣地產、黃金，迅速致富。1948年，廖寶珊在永樂街創辦廖創興儲蓄銀莊，該行於1955年易名為"廖創興銀行"，集中力量在港島西環地區發展。西環在香港開埠百年歷史中，曾佔有極重要地位，蓋因西環毗鄰商業最繁盛的中環，其先天優越條件，是香港早期華人經商居住的主要區域。其後因人口增加至無地可容，繁榮東移，西環才成為貨倉碼頭集中地。廖寶珊看到西環的潛力，於50年代大舉進軍西環地產，先後購入公安、公源、源源、永源等大貨倉，以及崑崙電器廠原址10多萬平方呎地盤，拆卸重建，先後建成18幢高層住宅大廈，由於需求熱切，全部售賣一空。

首炮打響後，廖寶珊更悉心經營西環，在德輔道西建成了3幢10層樓高的創興大廈，將廖創興銀行總行遷入，繼而又拆卸均益、祥發、泗合、成昌、富昌、均利、永發隆等貨倉，興建住宅樓宇。❹ 其時，大道西巴士線已改經德輔道西，與原有電車並駕齊驅，西區的面貌煥然改觀，地價、樓價飆升，廖氏的財富亦以幾何級數膨脹，成為西環有名的大業主和金融鉅子，被輿論稱讚為港島西區的"先行者"，是"眼光敏銳的潮籍大企業家"、"西環地產之王"等稱號。不過，1961年，廖創興銀行爆發擠提風潮，廖寶珊被迫將旗下物業拍賣，以償還為應對危機向滙豐銀行、渣打銀行籌借的債務。受此打擊，廖寶珊於風潮過後一個月病逝。其子廖烈文兄弟繼承家族企業後，於1970年在香港註冊成立廖創興企業有限公司，兩年後在香港上市，並收購家族所持廖創興銀行股權，成為家族統管旗下銀行、地產、貨倉等業務的旗艦。

此外，協成行也是這一時期的新興地產公司。協成行創辦於1948年，創辦人為方樹泉。早在1927年，方樹泉已攜同長子方潤華到香港謀求發展，當時筲箕灣開設"義德芝麻廠"。1948年4月，方樹泉父子在中環永和街創辦"協成行"，50年代初成為香港最大的桂皮出口商。1952年，協成行投得香港仔黃竹坑2萬平方呎的地段，1958年出售集團發展的第一幢住宅物業"錦華大廈"。1965年香港地產建設商會成立，方潤華成為68名創會成員之一，並出任常務會董。當時，協成行已成為華資地產公司的重要成員。協成行於 1972 年在香港掛牌上市,不過,1989 年方氏家族又將其私有化,以便更好捐助行善。

» 華資“地產五虎將”的崛起 ⑯

踏入 60 年代,香港製造業進入高速增長時期,整體經濟起飛,各業繁榮,加上人口的急劇膨脹和居民收入的提高,種種因素刺激了地產業的蓬勃發展。這時期,一批新興華商相繼投入地產業,包括郭得勝、李兆基、馮景禧的新鴻基企業,陳曾熙兄弟的恒隆集團,羅鷹石家族的鷹君集團,以及一批新興的製造商,如李嘉誠、陳廷驊、王德輝等。1967 年,香港受到內地“文化大革命”的衝擊,爆發“六七政治騷動”事件,政局動蕩,部份英資公司及富戶紛紛拋售物業,外撤或移民海外,地產市場崩潰。這時,李嘉誠、郭得勝、李兆基、王德輝、鄭裕彤等華資地產商在看好香港長遠前景的情況下,及時抓住這一良機,大量吸納價格低廉的地皮物業,一舉奠定了他們日後在香港地產業大展鴻圖的基礎。60 年代後期,華資的勢力雖已有相當程度的發展,但在財務方面仍難與英資公司匹敵。當時,香港證券交易所仍鮮有華資地產公司掛牌上市,透過市場集資擴張業務。因此,華資支配香港經濟的路似乎仍十分遙遠。

1972 年,香港股市進入大牛市,恒生指數從 1971 年底收市的 341.4 點輾轉攀升至 1973 年 3 月 9 日的 1,774.96 點的歷史性高峰,大批華資地產紛紛藉股市高潮上市。據不完全統計,僅 1972 年下半年在香港上市的地產公司就有 34 家,日後在香港地產業大展宏圖的新興地產集團,幾乎都在這一時期上市,包括:信和地產(7 月 20 日)、合和實業(8 月 21 日)、新鴻基地產(9 月 8 日)、恒隆集團(10 月 21 日)、鷹君集團(10 月 26 日)、長江實業(11 月 1 日)、永泰建業(11 月 6 日)、廖創興企業(11 月 13 日)、新世界發展(11 月 23 日)、大昌地產(12 月 11 日)等。當時,長江實業、新鴻基地產、合和實業、恒隆集團、大昌地產在當時並稱華資的“地產五虎將”,成為香港股市中光芒四射的新星。不過,70 年代後期至 80 年代初,合和實業和大昌地產發展相對滯後,五虎將的地位逐步被新世界發展、恒基地產所取代。

創辦廖創興銀行的廖寶珊（左一）。1960 年 11 月，廖創興銀行在深水埗開幕，董事長廖寶珊及其長子廖烈文夫婦（右三及右二）聯同七子廖烈英（右一）招待嘉賓霍英東（左三）。

1950 年代的廖創興儲蓄銀行（廖創興銀行的前身）在上環永樂街之總行行址，圖中所見為 2、3、4 樓及外牆招牌。

» 長江實業：擊敗置地聲名鵲起

地產五虎將中，影響力最大的首數李嘉誠創辦的長江實業。早在 1958 年，李嘉誠已看好香港地產前景，同年他在北角購地興建了一幢 12 層高的工業大廈，命名為"長江工業大廈"，作為進軍地產業的第一步。此後，李嘉誠將製造業賺取的利潤陸續投入地產，相繼在北角、柴灣、元朗等地區興建多層工業大廈，規模越做越大。當時，投資房地產者大多以"孖展"（Margin）的方式進行，花錢購地只付 30% 現金，其餘 70% 向銀行按揭借貸。因此風險很大，地價一下跌，就支撐不下去。然而，李嘉誠持有充裕資金，既不用向銀行借貸亦可從容發展，趁低吸納。60 年代中期，香港先後爆發銀行危機和政治騷動，使地產市道陷入空前低潮，當時很多人賤價拋售所持有的樓宇，尤其是富裕人家的高級樓宇，半山區一些原值十三四萬港元的住宅，很多以四五萬港元脫手。這時，李嘉誠看準香港地產業無可限量的前景，並不為一時的調整而憂慮，反而利用這千載一時的良機，大量吸納價格低廉的地皮和物業，一舉奠定日後在地產界大展鴻圖的基礎。

70 年代初，李嘉誠決定全力發展地產，遂於 1971 年 6 月創辦長江地產有限公司，1972 年 8 月改名為"長江實業（集團）有限公司"，走上集中經營房地產業務的軌道。當時，正值香港股市進入大牛市時期，李嘉誠把握良機，及時將長實上市。長實法定股本為 2 億港元，實收資本 8,400 萬港元，分 4,200 股，每股面值 2 元，以每股 3 元價格公開發售 1,050 萬股新股，集資 3,150 萬港元。1972 年 11 月 1 日，長實正式在香港掛牌上市，當時即受到股民熱烈追捧，股價飆升逾一倍。其時，長實已擁有樓宇面積達 35 萬平方呎，每年租金收入 390 萬港元，並擁有 7 個

1969 年 12 月，李福兆與友人王啟銘、廖烈文、伍秉堅、李福慶等創辦遠東交易所，為華資公司上市創造有利條件，並開創了香港證券業的新紀元。

發展地盤，其中 4 個地盤為全資擁有。上市第一個年度，長實獲純利 4,370 萬港元，比起預算利潤超出差不多 4 倍。❹

　　長實上市後即利用發行新股作為工具大規模集資，並趁地產低潮大量購入地皮物業。僅計 1973 年，長實就公開發行新股 5 次，總數達 3,168 萬股，先後購入灣仔軒尼詩道 8 幢舊樓、皇后大道中聯成大廈一半權益、皇后大道中勵精大廈和德輔道中環球大廈、觀塘中匯大廈及北角賽西湖地盤等。同年，長實和加拿大帝國商業銀行合作，組成加拿大怡東財務公司，第一次將外資引入香港按揭業市場。1974 年，長江實業向李冠春和馮平山家族旗下的華人置業購入位於中區的華人行，並與滙豐銀行合作重建華人行，作為集團的總部所在地。這時，長實的實力已深受滙豐銀行、加拿大帝國商業銀行的重視。1975 年，長實再度發揮股市集資的功能，以每股 3.4 元公開發售 2,000 萬股新股，集資 6,800 萬港元，購入地皮物業 10 多處。1976 年，長實聯同新鴻基地產、周大福等斥資 1.2 億元購入灣仔英美煙草公司舊址，合作興建伊利沙伯大廈和洛克大廈。同年，長實擁有的樓面面積已急增至 630 萬平方呎，即在上市短短的 4 年間增加了 17 倍。此時，長江實業已成為香港規模宏大的地產集團。

1983 年，李嘉誠為地下鐵金鐘站上蓋物業剪綵。

1977 年，長實的聲譽達到了新高峰，同年 1 月地鐵公司宣佈在地鐵中環站和金鐘站上蓋發展權接受招標競投，由於兩地段均處於香港中區最繁華地區，競投熱烈，參與投標的財團多達 30 多個，其中，又以老牌英資地產公司、被譽為香港地產“皇冠上的明珠”的置地奪標呼聲最高，長實針對地鐵公司債務高企、急需現金回流的困難，提出了一個極具吸引力的投標方案，將上蓋物業完工時間與地鐵通車日子配合，即地鐵通車之日就是上蓋物業完工之時。結果在眾多財團中突圍而出，擊敗置地，勇奪地鐵中環、金鐘站上蓋發展權。消息傳出，香港輿論為之轟動，長實被譽為“擴張發展之重要里程碑”，是“華資地產界的光輝”。❹

　　1978 年 5 月，地鐵中環站上蓋物業環球大廈開售，總值達 5.9 億港元的物業在 8 小時內全部售罄；8 月中地鐵金鐘站上蓋物業海富中心開始售賣，首日成交額逾九成，兩項交易均打破香港地產紀錄，地鐵公司主席固然眉飛色舞，大談“地鐵賣樓賺錢，扭轉財政劣勢”，而長實亦不僅賺取厚利，且聲名鵲起。自此，長實在香港地產界的崇高地位，已被正式確認。

　　這一時期，長江實業還利用其享有的聲譽及擁有的雄厚資金，與一些“有地無錢”的上市公司合作，發展這些公司擁有的土地。1976 年，長實就先後與亨隆地產、銓利基業等公司合作，發展高級住宅和別墅，1979 年又與廣生行合作，興建位於灣仔告士打道、謝斐道及杜老誌道之間一幢 25 層高的商業大廈。1980-1983 年間，長實更先後與南海紗廠、南洋紗廠、怡南實業、廣生行、會德豐系的信託置業和聯邦地產，以及港燈集團等合組聯營公司，發展對方所擁有的土地或買賣對方所擁有的物業，經濟實力進一步增強。到 1981 年度，長實的年利潤達 13.85 億港元，相當於上市第一年度的 31.7 倍。(表 3-1) 該年底，長江實業的市值達 79.14 億港元，在香港上市公司中排名第 5 位，僅次於滙豐銀行、置地、恒生銀行及和記黃埔。

表 3-1　20 世紀 70 年代香港主要上市地產公司純利（單位：百萬港元）

年度	長江實業	新鴻基地產	合和實業	新世界發展	恒隆	大昌地產
1970-1971	0.7	0.2	-0.4	3.5	18.1	8.5
1971-1972	1.9	0.2	3.2	7.3	38.8	2.3
1972-1973	43.7	31.0	60.7	71.6	65.7	39.1
1973-1974	48.3	58.5	21.7	84.0	40.6	43.3
1974-1975	45.6	70.0	27.6	57.8	44.0	9.9
1975-1976	58.8	90.0	34.7	63.1	45.1	17.3
1976-1977	85.8	101.8	43.9	75.9	64.0	37.0
1977-1978	132.6	141.7	56.4	82.3	72.4	52.6
1980-1981	1,385.4	671.2	172.4	269.0	352.9	37.7

資料來源：新鴻基資料研究有限公司，《香港地產業》，1979 年；香港《信報財經月刊》第 6 卷第 11 期。

》 新鴻基地產：“樓宇製造工廠”

　　與長江實業齊名的是新鴻基地產，新地的前身是新鴻基企業和永業有限公司，由郭得勝、李兆基、馮景禧 3 人聯手創立，商界將 3 人並稱為 “三劍俠”。郭得勝（1911-1990），原籍廣東中山，早年隨父經營洋雜批發，抗戰爆發後避居澳門，開設信發百貨商行。戰後移居香港，在香港上環開設一間 “鴻昌合記” 雜貨店，專門批發洋雜貨及工業原料，1952 年改稱 “鴻昌進出口有限公司”，專營洋貨批發。後來，郭氏取得日本 YKK 拉鍊的獨家代理權，當時適逢香港製衣業崛起，生意滔滔不絕，其銷售網絡擴展到東南亞各地，贏得"洋雜大王"稱號。郭氏藉此賺取他日後在香港地產界大展拳腳的資本。

　　1958 年，郭得勝與好友馮景禧、李兆基等 8 人合組永業有限公司，開始向地產業發展。1963 年，郭、馮、李"三劍俠"為了擴大經營，將永業有限公司結束，各投資 100 萬港元創辦新鴻基企業有限公司，郭任董事局主席，馮、李分任副主席，當時員工僅 10 餘人，規模不大。據說，"新鴻基"的命名大有來頭，其中，"新"取自馮景禧的新禧公司，"鴻"源於郭得勝的鴻昌合記，"基"則代表李兆基。就這樣，郭得勝等 3 人邁開了其創辦大財團的第一步。60 年代，正值香港中小型工廠蓬勃發展之際，新鴻基成立後，郭氏等人憑藉其經營日本拉鍊時與工業界建立的聯繫，了解到中小廠商對多層工業樓宇的殷切需求，遂將"分層出售、分期付款"的售樓方式移植於工業樓宇，重點發展多層工業大廈，此舉受到山寨式廠家的歡迎。這一時期，新鴻基不僅在地產業站穩了腳跟，而且雄霸多層工業大廈市場。從 1965-

聯手創辦新鴻基企業的郭得勝（中）、馮景禧（左）和李兆基（右），曾被喻為香港商界的"三劍俠"。"三劍俠"後來皆各自開創出龐大的商業王國，其中郭得勝掌舵的新鴻基地產更成為香港地產業的"巨無霸"。

1972 年，新鴻基售出的樓宇總值約 5.6 億港元，換言之，平均每年的售樓營業額高達 7,000 萬港元。

　　70 年代初，新鴻基企業的規模日漸擴大，郭得勝、李兆基、馮景禧 3 人遂於 1972 年 7 月 14 日將其改組為新鴻基（集團）有限公司，計劃在香港上市。不過，正所謂 "天下無不散之筵席"，不久 "三劍俠" 分道揚鑣，其中馮景禧早在 1969 年已創辦新鴻基證券有限公司，轉向證券業發展；李兆基亦另立門戶，成立恒基兆業有限公司；郭得勝則繼續主持新鴻基（集團）的大局。1973 年 3 月 16 日，郭得勝為了避免公司與馮景禧的新鴻基證券混淆，遂改名為 "新鴻基地產發展有限公司"，並於同年 8 月 23 日在香港上市。新地上市時，實收股本 1.2 億港元，分 6,000 萬股，每股面值 2 元，以每股 5 元公開發售 2,000 萬股新股，集資 1 億港元，結果獲超額 10 倍認購。當時，新地已頗具規模，擁有 23 個發展地盤，佔地面積達 30 萬平方呎。上市首年，新地的純利為 5,142 萬港元，比預測利潤高出五成以上。❹

　　新鴻基地產上市後，充份利用發行新股這一犀利武器，迅速擴大公司資產和規模：首先，是以上市集資所得資金，加上向銀行借貸，先後購入 29 個發展地盤，約 43.8 萬平方呎土地，令新地的土地儲備一下子急增 1 倍以上；其次，是以發行新股換取其他上市公司股票，包括大昌地產，利獲家海外、利獲家（倫敦）、長江實業及利興等地產公司的股票，再趁股市高潮拋售，將所賺取資金用於支持地產發展。1973 年 4 月後香港股市暴跌，地產市道亦盛極而衰，但新地興建的大部份樓宇已售出，大量現金回流，故在 1974-1975 年的地產低潮中仍能迅速發展。1976-1977 年度，新地擁有的地盤面積已增加到 82 萬平方呎，可建樓宇面積 695 萬平方呎。

　　新地極為重視維持龐大的土地儲備，以地產發展為主，強調貨如輪轉。它每年都購入多個可供發展樓盤，亦能依據每年既定程序完成若干發展計劃，紀錄中最少有 6 項（1973-1974 年度），最多有 26 項（1979-1980 年度），即使在 1982-1983 年度和 1983-1984 年度香港地產市道低迷期間，新地也分別完成了 9 項和 12 項地產發展計劃。有人形容新地就像一家 "樓宇製造工廠"，源源不斷地將 "原料"（地皮）"加工"（興建上蓋）為 "成品"（各類樓宇）。正因如此，新鴻基地產的利潤逐年上升，到 1980-1981 年度已增加到 6.71 億港元，相當於上市首年度的 21.6 倍。

新地的成功很大程度上得益於其主持人郭得勝高瞻遠矚的目光，及其緊扣市場循環盛衰的投資策略。郭得勝是香港地產界有名的"大好友"，他看好香港房地產業的長遠發展前景，因而往往能在地產危機中以低價購入大量土地，發展物業，然後在市道復甦時高價出售，獲得厚利。他這種"人棄我取"的投資策略早在新鴻基企業時代已運用自如，1965-1967年期間，香港先後發生銀行擠提及政治騷動，觸發了資金外流和移民潮，地產市道一落千丈。這期間，郭得勝等人趁低價購入不少土地，並建成22幢總值約7,000萬港元的物業，為日後發展奠下基礎。1974年，香港經濟因中東石油危機的衝擊而陷入低潮，地產市道再度回落，郭得勝看準香港人口膨脹、日後必然向新界新市鎮發展的趨勢，遂運用手上資金大量購入新界土地和換地權益證書。1978年香港經濟轉趨繁榮，刺激地價樓市飆升，新地也進入收成期，所推出的樓盤都獲利豐厚。

70年代後期，新地的業務從地產發展擴展到地產投資。1977年，新地先後在港島灣仔海旁和九龍尖沙咀東部購入地皮，興建新鴻基中心和帝苑酒店。新鴻基中心樓高53層，樓面面積達83萬平方呎，大廈全部鑲嵌茶色玻璃幕牆，外形巍峨壯觀，富有現代化氣息，與置地的康樂大廈遙遙相對，在設計上則比康樂大廈高出1呎，微妙地反映出新地希望超越置地的意圖。新鴻基中心落成後，即成為公司的總部所在地和"招牌大廈"。1980年底，新鴻基地產市值已達到70.2億港元，躋身香港十大上市公司之列，成為香港著名的大型地產集團。

》 合和實業：興建灣仔合和中心

華資地產五虎將中，長實和新地的光芒，幾乎蓋過了其他3家公司。不過，合和實業卻是五虎將中最早上市的地產公司，1972年秋至1973年春，合和實業的股價更凌駕於其他公司之上，儼然成為"老大哥"。合和實業創辦於1972年6月23日，創辦人胡應湘，祖籍廣東花縣，1935年出生於香港一富商家庭。

其父胡忠（1902-1991），廣東花縣人，早年隨父從家鄉赴港，在港島薄扶林村養豬，1924年到香港當時唯一的的士公司──紅邊的士學開車，考上車牌。1926

年，香港一家的士公司國民公司結業後一年，胡忠看準經營紅牌車大有可為，拿出僅有的 450 港元儲蓄，再由另一位朋友合資 150 港元，然後以每位 150 港元包考車牌的學費，招收了 4 名學徒，再以這 1,200 港元的資金，以分期付款的方式，購入一部價值 2,000 港元的 1926 年新款佳士拿，胡忠先付 1,000 港元首期，把其餘 200 港元留作周轉資金，開始展開其個人事業。

不過，他的第一次創業以失敗告終。胡忠後來回憶這段經歷時曾說："很多人都說我運氣好，所以在一生的事業中並沒有遇到多大的波折，就算我的至親子女中，也有人無法體會到我當時的辛酸。假如我運氣好，就不會購入第一部紅牌車後，雖然每天努力不懈地工作 10 多個小時，亦無法戰勝艱苦的經營環境，只短短撐持了一年多的時間。這還能說我運氣好嗎？假如我當時就意氣消沉，又哪能獲得以後的成就，所以我個人一直認為，運氣只是開創事業的次要因素，主要還是受個人堅毅努力所影響。" ❺⓪ 在他的努力下，加上機緣巧合，到 1941 年太平洋戰爭爆發前，胡忠開辦的中央的士公司，已擁有 40 多部紅牌及 10 多部白牌車，奠定了個人事業的基礎。戰後，胡忠憑藉以往在的士行業的豐富經驗，迅速重張旗鼓，成為香港著名的"的士"商，號稱"的士大王"，60 年代中曾擁有 500 輛的士，幾佔香港的士車輛的一半，同時兼營地產、酒店、電影院、製造業等業務，成為著名的商人。

1967 年，胡忠解散車隊，把所有車輛連牌照售予的士司機，轉營地產業，並支持其子胡應湘創辦合和實業。胡應湘早年曾赴美國普林斯頓大學攻讀土木工程學，1958 年學成返港，曾先後在香港私人及政府機構任職 4 年，獲得"工程師"和"建築師"資格，1962 年創辦胡應湘則師樓，1963 年又創辦合和建築有限公司。同年，胡應湘加入家族的中央建業公司，協助父親管理家族生意。期間，他建議父親將家族生意從車隊轉向地產。1969 年，香港政府宣佈興建第一條海底隧道，胡應湘斷定灣仔及銅鑼灣具有商業發展潛質，開始購入該區土地，成為區內擁有商業發展用地最多者。❺①

1972 年，胡應湘在父親協助下向滙豐銀行貸款 1,500 萬港元，創辦合和實業有限公司。同年 8 月 21 日，合和正式在香港掛牌上市。合和實收資本 2 億港元，分為 1 萬股，每股面值 2 元，以每股 5 元公開發售 2,500 萬股新股，集資 1.25 億港元，用作減輕債務及發展地產。當時，香港地產市道蓬勃，股市飆升，合和的股價亦於 1973 年 3 月衝上每股 30 港元水平，比認購價急升 5 倍，整間公司市值高達 36 億港元，成為規模最大的華資地產上市公司。上市首年，合和純利達 6,070 萬港元，比預測利潤高出四成半。

可惜，好景不常，1973 年 3 月恒生指數攀升至 1,774.96 的歷史性高位後即急轉直下，當時股市早已脫離客觀經濟情況，潛伏嚴重危機。股市暴跌的導火線是發現假股票，而最早發現的假股票就是合和。合和即被證券交易所勒令停牌以便調查。期間，合和持有 25% 股權的保利建築公司又宣佈破產清盤，令合和遭受損失，故合和復牌後股價一瀉不止。1974 年底，合和股價跌至每股 0.65 港元，比最高位時下跌 97%，而同期恒生指數的跌幅亦達 91%。遭此打擊，1974 年度合和純利僅 2,179 萬港

創辦合和實業的胡應湘

合和實業的招牌大廈——位於灣仔、樓高 66 層的合和中心。

元，大幅下跌六成四，以後各年度雖逐步回升，但直至 1979 年才超越 1973 年度水平。這一時期，合和側重於地產發展，相繼完成了協威園、康麗園、東威大廈、山光苑、雲景台、荃灣花園、健威花園、德福花園等多處物業。

70 年代合和最重大的物業發展項目，是位於灣仔皇后大道東的合和中心。合和中心既是身為建築師的胡應湘引以為傲的得意之作，亦是合和實業的招牌大廈。合和中心在設計上頗具特色，它包括兩個內筒牆和一個直徑 150 呎的外筒牆，第一個內筒牆內是電梯通道，內筒牆之間作洗手間、儲物室及管理通道之用，第二個內筒牆和外筒牆之間，是寫字樓和商場。合和中心的圓筒形設計，據說可抵受時速 194 哩的負載風速，這一極限承載的風力，是香港有史以來所能遇到的最大風暴。胡應湘設計的合和中心原計劃於 1976 年完成，後因建築圖則拖延批出，至 1980 年才完工。該中心樓高 66 層，是當時香港最高的建築物，比康樂大廈（今怡和大廈）還高出 139 呎，可供出租面積達 80 萬平方呎，頂層是旋轉餐廳，中低層是寫字樓，底層和地庫是商場和停車場。合和中心的建成，為合和實業在香港地產界發展奠下重要的基礎。1980 年底，合和實業的市值達 19.56 億港元，在香港上市公司中排名第 22 位。

» 恒隆集團：積極發展地鐵沿線上蓋物業

恒隆集團創辦於 1960 年，創辦人陳曾熙（1923-1986），原籍廣東台山，出身於一富有家庭。陳曾熙戰前曾留學日本，攻讀土木工程學，與日本有深厚淵源。回港後，陳氏曾在伍宜孫家族的永隆銀行任職，負責外匯、樓宇按揭業務，認識到香港地產業的潛力。50 年代初，陳曾熙離開永隆銀行，與友人合夥創辦大隆地產，開始涉足地產業。其弟陳曾壽早年畢業於上海復旦大學，曾在婆羅洲一帶經營建築生意，回港後協助兄長承包建築工程，生意逐漸做大。1960 年，陳氏兄弟自立門戶，創辦恒隆有限公司，初期在九龍太子道一帶發展過不少住宅樓宇。恒隆的起步，得益於 60 年代初期與香港政府的一次換地交易，當時，港府需要恒隆擁有的九龍荔園後面的一個山頭興建瑪嘉烈醫院，於是以何文田山與恒隆交換，後來恒隆在何文田

創辦恒隆集團的陳曾熙

陳曾熙長子，現任恒隆集團主席的陳啟宗。

發展起恒信苑私人屋邨，奠定了公司日後在地產業發展的基礎。

1972 年 10 月 21 日，恒隆在香港上市，公開發售 2,400 萬新股，每股面值 2 港元，以每股 8.5 港元價格發售，集資逾 2 億港元。恒隆上市時共擁有 5 個發展地盤，包括港島半山區列提頓道 1 號的豪宅大廈恒柏園、北角雲景道的恒景閣、恒英樓，另有 6 個已建成或正建築中的收租物業，包括銅鑼灣的恒隆中心、九龍的柏裕商業中心、港島南灣道的寶勝樓，已初具規模。

恒隆上市後，將所籌集的資金進行了一項重大投資，它耗資 1.15 億港元以高價購入九龍旺角的邵氏大廈和新華戲院，而這兩項物業都須到 1973 年底才能交吉。由於出價遠遠拋離當時旺角的地價，這項交易成為當時轟動一時的新聞。❷ 後來，遇上香港股市暴跌，地產市道低陷，恒隆的大部份資金被凍結，導致錯過了 1975-1976 年香港地價跌至谷底時以廉價購入大量土地的良機。在把握地產市道循環走勢方面，恒隆可說比長實、新地等稍遜一籌。

恒隆上市後第一年綜合純利達 6,500 萬港元，比新鴻基地產的 5,142 萬港元幾乎高出三成，其股價亦一度衝上每股 29.2 港元水平，市值達 35 億港元，高於新地的 31 億港元。不過，由於恒隆看錯地產循環市道，翌年純利大減，直至 1978 年度才再度超過 1973 年度的水平。恒隆與長實、新地等一個明顯不同的特點，是它相當重視地產投資業務。1972 年恒隆上市時，它的租金收入僅 500 萬港元，佔公司經營收入的 10%，但到 1979 年度，租金收入已增加到 2,880 萬港元，佔公司綜合純利的比重已超過 45%。

恒隆的發展，可說與地鐵站沿線上蓋物業的發展有著極為密切的關係。1977 年，恒隆連環出擊，它與合和組成的財團投得了地下鐵路九龍灣車輛維修廠上蓋的物業發展權，該項物業包括 41 座住宅樓宇約 5,000 個住宅單位，命名為"德福花園"，發展利潤由地鐵公司佔 50%，恒隆與合和各佔 25%，當時每個單位平均銷售價達 22 萬港元，超過原本的估計，恒隆由此賺取了可觀的利潤。1979 年，恒隆又與長實、新世界、恒基兆業及置地公司等公司合組財團（恒隆佔 37.5%），再投得地鐵旺角站上蓋物業的發展權，興建一幢 22 層樓高的商業大廈旺角中心。80 年代初，旺角中心推出之際，正值地產高潮，故扣除給予地鐵公司的盈利和建築費，總利潤高達 4.3 億港元，恒隆賺得其中的 1.6 億港元。這時期，恒隆的聲譽達到了頂峰，成為香港一家實力雄厚的華資地產集團。

» 大昌地產：與英資公司合作發展

地產五虎將之末大概要算大昌地產。大昌地產的創辦人是陳德泰（1918-1981），祖籍廣東新會，50 年代初已活躍於香港地產界，50 年代中後期更成為香港較具規模的地產發展商，被稱為"地產強人"。1956-1957 年間，陳德泰曾大量購入土地，以"分層出售、分期付款"的方式發展住宅樓宇，用售賣樓花的錢大規模擴張，到處搶購地皮。當時，另一較大地產商李康節在北角大量購買土地，氣勢咄咄逼人，成為北角"地王"，其他人無意到北角發展，但陳德泰連北角的土地都一樣搶購，引起李康節的不滿。不過，1958 年地產低潮時，陳德泰受到很大衝擊，資金周轉不靈，公司瀕臨破產，後來因為得到滙豐銀行的支持才渡過難關；而同樣大肆擴張的李康節則因負債太多而陷入困境。

1972 年 8 月，陳德泰創辦大昌地產（集團）有限公司，並於同年 12 月 11 日在香港上市，將面值 2 港元的股票以每股 4 港元的價格發售，公開發行 1,250 萬股新股，集資 5,000 萬港元。大昌地產上市初期曾相當活躍，僅 1973 年就先後 15 次發售新股，發行的股數高達 1.5 億股，先後用於與新鴻基地產、泰盛發展、利興發展、嘉年地產及和記國際等公司換股，又購入大批物業及地產投資公司，如購入喜來登酒店 35% 股權、都城地產 25% 股權及太古昌 25% 股權等，頗具氣勢。

不過，大昌地產較少獨立自主地發展地產，也缺乏魄力獨力承擔大型投資項目。上市不久，大昌地產就依附英資財團，協助其地產發展。當時，陳德泰與英資和記洋行的祁德尊關係密切，大昌地產與和記集團屬下的黃埔船塢合組都城地產有限公司，以大昌的資金及由建築到銷售的系統去發展黃埔船塢在紅磡、大角咀及香港灣仔 3 座船塢的土地。但後來和記集團陷入財政危機，控制權被滙豐銀行所奪，繼而派 "公司醫生" 韋理入主整頓，安排和記與黃埔合併，形勢遂發生變化。韋理認為香港地產市道蓬勃，無須與大昌分享，因而推翻雙方往日的許多口頭合約，導致雙方關係破裂、對簿公堂，後來庭外和解。1979 年，大昌地產以 3.1 億港元向和記黃埔購回都城其餘 55% 股權，同時以 1.1 億港元價格將中區和記大廈 25% 業權售回和記黃埔，雙方合作由此終止。

1973 年，大昌地產還和英資太古洋行合作，聯合收購小型地產公司健誠置業，改組為太古昌發展，當時太古集團剛涉足地產業，試圖借助大昌的經驗發展規模龐大的太古船塢。後來，太古集團亦覺得沒有必要讓大昌分享，遂於 1977 年收購太古昌發展全部股權。大昌兩次與英資洋行的合作都半途夭折。後來大昌又和希慎合作，興建希慎大廈及禮頓中心。1981 年 9 月，利氏家族組成希慎興業在香港上市，大昌地產變成持有少量股票的小股東，亦不成氣候。大昌地產這種依附於他人的經營方式，雖不致吃大虧，但卻失去大肆擴展的良機。1981 年，大昌地產創辦人陳德泰病逝，公司主席一職遂由其長子陳斌接任。陳斌，1974 年畢業於美國麻省理工學院，學成後返港協助父親管理家族生意，當時出任公司主席時年僅 38 歲，成為香港最年輕的集團公司主席。不過，由於大昌地產經營作風較保守，缺乏大氣魄，此時已逐漸落後，被擠出五虎將之列。1981 年底，大昌地產市值為 16.24 億港元，在香港上市公司中排名第 28 位。

» 新世界發展：興建尖東新世界中心

　　新世界發展有限公司創辦於 1970 年 5 月，創辦人鄭裕彤（1925-2016），原籍廣東順德，1925 年出生，幼年曾在家鄉讀過幾年私塾，15 歲時從順德到澳門投靠父親的世交周至元，在其經營的周大福金舖作練習生。周大福戰前已創辦於廣州，由於戰亂關係從廣州遷至澳門。鄭裕彤進入周大福 3 年後晉升主管，並娶了其老闆周至元的女兒為妻。1945 年，鄭裕彤奉岳父之命前往香港皇后大道中開設分行，自此逐步接掌周大福生意，1956-1960 年期間已持有周大福大部份的股權。1960 年，鄭裕彤將周大福改組為周大福珠寶行有限公司，當時該公司持有由南非發出的約 500 個批購鑽石牌照中的 10 多個，每年進口的鑽石數量約佔香港鑽石進口量的三成，[53] 鄭裕彤遂成為有名的"珠寶大王"。

　　60 年代初，鄭裕彤開始看好香港地產業前景，及至 1967 年地產低潮期間，鄭裕彤聯同楊志雲等好友，趁地價急跌之機大量購入土地物業。1970 年 5 月，鄭裕

新世界發展的創辦人鄭裕彤
年輕時的照片

新世界發展在 20 世紀 70 年代的大型地產
發展項目 —— 雄踞尖東海旁的新世界中
心，是鄭裕彤引以為傲的得意之作。

彤、楊志雲等聯手創辦新世界發展有限公司，並於 1972 年 11 月 23 日在香港上市。當時，公司法定股本為 7.5 億港元，實收股本 6.74 億港元，除擁有新世界中心地盤外，還擁有 4 幢商住樓宇、4 家電影院及部份店舖、寫字樓單位，總樓面面積 74.6 萬平方呎，每年租金收入 2,130 萬港元。此外。還擁有 6 幢興建中的商業樓宇，具有一定規模。

新世界發展上市後，最重要的地產發展項目，就是雄踞於尖東海旁的新世界中心。1971 年，新世界發展以 1.31 億港元的高價，向英資太古洋行購入尖東沿海的"藍煙囱"貨倉舊址，面積達 19.9 萬平方呎。當時，香港政府希望新世界能在該地段興建一幢世界一流的建築物，以作為香港的標誌，因此陸續將鄰近土地批予新世界，令該地段面積增加到 43 萬平方呎。這座日後被命名為"新世界中心"的工程共分兩期進行，首期工程包括一幢 14 層樓高的寫字樓、5 層樓高的商場及擁有 800 多間客房的新世界酒店，於 1978 年完成。第二期工程包括一幢有 700 多個單位的豪宅大廈及擁有 650 間客房的著名的麗晶酒店，全部工程於 1982 年竣工，總投資約 14 億港元。

鄭裕彤對這項投資極為重視，1977 年正值新世界中心進入緊張施工之際，香港《南北極》雜誌記者曾到訪鄭氏，該篇特稿中有這麼一段文字："鄭裕彤談論著自己的過去，自己建立的事業和自己最關心的東西，他是快樂的，尤其當他提到 '新世界中心' 那地方時，整張臉孔都被一種光采所照耀了，並將他的快樂傳染給我們。" [54] 可說興奮之情溢於言表。這項重大地產發展項目一舉奠定了新世界發展在香港地產界的地位，無疑是鄭裕彤一生引以為傲的得意之作。

70 年代期間，新世界發展還單獨投資或與其他地產公司合作發展了一系列大型地產項目。1973 年，新世界購入港島薄扶林道一幅面積達 80 萬平方呎的地皮，興建了擁有 1,300 個高級住宅單位的"碧瑤灣"。新世界發展在經營策略上，是興建寫字樓、商廈作出租用途，興建住宅樓宇作出售之用，兩者相互配合，相得益彰。正因如此，新世界的綜合純利逐年上升，從 1973 年度的 7,200 萬港元上升至 1981 年度的 2.46 億港元，8 年間大幅增長了 2.42 倍。1981 年底，新世界發展的市值達到 43.71 億港元，在香港股市中成為僅次於置地、長實、新地的第四大地產公司。進入 80 年代，新世界還與查濟民家族的香港興業合作，發展規模宏大的愉景灣大型屋邨。80年代可說是新世界香港地產業務的高峰期，其時新世界已躋身香港華資“地產五虎將”之列。

» 恒基兆業：“小型住宅之王”

另一家迅速崛起的地產集團是恒基兆業，創辦於 1973 年 11 月。創辦人李兆基，祖籍廣東順德，1928 年出生，早年曾在其父開設於廣州的一家銀號當學徒。1948 年，年僅 20 歲的李兆基隨身攜帶 1,000 港元，從廣州南來香港，在金舖做外匯黃金買賣，1958 年起與郭得勝、馮景禧合夥從事地產發展，並創辦新鴻基地產。1972 年新地上市後不久，“三劍俠”即分道揚鑣，李兆基辭去新地總經理一職（仍保留副主席職位），自立門戶，創辦恒基兆業有限公司。當時，恒基兆業約有資產5,000 萬港元，發展地盤約 20 來個，職員四五十人，已有一定規模。

恒基兆業與新鴻基地產同出一系，淵源深厚，其投資策略也相當接近，如看好香港地產發展前景，緊扣地產市道循環週期盛衰，重視維持龐大的土地儲備和住宅樓宇的發展等。不過，與新地相比，恒基兆業特別著重小型住宅樓宇的發展，故有“小型住宅之王”的雅稱。主席李兆基認為，由於香港人口增長迅速，而且隨著經濟發展，市民收入增加，置業觀念日濃，但土地供應有限，小型住宅樓宇的發展前景大有可為。❺ 早期，恒基的地盤多集中在市區，主要發展 300-500 平方呎單位面積的小型住宅，銷售對象為廣大的受薪階層，由於住宅離工作地點不遠，加上交通方便，因而深受置業者歡迎。

恒基兆業經營地產的方式，與新鴻基地產一樣，強調貫徹“貨如輪轉”的宗旨，“只做樓宇供應，不做收租業主”，因此，恒基十分重視增加土地儲備。恒基兆業成立了 3 年後，旗下的發展地盤已增加到 140 多個，❺ 成為土地儲備最多的地產公司之一。不過，恒基兆業增加土地儲備的方式相當特別，它極少參與競投港府公開拍賣的官地，而主要是長期派人遊說舊樓的業主售樓，以逐個擊破的方式，說服業主出售他們所擁有的單位，然後將整幢樓宇拆卸重建。恒基又長期在美國和加拿

恒基集團的李兆基，2019 年躋身全球十大富豪的第 29 位，堪稱香港首富。

恒基兆業成立 3 週年酒會上，董事局主席李兆基與董事合照，李兆基（右一）旁
為其前妻劉惠娟。

大的中文報刊登廣告，收購香港的舊樓，這既方便老華僑將香港的物業脫手，更令恒基在無競爭對手的條件下以低價購入地皮。這確是李兆基經營地產的"絕招"。即使到了八九十年代，恒基仍堅持早年在市區收購舊樓的策略，以最大的耐心，經長年累月，將逐層樓、逐寸土地收購回來。恒基還發明"袖珍樓"、"袖珍舖"，將市區內狹小的地盤建成袖珍式的住宅和店舖，表面上看總體樓價不高，每平方呎的價格及利潤卻相當驚人。

早期，恒基的物業發展主要是收購舊樓重建，故主要集中在港九市區。不過，隨著時間的推移，市區內可供發展或重建的地盤可謂買少見少，恒基看準新界必定成為地產商日後爭奪的對象，於是開始大量吸納乙種公函換地證書，以保證日後在新界有足夠的土地發展。1981 年，李兆基就明確表示："我們既然是以地產發展為主的公司，但是眼看到的是，港九市區可供發展或重建的地盤所餘無幾，相信 5 年之後便無法可以再在市區內找到'拼樓'式的地皮，而政府官地則價奇昂，數量也有限，屆時新界的土地必定成為大家爭奪的對象。我們與其在未來幾年後跟其他公司競出高價爭投新界土地，倒不如先行未雨綢繆吸納大量換地公函，確保日後在新界有足夠的土地可供發展。"❺⑦ 李兆基這種高瞻遠矚的戰略眼光，可說是恒基成功的重要因素。

其實，早在 70 年代早期，李兆基已看好新界，尤其是沙田和屯門兩個新市鎮的發展潛質，1975 年，港府開標競投沙田新填海區，李兆基作為發起人，由恒基地產聯同長江實業、新鴻基地產和新世界發展組成百得置業有限公司（各佔 25% 股權），投得沙田新市鎮第一號地段，自行填海 600 萬平方呎土地，從而取得其中 174 萬平方呎土地發展權，發展沙田第一城計劃。整個龐大地產發展計劃由恒基地產參照早期的大型屋邨如太古城、置富花園、賽西湖等統籌策劃，經 10 餘年的發展，至 80 年代末期完成，包括 50 幢 30 多層樓高的住宅大廈、30 萬平方呎商場面積，可容納居民 6 萬人。沙田第一城可說是李兆基及恒基集團的精心傑作。

1982-1984 年間，在中英兩國談判僵持不下、香港前途尚未明朗、地產市道低迷之際，恒基即以"反潮流"的姿態乘機大舉購入土地，為日後公司的發展奠定基礎。1987 年 10 月股災後，新界的換地證價格下跌了三成，恒基便在 1988 年 5 月動用超過 5,000 萬港元，以平均每平方呎 1,000 港元價格，大手購入新界換地證書，加強了日後在屯門和葵涌商住地皮的投資實力。1989 年經歷 "北京風波" 後，地產市道再次下跌，恒地於 1990 年再斥資 3.2 億港元購入一批換地權益證書，使公司的換地證賬面值超過 7.6 億港元。1991 年政府拍賣換地證書而乏人問津時，恒地以 8,300 萬港元全數購入，成為香港擁有最多換地權益證書的地產公司之一。

80 年代，恒基的住宅樓宇發展已從港九市區擴展到沙田、荃灣、西貢、屯門、元朗、上水、大埔、將軍澳等新市鎮，到 90 年代初，恒基的土地儲備（包括乙種換地證書）已達到 1,650 萬平方呎，其中住宅用地佔 69%，而經其發展的樓宇，估計超過 400 幢以上，絕大部份為中小型住宅樓宇，恒地不愧為香港的 "小型住宅之王"。

» 地產大集團：華懋、希慎

這一時期，新崛起的非上市地產大集團還有王德輝的華懋集團和利氏家族的希慎興業等。

王德輝，原籍浙江溫州，1934 年生於一富商家庭，父親早年在上海創辦華懋公司，經營化工生意。1949 年王德輝舉家移居香港。朝鮮戰爭爆發那年，王德輝剛好完成中學學業，適值父親生意失敗，王德輝遂停止學業，協助父親東山再起。其後，王氏與青梅竹馬的女友龔如心共偕連理。在王德輝夫婦的悉心經營下，華懋逐步恢復元氣，生意蒸蒸日上。1960 年，王德輝看好香港地產前景，遂創辦華懋置業有限公司，開始投資地產。當時，王德輝對地產建築一竅不通，但卻肯虛心學習，每晚工餘都拿著一疊圖則，向鄰居一位建築老行尊請教，直到摸清路向，才購地建樓。1967 年地產低潮時，王德輝憑獨到眼光，抓住良機購入大量新界乙種公函換地權益證書，其後人心回穩，百業待興，王德輝在荃灣、葵涌一帶大量發展每單位三四百平方呎的小型住宅樓宇，深受市場買家歡迎，逐步奠定了華懋日後在地產界的地位。

華懋置業的名字首次在香港引起注意，是 70 年代初期。1972 年，英資置地公司看準牛奶公司徒擁大量具潛質發展地皮但管理欠佳、現金不足的弱點，在報刊登全版廣告，宣佈收購牛奶公司。當時，華懋曾應牛奶公司董事局主席周錫年之請，與牛奶公司合組牛奶地產公司，向置地展開反擊。華懋注資 1.24 億港元換取牛奶地產 24.9% 股權，而牛奶公司則以旗下地皮換取新公司 75.1% 股權。其後雖然反擊失敗，牛奶公司被置地吞併，但王德輝及華懋集團的名字卻開始在業內打響。當時，

華懋集團創辦人之一——王德輝

華懋集團創辦人之一——龔如心（中）

華懋已頗具規模，王德輝在接受記者訪問時表示，華懋置業已擁有 40 多個發展地盤，經營業務以地產為主，並涉及化學工業、建築及金融等，共持有附屬公司 30 餘家，1971/1972 年度公司純利達 2,500 萬港元。70 年代以後，華懋繼續在荃灣、葵涌、新蒲崗、觀塘等市區邊緣大量購入住宅用地，1975 年公司純利已達 7,000 萬港元，規模已達華資 “地產五虎將” 水平。70 年代中期，華懋響應政府 “衛星城市” 的政策，在沙田新市鎮進行大額投資。1982 年，華懋在沙田推出首個大型商住項目 “好運中心”，其後華懋在沙田的大型住宅物業陸續推出，被譽為沙田地區最大的地產發展商。❺❽

華懋集團的地產發展策略有兩個明顯的特點：第一，是走中低檔路線。華懋發展的住宅樓宇，一般以中下階層市民為銷售對象，因此樓宇所處位置，往往為市區邊緣勞工密集地區，樓宇多屬中小型住宅單位，以樸素馳名，用料不甚講究，因此其質素往往被外界詬病。1977 年，剛建成的荃灣工業大廈，就被地政工務司列為危樓，令小業主驚惶失措，幸而華懋同意出資，與小業主合資修葺。正因如此，華懋集團的樓宇價格往往比同區內其他地產

商的低一成，這種情況一直延續至
今。第二，華懋集團同時兼營樓宇
按揭，將集團發展的樓宇交由旗下
財務公司辦理按揭業務，按揭率為
樓價的七成，所謂"肥水不流外人
田"，除賺取利息外，更可於供樓者
無力償還貸款時收回樓宇再售。此
外，集團還兼營樓宇維修、管理、
保安等業務。一般估計，華懋的規
模與新地等相比，至少相去不遠。

　　這一時期的華資地產大集團還
有利氏家族的上市公司希慎興業。
1981 年 9 月，香港股市牛氣衝天，
恒生指數正第二度衝破 1,700 點大
關，執掌家族生意的利銘澤將利氏
家族位於銅鑼灣的 5 幢收租物業，

位於港島灣仔的華懋莊士敦廣場，是華懋集團旗
下的物業。

包括希慎道 1 號、禮頓中心、興利中心、新寧大廈及新興閣組成希慎興業有限公
司，並在香港上市，集資 5 億港元。當時，希慎興業可謂一家純地產收租公司，全
部可供出租樓面面積為 123 萬平方呎。希慎興業上市時，在市場曾引起一些猜測。
因為利氏家族作風向來保守，極少容許外人"分享"祖業，即使是 70 年代初期股市
空前瘋狂時，也沒有透過股市套現的想法。但踏入 80 年代，情形有了轉變，除上市
集資外，還多次出賣物業，如銅鑼灣恩平道一些舊樓，已從利氏手上轉到其他發展
商名下。當時有人懷疑利氏家族在轉移風險，但利銘澤生前一直極力否認，強調利
家仍以香港為根基所在，"每一分利潤都留在香港"。

　　或許由於這種猜測，希慎興業上市後股價表現曾長期落後於大市。初期雖然一
度衝上每股 1.9 港元高位，但在 1982-1984 年的地產低潮中，樓價下跌逾半，希慎股
價亦於 1984 年跌至每股 3 角的歷史低位。不過，誰都不能否認希慎興業是一家優質

的地產公司，其名下擁有的收租資產，全是甲級商廈和高級住宅，80年代已有"小置地"之稱，1984年更被列入33隻恒生成份股之一。

80年代，希慎的投資策略主要有兩個方面：其一是向大股東利氏家族購入地產物業及重建發展，計有1984年以4,600萬港元購入銅鑼灣兩地盤，發展為友邦中心和禮頓道111號；同年以8.5億再購入花園台2、3號及樂源道38號柏樂苑；1987年以4.45億港元購入恩平道2-38號及渣甸坊19號等物業。到80年代後期，希慎的銅鑼灣王國已發展至擁有出租樓面面積270多萬平方呎，比上市初期增加逾倍。其二，是進行若干證券投資及買賣，並長期持有若干股票作長線投資。如1986年購入國泰航空2.5%股權；1988年購入香港電訊1,700多萬股股份；1991年向滙豐銀行購入國泰航空2.8%股權等等。據該公司年報稱，1990年希慎的證券買賣收益達7,000萬港元，佔稅前溢利一成左右。希慎興業不僅是港島銅鑼灣赫赫有名的地王，它在香港股壇上的江湖地位亦相當高。這一方面固然與它的大股東的背景有關，據傳聞說當時其他財團要在其"地頭"重建物業，除需要香港政府批准外，還要取得利氏家族的同意。希慎的其他主要股東，如菱電、捷成洋行等都是本地聲名顯赫的財團。另一方面，香港一些有分量及資產龐大的公司，如國泰航空及香港電訊等，上市時都曾特地將部份股份預售予希慎，反映出希慎本身的作風和形象不同凡響。

》香港興業：拓展"世外桃源"愉景灣

這一時期，香港地產業中，值得一提的還有查濟民旗下的香港興業國際。20世紀70年代中期，查濟民在經營紡織業的同時，亦積極向地產業發展，1977年5月，查濟民與中央建業公司合組豐利有限公司，收購香港興業80%股權，1978年再收購其餘20%股權。1979年初，查濟民收購豐利公司，取得香港興業的全部股權。香港興業成立於1973年5月，初期公司的策略就是在新界大量購入地產權益，以便在新界大嶼山愉景灣地區能換取更多土地。1987年，查濟民重組香港興業，將旗下中國染廠控制物業撥歸香港興業，改組為中染物業有限公司，並於1988年3月以介紹方式在香港上市。不過，由於公司名稱與中國染廠過於接近，並且未能反映其與愉景灣發展項目的關係，遂再改名為 "香港興業"。1989 年公司遷冊開曼群島，定名為 "香港興業國際有限公司"，由查濟名旗下的名力集團控股。

愉景灣坐落在大嶼山東北沿海地段，與港島中區西岸相距約 10 里，佔地約 7,000 萬平方呎，約相當於香港島的 8%。該處三面群山環抱，前臨大白灣沙灘，風景優美，自成一角。早在 70 年代初期，香港興業已取得這塊土地的發展權，原計劃是發展一個豪華的度假村，不過該公司很快便陷入財政危機，1977 年查濟民家族接管香港興業，並將計劃修訂為發展一個最少可容納 2.5 萬人口、與香港其他部份相連接的高級住宅區。當時，香港興業在大嶼山愉景灣擁有逾 7,000 萬平方呎土地，是香港最大的 "土地儲備銀行"。查濟民家族當年肯接手這一龐大發展計劃，一切幾乎都需從頭做起，可說頗具眼光和膽識。

整項愉景灣發展計劃共分 12 期，第一期從 1979 年 3 月正式動工，1982 年中首批住宅單位可供入伙，至 1983 年 4 月全部竣工，包括 97 座花園別墅、432 個低座洋房及 504 個高座單位，總建築面積達 110 萬平方呎。鑑於遇上 1982 年地產低潮，香港興業修減了第二期發展規模，該期包括 313 個高座單位及 68 個低座洋房，總建築面積 40 萬平方呎，於 1985 年中入伙，1986 年 11 月全部完成。第一、二期均為香港興業獨立完成。為減低風險，從第三期起，香港興業邀得新世界發展為合作夥伴。1986 年 1 月，香港興業與新世界簽訂聯手發展第三期工程協議，根據協議，新世界負責全部建築費用，而香港興業則被委為工程策劃經理。至於售樓利潤則由新世界與香港興業按照 65% 與 35% 的比例分配。第三期包括 143 個花園別墅、172 個低座及 882 個高座單位，總建築面積 110 萬平方呎。第三期於 1988 年中入伙。

及至第四、五期，香港興業乾脆將整個發展權售予新世界，作價 2.45 億港元，條件訂明樓價每平方呎超過 650 港元，香港興業可有三成半分賬。第四、五期均為高層及低層住宅單位，總建築面積分別為 140 萬平方呎及 100 萬平方呎。第四期分兩段入伙，分別是 1990 年中及 1992 年中，第五期分三段入伙，分別為 1990 年中、1992 年中及 1994 年中。這一時期，愉景灣樓價大幅上升，新世界及香港興業都皆大歡喜。然而，香港興業由穩字當頭，實際上無端被攤薄了利潤。合作期間，香港興業還與新世界換股，增發 6,800 萬股新股予新世界，換取新世界 1,200 餘萬股股份，香港興業將其中 564 萬股新世界股份配售，集資 7,800 萬港元作發展愉景灣的營運資金，其餘股份作長線投資。換股後，新世界持有香港興業 18% 股權，成為第二大股東，分享香港興業的成功回報。

到 90 年代中期，香港興業一共投入約 25 億港元資金，將愉景灣建成一個糅合現代化及自然恬靜生活方式的、低密度、高質素的高尚住宅區，區內共有高層住宅單位 3,283 個，低座及花園洋房單位 1,228 個，人口約 1.5 萬人。區內設施一應俱全，自給自足。愉景灣購物中心集中在碼頭附近的第 6 期，命名為 "愉景灣廣場"，商場面積達 16 萬平方呎，設有銀行、百貨公司、超市、藥房、洗衣店、髮型屋及中式街市等。坐落在愉景灣廣場側的康樂會，提供網球、壁球及其他體育康樂設施。愉景灣還設有一個具世界標準的高爾夫球場及遊艇會，設有幼兒園及小學。碼頭設有 24 小時快船服務，只需 25 分鐘便能往返中環。以一個資深財團去勉力發展富濃烈歐陸風情的大型住宅發展計劃，愉景灣是香港一個罕見的例子。據說參與策劃的查氏第二代、香港興業總經理查懋聲亦常引以為傲。

這一時期，一批新興的華資地產商，包括長江實業、新鴻基地產、恒基地產、新世界發展、恒隆、合和實業、華懋、希慎興業、大昌地產、鷹君、香港興業等迅速崛起，其在香港地產業的勢力已開始壓倒英資公司而取得上風。

05

從影視娛樂及酒店業崛起的大亨

————————

20 世紀 50-60 年代以後，隨著香港經濟起飛，百業繁榮，市民生活水平逐漸提高，香港的影視娛樂及酒店業亦蓬勃發展，一批新興的華資財團從中崛起，影視娛樂業中著名的有邵逸夫的邵氏兄弟、鄒文懷的嘉禾集團、邱德根的亞洲電視、霍英東、何鴻燊的澳門娛樂及信德集團，酒店業中著名的有楊志雲的美麗華酒店、陳澤富的柏寧集團，以及傅氏家族的富麗華酒店。

》 從影視業中崛起的邵氏兄弟、嘉禾及其他

邵氏兄弟創辦於 1958 年，創辦人邵逸夫（1907-2014），浙江寧波人，1907 年出生於上海。父親邵玉軒是漂染業商人，兼營電影片進出口生意。1925 年，邵玉軒長子邵醉翁創辦天一影片公司，拍成邵氏家族第一部電影。翌年，邵玉軒派三子邵仁枚前往新加坡開拓東南亞市場，放映天一影片公司製作的電影，結果大受歡迎。1926 年，中學剛畢業的邵逸夫（排行第六）前往新加坡，協助兄長發展業務，從此開始其影視大亨的生涯。第二年，邵仁枚與邵逸夫創辦邵氏兄弟新加坡有限公司，自行製作適合當地市場的電影，業務發展迅速。到 50 年代已雄霸東南亞市場。

其實，邵氏家族在香港影視娛樂業的發展最早可追溯到 30 年代，1932 年即日本發動"九一八事變"翌年，邵醉翁即將天一影片公司遷往香港，並設立天一港廠。可惜，1936 年，天一港廠連接發生火災，損失慘重。兩年後，次子邵邨人前往香港接管家族電影業務，其後並創辦邵氏父子公司。50 年代，香港電影業群雄並起，競爭激烈，尤其是南洋富商陸運濤旗下的電懋公司迅速崛起，已威脅到邵氏父子的發

展。當時，邵逸夫看到香港的工商業日漸繁榮，電影業市場潛力龐大，遂決定移師香港發展。1958 年，邵逸夫在香港創辦邵氏兄弟（香港）有限公司，接管邵氏父子全部業務，並斥資購入清水灣近 80 萬平方呎土地，興建規模宏大的電影城，該電影城歷時 7 年才全部完成，成為當時亞洲最大的製片廠。

邵氏兄弟公司創辦人之一
——邵逸夫

與此同時，邵氏兄弟廣泛羅致人才，重金禮聘鄒文懷、導演李翰祥、影星林黛等一批電影界專業人才進入邵氏。創辦當年，邵氏首次採用黃梅戲曲調拍攝影片《貂蟬》，結果一炮而紅，該片在第五屆亞洲影展上囊括最佳導演、最佳編劇、最佳女主角等 5 項大獎。1959 年，邵氏再拍《江山美人》，該片轟動一時，票房紀錄破 40 萬港元。自此，邵氏兄弟在香港電影業的地位初步奠定。

60 年代，是邵逸夫在香港開創其電影王國的黃金時期，邵氏兄弟全力發展國語片，每年製作的影片多達 40 多部。1960 年，邵氏製作的黑白片《後門》一舉奪得第七屆亞洲影展的全部 12 項大獎。1963 年，邵氏拍攝的《梁山伯與祝英台》風靡港台兩地，將黃梅調影片的熱潮推向高峰。60 年代中，電懋公司老闆陸運濤在台灣乘飛機罹難，邵氏兄弟遂成為香港電影業的霸主。1971 年，邵氏兄弟在香港上市，這是邵氏兄弟在香港電影業的最鼎盛時期。

邵氏兄弟公司創辦人之一
——邵仁枚

不過，進入 70 年代，邵氏兄弟在電影業的發展開始放緩。轉折點是鄒文懷脫離邵氏，創辦嘉禾電影公司。鄒文懷，原籍廣東潮州，1949 年畢業於上海聖約翰大學新聞系，其後到香港發展，曾任職胡仙的《英文虎報》及美國新聞處。1959 年進入邵氏後，備受邵逸夫器重，逐漸躍升至公司副總經理，協助邵逸夫開創獨霸影壇的局面。1970 年 4 月，鄒文懷離開邵氏，與何冠昌、梁風等人創辦嘉禾電影公司。嘉禾製作的第一部電影，是王

1970年邵氏於機場召開記者會，宣示其奪得第16屆亞洲影展兩項大獎：最佳導演（張徹，左四）及最佳男主角（姜大偉，左三）。

羽擔綱演出的《獨臂刀大戰盲俠》，結果遭到邵氏兄弟的指控，認為嘉禾侵權，但嘉禾認為他們已向作者倪匡購買了版權，雙方的官司一直打倒該片落幕，最後以和解收場。《獨臂刀大戰盲俠》使嘉禾站穩了腳跟。❺⁹

70年代初，香港的港產電影業不景，邵氏惟有收緊開支，節縮成本，令影片質素下降，這給嘉禾乘勢崛起的良機。1971年，嘉禾邀得影星李小龍拍功夫片《唐山大兄》，結果創下港產電影票房收入320多萬港元的最高紀錄。稍後，由李小龍主演的《精武門》再創下收入逾400萬港元的紀錄，這兩部電影在東南亞、日本甚至歐美均大受歡迎，嘉禾自然賺取厚利，奠定基礎。❻⁰ 後來，鄒文懷再捧出許冠文、成龍、洪金寶等超級影星，先後製作《鬼馬雙星》、《半斤八両》、《摩登保鏢》等影片，令票房紀錄一再刷新，突破1,000萬港元大關。

當時，小資本和自由度大的獨立製片形式已逐漸成為香港電影業的主流，鄒文懷一反邵氏那種大公司制度化的作風，採用分賬合作方式與獨立導演制度，開拓市場並致力香港電影國際化，到80年代，嘉禾電影公司已壓倒邵氏，成為香港電影業的新霸主。1989年，鄒文懷購入卡通人物"忍者龜"的電影版權，拍成卡通片打入美國

嘉禾創辦人鄒文懷（左）與國際巨星李小龍。成功發掘李小龍為嘉禾稱雄影壇之始。

繼李小龍後，嘉禾又成功塑造成龍，使事業更上一層樓。圖為鄒文懷（右二）與演員洪金寶（左一）、成龍（左二）及元彪（右一）合影。

市場，該片成為 1990 年全球最賣座電影第三名，連同影碟等相關收入，高達 10 億港元。^⑥ 1994 年，鄒文懷將集團旗下的電影發行、戲院、電影沖印等營運業務組成嘉禾娛樂事業有限公司，在香港上市，成為繼邵氏兄弟之後另一家上市的電影業公司。

1990 年，嘉禾進軍新加坡市場，與澳洲的 Village Road Show Ltd. 合資成立嘉年華（Golden Village），計劃在亞洲各地開發經營先進豪華的電影城。嘉年華在新加坡投資 5,000 萬新加坡元，興建兩座新一代的電影城，第一座名為 "Yisun 10"，位於義順，有 10 家電影院，內設 2,250 個座位；第二座位於 "Junction 8" 購物廣場，內設 6 家電影院，共 1,445 個座位。此外，嘉年華又與泰國的公司合資成立公司，並在曼谷開設了有 10 家電影院的電影城。^⑥ 這一時期，嘉禾已發展成一家多元化、國際化的企業集團，而鄒氏本人則被稱為 "製夢工場的新教父"。^⑥ 面對嘉禾的強大競爭，邵氏兄弟於 70 年代中期以後逐漸將經營的重點轉向日漸蓬勃的電視業。

80 年代以後，香港電影業呈現百花齊放的繁榮景象。繼邵氏兄弟、嘉禾之後，先後崛起由 "新藝城影業有限公司"、"德寶電影有限公司"，以及 "永高電影公司" 等，形成群雄並起的局面。其中，新藝城影業有限公司（Cinema City Co., Ltd.），由麥嘉、黃百鳴、石天創辦於 1980 年 9 月，拍檔由九巴董事雷覺坤家族創辦的 "金公主院線"——"金公主娛樂有限公司"（透過旗下的影城電影 [香港] 有限公司持有新藝城 72% 股權）。該影片公司攝製的影片中，《最佳拍檔》創出香港電影最賣座紀錄。新藝城從 1980-1990 年，整整紅了 10 年，鼎盛時期曾逼得邵氏兄弟和嘉禾聯手對抗它，成為香港電影業的傳奇。可惜的是，90 年代初，新藝城因為創辦人分歧而解體。德寶電影有限公司（D & B Films Co. Ltd.）創辦於 1984 年，由電影人由洪金寶、岑建勳等，以及鐘錶商人由潘迪生及其旗下公司迪生實業（集團）有限公司創辦（透過旗下的迪生娛樂影業有限公司持有 60% 股權）。德寶電影於 1986 年從邵氏兄弟手上租賃香港院線後，迅速壯大，和嘉禾、新藝城並列香港 80 年代三大電影公司。不過，90 年代初，德寶先是放棄電影院線業務，1993 年更叫停電影製作。永高電影公司由黃百鳴和澳門商人羅傑承於 1991 年創辦，先後推出《豪門夜宴》、《家有囍事》，創出票房紀錄。永高最終亦於 1994 年解散。^⑥

» 麗的呼聲、無綫電視與亞洲電視

　　香港的電視業起源於 40 年代末期。1949 年 3 月，總公司設在英國的麗的呼聲（香港）有限公司投資 400 萬港元，開設麗的呼聲中英文混合有線電視，這是亞洲電視的前身。1957 年 5 月 29 日，該電視台正式啟播，揭開了香港電視發展史上的第一頁。麗的電視以收費方式提供服務，成立初期向每個用戶收取 25 港元的月費。初期，麗的電視開設的是有線黑白電視英文台，1963 年增設中文台。不過，麗的電視的發展並不理想，開辦 5 年虧損超過 650 萬港元。1967 年，麗的呼聲再投資 1,200 萬港元興建麗的電視大廈，當時香港無綫電視啟播在即，但麗的電視並未意識到即將面臨的嚴重挑戰，還宣稱無意增加彩色電視節目，這一決策對麗的電視造成致命傷害。1973 年 4 月 6 日，麗的電視決定從收費電視轉為免費電視，此時離香港無綫電視啟播已過 6 年半，為時已晚。至 1978 年，麗的電視虧損估計已高達 4,000 萬港元。這一時期，香港佳藝電視亦加入競爭，於 1975 年 9 月 7 日成立，成為第三家免費電視台。不過，由於香港政府在發牌時加入了限制，佳藝電視需要讓出部份時段作教育性節目的廣播，形成先天性缺陷。結果，不到 3 年，佳藝電視終於 1978 年 8 月 22 日倒閉，結束了三雄爭霸的局面。

　　成為麗的電視強勁對手的，是香港電視廣播有限公司。其實，早在 60 年代初期，香港政府已開始考慮引入無線電視廣播。當時，委派工作小組展開研究及草擬監管法例。1964 年 11 月 4 日，港府完成立法程序，批出一個為期 15 年、享有 5 年專利的無線電視廣播商業牌照。當時，參加投標的共有 8 個財團，結果由利氏家族的利孝和、邵逸夫等香港知名人士及和記、太古等英資公司組成的財團──香港電視廣播有

1967 年 11 月香港電視廣播有限公司啟播，是香港傳媒史上一個里程碑，標誌著日後觀眾娛樂習慣之重大改變。圖為位於廣播道的"無線"電視台。

限公司（TVB）成功取得經營權。香港電視廣播
有限公司於 1965 年在香港註冊成立，1966 年獲
頒發經營牌照。由於是香港首間獲得免費無線電
視牌照的電視台，故一般又被稱為"香港無綫電
視台"。1967 年 11 月 19 日，香港無綫電視正式
啟播，分別透過翡翠台和明珠台播放中英文電
視節目，初期為黑白無線電視。啟播當日下午 4
時，港督戴麟趾（David Trench, 1915-1988）乘坐
直升機飛抵位於廣播道的 TVB 新廈，親臨主持
啟播儀式。無綫電視創辦初期，公司董事局主席
由利孝和出任，邵逸夫任常務董事，其他董事包
括唐炳源、余經緯、利榮森、祁德尊、布力架及
魏德利等。

1980 年，邵逸夫出任香港電視廣播
有限公司董事局主席，圖為邵逸夫
與該公司董事利孝和夫人合影。

　　無綫電視啟播翌日，即開始播放綜合性娛樂節目《歡樂今宵》，深受香港普
羅市民的歡迎。無綫電視中文台強調通俗性、娛樂性，每天有三分之一以上為自製
節目，內容包括新聞、體育，知識性和綜合性節目，以及港、台、日、美的電影電
視片。英文台則重視知識性、娛樂性。1972 年無綫電視以彩色系統播映，令當時
400 萬香港市民為之矚目，收視率直線上升，很快便壓倒麗的電視成為香港主要的
無線電視。當年，無綫電視開設首期無線藝員訓練班，這個訓練班其後為香港演藝
圈輸送了大量的中堅人才，香港知名影星如周潤發、周星馳、梁朝偉、劉德華、郭
富城、劉嘉玲等，都是該訓練班的學生。無綫電視的啟播正好配合香港經濟起飛的
轉變，以及香港普羅大眾對免費娛樂和資訊的需求，因而在短短數年間便迅速普及
化。據香港政府 1973 年初出版的《香港年鑑》，截至 1972 年底，香港家庭有 79.6%
安裝了電視機，其中 55 萬部收看無綫電視，收看麗的有線電視的只有 4.3 萬部，可
同時收看無線及有線的有 8.3 萬部。無綫電視的播出，使電視在香港迅速普及，充份
發揮了電視傳媒的特長，令香港的影視娛樂業發生巨大變化，對社會經濟的發展也
產生重大影響。

邵逸夫看到香港影視娛樂業的這種轉變，從 70 年代中期起便逐漸將邵氏兄弟的經營重點轉向電視業。1980 年 6 月 26 日，香港電視廣播有限公司主席利孝和因心臟病逝世，其遺缺遂由邵逸夫接任。邵逸夫接掌香港電視廣播主席後，透過邵氏兄弟逐步增加對該公司的持股量，1980 年，邵氏在香港電視廣播公司的持股量為 6%，1984 年已增加到 20%，其後更逐步成為公司的最大股東。

　　70 年代中後期至 80 年代初，無綫電視的業務迅速發展，利潤從 1978 年度的 2,110 萬港元急增到 1983 年度的 1.73 億港元。1984 年 1 月，香港電視廣播有限公司正式在香港上市，以每股 2.65 元價格公開配售 1.05 億股舊股，集資 2.78 億港元。配售的舊股由原股東和記洋行、新鴻基證券、英之傑香港等撥出，佔已發行股本的 25%。配股完成後，邵逸夫及邵氏兄弟、利氏家族及新鴻基證券共持有公司 64% 股權。❺ 當時，香港電視廣播有限公司主要持有電視廣播有限公司和電視企業有限公司，前者主要經營電視廣播，擁有佔地約 30 萬平方呎的清水灣錄影廠，共 8 個具國際水平設施的廠房；後者則持有見聞會社、華星娛樂、博益出版集團、香港電視出版、香港影視製作等 12 間附屬公司，經營與電視廣播有關業務，包括電視節目代理、電視廣告製作、出版印刷、娛樂表演、零售及旅遊等業務。

　　1988 年，香港政府對電視條例作出修訂，規定不可將電視廣播牌照授予一家公司的附屬公司，因此，香港電視廣播公司必須改組。同年 10 月，香港電視廣播將旗下的電視廣播有限公司分拆在香港上市，而本身則易名為"電視企業（控股）有限公司"。經過分拆後，電視廣播持有電視經營牌照，專營電視廣播，而電視企業則主要經營與電視廣播相關的業務，如電視節目代理、電視廣告製作、出版印刷、娛樂表演、零售及旅遊業務等。當時，電視企業持有 12 家附屬公司，包括見聞社會、華星娛樂、博益出版集團、星藝文娛、電視科技、香港電視製作等。此外，還持有九龍清水灣電視城、廣播道 77 號物業以及廣播道嘉柏園部份住宅單位等。重組後，邵逸夫出任兩家上市公司董事局主席。1989 年 2 月，邵逸夫透過邵氏兄弟向郭鶴年購入 1,900 萬股電視廣播及電視企業，作價分別為每股 14.6 港元及 1.55 港元。交易完成後，邵逸夫及邵氏兄弟持有 34.7% 電視廣播股權、34.19% 電視企業股權。至此，邵逸夫已持有邵氏兄弟、電視廣播、電視企業 3 家上市公司，在香港股市自成一

1982 年 6 月邱德根入主麗的電視，之後不久並將之易名為"亞洲電視"。圖為邱德根（右二）與亞視藝員合影。

系。1989 年 6 月底，邵氏持有的 3 家上市公司市值達 59.36 億港元，躋身香港十大上市公司財團之列。

在無綫電視的強大攻勢下，多年來麗的電視一直處於苦苦支撐的局面。1981年 8 月，澳洲一財團以 1.2 億港元購入麗的電視 61.2% 股權，初時曾躊躇滿志，希望能有一番作為，可惜經 18 個月努力仍未能一洗頹風，結果又敗下陣來。1982 年 6月，邱德根的遠東集團向麗的電視注入 1 億港元資金，取得該公司 50% 股權並入主董事局。同年 9 月 24 日，麗的電視改名為"亞洲電視"，進入邱德根時代。邱德根（1924-2015），原籍浙江寧波，與娛樂業頗有淵源，早年就曾在上海光明戲院任職，1950 年移居香港後，曾租借荃灣戲院經營電影放映業，至 1954 年已擁有沙田、大埔、粉嶺、元朗、西貢、錦田等 10 多家戲院。1962 年，邱德根購入荔園遊樂場，並斥資興建"宋城"。60 年代初，電懋老闆陸運濤為抗衡邵氏兄弟，曾計劃與邱氏合作發展電影業，可惜該項合作因陸運濤墮機罹難而夭折。

60 年代，邱德根經營的業務已從娛樂業擴展到銀行、地產、酒店、貨倉及製造業。1959 年，邱氏在新界創辦遠東錢莊，以高息吸引鄉民的存款，不出數年，遠東錢莊就迅速發展成一家中等規模的遠東銀行，那時候，遠東銀行在新界鄉民心目中的地位不遜於滙豐銀行。由此可見邱氏生意手腕之靈活和高明。可惜，遠東銀行在1965年的銀行危機中受到衝擊，其控制權甚至一度轉手予萬國寶通銀行。70年代，邱德根先後將經營地產的遠東集團和經營荔園、宋城、戲院及保齡球場的遠東酒店實業在香港上市，逐漸發展成一家中型的華資財團。

邱氏的遠東集團，旗下業務儘管涉及多方面，但重心仍是娛樂業，1982年他收購亞洲電視後更是如此。80年代，亞洲電視在邱德根的主政下一度頗有起色。這一期間，亞視與無綫展開激烈的競爭，亞洲電視先後播出多部精品劇，包括《大地恩情》、《武俠帝女花》、《大俠霍元甲》、《大四喜》、《再向虎山行》、《少女慈禧》等，皆是收視口碑雙豐收。最高峰時段，亞視與無綫兩台的市場份額幾乎持平。1985年，亞洲電視終於轉虧為盈。同年，邱氏放棄收取債券利息，亞視開始獲利1,229萬港元，1986年度再獲利664萬港元。可惜，正當亞視漸有起色之際，邱德根接連遭受打擊，1988年其長子邱達成因醉酒駕車撞死警員，被判入獄。此事令邱德根的雄心壯志頓受挫折，加上亞視雖有盈利，但仍無法與無綫電視抗衡，灰心之餘遂將亞視三分之二股權分售予林百欣家族和鄭裕彤家族。1989年2月，邱德根因涉嫌作假賬而被拘捕，最後法庭宣判接納邱氏患老人痴呆症的理由而中止對他的控訴，此事導致邱氏將剩餘三分之一的亞視股權亦售予林、鄭兩家。自此，亞洲電視進入林、鄭兩大家族共管時代。

» 從博彩娛樂中崛起的何鴻燊

從娛樂業崛起的香港華資財團，著名的還有主持澳門旅遊娛樂有限公司和信德集團的何鴻燊家族。何鴻燊（1921-2020），1921年在香港出生，其家族是香港顯赫一時的世家何東家族的分支。祖父何福是怡和洋行買辦，父親何世光曾任沙宣洋行買辦。何鴻燊13歲那年，父親投資股票失敗，家道中落。1941年日本侵佔香港期間，何鴻燊前往澳門，在澳門聯昌公司任職，一年後成為公司合夥人。50年代初朝鮮戰爭期間，西方對華實施禁運，何鴻燊與霍英東、何賢等人合營經銷禁運物資往內地，到50年代末，何鴻燊已積累1,000萬港元財富。[66] 1961年，何氏與霍英東等人創辦信德船務公司，經營煤油、汽油、布匹及航運業務。

何鴻燊的崛起，與澳門博彩娛樂業關係密切。博彩娛樂業在澳門已有近百年的發展歷史，早在光緒年間，已有名盧九者投得博彩業首屆專利權，最初開辦的僅有"圍姓"、"白鴿票"、"攬珠彩票"數種，均以開票形式博彩，類似香港今日的"六合彩"。民國初期，廣州的賭業集團亦加入角逐。不過，真正將澳門博彩搞得有聲有色的，當從香港股商高可寧、傅老榕算起。從 1937-1961 年期間，高可寧和傅老榕兩大家族聯手，壟斷了澳門的整個博彩娛樂業，❻ 而澳門亦正是在這期間逐漸崛起為"東方的蒙地卡羅"。

1961 年，澳門博彩經營專利牌照再度招標，其時高、傅二人均已謝世，何鴻燊遂聯同霍英東、葉漢、葉德利等人，以 300 多萬澳門元的標價奪得澳門博彩專營權，並於 1962 年創辦澳門旅遊娛樂有限公司，由何鴻燊出任澳門娛樂公司總經理職位，這奠定了他日後作為亞洲賭業大亨的地位。何鴻燊經營博彩業有其獨特的眼光，他認為澳門雖然地少，資源缺乏，但風景綺麗，是發展"無煙工業"的理想地點，加上毗鄰的香港禁賭，澳門正好可以填補這個空缺。博彩業為澳門娛樂公司帶來滾滾財源，何鴻燊因而迅速崛起。

澳門娛樂創辦於 1962 年，當時註冊資本為 300 萬澳門元，1976 年以後已增至8,000 萬澳門元，當年四大股東是霍英東、何鴻燊、葉漢和葉德利，1982 年葉漢因與何鴻燊不合，將所持股權售予鄭裕彤。澳門娛樂創立後，即在澳門最優越的地點興建氣派豪華的葡京酒店，並附設兩層大面積賭場。葡京酒店於 1970 年竣工，僅建築費就達 6,000 萬港元，很快成為澳門最主要的博彩勝地，吃角子老虎機和五花八門的賭局 24 小時全天候開放，成為澳門娛樂公司"採之不盡的金礦"。到 80 年代初，澳門娛樂已擁有 4 家賭場，共 99 張賭桌及 600 部吃角子老虎機，每年盈利數以億計。有人替澳門娛樂簡單算了一筆賬，從 1962-1975 年間，它賺得的純利達 22 億港元之鉅額，而僅 1975 年所賺純利就高達 6 億港元，其時滙豐銀行 1974 年度純利才 3.01億港元，連經營逾百年的滙豐也瞠乎其後。❻

1986 年，澳門娛樂曾一度籌備在香港上市，這使金融界人士獲得閱覽該公司賬目的難得機會，據說該公司扣除向政府徵交的稅項、資本開支及經常開支後，每年

早年的何鴻燊。1962 年何鴻燊與霍英
東、葉漢、葉德利合組澳門旅遊娛樂有
限公司，奪得澳門博彩業專營權，藉此
迅速崛起。

澳門娛樂的明珠——氣派豪華的葡京酒店，是澳門最主要的博彩勝地。

的毛利約為 35-40%。當時一位公司財務分析專家指出："它是現金流通量大得驚人、利潤極厚的生意。" ⑥ 1987 年，澳門娛樂的博彩專營權獲澳門政府批准再度延長至 2001 年。澳門娛樂不僅經營博彩業，而且還投資經營港澳客運、酒店業及地產業。根據新協議，澳門娛樂還全面參加澳門各項大型基本建設，包括澳門國際機場、深水港及貨櫃碼頭、第二條澳氹大橋及填海工程等。澳門政府經濟事務司納博曾表示，澳門娛樂不只是經營賭場的公司，它已成為澳門的 "第二勢力"。⑦ 一位香港分析家更表示："在澳門，人人都是何氏的僱員，包括總督在內。" 此言雖有誇大之嫌，但何鴻燊在澳門勢力之顯赫，由此可見一斑。

70 年代，何鴻燊的投資從澳門擴展到香港，1972 年註冊成立信德企業有限公司，1973 年 1 月在香港上市，何鴻燊及信德船務公司持有該公司 49% 股權。信德船務公司的大股東則包括何鴻燊、霍英東、葉德利及何婉琪等。信德企業的業務主要是經營香港至澳門的旅遊運輸業務，創辦後一直受澳門娛樂的津貼，作風低調。1987 年，何鴻燊接替霍英東出任該公司董事局主席後，信德企業利用當時上環地鐵通車、香港政府簡化來往港澳間出入境手續的機會，透過發行新股、認股證等籌集資金，大肆擴充，並向多元化發展。到 80 年代末，信德企業已擁有 15 艘噴射水翼船，成為全球最龐大噴射水翼船隊，壟斷了港澳客運市場的七成份額。信德集團還積極向地產、酒店、飲食及航空等多方面發展，先後收購了位於香港仔的 "珍寶"、"太白"、"珍寶皇宮" 3 家海鮮舫 70% 股權及華民航空公司等。

1990 年，信德企業正式易名為 "信德集團有限公司"，並銳意向多元化發展。1992 年，信德集團購入澳門娛樂 5% 股權，到 1996 年，它擁有的噴射水翼船隊已增加到 20 艘，已成為香港股市中實力雄厚的藍籌股，而何鴻燊家族亦成為雄踞港澳兩地的大型華資家族財團。

》 從酒店業中崛起的財團

50 年代末以後，香港旅遊業開始勃興，並刺激酒店業的發展。早期，香港的酒店業主要由英美財團經營，如香港大酒店集團的半島酒店，怡和集團的文華酒店、怡東酒店，九龍倉的香港酒店，以及美資永高公司的希爾頓酒店等。50 年代末，隨著酒店業的發展，部份新興華資財團亦開始投資酒店業，並逐漸崛起，其中著名的有楊志雲的美麗華酒店、陳澤富的柏寧酒店集團，及傅氏家族的富麗華酒店。

美麗華酒店企業有限公司創辦於 1957 年，是香港早期著名的華資酒店集團。創辦人楊志雲（1916-1985），原籍廣東中山，早年畢業於中山縣立師範學校，1945 年移居香港，初期任職大有金號，後接管該金號，改組為景福金號，專營金銀、珠寶及鐘錶生意，與鄭裕彤、何善衡、何添等人建立有合作關係。1957 年，楊志雲得知西班牙教會準備出售所經營的美麗華酒店，遂聯同何善衡、何添等人購入，由何善衡出任董事長，楊志雲任永遠總經理。當時，美麗華不過是一家僅有數十間客房的中小型酒店。

楊志雲接掌美麗華酒店後，多次將位於尖沙咀的該酒店大肆擴充，先後在毗鄰地段興建數幢新樓，1966 年又與素負盛名的美國西方酒店集團簽訂聯同推廣合同，大大提高了美麗華酒店在香港同業中的知名度。1970 年，美麗華酒店在香港上市，

20 世紀 70 年代位於銅鑼灣的柏寧酒店。柏寧酒店是有 "酒店大王" 之譽的陳澤富的酒店 "王國" 之一員。

以每股 10 港元價格公開發行 535 萬股新股，集資 5,350 萬港元，用於繼續擴充酒店規模，當時即購入佔地 3.6 萬平方呎的九龍樂富大廈，又投資中環富麗華酒店。1980 年，美麗華酒店已擁有 1,300 間客房，該年度盈利 5,500 萬港元，成為香港規模最大的酒店集團之一。

1981 年 8 月，正值香港地產市道處於高峰之際，美麗華酒店與以佳寧、置地為首的財團達成協議，以 28 億港元價格出售佔地 8.6 萬平方呎的美麗華酒店舊翼，這項交易在香港曾轟動一時，被當時的美國《時代週刊》評為

"創下了健力士紀錄的單一物業轉讓的最高成交價"。[71] 佳寧、置地財團原計劃將該幅土地興建面積逾 100 萬平方呎的 "置地廣場" 式商廈,可惜因地產崩潰而夭折。美麗華酒店因而與置地訴諸法庭,後來雙方達成庭外和解協議,美麗華除獲得 9.24 億港元的預付款項外,尚獲得置地賠償 3.75 億港元,其中 1.31 億港元以置地旗下的地利根德大廈 10 個豪華住宅單位及香島道 27 個單位賠償。[72]

80 年代中期以後,美麗華酒店先後將其舊翼拆卸自行興建,建成氣派豪華的柏麗廣場和基溫大廈,總樓面面積達 103 萬平方呎。美麗華還積極推動業務多元化,除早期在港九各區設立食肆方便食家,包括中環翠亨邨茶寮、海洋公園翠亨邨茶寮、銅鑼灣中華遊樂會翠亨村茶寮及香港仔深灣游艇會濤苑海洋酒店等,還於 1986 年創辦美麗華旅運,經營美加、歐洲,澳紐、遠東及中國線旅遊業務。

於同期創辦的尚有柏寧酒店集團,創辦人陳澤富,原籍廣東台山,1918 年出生於香港一般商家庭。祖父早在開埠初期便來香港經營金山莊業務,將中國的土特產銷往海外。陳澤富早年畢業於廣州嶺南大學土木工程系,回港後隨父經商,曾經營針織、地產業,1960 年開始投資酒店業,在九龍彌敦道興建集團首家酒店——京華酒店,翌年在尖沙咀再建國賓酒店,該酒店在當時曾是香港最豪華酒店之一,當年美國總統尼克遜訪問中國經港回國時,曾下榻該酒店,陳澤富因此聲名鵲起。1974 年,陳氏再在銅鑼灣興建華都酒店,即現時柏寧酒店前身,該酒店樓高 28 層,另有兩層地庫,擁有房間 850 間。70 年代初,陳澤富開始進軍海外酒店業務,先後在三藩市、倫敦、紐約、鳳凰城、聖安東尼奧、奧克蘭、夏威夷、悉尼、曼谷

坐落在中區海旁、俯視整個維多利亞港的富麗華酒店,是傅老榕涉足酒店業之始,工程耗大,前後耗時 10 年。

等城市興建酒店，建立其全球性酒店網絡，到 90 年代初，他旗下管理的酒店客房已達 4,600 間，陳氏亦因此被譽為"酒店大王"。❼❸

70 年代以後，香港的酒店業已蓬勃發展，新興建的酒店如雨後春筍，其中最具規模的當數傅氏家族的富麗華酒店。傅氏家族自 1962 年在澳門競投博彩專營權失敗後，便開始將發展基地轉移到香港，向地產、酒店業發展。富麗華酒店現址地皮，原是英資太古洋行的總部所在地，於 60 年代初由傅氏家族投得。當時傅家計劃興建商業大廈，後來見香港旅遊業日漸蓬勃，才決定改建為酒店。不過，該酒店直至1973 年才竣工，前後耗費了 10 年時間。據傅老榕長孫傅厚澤解釋："當年大東電報局不准我們用有聲打樁，以免影響電訊傳遞，但當時的科技有限，幾間打樁公司都不能通過技術的關卡，到了 1973 年，終於由英國一間建築公司解決了技術問題，事後，這間英國公司因這項工程賺了錢，留在香港發展，這便是現在金門建築公司的前身。"❼❹

富麗華酒店坐落於中區海旁，俯視整個維多利亞海港，地理位置優越。該酒店樓高 30 層，另有兩層地庫，擁有 570 間客房，亦是香港規模最大的酒店之一。初期，富麗華酒店是自行管理的，1974 年交由著名的洲際酒店集團管理，該集團將富麗華酒店納入成員酒店網絡，負責向富麗華提供泛美航空公司世界性國際電腦通訊訂房服務，並派專人前往管理，每年收取該酒店 4% 服務費。1985 年，富麗華酒店企業有限公司在香港上市，由舊股東出售部份股權供公眾認購，傅氏家族仍持有40% 股權。上市該年度，富麗華純利為 6,380 萬港元。❼❺ 當然，富麗華酒店僅是傅氏家族的一部份資產，其他尚包括物業收租、證券債券外匯投資，以及東方紗廠等，上市資產僅佔家族總資產的十分之一。❼❻

到七八十年代，香港已逐漸發展成亞太區的旅遊中心、"購物天堂"，華資財團加強向酒店業發展，包括鷹君集團的富豪酒店，新世界發展的新世界酒店、麗晶酒店，新鴻基地產的帝苑酒店，呂志和家族的假日酒店，郭鶴年的香格里拉酒店以及恒隆集團的格蘭酒店等，一批華資酒店集團相繼崛起，成為香港酒店業一股重要力量。

06

新興華資財團勢力抬頭

20 世紀 50 年代初期，朝鮮戰爭爆發，以美國為首的聯合國對中國實行貿易禁運，香港傳統的經濟發展道路被堵塞。這一時期，一批從上海等內地大城市移居香港的華人實業家，在香港建立了最初的工業基礎——起初是紡織業、塑膠業，繼而是製衣、玩具、鐘錶、電子等，推動了香港的工業化及經濟結構的轉型。

六七十年代，隨著經濟起飛、各業繁榮，新興華商勢力不僅在製造業取得統治地位，而且相繼在航運、地產、酒店、影視娛樂及其他行業崛起，其中，一批具國際聲譽和規模的航運集團及財雄勢大的地產集團應運而生，成為了長期壟斷香港經濟的老牌英資財團的強大競爭對手，華資在香港經濟的地位迅速提升，已成為一股舉足輕重的新興力量。這一時期，華資在香港經濟中已佔有重要地位：

第一，華資在香港製造業取得統治地位。香港的製造業，最早是作為香港貿易轉口港的附屬品而衍生的，當時主要是船舶修理及製糖業，由英資佔主導地位。20 世紀以後，華資在香港製造業興起，並在五六十年代取得矚目的發展。到 1980 年，香港製造業廠家達 45,407 家，僱用工人 89 萬名，其中，華資所佔比重高達 97% 和 90%，已佔絕對優勢。華資製造商中，一批具規模的企業集團相繼冒起，包括香港紡織、南海紡織、南豐紡織、中國染廠、永新企業、南聯實業、麗新製衣、長江製衣、萬泰製衣、開達實業、中南鐘錶、寶光實業、善美環球、捷和集團、莊士集團、寶源光學、金山實業、德昌電機、南順集團、震雄集團等等，這批華資企業集團，構成了香港製造業的主力和骨幹。

第二，華資在航運業佔據優勢。50 年代以前，香港的航運業幾乎完全操縱在以太古、怡和為首的英資財團手中。然而，50 年代以後，隨著香港及遠東經濟的蓬勃發展，香港的航運業高速成長，一批新興的華資航運集團崛起，其中的佼佼者，是包玉剛旗下的環球航運、董浩雲旗下的東方海外、趙從衍旗下的華光航業、曹文錦旗下的萬邦航運，以及何鴻燊旗下的信德集團等等。其中，環球航運更成為世界航運業中高踞首位的私營船東集團，全盛時期旗下漆有集團標誌 "W" 的船舶超過 200 艘，總噸位超過 2,050 萬噸，超過蘇聯全國商船的總和。而董浩雲亦躋身世界七大船王之列，旗下漆有黃煙囱、標有 "梅花" 標誌的船隻全盛時期亦達 149 艘之多，總載重噸位超過 1,100 萬噸。到 70 年代末 80 年代初，以環球航運、東方海外、華光航業、萬邦航運為主力的華資航運，實力已超過了香港英資財團的航運力量。

第三，華資在地產業開始與英資分庭抗禮並逐漸佔據優勢。地產業素為華商的傳統投資領域，60 年代以後，華商在香港地產業的投資更形活躍，聲勢更加浩大，經營手法也從傳統的 "買樓收租" 轉向地產發展。當時，香港經濟起飛，百業興旺，在土地資源短缺、新移民大量湧入的情況下，香港地產市道蓬勃發展，從各行業冒起的華商，看好香港地產業的長遠發展前景，紛紛將投資的重點轉向地產業。1972年，香港股市進入大牛市，大批華資地產公司及時把握時機在香港上市，藉此籌集資金，擴大業務規模，到 70 年代末 80 年代初，華資地產公司迅速壯大，著名的包括長江實業、新世界發展、新鴻基地產、恒基地產、華懋集團、南豐集團、信和地產、恒隆、合和實業、希慎興業、大昌地產、鷹君等。（表 3-2）這時期，華資地產集團就集團規模而言，雖然仍不及老牌英資公司置地，但在總體實力上已超越英資而逐漸佔據優勢。

第四，華資在香港證券市場及證券經紀業中勢力抬頭，並開始佔據優勢。長期以來，香港證券市場一直被英資壟斷。1969 年以後，由華商主導的遠東會、金銀會、九龍會相繼誕生，打破了由英資控制的香港會的壟斷局面，大批新興華資企業得以利用證券市場上市集資，獲得快速發展。70 年代以前，英資佔優勢的公司在香港上市公司總數中約佔 70%，70 年代初股市狂潮中，香港股市仍然是英資四大行的天下。不過，自從 70 年代初期以來，一大批華資公司在香港上市並迅速發展壯大，已開始打破英資一統獨尊的局面。1978 年，香港 30 家市值最大的上市公司中，華資公司佔 12 家，到 1981 年已增加到 20 家，包括綜合企業的和記黃埔、隆豐國際，

表 3-2　1981 年底香港 20 家市值最大地產上市公司

排名	地產公司名稱	市值（億港元）
1	置地（英）	199.65
2	長江實業（華）	78.77
3	新世界發展（華）	43.71
4	新鴻基地產（華）	43.37
5	佳寧置業（華）	39.21
6	國際城市（華、英）	39.20
7	太古地產（英）	36.85
8	恒基地產（華）	35.25
9	信和地產（華）	33.81
10	恒隆（華）	28.94
11	合和實業（華）	22.20
12	希慎興業（華）	20.16
13	大寶地產（華）	18.31
14	信託置業（英）	14.17
15	大昌地產（華）	13.07
16	益大投資（華）	12.62
17	聯邦地產（英）	12.24
18	新城市（華）	12.20
19	永泰建業（華）	11.07
20	鷹君（華）	9.63

資料來源：香港《信報財經月刊》第 6 卷第 11 期，第 84-85 頁。

地產業的長江實業、九龍倉、新鴻基地產、新世界發展、佳寧置業、國際城市、恒基地產、恒隆、合和實業、希慎興業、大寶地產、大昌地產，銀行業的東亞銀行、永隆銀行、海外信託銀行、友聯銀行，酒店業的美麗華酒店，以及建築業的青洲英坭。（表 3-3）與此同時，隨著遠東會、金銀會、九龍會的發展壯大，以及香港聯合交易所的成立，華資證券經紀大量增加，逐漸取代外資經紀而成為香港證券市場的主導力量。

表 3-3　1978-1981 年香港 30 家市值最大上市公司排名變化（單位：億港元）

	公司名稱（市值）			
名次	1978 年	1979 年	1980 年	1981 年
1	滙豐銀行（80.8）	滙豐銀行（133.7）	滙豐銀行（244.0）	滙豐銀行（227.7）
2	恒生銀行（52.6）	恒生銀行（91.0）	置地（172.9）	置地（201.4）
3	置地（36.5）	置地（79.5）	恒生銀行（149.2）	恒生銀行（180.5）
4	港燈集團（29.1）	九龍倉（71.2）	九龍倉（103.2）	和記黃埔（80.6）
5	太古洋行（25.4）	港燈集團（39.1）	長江實業（90.3）	長江實業（79.1）
6	怡和洋行（24.9）	和記黃埔（38.7）	和記黃埔（78.4）	九龍倉（76.8）
7	九龍倉（24.5）	怡和洋行（37.6）	怡和洋行（72.2）	怡和洋行（69.2）
8	中華電力（20.3）	中華電力（34.7）	新鴻基地產（70.2）	中華電力（63.8）
9	新世界發展（16.6）	新世界發展（32.1）	港燈集團（64.5）	新鴻基地產（60.7）
10	和記黃埔（15.9）	太古洋行（32.0）	新世界發展（57.3）	港燈集團（48.7）
11	香港電話（14.6）	長江實業（28.1）	太古地產（51.9）	新世界發展（43.7）
12	香港隧道（10.8）	新鴻基地產（27.9）	中華電力（44.0）	大酒店（42.7）
13	太古地產（9.8）	大酒店（21.0）	太古洋行（41.4）	佳寧置業（39.2）
14	新鴻基地產（9.4）	香港電話（19.1）	大酒店（34.4）	國際城市（38.9）
15	長江實業（9.3）	太古地產（18.7）	佳寧置業（32.8）	太古洋行（38.8）
16	亞洲航業（8.9）	青洲英坭（17.3）	恒隆（31.1）	東亞銀行（38.0）
17	東亞銀行（8.8）	香港隧道（14.2）	大寶地產（30.1）	太古地產（37.1）
18	大酒店（8.7）	亞洲航業（13.4）	隆豐國際（27.1）	隆豐國際（30.8）
19	青洲英坭（8.6）	合和實業（11.8）	青洲英坭（25.7）	恒隆（28.9）
20	東方海外（7.3）	會德豐（11.6）	會德豐（21.4）	香港電話（28.6）

	公司名稱（市值）			
名次	1978 年	1979 年	1980 年	1981 年
21	會德豐（7.1）	恒隆（11.3）	鷹君（20.9）	永隆銀行（27.6）
22	恒隆（5.8）	東亞銀行（10.7）	合和實業（19.6）	會德豐（22.7）
23	港機工程（5.4）	東方海外（10.7）	香港電話（18.3）	美麗華酒店（22.6）
24	均益倉（5.3）	大昌地產（9.7）	富豪酒店（17.6）	合和實業（22.2）
25	怡和證券（5.2）	大寶地產（9.0）	永隆銀行（16.4）	青洲英坭（21.4）
26	美麗華酒店（5.1）	佳寧置業（8.6）	廖創興企業（15.0）	希慎興業（20.5）
27	九龍巴士（5.0）	和記地產（8.0）	九龍巴士（14.9）	大寶地產（20.2）
28	合和實業（4.9）	怡和證券（7.8）	大昌地產（14.9）	大昌地產（16.2）
29	南聯實業（4.8）	廖創興企業（7.8）	亞洲航業（14.1）	海外信託銀行（16.1）
30	友聯銀行（4.5）	海港企業（7.5）	東亞銀行（13.5）	友聯銀行（16.1）

資料來源：1985 年《香港證券交易所年刊》，上述數字是以同年 12 月 31 日已發行之普通股數目作參考計算。

　　此外，華資在影視娛樂、酒店等行業也逐步積聚力量，趁勢崛起。這一時期，華資財團作為一股新興的資本力量，已從香港各主要經濟行業崛起，羽翼漸豐，勢力抬頭，已具備條件向長期壟斷香港經濟的英資財團正面發起挑戰。

註釋

❶ 元邦建編著,《香港史略》,香港:中流出版社有限公司,1988 年,第 160 頁。

❷ 香港工業署著,《一九九五年香港製造業》,第 70 頁。

❸ 沈濟民著,《上海大亨壟斷香港紡織業》,香港:《信報財經月刊》雜誌,1988 年 10 月,第 56 頁。

❹ 《香港最現代化的工業:棉紡織業》,香港經濟導報編輯,《香港工業手冊》,1958 年,第 17 頁。

❺ 陳威著,《陳廷驊:勤勉經營的棉紗大王》,莊炎林主編:《世界華人精英傳略 · 港澳卷》,南昌:百花洲文化出版社,1995 年,第 65 頁。

❻ 張英著,《周文軒傳奇(專訪)》,香港:《南北極》雜誌,1995 年 5 月,第 40 頁。

❼ 蕭雪著,《安子介:致力於繁榮進步的 "智者"》,莊炎林主編:《世界華人精英傳略 · 港澳卷》,南昌:百花洲文化出版社,1995 年,第 56 頁。

❽ 盧永忠著,《林百欣永不言休》,香港:《資本》雜誌,1994 年 9 月,第 88-89 頁。

❾ 凌永彤著,《林氏家族在危機中再創 "奇蹟"?》,香港:《經貿縱橫》雜誌,1989 年 8 月,第 56 頁。

❿ 參閱《鱷魚恤有限公司專輯——色彩繽紛四十年》,香港:《經濟日報》,1993 年 4 月 16 日。

⓫ 黃惠德著,《香港製衣業總商會會長陳瑞球訪問記》,香港:《信報財經月刊》雜誌,第 3 卷第 10 期,第 41 頁。

⓬ 同註 11,第 42 頁。

⓭ 何文翔著,《香港富豪列傳》,香港:明報出版社,1991 年,第 178 頁。

⓮ 趙浩生著,《訪問工業家丁熊照先生》,丁熊照著:《真理與事實——一個香港工業家的回憶錄》,香港:香港開達實業有限公司,1970 年,第 104 頁。

⓯ 香港股票研究中心編印,《香港股票資料手冊(1988-1993)》,香港:香港股票研究中心,1994 年,第 169 頁。

⓰ 紫華著,《"表叔" 不敵 "本地鱷"——看康力停牌》,齊以正等著:《上岸及未上岸的有錢佬》,香港:龍門文化事業有限公司,1984 年,第 226、228 頁。

⓱ 曹淳亮主編,《香港大辭典》,廣州:廣州出版社,1994 年,第 356 頁。

⓲ 漢言著,《世界船王的興起》,香港:《每週財經動向》雜誌,1988 年 6 月 6 日,第 11 頁。

⓳ 郭峰著,《不是猛龍不登岸——試析包玉剛為何捨舟登陸》,齊以正、郭峰等著:《香港兆萬新富列傳》,香港:文藝書屋,1980 年,第 76 頁。

⓴ 同註 19,第 75 頁。

㉑ BW Group,"History: 1960s-1970s: Riding the Waves",BW Group 官網。

㉒ 董浩雲著,《歷盡滄桑話航運——廿五年來中國航運事業的回顧》,《中國遠洋航運與中國航運公司》,1954 年。

㉓ 同註 22。

㉔ 郭峰著,《冰山一角看冰山——董浩雲集團究竟有多大?》,香港:《南北極》雜誌,第 117 期,

1980 年 2 月 16 日，第 6 頁。

㉕ 何文翔著，《香港富豪列傳之二（修訂版）》，香港：明報出版社，1993 年，第 126 頁。

㉖ 張英著，《在華光船務集團總部訪趙世彭》，香港：《南北極》雜誌，1995 年 8 月，第 15 頁。

㉗ 凌泰著，《父子兵——趙世彭先生訪問記》，香港：《信報財經月刊》雜誌，第 1 卷第 3 期，第 54 頁。

㉘ 曹文錦著，《我的經歷和航運五十載》，香港：萬邦集團，1998 年，第 16 頁。

㉙ 何文翔著，《香港富豪列傳》，香港：明報出版社，1991 年，第 190 頁。

㉚ 張英著，《訪問 "萬邦航運" 主席曹文錦》，香港：《南北極》雜誌，1995 年 4 月，第 35 頁。

㉛ 李倩琴著，《狡兔之窟》，香港：《資本家》雜誌，1992 年 8 月，第 41 頁。

㉜ 同註 28，第 21-26 頁。

㉝ 參見《李福兆談聯合交易所新猷》，香港：《每週經濟評論》雜誌，1982 年 3 月 1 日，第 17 頁。

㉞ Robin Barrie and Gretchen Tricker, *Shares in Hong Kong: One hundred years of stock exchange trading*, Hong Kong: The Stock Exchange of Hong Kong Ltd., 1991, pp.76-77.

㉟ Adam Lynford, *Hong Kong Stocks Sky-High-Intense Activity on Hong Kong Stock Exchange*, Hong Kong Government Information Services, Feature Article 6004/2.

㊱ 鄭宏泰、黃紹倫著，《香港股史（1841-1997）》，香港：三聯書店（香港）有限公司，2006 年，第 286 頁。

㊲ 霍禮義（Robert Fell）著、劉致新譯，《危機與轉變》，香港：三思傳播有限公司，1992 年，第 35 頁。

㊳ 馮邦彥著，《香港地產業百年》，香港：三聯書店（香港）有限公司，2001 年，第 63-65 頁。

㊴ 同註 38，第 65-66 頁。

㊵ 瞿琮編著，《霍英東傳》，北京：紅旗出版社，1996 年，第 114 頁。

㊶ 冷夏著，《霍英東傳（上卷）》，香港：名流出版社，1997 年，第 165 頁。

㊷ 同註 41，第 170-171、308-309 頁。

㊸ 呂景里著，《嘉年地產清盤的前因後果》，香港：《經濟一週》雜誌，1984 年 1 月 23 日，第 5 頁。

㊹ 凱君著，《嘉年集團的崛興和覆滅》，齊以正等著：《上岸及未上岸的有錢佬》，香港：龍門文化事業有限公司，1984 年，第 84 頁。

㊺ 何文翔著，《香港富豪列傳之二》，香港：明報出版社，1991 年，第 142 頁。

㊻ 馮邦彥著，《不斷超越，更加優秀——創興銀行邁向七十周年》，香港：三聯書店（香港）有限公司，2018 年，第 1-3 章。

㊼ 康恒著，《地產界最強人——李嘉誠雄霸商場五個階段》，香港：《南北極》雜誌，第 127 期，1980 年 12 月 16 日，第 24 頁。

㊽ 方式光、李學典著，《李嘉誠成功之路》，香港：香江出版有限公司，1992 年，第 49 頁。

㊾ 郭峰著，《"樓宇製造工廠"：新鴻基地產》，齊以正、郭峰等著：《香港超級巨富列傳》，香港：文藝書屋，1980 年，第 55 頁。

㊿ 黃惠德著，《胡忠先生的傳奇——事業又稱流言風語惹煩惱，妻賢子肖得心應手耀門楣》，香港：《信報財經月刊》雜誌，第 3 卷第 9 期，第 23-26 頁。

(51) 畢亞軍著，《極具遠見的實業家》，華商韜略編委會，華商名人堂官網。

(52) 郭峰著，《恒隆集團雄霸旺角》，香港：《南北極》雜誌，第123期，1980年8月16日，第9頁。

(53) 留津著，《鄭裕彤先生訪問記摘要》，香港：《南北極》雜誌，第84期，1977年。

(54) 留津著，《珠寶大王——鄭裕彤》，香港：《南北極》雜誌，第84期，1977年。

(55) 郭峰著，《李兆基經營地產的秘訣——兼談恒基兆業與永泰建業的發展》，香港：《南北極》雜誌，第124期，1980年9月16日，第9頁。

(56) 同註55。

(57) 陳憲文、方中日著，《李兆基處世之道——在於順勢應時》，香港：《信報財經月刊》雜誌，第5卷第2期，第23頁。

(58) 華懋集團，《發展歷程》，華懋集團官網。

(59) 盧永忠著，《締建電影王國：鄒文懷夢想成真》，香港：《資本》雜誌，1995年第3期，第68頁。

(60) 陶世明著，《製夢工場的新教父——鄒文懷》，齊以正等著：《上岸及未上岸的有錢佬》，香港：龍門文化事業有限公司，1984年，第43頁。

(61) 同註59，第66頁。

(62) 同註59，第70頁。

(63) 同註60，第42頁。

(64) 鍾寶賢著，《香港百年光影》，北京：北京大學出版社，2007年，第285、294、331頁。

(65) 呂景里著，《香港電視上市可掀起熱潮》，香港：《經濟一週》雜誌，1984年1月9日，第6頁。

(66) 同註29，第164頁。

(67) 陶世明著，《賭國混江龍後代立品》，齊以正等著：《香港商場"光榮榜"》，香港：龍門文化事業有限公司，1985年，第205頁。

(68) 譚隆著，《雄視港、澳、菲的三大賭博機構》，香港：《南北極》雜誌，第146期，1982年7月16日，第11頁。

(69) 海倫譯，《同花大順——何鴻燊的澳門發展大計》，香港：《財富》雜誌，1990年10月，第11頁。

(70) 同註69，第10頁。

(71) 郭峰著，《談美麗華酒店集團》，齊以正等著：《上岸及未上岸的有錢佬》，香港：龍門文化事業有限公司，1984年，第119頁。

(72) 郭榮標著，《楊秉正細説與置地的一筆賬》，香港：《經濟一週》雜誌，1985年10月21日，第4頁。

(73) 同註29，第152頁。

(74) 同註54，第10頁。

(75) 呂景里著，《傅厚澤詳細談富麗華經營之道》，香港：《經濟一週》雜誌，1985年3月18日，第5頁。

(76) 何文翔著，《傅厚澤並非三世祖》，香港：《明報》，1992年12月7日。

4

崛起中的挫敗

20 世紀 60 年代中期，尤其是 80 年代初中期，香港部份歷史悠久、實力雄厚的華資集團接連在經營中失利，有的甚至被迫清盤破產、債務重組或將控制權拱手出讓，成為戰後以來香港新興華商崛起大潮中一股令人矚目的暗流。這些經營失利的集團，涉及的行業包括銀行、地產、航運，甚至百貨零售、飲食、旅遊等各個領域，對華資的發展構成一定程度的打擊，其中影響最深遠的首數銀行業。

華資在銀行業的挫敗，使急速崛起中的華資財團被迫轉向以滙豐銀行、渣打銀行為首的英資銀行及其他外資銀行尋求金融依託。這種局面的形成，一方面加強了英資財團在香港銀行業的壟斷地位及在香港經濟中的權勢，另一方面亦使得即使是財雄勢大的華資大財團，亦不得不在某程度上受制於英資，形成對英資財團的某種依賴性。

01

銀行業：家族銀行的惡夢

————————————

　　五六十年代，隨著香港經濟轉型、起飛，以恒生、東亞銀行為首的一大批華資銀行迅速崛起，成為了香港銀行業一股新興力量。然而，隨著銀行業競爭加劇，各銀行為吸引存款，爭相提高存款利率，尤其是部份華資銀行，經營策略極為冒進，將貸款投向風險極高的地產、股市，甚至積極參與投機，形成流動資金不足。當時香港尚未建立有效的銀行監管制度加以制止，以致相繼釀成 60 年代初中期及 80 年代初中期的多次銀行危機，結果恒生、恒隆、海外信託、嘉華、友聯、永安及康年等多家華資銀行相繼被收購、接管或倒閉，嚴重影響了華資在銀行業的發展。

》廖創興銀行擠提風潮

　　最早受到衝擊的是廖創興銀行。廖創興銀行由香港潮商廖寶珊創辦於 1948 年，當時稱為 "廖創興儲蓄銀莊"，1955 年正式註冊為 "廖創興銀行有限公司"，註冊資本 500 萬港元，實收資本 400 萬港元。銀行定名為 "創興"，表示要協助市民客戶 "創業興家"。為此，廖寶珊推出了一系列便利客戶的服務措施。當時，銀行的營業時間一般為上午 10 時至下午 3 時，中午休息一小時，廖創興銀行打破傳統，將營業時間延長至上午 8 時至下午 5 時，中午照常辦公，受到普遍存戶的歡迎。廖創興銀行還首創小額儲蓄存款的方法，並廣為宣傳，結果反應熱烈，令存款劇增。1958 年，廖創興銀行在創辦 10 週年之際將註冊資本增至 2,000 萬港元，實收資本增至 1,000 萬港元，已初具規模。

　　1961 年，香港房地產市場進入戰後第三次週期的高潮階段，與 1954 年的水平相比，香港的土地價格已增加 2-11 倍。這一時期，銀行體系的安全性明顯下降，主要表現在銀行的流動資產比率（這裡指銀行庫存現金總額和存放在其他銀行的淨餘額對存款總額的比率）持續下降和貸款對存款比率不斷上升。當時，在諸多華資銀行中，普遍存在著對貸款的過度擴張和對房地產的大幅貸款，廖創興銀行的情況也不例外。1960 年底，廖創興銀行的實繳股本為 1,000 萬港元，另有準備金 1,500 萬港元，銀行的各項存款總額（包括溢利稅及呆賬準備）共有 1.09 億港元。在資產方面，它的現金餘額約 3,500 萬港元，貸出款項及其他賬目（包括透支及抵押貸款）有 7,400 萬港元，銀行存貸比率為 67.8%，清償力比率為 32.1%。它的金融資產共計約有 1,400 萬港元，其中房地產 580 萬港元，附屬公司股票 860 萬港元。據估計，當時廖創興銀行的存款約有 75-80% 用於房地產貸款和投資上。❶

1961 年 6 月 14 日，廖創興銀行受到不利傳聞和謠言的困擾，遭到大批存戶擠提。當天早上，廖創興銀行與往常一樣按時開門營業，然而大批儲戶湧到銀行擠兌。不過，當天的擠兌額不算太高，數額合共約 300 多萬港元。及至 15 日和 16 日，存戶擠提進入高潮，在港島德輔道西總行，以及銅鑼灣分行、九龍彌敦道旺角分行、太子道九龍城分行、大埔道深水埗分行等，都擠滿通宵達旦在街頭露宿輪候提款的人潮。當時，香港生活環境困難，一般市民教育水平不高，因此一有謠言就很容易一傳十、十傳百地散播開去，不少市民抱著“寧可信其有，不可信其無”的心態加入擠兌行列。首三天，前往提款的客戶多達 2 萬人，提走的存款估計超過 2,000 萬港元。❷

面對危局，廖寶珊被迫向滙豐、渣打銀行求助，有人估計雙方可能達成一項以廖創興銀行所持地產作擔保的秘密協議。❸ 據後來透露，該協議的主要內容是，滙豐銀行、渣打銀行向廖創興銀行借出約 4,000 萬港元貸款，作為條件，廖寶珊本人將自己的物業地契抵押給滙豐、渣打，滙豐亦派出多位職員作為接管人（Receiver）接管銀行，稽核賬目。6 月 16 日下午，滙豐銀行和渣打銀行發表聯合聲明，表示廖創興銀行的資產多於負債，將“對廖創興銀行予以支持”，並向該行貸出 3,000 萬港元款項以應付擠兌。由於獲得滙豐、渣打兩家發鈔銀行的支持，是次銀行擠提風潮在 6 月 17 日以後漸次平息下來，整個風潮前後持續了大約兩三個星期。這次風潮對廖寶珊及廖創興銀行打擊頗大，一個月後廖寶珊因腦溢血病逝。

面對危局，廖寶珊幾名兒子廖烈文、廖烈科、廖烈武、廖烈智繼承父業。1962年，為了提高香港社會特別是客戶的信心，廖創興銀行宣佈改組銀行董事會，將原來由廖烈文、廖烈科、廖烈武、廖烈智4人組成的董事會擴大到8人，新增的董事都是香港有名的潮商，包括顏成坤、陳弼臣、馬澤民、范培德等，由中華汽車公司董事長顏成坤出任主席，廖烈文出任董事總經理。經此一役，廖創興銀行的經營策略逐漸轉趨審慎，業務再度取得發展。1973年，廖創興銀行將註冊資本增至3億港元，實收資本增至1.5億港元，同時引入日本銀行資本，由日本三菱銀行持有銀行25%股權，成為日資銀行的聯營企業。

» 1965 年銀行擠提風潮：恒生被滙豐收購

1961年的銀行風潮，在當時曾被稱為"本港有史以來最大一次"，是"空前的銀行風暴"。不過，從後來的歷史看，這不過是華資銀行厄運的序幕，更大的危機接踵而來。

1965年1月農曆春節前夕，銀行的銀根開始緊張。當時，市面開始流傳關於明德銀號發生資金困難的謠言。1月23日，明德發出的總值700萬港元的美元支票遭到拒付。1月26日，若干較大客戶拿支票到中區明德銀號總行兌現，該行沒有足夠現款支付。消息傳出，大小客戶紛紛湧至，當天下午，香港票據交換所宣佈停止該銀號的票據交換。第二天清早，明德銀號總行門前擠滿提款的人群。中午12時，香港政府銀行監理專員宣佈根據《銀行業條例》第13條，接管明德銀號。明德銀號創辦於40年代初，早期專注美元匯兌，50年代以後積極投入房地產買賣。1964年房地產價格急跌時，明德雖擁有不少落成或在建物業，但已無力償還債務。

2月4日，香港高等法院批准明德的破產申請，但延期40日執行，使其能同債權人洽商。4月30日，明德銀號的獨資老闆宣佈破產，政府任命破產事務官為破產財產的受託人。據破產事務官的報告，這家銀號的總負債為2,100萬港元，其中包括存款1,200萬港元，總資產則為2,000萬港元。從理論上說，明德的虧損不算大，但總資產中約有 1,850 萬元是按當時價格計算的房地產，這些房地產的價格在 1965 年初已大幅下降。更糟糕的是，這些房地產中的一大部份包括尚未完工的工程。事實上，到 1965 年 8 月，政府為完成這些工程已墊付了 1,000 萬港元。

明德銀號停業後，更大的危機接踵而來。冒進有餘而穩健不足的廣東信託商業銀行成為擠提風潮的第二個目標。廣東信託商業銀行創辦於 1931 年，開始並不活躍，50 年代轉趨積極進取，在港九新界各處廣設分行，到 1965 年初已開設 24 間分行。1965 年 2 月 6 日，廣東信託商業銀行香港仔分行發生擠提，逾千人群等候提款，其中大部份是漁民，擠提從下午 2 時持續到晚上 9 時。

當晚 8 時，香港銀行監理專員發表聲明，指明德事件決不會對香港其他銀行或銀行體系的安全造成任何影響。然而，翌日早晨，廣東信託商業銀行的元朗分行仍然出現擠提人龍。在擠提過程中，滙豐銀行元朗分行的經理和一名高級職員用擴音器向人群講話，保證滙豐對廣東信託的充份支持。這種保證產生了效果，當天下午擠提暫告結束。不過，2 月 8 日，滙豐銀行副總經理奧利芬發表聲明，聲稱昨天它的職員只保證有限的支持，"這不幸被誤解為滙豐銀行給予廣東信託無限支持，這是不可能的"。與此同時，廣東信託商業銀行總行及 24 間分行宣告停業。

2 月 8 日上午，香港政府財政司郭伯偉根據銀行條例簽發命令，指示銀行監理專員接管廣東信託商業銀行。財政司宣稱香港銀行系統的財政結構健全，並有充份的資金，市民無須為其在銀行的存款而憂慮。然而，官方的保證來得太遲，不足以恢復公眾的信心。當時，有關本地華資銀行資金困難的謠言四起，猶如一把野火燒遍整個市場。當天下午，驚恐萬狀的存戶開始大量提取存款，擠提風潮迅速蔓延到恒生、廣安、道亨、永隆等銀行。當日，中區的交通嚴重堵塞，不得不召警察前來維持秩序。甚至在銀行營業時間結束以後，排隊提款的人龍也拒絕散去。

當晚，滙豐銀行發表聲明，保證對恒生銀行作無限量支持，並表示當任何銀行發生困難時，該行將予以商討，進行協助。滙豐銀行即派職員加開夜班點數現鈔，並多次出動解款車。午夜，渣打銀行也發表聲明，宣稱獲總行授權無限量支持廣安、道亨銀行。2 月 9 日，香港政府宣佈它完全支持外匯銀行公會的決議，在到期之前不准提取定期存款。然而，恐慌並沒有停止，擠提風潮不僅持續，而且蔓延到遠東銀行，並波及澳門。當日下午，滙豐再度發表聲明，保證對永隆銀行、遠東銀行予以無限量支持。由於擔心局勢正逐漸失控，2月9日中午，香港政府出版憲報號外，同時頒佈緊急法令，宣佈英鎊為法定貨幣，政府將從倫敦空運大批英鎊紙幣來香港以應付貨幣的不足。香港總督並下令，每一存戶每天提取的現金最高限額為100元港幣，直至有足夠數量的英鎊紙幣運抵香港為止。違例者政府將撤銷其銀行牌照。同日中午，港府財政司郭伯偉、滙豐銀行總經理桑達士、渣打銀行經理紀禮咸聯合舉行記者招待會，強調香港各銀行有充足資金，以安定人心。當晚，港督戴麟趾呼籲市民合作，以克服目前不必要的困難，聲明由華人名流利銘澤用華語讀出。

2月10日，香港政府進一步採取兩項措施：一是由財政司執行《銀行業條例》所賦予的權力，規定所有銀行每日營業結束時，必須將其所存現鈔額向銀行監理處處長報告；二是港督會同行政局授權銀行業監理專員，命令"各銀行將所存的剩餘鈔票交回發行鈔票的銀行"。在香港政府及銀行體系採取連串措施之後，2月10日，擠提風潮暫告平息。從擠提風潮爆發到2月13日止，從倫敦運到香港的港幣已達5,000萬港元，英鎊達110萬鎊。

不過，恒生銀行仍受到謠言的困擾，直至3月份，仍有不少毫無根據的流言對恒生銀行進行惡意攻擊，部份大客戶陸續取消賬戶。4月初，擠提風潮再起，這次首當其衝的是恒生銀行。當時，大批市民爭相湧到恒生銀行總行提取存款，人潮從德輔道中一直延伸到皇后像廣場的香港會所。4月5日，恒生銀行在一天之內失去8,000萬存款，到4月上旬總共喪失存款2億港元。❹ 當時，滙豐銀行再次發表聲明支持恒生，然而情況並未改善，根據利國偉的回憶，"恒生的存款一點一滴地被抽光，若然這樣繼續下去，我們便無法償還債項，甚至達到破產的邊緣"。❺

面對危局，恒生銀行董事長何善衡召開董事局會議急謀對策。當時，恒生銀行面臨3個選擇：要麼接受美國大通銀行的援助，要麼停業由政府接管，或者轉向滙豐銀行。經過多日的商討，到4月8日，恒生銀行董事局決定壯士斷臂，將銀行控股權售予滙豐，洽售事宜交由通曉英語的利國偉全權負責。翌日，利國偉與港府財政司郭伯偉會面，得到批准後立即與滙豐銀行接觸。在談判中，雙方對恒生銀行的總價值和出售的股權數量分歧較大，滙豐認為恒生時值6,700萬港元，要求收購恒

1965 年 2 月，廣東信託商業銀行繼明德銀號之後，成為擠提風潮的第二個目標，揭開了 60 年代中期銀行危機的序幕。

1965 年 4 月，恒生銀行被擠提情景。此舉導致恒生銀行被迫將控股權售予滙豐銀行，規模最大的華資銀行自此成為英資滙豐銀行集團的附屬公司。

生 76% 股權，但恒生方面則表示銀行的時值應為 1 億港元，並只願意出售 51% 的股權。雙方的談判一直持續到午夜才達成協定。結果，滙豐銀行以 5,100 萬港元代價收購恒生銀行 51% 股權。消息傳開後，擠提風潮即告平息。

這次危機可說是香港銀行史上華資銀行最大的挫敗。對此，香港《南北極》雜誌資深專欄作家郭峰的評論是："一家如此迅速發展、善於經營、服務忠誠和口碑載道的銀行，就這樣被謠言所害，被人家吞掉 51% 股權，令全港有識之士無不為它扼腕慨嘆。"❻ 是役最大的贏家無疑是英資的滙豐銀行，它不僅以極低廉的代價購入最寶貴的資產和業務，而且一舉消弭了香港銀行業中最有威脅的競爭對手，最終奠定滙豐在香港銀行零售業中的壟斷優勢。滙豐收購恒生銀行後，仍讓其保留原有獨特的華人管理層，這是滙豐的遠見卓識。在滙豐的領導下，恒生銀行的業務發展得更快，1972 年在香港上市，翌年恒生銀行盈利達 7,100 萬港元，到 1981 年更增至 5.75 億港元，8 年期間增幅達 8 倍。❼ 這時，恒生銀行的分行已增至 45 間，職員達 4,600 人，成為香港僅次於滙豐的最大商業銀行，恒生的名字，更因其在 1969 年編製的 "恒生指數" 而深入民心，家喻戶曉。可惜的是，這時恒生已脫離華資銀行之列，成為英資滙豐銀行的重要成員。

1965 年的銀行危機最後還波及兩家小銀行——遠東銀行和有餘銀行。遠東銀行創辦於 1958 年，創辦人是經營戲院起家的邱德根。早期，遠東僅是荃灣的一家小錢莊。60 年代，遠東銀行也深深地陷入對房地產的貸款和投資中。1965 年銀行危機爆發時，它是遭受大量提款的銀行，並且是香港銀行業中唯一一間不符合《銀行業條例》有關法定清償力比率要求的銀行。1965 年 11 月 25 日，遠東銀行香港仔分行發生擠提。應政府的要求，滙豐銀行發表聲明，表示它對遠東的無條件支持仍然有效。滙豐對遠東的支持直至 1969 年，該年後者被萬國寶通銀行收購。

有餘銀行由一批僑商創辦於 1953 年，像許多本地銀行一樣，它也深深捲入了房地產市場。1965 年銀行危機中，有餘銀行也遭受到極大的財政困難，不得不向滙豐銀行求助。1966 年 9 月 15 日，根據港府財政司的命令，有餘銀行被滙豐銀行接管。該年，受銀行危機的影響，香港因破產而正式經過法庭封閉拍賣的工商企業達到 435 家。

» 80年代銀行擠提危機：恒隆銀行被接管

60年代中期銀行危機過後，港府下令凍結銀行牌照，實施危機前已修訂通過的銀行條例，加強對銀行業的監管，華資銀行遂獲得了一個休養生息、恢復元氣的機會。1978年，港府為推動香港國際金融中心的形成，宣佈撤銷停發銀行牌照的限制，大批跨國銀行相繼進入香港，令銀行業的競爭再度轉趨激烈。在此期間，香港的房地產業再次異常蓬勃發展，這又刺激了部份華資銀行逐漸將謹慎放款的原則拋到九霄雲外，大量投資於地產、股市。到1981年最後幾個月，香港的房地產在利率高企、港元貶值、內部消費萎縮、公司利潤下降，以及九七問題開始浮現等多種不利因素下開始下跌。1982年9月，英國首相戴卓爾夫人訪問北京，向中國領導人鄧小平提出以主權換治權的建議，遭到鄧小平的斷然拒絕。稍後，中國政府宣佈將在1997年恢復對香港行使主權。這一系列消息傳到香港，早已疲憊不堪的股市、樓市應聲下跌並迅速崩潰，結果釀成比60年代更大的金融危機。

導火線是1982年9月6日有近百年歷史的謝利源金舖的倒閉。謝利源金舖創辦於清朝同治六年（1867年），原設於澳門，是一家百年老號。70年代期間，謝利源金舖推出"千足黃金積存計劃"，市民只需購買一錢重的黃金，就可開一個買賣黃金的戶口，按當日金價買賣黃金。該計劃既滿足了普羅市民投資保值，又可利用金價套取微利的心理，一時大受歡迎。行內人士估計謝利源金舖藉此吸收了逾2,000萬港元。❽ 然而，開設黃金戶口，金舖實際面對的風險相當大。1982年8月，國際金價急升，每兩漲近1,500港元，謝利源金舖缺乏黃金儲備，被迫在市場"補倉"，導致資金周轉不靈，結果只好在9月6日倒閉。

翌日，市場盛傳謝利源金舖與恒隆銀行關係密切，部份手持謝利源金舖發行的黃金券的投資者到恒隆銀行元朗分行要求兌換現金，遭到拒絕。一時間，有關該行支付發生問題的傳聞不脛而走，該行在元朗、上水、粉嶺、屯門等地多間分行先後出現排隊提款長龍，觸發了恒隆銀行的擠提風潮。當日，恒隆銀行被提走的款項達7,000萬港元。幸而恒隆反應敏捷，該行董事總經理莊榮坤隨即在中區總行舉行記者招待會，鄭重聲明恒隆與謝利源金舖並無財務關係。為應付可能發生的新情況，是晚該行調動 2 億港元現金到各分行，並決定翌日再調動另外 7 億港元以應不時之需。9 月 8 日上午，渣打銀行及中國銀行先後發表聲明，表示全力支持恒隆銀行，事態暫時平息。據恒隆銀行事後估算，該行在兩日內共向各分行注資 3.5 億港元，而被提走的款項則接近 1 億港元。

不過，危機並未過去。11 月 15 日，當時頗負盛名的註冊接受存款公司——大來信貸財務公司因無法償還債務，其控股公司大來信貸控股在香港股市停牌。事件起源於益大宣佈債務重組，引起銀行收緊對財務公司的信貸。當時，大來信貸財務已欠下以美國銀行為首的 39 家金融機構約 6.5 億港元債務，被迫清盤。由於恒隆銀行兩名董事包括董事總經理莊榮坤和董事李海光，同時也是大來信貸控股的董事，恒隆銀行的清償能力再次受到質疑。受此影響，多家曾相當活躍的財務公司，包括香港存款保證、德捷財務、威豪財務、美國巴拿馬財務、行通財務等，在短短數月間先後倒閉，業內瀰漫著一片愁雲慘霧。

1983 年 9 月，危機開始衝擊到部份實力薄弱的銀行，首當其衝的是恒隆銀行。恒隆銀行創辦於 1935 年，當時稱為 “恒隆銀號”，1965 年註冊為恒隆銀行有限公司，是一家歷史悠久的華資銀行。1976 年，以福建籍僑商莊榮坤、莊清泉為首的菲律賓統一機構以 5,000 萬港元代價，收購恒隆銀行 80% 股權，成為該行大股東。❾恒隆銀行在 70 年代發展頗快，到 80 年代初已擁有 28 間分行，成為一家中等規模的本地銀行。不過，該行在 80 年代初的地產高潮中過度投入，到 1983 年時已泥足深陷而不能自拔。

當時，正值中英雙方關於香港前途問題的談判陷於僵局，觸發了空前的貨幣危機。9 月 24 日，港元對美元的匯價已跌至 9.6：1 的歷史最低位，許多商店已拒收港元，整個貨幣制度瀕臨崩潰，有關銀行不穩的傳言再次在市面盛傳。9 月 27 日，恒隆銀行為彌補尚未結算賬戶的淨損額，向其票據結算銀行渣打銀行就一張 11.8 億港元的支票要求透支 5,000 萬港元，遭到拒絕。鑑於恒隆銀行的倒閉很可能觸發新一輪的銀行危機，造成金融體系的大動蕩，港府聞訊即召開立法局緊急會議，閃電式三讀通過《恒隆銀行（接管）條例》，授權政府動用外匯基金接管恒隆。這是香港政府首次出面挽救陷於絕境的銀行，被認為是徹底粉碎了 “郭伯偉、夏鼎基（不干預）傳統”。

9 月 28 日，港府正式接管恒隆銀行，組成以金融事務司為首的新董事局，並委任滙豐銀行信貸部經理為總經理，而恒隆的控股公司統一機構亦隨即被停牌、清盤。❿ 半年後，恒隆銀行的真相被揭露：銀行虧損額高達 3.36 億港元，其中，數額高達 2.66 億元的款項被公司董事及有關機構，在極少抵押的情況下被一筆筆借走。⓫ 銀行被接管的導火線，是大來財務公司欠恒隆的一筆 8 億港元的債項。由於這筆債項被發現，一向支持恒隆的渣打銀行才最終放棄繼續支持而使問題暴露。港府為挽救該行，通過外匯基金向恒隆注入了 3 億港元。港府接管恒隆銀行後，經過數年的整頓、經營，才使其逐步轉入正軌。1989 年 9 月，港府與國浩集團達成協定，國浩以 6 億港元的代價收購恒隆銀行，條件是恒隆必須併入國浩旗下的道亨銀行一起經營。1990 年 6 月，恒隆被併入道亨銀行，結束了它在香港經營 55 年的歷史。

》 新鴻基銀行被收購

就在恒隆銀行被接管後的一週之內，又有一家華資銀行陷入困境，這次是"三劍俠"之一的馮景禧創辦的新鴻基銀行。馮景禧（1922-1985），原籍廣東南海，早年家道中落，16 歲時便赴香港謀生，任職於紅磡卑利船廠，香港淪陷後返回廣州，經營糧食與酒樓，1948 年再赴香港，經營運輸貿易。1958 年與郭得勝、李兆基等合辦永業企業，後又共同創辦新鴻基企業。不過，馮景禧自 1969 年起便逐漸脫離新鴻基，自行向證券業發展。

當時，正值遠東交易所創辦，馮景禧採用魚翁撒網式經營證券業務，將目標對準廣大的中小客戶。1973 年 2 月，馮景禧正式註冊成立新鴻基證券有限公司，當時稱為"新鴻基（私人）有限公司"。70 年代初，是馮景禧及新鴻基證券聲名大噪的時期，當時正值香港股市進入大牛市時期，新鴻基證券成立資料研究部，創辦《股市週報》，並免費向客戶提供股票的中文分析資料，因而吸引了大批因語言障礙而不懂投資的小市民成為它的客戶。新鴻基證券由此成功確立在證券業的領導地位。1975 年 6 月，新鴻基證券藉收購上市公司華昌地產，利用"介紹方式"在香港上市，並定下向國際市場發展的方針。該年度新證的純利已急升至 3,400 萬港元，員工亦從創辦初期的 6 人急增到 280 人。到 1977 年，新鴻基證券已發展為一家大型證券公司，在世界各主要城市設有辦事處，買賣港股、美股及其他地區股票，在債券、期貨、黃金市場也已建立了一定的基礎。⓬

1973 年股災之後，馮景禧調整經營方針，全力發展新證旗下的全資附屬公司新鴻基財務有限公司（成立於 1970 年），向財務、商人銀行業務方面發展。1978 年 9 月，新鴻基財務受到謠言影響發生擠提，為了避免與新證兩家公司相互影響，1979 年 10 月，新鴻基證券展開改組，將業務一分為二，由新鴻基證券負責代客買賣股票、期貨、黃金等業務，而新鴻基財務則專責處理存款、貸款協助其他公司供股、收購、上市等業務。同年 12 月，新鴻基財務在香港上市。其時，公司的總資產已從 1975 年的 4.1 億港元增至 1979 年的 18.8 億港元，業務範圍廣及各類存款、貸款及保險業務，除了設有儲蓄存款及來往支票戶口之外，幾乎與一間銀行無異。

1982 年 3 月，新鴻基財務獲港府頒發銀行牌照，易名為"新鴻基銀行"，成為香港首家升格為銀行的接受存款公司，當時新鴻基銀行設有 14 間分行，已初具規模。同年 5 月，新鴻基證券及新鴻基銀行引入美資證券大行美林和法國百利達集團作為策略性股東。1983 年 9 月，馮景禧將旗下業務重組，成立新鴻基有限公司，作為新鴻基證券和新鴻基銀行的控股公司，以每股新鴻基公司相等於 1 股新鴻基銀行或 1.55 股新鴻基證券，收購新鴻基證券和新鴻基銀行兩家公司，成為集團控股公司。這時，新鴻基公司已從早期一家專門經營證券經紀、黃金及期貨的公司，發展成一家擁有銀行、地產、金融服務、貿易及中國投資的多元化金融集團，旗下員工達 1,000 人，市場佔有率高達 25%。當時，新鴻基公司的大股東除擁有 40% 股權的馮景禧之外，尚有先後於 1978 年及 1982 年引進的法國百利達集團及美國美林證券集團，分別持有公司 20% 股權。

可惜的是，70 年代後期至 80 年代初，新鴻基趁地產高潮之際進軍地產業，先是購入海富中心低座，又合作發展歐陸貿易中心，其後更收購上市公司港九工商企業有限公司，改組為新景豐，全面進軍地產業。旗下的新鴻基銀行亦在地產市道最高峰時期，斥資 3 億港元（相當於股東資金的 70%）購買總行大廈。從 1981 年第 4 季度起，香港樓市大幅下挫，其後更因香港前途問題跌入低谷。隨著地產崩潰和銀行危機的相繼爆發，新鴻基銀行面臨資金不足和存款大量流失的雙重困難，出現擠提風潮。及至恒隆銀行被接管，新鴻基銀行面對更嚴峻的提款態勢。1983 年 10 月，為了挽救該行被清盤的命運，作為第二大股東的百利達和美林同意以增股方式向銀行注入資金，並將控股權增至 51%，馮景禧持有股權降至 28.8%，失去大股東地位。1985 年 3 月，阿拉伯銀行集團以 3.6 億港元價格，收購新鴻基銀行 75% 股權。翌年，新鴻基銀行改名為 "港基銀行"。到 1990 年，阿拉伯銀行再收購馮氏家族餘下 25% 股權，港基銀行成為阿拉伯銀行的全資附屬機構。2004 年，台灣富邦金融控股收購港基銀行 75% 股權，港基銀行其後改名為 "富邦銀行（香港）有限公司"。

經此一役，馮氏的商業王國僅剩 "半壁江山"，元氣大傷。馮氏生前曾說平生最大的願望是成為銀行家，但他卻沒有想到自己一手創辦的銀行會易手他人。1985 年 8 月，馮景禧在加拿大旅行途中因腦溢血病逝，新鴻基公司遂由其子馮永祥接掌。自此，新鴻基公司的業務日漸走下坡路。

》 危機高潮："海託震盪"

1983 年 10 月 15 日，香港政府宣佈實施港元聯繫匯率制度。當時，中英關於香港前途問題的談判開始取得進展，整個金融市場漸趨穩定。然而，危機並沒有過去。1985 年 6 月，香港本地第三大銀行——海外信託銀行突告倒閉，繼恒隆之後再被港府接管，數日後被接管的還有它的全資附屬機構——工商銀行。

海外信託銀行創辦於 1956 年，註冊資本 600 萬港元，創辦人張明添（1917-1982），祖籍福建廈門，是馬來西亞富商。50 年代中，張明添覺得當時的銀行不能有效地為廣東籍以外人士提供服務，遂在香港創辦海外信託銀行。3 年後，海託成為港府授權外匯銀行。60 年代初，海託開設了第一間分行，實收資本增至 1,000 萬港元。1968 年，海託向周錫年家族收購了工商銀行股權，取得了較大的發展。1972 年 10 月，海外信託銀行在香港上市，大股東除張明添外，還有後來控制恒隆銀行的莊清泉。海託上市後，曾積極向海外發展，先後在印尼、泰國、英國及美加等地開設分行，拓展華僑業務。踏入 80 年代，海外信託加強在香港的發展，先後以發行新股方式

1983 年 9 月恒隆銀行陷入財務危機，並被港府接收。之後，恒隆銀行被售予郭令燦家族控制的道亨集團。

80 年代初，張明添創辦的海外信託銀行曾成為香港僅次於滙豐銀行、恒生銀行的第三大本地註冊銀行。可是，在創辦人張明添逝世後的短短 3 年間，該銀行卻因無力償還債項而遭港府接管，並對香港銀行業造成空前震蕩。

收購了大捷財務及周錫年家族經營的華人銀行。至此，海外信託銀行自成一系，旗下擁有 3 家持牌銀行、2 家財務公司，在香港開設 62 間分行，全盛時期總資產超過 120 億港元，存款額超過 300 億港元，成為在香港僅次於滙豐、恒生的第三大本地銀行。

可惜的是，1982 年 2 月，張明添在他的事業似乎如日中天之際驟然逝世，其董事長一職由資深銀行家黃長贊接任。不過，黃氏於 1984 年 10 月突然辭職退休。張明添逝世後，海外信託的形勢急轉直下，首先是董事局副主席莊清泉與張氏妻子吳輝蕊及其子張承忠互相傾軋，莊氏退出 ICIL 及海託，而張氏家族則退出恒隆銀行及大來財務；接著，與海託關係密切的連串公司，包括大來財務、恒隆銀行、嘉年地產等相繼破產或被接管，海託的困難迅速表面化，被迫大舉出售資產。1984 年 11 月，海託將剛收購兩年的華人銀行出售，並計劃再出售工商銀行。

1985 年 6 月 6 日，港府財政司彭勵治突然發表聲明，宣佈海外信託銀行因“無法償還債務”停業兩天。中午，港督召開緊急會議研究處理辦法，警方也介入事件。當晚，警方在香港啟德機場拘捕數名攜帶鉅款計劃潛逃的海託主要董事，包括代董事長吳輝蕊及董事局主席張承忠，並通宵搜查海託若干分行。與此同時，立法局特別會議三讀通過法例，同意政府接管海外信託銀行。當時，財政司彭勵治就表示，海託的負債已遠遠超過其資產，政府將需動用 20 億港元的外匯基金挽救該行。

海外信託銀行的倒閉，對香港金融業造成空前衝擊，被稱為“海託震盪”。6 月 7 日，香港股市暴跌 86.95 點，跌幅逾 5%，是香港進入過渡時期以來股市下跌最大的一天，連新加坡、馬來西亞的股市也受到波及。事後調查顯示，海外信託的倒閉，是張明添聽從葉椿齡運用“支票輪”手法，虧空款項高達 6,680 萬美元所致。葉椿齡是張氏的朋友，1979 年創辦多明尼加財務公司，為港人提供移民服務。1981 年 9 月以後，他不斷將公司不能兌現的支票貼現給海外信託，由於支票過戶所產生的“時間差”，使它能以第二張支票貼現所得款項存入賬戶，使第一張支票得以兌現，同時在“時間差”內運用這些款項從事投機活動。這就是震驚香港金融界的“支票輪”。

由於葉椿齡需要更多資金應付投機失敗的虧損，遂使“支票輪”越滾越大，直至 1982 年 3 月崩潰時，海外信託手上不能兌現的支票總值高達 6,680 萬美元。根據香港高等法院高級助理刑事檢控專員萊特在葉椿齡被判入獄 8 年時的陳詞所說："海託於 1982 年 3 月知道葉椿齡不能償還債項,正當的方法是向葉椿齡採取行動,要求還款,及時作出適當撇賬。但由於損失太大,正當處理虧損行動會引起核數師、政府人員及公眾人士知道海託正處於極度的財政危機,而葉椿齡的生意亦會倒閉。因此,海託主席黃長贊及張承忠設計造假賬掩飾銀行虧損,參與的有葉椿齡、張承忠及鍾朝發。這個掩飾行動保持至 1985 年 6 月被港府接管為止。由於利息及外匯變動,因上述做假賬而引致的壞賬至 1985 年 6 月達 9,000 萬美元。" ❸ 1987 年 5 月 25 日,黃長贊從美國引渡回港受審,被判入獄 3 年。在此之前,張承忠已被判刑 3 年,同時被判刑的還有海託董事總經理鍾朝發和澳門分行總經理張啟文。

1985 年港府接管海託後,曾先後動用共 40 億港元外匯基金使其得以繼續運作。當年,海託被查明累積虧損達 28.66 億港元,1986 年度再虧損 2.29 億港元,累計共 30.95 億港元。經過多年的艱苦經營,海託的業績逐步改善,從 1988 年度起恢復盈利。1992 年度,海託的盈利達 3.53 億港元。1993 年 7 月 23 日,港府宣佈再與國浩集團達成原則性協定,將以海託截至 1993 年 6 月 30 日修訂資產淨值加 4.2 億港元的價格,出售海託給國浩集團,條件是國浩在兩年內不可將海託合併或裁員。最後,國浩集團以 44.57 億港元價格收購海外信託銀行,其中,包括海託資產淨值約 40.37 億港元,溢價 4.2 億港元。

國浩收購海託後,即於 1993 年 12 月將道亨銀行集團分拆上市,持有道亨銀行、海外信託銀行兩家持牌銀行。新上市的道亨銀行集團,其分行數目從原來的 46 間增加到 88 間,已超過東亞銀行而成為香港擁有第三大分行網絡的銀行集團。到 1994 年 6 月止,道亨銀行集團的存款總額達 600.39 億港元,貸款總額 362.95 億港元,集團總資產 670.46 億港元,股東資金 60.17 億港元,稅後盈利 10 億港元。以資產總值計,道亨集團已成為本地註冊的第四大銀行集團,僅次於滙豐、恒生及東亞銀行。

至於海託附屬的工商銀行,也跟隨海託一同被港府接管。1987 年 8 月 12 日,以王守業家族為大股東的大新銀行以 5.3 億港元價格向港府收購工商銀行。王氏收購工商銀行後,即將大新、工商兩行合併,易名為"大新金融集團有限公司",並取代工商銀行的上市地位。

》危機衝擊波：嘉華、永安、友聯、康年相繼易手

是次金融危機中，除恒隆、海託兩家銀行被政府接管，新鴻基銀行被收購外，受到衝擊的還有多家中小銀行，包括嘉華銀行、永安銀行、友聯銀行及康年銀行等。

海外信託銀行倒閉後，與它關係密切的嘉華亦隨即陷入困境。嘉華銀行是香港一家歷史悠久的銀行，1922 年在廣州創辦，同年 6 月在香港註冊，當時稱為 "嘉華儲蓄銀行有限公司"，1949 年改組為嘉華銀行。1971 年，嘉華銀行主席、大股東林子豐逝世，由於其後人無心經營，嘉華銀行控股權遂輾轉易手，於 1975 年落入廣東潮汕籍新加坡僑商劉燦松兄弟手中。1980 年，劉燦松兄弟將嘉華銀行在香港上市，並透過多次發行新股擴充其資產規模，嘉華遂成為當時資產、盈利均增長最快的銀行上市公司之一。

不過，嘉華銀行的客戶以東南亞華僑為主，香港銀行同業對其了解不深，一直存有戒心。1983 年恒隆銀行被接管，嘉華的存款已受影響，及至 1985 年海外信託銀行被接管時，市場鑑於海託與嘉華的密切關係，盛傳嘉華財務已陷入困境，6 月 17 日，嘉華銀行的困難開始表面化，當日滙豐和中國銀行發表聲明，向嘉華提供 10 億港元的 "一筆鉅額備用擔保信貸便利"，以使其恢復資金周轉能力。然而，嘉華銀行的問題還未解決，事後證實，嘉華的累積壞賬已高達 5.4 億港元，而 1984 年底該銀行股東資金僅 5.3 億港元，負債已超過資產 1,000 萬港元，嘉華銀行事實上已破產。❶為尋求解脫，嘉華遂於 1985 年底開始與有關財團商討注資事宜，1986 年 6 月 23 日，經過近半年的協商，嘉華銀行終於與中資的中國國際信託投資公司達成協議，由中信向嘉華注資 3.5 億港元，取得嘉華 91.6% 股權。同時，香港政府亦與中信達成協定，嘉華銀行的壞賬由外匯基金擔保，中信日後未能追回的壞賬將由外匯基金承擔。中信派出原中國銀行總行行長、當時出任中信副董事長的金德琴出任嘉華銀行董事長，曹允祥出任董事總經理，組成新的董事會。值得一提的是，嘉華銀行財務危機表面化後，劉燦松兄弟即潛逃離港，後來分別在新加坡和馬來西亞兩地被捕，兩人涉嫌詐騙7.7 億元款項。1988 年 1 月，劉氏兄弟卻棄保潛逃，匿居台灣。

永安銀行是香港著名的永安公司創辦人郭泉創辦的老牌本地銀行。數十年來，

由於經營作風保守，永安銀行在多次銀行風潮中均能屹立不倒，安然無恙。1984年，永安銀行傳出金融醜聞，出任總經理的郭氏第三代郭志匡從銀行挪用 1,000 萬美元作為己用。1985 年底，永安銀行因無法收回貸給包括該行董事和行政領導人的貸款而損失慘重，銀行資本出現負值。1986 年 5 月，恒生銀行與永安銀行達成協定，由恒生銀行向永安銀行注資 1.76 億元，取得該行 50.29% 股權。^⑮ 與此同時，港府與永安亦訂立一項賠款保證契約，若永安銀行在股本重組後，其負債大於資產，則虧損部份由港府以外匯基金支付。自此，郭氏家族創辦逾 50 年的永安銀行易幟。在恒生的經營下，永安銀行迅速扭虧為盈。1993 年 1 月，恒生將永安銀行售予大新金融集團，獲利 4.78 億元。永安銀行亦被正式併入大新，其名稱就此成為歷史陳跡。

友聯銀行創辦於 1964 年 11 月，法定資本是 4 億港元，在香港擁有 12 間分行。"海託震盪" 後，友聯與嘉華、永安一樣，均深受市場不利傳聞的困擾，銀行存款大量流失，從 1984 年底的 21 億港元劇減至被接管前的 7 億港元，流動資金嚴重短缺。1985 年 9 月，該行董事局主席兼總經理溫仁才稱病離港赴美，其後又有 6 名董事先後辭職，形成群龍無首的局面，加深了銀行危機。1986 年 3 月 27 日，港府宣佈 "行政接管" 友聯銀行，即由政府委託怡富接管友聯銀行的管理權，並以外匯基金向該行提供商業性備用信貸。同年 6 月，由中資招商局和美資兆亞國際合組的新思想有限公司（招商局佔 68% 股權）以每股 0.3 港元價格，收購友聯銀行主席溫仁才及其有關人士所持 4,648.3 萬友聯股份。經注資及發行股份收購兆亞財務後，新思想控制友聯銀行增大資本後發行股本的 61.3%。

銀行危機波及的最後一家銀行，是老牌小銀行──康年銀行。康年銀行的問題是因為一筆數額高達 1.6 億元的船務貸款無力償還，造成嚴重壞賬，需要進行大幅撇賬所致。1986 年 9 月，香港政府宣佈接管康年銀行，以改善其對銀行貸款組合的管理。其後，在政府的促成下，康年銀行被林紹良旗下的第一太平集團收購，並易名為 "第一太平銀行"。這家在香港經營了 65 年的老牌銀行從此銷聲匿跡。

至此，波瀾起伏、持續數年之久的銀行危機終於降下帷幕，宣告結束。是役，華資財團在銀行業損失慘重，元氣大傷。

02

地產業：大衰退中的潰敗

香港的地產市道自 70 年代中期起大幅攀升，到 1982 年達巔峰狀態。據英國魏理仕測量師行在 1982 年發表的一份《世界物業年報》指出：當時，香港的商業大廈租金和工業用地價格已排在世界榜首。**⑯** 1982 年 2 月 12 日，英資置地公司以 47.55 億港元高價投得港島中環交易廣場地段，平均每平方呎地價達 32,964 港元，創下香港官地拍賣的歷史新紀錄。這時，受地產市道輾轉攀升的鼓舞，部份華資地產公司仍繼續採取相當冒進的投資策略，藉此大肆擴張。然而，所謂位高勢危，這種投資策略的背後已潛伏著極大風險。

事實上，自 1981 年下半年開始，香港地產市道的種種利淡及不穩定因素已相繼湧現：世界性經濟衰退已令香港經濟不景，利率持續高企，港元不斷貶值，內部消費萎縮，公司利潤下降，尤其是香港前途問題已提上議事日程。在種種不利因素的打擊下，香港的股市、樓市節節下跌。隨著地產市道的崩潰，首當其衝的是那些採取冒進投資策略的地產集團，部份甚至遭受滅頂之災。

》 恒隆首遭滑鐵盧

在地產大崩潰中，首遭滑鐵盧的是 "地產五虎將" 之一的恒隆。恒隆集團的發展，與香港地鐵的興建及地鐵沿線車站上蓋物業的發展有著極為密切的關係。1977 年及 1979 年，它就曾與合和實業、長江實業等合組財團，分別投得九龍灣車輛維修廠上蓋及旺角地鐵站上蓋的物業發展權，因而聲名大噪，然而亦因此而重重跌跤。

1981 年，正值恒隆各項投資收成在望，業務進入高峰期之際，恒隆集團雄心萬丈，先後與新世界發展、凱聯酒店、華懋集團、信和地產、華光地產、怡華置業、益新置業、萬邦置業、廖創興企業及淘化大同等華資地產公司組成 3 個財團，競投地鐵港島沿線 9 個地鐵站上蓋物業發展權，全部發展計劃包括興建 8 幢商業大廈和擁有 8,000 住宅單位的屋邨，總樓面面積達 700 萬平方呎，估計建築成本超過 70 億港元，售樓總收益高達 183 億港元，其中恒隆可獲利逾 40 億港元。[17] 結果，地鐵公司宣佈，9 個地鐵站上蓋物業發展權，包括中區金鐘二段、灣仔站、銅鑼灣站、炮台山站及太古站等，均被以恒隆為首的 3 個財團奪得。消息傳出，全港轟動。這時，恒隆集團的聲譽達到了高峰，主席陳曾熙更打破一貫低調的作風，對記者暢談恒隆的發展大計，喜悅之情溢於言表。據陳曾熙透露，當時恒隆擁有的土地儲備足夠發展到 1987 年，全部完成後擁有的總樓面面積接近 1,000 萬平方呎。[18]

可惜，其時香港地產市道已處於危險的高位，恒隆為看錯地產市道的循環週期而付出代價。1982 年 9 月，英國首相戴卓爾夫人訪問北京，拉開了中英兩國關於香港前途問題談判的序幕，已進入瘋狂境地的香港地產市道借勢急跌，其中九龍灣工業用地跌勢最慘，跌幅逾九成。恒隆所面對的沉重壓力可想而知。當時，恒隆所奪得的 9 個地鐵站上蓋物業中，中區美利道地段的紅棉大廈已接近完工，正計劃展開金鐘二段的香山大廈。香山大廈佔地 6.9 萬平方呎，總樓面面積 104.3 萬平方呎，根

1987 年興建的康怡花園，是恒隆發展的主要私人屋邨。可惜恒隆是在地產市道的高峰期前以賣樓花方式出售康怡花園，平白賺少了不少錢。

據港府的要求，需補地價 18.2 億港元，且限期在 28 日內完成。由於地價急跌，恒隆惟有向港府建議將地價減至 14 億港元水平，然而不為港府接納。在此關鍵時刻，原已答應向恒隆財團貸款 15 億港元最高信貸的日資銀行臨時撤回承諾，到 12 月，恒隆向港府再申請延期補地價不遂之後，惟有宣佈"撻訂"，退出金鐘二段上蓋發展，其餘 7 個地鐵站上蓋工程，亦需押後進行。

這一役，恒隆為首財團不僅"如入寶山空手回"，還平白損失了 4 億港元訂金，所遭受的打擊委實不輕。1984 年 12 月，中英兩國簽訂《中英聯合聲明》，香港地產市道迅速走出谷底，港府趁勢再將金鐘二段地鐵站上蓋發展權推出競投，結果被信和集團為首財團奪得，發展為財經廣場（即後來的奔達中心），賺取豐厚利潤。

經此一役，恒隆對地產循環的戒心大大增強，投資策略轉趨保守。1984 年 10 月至 1987 年 3 月期間，香港地產市道開始回升，恒隆便急不及待地將地鐵沿線發展物業出售，太古站上蓋的康怡花園、康澤花園及柏景台等 8,000 個住宅單位便是在此期間，以樓花方式全部售罄，絕大部份單位以每平方呎 500-800 港元分期售出，而這批住宅在其後 3 年價格升幅逾倍，恒隆白白賺少了不少錢。也正因為對地產循環持有戒心，恒隆的土地儲備亦逐漸維持在低水平，與長江實業、新鴻基地產、恒基地產等相距日遠，若干很有潛質的物業，如太古水塘（現時的康景花園）、樂活道地段（現時比華利山等）均先後將半數權益售予恒基地產，並由對方策劃發展及代理銷售，此舉亦削弱了恒隆的盈利。自此，恒隆與長實、新地、恒地等"地產五虎將"的距離日漸拉遠。

》 鷹君：巔峰期入市損失慘重

在 1982 年地產市道崩潰中，受衝擊較大的具實力的地產集團還有鷹君。鷹君集團原名"鷹君有限公司"，創辦於 1963 年。創辦人羅鷹石（1913-2006），祖籍廣東潮州，生於 1913 年，7 歲時隨父赴泰國，啟蒙後，假日在店幫忙學做生意，15 歲曾回家鄉讀書，不久因社會動盪，再度回到父親身邊，從此棄學從商，跟隨父親學習經營土產、洋雜貨生意。1938 年，羅鷹石轉到香港繼續為家族開拓港、泰貿易，而本身另自調查買地建屋業務，當時籌得 18 萬港元，買入吉地 4,000 平方呎，按地向銀行貸款，建築 5 層住宅樓宇 4 幢，數月後以建築期內分期付款辦法，預沽樓花，趕快建築完成。交樓後收清屋款，利潤優厚。50 年代中期，羅鷹石眼見大量中國移民湧入香港，房地產市道日見興旺，便致力經營房地產業，賺取了他個人的第一桶金。1963 年，羅鷹石創辦鷹君。鷹君一名，取自羅鷹石的 "鷹" 及其妻杜莉君的 "君"，英文譯作 "大鷹"（Great Eagle），寓意振翅高飛，鵬程萬里。❶⁹ 1972 年 10月，鷹君在香港上市，以每股 2.25 港元價格公開發售 1,375 萬股新股，集資約 3,000萬港元。當時，鷹君尚屬一家中型地產公司，1972-1973 年度公司純利僅 1,200 萬港元，1975-1976 年純利還跌至 397.5 萬港元。

鷹君崛起的關鍵，是 70 年代中期以後積極發展市場急需的工業樓宇。1975年，鷹君看準時機，將自有資金約 1,500 萬港元，加上向銀行借貸所得資金大舉購買工業用地，1976 年後經濟復甦，對廠房的需求大增，鷹君把握良機全力推出廠廈樓花，僅 1976 年就售出工業樓宇 280 萬平方呎，總值 4 億港元。1978 年，大量內地移民湧入香港，對住宅樓宇需求增加，鷹君適值大量資金回籠，正好用作購買住宅土地。該年，鷹君購入地盤多達 11 個，其中包括機場附近一幅興建酒店用地及尖東富豪酒店地段，後來地價、樓價急升，鷹君的資產大增。

踏入 80 年代，鷹君的擴張步伐加快，1980 年，羅鷹石電召在美國從醫的兒子羅嘉瑞回港協助公司業務，並與其兄羅旭瑞協同策劃將鷹君旗下的富豪酒店集團上市，以每股 1.9 港元之價格公開發售 1.6 億股新股，集資逾 3 億港元用於興建位於機場和尖東的兩間富豪酒店。稍後，鷹君又透過富豪酒店以 1.06 億港元價格收購小型上市公司永昌盛 61.68% 股權，並易名為 "百利保投資有限公司"。1981 年 1 月，百利保以現金及發行新股方式向富豪酒店收購一批物業，包括沙田麗豪酒店地皮及中華巴士、九龍巴士若干股權，向地產業進軍。這時，羅鷹石控制的上市公司已增至3 家，包括鷹君、富豪酒店及百利保，市值已達 33.5 億港元。其中，鷹君的市值在1981 年底達到 9.63 億港元，成為香港第二十大地產上市公司。在華資地產公司中，鷹君一系則僅次於李嘉誠的長江實業、郭得勝的新鴻基地產、鄭裕彤的新世界發展、李兆基的恒基地產及陳曾熙、陳曾燾的恒隆地產而排第 6 位。❷⁰

不過，鷹君集團於地產、股市均處於巔峰期間急速擴張，早已潛伏下嚴重危機。當時，富豪酒店主要業務是發展及經營機場及尖東兩間酒店，而該兩間酒店僅建築費就約 4.6 億港元，富豪酒店集團的長短期債務已高達 7.05 億港元。富豪旗下的百利保，亦是在地產高峰期進軍地產，其間又籌劃轟動香港的中巴收購戰，以高價購入中華巴士公司大批股權，收購失敗後仍持有中巴 14.7% 股權，後來股市暴跌，百利保僅在持有中巴、九巴股權方面的損失就高達 1.7 億港元。1982 年 9 月，英國首相戴卓爾夫人訪問北京後，香港前途問題觸發信心危機，地產市道崩潰，鷹君一系由於前期擴張過急，陷入困境。到 1983 年 9 月上半年度，鷹君、富豪酒店及百利保 3 家上市公司的虧損約 20 餘億港元，其股價與最高峰時相比，亦下跌八九成。這時，鷹君集團已陷入嚴重的財務危機。

1984 年 7 月出版的《南北報》雜誌，曾刊登一篇題為 "鷹君一門三 '傑'" 的文章，詳細談及鷹君當時的困境："……羅鷹石的鷹君系公司，即鷹君、富豪及百利保，並非大公司，至少銀行的債務較置地的 130 億港元（另欠政府 19 億港元）低得多，但 1983 年虧損的數字，卻比置地不遑多讓。先看一下這 3 家上市公司所宣佈

鷹君集團創辦人羅鷹石（中坐者）家庭照

截至 1983 年 9 月止年度的業績：鷹君——經常性虧損 9,560 萬港元，非經常性虧損 4.436 億港元，合共虧損接近 5.4 億港元。富豪——經常性虧損 3.555 億港元，非經常性虧損 8.502 億港元，合共約 12 億港元。百利保——經常性虧損 3.993 億港元，非經常性虧損 2.475 億港元，合共約 6.5 億港元。3 家公司合共虧損之數，接近 24 億港元，幾乎是 '債主' 置地虧損的兩倍。……作為羅氏公司股東的投資者，所堪告慰的，是比佳寧、益大或其他正在清盤公司的股東幸運，雖然現時（三傑）股價，與最高時比較，已下跌了九成至九成半。"

這段文字，確切反映了鷹君當時所面對的極大困難。面對危機，羅旭瑞和父親羅鷹石在處理公司的問題上產生歧見，羅旭瑞認為富豪和百利保是長期投資，堅持無須作出有關撤賬準備，而羅鷹石則令其三子、心臟專家羅嘉瑞主持大局，為鷹君系各公司"把脈診治"。1984 年初，鷹君系計劃重組，並委託專業人士對富豪酒店作出估值，得出每股資產淨值 3.7 港元，而在此之前，富豪酒店已以此原值較低的售價，將尖東富豪酒店售予羅氏家族的私人公司，以獲得資金緩解危機，唯富豪酒店集團有權於 1984 年 6 月 23 日之前購回該酒店。

同年 3 月 22 日，正當鷹君集團接受"心臟醫生"治療的時候，前和

鷹君集團總部所在地——位於灣仔海旁的鷹君中心，攝於 20 世紀 80 年代中。1983 年，鷹君集團因過度擴張陷入財政危機，被迫將旗下的富豪酒店及百利保投資有限公司出售。

記黃埔行政總裁、亞洲證券有限公司主席韋理向鷹君發動敵意收購，以 9,041 萬港元向鷹君購入所持富豪酒店 33.4% 股權。由於富豪酒店持有百利保投資，鷹君實際上亦間接將百利保出售。鷹君所持有的 33.4% 富豪股份，賬面原值 4.66 億港元，是次交易以 9,041 萬港元售予亞洲證券，虧損高達 3.756 億港元。據說，是次交易遭到羅鷹石等人的極力反對，因為他認為富豪手上的物業項目絕對是價值很高的投資。雖然短期來看富豪是虧損很嚴重的公司，但該公司一旦在市場復生後便會有利可圖。而且，羅鷹石並不想外人涉足家族生意，以低價出售富豪股份，無異於將家族資產拱手相讓。

但是，在債權銀行的強大壓力下，鷹君被迫售出富豪股權。據說，羅鷹石對大力促成這宗交易的羅旭瑞極為不滿。當時，曾有傳聞說新聞界在韋理宣佈收購富

豪酒店後的一個晚上收到羅鷹石的緊急通知，他要與羅旭瑞劃清界線，以後各不相干。姑且不論這個傳聞是真是假，有一點卻是肯定的，交易完成後，羅旭瑞即離開鷹君，成為韋理的"親密戰友"，出任由韋理任主席的富豪及百利保兩家公司的董事總經理。外間亦傳出羅鷹石和羅旭瑞父子"不咬弦"的消息。多年後，羅旭瑞對這次離家創業有這樣的解釋，他說："孤身走我路是一個艱苦的決定，但富豪和百利保是由我一手創出來的，我希望為公司和他們的股東做到最好。"

》 嘉年投資策略失誤被迫清盤

老牌的華資地產公司中，遭受最慘重打擊的莫如嘉年地產。嘉年地產的倒閉最早可追溯到 1972 年上市後投資策略的嚴重失誤。1973 年 3 月香港股市在創下 1,774.96 點的歷史性高峰後即急速下跌，香港經濟轉趨不景，嘉年地產即將發展的重點轉向海外，首個目標是馬來西亞首都吉隆坡。1973 年 5 月，嘉年地產以發行新股方式收購了馬來西亞兩家投資公司，取得了吉隆坡市中心一幅佔地 66 萬平方呎土地，用以興建規模巨大的綜合商業樓宇"首邦市"。可惜，1973 年中東石油危機爆發後，世界經濟衰退，馬來西亞的橡膠、大米出口大減，首邦市的銷售差強人意，計劃進展緩慢，歷時多年。投資策略的失誤，導致嘉年地產盈利連年下跌，1977 年度僅錄得 440 萬港元，而當時長江實業、新鴻基地產等紛紛把握香港地產低潮大量低價購入土地，待嘉年地產回師香港時，實力已大大削弱了。

70 年代後期，香港經濟轉趨繁榮，地產建築業異常興旺，嘉年地產遂捲土重來，企圖再展鴻圖，但闊別香港多年後，嘉年的財勢已不可同日而語。當時，香港的地產集團林立，發展計劃動輒以 10 億港元計，嘉年是以無緣參與，只能經營較小的地盤。1978 年，嘉年地產將資金抽調來港大舉發展，先後購入金巴利道嘉新大廈、北角春秧街嘉寶大廈、荔枝角嘉業大廈、香港仔嘉寧大廈以及西貢、薄扶林、筲箕灣等地段地盤；到 1980 年度，嘉年地產盈利開始回升，達 1,655 萬港元，比 1977 年度大幅增加 2.8 倍。不過，這個數字在當時上市地產公司而言，仍屬微不足道，非嘉年的理想目標，隨之而來的便是一連串的急速擴張。

從 1981 年開始，雖然有置地、佳寧財團以 28 億港元高價購入美麗華酒店舊翼等重大事件，表示有人仍極度看好香港地產前景，但明眼人從官地拍賣結果及樓宇完成後的空置情況等，已看到地產調整不可避免。然而，嘉年地產一來錯誤估計形勢，二來早期的投資相繼回流，因而繼續大規模擴張，以高價購入地盤或與其他機構合作大型建設，包括與基督教叢林達成協議，發展位於沙田道風山的逾百萬平方呎地盤，與港府合作在山頂道、加列山道興建 14 幢別墅式住宅，以遞延付款方式購入淺水灣福慧大廈部份物業等等。

踏入 1982 年，世界經濟已呈嚴重衰退，加上香港前途問題日漸浮現，地產、股市急跌，嘉年地產的發展計劃開始出現虧損，如屯門的嘉熙大廈，每平方呎成本價為 550 港元，但僅能以每平方呎 380 港元價格出售。㉑ 嘉年地產眼看形勢不妙，即作重新部署，一方面減少對地產業務的依賴，另一方面則加強財務、保險、印刷等其他多元化業務。董事局對附屬的億萬財務抱有很大的期望，可惜事與願違，當時香港已開始實施金融三級制，大大限制了億萬財務吸納存款的能力。同一時期，嘉年的保險業務也受到經濟衰退的拖累，發出的保單漸減，申請賠償的數目日增。所謂禍不單行，自 1982 年起，嘉年地產在地產發展、建築、財務、保險等各個方面，都遭到接二連三的打擊。

在此關鍵時刻，1983 年 3 月，嘉年集團創辦人、主席彭國珍病逝，家族生意落入年輕而缺乏經驗的女兒彭思梅手中。其時，益大集團、佳寧集團相繼倒閉，銀行界已高度警惕，不再輕易向嘉年地產貸款。同年 8 月，嘉年的財務危機顯露端倪，隨即尋求注資，當時，由馮秉芬公子馮慶炤代表的美國財團曾計劃向嘉年注資 1 億港元，以換取其 34% 股權。不過，有關計劃後來觸礁，原因是嘉年地產的大股東嘉年企業無力償還向嘉年地產借貸的一筆 3.8 億港元款項。至此，嘉年已無轉寰餘地。㉒ 1984 年 1 月 16 日，嘉年地產在香港股市停牌，宣佈清盤，一家老牌的華資地產集團就此遭滅頂之災。

» 佳寧王國的崛起與崩潰

　　比嘉年集團的倒閉更具震撼性的，是曾經名噪一時的佳寧集團的覆滅。佳寧集團創辦於 1977 年，是 70 年代後期至 80 年代初香港股壇上光芒四射的新星。其創辦人陳松青，祖籍福建，1933 年在新加坡出生，早年曾赴英國倫敦大學攻讀土木工程學，返回新加坡後曾從事小規模的土木工程生意，後來破產。1972 年，陳松青到香港發展，初期在鍾氏兄弟的家族公司任職，其時鍾氏兄弟已是香港的大地產發展商，旗下公司包括凱聯酒店、益新集團等。陳松青的崛起，可以說與鍾氏有莫大關係。

　　1975 年，陳松青自立門戶，與鍾氏家族一名僱員鍾鴻生合組公司，以 250 萬港元購入一幢住宅樓宇，翌年以 620 萬港元轉售給政府，首宗交易即旗開得勝，獲利甚豐。❷³ 1977 年 11 月，陳松青在香港註冊成立佳寧集團有限公司，初期註冊資本 500 萬港元，後來增至 1,000 萬港元。到 1980 年底，該公司註冊資本增至 1,388.88 萬港元，有關資本共分為每股 1 港元普通股 100 股，及年息 3 厘每股 1 港元的可贖回累積優先股 1,388.87 萬股。優先股持有人中，佳寧代理人有限公司持有 888.87 萬股，其餘 500 萬股分別為高景琬、陳婉玲、陳秀玲及陳美玲所擁有，而這 4 人即陳松青的妻子及女兒。

　　佳寧集團成立初期，主要是經營殺蟲劑生意，1978 年收購了一間有困難的旅遊公司，將業務擴展到旅遊業，不過，佳寧的主業則是房地產。陳松青極善於利用銀行的貸款壯大旗下公司的資產。1978 年，佳寧集團以 1,850 萬港元購入元朗一幅土地，向馬來西亞的裕民財務公司按揭貸款 6,000 萬港元，同年又將數月前以 170 萬港元購入的一幅土地向交通銀行按了 2,000 萬港元，比成本高逾 10 倍。就這樣，陳松青利用 "滾雪球" 的原理，藉銀行按揭套取大量資金，再利用這些資金購入更貴重物業，再按揭，然後再購買更昂貴的物業，在短短兩年間購入約 30 個地盤，樓面面積達幾百萬平方呎。❷⁴ 到 1979 年，佳寧已成為香港一家中型地產集團。

　　使佳寧集團充滿神秘的是它的最大股東——佳寧代理人有限公司。該公司成立於 1978 年 2 月，資本 10 萬港元，分 10 萬股，每股 1 港元，陳松青佔 99,999 股，佳寧集團董事烏開莉佔 1 股。從事後得知的資料看，陳松青顯然便是佳寧的"真命天子"——主腦兼最大股東。不過，他當時以極低調的神秘姿態出現，並起用受僱董事，試圖減輕外界對他的注意。然而，由於佳寧在香港商界崛起太迅速，其處事的魄力、可動用的資金及果斷的作風，不比尋常，且事事出人意表，因此香港商界均認為佳寧"必有幕後操縱"。當時，眼看佳寧以似乎源源不絕的龐大資金展開令人眼花繚亂的收購行動，外間傳說紛紜，一說它受菲律賓總統馬可斯的夫人的支持，一說前蘇聯莫斯科人民銀行站在它的背後，更有一說是婆羅洲沙巴元和木材商團的資金供其運用，佳寧集團雖然對上述傳聞斷然加以否認，但對於資金來源是否來自東南亞僑商的求證，則未予正面的承認或否認。這更增加了佳寧的神秘莫測感。這種神秘色彩，一度令很多冷靜、實事求是的銀行家、投資者傾倒，認為無論陳松青承諾什麼，他都能辦到。陳松青正是在這種經過他刻意營造的神秘氣氛之中，展開了他急風驟雨式的收購擴張行動。

　　1979 年，佳寧開始受到香港地產同業的注目。同年 9 月，佳寧以每幢售價 800 萬港元的高價向市場推出 8 幢在赤柱的複式豪華別墅，該售價比當時市場價格高出兩倍，結果銷售一空（事後證實大部份由其附屬公司購買），在香港引起轟動效應。同年 12 月 29 日，佳寧宣佈以每股 6 港元的價格，斥資 43.78 億港元收購黃子明家族的寶光實業旗下上市公司美漢企業 52.6% 股權。當時，美漢企業在過去兩年的大部份時間裡，股價都停留在 1.5 港元水平，但在停牌前已急升到每股 3.8 港元，即使如此，佳寧開出的價格仍讓市場大吃一驚。當時，香港證監處裁定佳寧需向美漢股東提出全面收購。到 1980 年 3 月底，全面收購結束時，佳寧集團持有的股權已增加至 75%，仍保留其在香港的上市地位。同年 7 月，美漢企業易名為"佳寧置業有限公司"，成為佳寧集團在香港股市的旗艦。該年底，佳寧置業市值已急增至 32.8 億港元，成為香港第十五大市值上市公司。

　　令佳寧集團名震香江的是著名的金門大廈交易。1980 年 1 月，佳寧集團宣佈透過旗下一家附屬公司 Extrawin（佳寧佔 75% 股權，另鍾氏家族的鍾正文佔 25% 股權），以 9.98 億港元價格向置地購入位於金鐘的金門大廈。金門大廈由著名的金門建築公司興建，1975 年怡和收購金門建築後，金門大廈成為怡和的物業。1978 年 12

月，置地以 7.15 億港元價格向怡和購入該幢物業。1979 年底，置地因要籌資金增長購九龍倉股票，遂有意把該大廈"以高於一年前的購入價"出售，陳松青遂立即與置地展開洽商。1980 年 1 月 10 日，陳松青、鍾正文與置地簽定買賣合約，透過 Extrawin 以 9.98 億港元價格向置地公司購入金門大廈。這項交易令置地在短短一年間獲利 2.83 億港元。❷⑤ 這是香港有史以來金額數最大的一宗地產交易，消息傳出，震動香港內外。

當時，傳媒的焦點有部份集中於置地在此項交易中所獲得的巨大利潤。不過，大部份的注意力很快就放在佳寧成為香港地產市場的新興力量上。報界把金門大廈交易和幾乎同時進行的收購美漢企業聯繫起來，紛紛對陳松青的背景作出猜測。1980 年 1 月 11 日《亞洲華爾街日報》發表評論說："這兩宗數以億元計的交易把佳寧投射到香港地產業的前列，代表東南亞資金進入地產市場最大規模的一次。"❷⑥佳寧的兩宗矚目交易，亦引起了香港證監處的注意，要求佳寧的律師行提供陳松青及其集團更多的資料。1 月 14 日，陳松青在律師的陪同下，前往證監處。陳松青宣稱：佳寧由他和一個大家族控制及擁有重大權益，該大家族散居於新加坡、馬來西亞、印尼等地。他又自稱原籍福建，和潮州商人有密切關係。佳寧的資金大部份來自紐約市場，有一筆大貸款，年期限為 15 年，利息 9 厘。

1980 年 7 月 11 日，佳寧集團證實已"如期"支付購買金門大廈的最後一筆款項。7 月 15 日，佳寧集團宣佈將所持金門大廈 75% 的權益，以象徵式的 1 港元代價轉讓給佳寧置業，由佳寧置業承受金門大廈的權益和債項。當時，佳寧置業表示，該集團有意對金門大廈作"長期投資"。然而，言猶在耳，到 7 月底，佳寧置業突然宣佈，有關出售金門大廈的談判已進入"深入階段"，售出價約為 15 億港元。受到有關消息的刺激，佳寧置業股價進一步急升至 9 港元。8 月 14 日，佳寧置業宣佈與恒生銀行創辦人林炳炎公子林秀榮、林秀峰兄弟持有的百寧順集團達成初步協議，以 11.8 億港元出售所持金門大廈 75% 權益，買家已支出訂金，交易將於 9 月 13 日完成。不過，初步協議很快就被另一聲明所取代，佳寧置業與鍾正文將以 16.8 億港元價格，將整幢金門大廈售予百寧順，交易將於 10 月底之前完成。換言之，佳寧及鍾正文在不到一年時間透過買賣金門大廈，所賺取的利潤竟高達近 7 億港元（事後證明該項交易從未完成）。這時，佳寧置業成為香港股市的追捧對象，股價一再大幅飆升。

從 1980 年中後期起，陳松青充份利用過去兩年所建立的聲譽，透過發行新股及向銀行借貸大規模展開收購，1980 年 9 月，佳寧置業以 6,100 萬港元購入一艘貨船，成立佳寧航運公司，稍後又將佳寧航運注入上市公司維達航業並取得其控制權。1981 年 6 月，佳寧置業又以 1.91 億港元收購上市公司其昌人壽保險 40.65% 股權。此外，佳寧置業又先後收購捷聯企業 35% 股權（該公司後轉售予鍾正文，易名“益大投資”）、香港友聯銀行逾 10% 股權、日本日活電影公司 21% 股權、泰國 Rama Tower 公司 25% 股權。與此同時，佳寧置業還先後與鍾正文的益大投資、邱德根的遠東發展、馮景禧的新景豐合組僑聯地產，借遠東發展的上市空殼港九海運在香港上市；與置地、新景豐、美麗華酒店等合組財團（佳寧佔 55% 股權），以創紀錄的 28 億港元購入美麗華酒店舊翼，計劃興建一座置地廣場式的大型商廈。到 1982 年中巔峰時期，佳寧已儼然成為香港一家規模龐大的多元化企業集團，旗下附屬公司多達 100 家，包括佳寧置業、維達航業及其昌人壽 3 家上市公司，涉及的業務遍及地產、建築、貿易、航運、旅遊、保險等領域。

那一時期，佳寧可說是一個成功的借貸人。到 1981 年，連香港最大、信譽最佳的滙豐銀行，亦成為佳寧集團經常貸款的銀行。1981 年底至 1982 年初，滙豐銀行便向佳寧提供 2 億港元貸款，而用作擔保的只是佳寧的股票及其以 1.15 億港元購入的物業。既然滙豐銀行亦肯批准，其他銀行自然亦樂意追隨。一名銀行家就說過：“滙豐銀行認為可以的，我們當然沒有問題。”佳寧向銀行貸款，通常是以其股票或物業作抵押。一般而言，銀行貸款只限於股票市價的 50%，假如股票跌價，貸款人便要拿出更多的股票，或者清還部份貸款。陳松青深明此中道理，因此他極注重佳寧股票的升跌。為此，不惜採取各種手法“托市”，或不斷發表大動作的聲明，或“洩漏”有利於己的消息，或高價購買本公司的股票，以使其公司的股份不斷上揚，令人覺得這些股票有非常活躍的市場。這樣，申請貸款時，用股票作抵押才會為銀行所接受。

不過，佳寧集團在經歷了暴風驟雨式的發展之後，並未能及時鞏固已有成績，或許它在商業交易中涉及太多欺詐成份而無法鞏固，1982 年，佳寧開始因外部經濟環境的轉變而逐漸陷入困境。這時，它的主要合作者，益大集團主席鍾正文比陳松青更早醒覺，他試圖抽身脫離，不理會這樣會對他的合夥人造成什麼樣的後果。他還發現陳松青用他的股份謀取私利，損害他的利益。於是，他決定與陳松青攤牌，令陳以優厚條件讓他脫身。鍾正文派人調查陳松青早期的活動，由於他可以把整件事情揭發出來，陳松青不得不向這件實際上是商業勒索的行為屈服，與鍾正文和解。和解的條件對佳寧集團造成了更大的傷害，結果也令兩家集團的處境更加惡化。❷⃝

1982 年 9 月英國首相戴卓爾夫人訪問北京後，佳寧集團的困難迅速表面化。同年 10 月 26 日，佳寧發表中期業績，贏利為 2.7 億港元，較上年增加 2.75%，宣佈中期息每股派一角二分。然而，到了 10 月 26 日，佳寧突然罕有地宣佈取消派發中期息，改以十送一紅股代替，同時發行 5 億股優先股集資 5 億港元。此舉實際上暴露了佳寧的困境，股份即時暴跌，一天之內瀉去三成，由每股 1.52 港元跌至 1.02 港元。受此影響，香港股市亦大幅急跌 9.48%，被視為 "堅固防線" 的 800 點大關輕易跌破，股市總值損失 132 億港元。

首遭厄運的是鍾正文的益大投資。1982 年 11 月 1 日，益大投資宣佈清盤，公司主席鍾正文倉皇潛逃離港，留下 21 億港元債務和其他貸款擔保 16 億港元，他的兒子按照香港古老的錢債法例，到赤柱監獄服刑去了。益大投資被清盤後，佳寧的真相亦徹底暴露了：早在 10 月份，益大借下銀行貸款高達 10 億港元，按比例計算，佳寧的債務至少也達這個數目，因為益大就好像佳寧的影子一樣。因此，證監處否決了佳寧供股集資的計劃，並對佳寧的財務進行調查。1983 年 1 月 2 日，佳寧集團宣佈旗下 3 家上市公司佳寧置業、維達航運及其昌人壽暫停上市買賣，重整債務，取消發行 5 億港元優先股的計劃，改為建議由母公司佳寧集團注資 2.5 億港元，以及由滙豐銀行在有條件情況下，向佳寧提供有抵押活期透支 2.5 億港元。同年 2 月 6 日，佳寧宣佈委任亨寶財務及獲多利為代表，向包括逾 70 家銀行、財務公司在內的債權人商討重組計劃。❷⃝ 當時，佳寧甚至以 10 萬港元的月薪從英國聘請滙豐銀行前任副主席包約翰為債權銀行代表，入主佳寧董事局。佳寧的債務重組按經典的以股代債原則來擬定，並透過出售旗下附屬公司來減輕債務。不過，有關計劃的成功希望始終不大。

就在這期間，突然發生的一宗命案徹底粉粹了佳寧的重組希望。1983年7月18日，香港裕民財務公司助理經理伊巴拉希，在香港麗晶酒店一間客房被人勒死，並被偷運到新界一帶蕉林拋棄。由於兇手遺下明顯的線索，警方很快就拘捕了一名麥姓男子。該名男子後來招認他只負責棄屍，並指兇手是一名在逃的朝鮮人，姓洗，受陳松青指使行兇。伊巴拉希的死導致警方對裕民財務的搜查，結果發現佳寧屬下公司對裕民財務的負債龐大，有關債項高達5.4億美元，而且與佳寧的賬目不符。至此，佳寧龐大的資金來源真相大白，它既非來自東南亞華僑巨富，亦不是菲律賓馬可斯夫人的支持，更不是前蘇聯莫斯科人民銀行站在背後，而是來自馬來西亞的一家財務公司——裕民財務。裕民財務是馬來西亞政府銀行裕民銀行的一家全資附屬公司，該銀行是一家有國際業務的大銀行。由於香港政府凍結發出銀行牌照，裕民銀行便以附屬公司形式在香港成立一家接受存款的公司，名為"馬來西亞裕民財務有限公司"。1979年，裕民財務已與佳寧建立合作關係，而佳寧正是在得到裕民財務的全力支持下展開大規模擴張活動的。至此，神話已被戳穿。

1983年9月18日，警方再次出動，對佳寧集團展開全面搜查行動，取得了逾百萬份文件。10月3日，佳寧集團主席陳松青在家中被捕。警方再拘捕多名有關人

1983年10月佳寧集團創辦人
陳松青（中）在家中被警方
拘捕時攝

士，包括律師行的合夥人，有數名核心人物在此前逃離香港，獲多利的約翰・溫巴思知道自己會被控，主動從倫敦回到香港。1984 年 4 月 13 日，就在伊巴拉希謀殺案開審前一日，他在泳池自殺。警方的行動徹底粉碎了佳寧的重組計劃，就在陳松青被捕後 6 日，債權人之一的美國信孚銀行向香港高等法院申請將佳寧清盤。至此，顯赫一時的佳寧王國正式瓦解。事後警方調查證實，佳寧集團破產時，有關債務已高達 106 億港元，其中僅欠裕民財務的債項就達到 46 億港元；而且，導致佳寧迅速崛起的關鍵——佳寧置業向百寧順出售金門大廈的交易從來沒有完成，佳寧的物業在無法出售時就轉售名下的私人公司，由此換取紙上贏利。而就在佳寧倒閉的同時，林秀峰旗下的百寧順集團亦被東亞銀行申請清盤，林秀峰兄弟希望重振乃父雄風的大計亦成泡影。

作為佳寧集團覆滅的餘音，港府落案起訴前佳寧集團主席陳松青、董事何桂全、百寧順集團的林秀峰、林秀榮兄弟以及會計師碧格及盧志煊等 6 人，指控他們於 1981 年 1 月 1 日至 1982 年 7 月 31 日期間，在香港串謀以不確和誤導的言辭隱瞞佳寧的贏利、流動資金和財政實況的方法欺騙佳寧股東和債權人，共涉及 10 項交易。❷⁹ 該案從 1986 年 2 月開審，1987 年 9 月 15 日審結，歷時 19 個月，開庭約 281 天，出庭證人達 104 名，證供文件 2.5 萬多頁，控辯雙方的法律費用接近 1 億港元。❸⁰ 無論在審訊耗時方面，還是在花費公帑方面，該案均創香港司法史之最。不過，該案件最出人意表的是，主審官香港按察司柏嘉（Justice Barker），最後以檢控程序不當為由，將所有 6 名被告當庭無罪釋放，同時並裁定所花費 1 億港元的訴訟費由政府支付。此裁決一出，香港輿論一片嘩然。結果，該按察司於 1988 年辭職。

值得指出的是，在該案中，事件的主角陳松青雖然被裁定 "無需答辯" 而獲釋，但他的官司仍然不斷，為曾經稱雄香港一時、曇花一現的佳寧王國，留下裊裊不斷的餘音。陳松青其後於 1994 年再被檢控，1996 年罪名成立，被判入獄 3 年。

03

航運業：大蕭條中的債務重組

––––––––––––––

80 年代初中期，香港經濟除飽受地產、股市暴跌以及銀行連串危機的打擊之外，航運界亦備受世界航運大蕭條的威脅。事實上，自 1973 年中東石油危機、世界經濟發展放緩之後，世界海運量已開始下降，航運業已潛伏危機。到了 70 年代中後期，日本經濟漸趨不振，日本工業為尋求新出路，開始向高科技邁進，需求大量原材料的傳統工業日漸萎縮，日本對輪船，尤其是油輪的需求驟降，並銳意發展本國輪船，不再過份依賴租船，這從根本上動搖了香港航商藉以發跡的基礎。

及至 80 年代初世界航業不景的威脅逼近之際，卻正是船東舉債訂造的航舶紛紛下水之時，然而此時世界航運能力已嚴重過剩，日本的經濟環境更發生根本變化，香港本地貨運量又遠不能滿足航商要求，海外租戶退租、破產接踵而至，香港的船東開始陷入空前的困境。香港四大華資航運集團中，環球航運的包玉剛及時採取"棄舟登陸"戰略，萬邦航業的曹文錦亦已將船隊縮至極小規模，故能減少損失，成功避過航運業的大災難，而董浩雲、趙從衍兩大航運集團，由於看錯世界航業的週期，在航運大蕭條中相繼泥足深陷。

» 東方海外的債務重組

首先陷入危機的是董氏集團旗下的上市公司東方海外實業。東方海外實業的問題主要是對市場前景判斷錯誤，以致在不適當的時機擴充過速。東方海外實業作為董氏集團在香港的上市旗艦，主要業務是經營貨櫃輪船，其最致命的錯誤，是 1980 年 4 月以 12 億港元價格收購英國最大輪船公司之一的富納西斯（Furness Withy），經此一役，東方海外實業的船隊噸位作三級跳，從 1979 年的 46 萬噸急增至 1980 年的 120 萬噸，資產從同期的 26.7 萬港元躍升至 63 億港元，負債也從 19.7 億港元急增至 50 億港元，資產負債率已躍升至 83%，超過危險警戒線。東方海外實業收購富納西斯後，原計劃將其改組，不料卻遭到僱員的強力反對，被迫放棄，令東方海外揹上沉重的包袱。

後來，東方海外實業仍繼續擴張，先是向大股東董氏家族購入大量資產，包括位於紐約、悉尼及新加坡的物業、保險業務及 8 艘輪船，接著又宣佈以 9 億港元購入 6 艘貨櫃船，以壯大船隊。到 1982 年，東方海外實業的船隊已急增至 368 萬噸，比 1980 年再增加 2 倍。為了改善資產負債比率，期間東方海外實業雖然曾三度供股，注入大股東資金，但到 1984 年底，公司的資產負債率仍高達 78%，即只要公司資產減值 22%，其資產淨值便等於零。這時期，東方海外實業的長短期負債已高達 92.4 億港元，由於負債沉重，1984 年度僅利息淨支出就高達 5.61 億港元，是該年度除稅後盈利（未計算非經常收入）的 3.3 倍。❸¹

東方海外實業負債經營，顯然寄望於世界航運業復甦。然而，1984 年世界航運業在貨櫃運輸方面的競爭更趨激烈，在貨櫃運輸量龐大的港美太平洋航線，運輸量雖有所增加，但運費卻因同業競爭激烈而無法調升，而遠東至歐洲航線的運費更趨下跌，影響了東方海外實業的盈利能力。1985 年，世界航運業陷入空前衰退，東方海外實業的財務危機開始表面化，出現 24.8 億港元的資產負值，已瀕臨破產。當時，整個董氏航運集團已深陷危機之中。董氏集團擴張達最高峰時，旗下的油輪、貨櫃輪、散裝貨輪等共達 150 艘，已居全球第 2 位。當時，整個集團債務已高達 200 億港元，債權人 200 餘家，遍佈全球 50 多個國家。由於債務過多，作為抵押品的船隻因航運業衰退而大幅貶值，董氏航運集團已資不抵債。當時該集團向日本造船廠訂造的 24 艘新船，更急需現金結賬，於是觸發財務危機。

當時，身為董氏航運集團及東方海外實業主席的董建華，所面對的是全球商業史上第三大宗企業挽救個案，頭兩宗是美國的佳士拿車廠和洛歇飛機廠，其所承受壓力之大，不言而喻。董建華是董浩雲長子，1937 年在上海出生，1949 年隨父移居香港，畢業於英國利物浦大學。返港後即加入家族生意，其時董氏家族從事航運事業已達 30 年之久。董建華為完成集團債務重組，曾多次遠赴日本，與以東棉承造為中心的商社、造船廠展開艱苦談判，並與以香港滙豐銀行、美國漢華實業銀行、日本東京銀行和興業銀行為首的 200 餘名債權人展開長達 17 個月的冗長磋商。由於不是透過法律程序強制執行重整方案，重組成功的關鍵是達成共識，200 多個債權人分別來自 50 多個國家，有 50 多種法律，當時業內人士估計成功的機會不到一成。㉜

談判期間，董建華首先成功說服日本的造船廠接受少量賠償後取消 12 艘新船的訂單，又得中國銀行率先襄助，貸出 2,000 萬美元，令其他 11 家債權銀行亦各貸出 2,000 萬美元，共籌得 2.4 億美元支付另 12 艘新船款項，令董氏集團獲得喘息之機爭取時間設計重組方案。在最關鍵時刻，董建華又獲得霍英東的協助，答應注資 1.2 億美元，使東方海外得以繼續營運。1987 年 1 月，董建華終於成功與債權人簽訂集團債務重組的協議。

是次債務重組，主要內容是成立一家名為 "東方海外國際" 的新公司，以管理董氏集團旗下 31 艘貨櫃船，專責貨櫃運輸業務，由霍英東向該公司注資 1 億美元，取得該公司 35% 股權，而東方海外實業則持有該公司 65% 股權，東方海外實業的債權人則把全部債務轉換為東方海外實業的票據、優先股及新普通股，共持有東方海外實業 67% 股權，其中 52% 股權連同董氏家族持有的 23% 股權則注入一家由董氏家族管理的董氏控股基金中，並指定該基金存在 15 年，以備東方海外實業在取得利潤時向債權人贖回股份，原東方海外實業股東則持有該公司 10% 股權。董氏集團旗下的金山輪船公司亦以類似方式重組，由董氏控股基金持有 100% 股權，管理旗下 34 艘油輪和散裝貨輪。是次重組，令董氏航運集團得以避免被清盤命運，並為該集團在全球航運業市場重建其地位提供了一個機會。

自此，東方海外實業著力整頓資產，不斷出售非核心業務及投資，包括出售英國富納西斯股權，套現超過 10 億港元；出售香港國際貨櫃碼頭 20% 股權，分 3 次套現 30 億港元；以及其他多宗以億元計資產，目標是改善財務狀況並集中經營貨櫃運輸業務。㉝ 80 年代後期，世界航運業開始復甦，東方海外實業的盈利能力開始好轉，先後於 1989 年 12 月及 1990 年 3 月向債權人購回票據及部份優先股。1992 年 5 月，東方海外實業在董建華的苦心經營下終於擁有終止債務的實力，於是宣佈再次重組計劃，將東方海外實業的票據、優先股和普通股全部轉換為東方海外國際的票據、優先股（亦可換取現金）及普通股，霍英東注入的 1 億美元亦轉換為東方海外國際的可贖回優先股及可換股可贖回優先股。同年 7 月，東方海外國際取代東方海外實業在香港上市，成為董氏集團的上市旗艦。

1993 年，即重組後的第七個年頭，東方海外國際開始錄得較穩定的盈利並首次恢復派息，董氏家族對東方海外的控制權也重新上升到 50% 以上。❸❹ 1994 年，東方海外股價大幅飆升 66.94%，升幅居香港股市十大升幅上市公司的榜首，其時，東方海外的借貸仍約有 38 億港元，但流動投資組合約達 30 億港元，財務狀況已大為改善，業務已重上軌道，其掌舵人董建華經多年艱苦奮鬥，至此可說是苦盡甘來。

》 華光航業的債務重組

緊接東方海外實業陷入財務危機的，是趙從衍旗下的華光航業。華光航業亦是 70 年代末期以後繼續看好世界航運業前景的一個航運集團。1979 年下半年，華光航業在世界航運業出現散裝貨輪短期景氣之際，大舉訂購新船，短短 3 個月內斥資 8.7 億元訂購了 10 艘新散裝貨輪。踏入 80 年代，當包玉剛旗下的隆豐國際、亞洲航業偃旗息鼓紛紛出售舊船、取消訂造中的新船之際，華光航業卻繼續斥資訂造新船，大出鋒頭。及至 1983 年，世界航業衰退加深，連包玉剛都多次公開呼籲船東拆船，以改變閒置船舶過多的現象，但華光航業仍斥資 7 億港元訂購 6 艘新船。當時，華光航業社長、趙從衍長子趙世彭甚至認為，世界航運業可於 1985-1986 年間再達到另一高峰，趁低價訂造新船，是未雨綢繆之舉。❸❺

1984 年，世界航運業一度出現短暫好轉，但形勢並不穩定，當時權威的《福布斯》雜誌曾發表專文《當心擠沉船》，指出船東投資訂購新船，這種冒險將與豪賭無異，"所下大賭注，使最動蕩的股票市場看來只像浴缸中的小風波"。❸❻ 不過，趙從衍卻公開在報刊上表示航運市場將穩步向好，甚至籌劃將旗下的另一家航運公司泛宙船務在香港上市。不過，泛宙船務的上市計劃終因航運業的大蕭條而告吹。

1985 年，就在華光航業社長趙世彭預言世界航運業不景即將過去之際，香港

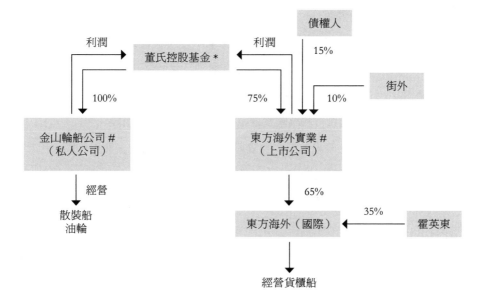

* 董建華和各債權人有投票權
# 從上市公司一邊或非上市一邊，若得利潤，按計算轉到基金內償還各債權人的債項。

董氏航運集團重組後結構圖（資料來源：《香港經濟日報》，1996 年 11 月 26 日。）

董浩雲的長子董建華，董氏
航運集團的接班人，1979 年
4 月出任東方海外貨櫃航運
有限公司主席。1985 年，東
方海外因世界航運業大蕭條
而陷入財務危機，董建華歷
盡艱辛，終於成功實現債務
重組，拯救了家族生意。

圖為位於港島灣仔海港中心的東方海外貨櫃航運有限公司辦
事處

航運業已先後出現會德豐船務公司清盤、東方海外實業債務重組等事件，當時各方面的注意力開始集中到華光航業，市場有關債權銀行向華光航業逼債的傳聞不脛而走。事實上，面對世界航業的大蕭條，華光航業早已泥足深陷，截至 1985 年底虧損的數額已高達 23.2 億港元，是股東資金的 1.77 倍。當時，華航情況之危殆，連銀行家也沉不住氣，美國大通銀行和萬國寶通銀行就曾扣押華光的船隻。

1986 年 1 月 28 日，華光航業在香港股市停牌，危機終於表面化。觸發這次危機的導火線，是華光航業的主要客戶，包括愛爾蘭國營租船公司及澳洲袋鼠航運公司等相繼破產，拖欠華光航業的租船鉅款無法償還。對此，華航社長趙世彭無可奈何地表示："我們亦看到全球航業出現問題，但是我們的船隻都已租賃出去，而且很多客戶是國營公司，但他們發生困難被清盤了，國家擔保也不付款，那有什麼辦法！而銀行方面卻不斷向我們追債，我們除了重組財務，實在並無他法。" ❸ 不過，華航的小股東則認為，令華光航業觸發危機的一個關鍵因素，是 1984 年間趙氏家族將上市失敗的私人公司泛宙船務 45% 股權注入華光航業，套取 2.59 億港元，導致華光航業資金周轉出現困難。❸ 到停牌時，華光航業的債務總額已達 8.6 億美元。

華光航業的債務重組亦經歷了異常艱辛的過程。趙氏家族為了取得債權銀行對債務重組的首肯，先是向華航提供了一筆 4,800 萬美元的私人貸款，繼而答允向銀行借貸 1,000 萬美元，其後更被迫向債權銀行開列了一張家族財產的清單，以便讓債權人計算大股東有多少資金來償還債務。對此，《南華早報》曾作過獨家報道："趙家最近拿出來的文件，比起較早時更全面地透露了他們的私人財產，這些財產將用來幫助華航的任何長遠改組計劃。"《南華早報》還指出："初步的跡象顯示，這批家族財富要比很多人想像的高出很多。" ❸ 或許，正是趙氏家族的私人財產及其誠意打動了債權銀行。

無論如何，趙氏家族為華航的重組付出沉重的代價，1986 年 11 月 18 日及 1987 年 5 月 9 日，趙從衍將一生收集珍藏的大批古董名瓷分兩次在富麗華酒店的翡翠廳公開拍賣，共籌得 1.7 億港元，又將家族持有的上市公司華光地產三成股權售出，套現 1.74 億港元，全部注入華航。趙世彭在解釋華光航業能夠成功重組的原因時指出："債權人明白我們重整業務的誠意，我們把地產、酒店、父親的珍藏變賣，幾乎

耗光大部份家財，所以能說服銀行的支持。" ❹

　　華光航業的債務重組中，股東所遭受的損失極大，每持 100 股普通股者，僅獲配發 2 股新普通股。重組後，公司的股權分成 3 類：A 股由債權人持有，佔公司已發行股份的 49%，B 股則由原股東持有，其中趙氏家族持有的 B 股，佔已發行股本的 49%，其餘小股東持有的 B 股，佔剩餘的 2%。A 股和 B 股的權益等同，但若華光航業被清盤，則 A 股持有人有權獲退每股 47 港元，剩餘資產才分配給 B 股持有人。趙氏家族不但喪失大股東地位，且淪為二等股東。

　　華光航業重組後，於 1987 年恢復在香港股市掛牌上市，其時，正值世界航運業逐漸復甦，華光航業經數年審慎經營，到 90 年代初債項已減至 2.5 億美元，公司業務漸上正軌。1992 年 3 月，華光航業與所有債權人再達成協議，安排一項總值 1.2 億美元的銀團貸款，用以清償全部舊債，令集團完成債務重組。從 1993 年開始，華光航業再度開始訂購新船，致力提高旗下船隊的質素，先後售出多艘舊船，並投資 10 億港元訂購 10 艘新船。與此同時，華光航業積極推動集團業務的多元化，尤其是積極投資中國的房地產、食品加工及製造業，並涉足貨櫃碼頭業務。誠然，華光航業的主業仍是航運業，至 1995 年船隊規模雖仍不及 70 年代，但亦擁有逾 30 艘輪船，總噸數達 200 萬噸，繼續成為香港航運業中一股中堅力量。

04

證券業：八七股災的衝擊與聯交所改組

————————

　　1986 年香港聯合交易所開業後，旋即迎來新一輪的牛市。當時，投資者信心逐漸恢復，加上銀行利率長期處於低水平，海外財團對香港的房地產興趣漸增，大型收購合併事件此起彼落，而外圍股市如紐約、倫敦、東京等地則持續表現暢旺，且屢創歷史新高，種種利好因素刺激大市回升。踏入 1987 年，香港經濟表現理想，各個主要經濟環節全面景氣，地產市道穩好，出口及轉口強勁。這一年，香港股市的狂熱持續到 10 月初。2 月 18 日，恒生指數衝破 2,800 點水平，報收 2,801.48 點，5 月再創新高並直叩 3,000 點大關。9 月 14 日，李嘉誠的長實系 4 家上市公司宣佈香港有史以來最龐大的集資計劃，集資額高達 103 億港元，消息傳出後刺激大市進一步攀升。10 月 1 日，恒生指數創下歷史性新高，該日收市報收 3,949.73 點，比上年底再上升 54%。10 月 2 日，香港股市成交額達 54.07 億港元，亦創歷史新高。

　　然而，一場災難性的股市大崩潰卻以迅雷不及掩耳之勢襲來，其來勢之迅猛、規模之浩大，可謂史無前例。1987 年 10 月 16 日，美國杜瓊斯工業平均指數大幅滑落 91.55 點，引發全球股市如骨牌般連鎖下挫。10 月 19 日，香港股市一開市，便受到周邊股市急瀉的衝擊，沽盤如排山倒海般出現，二三線股的跌幅更見凌厲，許多股份已沒有買家。開市後 15 分鐘，恒生指數下跌 120 點。其後，沽盤稍收斂，普遍股價在低位喘定。不久，另一輪沽售狂潮又再湧現，到中午收市報 3,547.90 點，半日跌去 235 點。下午股市重開，巨大拋售浪潮在短短一小時內使恒生指數再跌去 180 點。當日，恒生指數報收 3,362.39 點，下跌 420.81 點即 11.1%，而恒指期貨包括現月和遠期全都跌停板。

　　10 月 20 日清晨，香港聯交所委員會召開緊急應變會議，以主席李福兆為首的領導層在諮詢了港府財政司翟克誠、金融司林定國以及證監專員晏士廷之後，在上午 10 時開市前作出決定，宣佈為了使投資者保持冷靜，並讓經紀行有時間清理大量未完成的交收，聯交所從 10 月 20-23 日停市 4 天，指數期貨市場亦同時停市。當時，林定國在記者會上表示：“政府認為股市停市 4 天的決定是十分適當的，政府亦不會徹查這次事件是否涉及個人利益。”不過，這一具爭議性的決定受到香港及國際有關人士，特別是部份實力雄厚的外資經紀，以及急於套現的基金經理的猛烈抨擊。面對輿論壓力，李福兆依然堅持認為停市 4 天的決定是正確的，他表示當時若非明智停市，股市早已“遍地屍骸”了。

不過，在有關停市表面爭論的背後，更深的危機已經釀成。事緣股災前長時間的牛市，助長了高槓桿、高風險的恒生指數期貨合約買賣，股市的崩潰使得許多期貨經紀無法履行責任，問題的嚴重性已經威脅到香港期貨保證公司（就香港期貨交易所之交收提供擔保的公司）承擔責任的能力。當時，保證公司的資本僅 1,500 萬港元，但卻要承擔數以 10 億港元計的市場風險。香港期貨保證公司由滙豐銀行出任主席，股東包括倫敦國際商品結算所 ICCH（佔 20% 股權）、滙豐銀行（20%）、渣打銀行（15%）、大通銀行（15%）、柏克萊銀行（10%）、里昂信貸銀行（10%）及永安銀行（10%）。由於除滙豐外，其他股東均反對注資，亦拒絕滙豐以 1 元收購該公司，香港期指市場正面臨破產的危機。

10 月 25 日，港府與期貨市場高層舉行會議，商討解決危機的對策。會議最後決定由港府外匯基金及多家金融機構聯合出資 20 億港元，以挽救香港期貨保證公司。稍後，港府又聯同滙豐、渣打以及中國銀行再安排了一筆為數相同的備用資金（最後並未動用）。港府將從期貨交易中按每張合約買賣徵收 30 港元及從股票交易中按交易價值，徵收 0.03% 的特別徵費，以償還該筆貸款及利息。當日，香港期貨交易所主席湛佑森和副主席李福兆分別辭去正、副主席之職，政府委任地鐵公司主席李敦（Wilfrid Newton）和助理證券專員霍秉義（Phillip Thrope）分別出任該公司主席及執行副主席。

10 月 26 日，香港股市於早上 11 時重開，沽盤再度以排山倒海之勢湧現，賣家跳價求售，15 分鐘後恒生指數已跌去 650 多點，午後市況轉趨惡劣，市場投資情緒悲觀到極點，斬倉盤入市，結果全日大市共跌去 1,120.7 點，以 2,241.69 點收市，跌幅高達 33.33%，創下全球最大單日跌幅紀錄，而恒指期貨合約價格更暴瀉 44%。為挽救投資者信心，港府隨即宣佈一連串救市措施，其中包括收購及合併委員會暫時豁免 35% 全面收購觸發點及 5% 每年增購股權的限制，銀行公會在 10 月份內，將存款利率先後兩次調低共一厘七五，儲蓄存款利率自 10 月 28 日起為一厘七五。此外，外匯基金、賽馬會、滙豐銀行等均入市購買股票，以穩定人心。

10 月 26 日傍晚，香港聯交所召開記者招待會。會上，澳洲《悉尼論壇時報》一名記者直接質詢聯交所主席李福兆停市 4 天的決定是否合法，李福兆勃然大怒，以英語怒斥該名記者，並以拳頭敲擊桌面，要求該名記者道歉。李福兆大發雷霆的照片很快成為全球新聞界報道香港股市的插圖。10 月 29 日，一份英文報紙以頭版位置刊登了一篇題為 "癌腫正蠶食香港的金融心臟" 的文章，毫不留情地批評李福兆的停市行動，並認為這個癌腫已嚴重損害了香港作為國際金融中心的信譽。12 月 16 日，香港聯合交易所委員會換屆改選，由於主席不能連任，由原任副主席的冼祖昭出任主席，李福兆退居副主席。獲留任的副主席有王啟銘、馬清忠、湛兆霖，新出任的副主席是余金城。新一屆委員會 21 位委員中，來自遠東會的有 9 人，來自金銀會的也有 9 人。有評論指出："從委員會人數分佈，兩方妥協成份極大。" ❹

1987 年 10 月股災和聯交所停市事件，暴露了香港證券市場存在的問題。11 月 16 日，為恢復市場秩序及重建投資者信心，並將香港證券市場提升至國際水平，香港政府決定對整個證券體系作出全面檢討，成立證券業檢討委員會。新成立的證券業檢討委員會由倫敦頗負盛名的專家戴維森（Ian Hay Davison）擔任主席。委員會於 1988 年 6 月 2 日發表《證券業檢討委員會報告書》，即著名的戴維森報告。該報告指出："雖然本港是一流的地區性商業及金融中心（特別是作為國際銀行中心），但其證券市場卻未能與它的其他經濟成就媲美。" ❷ 報告指出聯交所存在的一系列問題，認為："由 4 間規模較小的交易所合併而成、在 1986 年啟業的聯合交易所內，有一撮人士將交易所視作私人會所，而不是一個為會員、投資者和證券發行者服務的公用事業機構。" ❸

1988 年 1 月 2 日，香港廉政公署根據《防止賄賂條例》第 30 條第 2 款拘捕前聯交所主席李福兆、前行政總裁辛漢權及上市部經理曾德雄，指 3 人涉嫌非法收受利益。同時，港府要求聯交所委員會 7 名委員，包括李福兆、冼祖昭、王啟銘、馬清忠、湛兆霖、徐國炯、胡百熙暫時不參加管理。聯交所隨即根據章程宣佈設立一管理委員會，暫時接管聯交所委員會職權，由余金城出任主席，黃宜弘出任副主席，成員包括 14 人，並通過由霍禮義出任行政總裁接手處理所有行政工作。8 月 10 日，聯交所 6 名前高層人員，包括冼祖昭、王啟銘、湛兆霖、鍾立雄、馬清忠及胡百熙等，因涉嫌觸犯《防止賄賂條例》，被廉政公署人員拘捕。李福兆與 6 名被告所涉及的 25 項控罪中，24 項均與公司申請上市的股份配售有關。不過，除李福兆外，其餘 6 名被告因罪名不成立均獲釋放。其後，李福兆被判罪名成立，入獄 4 年。2014 年 12 月 27 日，被譽為香港 "股壇教父" 的李福兆在香港瑪麗醫院辭世，享年 86 歲，結束了其傳奇的一生。

其後，香港政府根據戴維森報告的建議，展開了大刀闊斧的改革。1988 年 7 月 20 日，聯交所會員特別大會通過一項有關修訂交易所組織章程的特別決議，將委員會重組為一個由 22 人組成的、代表更具廣泛性的理事會，負責監管交易所的運作。8 月 8 日，臨時證券及期貨事務監察委員會有限公司註冊成立，作為籌備成立證券及期貨事務監察委員會的法人。10 月 18 日，聯交所選出新一屆的理事會，主席由恒生銀行董事長利國偉出任，投資銀行家袁天凡獲委任為聯交所行政總裁。

不過，在改革進程中，香港證監會與由華資證券經紀主導的聯交所的矛盾日趨尖銳。1991 年 4 月 25 日，聯交所理事會通過一項決議，確認理事有權優先獲配新股。由於違背公眾利益和公平原則，該決議其後在證監會的壓力下被否決推翻。受事件影響，聯交所第一副主席黃宜弘被迫宣佈辭職。香港聯合交易所理事會代表性問題再次受到社會的關注。其後，在證監會的強大壓力下，聯交所理事會在 7 月 9 日通過了一項自願改組方案，建議將理事會從 22 人增加到 30 人，並增強其代表性。其中，經紀理事 17 人，按成交額分組產生，獨立理事 10 人，另加聯交所行政總裁、高級行政人員及中央結算公司行政總裁各 1 人。7 月 19 日，聯交所理事會再次通過將聯交所轉為非牟利機構的建議。不過，在 8 月 19 日舉行的聯交所特別股東大會上，兩項決議均因未獲得 75% 的票數而未能通過。

翌日，香港證監會立即根據《證監會條例》向聯交所發出通知，要求聯交所在 45 日內按照證監會制定的模式對理事會進行改組。然而，證監會的高壓政策激起了聯交所會員的對抗情緒。9 月 26 日，強制改組方案在聯交所會員大會上被大比數否決。證監會隨即向聯交所發出限制通知書，要求聯交所按通知書指定模式改組。其後，證監會與聯交所達成共識，雙方同意修訂聯交所原先的自願改組方案，以此為基礎進行改組。10 月 30 日，聯交所會員大會一致表決通過該改組方案。根據該方案，聯交所理事會從 22 人增加到 31 人，其中，經紀理事按成交額分組產生，非經紀理事包括上市公司代表及市場使用者。聯交所同時修訂組織章程，轉為非牟利機構。

1995 年 2 月，聯交所發表新策略性計劃《發展路向》，明確表示將致力向國際標準、擴展中國業務以及機構改進這三大目標邁進。至此，證券業檢討委員會報告書提出的所有建議，均已在香港證券市場全部實施或展開，香港證券市場進入一個現代化、國際化的新時期。不過，經此一役，外資經紀在香港證券市場的影響力大增，華商自 70 年代初以來在香港證券市場所形成的主導地位，消失殆盡。

05

挫敗對華資發展進程的影響

————————————

　　60 年代中期至 80 年代後期，部份歷史悠久、實力雄厚的華商及華資財團在香港的經營中接連失利，有的甚至被迫清盤倒閉、債務重組或將控制權拱手出讓，退出歷史舞台，成為戰後以來香港新興華商崛起大潮中一股矚目的暗流。這些華商及華資財團涉及的行業相當廣泛，主要包括銀行業、證券業、地產業、航運業，甚至零售百貨、飲食、旅遊等各個領域，其中，對香港華資的整體發展影響最深遠的，要數銀行業和證券市場。

　　華資在銀行業的發展，最早可追溯到 19 世紀下半葉的傳統銀號，1912 年廣東銀行的創辦，揭開了香港華資銀行發展的序幕。二次大戰以後的 20 年期間，華資銀行藉香港經濟的工業化和起飛而獲得急速發展，進入了空前的黃金時期。正如香港大學金融學教授饒餘慶所指出："獨立華資銀行的黃金時代是 1946 年至 1964 年，當時作為一個集團而論，華資銀行是可與滙豐集團、中資集團和外資集團分庭抗禮而形成一種'第四勢力'的。雖然華資銀行的資本較小，但分支行數量卻較多，而且當時中資集團對香港銀行市場的興趣不大，因此華資銀行在香港華人，特別是中下階層和中小企業之間，是有相當影響力的。" ❹ 這一時期，雖然華資銀行資本較少，但分支網絡遍設港九、新界各區；而當時外資銀行仍然高高在上，中資的中銀集團經營作風則偏於保守。因此，華資銀行在香港華人，尤其是新興的中小企業和廣大的普羅大眾中，擁有相當強大的影響力。

　　可惜，1965 年的銀行擠提風潮和 80 年代初中期的銀行危機，對華資銀行造成嚴重的衝擊。1965 年 1 月，由明德銀號和廣東信託銀行倒閉觸發的銀行危機，導致當時華資銀行中規模最大、實力最雄厚的恒生銀行被滙豐銀行收購，令香港銀行零售市場中華資與英資的競爭形勢頓然改觀。此役，滙豐銀行藉收購恒生，不僅一舉消除了它最大的競爭對手，而且奠定了它在銀行零售市場的壟斷地位。當時，恒生銀行的主要客戶，不少是正在急速崛起中的新興華資集團，恒生銀行控制權的易手，實際上迫使這些新興華資集團轉向滙豐銀行尋求金融依託。

　　銀行危機過後，華資銀行為求自保，以便在英資及外資銀行的夾縫中生存，紛紛向外資銀行求援，當時港府因銀行危機而停止發放新的銀行牌照，一些希望將勢力擴展到香港的外資銀行亦想方設法對華資銀行進行資本滲透、控制和收購。1970年美國萬國寶通銀行透過旗下的達利銀行收購道亨銀行 56% 股權、1973 年美國歐文信託公司收購永亨銀行 51% 股權、日本三菱銀行收購廖創興銀行 25% 股權，便是這一進程的先聲。自此，華資銀行的整體實力進一步削弱。（表 4-1）

表 4-1　華資銀行被外資收購概況

銀行名稱	成立年份	收購公司	收購的股權比重
廣東銀行	1912 年	美國太平洋銀行	100%
康年銀行	1916 年	第一太平投資有限公司	100%
東亞銀行	1918 年	法國興業銀行 中國建設投資（香港）有限公司 （中國銀行附屬公司）	5.99% 4%
道亨銀行	1921 年	馬來西亞豐隆集團	100%
嘉華銀行	1922 年	中國國際信託投資公司	92%
永安銀行	1931 年	恒生銀行	50.3%
上海商業銀行	1932 年	美國富國銀行	20%
恒生銀行	1933 年	香港滙豐銀行	61%
永隆銀行	1933 年	渣打銀行	13.3%
香港商業銀行	1934 年	日本東海銀行 泰國盤谷銀行 Oleander Ltd.	10% 10% 10%
廣安銀行	1938 年	日本富士銀行	55%

銀行名稱	成立年份	收購公司	收購的股權比重
大新銀行	1947 年	三井信託銀行	20%
大有銀行	1947 年		
中國聯合銀行	1948 年	東亞銀行	100%
廖創興銀行	1948 年	日本三菱銀行	25%
浙江第一銀行	1950 年	日本第一勸業銀行	95%
恒隆銀行	1953 年	1983 年 10 月被港府接管，後由道亨銀行收購	100%
大生銀行	1954 年	英國標準渣打銀行	100%
華人銀行	1955 年	力寶集團 華潤集團	50% 50%
海外信託銀行	1956 年	1985 年 6 月被港府接管，後由道亨銀行收購	100%
永亨銀行	1960 年	美國歐文信託公司	51%
遠東銀行	1960 年	國銀亞洲集團有限公司	65%
國際商業信託（前身為京華銀行）	1961 年	盧森堡國際商業信貸銀行集團（已倒閉）	92%
新鴻基銀行	1982 年	阿拉伯銀行集團	75%

資料來源：（1）香港華商銀行公會研究小組著、饒餘慶編，《香港銀行制度之現況與前瞻》，
香港：香港華商銀行公會，1988 年版，第 61 頁。
（2）梁嘉儀著，《銀行家談本地銀行的出路》，載香港《信報財經月刊》第 10 卷第
7 期，第 5 頁。
（3）有關新聞。

　　80 年代初中期，香港爆發更加嚴重的銀行危機，恒隆銀行、新鴻基銀行、海外
信託銀行、工商銀行、嘉華銀行、永安銀行、友聯銀行及康年銀行等一批華資銀行
的控制權先後易手或被港府接管，華資銀行作為一個集團已潰不成軍，日漸衰落。
這次危機過後，華資銀行集團已面目全非，仍屬於華資集團的金融機構，剩餘 15 家
持牌銀行、2 家持牌接受存款公司及 51 家註冊接受存款公司，而持牌銀行中，仍由
本地華資家族持有控制權的銀行，剩餘東亞銀行、大新銀行、永隆銀行、廖創興銀

行、大生銀行及大有銀行等數家。據香港華商銀行公會的估計，到 1985 年底，華資金融機構的存款和貸款分別為 517.32 億港元和 248.8 億港元，所佔比重分別為 11.5% 和 5.7%，在香港金融業中已難成氣候。（表 4-2）

表 4-2　1985 年底各銀行集團存、貸款概況

銀行集團	客戶存款數（億港元）	比重	貸款（億港元）	比重
滙豐銀行集團 *	1,199.74	26.7%	904.12	20.5%
中資銀行集團	674.00	15.0%	393.84	9.0%
歐資銀行集團	727.22	16.2%	750.76	17.1%
美資銀行集團	551.08	12.3%	628.88	14.3%
日資銀行集團	684.78	15.3%	1,149.00	26.1%
華資銀行集團	517.32	11.5%	248.80	5.7%
其他	135.63	3.0%	324.24	7.3%
總計	4,489.77	100.0%	4,399.64	100.0%

* 估計數字

資料來源：香港銀行監理處及《香港統計月報》，轉引自饒餘慶編：《香港銀行制度之現況與前瞻》，香港：香港華商銀行公會，1988 年版，第 79、81 頁。

華資銀行集團的日漸式微，對香港華資財團的崛起亦具有深遠影響，部份華資大財團為尋求堅實的金融依託，轉向以滙豐、渣打為首的英資銀行及外資銀行，這種局勢的形成，一方面使以滙豐、渣打為首的英資銀行集團得以繼續長期控制著香港的金融業及金融市場，令英資財團在香港經濟中的壟斷地位逐漸被打破之後，仍能憑藉其在金融業及公用事業上的優勢而保持主導地位；另一方面，使得即使是財雄勢大、規模宏大的華資大財團，亦不得不在某種程度上受制於英資，形成對英資財團（主要是金融財團）的某種依賴性。

這一時期，對華商發展產生重大影響的還有香港聯交所的改革和改組。應該肯定地指出，60 年代末以來，在以李福兆、胡漢輝為首的華資證券商，打破了長期以

來被"香港會"壟斷的局面，並促成了香港證券交易所、九龍證券交易所、遠東交易所及金銀證券交易所四會合併為聯合交易所，使香港證券市場進入了空前大發展時期，為大批新興華資企業的上市鋪平道路，也為他們日後的大發展創造了機遇。從這個角度來看，華資證券商對香港經濟的發展產生了深遠的影響。

可惜的是，在華資經紀主導時期，證券交易所一度成為"私人會所"，主事者擁有極大的權限，如聯交所上市委員會在批核上市申請過程中，有權就建議上市的股價與申請公司磋商，委員往往可在獲得優先配股前，先將上市價壓低，這樣，當公司股票正式上市，股價便有機會以較大幅度上揚，從中大大獲利。據後來香港廉政公署的調查發現，當時的聯交所主席李福兆曾向財務顧問要求配售申請上市公司的股份，然後按部份成員在委員會中職位的高低，以 10：3：1 的比率分配，這種"分餅仔"的安排，當時屬於不公開的慣常做法。但這種安排，對商人銀行及包銷商而言，會招致莫大的損失，並引起外資經紀的不滿。

1987 年 10 月全球股災所引發的聯交所停市 4 天及期指市場瀕臨破產的危機，導致香港證券市場的全面改革和改組。雖然這是大勢所趨，但由此導致在香港華資證券經紀勢力的全面消退，到 90 年代基本由摩根、高盛、瑞銀等外資大行主導局面，為華資證券經紀的式微埋下了伏筆。

註釋

❶ 饒餘慶著，壽進文、楊立義譯，《香港的銀行與貨幣》，上海：上海翻譯出版公司，1985 年，第 196-197 頁。

❷ 齊以正著，《廖寶珊與廖創興銀行》，香港：《南北極》雜誌，第 148 期，1982 年 8 月 16 日，第 85 頁。

❸ 高東山（T. K. Ghose）著、中國銀行港澳管理處培訓中心譯，《香港銀行體制》（中文版），香港：中國銀行港澳管理處培訓中心，1989 年，第 74 頁。

❹ 同註 3，第 69 頁。

❺ Gillian Chambers, *Hang Seng: The Evergrowing Bank*, Hang Seng Bank Ltd., 1991, p.69.

❻ 郭峰著，《恒生銀行的崛興》，香港：《南北極》雜誌，第 116 期，1980 年 1 月 6 日，第 6 頁。

❼ 高英球著，《抽絲剝繭話滙豐》，香港：《信報財經月刊》雜誌，第 5 卷第 12 期，第 34 頁。

❽ 譚隆著，《百年金舖謝利源倒閉》，香港：《南北極》雜誌，第 148 期，1982 年，第 5 頁。

❾ 曹志明、袁國培著，《恒隆銀行事件的真相》，香港：《信報財經月刊》雜誌，第 7 卷第 7 期，第 5 頁。

❿ 鄧永耀著，《接管恒隆銀行與挽救港元》，香港：《經濟一週》雜誌，1983 年 10 月 3 日，第 4 頁。

⓫ 郭峰、石民著，《莊、陳、莊三頭馬車的傾覆——恒隆銀行清盤之透視》，齊以正、陶世明等著：《香港商場精英榜》，香港：龍門文化事業有限公司，1984 年，第 102 頁。

⓬ 思聰著，《作好進可攻退可守的慎密部署——細說新鴻基集團改組的長程目標》，香港：《信報財經月刊》雜誌，第 7 卷第 1 期，第 62 頁。

⓭ 曉蕾著，《從“海託”事件終於人頭示眾談起》，香港：《南北極》雜誌，第 206 期，1987 年 7 月 16 日，第 19-20 頁。

⓮ 歐陽德著，《嘉華銀行重組脫險境，短期前景難樂觀》，香港：《經濟一週》雜誌，1986 年 6 月 16 日，第 27 頁。

⓯ 歐陽德著，《恒生注資永銀對永安集團的影響》，香港：《經濟一週》雜誌，1985 年 12 月 30 日，第 55 頁。

⓰ 甘長求著，《香港房地產業》，廣州：廣東人民出版社，1993 年，第 23 頁。

⓱ 梁道時著，《地車站上蓋建費逾七十億，恒隆透露毋須向股東集資》，香港：《經濟一週》雜誌，1981 年 7 月 13 日，第 8-9 頁。

⓲ 齊以正著，《陳曾熙兄弟在地鐵上蓋跌了跤》，香港：《南北極》雜誌，第 151 期，1982 年 12 月 16 日，第 14-16 頁。

⓳ 袁國培著，《鷹君有限公司創辦人羅鷹石細心地產市道，漫談兩代人心》，香港：《信報財經月刊》雜誌，第 3 卷第 6 期，第 33 頁。

⓴ 思聰著，《鷹君——一個財團的興起》，香港：《信報財經月刊》雜誌，第 5 卷第 2 期，第 43 頁。

㉑ 凱君著，《嘉年集團的崛起和覆亡》，齊以正等著：《上岸及未上岸的有錢佬》，香港：龍門文化事業有限公司，1984 年，第 89 頁。

㉒ 呂景里著，《嘉年地產清盤的前因後果》，香港：《經濟一週》雜誌，1984 年 1 月 23 日，第 4 頁。

㉓ 黃耀東著，《佳寧帝國的一千零一夜》，香港：《信報財經月刊》雜誌，第 7 卷第 8 期，第 16 頁。

㉔ 韋怡仁著，《向陳松青探佳寧虛實》，香港：《信報財經月刊》雜誌，第 4 卷第 11 期，第 10 頁。

㉕ 海語譯，《佳寧的崛起與陳松青的經營手法》，香港：《財富月刊》雜誌，1991 年 2 月 15 日，第 13 頁，譯自《亞洲華爾街日報》，1983 年 1 月 20 日。

㉖ 霍禮義著，《危機與轉變》，香港：三思傳播有限公司，1992 年，第 25 頁。

㉗ 同註 26，第 83 頁。

㉘ 思聰著，《細說佳寧置業的盛衰歷程》，香港：《信報財經月刊》雜誌，第 6 卷第 9 期，第 75 頁。

㉙ 李宗鍔著，《佳寧六名被告為何 "毋須答辯" ——從法律觀點剖析佳寧案的癥結》，香港：《信報財經月刊》雜誌，1987 年 10 月，第 11 卷第 7 期，第 12-14 頁。

㉚ 楊紫華著，《也來談佳寧案的判決》，香港：《南北極月刊》雜誌，1987 年 10 月 16 日，第 27 頁。

㉛ 郭峰著，《剖析東方海外，金山集團的困境》，齊以正、林鴻籌等著：《香港豪門的興衰》，香港：龍門文化事業有限公司，1986 年，第 296 頁。

㉜ 邱誠武、許玉綿著，《韋健生憑建 "橋" 挽救董氏》，香港：《經濟日報》，1996 年 11 月 26 日。

㉝ 方元著，《東方海外是否將私有化惹憧憬》，香港：《南北極月刊》雜誌，1996 年 2 月，第 14 頁。

㉞ 卓健著，《董建華及東方海外苦盡甘來》，香港：《經濟一週》雜誌，1995 年 2 月 12 日，第 37 頁。

㉟ 郭峰著，《船隊增長快盈利增長慢，分析華光航業的經營》，齊以正等著：《上岸及未上岸的有錢佬》，香港：龍門文化事業有限公司，1984 年，第 133 頁。

㊱ 雙慶著，《由趙從衍氏珍藏古董名瓷被拍賣談起》，齊以正等著：《超級名利場》，香港：南北極月刊，1987 年，第 200 頁。

㊲ 何文翔著，《香港富豪列傳之二》，香港：明報出版社，1991 年，第 128-129 頁。

㊳ 一群 "華航" 股東著，《給 "華航" 趙氏家族的公開信》，齊以正等著：《× 氏王朝》，香港：龍門文化事業有限公司，1986 年，第 83 頁。

㊴ 仲平著，《"船難" 使水晶鞋法力盡失？》，齊以正等著：《銀行大風暴》，香港：龍門文化事業有限公司，1986 年，第 193 頁。

㊵ 同註 37，第 129 頁。

㊶ 參見香港證券業檢討委員會著，《證券業檢討委員會報告書》（中文版），香港：香港政府印務局，1988 年 5 月，第 2-4 頁。

㊷ 同註 41，第 15 頁。

㊸ 同註 41，第 2 頁。

㊹ 香港華商銀行公會研究小組著、饒餘慶編，《香港銀行制度之現況與前瞻》，香港：香港華商銀行公會，1988 年，第 73 頁。

5

稱雄香江

20 世紀 70 年代中期以後，香港進入新一輪經濟繁榮週期，從地產、航運崛起的新興華資財團實力更形雄厚。這時，中國的政治、經濟形勢發生了深刻的轉變，先是為期 10 年的“文化大革命”結束，政局漸趨穩定，中國開始推行四個現代化計劃，繼而鄧小平復出，中共召開十一屆三中全會，推行舉世矚目的改革開放路線，香港與內地的經貿關係進入一個新時期。在這一時代背景下，政治上漸取上風、經濟上朝氣勃勃的新興華資財團，遂向信心不足、經營保守的老牌英資財團下了戰帖。

　　從 70 年代末到 80 年代中後期，以李嘉誠、包玉剛為代表的新興華商以雷霆之勢，先後收購了青洲英坭、中華煤氣、和記黃埔、九龍倉、香港電燈及會德豐等一批老牌英資上市公司，又向聲名顯赫的置地、香港大酒店發動狙擊；期間，長江實業、新鴻基地產、恒基地產、新世界發展及恒隆等一批華資地產公司，更蛻變為大型企業集團，在地產業取代英資而取得主導地位。這一時期，香港華資財團已逐漸打破英資的長期壟斷而成為稱雄香江的一股極其重要的資本力量。

01

長江實業：香港首席家族財團

70 年代末期以後，日漸壯大、雄心勃勃的新興華資財團不再滿足於已取得的成就，它們開始將目光轉向那些長期以來因經營保守而導致資產值高、股價偏低的老牌英資上市公司，向英資財團在香港經濟中的壟斷地位發起了挑戰。首先發動進攻的，是華資"地產五虎將"之首、長江實業主席李嘉誠。1979 年和 1985 年，李嘉誠憑藉他深刻的洞察力及超人的財技，先後成功收購了英資四大行之一的和記黃埔及英資大型公用事業上市公司香港電燈，形成了以長江實業為旗艦、以和記黃埔為主力的大型企業集團，從而一舉躍登香港首席家族財團的寶座。

》 收購九龍倉功敗垂成

1977 年，李嘉誠的長江實業進入一個新紀元。這年，長實成功擊敗英資"地王"置地公司，奪得港島中區地鐵中環站及金鐘站上蓋物業發展權。經此一役，長實的聲譽作三級跳，在投資者心目中的地位大幅提高。資深的股評家甚至預測，長實的實力有可能超越置地。這時期，香港的地產市道已頻頻創出新高，然而同期股市仍然疲弱，一批持有龐大優質土地的英資上市公司，因經營保守使股價長期偏低。尤其值得注意的是，這批公司的大股東持股量均不足，對公司的控制權不穩。李嘉誠憑著他敏銳的商業目光，看到集團發展的新方向，他決定動用大量現金收購這些潛質優厚的英資公司，為集團在 80 年代的大發展未雨綢繆。

1977 年，李嘉誠首戰告捷，他以 2.3 億港元收購了擁有港島中區著名的希爾頓酒店的美資永高公司，開啟了華資收購外資公司的先河。永高公司的主要資產是港島中區著名的希爾頓酒店，由於經營不善，公司盈利停滯不前。當時輿論普遍認為李嘉誠出價過高，但事後證明，長實對永高的收購極為成功，因為要在同樣地點興建同等規模的一流酒店，花費再多一倍的資金也辦不到。

初露鋒芒之後，李嘉誠即將收購的目標指向九龍倉。九龍倉於 1868 年創辦，當時稱為“香港九龍碼頭及倉庫有限公司”，主要業務是經營九龍的碼頭及倉儲業務，在尖沙咀擁有龐大土地。九龍倉的創辦人是著名英商保羅·遮打爵士及怡和洋行，因而亦同時兼任九龍倉主席。長期以來，九龍倉一直是英資怡和洋行旗下的置地公司的聯營公司，由怡和主席兼任公司主席。20 世紀 40 年代，九龍倉已發展成香港一家以效率著稱的大型碼頭倉儲公司，其碼頭能夠同時停泊 10 艘遠洋巨輪，貨倉能儲存約 75 萬噸貨物。60 年代末以後，香港碼頭業掀起貨櫃化革命，九龍倉遂將碼頭倉庫遷往葵涌、荃灣，在尖沙咀海旁碼頭貨倉舊址興建規模宏大的綜合物業海港城，業務搞得頗為出色。可惜，九龍倉的投資策略有兩大弱點：一是透過大量發行新股籌集發展資金，令股價長期偏低，大股東對該公司持股量嚴重不足；二是九龍倉以地產投資為主，主要靠租金收益維持盈利，現金回流慢。1978 年初，九龍倉的股價最低曾跌到 11.8 港元，但期間它所持有的土地已大幅升值。

1978 年初，九龍倉的股價最低為 11.8 港元，期間，香港地價不僅沒有回落，反而大幅飆升，地處繁華商業區的尖沙咀海旁，更是寸金尺土。這種強烈的對比當時已經被敏銳的香港股評家察覺，1977 年 10 月 12 日，《信報》資深股評家思聰就以“九倉物業開始蛻變，未來 10 年盈利保持增長”為題，指出九龍倉如能充份利用它的土地資源，未來 10 年可以出現年增長 20% 的勢頭，這隻每股市價僅 13.5 港元的九龍倉將是 1978 年的熱門股。然而，比股評家更敏銳的是李嘉誠。當時，李嘉誠得到一項情報，說只要購入 20% 的九龍倉股票，即可挑戰置地的大股東地位。因此，他不動聲色地大量購入九龍倉股票，從每股 10 多港元一直買到每股 30 多港元，前後購入約 1,000 萬股九龍倉股票，約佔九龍倉已發行股票的 18%。

隨著九龍倉股份不尋常的飆升，香港各大財團以及升斗市民均開始意識到有人正打九龍倉主意，紛紛蜂湧入市，將九龍倉的股票進一步炒起，1978 年 3 月，九龍倉股價飆升至每股 46 港元的歷史最高水平。這時，李嘉誠有意收購九龍倉的消息已外洩，一時間，香港股市流言四起。一直自以為高貴堂皇的怡和才亂了手腳，記起長期被他們忽略的持股量嚴重不足的事實。怡和因 70 年代中前期大規模投資海外，盈利裹足不前，資金缺乏，只得急忙向滙豐銀行求救，由滙豐主席沈弼（M. G. R. Sanberg, 1927-2017）親自向李嘉誠斡旋。當時出任滙豐董事的"世界船王"包玉剛亦正計劃部署其"棄船登陸"的策略，有意問鼎九龍倉。

面對錯綜複雜的激烈競爭局勢，李嘉誠審時度勢，覺得眼前仍不宜與歷史悠久且實力雄厚的怡和公開較量，不宜得罪滙豐，必須妥善地處理好與"世界船王"包玉剛的關係，既要避免劍拔弩張的局面，又要謀取實利，並為長實的長遠發展留下迴旋餘地，幾經反覆思考，李嘉誠終於決定鳴金收兵，將所持全部九龍倉股票轉售予"世界船王"包玉剛。1978 年 9 月 5 日，包玉剛宣佈他本人及家族已購入 15-20%九龍倉股票。兩日後，《明報晚報》刊登李嘉誠的專訪時解釋說："他（李嘉誠）本人沒有大手吸納九龍倉，而長江實業的確有過大規模投資九龍倉之上的計劃，是以曾經吸納過九龍倉股份。他本人安排買入九龍倉全部實收股份 35%-50%，作穩健性長期投資用途，但到了吸納得約 1,000 萬股之時，九龍倉股份的市價已經急升至長實擬出的最高價以上，令原定購買九龍倉股份的整個計劃脫節。結果，放棄這個投資計劃。" ❶ 此後，李嘉誠約賺取了 6,000 萬港元利潤，全身而退，將九龍倉的爭奪戰留給包玉剛接手。

» 收購青洲英坭、和記黃埔

李嘉誠退出九龍倉爭奪之後，旋即向早已看好的另一家英資上市公司青洲英坭動手。青洲英坭亦是一家老牌英資上市公司，主要業務是生產及銷售水泥等建築材料，在九龍紅磡持有大量廉價土地。不過，該公司自 60 年代中起每況愈下，到 70 年代初才漸有起色，並且已向地產業發展。李嘉誠依然是不動聲色地在市場吸納青洲英坭的股票，到 1978 年底已透過長實持有該公司 25% 股權，加入該公司董事局。1979 年，李嘉誠持有青洲英坭的股權增加到 36%，順利出任該公司董事局主席。青洲英坭自長實參與行政決策後，在垂直及平行分散投資方面，均有不俗的發展，包括開拓航運業務，以合作形式擴展本地及海外英坭市場，而最重大的發展，就是與長實合作，發展其所擁有的紅磡鶴園街的廠址地皮。

踏入 1979 年，長實集團的實力更加雄厚，聲勢更加浩大。這年，長實擁有的樓宇面積已達 1,450 萬平方呎，超過了置地的 1,300 萬平方呎，成為香港名副其實的"地主"。長實先後與會德豐、廣生行、香港電燈、利豐、香港地氈等擁有大量廉價地皮的老牌公司合作，發展它們手上的物業；又與中資公司僑光置業合組地產公司，取得沙田火車站上蓋物業發展權，並與中資公司在屯門踏石角興建軍用大型水泥廠。當時，香港的經濟形勢正面臨重要的轉折點；一方面是華資財團的迅速崛興，除長江實業以外，新鴻基地產、新世界發展等均具有同等規模，恒隆、合和實業等也發展得很快。相比之下，怡和因 70 年代中期在海外投資正陷入困境；太古則將其擁有的大量土地興建樓宇出售，利用所得資金買入飛機，發展航空業；而滙豐銀行正刻意收購美國的海洋密蘭銀行。華資與英資的實力對比正面臨一個重要的臨界點。李嘉誠覺得時機已經成熟，他迅速將收購的矛頭轉向英資四大行之一的和記黃埔（簡稱"和黃"）。

和記黃埔的前身是和記洋行和黃埔船塢。和記洋行是一家歷史悠久的老牌英

九龍倉擁有尖沙咀海旁龐大地皮，難怪 20 世紀 80 年代初成為華商覬覦的對象。圖為 30 年代的九龍倉。

資洋行，創辦於 1860 年，當時稱為 Robert Walker & Co.。1873 年，英商夏志信（John D. Hutchison）接管該公司，改名為 "John D. Hutchison & Co."，即和記洋行。1900 年，和記洋行在上海開設分行，1920 年夏志信在上海病逝，該洋行由皮亞士及卡迪斯購得。20 世紀 50 年代初，和記洋行從內地撤回香港，曾被會德豐收購 50% 股權。和記洋行在有逾百年歷史的老牌洋行中，本屬三四流的角色，但在 20 世紀 60 年代卻迅速崛起，成為香港股市中光芒四射的明星。

青洲英坭是一家歷史悠久的英資上市公司，1979 年被李嘉誠收購控股。圖為青洲英坭位於踏石角之生產設備，是亞洲最先進科技廠房之一。

　　導致這一急劇轉變的是，1947 年，剛退役的陸軍上校祁德尊加入和記洋行。祁德尊（1917-1981）出生於羅德西亞南部，太平洋戰爭前以炮兵軍官身份來到香港，日軍侵佔香港時被捕，1942 年成功逃脫。其後因軍功先後於 1943 年及 1946 年獲頒 OBE 勳銜和 CBE 勳銜。1964 年，祁德尊透過其控制的萬國企業收購和記洋行，翌年易名為 "和記國際"。60 年代中至 70 年代初，和記國際在祁德尊的統領下迅速崛起，它先後收購了著名的老牌英資公司黃埔船塢、屈臣氏、均益倉、德惠寶洋行、泰和洋行及旗昌洋行等，全盛時期旗下的附屬及聯營公司達 360 家，經營的業務極為廣泛，包括地產、財務、保險、酒店、船務、船塢、貨倉、棉毛紡織、汽車、洋酒、汽水、藥品、進出口貿易以至新聞事業及廣播事業，是為香港最龐大的商業機構之一，實力僅次於怡和。這一時期，祁德尊被評價為 "戰後日子裡支配本港商界的最多彩多姿、最富企業家精神的成功人士之一"、"香港在 60 年代重要日子裡開創大企業精神的象徵"。❷

可惜的是，祁德尊過於雄心勃勃，攻伐過度，未能及時在股市高潮中鞏固已取得的成績。1973 年下半年，香港經濟先於西方國家經濟進入調整期，這是股市大崩潰及地產過度發展所造成的結果。1974 年，中東石油危機爆發，西方國家經濟衰退，香港受到更大的影響，許多行業均陷入困境。然而，這一期間和記國際的擴展仍在持續，諸如與一些"垃圾公司"進行換股等，但它的聲譽已如江河日下，財政狀況亦逐漸出現危機。1975 年，和記國際在印尼的一項重大工程合約出現危機，該合約簽訂於 1973 年石油大漲價前，但到 1974 年石油漲價之後才進入工程高潮，和記國際要購買數以百計的大卡車、推土機以進行工程，但滙豐銀行此時卻收緊信貸，和記於是出現債務危機。

1975 年 9 月，和記國際召開國際大會，要求股東注資以解決公司財務危機，被滙豐所代表的股東否決。和記國際的債權人準備循法律途徑要求公司清盤。在沒有選擇的情況下，董事局被迫接受滙豐銀行的收購，由滙豐注資 1.5 億港元購入和記國際 9,000 萬股股票，佔已發行股票的 33.65%，滙豐成為大股東，祁德尊被迫黯然辭職。當時，滙豐銀行曾承諾，待和記國際轉虧為盈後，滙豐將在適當時候出售和記。這就埋下了李嘉誠入主和記的伏線。稍後，滙豐邀請被譽為"公司醫生"的韋理（Bill Wyllie, 1933-2006）出任和記董事局副主席兼行政總裁，和記國際進入韋理時代。韋理原籍英國蘇格蘭，1933 年在澳州出生，1964 年應邀來港，先後將多家公司扭虧為盈，在香港企業界嶄露頭角。韋理上任後對和記國際大肆整頓革新，制止虧損，改善集團管理制度，並於 1977 年底將和記國際與旗下最主要的附屬公司黃埔船塢合併，成立和記黃埔。應該說，到李嘉誠覬覦和記黃埔時，和黃已恢復生機，逐漸走上正軌。❸

1979 年，李嘉誠將收購的目標直指和記黃埔，他很清楚滙豐控制和黃不可能太久。根據香港的公司法、銀行法，銀行不能從事非金融性業務。債權銀行可接管陷入財政危機的企業，但當企業經營走上正軌，必須將其出售予原產權所有者或其他投資者。當時，香港的英資洋行，如怡和、太古、和記的管理層、英國企業家高斯爵士（Sir James Goldsmith）和不少美國大公司，都對滙豐持有的和記黃埔股份極感興趣，然而，滙豐卻屬意於李嘉誠。這年，李嘉誠秘密與滙豐銀行接觸，商討收購和黃事項，滙豐的答覆是：只要條件適合，長實的建議會為滙豐有意在適當時候有秩序出售和黃提供機會。❹ 汲取收購九龍倉消息外洩的教訓，李嘉誠在高度保密的情形下與滙豐展開了收購洽談。同年 9 月 25 日，李嘉誠終於就收購和黃與滙豐達成協議，完成了這宗被著名的《遠東經濟評論》稱為"使李嘉誠直上雲霄的一宗交易"。❺

是日深夜 11 時 30 分，李嘉誠在新建的華人行 21 樓長江實業總部召開記者會，向大批聞風而至的記者宣佈了這項震動香港的重大消息。根據協議，長實將以每股 7.1 港元價格向滙豐收購 9,000 萬股和黃普通股，約佔和黃已發行股份的 22.4%，長實須立即支付總售價 6.39 億港元的 20%，餘額可選擇延遲支付的辦法，為期最多兩年，不過須在 1981 年 3 月 24 日之前支付不少於餘額的一半。換言之，長實是以極優惠的條件收購和黃，成為該集團的大股東。首家英資大行就此落入了華商手中，這一天，對於香港的資本財團發展史來說，無疑是一個極其重要的里程碑。

翌日，消息傳出，整個香港為之轟動，股市大幅飆升，各大報刊紛紛發表評論，形容此舉為"蛇吞大象"、"石破天驚"、"有如投下炸彈"。《信報》政經評論指出："這次交易有可算是李嘉誠先生的一次重大勝利"，是"長江實業上市後最成功的一次收購，較有關收購九龍倉計劃更出色（動用較少的金錢，控制更多的資產），李嘉誠先生不但是地產界的強人，亦成為股市中炙手可熱的人物"。不過，和黃董事局主席兼行政總裁韋理則對是次交易極表不滿，他直斥滙豐銀行的售價過低，售賣條件太優惠，認為"李氏此舉等於用美金 2,400 萬做訂金，而購得價值 10 多億美元的資產"。同時，韋理亦無可奈何地承認："香港目前的政治與經濟因素是促使上海滙豐銀行決定不將和記股權轉讓予其他人士控制的公司"，"銀行方面是樂意見到該公司由華籍人士控制"。

一名銀行家也指出："滙豐估計今後 10 年內李嘉誠是全港重要的人物，勝利者當然是首選。"❻ 對此，滙豐銀行主席沈弼則表示：滙豐銀行這次向長江實業出售 9,000 萬普通股，純粹是"時機適當"。他解釋說："長實本來成績良佳，聲譽又好，而和黃的業務脫離 1975 年的困境踏入軌道後，現時已有一定的成就。滙豐在此時出售和黃股份是順理成章的。"他表示："滙豐銀行出售其在和黃的股份將有利於和黃股東的長遠利益，堅信長江實業將為和黃的未來發展作出極其寶貴的貢獻。"不過，《遠東經濟評論》認為："沈弼爵士一直堅信滙豐銀行在香港這個大部份是廣東人的城市，必須支持廣東人在香港商業社會扮演一個更重要的角色。然而，這些並不能解釋沈弼為何要以如此慷慨的條件把和黃出售給李嘉誠。" ❼

李嘉誠購入和黃股份後，即於同年 10 月 15 日出任和黃執行董事，經一年的吸納，到 1980 年底長實持有的和黃股份已增至 41.7%，1981 年 1 月 1 日，李嘉誠出任和黃董事局主席，成為"入主英資洋行的第一人"。同年，李嘉誠出任滙豐銀行董事。收購和黃，不僅是李嘉誠個人一生中最輝煌的勝利，而且也是香港華資發展史上一個重要的里程碑，它標誌著新興的華資勢力已開始打破英資逾 100 年來在香港經濟中所形成的壟斷地位，一個華商發展的新時代已經來臨。

李嘉誠入主和黃後，深知要控制這間龐大的公司並非易事，尤其是該公司涉及的貨櫃碼頭、船塢、製藥以及零售業務，對長實而言仍是很生疏的。因此，他極力安撫和黃的外籍高層管理人員，在韋理辭職之後，即委任其副手李察信出任行政總裁，業務董事夏伯殷及政務董事韋彼得亦繼續獲得重用，組成和黃新管理層的三巨頭；同時，他又委派長實的李業廣、麥理因出任和黃董事，參與執行董事會議，並負責籌劃地產業務的發展。在新管理層的主持下，和黃先後將屬下的上市公司，包括和記地產、均益倉、屈臣氏、和寶、安達臣大亞等私有化，又將虧損纍纍的海港工程售予羅康瑞的瑞安集團，令和黃的業績大幅改善。綜合純利從 1980 年的 4.11 億港元急增到 1983 年的 11.67 億港元，和黃的市值也從 1980 年初的 38.7 億港元大幅增加到 1984 年底的 98.5 億港元，成為僅次於滙豐銀行、恒生銀行的第三大上市公司。

不過，在此期間，李嘉誠與以李察信為首的和黃外籍管理層的矛盾也日趨尖銳，李察信早於 1972 年便加入和記，經歷了韋理時代及長實的入主，職位日益晉升，但他與韋理一樣，並不甘於只成為一個決策的執行者，而希望作為一個決策者，希望長實像滙豐一樣，只承擔大股東的職責，完全不過問和黃事務。鑑於長實取得和黃控制權後，在貿易、零售等方面仍須依賴原有人才，李察信等人便利用這段青黃不接的機會，積極擴張本身的勢力，同時設法排擠華籍高級行政人員，避免這些華籍行政要員與長實結成同一陣線，成為長實接管和黃的基礎。1983 年，多名和黃華籍高級職員被迫離職，部份華籍職員遂與長實接觸，要求解決這一問題。當時，長實仍堅持不直接干預和黃行政，只對華籍行政人員進行安撫，但是此事件已種下長實與和黃管理層決裂的伏線。❽ 1984 年 4 月，長實決定和黃派發鉅額現金紅利，主要目標是削弱和黃管理層的權力，並進一步增加長實在和黃的股權。這自然引起和黃管理層的不滿，後者利用外資基金的不滿迫使長實接受以股代息的建議，可是外資基金卻持續拋售和黃，終於使雙方裂痕無法彌補，此時長實亦已完成接管的部署。在形勢比人強的情況下，以李察信為首的三巨頭只好全部辭職，長實正式接管和黃管理層。

長實接管和黃管理層後，即發揮其地產專長，著手籌劃將黃埔船塢舊址發展為規模宏大的黃埔花園計劃。其實，80 年代初，和黃已開始與港府商討重建黃埔船塢補地價問題，不過，當時地價高企，雙方一直無法達成協議。後來香港前途問題浮現，樓市崩潰，談判更一度中止。1984 年 9 月，中英就香港前途問題草簽《中英聯合聲明》，投資者信心開始恢復，和黃即與港府展開談判，同年 12 月達成協議，和黃補地價 3.91 億港元，另加道路建築費 2 億港元，和黃將在黃埔船塢舊址興建 94 幢住宅大廈，共 11,224 個住宅單位，總樓面面積 764 萬平方呎，另有商場面積 169 萬平方呎，總投資 40 億港元。這是香港進入過渡時期以後首項龐大的地產發展計劃。黃埔花園從 1985 年 4 月推出第一期，到 1989 年 8 月售出最後一期，歷時 4 年半，為和黃帶來 53.2 億港元的鉅額利潤。和黃所擁有的黃埔船塢地皮這一寶藏，經李嘉誠之手開採、挖掘，終於綻放出絢麗的異彩。

》 收購香港電燈集團

李嘉誠收購和黃後，集團的擴張步伐並未就此終止，他開始將目標指向香港電燈公司。香港電燈也是一家老牌英資上市公司，創辦於 1989 年，到 70 年代已發展成一家多元化的大型企業集團，業務包括發電、地產、工程服務以及電器貿易等，已躋身香港十大市值上市公司之列。其實，早在 1980 年 11 月，李嘉誠已與香港電燈建立合作關係，當時，長實與港燈合組國際城市集團有限公司，合作將港燈的地皮發展為住宅物業，包括北角的城市花園、荃灣的麗城花園等。1982 年 4 月，怡和透過置地向港燈發動"破曉突擊"行動，收購港燈 34.9% 股權，成為該公司大股東。當時，李嘉誠透過和黃開始研究收購香港電燈的可行性。港燈集團是僅次於中華電力公司的優質公用股，收入穩定，市值高達 55 億港元，只比其大股東置地的市值稍低，在香港十大市值上市公司中排名第 5 位。

1983 年，李嘉誠洞悉置地在地產投資遭遇陷境，遂向怡和、置地遊說，購入他們手中的港燈、牛奶公司、惠康超級市場等股票，但雙方條件始終談不攏。李嘉誠

1979 年 9 月 25 日，李嘉誠成功收購英資大行和記黃埔，轟動一時。圖為有關新聞的報道。

1985 年李嘉誠成功從怡和手中取得香港電燈的控股權。圖為香港電燈位於南丫島的發電廠。

知己知彼，並不急於進行，靜待有利時機出現。其後，置地由於在 80 年代初期過度冒進擴張，在股市地產低潮中已負債纍纍，陷入財政困難之中，被迫出售旗下非核心資產和業務，如 1983 年 3 月將所持香港電話公司 38.8% 股權售予英國大東電報局，套現 14 億港元等。❾ 1984 年，怡和及置地主席西門·凱瑟克被迫主動與和記黃埔接觸，洽商出售港燈股權事宜。置地的要價是港燈收購價必須在每股 6.5-6.6 港元，比當時市價約高出 30%。李嘉誠看到事態正向他所預料的方面發展，遂還價以低於市值 10% 收購。當時，置地手上的港燈股份平均成本連同利息計算為每股 6.6 港元，如以李嘉誠的還價，賬面損失將超過 4 億港元，因此有關談判再度擱置。

1985 年初，中英正式簽署關於香港前途問題的《中英聯合聲明》後，投資者逐步回復信心，香港股市開始飆升，港燈集團的股價亦從 1984 年 11 月底 6.3 港元上升到 1985 年中的每股 7.3 港元，雙方達成交易的時機逐步成熟。1985 年 1 月 21 日，怡和的幕後舵手、前主席亨利·凱瑟克遂親自從倫敦飛抵香港，會晤怡和高層，決定出售港燈。當日下午 7 時，西門·凱瑟克親自到華人行會見李嘉誠，經過兩小時會談，雙方終於根據李氏半年前收購港燈時的原則達成協議。不過，由於港燈市價已上升，李嘉誠提出較市價低 13% 的條件，且該次交易包括港燈的末期息。翌日上午，李嘉誠在和黃行政總裁馬世民陪同下，前往康樂大廈 48 樓怡和主席辦公室，與怡和方面就收購港燈股份簽訂協議。❿ 結果，李嘉誠透過和黃以 29.05 億港元價格收購置地名下 34.6% 香港電燈股權，每股價格為 6.4 港元，僅是港燈市價的八成半。

對於這次收購行動，香港《信報財經月刊》曾載文作過這樣的描述："1985 年 1 月 21 日（星期一）傍晚 7 時，中環很多辦公室已經烏燈黑火，街上的人潮及車龍亦早已散去；不過，'中區商廈大業主' 置地公司的首腦仍為高築的債台傷透腦筋，終派員前往長江實業兼和記黃埔公司主席李嘉誠先生的辦公室，商討轉讓港燈股權的問題。結果，在 16 小時之後（1 月 22 日上午 11 時），和黃決定斥資 29 億港元現金，收購置地持有的 34.6% 港燈股權。這是中英會談結束之後，香港股市的首宗大規模收購事件，同時也是李嘉誠 1979 年收購和黃後，另一轟動的商業決定。" ⓫

1 月 22 日中午 12 時 15 分，和黃、置地、港燈三雙股票在 4 間交易所同時停牌買賣。傍晚，和黃主席李嘉誠以極其喜悅的心情召開了記者招待會，宣佈和黃向置地收購港燈股權的事宜。他表示，和黃將以每股 6.4 港元價格向置地收購約 4.54 億股港燈股份，約佔港燈已發行股份的 34.6%，涉及的資金為 29.5 億港元。整個收購行動將於 1985 年 2 月 23 日完成。李嘉誠強調，屆時和黃將以現金支付，現時和黃已準備了 15 億港元，賒款亦已得到滙豐銀行的口頭答允，絕不成問題。因此，和黃肯定不會在市場籌集資金，而這次收購也絕不會影響其他發展計劃，諸如黃埔花園、葵涌貨櫃碼頭等。

李嘉誠表示："在過去兩年，我不停地研究港燈這間公司，老早便詳細考慮到投資港燈的各個優劣點。" 他又說："我們不像買古董，沒有非買不可的心理。……

最主要是以投資良好、股東利益為大前提。比如說，如果要以週一收市價七元四角買港燈，我們一定拒絕，因為總是要對和黃適合及有利才可進行的。""我今次出價是以港燈的盈利能力及派息作為衡量標誌；以週二收市價計，港燈的市盈率約為8倍，目前香港利率有繼續下降的趨勢，和黃手上現金如不作收購港燈股份而放在銀行收息，與現在投資港燈所收到股息比較，相差不會太遠，但在港燈的投資，長遠來說十分有利，因此便有這次交易。" ⑫

一年後，他再向記者表示："我對那些資產值高的公司皆感興趣，主要是該公司資產要好。在過去，我差不多用工作上一半的時間在策劃公司的未來發展方面，留意著香港或海外的投資機會，我腦海裡對很多本港公司的資產狀況都很清楚。因此，一有機會我就可以作出迅速的決定。例如港燈，由開始商談到正式簽署文件，時間共17小時，但不要忘記除去睡眠的8小時，實際只有9小時，我為何能在這麼短促的時間，決定一項如此重大的投資呢？原因是港燈是我心目中的公司，一早已掌握全部資料，機會來時我就知道怎樣做。" ⑬ 這番話，實在是李氏經商的成功秘訣之一。90年代，和黃行政總裁馬世民談起收購港燈，曾對李嘉誠的經商手法稱道不已，他說："李嘉誠綜合了中式和歐美經商方面的優點。一如歐美商人，李嘉誠全面分析了收購目標，然後握一握手就落實了交易，這是東方式的經商方式，乾脆俐落。"同年，李嘉誠出任滙豐銀行董事局非執行副主席，此舉反映了滙豐對李氏的倚重。

1987年10月前數個月，李嘉誠曾再度出擊，聯同鄭裕彤、李兆基等香港頂級華商以及中信香港的榮智健，向怡和的置地公司發起收購行動。不過，其後在悄然奄至的全球股災的巨大衝擊下，各華資大戶自顧不暇，有關收購計劃被迫暫停擱置。最後於1988年5月4日由怡和策劃動用18.34億港元向李嘉誠等購回置地8%股權。此後，長實集團基本上停止在香港進行的長期策略性收購活動，而是著眼於自身結構與業務的重整，並推行業務的多元化和國際化。這一期間，長實展開連串改組活動，包括1987年3月將港燈集團的非電力業務分拆成立嘉宏國際集團，1988年長實將青洲英坭私有化，1989年和黃將屬下的安達臣大亞集團售予長實等等，以調整集團的內部組織結構。這種調整既有助於理順集團內部業務分工和利潤分配等關

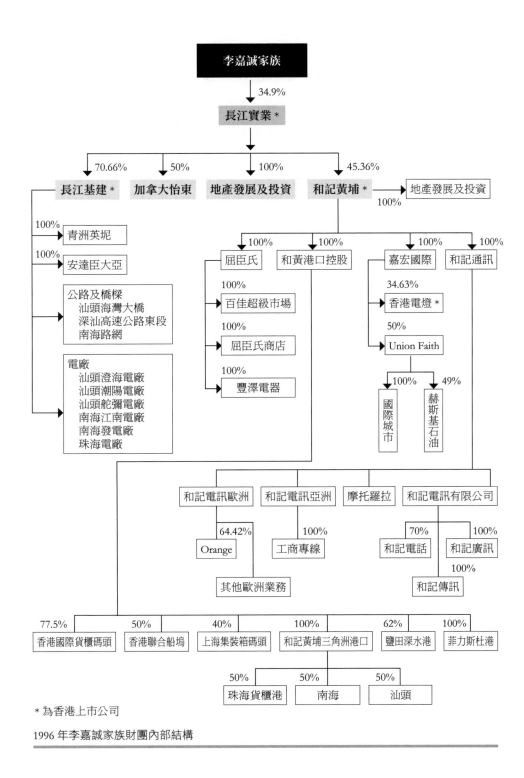

李嘉誠家族

34.9%

長江實業 *

70.66% | 50% | 100% | 45.36%

長江基建 * | 加拿大怡東 | 地產發展及投資 | 和記黃埔 * → 地產發展及投資
100%

100% 青洲英坭

100% 安達臣大亞

公路及橋樑
　汕頭海灣大橋
　深汕高速公路東段
　南海路網

電廠
　汕頭澄海電廠
　汕頭潮陽電廠
　汕頭舵彌電廠
　南海江南電廠
　南海發電廠
　珠海電廠

100% 屈臣氏
100% 百佳超級市場
100% 屈臣氏商店
100% 豐澤電器

100% 和黃港口控股

100% 嘉宏國際
34.63% 香港電燈 *
50% Union Faith
100% 國際城市 | 49% 赫斯基石油

100% 和記通訊

和記電訊歐洲 | 和記電訊亞洲 | 摩托羅拉 | 和記電訊有限公司
64.42% Orange | 100% 工商專線 | | 70% 和記電話 | 100% 和記廣訊
其他歐洲業務 | | | 100% 和記傳訊

77.5% 香港國際貨櫃碼頭 | 50% 香港聯合船塢 | 40% 上海集裝箱碼頭 | 100% 和記黃埔三角洲港口 | 62% 鹽田深水港 | 100% 菲力斯杜港

50% 珠海貨櫃港 | 50% 南海 | 50% 汕頭

* 為香港上市公司

1996 年李嘉誠家族財團內部結構

係，亦為集團的投資結構調整創造條件。

　　事實上，李嘉誠自 1985 年收購香港電燈後，已躍居香港的首席家族財團。根據香港《信報》的統計，截至 1988 年 12 月底，李嘉誠家族持有的 5 家上市公司，包括長江實業、和記黃埔、電燈集團、嘉宏國際及廣生行，總市值高達 657.62 億港元，已超過歷史悠久的怡和、太古等老牌英資財團，成為香港排名第 1 位的上市家族財團。其後，李嘉誠根據業務發展需要，將嘉宏國際私有化，又成立長江基建。1996 年 12 月底，李嘉誠家族持有 4 家上市公司，包括長江實業、和記黃埔、長江基建及香港電燈，總市值達 3,249.05 億港元，8 年間增長了 3.94 倍，在香港上市財團中高居榜首。

02

會德豐／九龍倉：世界船王的陸上商業王國

　　幾乎是與李嘉誠同時，向英資財團在香港經濟的壟斷地位發起挑戰的，是稱雄國際航運業的"世界船王"包玉剛。1980 年及 1985 年，包玉剛以迅雷不及掩耳之勢，先後收購了怡和旗下的九龍倉及英資四大行之一的會德豐，成功實施其"棄舟登陸"的戰略轉移，建立起其家族在香港叱咤風雲的陸上商業王國。踏入 90 年代，包氏接班人吳光正將會德豐發揚光大，重塑其香港大行形象，使會德豐、九龍倉系成為香港經濟中舉足輕重的綜合性企業集團。

》 收購九龍倉

　　1979 年，包玉剛的環球航運集團正步入巔峰，成為世界航運業中最具規模的私營船東集團，而他本人亦因"世界船王"之名而享譽全球。然而，就在此時，包玉剛作出了一項後來令所有人均敬佩不已的果敢決定——"棄舟登陸"，將家族的投資作重大戰略轉移。1976 年，包玉剛在美國哈佛大學經濟學院發表題為"經營航運的個人心得"的演講，當時他就指出："要想當一個世界著名的經濟大亨，就不能遠離政治，必須了解時局，在繽紛繚亂的表象中，抓住實質性的東西。"因此，他極注重了解時局，判斷大勢，而早在 70 代第一次石油危機之後，包玉剛已敏感地預測到世界航運業將出現衰退。

　　1978 年發生的兩件事，加強了他實施"棄舟登陸"戰略的決心：第一件是當年環球航運兩大客戶之一的日本輪船公司因經營不善瀕臨倒閉，這時，取代桑達士上任不久的滙豐主席沈弼已明顯減低對包氏航運業的興趣，他要求包玉剛對其船隊租約的可靠性作出書面保證，後來，日本輪船公司因得到日本銀行界的支持而渡過危機，環球航運集團得以避免遭受巨大損失。自此，包玉剛對世界航運業的戒心更強。第二件是同年11月，包玉剛在其姨表兄、中國政府經貿部部長盧緒章的安排下，秘密與剛復出的鄧小平會面，這次會面明顯加強了包氏對香港前景的信心。

包玉剛立即實施他的"棄舟登陸"戰略，首先是棄舟，當時，包氏逾200艘船的龐大船隊中，超級油輪佔48艘，他決定把每艘油輪的賬面價值降到比市場價格還低，在此後的四五年中，包玉剛成功地出售大批船隻，到1986年，環球航運的船隊已銳減至65艘，載重噸位約800萬噸，僅相當於全盛時期的四成。80年代中期，當香港傳媒驚呼"世界航運業四面楚歌"、"最糟糕的時刻指日可待"時，包玉剛已順利渡過危機，並積聚實力向香港地產業進軍。事後，包玉剛對於他這一高瞻遠矚的舉措，亦不無得意地表示："我們成功地還清了所有債務。那個時候，我們看到別的香港船主在他們的年度報告中仍然作出樂觀的預測，訂出的價格仍然大大高於流行的市場價。我十分驚奇和擔心，希望他們能逃過災難——但很不幸，自從1985年起，他們不得不讓他們的股票在交易所停止交易了。"

1978年9月，包玉剛從李嘉誠手中購入逾1,000萬股九龍倉股票後，即開始實施"棄舟登陸"的第二步：登陸。他的目標是怡和旗下的九龍倉。其實，早在李嘉誠不著痕跡地在市場吸納九龍倉股票的時候，包玉剛已看中了九龍倉。九龍倉擁有的產業，包括位於九龍尖沙咀海旁、新界及港島的一些碼頭、貨倉、酒店、大廈、有軌電車以及天星小輪，資產雄厚。可以說，誰擁有了九龍倉，誰就掌握了香港最重要的貨物裝卸、倉儲業務。這與包氏的龐大船隊極為配套。尤其重要的是，九龍倉在寸土尺金的尖沙咀海旁擁有極具發展潛質的大片土地，其時陸續興建成海運大廈、海洋中心及海港城等貴重綜合物業，成為尖沙咀區內赫赫有名的地王。

包玉剛從李嘉誠手上購入九倉股票之後，1978年9月5日，他公開向傳媒宣佈他本人及其家族已持有15-20%的九倉股票，成為九龍倉最大股東。不過，包玉剛當時表示，他無意購入更多九龍倉股票。在他宣佈後數日，九龍倉董事局邀請包玉剛及其二女婿吳光正加入董事局。當時，一般人都相信，九龍倉事件已暫告一段落。其間，香港股市大幅回落，九龍倉股票亦從最高價的每股49港元跌至每股21港元，九龍倉事件漸趨沉寂。

不過，同年 11 月，九龍倉收購之說風雲再起，九龍倉股牌下出現一個 "神祕買家"，當時市場猜測買家可能是置地，因為置地的九龍倉控股量不及包玉剛，邀請包氏翁婿加入九龍倉董事局僅為緩兵之計，目的是爭取時間部署反擊。及至 1979 年 3 月，九龍倉的股份輾轉再升，市場傳聞包玉剛對置地買入九龍倉的股份深表不滿，在董事局內曾有不愉快場面出現。投資者認為九龍倉爭奪戰勢將白熱化，遂紛紛吸納九龍倉股份，到 1979 年底，九龍倉股價已突破每股 60 港元水平。期間，市場盛傳包玉剛及其女婿吳光正曾在九龍倉董事局上提出一連串改革建議，但均為九龍倉董事局拒絕，雙方關係漸趨緊張。據說，在一次董事局會議上，包玉剛提議，環球航運集團在九龍倉董事局的席位，應從兩席增加到四席。當時的怡和主席紐壁堅（D. K. Newbigging）則表示反對，並反建議應由置地公司的執行董事兼總經理鮑富達加入九龍倉董事局，並出任執行董事。雙方在會議中爭執激烈，最後，環球航運集團爭取到多兩個席位，而置地執行董事兼總經理鮑富達也順利進入九龍倉董事局。

1979 年底，九龍倉的爭奪戰漸趨表面化，12 月 7 日，置地宣佈已購入怡和證券所持九龍倉股份，令所持九龍倉股份增加到 20%。已與包玉剛在 1978 年 9 月的持股量相近。這邊廂，包玉剛亦為最後決戰作出部署，1980 年 4 月 25 日，包玉剛透過旗下一家上市公司隆豐國際，作 "蛇吞象" 式收購，以發行新股、發行遞延股方式籌集資金，每股作價 55 港元，向包玉剛家族購入 2,850 萬股九龍倉股份。包玉剛的部署得到了滙豐銀行和李嘉誠的支持，前者認購了隆豐國際部份新股，後者則包銷 20% 新股。這時，包氏持有九龍倉的股權已增加到 30%，繼續保持大股東地位。包玉剛的部署，是要減輕個人的財政負擔，保全實力與置地決戰。

局勢的發展漸漸到了攤牌階段。1980 年 6 月 19 日，市場盛傳置地將與九龍倉換股，九龍倉股價逆市而上，當時最高曾升到 78.3 港元，最後以 77 港元收市，比上日上升 3.5 港元。翌日，置地趁包玉剛遠赴歐洲參加國際獨立船東會議之際，搶先發難，宣佈建議將九龍倉股份從 20% 增購至 49%，增購的價格是以兩股價位為 12.2 港元的置地股份，再加上一面值 75.6 港元、1984-1987 年還本、週息 10 厘、已繳足之無抵押保證債券，即以約 100 港元換取一股當時約值 75 港元的九龍倉。置地執行董事兼總經理鮑富達表示：此次換股行動是"增購"而非收購或與九龍倉合併，置地之所以選擇在這時刻提出增購建議，主要是基於本身財政狀況理想；而將增購目標定為49%，一方面是要避免觸發香港收購及合併守則的全面收購點，另一方面由於九龍倉經營良好，無意改變董事局結構及其管理方式。❹

面對置地的突襲，隆豐國際董事吳光正立即電告遠在歐洲的公司主席包玉剛，並商討對策，決定針鋒相對，一決勝負。當晚，隆豐國際就有關九龍倉股份的建議發表通告，指置地的建議繁複，條件無吸引力，要求九龍倉股東勿接受置地的增購。翌日，隆豐國際即與其財務顧問獲多利公司研究對策，準備向置地增購九龍倉的建議作反擊。這時，遠在歐洲的包玉剛在繼續出席連串獨立油輪船東會議之餘，會見了滙豐銀行主席沈弼，希望能得到滙豐的資金融通，當即得到應允。

6月22日，包玉剛取消了星期一與墨西哥總統的約會，兼程從倫敦趕返香港。他回港後即在中區希爾頓酒店租下會議廳作臨時辦公室，與財務顧問、滙豐旗下的獲多利公司要員舉行緊急會議，共商對策。包玉剛提出：究竟出什麼價錢能壓倒置地收購九龍倉的開價，並使置地不可能還盤？財務顧問的回答是每股100或105港元現金。包玉剛毫不猶豫地拍板：就開出每股105港元的增購價。當晚7時半，包玉剛召開記者招待會，他表示為了"保障個人及家族本身的權益"，他本人及家族準備動用20億港元現金，以每股105港元增購九龍倉2,000萬股股份，有效期為6月23日上午9時半至下午5時正。

6月23日上午9時半，獲多利公司門前擠滿排隊以九龍倉股份兌換現金的人潮，10時半獲多利貼出通告，著九龍倉股東轉到新鴻基證券公司進行登記，但群眾鼓噪，獲多利惟有繼續認購，11時半左右獲多利宣佈增購目標完成，而新鴻基證券仍繼續接受登記至下午2時半止。其間，置地亦將其所持的2,340萬股九龍倉股份中的約1,010萬股售予包玉剛，據當時行內人士透露，獲多利當日曾拒絕收取與怡和系有關的九龍倉股份，但卻有大批股票轉用銀行及股票行作委託的名義，由50人於星期一清早前往和記大廈獲多利公司門外輪候，第一時間售予獲多利。市場估計，包玉剛購入的九龍倉股票中，起碼有一半是由置地供應的，置地在是次售股行動中約賺取了6-7億港元。❺

包玉剛以迅雷不及掩耳之勢一舉取得九龍倉的控制權，消息傳出，全港轟動，香港傳媒指包玉剛"打了一場漂亮乾淨俐落的世紀收購戰"。當時，最有影響的評論是"船王重創取勝，置地含笑斷腕"，意思是說包玉剛雖然取勝，但付出的代價太大，因為 6 月 25 日九龍倉在股市恢復買賣後，當時已急跌至 74.5 港元，比包氏的收購價跌去 30.5 港元，而置地雖痛失九龍倉，卻賺取 7 億港元的鉅額利潤。確實，包玉剛雖然勝了是役，但因九龍倉復牌後股價滑落，即時賬面損失就達 6.1 億港元之巨，再加上逾 20 億港元現金的利息，以 13% 年息來計，一年利息就達 2.86 億港元。因此，不少人均同意包玉剛只能算是"慘勝"。

然而，6 年後，《信報》著名政經評論家林行止先生卻有這樣的評論："持有數以 10 億元計資金的人的想法和只擁有千數百萬元資金的人的想法，是完全不同的。二者最大的分歧，是投資眼光的長短和對投資項目的選擇。一個最明顯的例子是包玉剛於 1980 年將投資重點從航運業轉移至地產。包氏當年收購九龍倉，價格在 36-110 港元之間，調整後每股約 6 港元，加上利息支出，這宗收購在 6 年後的現在（現價約 9 港元），從賬面看，仍無利可圖……這樣計算的人，一定不會有包氏充滿魅力的大動作——但包氏這樣做，使他避過了一場令大部份船公司陷入財政困難的航運業大災難……利用九龍倉的基礎，包氏成為一位在地產物業發展、酒店及貨倉業上舉足輕重的地產商。試想當年如果斤斤計較股價上的得失而放棄收購，包氏的大部份財富可能已和航運業同沉海底！"林行止的結論是："包氏的投資轉移，顯示了他有過人的識見與遠見。"

從歷史發展的進程看，包玉剛收購九龍倉與李嘉誠收購和黃，不僅是他們奠定日後在香港商界崇高地位的關鍵一役，而且是香港英資與華資兩大資本力量此消彼長，舊有勢力平衡被打破的重要轉折點。

》 收購會德豐

包玉剛收購九龍倉以後，同年即將九龍倉股權注入隆豐國際，翌年曾建議將九龍倉與隆豐國際合併，後因受到股東壓力而取消。稍後，包玉剛開始將收購的目標指向另一家英資大行會德豐（Wheelock Marden & Co., Ltd.），會德豐所控制的公司業務與九龍倉性質相似，包括地產、船務、倉庫及交通運輸事業，旗下的上市公司更多達 9 家，包括會德豐、會德豐船務、置業信託、聯邦地產、夏利文發展、連卡佛、聯合企業、寶福集團及香港隧道公司。九龍倉若成功收購會德豐，將可補充九龍倉業務的不足，形成大型的綜合性企業集團，最終實現包氏的"棄舟登陸"計劃。不過，包玉剛與會德豐主席約翰·馬登（John L. Marden）家族淵源頗深，早在 50 年代初，包玉剛已與馬登家族有業務往來。當時，包玉剛贈送給約翰·馬登的父親佐治·馬登一幅價值不菲的中堂壽軸，以慶祝他 60 歲大壽。60 年代，包氏的環球航業集團曾與會德豐合組環球巴哈馬航業有限公司及百慕達有限公司，共同發展航運業。因此，包玉剛未便提出敵意收購，只是靜待機會的出現。

1980 年 6 月 23 日，包玉剛宣佈收購九倉，並於翌日完成收購行動。圖為包氏在宣佈收購九倉的記者會上。

1985 年 3 月 15 日，包玉剛成功控制英資大行會德豐超過 50% 股權。圖為會德豐的總部——位於中環的會德豐大廈。

與和記黃埔一樣，會德豐亦是一家老牌英資洋行，其歷史最早可追溯到 1857 年在上海創辦的會德豐洋行。到 20 世紀 60-70 年代，會德豐已發展成香港最龐大的商業機構之一，旗下擁有的附屬及聯營公司逾 200 家，躋身香港英資四大行之列。不過，70 年代中期，會德豐的發展勢頭明顯放緩，該公司主席約翰·馬登曾一度有意退出商界，準備將所持會德豐股權售予怡和，後來由於滙豐銀行控制的和記國際加入爭奪，售股之事才暫時擱置。

　　70 年代中後期以後，香港經濟轉趨繁榮，約翰·馬登的投資信心有所增強，不過，其時會德豐的投資策略，則是趁香港地產市道高潮大量拋售旗下的地產物業，將套現的資金投資訂購散貨輪船，壯大船隊，去發展正面臨嚴重衰退的航運業。這種投資策略的背後，是對香港這個 "借來的時空" 深存戒心，擔心香港遲早會歸還中國，因而將 "資產浮在公海上"，以策萬全。據統計，到 1983 年，會德豐旗下，僅會德豐船務一家航運公司，其船隊已增至 29 艘，載重量 139 萬噸。

　　可惜，踏入 80 年代，世界航運業已逐漸陷入衰退，會德豐集團因而深受打擊。1981 年度，會德豐除稅前盈利是 14.31 億港元，到 1983 年度已急跌至 3.68 億港元。當年，約翰·馬登在公司年報上沉重地宣佈："本集團之主要航運附屬公司，會德豐船務國際有限公司經歷最困難的一年。"

　　1984 年，負債纍纍、面臨清盤威脅的會德豐船務被迫將所擁有的船隻以賤價出售。會德豐的困境觸發了集團兩大股東馬登家族和張玉良家族的矛盾，當時，張氏家族一要員即辭退會德豐董事職位，理由是要集中精力管理會德豐旗下的置業信託系公司，形成兩大家族的分工：由馬登家族主管會德豐、會德豐船務、聯合企業及香港隧道，而張氏家族則專責置業信託、聯邦地產、夏利文發展及連卡佛。表面上雖如此，內裡實則虎視眈眈。1983 年，會德豐船務財務困難，要求置業信託提供 1,200 萬美元的備用貸款，以作周轉用途，結果遭到張氏家族反對，只得由會德豐直接借予 400 萬美元。這一事件更加深了兩大股東的矛盾。此時，雖然張氏家族一要員辭退會德豐董事職位，但董事會中張氏家族的影響力仍然很大，以投票權計，張氏家族比馬登還多 10%，馬登對會德豐董事局已開始失去控制。市場更傳出兩大家族將徹底分家的會系改組計劃。❶

約翰・馬登因對香港前途缺乏信心，轉而全力發展航運業，企圖以流動性高的艦隊躲避政治風險，結果在世界航運業大蕭條的襲擊下陷入困境，並觸發兩大股東之間的矛盾。1985 年，約翰・馬登在失意之餘，加上年事已高，萌生退意，遂將所持會德豐 A 股 6.7% 及 B 股 22.7% 全部售予新加坡富商邱德拔的公司。同年 2 月 14 日，邱德拔宣佈已從馬登家族購入會德豐 13.5% 有效控制權，並透過 Falwyn 公司以每股會德豐 A 股 6 元、B 股 6 角向會德豐提出全面收購建議。❼

邱德拔提出全面收購會德豐，對包玉剛來說無疑是天賜良機。包玉剛即與張玉良家族接洽，張玉良家族在香港發展素來低調，只是 1981 年捲入一宗爭家產官司才曝光，其時已意興闌珊，準備淡出香港，遂同意出售所持會德豐股權，包括會德豐 A 股 1,385.5 萬股（佔 4.4%）和會德豐 B 股 1.15 億股（佔 48.9%）。2 月 16 日，包玉剛加入收購戰，宣佈九龍倉將以每股 A 股 6.6 元、B 股 6.6 角，即較邱德拔的出價高出 10% 全面收購會德豐，並且宣佈已持有 34% 會德豐控制權。其中，顯然已包括向張氏家族購入的會德豐 4.4% A 股及 48.9% B 股，合共 23.5% 有效控制權。包玉剛後發制人，然而一出手，已令對方處於下風。

由於會德豐旗下的聯合企業持有會德豐 11% 股權，2 月 25 日，包玉剛透過九龍倉宣佈收購聯合企業，目的是阻止該公司董事局出售手上的會德豐股權給邱德拔。2 月 26 日，針對邱德拔提高收購價，九龍倉再度將收購價提到每股 A 股 7.4 港元，B 股 7.4 角，並宣佈已持有會德豐 38% 有效控制權。3 月 15 日，邱德拔宣佈退出收購，並將所持會德豐 25% 控制權售予九龍倉。至此，九龍倉已購得超過 50% 會德豐股份，因此須無條件提出全面收購，最後，九龍倉斥資 25 億港元全面收購會德豐。

九龍倉收購會德豐後，包玉剛旗下的上市公司多達 10 家，包括九龍倉、會德豐、置業信託、聯邦地產、夏利文發展、連卡佛、聯合企業、寶福發展、香港隧道等，成為足與長實、和黃及怡和、置地並列的大型綜合企業集團，又一家華資大財團藉此崛起，稱雄香江。包玉剛隨即取代約翰・馬登出任會德豐主席兼行政總裁，成功建立其家族在香港的陸上商業王國。

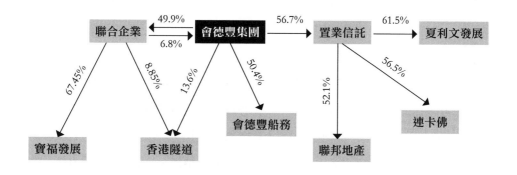

會德豐集團主要附屬公司及聯營公司控股表

（上市聯營公司）　　　　　　　　（上市附屬公司）

會德豐集團主要附屬及聯營公司股權架構（資料來源：會德豐集團）

》 投資港龍航空和渣打銀行

包玉剛收購會德豐後，更加意氣風發，他將投資的觸角迅速伸向航空業和銀行業。1985 年 10 月，由紡織大亨曹光彪創辦的港龍航空公司，因為不符合港英政府關於航空公司主要股權必須由英籍人士持有的規定，被迫重組，已取得英籍的包玉剛應邀加入港龍航空，並出任該公司董事局主席，包氏向港龍航空注資 1 億港元，取得其 30.2% 股權，成為大股東。當時，就有評論指出，包玉剛不但"棄舟登陸"，而且要"一飛衝天"，希望在航空業大展拳腳，與國泰航空平分秋色。

港龍航空創辦於 1985 年 5 月 24 日，原是港澳國際的全資附屬公司，股東包括曹光彪、李嘉誠、包玉剛、霍英東、安子介、馮秉芬、馬萬祺等 31 名港澳著名華商及中國銀行、華潤公司等中資機構。根據《中英聯合聲明》，只有在香港註冊以及以香港為主要經營基地的航空公司，才會被視作本地航空公司及有權提供香港與中國內地之間的航空服務。港龍航空的成立，可說雄心勃勃，儘管英資的國泰航空已雄霸各有利航線，但港龍的目標依然定為 1988 年取得 40% 的香港與內地間航空市場。可惜，港龍航空創辦後，在港英政府"一條航線，一家航空公司"的政策掣肘下遭遇極大困難，當時香港與內地之間旅客最多的京港、滬港航線已由國泰航空經營，港龍無法染指。此外，港龍只可經營包機，不能開展定期班機服務，在廣告宣傳方面亦受到限制。

正因為如此，港龍的業務無法開展，每年 1 月各股東都要注入資本支撐大局，到 1989 年港龍的虧損累積高達 23 億港元，在種種政治因素的制約下，包玉剛萌生退意，1990 年辭去港龍主席一職，由其大女婿蘇海文出任，同年 11 月，包氏家族將所持港龍 37.8% 股權售予曹氏家族，退出該項投資。稍後，港龍航空股權重組，香港中信集團及國泰航空成為大股東。這次投資的失利，對包玉剛是一次頗不愉快的經歷。

包玉剛向銀行業的投資是在 1986 年 7 月，投資對象是在香港已有悠久歷史的發鈔銀行——標準渣打銀行。同年 4 月，英國萊斯銀行以每股 750 便士的價格向標準渣打銀行提出全面收購建議，遭到標準渣打銀行管理層的強烈反對。當時，標準渣打銀行的 88% 股權由機構投資者持有，它們的取向對收購有決定性影響。由於標準渣打管理層就萊斯收購建議所發出的反對文件，並未提出它最新的盈利預測，亦沒有詳細解釋其反對收購的理由，所以機構投資者都傾向於支持萊斯，形勢相當危急。

然而，7 月 9 日，形勢開始逆轉，其間包括邱德拔、包玉剛在內的幾位亞洲投資者扮演了"白衣武士"的角色，大量購入標準渣打股份，其中，包玉剛先後兩次共斥資 22 億港元購入標準渣打 14.95% 股權，成為該銀行最大單一股東，結果成功狙擊了萊斯銀行的收購。[18] 包玉剛對標準渣打的投資曾寄予相當大的期望，希望藉此重溫早年銀行家之夢，為此曾不惜辭去滙豐銀行董事一職，並出任渣打銀行副主席。可惜，後來的發展差強人意，包氏既無法增購股權，亦未能影響渣打管理層的決策，失望之餘，遂於 1989 年 6 月將所持股權全部虧本沽售。[19] 儘管如此，包玉剛在參與渣打銀行投資的那幾年裡，對渣打銀行仍然產生了深遠的影響，最重要的是，正如一位渣打高級職員所說："包爵士的介入，花費約兩億英鎊購買股票來拯救渣打。"一些渣打的核心人物還說，包爵士給渣打帶來了"幫助我們謹慎從事的廣泛經驗……及長期間卓越的忠告"，"在接管（渣打）後和重組的困難時期發揮了重要的作用"。[20]

》 包氏家族的企業傳承

1986 年，包玉剛發覺身體不適，遂宣佈正式退休，開始部署向家族第二代交班計劃，將其龐大商業王國，分交 4 位女婿掌管，其中，環球航運集團由大女婿蘇海文掌管，陸上王國隆豐國際、九龍倉系由二女婿吳光正主理，家族私人投資基金由四女婿鄭維健管理，而日本的資產則由三女婿渡伸一郎繼承，形成包氏集團的第二代領導層。1991 年 9 月 23 日，包玉剛病逝香港家中，享年 73 歲。包玉剛喪禮上，中國領導人鄧小平、美國總統布殊、英國首相戴卓爾夫人、新加坡總理李光耀等均致送慰問信予包氏家人，滙豐銀行主席浦偉士在悼詞中表示："包先生可靠的商業信譽和國際間的知名度，曾幫助香港登上世界舞台。"包玉剛無疑是香港華商中獲得巨大國際聲譽的第一人，自此，國際社會對香港華商刮目相看。

接掌包玉剛陸上商業王國的是其二女婿吳光正。吳光正於 1946 年在上海出生，

包玉剛夫婦與四女兒及其夫婿，攝於 1983 年。

包玉剛二女婿吳光正，包氏集團陸上商業王國的接班人。

5 歲隨父移居香港，曾先後就讀於美國辛辛那堤大學和哥倫比亞大學，於後者獲工商管理碩士學位，1972 年畢業後曾任職美國大通銀行，1975 年加入岳父包玉剛的環球航運集團，出任董事。在九龍倉和會德豐的收購戰中，吳光正是包玉剛的主要助手，因而深得包玉剛的器重。包玉剛遂將其商業王國最重要的部份交由吳光正繼承。

80 年代中後期包氏集團交接班期間，隆豐國際及九龍倉系一度頗為沉寂，甚至予外界一種坐擁鉅資而不思進取的大企業形象。這一期間，隆豐國際及九龍倉側重

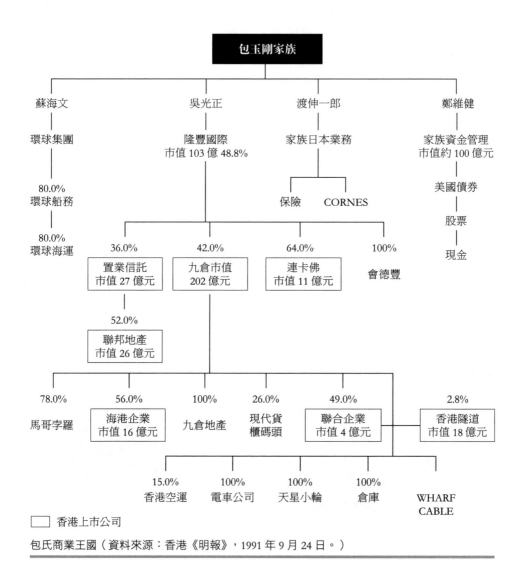

包氏商業王國（資料來源：香港《明報》，1991 年 9 月 24 日。）

進行連串的內部資產和架構重組，先後將被全面收購的會德豐及其旗下的上市公司連卡佛、置業信託、聯邦地產及夏利文發展的控制權從九龍倉轉移到隆豐國際，又將夏利文發展私有化，形成以隆豐國際為控股公司，以九龍倉為主力的企業集團。不過，自1988年吳光正開始獨立領導隆豐國際及九龍倉之後，該集團的投資策略迅速轉趨活躍，並形成以地產發展及投資為主，以電訊和基建為重點拓展兩翼的多元化發展策略。

1993年9月，正當隆豐國際集團逐漸擺脫保守形象，業務搞得有聲有色之際，主席吳光正宣佈將集團易名，將隆豐國際投資易名為"會德豐有限公司"，以配合集團投資策略的重新釐定，令該公司從過去的控股公司轉變為商行。會德豐的名稱多年來在香港和中國內地已享有盛譽，堪稱家喻戶曉。吳光正表示："此商行名稱能令香港、中國以至海外人士正確地理解本公司的商行特色及業務性質。"他並表示："我們以前沒有一套計劃去使用會德豐的招牌，經過多年來集團的發展，的確見到會德豐這個名字是有用的。也由於近年來有很多跨國公司想與東南亞一些大行做生意，會德豐有此背景，可以扮演一個很重要的角色，但以前只是隆豐旗下一家小公司，資本很少，只有三四億元，很難去談大生意。所以，我們想利用隆豐的資產來代表會德豐，以及善加利用會德豐的招牌。這正是物盡其用，也令集團發展事半功倍。"

吳光正強調：以會德豐名稱代替隆豐國際，具有兩種作用，一方面是目前頗多海外機構投資者仍然誤解隆豐為一間船務投資或是一個純粹的投資基金，更改公司名稱有助海外投資者正確地理解該公司的洋行特色及業務性質；另一方面，會德豐一直具有長久而良好的洋行聲譽，並廣為香港、內地及海外人士所認識，有利拓展公司在內地及香港的業務。吳光正並指出："所謂商行的意思，是指會德豐要扮演中外兩地的橋樑和窗口的角色，與外資企業共同發展區域內的市場。所謂商行，並不是只作為中間人，而是要做生意上的夥伴，合作建立一盤生意，並參與管理、開拓市場。"[21]

為重塑大商行形象，會德豐自易名後展開連串投資活動，重點是建立分銷網絡及系內金融部門。在分銷網絡方面，會德豐與英資的維珍集團合作，開設家庭娛

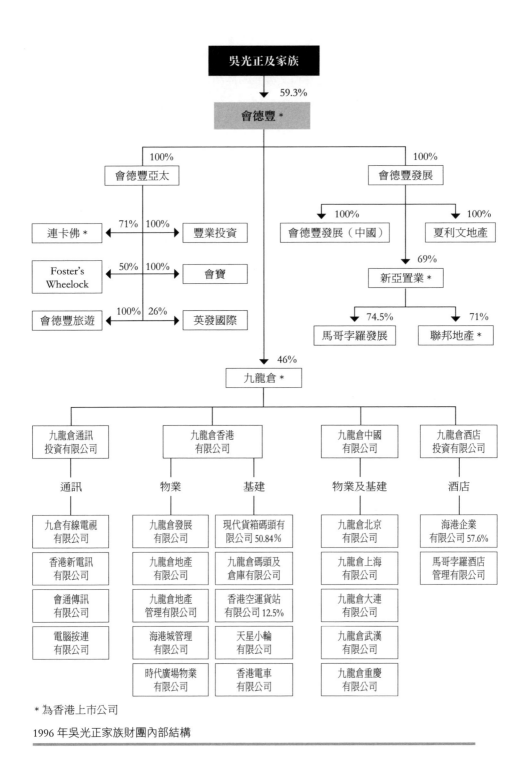

* 為香港上市公司

1996 年吳光正家族財團內部結構

樂連鎖商店，又與澳洲富仕達合資在中國天津開設渤海啤酒廠。在金融業務方面，會德豐與英國國民西敏寺銀行合作創辦豐敏集團，最初的資本額為 1 億美元，各佔50% 股權，目標是拓展中國及遠東市場，在 2000 年前成為亞太區五大投資銀行之一。然而，豐敏集團的發展差強人意，1996 年底會德豐便中止該項投資，將所持股權售予國民西敏寺銀行。

為配合投資策略的轉變，會德豐自 1994 年以來進行結構重組，將旗下業務劃分成三大類：會德豐全資持有的會德豐發展持有上市公司新亞置業（前身是置業信託）及聯邦地產，分別專責發展亞太區及香港的地產業務，會德豐全資持有的會德豐亞太則持有連卡佛，專責香港及亞太區的金融、零售、服務及貿易，是會德豐重塑大商行的主力，而會德豐旗下的九龍倉則作為綜合企業，重點發展香港的地產、酒店、電訊及基建。截至 1996 年 12 月底，吳光正家族共持有 8 家上市公司，包括會德豐、九龍倉、海港企業、新亞信託置業、聯邦地產、寶福集團、連卡佛及香港隧道等，總市值達 1,012.18 億港元，僅次於李嘉誠、郭氏兄弟、李兆基等，在香港上市財團中排名第 4 位。無疑，會德豐、九倉系已成為繼李嘉誠的長實和黃系之後，另一家具舉足輕重影響力的綜合性華資大財團。

03

地產巨擘：新地、恒地、新世界、恒隆

———————————

踏入 80 年代，香港華資"地產五虎將"中，除長實因先後收購英資的青洲英坭、和記黃埔、港燈集團而受萬眾矚目、光芒四射之外，其餘四虎，包括郭得勝的新鴻基地產、李兆基的恒基地產、鄭裕彤的新世界發展及陳曾熙的恒隆集團，均以其一貫實而不華的作風積極耕耘，其舵手以高瞻遠矚的目光看好香港經濟前景，繼續以緊扣市場循環盛衰及"人棄我取"的投資策略穩步發展，終於在 80 年代中期以後的地產大潮中乘勢崛起，成為稱雄香港地產業的巨擘。

》 新鴻基地產："地產巨無霸"

長期以來，新鴻基地產基本上是一家以地產發展為主要業務的上市公司，售樓所得收入在公司每年的總收益中所佔的比重曾高達七成以上。正因為如此，它極重視增加土地儲備，從 1980-1990 年整個 80 年代期間，新地的土地儲備從約 1,340 萬平方呎增加到 3,250 萬平方呎，1999 年更達到 5,060 萬平方呎，一直穩居香港地產公司的榜首。新地的大部份土地並非在官地拍賣場競投得來，亦非在市區收購舊樓，反而多數是早年在新界區不斷購入龐大土地，如馬鞍山、深井、元朗等地，成本不高。80 年代以後，隨著香港市區土地幾乎已發展殆盡，新界成為發展首選，其時新界的交通網絡亦已日趨完善，地價因而上升。新地由於早著先機，已持有相當理想地段，故樓宇落成後，不獨景致、交通理想，成本也不太昂貴，自然深受買家歡迎。

新地發展出售的物業，在地區上非常廣泛，遍佈港九各個角落，在品種上包

括寫字樓、商場、住宅和廠廈，在面積上大中小互相兼顧，由於擁有龐大的土地儲備，物業發展所需的一切人才，及準確的市場調查，新地無論任何一個時期都有適合市場需求的樓宇出售和供應。不過，在 80 年代，新地物業發展的主力是集中在中小型住宅樓宇。郭得勝曾在新鴻基地產 1989/1990 年度年報中明確指出："本集團一向主力發展中小型住宅樓宇，未來的政策將繼續於各發展中之新市鎮內進行大規模住宅計劃，提供中小型住宅，以適應不斷之需要。"這種策略明顯是配合了港府自 70 年代中期起大規模發展新界新市鎮的城市發展規劃。

新地的地產發展計劃重視迎合市民的需要。踏入 90 年代，由於經濟繁榮、市民收入增加，人們對居住環境及面積的要求相應提高，以往二三百平方呎的小單位已不能滿足置業者的要求。針對這一轉變，新地逐步轉向發展高質素的大型屋邨，單位面積在 500-1,000 平方呎之間，並設有住客俱樂部，極力塑造高質素、高品味的形象。新地還重視以另類生活文化來包裝所推出的屋邨，如雅典居、加州花園、加州豪園等，在設計風格上配合移民的回流，結果大受歡迎。新地推出的樓宇，往往成為市場中的名牌。

新鴻基地產的招牌大廈及總部所在地——位於灣仔海旁的新鴻基中心。

80 年代初，新地為配合新市鎮大型住宅屋邨的發展，開始在各新市鎮中心興建大型綜合商場，作投資物業之用。首個大型綜合性商場是矗立在沙田市中心的新城市廣場，新城市廣場第一期工程總樓面面積 100 萬平方呎，耗資逾 10 億港元，80 年代初期動工，至 1984 年底落成，是沙田新市鎮規模最龐大的商業建設，場內包括大型百貨公司、各行業店舖、迷你電影院、中西式菜館、滾軸溜冰場及各類文娛康樂設施，此外還有一個巨型電腦音樂噴泉。新城市廣場開業後，瞬即吸引大批海外及本地旅遊人士前來遊覽，成為香港最受歡迎的商場之一。新地接著在毗鄰地段展開新城市廣場二、三期工程，第二期工程於 1988 年落成，第三期工程則於 90 年代初竣工。

受到沙田新城市廣場成功的鼓舞，新地相繼在新界各新市鎮及大型住宅屋邨中心興建大型綜合性商場，擴展集團的投資商場網絡。據統計，到 1992 年度止，新地擁有的已建成收租物業樓面面積達 1,260 萬平方呎，租金收入已佔集團盈利的四成，其中重點是商場物業，面積共 520 萬平方呎，佔物業投資組合的四成，著名的包括沙田新城市廣場、屯門新屯門中心、葵涌新都會廣場，以及上水廣場、荃灣廣場等，總數逾 30 個。新地擁有及管理的商場和停車場面積可謂全港之冠，所有商場均位於港九新界各區最優越位置，極具發展潛力。新地這種以新市鎮商場為主力的

新鴻基地產的物業策略，是以新市鎮的大型商場為主力，圖為新地首個大型綜合商場投資物業——沙田新城市廣場。場內店舖林立，各類娛樂設施一應俱全，中央設有巨型電腦音樂噴池，是香港最受歡迎的商場之一。

物業投資策略，與以新界新市鎮中小型住宅為主力的地產發展策略相配合，可謂相輔相成，相得益彰。

與李嘉誠和包玉剛的相比，郭得勝的新地在對外擴張方面遠沒有前者矚目，新地唯一發動的一次策略性收購行動，是 1980 年 11 月向公用事業上市公司九龍巴士（1933）發動收購戰，同年 11 月 11 日，新地宣佈將以每股 14.2 港元價格收購九巴 3,550 萬股股份，約佔九巴已發行股票的 33.5%。不過，新地策動的收購戰並未最終取得成功，新地最後才購得九巴 26% 股權。九巴是一家歷史悠久的公用事業公司，全稱 "九龍汽車（1933）有限公司"，創辦於 1933 年，其前身是九龍汽車公司，於 1921 年成立，當時與中華汽車公司及啟德汽車公司分別經營九龍半島的巴士業務。

1933 年，華商鄧肇堅、雷瑞德、譚煥堂、雷亮和林明勳等人獲港府頒授九龍巴士經營專利權，遂組成九巴，並接管上述兩家公司在九龍的巴士業務。九巴於 1961 年在香港上市，在九龍擁有不少廉價地皮，新地收購九巴，亦正基於此原因。

與長實的"對外擴張"不同，新地側重的是"內部擴張"。70 年代以後，新地已圍繞地產發展向上下游拓展業務，除收購原有的建築、管理服務公司外，還相繼開設保安消防設備工程、設計工程（則師樓）、機械電機工程等部門，又增設財務公司、保險公司、混凝土公司、石屎生產廠、建築機械供應公司等附屬機構。到 80 年代中期，新地已擁有附屬及聯營公司超過 100 家，包括本身擁有的附屬公司 47 家、聯營公司 28 家，旗下上市公司新城市（新界）地產有限公司又擁有附屬公司 30 家、聯營公司 5 家，形成從投資控股、地產發展及投資、樓宇建築、機械、工程、混凝

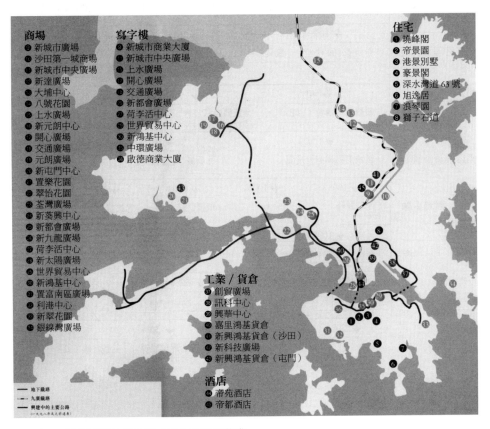

1996 年 10 月新鴻基地產已完成的主要投資物業

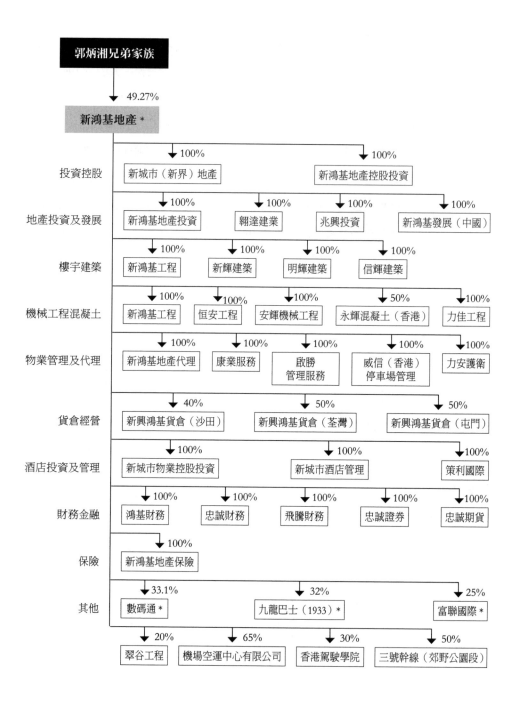

投資控股

地產投資及發展

樓宇建築

機械工程混凝土

物業管理及代理

貨倉經營

酒店投資及管理

財務金融

保險

其他

郭炳湘兄弟家族

↓ 49.27%

新鴻基地產 *

↓ 100%　　　　　　　　↓ 100%
新城市（新界）地產　　　新鴻基地產控股投資

↓ 100%　　↓ 100%　　↓ 100%　　↓ 100%
新鴻基地產投資　　翱達建業　　兆興投資　　新鴻基發展（中國）

↓ 100%　　↓ 100%　　↓ 100%　　↓ 100%
新鴻基工程　　新輝建築　　明輝建築　　信輝建築

↓ 100%　　↓ 100%　　↓ 100%　　↓ 50%　　↓ 100%
新鴻基工程　　恒安工程　　安輝機械工程　　永輝混凝土（香港）　　力佳工程

↓ 100%　　↓ 100%　　↓ 100%　　↓ 100%　　↓ 100%
新鴻基地產代理　　康業服務　　啟勝管理服務　　威信（香港）停車場管理　　力安護衛

↓ 40%　　↓ 50%　　↓ 50%
新興鴻基貨倉（沙田）　　新興鴻基貨倉（荃灣）　　新興鴻基貨倉（屯門）

↓ 100%　　↓ 100%　　↓ 100%
新城市物業控股投資　　新城市酒店管理　　策利國際

↓ 100%　　↓ 100%　　↓ 100%　　↓ 100%　　↓ 100%
鴻基財務　　忠誠財務　　飛騰財務　　忠誠證券　　忠誠期貨

↓ 100%
新鴻基地產保險

↓ 33.1%　　↓ 32%　　↓ 25%
數碼通 *　　九龍巴士（1933）*　　富聯國際 *

↓ 20%　　↓ 65%　　↓ 30%　　↓ 50%
翠谷工程　　機場空運中心有限公司　　香港駕駛學院　　三號幹線（郊野公園段）

* 為香港上市公司

1996 年郭炳湘兄弟家族財團內部結構

土生產及供應、物業管理及代理、財務金融及保險等一條龍服務的垂直式發展集團，令集團的業務從購入地盤開始，以至圖則設計、建築（包括建築材料的生產、供應）、部份裝修、電器及消防設備、樓宇銷售及管理，甚至樓宇按揭及保險，均無需外求，成為一家龐大縱式生產集團，是典型的"樓宇製造工廠"。

新鴻基地產第二代接班人郭炳湘（中）、郭炳江（右）、郭炳聯（左）三兄弟。郭氏兄弟攜手合作，發揚父業，令新地更上一層樓。

1990 年 10 月 30 日，新鴻基地產創辦人郭得勝因心臟病逝世，享年 79 歲。

郭得勝喪禮上，參加扶靈者包括李嘉誠、包玉剛、邵逸夫、霍英東、鄭裕彤、李兆基、何添、利國偉等工商鉅子，當時報刊評論，這 10 位扶靈者"就已掌握了半個香港的經濟命脈"，❷ 郭老先生地位之顯赫，由此可見一斑。郭得勝逝世時，新地的年度純利已高達 24.6 億港元（1989/1990 年度），比上市初期約 5,000 多萬港元，升幅接近 50 倍，可說是業內的表表者。其時，新鴻基地產的市值已達 253.3 億港元，比 1972 年上市時的 4 億港元增長 62 倍，在香港地產上市公司中僅次於長江實業（279.1 億港元）而居第 2 位。

郭得勝逝世後，新鴻基地產遂轉由郭氏家族第二代掌舵，長子郭炳湘出任公司董事局主席兼行政總裁，二子郭炳江、三子郭炳聯則出任副主席兼董事總經理。郭氏兄弟繼承父業後，攜手合作，不但順利接班，而且令新地再上一層樓，成為市場公認子承父業最成功的家族企業之一。新鴻基地產在 1992 年被評為"最佳管理公司"地產業的榜首，該年底，新地市值超越長實而成為香港市值最大的地產公司，並且一直穩居此位。

截至 1996 年 12 月底，郭氏兄弟共持有 3 家上市公司，包括新鴻基地產、九龍巴士及數碼通等，總市值達 1,526.52 億港元，亦僅次於李嘉誠，在香港上市財團中排名第 2 位。其中，新鴻基地產市值高達 1,475.74 億港元，已超過長江實業的 1,034.79 億港元及恒基地產的 788.74 億港元，在香港上市地產公司中高居榜首，堪稱香港的"地產巨無霸"。

» 恒基地產：收購美麗華，自成一系

踏入 80 年代，恒基集團的一個重要戰略就是重組集團架構，使集團所持資產合理化。李兆基家族財團的控股公司是創辦於 1973 年 11 月的恒基兆業有限公司，是一家私人公司，由李兆基持有 90% 以上股權。恒基兆業創辦初期，原計劃在香港上市，當時有關上市條件及招股書已全部準備好，準備繼永安公司之後正式掛牌，可惜遇上股市暴跌，被迫取消有關計劃。❷❸ 後來，李兆基選擇旗下上市公司永泰建業作"反收購上市"。永泰建業原是一間規模較小的地產公司，1972 年在香港上市，其時實收股本僅 2,532 萬港元。1975 年，李兆基以恒基兆業名下物業換取永泰建業 1,900 萬股新股，控制了永泰建業 42.9% 股權，成為最大股東而入主永泰董事局。1977 年，李氏再以名下 6 個地盤換取永泰建業 4,200 多萬股，將控制權增至 70.8%。到 1979 年，永泰建業的市值已由初上市時的約 4,000 萬港元增至 9 億港元，短短 4 年間增加 20 多倍，成為一間擁有 26 個發展地盤的中型地產公司。

然而，永泰建業始終無法替代恒基兆業，前者只及後者 20% 左右的規模。1981 年 8 月，正值香港股市牛氣衝天之際，李兆基將恒基兆業大部份資產，包括可供發展 638 萬平方呎的樓面面積的地盤，中華煤氣 29.83% 股權、香港小輪（當時稱"香港油麻地小輪"）21.64% 股權注入旗下成立於 1976 年 1 月 26 日的附屬公司——恒基兆業地產有限公司，並籌劃上市。恒基地產上市時，法定股本 30 億港元，實收股本 21.38 億港元，分 10.69 億股，每股面值 2 港元，以每股 4 港元價格公開發售 5,000 萬股單位新股，每單位包括繳足股本 1 股及未繳足股本 4 股，未繳足股本新股東申請時每股先付 1 港元，其餘款項分兩期繳付，每股 1.5 港元，分別於 1981 年 12 月 31 日和 1982 年 6 月 30 日繳付。全部繳付後恒基集資 10 億港元。恒基地產上市後即躋身香港十大地產上市公司之列，該年底市值達 35.2 億港元，在地產上市公司中排名第 7 位。

當時，李兆基曾表示，將在上市後的半年到兩年內，將恒基地產與永泰建業

合併。然而，有關合併的工作遲遲未能完成，1982 年以後，香港地產市道崩潰，有關計劃更被迫擱置。1985 年，李兆基趁地產市道復甦，開始籌劃集團重組事宜。同年 12 月，恒基地產斥資 5.9 億港元，以每股 4.75 港元價格，分別向恒基兆業和李兆基購入 46.7% 和 24.1% 永泰建業股權，永泰遂成為恒地的附屬公司。恒地收購永泰後，旗下擁有的發展地盤從 67 個增加到 105 個，可供發展樓面面積高達 981.6 萬平方呎，已成為規模宏大的地產集團。不過，收購行動結束後，恒地和永泰兩家上市公司的業務仍然重疊，給人以混淆不清的感覺。

1988 年 8 月，恒基地產再次進行業務重組，由恒基地產購入永泰的發展物業和換地權益證書共 31.63 億港元，永泰建業則改名為"恒基發展"，購入恒基地產所持有的 25.91% 中華煤氣股權和 19.6% 香港小輪股權，以及價值 7.76 億港元的 4 項物業，恒基發展以新股支付交換資產淨代價，並發行新股集資，而恒基地產所持恒基發展股權則減至 65.1%。❷ 集團重組後，恒基地產成為集團控股公司和上市旗艦，並專責集團的地產發展業務，恒基發展則以地產投資和投資控股為主，持有中華煤氣和香港小輪兩家公用事業上市公司股權。重組後，恒基地產和恒基發展的分工趨向清晰明確，所持資產亦相對合理化。

恒基集團的對外擴張，其實早在 70 年代已經開始，當時李兆基的主要目標，是中華煤氣和香港小輪兩家公用事業上市公司。1981 年恒基地產上市時，該集團已持有中華煤氣 29.83% 股權及香港小輪 21.64% 股權。中華煤氣是香港第一家公用事業公司，於 1862 年在英國註冊成立，1960 年在香港上市，1982 年將其註冊地從倫敦遷返香港，1984 年與港府達成協議，購入大埔工業村 11.71 公頃土地，建立 4 條新煤氣生產線，日產煤氣 600 萬立方米，透過總長度 1,500 公里的煤氣管供應全港家庭、商業及工業用戶，而其騰出的馬頭角煤氣廠舊址則成為極具發展潛力的廉價土地。香港小輪原名"香港油麻地小輪公司"，創辦於 1923 年，專利經營香港、九龍及離島的小輪服務，1981 年該公司與中國政府達成協議，合作開辦香港至蛇口、洲頭咀等航線服務。踏入七八十年代，香港小輪受海底隧道及地下鐵路相繼建成的影響，業務日漸式微，幸而公司拓展多元化業務，包括地產投資、貿易及服務、旅遊等，並持有大嶼山銀礦灣酒店及一批廠廈商店物業。

由恒基地產、長江實業、新鴻基地產和新世界發展投資、恒基地產統籌發展的沙田第一城。

不過，恒基集團最矚目的擴張，當算 1993 年恒基發展暗渡陳倉收購美麗華酒店集團一役。美麗華酒店在楊志雲掌舵的時代可說是一隻傳奇性的股份，1981年美麗華將酒店舊翼以 28 億港元高價售予以佳寧、置地為首的財團，曾轟動香港。可惜該項交易在 1984 年正式成交時，佳寧已經破產，置地亦泥足深陷，結果該交易告吹，美麗華除收取早期 9 億多港元訂金之外，還獲置地賠償 3.7 億港元款項，令股東

一再分紅，這是美麗華酒店最幸運的時代。然而，自 1985 年楊志雲逝世後，美麗華酒店的經營作風日趨保守，業務漸走下坡路，招致董事局對管理層的不滿。楊志雲長子、出任公司董事總經理的楊秉正對此解釋說：他本人由於缺乏先父的威望，故備受壓力和掣肘，公司不僅不能向股東集資，期間更需多次派發鉅額紅利，甚至在物業擴建期間，每年亦要保持八成或以上的派息率，作為上市公司無法以發行新股集資拓展業務，管理層遂不能不保守。[25]

1993 年，在美麗華董事局個別董事及楊氏家族個別成員的穿針引線下，同年6 月 9 日，李嘉誠的長江實業和榮智健的中信泰富聯手宣佈，向美麗華酒店提出全面收購建議，收購價每股 15.5 港元，涉及資金總額達 87.9 億港元。事件發展初期，基本上是長實和中信泰富收購恒昌企業（大昌貿易行）的翻版，贏面可說相當之大。不過，事態很快急轉直下，6 月 14 日，美麗華酒店董事總經理楊秉正發表公開聲明，直指是次收購"並非一次善意收購行動，亦非應美麗華大股東的邀請而作出"，[26] 並認為美麗華每股價值至少在 20 港元。

6 月 17 日，正當長實和中信泰富宣佈將收購價提高到每股 16.5 港元之際，李

兆基透過旗下的恒基發展介入收購戰，並宣佈已從大股東楊氏家族手中購入美麗華酒店34.78%股權，每股作價17港元，涉及資金33.57億港元。由於未達到35%的全面收購點，恒基無須提出全面收購。其後，長實、中信泰富儘管二度提高收購價至每股17港元，然而大勢已去，被迫於7月17日宣佈失敗，恒基發展偷襲成功，一舉奪得市值近百億元的美麗華集團控制權。當時，香港財經界相信，大股東楊氏家族成員對家族基業的處理存在不同意見，而最終導致控制權轉手別人的局面，❷ 楊氏之所以首肯出讓股權予恒基發展，是李兆基答應讓楊秉正繼續保留管理權，公司管理層基本不變。❷ 可惜，受此打擊，兩年後楊秉正心臟病發逝世，楊志雲創立的家族基業，就此易手。

恒基發展收購美麗華酒店控股權，明顯是看中該集團所擁有物業的重建價值。據分析，美麗華在尖沙咀的3項重要物業中，美麗華酒店和基溫大廈均具重建價值。這兩項物業興建時，由於處於啟德機場飛機航道附近而受政府高度限制，致使地積比率未能用

1993年恒基發展收購美麗華酒店。圖為位於尖沙咀的美麗華酒店內觀。

盡，而高度限制已於1989年放寬，故此兩項物業重建後，美麗華酒店的資產值可從16.26億港元增加到38.85億港元，基溫大廈資產值亦可從12.26億港元增至21億港元，扣除9.5億港元重建費用，實際增值可達22.33億港元。事實上，自李兆基接管美麗華酒店後，該公司的物業重建已按部進行，第一步是將基溫大廈拆卸，興建一座數層高的商場，與柏麗廣場二期接連，然後將柏麗廣場二期商廈從18層加建到24

層。很明顯，在恒基集團的管理下，美麗華的發展潛力正逐步發揮。

李兆基與李嘉誠的關係頗為不錯，80年代香港商界曾出現"新三劍俠"之說，指的是兩李一鄭，即李嘉誠、李兆基和鄭裕彤三巨頭。80年代下半期，"新三劍俠"曾聯手合作採取一系列矚目行動，包括1987年10月股災後聯手購入9,000張恒生期指好倉合約，以支持股市，穩定人心；1988年密謀收購怡和旗下置地公司，雖無功而返，但卻迫使怡和斥鉅資購回他們手中8%置地股權；同年又聯手成立太平協和有限公司，以30多億港元鉅資投得加拿大溫哥華世界博覽會舊址，計劃發展一個龐大的商業中心，人稱"李鄭屋邨"，可見彼此關係甚好。美麗華酒店一役之前，李嘉誠和李兆基還聯手推出大型住宅屋邨"嘉兆台"。是役，李兆基與李嘉誠正面交鋒，頗令外界矚目。自此，李兆基的恒基集團在香港商界的地位已不同凡響。

恒基在理財方面更是業內有名的高手，號稱"密底算盤"。1992-1993年度，香港地產市道暢旺，恒地盈利急升64%，李兆基眼見集團股份長期偏低，不利於在股市集資加速集團發展，遂一反傳統"密底算盤"的作風，採取連串矚目行動。1993年9月，恒地在公佈年度業績時，大派現金紅利，每股恒地獲派1港元紅利，涉及現金16億港元，給股東帶來意外驚喜，恒地股價當日即急升18%。不久，恒地又宣佈集團資產重估，每股資產淨值達42.69港元，比市場預期的25-30港元高出三成以上。翌日，恒地股價從每股24.2港元大幅升至59港元，短短3個多月股價升幅高達1.44倍。恒地的市值亦升至超過600億港元，成為這一時期香港股市的藍籌明星股。

1993年第4季度，恒地趁公司業績理想，連環出擊，先是發行4.6億美元（約35.7億港元）的可換股債券，安排將投資中國內地的恒基中國分拆上市，帶頭掀起分拆中國內地業務的分拆旋風；繼而發行3億美元（約23.38億港元）歐洲美元債券，並取得13.8億港元銀團貸款；而旗下的恒基發展亦以先舊後新方式配股集資20億港元，短短3個月間恒地共籌得資金超過90億港元。受此影響，恒地股價節節飆升，到1996年11月20日已升至每股74.72港元水平。恒地不失時機地配股籌資，先後於1995年12月和1996年9月兩次以先舊後新方式配股集資22億港元和35.2億港元，集資總額達57.2億港元。就在第二次配股當日，恒地又宣佈發行武士債券，集資 300 多億日元（約 23.4 億港元）。從 1993-1996 年，恒基集團集資額超過 170 億港元，其頻率之高、數額之大，業內公司無出其右。香港有評論認為，派高息、借貸、集資已成為恒地的"財政商標"了。㉙

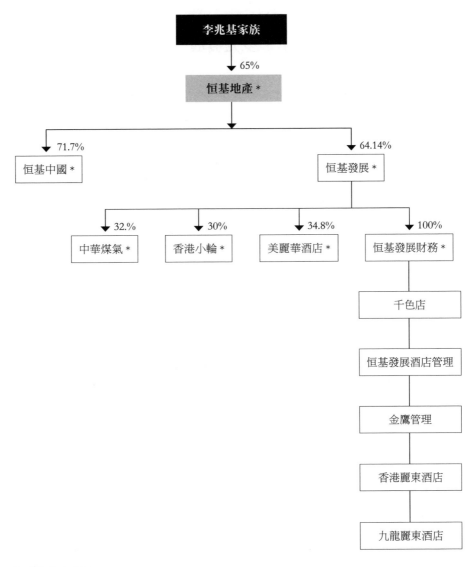

* 為香港上市公司

1996 年李兆基家族財團內部結構

1996 年底，李兆基旗下的恒基地產一系，共持有 6 家上市公司，包括恒基地產、恒基發展、中華煤氣、香港小輪、美麗華酒店、恒基中國等，總市值達 1,381.16 億港元，在香港上市財團中排名第 3 位，僅次於李嘉誠的長江實業集團、郭氏兄弟的新鴻基地產集團。

》 新世界發展：地產為主，多元發展

80 年代初，鄭裕彤領導的新世界發展在完成位於尖東海旁的新世界中心發展計劃後，其在香港地產界的實力地位正式確立，市值更一度超越長實、新地而成為華資地產公司的龍頭股。踏入 80 年代，新世界發展再接再厲，展開一系列龐大地產發展計劃，包括 1981 年與恒隆集團合作發展港島地鐵沿線 8 個地鐵站上蓋物業，1984 年與香港貿易發展局合作興建香港會展中心，1985 年分別與九廣鐵路和美國加德士石油公司合作，發展屯門輕鐵總站上蓋的海翠花園和荃灣舊油庫的海濱花園，1986 年與查濟民家族的香港興業聯手發展大嶼山愉景灣第三期，1989 年與港府土地發展公司合作發展港島西營盤第三街、上環永勝街、灣仔李節街及九龍登打士街等 4 個地盤的重建計劃。

與新鴻基地產相似，新世界的業務擴張亦首先從集團內部開始，由地產業帶動起來的業務，首先是集團的建築工程，包括建築、打樁、冷氣工程等。該集團屬下的協興建築有限公司，是香港著名的建築集團公司，創辦於 1960 年，包括協興、大業、華經等建築公司、惠保打樁公司及港興混凝土公司，該集團自創辦以後曾先後完成數百項建築工程，代表作包括九龍麗晶酒店、新世界酒店、美麗華酒店、富麗華酒店、奔達中心、陽明山莊、香港會議展覽中心等。新世界屬下的景福工程有限公司則是香港最大的冷氣、防火、水管及電器綜合安裝工程企業之一，其業務廣泛涉及香港、澳門和中國內地的許多大型工程。此外，集團的配套附屬公司還包括松電工程、佳定工程、富士（中國）裝飾工程、統基、精基貿易、翼冠，因而對現代化建築物包括酒店、商業中心及高尚住宅，可以由工程策劃、設計、繪圖、機電工程施工、建築工程及室內裝飾工程施工、工程管理及協調提供全面性服務。

新世界向酒店業拓展亦幾乎是與其向房地產業大舉投資同步進行。70年代，該集團在發展新世界中心時就先後興建了著名的麗晶酒店和新世界酒店，及至80年代發展香港會議展覽中心時，又建成了四星級的新世界海景酒店和五星級的君悅酒

三面群山環抱，前臨大白灣沙灘，風景優美的愉景灣。愉景灣計劃從第三期起，由新世界發展與香港興業合作進行。

新世界發展旗下的新世界酒店，位於尖沙咀東部的新世界中心內。

店。1985年，新世界發展透過附屬的新世界酒店集團與美資凱悅酒店集團達成協議，合組各佔50%股權的聯營公司，以15.6億港元價格向新世界發展購下香港會議展覽中心兩家酒店全部權益，其中新世界酒店集團負責管理擁有852間旅遊客房的新世界海景酒店，而凱悅集團則負責管理擁有571間豪華客房的君悅酒店。至此，新世界已成功鞏固其在香港酒業店的領先地位。

80年代以來，新世界還致力於發展其他多元化業務。1983年，新世界發展趁國際航運業低潮，斥資1.5億港元收購了在香港有60年經營歷史的香島船務有限公司，試圖藉此躋身航運業，但由於碰上80年代的航運大蕭條而連年虧損，被迫於1989年將該公司的貨船及貨櫃資產售予中國遠洋運輸公司，結束該項業務。1988年，新世界發展又與林百欣家族合作，分別購入亞洲電視有限公司三分之一股權，鄭裕彤後來更一度出任亞洲電視董事局主席。同年，新世界發展與金門建

築、西松集團合組財團（新世界佔 24% 股權），投得大老山隧道 30 年的發展經營權，邁出參與香港大型基建工程的第一步。

1989 年 1 月，鄭裕彤有感於好友馮景禧突然病逝，宣佈從一線退下，僅擔任新世界發展董事局主席一職，而董事總經理的職位則由其長子鄭家純上任。鄭家純，1946 年在香港出生，1972 年畢業於加拿大西安大略大學，獲工商管理碩士，返港後即協助其父管理新世界發展。鄭家純上台後，旋即採取了一系列急進式的投資策略，連環出擊，在短短一年內收購並投資了一系列非地產發展業務，包括將亞洲電視的持投量增至 47.5%，透過換股取得香港興業 16% 股權，收購基立實業，敵意收購永安集團，購回新世界海景酒店和君悅酒店 50% 股權，將新世界酒店集團私有化，協助羅康瑞私有化瑞安集團，以及斥鉅資收購虧損中的美國華美達（Ramada）酒店集團等。

可惜，其中部份收購在時機上未能配合，如斥資 5.4 億美元（事後證實不足 3 億美元）收購美國華美達酒店集團，鄭家純的原意是將該集團的物業售予美國 Prime Motor 集團，估計可套現約 2 億美元，即新世界僅用 1 億多美元便可購入一個世界級酒店網絡，專門從事酒店管理業務。但是人算不如天算，收購尚未完成，Prime Motor 集團便出現財政困難，接著西方經濟陷入不景，結果變賣該集團物業只籌得 1 億多美元，新世界為收購華美達而欠下的債務，每年僅利息開支就高達 4,700 萬美元，成為一大負累。

至於敵意收購郭氏永安集團，不僅無功而返，更與老牌世家郭氏交惡。郭氏永安集團可說是香港最早崛起的第一代華資財團，但自從 1949 年從中國內地撤退香港之後，尤其是 60 年代中期其創辦人郭泉逝世後，其投資策略逐步轉趨保守，在相當一段時期內傾向將旗下擁有的地產物業出售套現，這種經營方針在香港地產市道輾轉攀升的背景下自然大為吃虧。1973 年和 1981 年，永安集團在地產業曾有過兩次大發展，分別是興建上環永安中心及購入尖東永安廣場、南洋中心等大批物業，可惜兩次發展的時機都不甚適合，集團的發展一直有限，到 80 年代末已淪為三四流的華資集團。其時，郭氏家族透過上市旗艦永安集團持有經營百貨的上市公司永安公司 61% 股權、永安銀行 45% 股權，以及人壽保險、證券期貨、酒店等業務。由於經營保守，永安集團旗下除永安百貨稍有作為外，其餘業務均走下坡路，永安銀行更因被擠提而將控制權拱手讓予恒生銀行。當時，香港就有評論認為："看永安集團的經營，可以用'不做更好'來形容。因為做少便蝕少，不做，將資金存放銀行生息，或買入滙豐、置地的股票生息，比嘗試這樣嘗試那樣，頭頭碰到黑要好得多。" ❸

永安集團的作風，自然引起身為公司第二大股東的新加坡華僑銀行的不滿，1989年3月，鄭家純得知華僑銀行有意出售所持25%股權，即前往洽商收購。3月21日，新世界在取得永安集團27%股權後，宣佈斥資31億港元，以每股17元價格向永安集團提出全面收購建議，由於事前並沒有徵得永安董事局同意，故屬敵意收購。新世界收購永安集團，顯然是看中該集團擁有龐大資產和大批物業，其時得悉大股東郭氏家族僅持有43%股權，且分散在眾多第三代手中，新世界試圖以各個擊破方式取得控制權。可是，郭氏家族儘管經營保守，但仍能團結一致保衛家族基業，翌日即發表聲明拒絕接受收購，並聲稱已持有逾50%股權，第三代郭志樑、郭志桁更從市場吸納永安集團股票。4月27日，永安集團財務顧問在回應文件中表示：已收到51.7%股份不可撤銷承諾書，表示不會接納新世界收購建議，結果令新世界失敗而歸。是役，新世界逾5.4億港元的鉅資用於購入永安集團股票上，使公司負上沉重財政包袱。

連串大規模的投資，令新世界的負債從30-40億港元急升至近90億港元，而盈利增長則大幅放緩，截至1990年6月的年度盈利僅得11.2億港元，比上年度減少近一成。1991年，鄭裕彤眼看形勢不妙，決定重出江湖，他首先展開一系列減債行動，將部份收益低或價格合理的資產出售，包括將所持永安集團27%股權以7億港元的價格售出，又將旗下物業如美孚商場舖位、車位及部份物業以及梅道12號部份權益售出，甚至將被喻為鄭氏"皇冠上的寶石"的香港會議展覽中心會景閣豪華住宅也變賣套現。鄭裕彤表示："我時常跟年輕一輩說：欠債就不是家財，我比較保守，不喜歡揹太高的債。" 1992年，新世界又先後發行零息債券及認股證，集資逾8.5億港元。這樣，新世界發展的債務從最高峰時期的約90億港元逐漸降至30-40億港元的合理水平。

與此同時，新世界集團在發展策略上亦作出相應調整，強調以地產為主，但同時繼續向多元化發展，尤其是電訊、基建及酒店等，以香港為基地，但大舉向中國內地投資並拓展海外業務。前段時期，新世界由於大舉投資非地產業務，錯失了兩年趁低大量吸納地產的良機，這時亦決心重返老本行，加強地產發展及投資業務，如與查濟民的香港興業合作重建荃灣中國染廠舊址，以及興建價值七八十億港元的住宅屋邨，其後又相繼與地鐵、灣仔循道會教堂、花園道聖約翰教堂等機構合作，改建或發展新地產項目，以及興建香港會展中心新翼等等。其間，新世界更大舉投

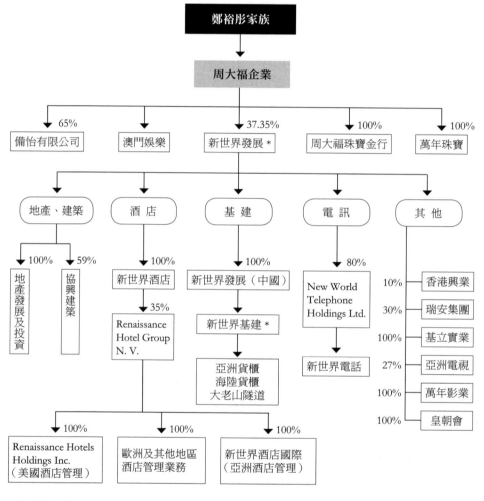

* 為香港上市公司

1996 年鄭裕彤家族財團內部結構

資中國內地房地產業，尤其是在基建、安居工程和舊城重建方面佔據戰略性優勢。

經過數年的努力，新世界終於渡過低潮，再度取得發展。鑑於鄭氏的卓越表現，1993 年 DHL 和《南華早報》向鄭裕彤頒發商業成就獎，1995 年新世界再度躋身香港四大地產上市公司之列。1996 年 12 月底，鄭裕彤家族共持有兩家上市公司，包括新世界發展、新世界基建等，總市值達 673.07 億港元，在香港上市財團中排名第 6 位。不過，經過是次挫折，新世界與長實、新地、恒地三大地產公司的距離已逐步拉開。

》 恒隆 / 淘大置業：穩中求勝

80 年代初，以恒隆為首財團曾連奪港島地鐵路線 9 個地鐵站上蓋物業發展權，恒隆亦因而聲名大噪。可惜，其後碰到地產市道崩潰，恒隆被迫放棄港府要求補地價 18 億港元的金鐘二段的發展權，其餘地鐵站上蓋發展權亦被迫押後。此役令恒隆備受挫折，其股價亦一度跌至低點。

不過，恒隆等財團與地鐵公司的合作關係並未中斷，雙方繼續研究折衷辦法，並將其他各站上蓋從商業用途修改為住宅用途，減低補地價金額。1984 年 5 月，太古地鐵站上蓋康怡花園展開工程，補地價 3 億港元，另投資 37 億港元，興建 9,500 個住宅單位，其中 2,200 個為居屋單位。這個佔地 17 公頃的大型住宅屋邨出售時適逢地產市道復甦，首批 3,000 多個住宅單位立即售罄。受此鼓舞，1985 年 7 月，恒隆再與新世界發展、廖創興企業、萬邦投資及中建企業重組財團（恒隆佔 60%），繼續與地鐵公司合作，斥資 20 億港元發展港島剩餘 5 個地鐵站上蓋物業，其中補地價僅 6.14 億港元。是項發展計劃包括上環果欄、海事處、灣仔修頓花園，以及天后站和炮台山站上蓋物業，總建築面積 270 萬平方呎，其中住宅樓宇 160 萬平方呎。**❸❶** 是項發展是恒隆集團 80 年代最大的地產發展項目。

不過，恒隆在 80 年代的發展，始終受金鐘二段一役的影響，對地產循環的戒心頗大，投資策略亦漸趨保守。1985 年以後地產市道逐漸回升，恒隆即迫不及待地將地鐵沿線各站發展物業出售，太古、炮台山及天后等站上蓋的康怡花園、康澤花園及柏景台等 8,000 個住宅單位，即在 1984 年 10 月至 1987 年 3 月期間以樓花方式售罄。絕大部份單位以每平方呎 500-800 港元分期售出，而這批樓宇在其後 3 年升幅逾倍，恒隆白白少賺了不少。也正因為對地產循環持有戒心，恒隆的土地儲備亦逐漸維持在低水平，與長實、新地、恒地等逐步拉開距離，若干很有潛質的物業，如太古水塘（現時的康景花園）、樂活道地段（現時的比利華山等）均先後將半數權益售予恒地，並由對方策劃發展及代理銷售，削弱了恒隆的盈利。

1986 年，恒隆集團創辦人、董事局主席陳曾熙逝世，遺下龐大恒隆股份指明由舊屬股尚賢作為遺產信託人，其弟陳曾燾則繼任恒隆主席。陳曾燾主政時代，恒隆的重點主要集中在集團架構的重組上。1987 年 8 月，恒隆宣佈與旗下上市公司淘化大同進行業務重組。淘化大同有限公司原是一家歷史悠久的製造業公司，1949 年在香港註冊成立，其歷史最早可追溯到黃氏家族 1908 年在福建廈門創辦的淘大公司。1954 年，大股東黃篤修家族將其在香港上市，是最早在香港上市的製造業集團之一。淘化大同的主要業務包括製造與銷售加工食品、經營飲品及瓦通紙盒、洋酒進口及分銷等，業務頗為多元化，在牛頭角設有龐大廠房和曬場。現時家喻戶曉的"淘大醬油"即是其產品。1972 年，黃篤修因年事已高，後人無心經營，遂與另一大股東鄭志坤家族達成協議，於 1972 年將公司控股權售予英資的森那美集團。

1980 年，恒隆向森那美集團以每股 9.65 港元價格購入 63% 淘化大同股權，進而提出全面收購建議，結果取得該公司 75.6% 控制權。恒隆收購淘大，顯然是看中該公司龐大的土地儲備。其時，淘大擁有的物業包括九龍牛頭角淘大工業村、淘化大同工業中心、淘大工人宿舍、荃灣青山道淘大工業中心等，樓面面積達 65.3 萬平方呎。恒隆收購淘大後，即將食品加工廠房遷往荃灣九咪半沿岸的淘大廠地及佐敦谷的綠寶廠地，並將牛頭角廠址發展為規模龐大的淘大花園。恒隆收購淘大後，亦藉此涉足食品、瓦通紙盒的製造及銷售，洋酒進口及分銷等業務。1982 年，恒隆又透過淘大收購了健全食品工業國際有限公司及健全食品工業有限公司，打入急凍食品工業。

淘化大同自歸併恒隆旗下，多年來以其食品加工業務為恒隆的盈利作出穩定貢獻，同時更為恒隆提供了牛頭角龐大的土地儲備。然而，淘大自此的地產發展及投

1992 年恒隆集團購入位於中區的渣打銀行大廈，並作為該集團的總部所在地。

資業務的比重亦逐漸增加，與母公司恒隆的業務日漸重疊，角色混淆。重組的主要內容是：由恒隆將手上的收租物業轉售予淘大，作價 31.7 億港元，淘大則將荃灣廠址發展地盤及淘大實業 50% 股權以 2.56 億港元售予恒隆，淘大以發行新股集資 30 億港元支付不足之數。重組後，恒隆成為集團的控股公司，並專注地產發展及投資控股，而淘大則易名為 "淘大置業有限公司"，成為恒隆旗下純地產投資公司，持有恒隆中心、柏裕商業中心、雅蘭酒店、康怡廣場、金鐘廊等一系列投資物業，共計約 144 萬平方呎寫字樓、192 萬平方呎商場，以及 18 萬平方呎工業與住宅，這些物業以當時市值計約值 60 億港元。

1988 年 4 月底，淘大置業宣佈以 3.8 億港元購入上市公司樂古置業 43.25% 股權，並提出全面收購，結果以 8.42 億港元購入樂古置業 96% 股權。樂古置業原名 "樂古置業印刷公司"，1978 年將印刷業務售予一位董事後易名 "樂古置業"，主要業務是在中區雪廠街一帶重建物業，一向經營作風穩健，是隻盈利質素頗佳的冷門股。1988 年樂古大股東邀請各大公司競投收購，結果恒隆以高價擊敗長實、新地、恒地、新世界奪標購得。同年 9 月，恒隆宣佈淘大與樂古重組，由淘大以 11.38 億港元價格購入樂古的收租物業，包括中環的樂古大廈、印刷行、樂成行及北角的樂基行等，樂古則以

16.62 億港元向淘大購入所有酒店業權，並以 3.58 億港元向恒隆購入酒店管理公司，樂古置業則以發行新股集資償付交換資產差額。重組後，樂古易名為 "格蘭酒店集團有限公司"，控制權由淘大轉移到恒隆，成為恒隆旗下的純酒店股。當時，格蘭酒店共擁有 3 間酒店，包括尖沙咀格蘭酒店、旺角雅蘭酒店及鰂魚涌康蘭酒店，共有客房 1,391 間，約 79 萬平方呎樓面面積。自此，恒隆集團內部架構趨向成形，自成一系，系內各上市公司業務清晰，便於發展。不過，亦有人批評恒隆將過多精力浪費在業務重組方面，錯過這一時期積極增加土地儲備的良機。❸²

1991 年 1 月，陳曾燾退任董事，恒隆集團董事局主席一職由其侄即陳曾熙長子陳啟宗接任，恒隆進入了家族第二代管理時期。陳啟宗於 1949 年在香港出生，1976 年畢業於美國南加州大學，獲工商管理碩士。畢業後即返港加入家族生意。陳啟宗上任後，一方面表示將繼續遵循父親陳曾熙及叔父陳曾燾的穩健發展路線，但同時亦採取了一系列矚目行動，包括親赴英、美、日等國進行全球巡迴推介恒隆集團，引進先進的管理技術，如最早發行可換股債券吸引外國資金，又成功推行 "C 計劃"，❸³ 打破銀行收緊樓宇按揭的僵局等等，獲得投資者的好評。陳啟宗並表示：恒隆會繼續積極尋求擴大投資物業組合比重，同時在增加土地儲備方面亦將更加活躍，爭取 5 年後與其他地產集團看齊。❸⁴

不過，90 年代恒隆系投資策略的重點，似乎仍然集中於擴大投資物業方面，並由淘大置業擔任主角。1992 年 6 月，淘大宣佈 10 股供 3 股計劃，集資 22.9 億港元，其後在 8 個月內全數用於擴展投資物業組合，包括以 7.2 億港元購入約 17 萬平方呎的麗港城商場、以 9 億港元向英資渣打銀行購入約 30 萬平方呎的中區渣打總行大廈、以 3.3 億港元購入 15 萬平方呎的長沙灣百佳大廈，以及以 8 億多港元購入花園台 2 號豪華住宅。1993 年 1 月以後，淘大通過撥出內部資金及借貸共 11.4 億港元，10 月再透過發行可換股債券集資 19.9 億港元，繼續收購有升值、加租潛力的優質投資物業。換言之，在短短一年半時間內，恒隆系已動用了近 60 億港元購入投資物業。

1993-1994 年間，淘大置業的投資物業陣營進一步擴大，先是位於太平山頂的山頂廣場落成啟用，該物業樓面面積 13.4 萬平方呎，全部租出；而早幾年向張玉良家

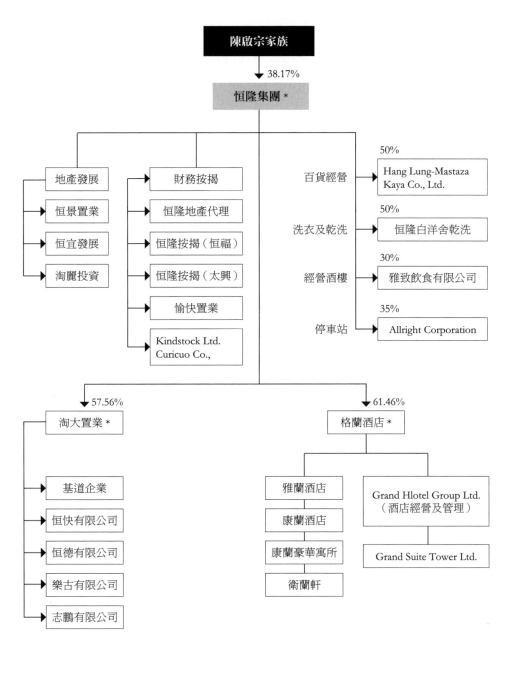

陳啟宗家族

↓ 38.17%

恒隆集團 *

地產發展
恒景置業
恒宜發展
淘麗投資

財務按揭
恒隆地產代理
恒隆按揭（恒福）
恒隆按揭（太興）
愉快置業
Kindstock Ltd.
Curicuo Co.,

百貨經營 →（50%）Hang Lung-Mastaza Kaya Co., Ltd.

洗衣及乾洗 →（50%）恒隆白洋舍乾洗

經營酒樓 →（30%）雅致飲食有限公司

停車站 →（35%）Allright Corporation

↓ 57.56% 淘大置業 *

基道企業
恒快有限公司
恒德有限公司
樂古有限公司
志鵬有限公司

↓ 61.46% 格蘭酒店 *

雅蘭酒店
康蘭酒店
康蘭豪華寓所
衛蘭軒

Grand Hlotel Group Ltd.
（酒店經營及管理）

Grand Suite Tower Ltd.

* 為香港上市公司

1996 年陳啟宗家族財團結構

族購入的銅鑼灣百德新街一帶物業，價值亦已大幅上升，其"食街"經改造成"名坊店"後租金升幅逾倍。1994年，淘大又斥資12億港元收購旺角麗斯大廈，而拆卸重建的尖沙咀格蘭中心亦落成啟用。到1996年，淘大置業旗下的收租物業面積已達546萬平方呎，絕大部份均是位於地鐵及九廣鐵路沿線的優質物業，年租金收益接近24億港元。至此，淘大置業已躋身香港一流地產投資公司之列。置地撤離香港股市後，淘大更取代置地成為恒生指數33隻成份股之一。

1996年底，陳啟宗旗下共持有3家上市公司，包括恒隆、淘大置業（後改名為"恒隆地產"）和格蘭酒店，總市值達377.32億港元，在香港上市財團中排名第9位。

04

新一代財團：“股壇狙擊手”

80 年代以後，在香港經濟稱雄割據的華資財團中，尚有一批新一代的財團，其中，最著名的是被稱為“股壇狙擊手”的劉鑾雄和“第一代狙擊手”的羅旭瑞，他們憑藉著高超的財技，透過收購那些高資產值、低股價的老牌企業急速崛起，建立起雄據香港的商業王國，鋒芒所到之處，令經營保守的老牌家族財團聞之變色。他們是華資新興財團的另一類崛起模式。

» 劉鑾雄的崛起

劉鑾雄，祖籍廣東潮州，1951 年在香港出生，早年赴加拿大求學，畢業後返港加入家族經營的友聯岳記吊扇廠，因與家族的保守經營作風不一致，遂以 1 萬港元自立門戶，與合夥人梁英偉在香港仔黃竹坑開設一間小廠，於 1978 年創辦愛美高實業。當時，愛美高的主要業務是生產吊扇，吊扇業本已是夕陽工業，但 70 年代末，適逢中東石油危機爆發，各國均須節省能源，吊扇再度行銷，愛美高的業務遂蒸蒸日上，並從吊扇生產擴展到燈飾、電子滅蟲器及火水暖爐。1983 年 8 月，愛美高實業在香港上市，資產值已從創辦時的數十萬港元急增到 5 億港元。

1983 年及 1984 年期間，劉鑾雄開始涉足金融，投資美國債券。當時，美國國庫債券是回報高、風險高的鱷魚潭，劉鑾雄身在香港，透過電訊網絡經常 24 小時不合眼進行隔洋買賣，這段時期的經歷，不僅為劉氏積累了寶貴的實戰經驗，也積累了可觀的財富。1985 年初，劉鑾雄與愛美高另一主要股東兼董事梁英偉在公司發展方針上出現嚴重分歧，劉氏將所持股票售予基金投資者，戲劇性地離開愛美高，半年後他在基金投資者的支持下重返公司執掌大權，期間，劉氏將公司股票高賣低買，已賺了逾 2 億港元，初顯投資高手本色。1985 年，劉鑾雄開始在香港股市物色收購對象，他首先看中能達科技。能達科技的大股東莊氏家族不肯讓控制權旁落，被迫以高價購回愛美高所持股份。結果，愛美高在這次狙擊戰中，輕易賺取超過 600 萬港元利潤，這比愛美高 1980 年度全年盈利還多出 100 多萬港元。

能達科技一役，劉鑾雄僅是小試牛刀，真正令劉氏崛起的，是收購華人置業一役。華人置業是一家老牌華資公司，成立於 1922 年，1968 年在香港上市，創辦人是香港赫赫有名的兩大世家主持人馮平山和李冠春。該公司的業務頗為簡單，只是持有優質物業和有價證券，其中最重要資產是位於中區的華人行。不過，70 年代中，華置以 1.3 億港元價格，將華人行售予李嘉誠，並用所得資金進一步收購另一家上市公司中華娛樂逾五成股權，使之成為華置的附屬公司，中華娛樂最重要的資產則是位於中區華人行與皇后大道中相對的娛樂行。長期以來，華置的決策權都是由馮、李兩大家族共同執掌，馮秉芬出任華人置業主席，李福樹則出任中華娛樂主席，彼此相安無事。由於是世家大族的公司，華置在香港上層社會知名度甚高，但規模有限，股票交投疏落，一般市民對之極少留意。

1986 年，市場突然傳出馮、李兩大家族後人不和的消息，接著出現一系列不尋常事態，先是在中華娛樂股東週年大會上，馮秉芬獲選兼任該公司主席，李福樹只留任董事；3 月 21 日在華置股東週年大會上，新一屆董事局出現重大人事變動，以李福樹、李福慶、李福兆三兄弟為首的李氏家族成員全部被摒除出局，取而代之的是董事局主席馮秉芬引入的成員，包括其子馮慶鏘、馮慶炤，及被譽為企業奇才的韋理。韋理原係和記黃埔主席兼行政總裁，深諳企業財務安排和組織策略，在香港商場戰績彪炳，曾挽救過和黃、百利保、富豪酒店等多家上市公司。是次華置董事局大改組的導火線，傳聞是李福兆與其家族成員出現兄弟鬩牆、李福兆一怒之下聯同好友孔憲紹將所持華置股票售予韋理，韋理遂聯絡馮秉芬合組司馬高（Shimako）公司，以持有略低於三成半股權的大股東身份，迫使李氏家族成員出局。❸

李氏後人眼看一時大意，令先人祖業落入對方手中，在深深不忿之下，即聯同新鴻基公司主席馮永祥合組巴仙拿（Bassina）公司，於 3 月 23 日提出以每股 16 港元現金全面收購華置建議，其時該公司已擁有華置 28.5% 股權，並獲其他持有 2.8% 股份的股東同意接受收購，即共持有 31.3% 華置權益。由於雙方持股量旗鼓相當，戰況一度膠著，不過華置股價則已飆升至每股 19.8 港元，顯示已有第三者介入收購。

華置兩大股東鷸蚌相爭，給正在積極物色收購目標的劉鑾雄以可乘之機。1986 年 4 月 11 日，愛美高宣佈介入收購戰，提出以每股 16.5 港元全面收購華人置業。4 月 19 日形勢急轉直下，愛美高宣佈將收購價提高到每股 18 港元。其時，愛美高已取得李氏家族所持華置股份，以及馮秉芬胞兄名下的股份，³⁶ 總數已超過四成。馮秉芬眼看大勢已去，亦將所持華置股份售予韋理。最後，愛美高與韋理達成協議，共掌華置，由韋理出任華置董事局主席，劉鑾雄以大股東身份出任董事總經理，馮氏家族成員包括馮秉芬、馮慶麟、馮慶鏘、馮慶炤等全部出局。據說，馮秉芬之所以在關鍵時刻從收購戰退出，是因為無法籌夠當時所需的 1.8 億港元款項。³⁷ 事實上，當時馮秉芬集團已陷入財務危機之中，同年 9 月康年銀行被港府接管，得知該銀行向馮氏集團的貸款已高達 1.6 億港元，馮氏集團危機遂表面化，接著傳出馮氏擬出售東亞銀行股份套現的消息。稍後，馮秉芬集團宣佈債務重組，馮家在淺水灣的 "國堡" 亦由債權銀行委託經紀出售套現。³⁸ 至此，一家聲名顯赫的老牌華資財團在時代的潮流中衰落。

劉鑾雄早年以生產吊扇創業。圖為 20 世紀 70 年代末 80 年代初，劉氏旗下的愛美高實業生產的吊扇（右）及電爐款式（左）。

» 劉鑾雄狙擊香港大酒店

華置收購戰一役，使劉鑾雄旗下的上市公司增加到 3 家，實力大增。1986-1987年間，劉氏透過旗下 3 家公司發行新股集資，再度展開連串收購。他的目標是那些市值大大低於資產值、大股東控制權不穩的上市公司，這次他首先狙擊的是李兆基旗下的中華煤氣。中華煤氣原為一家英資公司，但到 70 年代，股權已相當分散。1975 年，香港電燈曾有意收購中華煤氣，當時中華煤氣主席是德高望重的富商利銘澤，不過，港燈的收購最後功敗垂成。其後，李兆基透過恒基地產持續在香港股市吸納中華煤氣股權，到 1980 年已成為該公司最大股東。這一時期，隨著香港經濟發展、市民收入提高，中華煤氣的業績表現突出，到 1985 年底，中華煤氣全年盈利已突破 2 億港元，用戶增加到接近 41 萬戶。❸❾ 當時，中華煤氣股價升高，李兆基趁高批售中煤股票，這予劉鑾雄可乘之機。幸而，李兆基及早發覺，及時在股市中大量吸納中華煤氣股份，不讓劉鑾雄乘虛而入，劉氏只好將所持中華煤氣 800 多萬股份售予基金，獲利 3,400 多萬港元。接著，他將收購的目標指向香港巨富嘉道理家族旗下的明珠——香港大酒店。

香港大酒店是一家歷史悠久的老牌英資公司，創辦於 1866 年，旗下資產包括半島酒店、九龍酒店、淺水灣影灣園、山頂纜車及中區聖約翰大廈。由於經營保守，其股價長期落後於資產值，正是噬肥而食的股壇狙擊手的理想狙擊目標。80 年代中期，香港大酒店雖由嘉道理家族主政，但它並非公司大股東，而是華商梁氏家族梁昌之子梁仲豪。到 1987 年初，梁仲豪約擁有 3,113.6 萬股大酒店股份，約佔總數的31.56%，而嘉道理家族共擁有 1,154.2 萬股，約佔 11.7%。❹❶ 根據嘉道理與梁仲豪的默契，兩者在董事局中一直相安無事，前者專掌酒店及有關業務，後者專管地產；除董事局外，另設執行委員會，雙方輪流擔任兩會主席。由於董事局牢固掌握控制權，第三者難以覬覦。

不過，這種局面維持到 1987 年初突然發生變化，梁氏家族有意淡出香港大酒店，將所持大酒店 30.4% 股權分別售予劉鑾雄旗下的中華娛樂和林百欣旗下的麗新發展，其中中華娛樂約佔 20% 股權。劉鑾雄購入香港大酒店股份後，即聯同林百欣家族約見大酒店主席米高‧嘉道理，要求加入董事局，被米高拒絕。1987 年 5 月 4 日，香港大酒店召開股東大會，當時米高‧嘉道理循例告退，必須重選董事。會上，劉鑾雄發動突襲，投票反對米高連任主席，獲林百欣家族支持。然而，米高憑藉家族在香港大酒店股東中的聲望和份量，仍以些微優勢當選，劉、林兩家族則雙雙被拒諸董事局門外。

面對華商的挑戰，當時年已九旬的嘉道理家族掌舵人羅蘭士‧嘉道理以沉著鎮定的態度迎戰，他首先向香港收購及合併委員會投訴劉、林兩家是"一致行動者"，根據條例，劉、林兩家持股量已超過 35% 的全面收購點，必須以近半年來最高價向大酒店股東提出全面收購。儘管後來收購及合併委員會裁定並無確實證據證明劉、林是"一致行動者"，但嘉道理的拖延戰術已經奏效，贏得時間從容部署，並在市場大量吸納大酒店股份。

隨後，嘉道理將矛頭指向持有大酒店股份的中華娛樂的控股公司華人置業，市場傳聞嘉道理正與華置另一大股東韋理聯手，企圖取得華置控制權。[41] 劉鑾雄在後院起火的情況下被迫退出收購戰。7 月 24 日，劉氏與代表嘉道理家族的寶源投資達成協議，將所持 34.9% 大酒店股份轉售予由寶源投資安排的銀團及滙豐銀行的一家附屬公司。嘉道理為避免觸發全面收購點，假第三者之手迂迴接下劉鑾雄所持大酒店的股份，解除了劉氏的威脅。是役，劉鑾雄旗下愛美高及中華娛樂兩家公司分別獲利 4,200 萬港元和 9,400 萬港元。

同年 10 月，劉鑾雄再次展開收購行動，透過中華娛樂收購萊龍空殼公司，改名為"中娛策略"（後又改為"瑞福"）上市，負責證券投資，12 月又成功取得保華建築的控制權。至此，他所控制的上市公司已增至 5 家，自成一系。其後，劉鑾雄更使出"連環供股"的殺手鐧，此舉不僅迫使韋理大幅減低對華置的持股量，而且令其商業王國急速膨脹。從 1985-1989 年的短短數年間，愛美高系市值已從 4 億港元急增到 58 億港元。

劉鑾雄在短短數年間，透過對香港老牌家族公司的狙擊，不僅成為叱咤風雲的"股壇狙擊手"，而且成功建立起其商業王國，鋒頭可謂一時無兩。有人曾對劉氏有這樣的評論，認為他"在股市、在商場，……動作極其靈巧，出招狠準穩勁，結合

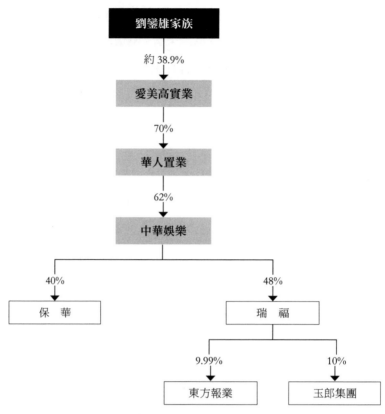

1989 年初劉鑾雄控制的上市公司概況（資料來源：香港《經貿縱橫》，1989 年 2 月期。）

其過人財技，鷹隼般銳利目光，馳騁縱橫，富豪第二代裡頭，鮮能匹敵；連打江山的前輩富豪，以當年才略膽色、智謀幹勁，大概也得承認：長江後浪推前浪"。❷

》 劉鑾雄建立華人置業王國

自 1989 年底起，劉鑾雄發動的"連環收購"及"連環供股"行動宣告停止，轉而進入集團的鞏固、整合階段，並推出一系列私有化計劃。早在 1987 年，劉鑾雄已公開表示，他更長遠的目標，是擁有一家資產達 100 億港元規模的、有代表性的集團上市公司。因此，自 1989 年底起，劉氏發動的"連環收購"便告一段落，轉而進入集團的鞏固、整合階段，並推出一系列私有化計劃。

1989 年 10 月，劉鑾雄宣佈將中華娛樂屬下兩家上市公司保華集團（前身為保華建築）和瑞福合併為保華國際，開始了其私有化計劃的第一步。接著，他將私有化的目標對準華置。不過，華置私有化的進程卻一波三折，相當棘手。從 1989 年 12 月到 1991 年 9 月，愛美高曾兩度提出私有化華置的建議，但均因出價過低而遭到以韋理為首的小股東的反對。❸ 當時，韋理儘管已辭去華置董事局主席一職，但透過旗下上市公司亞洲證券仍持有 7.5% 華置股權。1991 年 9 月，愛美高再次舊調重彈，建議以每兩股華置換一股愛美高，將華置私有化。部份小股東即委託律師刊登廣告呼籲反對，而香港證券監察委員會亦介入，直指愛美高遊說小股東接納建議違反收購及合併守則。12 月，愛美高修改私有化條件，提出以每 200 股華置換 115 股愛美高及 23 份愛美高認股證，部份小股東開始轉變立場。

1992 年 2 月 10 日，華置召開特別股東大會，經過長達 7 小時的激烈辯論，大會通過私有化建議。不過，當時華置每股資產淨值高於愛美高，華置小股東竟接納這項建議，令外界頗覺意外。部份小股東即往證監會投訴，並前往港督府請願。2 月 24 日，證監會公開譴責劉鑾雄等人違反收購及合併守則，並向百慕達最高法院要求押後聆訊華置私有化建議，或反對私有化建議。在證監會的巨大壓力下，愛美高和華置董事局被迫在最後一刻撤回私有化建議，劉氏私有化華置大計可謂功敗垂成。

儘管華置私有化一波三折，但劉鑾雄的其他私有化計劃卻順利展開。1992 年初，中華娛樂成功兼併了保華國際，同年 9 月，華置亦成功私有化中華娛樂。市場預期，劉鑾雄將第三度提出私有化華置的建議，以達到只保留一家上市公司的目標。然而，出乎市場意料之外，1993 年 10 月，劉鑾雄使出一招“移形換影”的計策，他一改慣常做法，不由控股公司愛美高收購華置，改由華置反向收購母公司愛美高。他建議，每 4,000 股愛美高換取 4,224 股華置新股，另每 6,000 份愛美高認股證換 1,505 股華置新股。根據愛美高及華置兩家公司的聲明，私有化的主要原因，是愛美高近年的發展策略出現轉移，由以往的證券和物業雙線投資，轉變為偏重於物業發展，最近更只是集中於增持華置股份，並日益發展為一家地產控股公司，其盈利亦主要來自華置。因此，為避免兩公司物業投資活動出現直接競爭，遂決定將愛美高私有化。

不過，市場人士多認為，華置反收購的直接原因，是劉鑾雄看中華置所擁有的優質投資物業，希望直接擁有華置，或者是劉氏汲取了以往失敗的教訓，為減輕華置股東的強大反對勢力的阻撓，遂使出這一招"移形換影"的妙計。根據華置和愛美高獨立股東財務顧問渣打亞洲及英高財務的推薦文件，兩公司合併後對兩者的資產值無損，合併後愛美高股東應佔盈利增加，而華置每股盈利僅攤薄 4%。11 月 10 日，愛美高和華置股東大會均以 98% 以上的絕大比數通過收購建議。

華置鯨吞愛美高後，劉鑾雄及其相關人士直接持有華置 52% 股權，成為華置大股東。經多年奮戰，劉鑾雄終於憑藉著自己卓越財技、敏銳目光，從一名吊扇生產廠商躍升為香港地產鉅子，成功持有一家市值逾 100 億港元的大型上市公司，成為香港股壇舉足輕重的新一代華資財團，其內心興奮之情不言而喻，難怪他當時罕有地在華置特別股東大會露面，並打破一貫低調作風大談華置的未來發展大計。

華人置業自反向收購母公司愛美高後，實力聲名均大振，市值突破 100 億港元，已躍升地產二線股前列，成為香港大型優質收租股之一。當時，華置擁有的樓面面積達 285 萬平方呎，其中包括位於銅鑼灣的皇室大廈、灣仔的夏慤大廈和愛美高大廈（前海軍大廈），以及中區的娛樂行四大皇牌。追溯歷史，娛樂行是華置於

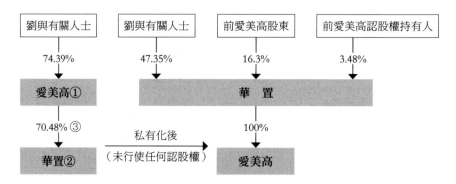

註：
①愛美高資產淨值每股 8.23 元，8 月 17 日收市價報 3.85 元。
②華置資產淨值每股 7.79 元，8 月 17 日收市價報 4.05 元。
③ 1993 年 5 月，愛美高向長實購入 9.35% 華置股份，使持股量升至 65.14%。

私有化愛美高前後各公司股權分佈（1993 年 8 月）（資料來源：《愛美高：風風雨雨又十年》，香港：《資本》雜誌，1994 年 1 月，第 39 頁。）

1987 年以 4 億港元代價從中華娛樂購入後拆卸重建，於 1993 年完成的，皇室大廈和夏慤大廈則是 1993 年以 23.78 億港元從置地手中購入，這 4 幢優質物業經重估後在 1993 年底已增值至 117 億港元，相當於華置在港物業資產淨值的約 80%。

　　不過，在劉鑾雄直接控制下的華置，其投資策略並非如淘大置業及希慎興業等地產投資公司繼續增持優質收租物業，而是從地產投資轉向地產發展，或並重發展。1994 年及 1996 年，華置先後數次將旗下的夏慤大廈的第七、八、九、二十二、二十三、二十六、二十七層售出，套現大量資金。1996 年 11 月，華置更將其中區優質物業娛樂行，以 36.40 億港元的高價整幢售予利氏家族的希慎興業。與此同時，華置在地產發展業務方面轉趨活躍，除積極爭取參與灣仔太原街重建計劃及荃灣保華工業大廈重建，以及競投東涌機鐵上蓋項目二期發展（已失敗）之外，還大舉進軍內地地產市場。1996 年 11 月，華置將內地地產業務以 "愛美高中國" 名義在香港分拆上市，其時，愛美高中國在內地投資的地產項目達 23 項，總樓面面積 2,968 萬平方呎，其中愛美高中國佔 1,824 萬平方呎，價值約 23.6 億港元。

　　到 1996 年底，劉鑾雄控制的華人置業和愛美高中國兩家上市公司，總市值達 179.53 億港元，在香港上市財團中排名第 20 位。

華人置業旗下的主要投資物業——位於銅鑼灣的皇室大廈

華人置業旗下的主要投資物業及辦公大廈——位於灣仔的夏慤大廈及愛美高大廈

》 羅旭瑞的崛起

80 年代藉股市收購迅速建立自己的商業王國的還有羅旭瑞，羅旭瑞的崛起比劉
鑾雄稍早，被譽為 "第一代狙擊手"。

羅旭瑞，1944 年生於香港，是香港潮籍華商羅鷹石的次子，幼時曾在香港聖約
瑟書院接受教育，後進入香港大學攻讀建築系課程，畢業後曾任職於 Wong Tung &
Chau Lam 公司。1979 年，羅旭瑞加入鷹君集團，協助父親展開連串業務擴張和收購
活動，1980 年將鷹君集團的酒店業務以 "富豪酒店集團" 名義分拆上市，又透過富
豪酒店收購小型地產上市公司永昌盛，並易名為 "百利保投資"。1981 年，羅旭瑞
聘請 "公司醫生" 韋理加入百利保投資，與韋理攜手合作，透過百利保策動對顏氏
家族的中華巴士公司的收購戰，計劃染指中巴擁有的地皮。羅、韋二人在這場收購
戰中著著領先，使對方要在外援協助下，才得以保住控制權。自此，羅旭瑞在香港
商界嶄露頭角，成為令人矚目的 "企業狙擊手"。他那句 "一擊不中，全身而退" 的
名言，更在香港商界廣為流傳。

80 年代初，香港前途問題觸發危機，地產市道崩潰，鷹君集團出現了極大財政
困難。至 1983 年 9 月上半年度，鷹君集團一系包括鷹君、富豪酒店和百利保投資 3
家上市公司的虧損高達 24 億港元，是當時被稱為 "債王" 的置地公司的兩倍，所欠

被譽為 "第一代狙擊手" 的羅旭瑞。
攝於 20 世紀 80 年代。

銀行債項據說是 "超過資產以倍數計"。面對危
機，羅旭瑞和父親羅鷹石在公司的處理問題上發
生激烈爭執，羅旭瑞認為富豪和百利保是長期投
資，堅持毋須作出有關撇賬準備。羅鷹石則令其
三子、心臟專家羅嘉瑞主持大局，為鷹君系各公
司 "把脈診治"。當時，羅鷹石曾公開表示："一
直抱著穩打穩紮的態度，最忌急功近利。生意的
基礎不是一朝一夕可以建立，至於投機取巧，則
只要一次失手便會全軍盡沒。我常告誡子女，做
生意切記不要貪心，不要衝動，一定要衡量後

果，計劃周詳而行事。辛苦賺的錢，若為投機性活動倒流出去，那就是經營上的失敗。"羅氏的這番話，似乎對其子羅旭瑞的一些冒進做法，不無埋怨之意。

1984 年 3 月，亞洲證券主席韋理向鷹君發動敵意收購戰，以 9,041 萬港元向鷹君購入所持富豪酒店 33.4% 股權，由於富豪酒店持有百利保投資，鷹君實際上亦間接將百利保出售。是次交易遭到羅鷹石的極力反對，他對促成這宗交易的羅旭瑞極表不滿，但在債權銀行壓力下鷹君被迫售出富豪。交易完成後，羅旭瑞離開鷹君，但出任由韋理任主席的富豪酒店及百利保兩公司的董事總經理。❹

韋理收購富豪，其實正是羅旭瑞為自己安排重組公司的第一步，因為早在韋理收購之前，羅、韋二人已訂立協議，羅旭瑞有優先權向韋理購回富豪及百利保股份。當時，羅旭瑞僅持有富豪酒店少量股份及百利保 9.5% 股權，主要是在百利保收購中巴失利後股價急跌時購入的，成本很低。羅旭瑞正是藉此作為他個人事業的起點。接著，韋、羅二人便聯手展開富豪及百利保的資本重組計劃，首先是向滙豐銀行借貸

羅旭瑞旗下、位於銅鑼灣的香港富豪酒店。

羅旭瑞旗下的主要投資物業百利保大廈。圖為該大廈的百利保廣場入口處。

7.6 億港元，其中 1.3 億港元用以向鷹君購回尖東富豪酒店，並撥出高達 12.05 億港元的虧損，以奠定其資本重組計劃的基礎。1984 年 7 月 20 日，韋、羅二人更宣佈將富豪酒店的股東資本大幅撤減，從原來的 6.97 億港元減至 1.39 億港元，同時註銷股份溢值賬 6.6 億港元及重估兩間酒店的溢值 2.3 億港元，以抵銷溢賬上 12.89 億港元的賬面虧損，使其股本能低於其有形資產淨值和市價，為日後發行新股集資作準備。

1984 年 10 月，富豪酒店宣佈重組，內容是富豪酒店發行新股集資 3.27 億港元，同時將所持百利保 25.5% 股權售予韋理的亞洲證券和羅旭瑞的瑞圖有限公司，代價是 6,675 萬港元，使亞洲證券和瑞圖持有百利保股權從原來的 10.1% 和 9.5% 分別增加到 22.9% 和 22.3%，而百利保則向韋理的亞洲證券購入富豪酒店 32.5% 股權，代價是支付現金 50 萬港元及承擔債務 1.07 億港元。是次重組的目的是將富豪控制百利保的局面，轉化為百利保控制富豪，韋理從中套現逾 7,000 萬港元，而羅旭瑞則僅投資 3,337.5 萬港元，便持有百利保 22.3% 股權，再透過百利保持有富豪 37.5% 股權，從而奠定其建立日後商業王國的基礎。

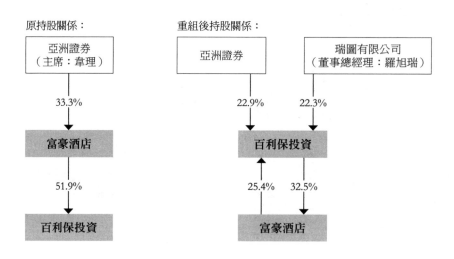

1984 年 10 月富豪酒店、百利保重組（資料來源：香港《資本》雜誌，1995 年 8 月號。）

» 羅旭瑞狙擊香港大酒店

從 1985 年起，當百利保和富豪酒店的財政狀況日趨改善及重整接近完成時，羅旭瑞便再展其高超財技，部署連串收購行動，以鞏固及擴大其商業王國。他首先收購世紀城市，作為其集團的控股旗艦。世紀城市成立於 1981 年 3 月，同年 9 月在香港上市，是一家中小型地產公司。1983 年地產市道陷入低潮後，世紀城市持續出現大量虧損，到 1985 年已累積虧損逾 2 億港元，債權人正申請將其清盤，羅旭瑞即向世紀城市展開收購，以 4,800 萬港元取得世紀城市近七成控制權。自此，羅旭瑞便以世紀城市為旗艦，開始建立和發展以該公司為首的集團。

1986 年 3 月，世紀城市向百利保發動收購，以每股百利保作價 5.28 港元，或世紀城市新股 50 股，向百利保提出全面收購，結果成功取得百利保 98% 股權。稍後，世紀城市透過配售百利保股份，將持股量減低至 74.03%，仍保留其上市地位。同年，世紀城市先後將所持銅鑼灣豪華中心及發展中地盤，以 3.29 億港元價格售予百利保，使百利保成為集團發展地產業務的主力。1987 年 7 月，羅旭瑞又透過百利保策動對國泰置業的收購戰，取得該公司 81.4% 股權。稍後，國泰置業易名為"國泰城市"，業務側重於證券投資、企業收購，成為羅旭瑞旗下的"第二號狙擊艦"。

羅旭瑞收購國泰城市後，即將收購的目標指向嘉道理家族的大酒店集團。其時，大酒店剛被劉鑾雄狙擊，但大股東嘉道理家族對該公司的持股量仍在 35% 以下，控制權不穩。羅旭瑞看準此點，透過國泰城市向大酒店董事局接觸，提出善意收購建議，不過即遭拒絕。1988 年 10 月 21 日，羅旭瑞透過國泰城市正式向大酒店提出全面收購，收購價為每股大酒店 6.3 港元，其中現金 4.8 港元加 1 股面值 1.5 港元國泰城市股份。不過，當時大酒店每股資產淨值在 8 港元以上，國泰城市的收購價並不吸引。

羅旭瑞這次發動的收購戰，可說是典型的"蛇吞象"式收購。當時，國泰城市的資產淨值僅 3 億港元，而大酒店的資產淨值則高達 90 億港元，是前者的 30 倍。國泰城市要成功收購大酒店需動用 44.37 億港元鉅資，同時需發行近 10 億國泰城市新股。羅旭瑞以新進企業狙擊手的姿態向香港英資的老牌家族公司發起挑戰，**轟動**

了整個香港商界。

　　對嘉道理家族來說，大酒店是該家族立足於香港的根基，好不容易才擊退劉鑾雄的入侵，又豈容羅旭瑞染指。4日後，即10月25日，嘉道理家族宣佈以每股5.8港元價格向獨立第三者購入一批大酒店股權，使持股量從34.9%增加到37.2%，因觸發全面收購點向大酒店股東提出全面收購。嘉道理家族的反擊行動，目的並非要全資擁有大酒店，而是要減低羅旭瑞成功的機會。由於嘉道理已擁有37.2%股權，羅旭瑞若要取得大酒店50%以上股權，必須要獲得79%的其他小股東接受。換言之，如果嘉道理家族不放棄其所持大酒店股權，羅旭瑞的成功機會不大。正因為了解到這點，10月26日羅旭瑞再次接觸嘉道理家族，希望提高收購價收購嘉道理家族所持股權，但遭到拒絕。面對嘉道理家族保衛大酒店的決心，羅旭瑞知難而退，將所增持的1,100多萬大酒店股份轉售予嘉道理家族，獲利約1,200萬港元，實現他那"一擊不中，全身而退"的名言。

》 羅旭瑞建立世紀城市王國

　　大酒店一役雖然鎩羽，但羅旭瑞在同期展開的收購行動卻輕易取得成功。1988年9月，羅旭瑞透過富豪酒店集團以3.65億港元收購加拿大星座酒店集團51%股權，該酒店是加拿大規模最大的會議中心酒店，擁有900餘間客房，此項收購無疑是富豪酒店進軍海外市場的一個突破。稍後，富豪再斥資4億港元購入美國酒店管理集團Aircoa公司51%股權。與此同時，羅旭瑞又透過國泰城市成功收購香港上市公司富利國際85.75%股權，及加拿大上市公司Argosy Mining Co. 37%股權。從1985-1988年底，羅旭瑞在短短數年間透過連環收購，成功控制8家上市公司，包括世紀城市、百利保、富豪酒店、國泰城市、富利國際5家香港上市公司，成為香港經濟中急速崛起的新一代華資財團。據財經專家估計，其時羅氏集團在香港的資產已超過60億港元。❹❺

　　其中，百利保是世紀城市系內發展地產業務的旗艦。百利保的前身為永昌盛，成立於1971年，並於1972年在香港上市。1986年，百利保被世紀城市收購後，即以 1.53 億港元代價向世紀城市購入多項物業及發展地盤，以增強發展基礎。百利保首個大型地產發展項目是銅鑼灣的百利保廣場。1986 年，百利保斥資 1.76 億港元購入銅鑼灣怡和街豪華中心，並將其擴建為一幢樓高 24 層的甲級寫字樓大廈，並對 4 層基座商場進行翻新，該項目於 1990 年完成，包括 13.7 萬平方呎寫字樓和 6.4 萬平方呎商場。百利保的另一項大型地產項目是發展九龍城廣場，1990 年底，百利保以 2.86 億港元向國泰城市購入九龍倉賈炳達道地盤，於 1993 年建成該大型商場，總樓面面積 51 萬平方呎。至於世紀城市旗下的富豪酒店，則擁有 4 間酒店，包括 1982 年開業的富豪九龍酒店和富豪機場酒店，1986 年開業的沙田麗豪酒店及 1993 年開業的富豪香港酒店，共擁有超過 2,250 間客房，佔當時全港酒店客房的一成。

從 1989 年起，世紀城市集團進入鞏固、重整的新階段。1989 年 11 月和 1990 年 12 月，世紀城市集團先後進行了兩次重組，將國泰城市和富利國際的控制權分別從世紀城市和國泰城市轉移到百利保旗下。1991 年 4 月及 1992 年 10 月，百利保在購入國泰城市和富利國際的核心資產後，又先後將兩家空殼公司出售。1993 年底，羅旭瑞將百利保分拆為百利保國際和百利保發展兩家上市公司，但到 1995 年 6 月，又將兩家公司合併，透過百利保發展將百利保國際私有化。香港證券業人士對世紀城市系的頻繁重組評價不一，有的認為透過重組，系內各公司的業務劃分將更加清楚，對集團管理和業績都有良好影響，但有評論則認為，每次重組，系內的主要資產，便會轉向羅旭瑞那邊去。❹ 因此，投資者對世紀城市系頗存戒心，以致該系股價長期偏低。

到 1996 年底，羅旭瑞控制的 3 家上市公司，包括世紀城市、百利保發展及富豪酒店，市值已從 1989 年 7 月的 43.8 億港元急增到 277.34 億港元，躋身香港控制上市公司的二十大財團之列，排名次於老牌的利氏家族之後而居第 15 位。

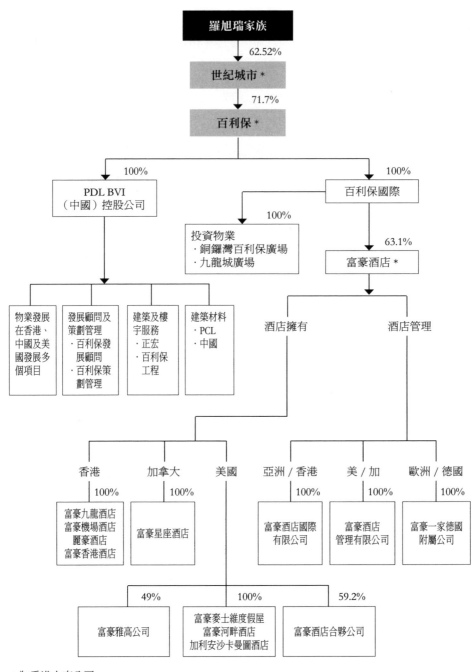

羅旭瑞家族

62.52%

世紀城市 *

71.7%

百利保 *

100% | 100%

PDL BVI（中國）控股公司

百利保國際

100%

投資物業
・銅鑼灣百利保廣場
・九龍城廣場

63.1%

富豪酒店 *

物業發展在香港、中國及美國發展多個項目

發展顧問及策劃管理
・百利保發展顧問
・百利保策劃管理

建築及樓宇服務
・正宏
・百利保工程

建築材料
・PCL
・中國

酒店擁有

酒店管理

香港
100%

加拿大
100%

美國

亞洲 / 香港
100%

美 / 加
100%

歐洲 / 德國
100%

富豪九龍酒店
富豪機場酒店
麗豪酒店
富豪香港酒店

富豪星座酒店

富豪酒店國際有限公司

富豪酒店管理有限公司

富豪一家德國附屬公司

49%

100%

59.2%

富豪雅高公司

富豪麥士維度假屋
富豪河畔酒店
加利安沙卡曼圖酒店

富豪酒店合夥公司

＊為香港上市公司

羅旭瑞家族財團結構

05

稱雄香江的 "過江龍"

———————————

20 世紀 70 年代初至 80 年代中後期，在香港經濟中稱雄割據的，除了戰後循地產、航運急速崛起的一批本地華資大財團之外，還有一批來自東南亞諸國乃至澳洲的華僑資本財團，這批財團或在香港建立地區性總部，或以香港為基地進軍中國內地市場，其投資領域遍及地產、金融、貿易、百貨、酒店、航運、傳媒及製造業等各個領域，成為香港經濟中舉足輕重的華資財團。

東南亞的華僑資本，其實早在 20 世紀初已開始流入香港，到二次大戰後，東南亞部份國家政局動盪，狹隘民族主義抬頭，掀起排華浪潮，華僑資本遂大量轉移到香港。這一時期，東南亞諸國流入香港的僑資，明顯地帶有 "逃難" 的性質，絕大多數已融入香港本地華資之中。70 年代中期以後，東南亞諸國的僑資對香港的投資再次掀起熱潮，隨著東南亞經濟的蓬勃發展，當地僑資中已崛起一批實力強大的跨國經營財團，它們積極向香港投資，利用香港作為國際金融貿易中心和進軍中國內地市場的跳板的優越地位，建立地區性總部。到 80 年代中後期，這一發展趨勢更為明顯。

這時期，活躍在香港經濟中的東南亞僑資大財團，包括郭鶴年家族、黃廷芳家族、郭令燦家族、林紹良家族、李文正家族、李明治家族、謝國民家族、陳弼臣家族等，其中，郭鶴年家族、黃廷芳家族、郭令燦家族及林紹良家族均躋身香港上市二十大財團之列。這批財團中，部份如郭鶴年家族、黃廷芳家族、李明治家族等，已融入香港本地華資之中，成為香港華資財團的重要組成部份。

》 郭鶴年家族在香港的發展：嘉里集團

　　這批僑資財團中，以郭鶴年家族的影響力最大。郭鶴年，祖籍福建福州，1923年生於馬來西亞柔佛州新山市，1949年4月創辦郭氏兄弟有限公司，繼承父親的傳統業務，經營米、糖、麵粉進出口業務。50年代中期，郭鶴年感到馬來西亞製糖工業落後，遂投資創辦第一家製糖公司，從泰國等地購入粗糖，在馬來西亞加工提煉後銷往各地，又從古巴購入蔗糖轉銷往印尼等東南亞國家。1968年，他組建玻璃市種植機構公司，向馬來西亞聯邦土地發展局租入約1.5萬英畝土地闢建種植園，又與聯邦土發局合作建立玻璃市綜合廠有限公司，利用種植園所產甘蔗製糖。這期間，他控制了馬來西亞80%的糖市場，佔國際糖業市場的10%左右，成為著名的“亞洲糖王”。從60年代開始，郭氏家族經營的業務，已逐步向多元化發展，自1971年首家香格里拉酒店在新加坡開業以來，郭氏旗下的香格里拉酒店便遍設亞太區各主要城市，成為亞太區最大的酒店集團之一；而郭氏家族經營的業務，已從貿易、糖業發展到種植、礦業、工業、航運、酒店、房地產、建築、證券及保險等各個領域，成為馬來西亞著名的跨國財團。

　　70年代中期，郭鶴年家族開始進軍香港，1974年，郭鶴年在香港創辦嘉里貿易有限公司，作為其香港及海外投資的總部。當時，港府決定拓展填海出來的尖東，陸續拍賣該區地皮，郭鶴年除投得九龍香格里拉酒店地皮外，還與黃廷芳合作發展南洋中心、尖沙咀中心及幸福中心。1983年香港地產低潮，郭鶴年以“人棄我取”的策略購入屯門掃管笏一幅土地興建遊艇會及豪宅，1984年又斥資4億港元在深灣建遊艇俱樂部。郭鶴年的名字遂在香港地產界打響了。

　　1981年，九龍香格里拉酒店落成開業，由著名的西方酒店集團負責管理，

1993年10月22日，郭鶴年（左）宣佈透過嘉里集團旗下的嘉里傳播收購《南華早報》34.9%股權。

旋即被行政人員旅遊雜誌評為名列第 3 位的全球最佳酒店，僅次於曼谷文華東方和香港文華酒店。郭氏在港島興建的香格里拉酒店亦於 1991 年落成啟業，翌年即被評為全球最佳酒店第 4 位。1993 年 5 月，郭鶴年將香港兩間香格里拉酒店及位於中國內地的 5 家酒店部份權益，組成香格里拉（亞洲）有限公司在香港上市，其後，更多次將家族持有的位於中國內地及亞洲區各大城市的香格里拉酒店部份權益注入香格里拉（亞洲），使之成為亞太區最大的酒店集團之一。

郭鶴年旗下的香港香格里拉酒店

　　從 80 年代中後期起，郭鶴年又積極進軍香港的影視傳播業，1988 年 5 月，郭氏斥資 20 億港元向奔達國際購入香港電視廣播有限公司 31.1% 股權，與邵逸夫一道成為該公司的大股東。1993 年 9 月，郭氏又透過嘉里集團旗下的嘉里傳播向澳洲傳媒大亨梅鐸的新聞集團，購入《南華早報》34.9% 股權。1996 年 2 月，郭氏透過《南華早報》向邵逸夫旗下的電視企業提出敵意收購，結果成功擊敗邵氏兄弟的反收購計劃，將電視企業私有化。這場傳媒戰成為當時香港轟動一時的新聞，郭鶴年藉此連串收購在香港傳媒業取得重要地位。

　　1996 年，郭鶴年又將嘉里集團旗下經營地產業務的嘉里建設分拆上市，令旗下在香港上市的公司增加到 3 家。到 1996 年底，郭氏控制的 3 家上市公司，包括香格里拉（亞洲）、《南華早報》及嘉里建設，市值總額已達 530.8 億港元，躋身香港十大上市財團之列，排名第 10 位。郭鶴年自 1974 年進軍香港後，於 1978 年起已定居香港，並成為香港居民，其集團總部亦設於香港。郭鶴年曾公開表示，香港 "真正是一個設立生意總部的好地方"，"面對九七，我沒有什麼擔心，希望北京的中央政府將 '一個國家，兩種制度' 要辦得好，辦得非常公道，我有這個信心"。❹

» 黃廷芳家族在香港的發展：信和集團

東南亞華僑財團中，融入香港經濟的程度最深的要數黃廷芳家族財團。黃廷芳（1929-2010），原籍福建新興，1929 年出生，早年赴新加坡謀生，初期經營醬油業，50 年代開始發展地產業，70 年代透過他控制的遠東發展機構在新加坡烏節路一帶興建遠東購物中心、遠東商業中心、烏節商業中心、幸運商業中心及黃金廣場大廈等，大部份落成出售後他的公司仍擁有三四成權益，因此，黃廷芳被稱為"烏節地王"，與郭芳楓齊名，共居獅城兩大地產大王之列。黃氏的遠東發展機構還擁有多家酒店權益，包括美麗殿樟宜大酒店、黃金酒店、伊麗莎白酒店及烏節廣場酒店等。

70 年代初，黃廷芳家族開始進軍香港，1972 年 6 月籌組信和地產投資股份有限公司（即現時的尖沙咀置業集團有限公司），同年 7 月在香港上市。70 年代中期，香港地產受中東石油危機及世界經濟衰退的影響而陷入低潮，不少人對前途感到憂慮，紛紛收拾行裝準備移民他國，但黃廷芳、黃志祥父子卻在香港作出重大投資決策，購入尖沙咀東部大片土地。當時，他們出價之高，令行內人士側目，有人甚至譏為瘋狂。不過，後來事實證明，尖東的發展潛力極為豐厚，黃氏家族和信和地產不僅沒有買貴了土地，反而賺取了鉅額利潤。當時尖沙咀區的發展，只局限於在金馬倫道方圓一里的地區內，這裡早已商戶林立，十分擁擠，明顯地已不足以應付發展中的新需求。為了使尖沙咀的經濟發展得以持續擴大，港府遂於 60 年代末及 70 年代初在尖東進行大規模的填海工程，總共填得約 17.4 公頃土地。這些土地其後全部以拍賣形式售予多個地產集團，其中以信和及黃氏家族所購入的土地最多，估計接近一半。

信和地產購入這些土地後，即推行連串龐大發展計劃，一名曾在信和集團工作了 10 年的高級行政人員事後回憶說："我在七九年加入信和工作，當時主要負責尖東的發展，我記得當時的尖東是一大塊填海土地，要發展它，一切從無到有，必須具有卓越的遠見和魄力。公司參與發展工程多達 8 項，計有：尖沙咀中心、帝國中心、好時中心、永安廣場、南洋中心，及已經易名為明輝中心的尖沙咀廣場等，這些龐大的發展，不但將紅磡和尖沙咀連成一片，而且將尖東發展成本港一個現代購物旅遊中心，奠定了信和集團的根基。"❹ 尖東區這一系列美輪美奐的商業大廈，可以說是信和集團的代表和象徵。如果說置地雄踞中環，希慎稱雄銅鑼灣的話，那麼信和則在尖東獨領風騷，"尖東地王"可謂當之無愧，信和地產日後亦因而易名為"尖沙咀置業"。

　　不過，信和與置地、九龍倉、希慎等老牌地產集團相比，在投資策略上有兩點明顯的區別：第一，信和地產以地產發展為主，地產投資為輔，因此除保留尖沙咀中心、帝國中心及幸福中心之外，其餘均推出發售。當時，信和推出的尖東物業甚受市場歡迎，永安廣場更創出當日便告售罄的紀錄，轟動一時。第二，信和發展地產物業，往往是配合大股東黃氏家族的私人公司進行，如尖沙咀中心，信和佔四成半權益，其餘五成半權益則由黃氏家族持有。到 80 年代初，信和地產的業務已頗具規模。1981 年 3 月，黃廷芳將信和地產的部份業物，以"信和置業有限公司"的名義在香港分拆上市，透過發行每股面值 1 港元的新股，集資 2 億港元，作為集團以後地產發展業務的公司。該年底，信和置業的市值達到 33.81 億港元，已超過恒隆、大昌地產而成為香港第九大地產上市公司。❹

　　1983 年及 1984 年期間，地產市道受香港前途問題困擾陷入低潮，但信和仍然是最活躍、最富進取性的地產商，這一時期它購入的地皮就多達 10 餘幅，1984 年 2 月，信和聯同光大及其他南洋財團以 3.8 億港元投得港府再度推出的金鐘二段，興建著名的財經廣場。1985 年，信和再接再厲，以 3.89 億港元投得尖沙咀海旁中港城地段，建成一個擁有現代化設備的中國客運碼頭的"城市中的城市"——中港城。1989 年 1 月，信和聯同新鴻基地產、菱電集團，先後敗擊華人置業的劉鑾雄、長江實業的李嘉誠、世紀城市的羅旭瑞，以及新世界發展的鄭裕彤，以 33.5 億港元高價投得灣仔"地王"，其中，黃氏家族佔四成、信和佔一成、新地佔四成半、菱電佔半成。該幅土地後計劃發展成為全香港最高的"中環廣場"。

　　中環廣場於 1992 年建成啟用，樓高 374 米，地上 78 層，總樓面面積 140 萬平方呎，可出租樓面面積逾 110 萬平方呎，為當時香港及亞洲最高樓宇。樓層平面呈三角形，但為免過份影響鄰居的觀景及風水，三個角被設計成稍鈍，故平面實際上是個六角型。中環廣場屬於加固混凝土架構建築，地面大堂分成兩層，下層有高架行人天橋連接會議展覽中心、入境事務大樓及地鐵灣仔站。另一層有高速電梯前往47樓的空中樓閣（SkyLobby），即高層電梯大堂。前往空中樓閣以上的各層需要在空中樓閣轉乘電梯。

中環廣場的一個特色，是大廈頂部的避雷針裝有風速計，避雷針設有幻彩時鐘——"麗光時計"（LIGHTIME）。它由一組四格的燈光構成，每組代表15分鐘，由上而下每隔15分鐘變色一次，而色彩的變化以每6小時為一週期，周而復始。麗光計時可說綜合了先進的科技、變幻的色彩、燦爛的燈光、活力的動感、創新的意念以及強勁的魄力於一體，成為當時香港的寫照，是國際公認的香港標誌。中環廣場可以說是信和集團及黃氏家族引以為傲的代表作。

1989年5月，正值"北京風波"前夕，香港政府推出3幅地皮作為該財政年度的首次競投，信和及黃氏家族連奪兩幅工業用地，涉及資金2億港元。1991年10月，信和聯同隆豐國際及中國海外發展，以12.5億港元價格奪得沙田住宅地王，信和所佔股權為九分之四。在激烈競投期間，信和置業主席黃志祥眼見隆豐國際代表與信和一直爭持至12.3億港元時仍無退意，就使出一招"飛象過河"，彎腰向前與隔數排座位的隆豐代表磋商合作，引來全場嘩然，拍賣官為求更高成交價，亦開聲阻攔，一時間成為行內人士茶餘飯後的笑談。信和集團競投官地之勇，由此亦可見一斑。黃志祥亦因此被稱為"飛將軍"。

1993年12月，在備受矚目的畢架山龍坪道住宅地王的拍賣中，信和集團再次顯露"超級大好友"本色，它聯同華懋、南豐、中國海外及新加坡置業，擊敗約10個財團的激烈競爭，以39.4億港元高價奪標。這個價格比18億港元的底價高出一倍以上。據地產界人士分析，該幅土地物業發展每平方呎成本至少為8,000港元，發展商要獲兩成利潤，則樓價至少每平方呎1萬港元，數額之高確令人咋舌。難怪新鴻基地產的郭氏兄弟聞訊後亦一度錯愕，其後更笑謂要計算一下自己的"身家"。這次賣地所引起的震撼，超過了會德豐系投鑽石山地王所引起的轟動。

信和集團的積極進取作風可說始終如一，其在官地拍賣中買入的土地，大多數創出歷史新高，當時往往被人譏笑，事後又證明它眼光獨到。事實上黃氏家族早

黃廷芳（左一）及黃志祥（右一）父子在官地
拍賣會上

信和集團是香港地產業
的"超級大好友"，常在
拍賣會上創出歷史性高
價。圖為信和集團主席
黃志祥。

在 80 年代初已相當看好香港經濟前景，認為香港地理位置優越，為東西方的經貿
通道，來自世界各地的商旅絡繹不絕，並以香港為基地拓展對中國貿易，故此對物
業的需求很大，再加上港府的積極不干預政策，房地產前景一片光明。當時，信
和置業主席黃志祥已表示"香港對我極具吸引力"，"我們已完全投入香港的生活
模式"。❺

　　1995 年，黃氏家族將信和置業旗下的酒店業務以信和酒店的名義分拆上市，令
黃氏家族旗下在香港上市的公司增加到 3 家。信和酒店持有及管理多家酒店，包括
港島北角電氣道城市花園（100% 權益）、尖沙咀皇家太平洋酒店（25% 權益）、香
港上海大酒店（4.3% 權益）、以及以 Foryurne Court Chinese Restaurant 品牌經營的 3
間酒樓全部權益，以公佈當日市值計算總市值約 25 億港元。到 1996 年底，黃氏家
族控制的上市公司，包括尖沙咀置業、信和置業及信和酒店，市值總額達 489.49 億
港元，在香港上市財團中排名第 11 位，僅次於郭鶴年家族。其中，旗下的信和置業
更成為香港股市中十大地產公司之一，排名第 8 位。

» 郭令燦家族在香港的發展：國浩集團

　　東南亞諸國的華僑財團中，在香港經濟的影響力稍遜於郭、黃家族的，是馬來西亞的郭令燦家族。郭令燦，祖籍福建同安，是新加坡豐隆集團創始人郭芳楓的侄兒。郭芳楓在 16 歲到新加坡謀生，10 年後與其兄郭芳來、其弟郭芳政、郭芳良合作，創辦豐隆公司，經營五金、船具、漆料等貿易業，二次大戰後，豐隆公司以廉價大量收購戰時剩餘物資，取得豐厚利潤，業務迅速擴展到馬來西亞及香港。1948 年，豐隆公司改組並註冊為有限公司，當時旗下已有 6 家分公司。郭芳楓把公司 65% 股權分給他的三兄弟，馬來西亞業務則交由郭芳來及其子郭令燦主理。郭令燦擅長企業收購及合併，他透過豐隆（馬來西亞）有限公司展開一連串收購行動，先後收購豐隆工業 52.8%、馬來西亞太平洋工業 50.45%、謙工業 33.21%、邁康24.93%、豐隆信貸 60.08%、百福 48.56% 股權，成為控制最多上市公司的馬來西亞財團，旗下經營的業務遍及金融、銀行、保險、房地產、製造業等。

控制香港國浩集團的郭令燦

位於上環文咸街的道亨銀行總部舊址。道亨銀行是香港一家歷史悠久的華資銀行，1982 年被郭令燦家族透過豐隆集團收購。

80 年代初，郭令燦家族開始進入香港，1982 年 3 月，郭令燦透過豐隆集團向英國 Grindlays 集團購入道亨銀行 100% 股權。道亨銀行是一家歷史悠久的華資銀行，前身是 1921 年由董仲偉家族創辦的道亨銀號，最初主要經營匯兌找換業務，1935 年以後陸續在廣州、上海、天津、漢口等地設立分行，1948 年關閉在內地所設分行，將業務撤回香港。1962 年道亨註冊為有限公司，1970 年被英國 Grindlays 集團收購 50% 股權，至 70 年代末成為該集團全資附屬公司。

豐隆集團收購道亨銀行後，在香港建立牢固據點。1983 年 3 月，豐隆集團收購前身為新馬製衣的空殼上市公司馬斯活（Masworth），將道亨銀行及其他一些資產注入，易名為"豐隆投資有限公司"，成為該集團進軍香港的控股機構。1986 年豐隆投資發行新股集資 2.41 億港元，全數由科威特投資局認購，使科威特投資局的持股量增至 44%，郭氏家族的持股量降至 44%，同為豐隆投資兩大股東。豐隆投資集資的 2.41 億港元中，其中 1.5 億港元用作注入道亨銀行為資本，其餘分別注入公司其他業務，包括證券經紀、保險、貿易及基金管理等。1987 年，豐隆投資易名為"道亨集團"。

1989 年，道亨集團擊敗眾多競投對手，以約 6 億港元價格購入被香港政府於 1983 年 9 月接管的恒隆銀行，1990 年，道亨銀行與恒隆銀行合併，使道亨銀行的規模迅速擴大，分行數目從原來的 24 間增加到 48 間，一躍而成為香港擁有第五大分行網絡的本地註冊銀行。1990 年 11 月，道亨集團易名為"國浩集團"，希望藉此反映集團的業務結構，並拓展多元化業務。當時，銀行業務約佔該集團業務總量的七成，國浩計劃在未來 3-5 年期間將非銀行業務，包括證券、基金管理、保險、地產及貿易等的比重提高至五成，而早在 1988 年 11 月，國浩已收購在新加坡上市的第一資本公司（First Capital Corp.）51% 股權，該公司主要從事投資控股、地產及貿易業務。

1993 年，國浩集團在收購恒隆銀行之後再度出擊，以 44.57 億港元擊退多個財團，向香港購入於 1985 年被接管的海外信託銀行。經過是次收購，道亨銀行集團的規模再次大幅擴大，分行網絡已急增到 96 間，其中海外分行 9 間。到 1994 年底，道亨銀行集團以分行網絡計，已成為香港本地僅次於滙豐銀行、恒生銀行的第三大銀行集團，而以總資產計，則僅次於滙豐、恒生及東亞銀行而排名第4位。

1993年12月，國浩集團將道亨銀行集團分拆上市，使國浩成為道亨的控股公司，道亨則持有道亨銀行和海外信託銀行。到1996年底，郭令燦家族透過持有國浩31.42%股權，控制了國浩集團、道亨銀行兩家上市公司，市值達444.59億港元，在香港上市財團中名列第12位。國浩集團已成為香港金融業舉足輕重的銀行財團。

不過，香港回歸以後，受到亞洲金融危機的衝擊，國浩集團的投資逐步淡出香港。2001年4月，國浩集團以450億港元（約57億美元）的價格，即以3.5倍的賬面值，將所持道亨銀行股權出售予新加坡發展銀行（DBS）。2003年5月5日，新加坡發展集團宣佈其下屬的新加坡發展銀行中文名變更為"星展銀行"，英文名"The Development Bank of Singapore Ltd." 改為 "DBS Bank Ltd."，以"更好體現其泛亞洲（Pan-Asia）的志向"。

》 林紹良家族在香港的發展：第一太平

與郭令燦家族幾乎同期進入香港的，還有來自印尼的林紹良家族財團。林紹良（1916-2012）是印尼首富，1916年生於福建福清，1938年遠赴印尼謀生，在叔父經營的雜貨店當學徒，他在印尼反荷蘭殖民主義獨立戰爭中曾給予蘇哈托軍隊重大物資支援，60年代蘇哈托掌權後，林紹良取得丁香、麵粉等多項經營權，逐漸壟斷了印尼的丁香進口及麵粉加工和銷售等業務。70年代中期，印尼政府實行放寬金融管制政策，林紹良創辦中央亞洲銀行，聘請華人銀行家李文正出任董事總經理，中央亞洲銀行業務發展迅速，1977年已成為印尼10家外匯銀行之一，80年代中期更成為印尼最大的私營商業銀行。

林紹良家族主要透過三林集團和林氏集團管轄龐大家族生意，三林集團基本上是林紹良家族的事業，投資大部份在印尼，控制的公司超過400家，林氏集團則由林紹良家族和林文鏡家族各佔約四成股權，在印尼、新加坡、泰國、香港、荷蘭等地區控制了12家上市公司，包括印尼最大的上市公司印尼水泥及印尼第二大汽車裝配商印尼汽車。林紹良家族透過三林集團和林氏集團，經營的業務遍及金融、水

第一太平主席林紹良

林紹良家族旗下的第一太平銀行。圖為該銀行位於皇后大道中的分行。

泥、汽車、食品、化工、地產及貿易等，是印尼最龐大的跨國經營財團之一。

　　林紹良家族於 70 年代末開始進入香港，1979 年在香港成立中亞財務有限公司和中亞保險有限公司，該年並收購香港註冊存款公司僑聯金融，改組為第一太平財務。1982 年，林氏家族透過林氏集團收購上海業廣地產，將其易名為"第一太平實業"，並透過第一太平實業收購第一太平財務、馬尼拉第一太平資本，1987 年又收購陷入困境的康年銀行，翌年再收購持有遠東銀行 74% 股權的上市公司國銀亞洲。同年，康年銀行與遠東銀行合併，易名為"第一太平銀行"，與此同時，林氏集團再收購怡寶特別投資，易名為"第一太平國際"，並透過該公司先後收購第一太平戴維斯公司、荷蘭馬克洋行 51.9% 股權及龍子行 40% 股權。1988 年，第一太平實業與第一太平國際合併，成立第一太平有限公司，成為林氏集團在香港的控股公司及上市旗艦，並透過第一太平轄有上市公司第一太平銀行。至此，林氏家族在香港的集團架構趨於成形。

　　第一太平的主要業務是投資控股，透過附屬公司經營市場推廣及分銷，電訊、銀行及地產業務，市場推廣及分銷由集團持有 51% 股權的荷蘭上市公司馬克洋行

（Hagemeyer）為旗艦，該公司主要經營電子消費品及電子產品，1992 年馬克洋行收購了歐洲主要電子原料批發商英國的 New & Eyre Group Ltd.，在英國及愛爾蘭持有 200 間分公司；電訊業則透過集團持有 60% 的訊聯網絡展開，主要經營無線電話；銀行業主要透過旗下上市公司第一太平銀行經營，該銀行在香港擁有 24 間分行，並在深圳、菲律賓、印尼及泰國設有辦事處。地產業由旗下第一太平戴維斯推展，主要業務包括物業管理、保安及地產發展。到 1996 年底，林紹良家族共持有香港兩家上市公司，包括第一太平及第一太平銀行，市值達 274.17 億港元，在香港上市財團中排名第 16 位。

» 李文正家族在香港的發展：力寶集團

活躍在香港經濟中的印尼華僑財團尚有李文正家族財團。李文正，祖籍福建莆田，1929 年出生於印尼東爪哇瑪琅鎮，1956 年他隻身到雅加達謀生，在雅加達一家小銀行任職。1971 年李文正兄弟創辦印尼銀行，李文正佔 30% 股權並出任總裁，4 年後該行成為當時印尼最大商業銀行之一。1975 年，印尼首富林紹良邀請李文正入

力寶集團主席李文正

位於金鐘的力寶中心，是力寶集團在香港的主要投資物業。

主中央亞洲銀行，在李氏的精心經營下，中央亞洲銀行成為印尼最大的私營銀行。70 年代李文正創辦力寶集團，業務發展迅速，一躍而成為印尼十大財團之一。力寶集團持有 7 家上市公司控股權，包括力寶銀行、力寶保險、力寶證券、力寶工業、力寶置地、Multipolar 及 Matahari 連鎖店等，這些公司共擁有 100 多家附屬公司，經營銀行、保險、租賃、房地產、工業及資訊等，核心業務是金融、房地產業及連鎖店。

踏入 80 年代，李文正家族開始向香港發展，1984 年 10 月，李文正透過與林紹良及美國 Stephen Inc. 共同控制的力寶策略向海外信託銀行收購華人銀行 99.73% 股權，其後李氏家族逐步取得該行 99.73% 股權。進入 90 年代，李氏家族加快進入香

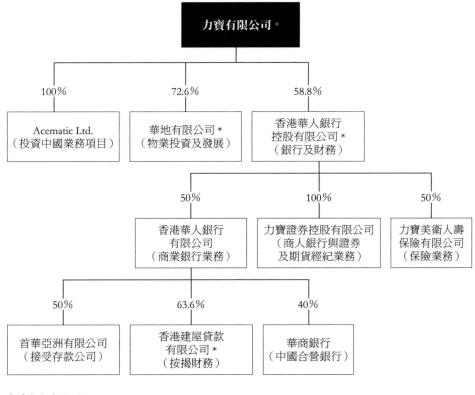

* 香港上市公司

1997 年 5 月力寶集團架構圖

港步伐，1991 年收購香港上市公司萬眾財務 50.1% 股權，將其易名為"力寶有限公司"（Lippo Limited），作為集團在香港拓展業務的旗艦。在隨後一年間，李文正透過力寶及其附屬公司展開連串收購活動，透過上市行動取得香港華人銀行集團 59.8% 股權，並先後收購香港建屋貸款 57.6%、華地 66.4%、亞洲證券 34.5% 及星晨集團 35.4% 股權，令集團在香港的上市公司增加到 6 家，總市值達 71.7 億港元，短短兩年間集團的資產急增 5 倍。

1993 年 5 月，力寶集團為加強對亞洲證券的控制權，透過華地宣佈全面收購亞洲證券。亞洲證券原是韋理在香港投資的旗艦，1991 年韋理因結婚退出商場，遂將所持亞證 34.5% 股權售予李明治的聯合集團，其餘股權則注入一個以韋理命名的基金。1992 年 9 月聯合集團受港府調查，遂將亞證股權售予李文正力寶集團旗下的華地，而期間，由王德輝夫人龔如心領導的華懋集團亦從韋理基金購入亞證 15.2% 股權，成為第二大股東（王德輝於 1983 年和 1990 年兩度被綁架，其後失蹤）。華懋是香港著名的華資地產集團，只是一直未部署上市，當時龔如心計劃藉收購亞證將華懋部份資產上市。力寶的收購顯然打亂了龔如心的部署。兩日後，華懋即提出反收購建議，兩大集團遂展開激烈對壘，結果華地獲得 50.32% 的亞證股權，擊敗華懋成功取得亞證控制權。

力寶進軍香港，旨在以香港為基地拓展中國內地市場，因此，它十分重視拉攏一些有實力、有背景的企業集團成為合作夥伴。結果，李嘉誠的長江實業、中資的華潤集團和中旅集團均成為力寶的股東，華潤同時持有華人銀行 50% 股權。該集團正以金融和房地產為重點向內地拓展，透過華人銀行在深圳開設合資銀行，並參與中國多項地產發展計劃，其中包括福建湄州灣發展計劃，並在珠海、廣州、深圳、中山、福州、廈門及北京等城市展開地產投資項目。

》 李明治家族在香港的發展：聯合集團

80 年代中期以來在香港經濟較活躍的還有李明治家族財團。李明治，祖籍福建，1941 年生於馬來西亞，1959 年赴澳洲攻讀機械工程學，畢業後返回馬來西亞，在英國無比石油公司任職。1978 年他以分期付款方式購入馬來西亞國家發展及財務集團，其後又將它出售，獲利 7,000 萬馬幣。1984 年，李明治移居澳洲，並在當地創辦輝煌澳洲分公司。同年 12 月被富豪酒店集團主席任命他為董事，開始踏足香港。

1985 年，李明治首次在香港進行投資活動，是透過輝煌澳洲集團附屬公司收購香港上市公司偉東地產九成股權，並向百利保購入紅山半島豪華住宅物業。1986 年，澳洲國家公司安全委員會曾暫停輝煌澳洲集團股份買賣並進行聆訊，調查是否有人以不當手法用聯營公司買入自己的股票。自此，李明治全力向香港發展，他透過輝煌集團轄下的聯合太平洋，收購兆安地產空殼而取得上市地位，易名 "聯合海外"，即現時的聯合集團。其後他又透過聯合海外收購新昌地產空殼，易名為 "聯合地產"。

1987 年 10 月全球股災前，李明治將澳洲業務作價 4 億澳元悉數售出，避過 80 年代後期澳洲經濟衰退的打擊。其後，他透過在香港的上市旗艦聯合集團不斷擴展，先後收購聯合工業、東榮鋼鐵、亞洲證券、三泰實業及百樂門印刷等多家上市公司。90 年代初期最高峰時，李明治控制的上市公司多達 7 家，市值達 90 億港元。1992 年 8 月，香港證監會宣佈調查聯合集團系，並下令聯合系相關連的 10 家上市公司停牌。此後，李明治逐步將旗下公司出售，包括將亞洲證券售予力寶集團旗下華地，將東榮鋼鐵及三泰實業售予內地的首都鋼鐵廠，將百樂門印刷售予海裕實業。1993 年 9 月，香港警方商業罪案調查科搜查聯合集團總部，李明治辭去聯合集團所有職務，退居幕後。

不過，1996 年，李明治再度轉趨活躍，同年 5 月，聯合集團透過旗下的聯合地產宣佈斥資 7 億港元向馮永祥家族購入新鴻基公司 33% 股權，由於新鴻基公司亦持有天安中國、新鴻基工業、新鴻基中國及新鴻基可換股等 4 家上市公司部份股權，李明治此舉令旗下的上市公司增至 9 家。

》 謝國民家族在香港的發展：卜蜂國際

謝國民，祖籍廣東澄海，是謝氏家族財團創始人謝易初的四子。1922 年謝易初

正大（卜蜂）集團主席謝國民

隻身到泰國謀生，1930 年在曼谷開設正大莊菜籽行，建立其事業的基礎。二次大戰後，他把正大莊交給三弟謝少飛管理，自己回汕頭創辦光大莊種子農場，培育優良菜籽銷往南洋。1953 年，謝氏家族在泰國創辦正大集團，這個名稱泰文稱"乍侖卜卡攀"，簡稱"卜蜂"，故又稱"正大（卜蜂）集團"，當時註冊資本僅 500 萬銖，主要經營與農業有關的菜籽、園肥、農藥、飼料、塑膠袋、麻袋，還從事改良禽畜、瓜果、蔬菜的研究。1965 年，正大集團開始向海外發展，謝易初派次子謝大民到香港創辦正大貿易公司，派三子謝中民到印尼創辦飼料廠和漁業公司。

1976 年，長子謝正民為正大集團董事長，二子謝天民、三子謝中民為副董事長，四子謝國民出任集團總裁，集團從此進入第二代管理時期。謝國民上任 3 年，就推出重大舉措，與美國最大的養雞公司愛白益加合作，建立了龐大的養雞基地，並推出雞種、飼料、養殖一條龍的養雞模式，讓雞肉價格大幅下降，創造了一個巨大的市場。更重要的是，通過合作，正大在東南亞種養領域實現了技術、管理與設備的領先，為集團的發展奠定了基礎。1987 年，正大正式躋身世界 500 強企業的行

以經營飼料、水產崛起的泰國正大集團，於 1984 年與吉林省飼料公司合資興辦吉林正大公司。圖為吉林正大 1995 年榮獲中國"十大名牌飼料"的證書。

吉林正大的廠房外觀

列。1989 年，正大全球營業額達 50 億美元。經多年發展，正大集團以泰國為基地，業務遍及東南亞、中國、美洲、歐洲及澳洲，成為跨國的農、工、貿垂直集約協作的產業集團，共擁有 200 多家附屬及聯營公司。

早在 60 年代，正大集團已開始進入香港，設立飼料公司及貿易公司，從事商品、農產品、農業工業設備貿易。80 年代，正大加快進入香港步伐。1987 年 10月，正大集團在香港註冊成立卜蜂國際有限公司，作為該集團在香港及中國內地業務的控股公司。卜蜂國際於 1988 年在香港上市，其主要業務是在中國、泰國、印尼、土耳其等國家經營農牧企業，以生產雞用飼料和飼養肉雞為主，亦開始生產豬用飼料和飼養肉豬，它強調 "垂直整合" 的發展方式，即從動物飼料、家禽養殖、屠宰以至肉品加工及分銷等一條龍發展。它的農牧企業一半以上在中國，旗艦是上海大江有限公司，擁有 3 家飼料廠、4 家肉類加工廠及眾多聯營合營業務。1984 年初，謝國民家族將在中國的 16 家農牧企業注入卜蜂國際。到 1996 年，卜蜂國際在中國的農牧企業增加到 95 家。

1988 年 12 月，謝氏家族又在香港收購上市公司裕華公司，易名為 "正大國際（香港）有限公司"，於 1989 年購入泰國一家高架公路經營公司 10% 股權，及泰國一家電訊公司 25% 股權，又在中國內地和泰國參與地產、旅遊業務，包括深圳香蜜湖 22% 股權、瀋陽發電廠 27.5% 股權，1993 年易名 "東方電訊有限公司"。此外，謝氏家族還持有香港上市公司香港泰富部份股權。至此，謝氏家族在香港共持有卜蜂國際和東方電訊兩家上市公司。

》陳弼臣家族在香港的發展：亞洲金融

亞洲金融集團的前身是泰國華僑富商陳弼臣創辦的亞洲保險。陳弼臣（1908-1988），廣東潮陽人，早期在曼谷開設五金木業行，又創辦亞洲貿易公司等企業。1944年，陳弼臣聯合聯中泰商賈集資 20 萬美元，在曼谷創辦盤谷銀行。在陳弼臣的主理下，盤谷銀行發展迅速，到 80 年代已成為泰國最大銀行集團。1983 年，美國《金融》雜誌將盤谷銀行列入全球十二大商業銀行。1982 年 3 月，美國《時代》週刊稱陳弼臣是"泰國的頭號大亨"、"泰國的最大家庭企業王國的北極星"。據日本經濟新聞社《亞洲在飛躍》在 1985 年的估計，陳弼臣家族財產約達 22 億美元，居亞洲十大富豪之首。

陳氏家族進入香港是始於戰後。1946 年，陳弼臣入股香港汕頭商業銀行。1955 年，陳有慶在美國學成畢業，父親派他到香港開拓業務，加入香港汕頭商業銀行。當年，香港商業銀行獲批准為"授權機構"。1965 年，盤谷銀行成為香港商業銀行股東，兩年後陳有慶出任香港商業銀行總經理。1972 年，香港商業銀行引入日本東海銀行作為策略性股東。1985 年，陳有慶出任香港商業銀行董事長兼總經理。

陳氏家族在香港從事的主要業務是保險業務。1959 年，陳弼臣、陳有慶父子、劉奇喆及其他華商創辦"亞洲保險有限公司"。創辦初期，亞洲保險主要做財產保險，公司的生意主要來源於 3 類客戶，一是與公司大股東關係密切的潮州商人，包括潮州商人開設的米舖、南北行等；二是旅港福建商人，包括當時與恒隆銀行、海外信託銀行、建南銀行等關係密切的福建商人；三是地道的香港本地華商，包括大生銀行以及滙豐銀行、美國銀行的華人經理的本地客戶。1972 年，亞洲保險在香港四會交易所上市，成為香港最早上市的華資保險公司之一。當時，亞洲保險的資本金增加至 1,000 萬港元，旗下員工達到 60 人。經營的業務亦擴展至團體人壽保險、團體意外保險、個人醫療保險、各類人壽保險，以及水火及其他意外保險等，並利用保險收入進行各項投資。❺❶

80 年代期間，國際保險經紀公司進入香港，亞洲保險因應形勢的發展，加強與國際經紀的合作。1976 年及 1989 年，美國 Continental Group 及日本千代田火災海上保險公司（Chiyoda Fire & Marine Insurance of Japan）先後成為亞洲保險的股東。❺❷ 與此同時，亞洲保險亦開始拓展亞洲市場，先後於 1982 年及 1983 年在台灣、澳門開設辦事處及分公司。1990 年 10 月，亞洲保險與香港商業銀行合併，組成"亞洲金融集團（控股）有限公司"，並在香港上市，從事銀行、保險及證券等金融業務。1992 年底，銀行存款達 46.7 億港元，貸款 31.3 億港元。❺❸ 1995 年，亞洲金融採用全新的公司標誌，旗下的香港商業銀行易名為"亞洲商業銀行"。同年，亞洲保險獲標準普爾給予財政實力"A-"的評級。

06

華資財團崛起、稱雄的歷史背景與原因分析

————————————

1980 年 11 月 25 日，就在李嘉誠收購和記黃埔，包玉剛收購九龍倉之後不久，美國《洛杉磯時報》就以"華商鉅子雄霸香港"為題發表評論，一針見血地指出香港華資與英資的力量對比已發生重要變化。該文指出："現在，煙幕已被驅散，經濟評論家稱之為'香港經濟戰'的真相清晰可見，顯然香港經濟力量的結構已和往昔有所不同。自 19 世紀中葉鴉片戰爭以來，英國'大班'一直橫行無忌地以資本主義方式統治著遠離英國的香港，但他們的優越地位已漸漸被一群新崛起而又野心勃勃的華商粉碎了。……那些傳統上被稱為'行'的英國貿易公司，向來傲慢自大。今日這些公司仍然存在，卻被冠上一個更貼切、更現實的名稱──'集團'。這些集團仍然屹立在香港商界，一時並沒有退卻的跡象。然而，他們的地位已開始動搖，唯我獨尊的形象已被打破。一些觀察家認為英國人在香港所經營的'行'已是日暮西山，這一前往中國的要道──香港，正有越來越多的華商興起。多年來被譽為商業鉅子的英國'大班'正竭力支撐其所經營的'行'，以阻止華商劫掠式的蠶食。當受到那群財雄勢大、野心勃勃，與北京扯上關係的華商的打擊時，英商感到莫大羞辱。"

該文預測："照目前的趨勢來看，華人與英人在香港社會扮演的傳統角色，將會有一個順理成章的轉變。在這瞬息萬變的時代，實在是頗為尖銳的諷刺。以往中國人受英國人支配了整整 140 年，而今可能形勢一轉，英國人受中國人支配。"

二次大戰後，隨著香港的工業化、經濟起飛，新興華商在製造業積聚、發展，並從地產、航運業迅速崛起，終於從涓涓細流匯成浩翰大海。從 70 年代末到 80 年代中後期，以李嘉誠、包玉剛為代表的新興華資財團以雷霆之勢，先後收購了和記黃埔、九龍倉、香港電燈及會德豐等一批老牌英資上市公司，逐漸打破了英資的長

期壟斷而成為稱雄香港的重要資本力量。這種急遽的轉變，其背後顯然有著深刻的政治、經濟等種種客觀及主觀的因素。

首先，新興華資財團的崛起，是戰後遠東政治格局發生根本轉變，尤其是中國國勢崛興、英國政治影響力減退的歷史產物。

二次大戰後，美國和蘇聯在全球政治事務中崛起，英國由於受到戰爭的破壞和全球民族解放運動興起的雙重打擊，國力受到削弱，逐漸淪為二等國家，其在遠東的政治影響力迅速減退。這一時期，中國共產黨在國內解放戰爭中取得決定性的勝利，中華人民共和國宣告成立。遠東政治力量的對比發生了根本性的變化。隨著中國國勢漸興，一度稱雄中國內地的英資財團首次遭到重大挫折，它們損失了在中國內地的全部資產和業務，被迫撤退到香港。從 50 年代起，隨著香港經濟的起飛，部份英資財團儘管繼續發展，並且長期壟斷著香港經濟的重要命脈，但它們對香港這個 "借來的時空" 始終深存戒心，擔心香港遲早會歸還中國，因而在投資上採取了 "分散風險" 的策略，結果錯失在香港發展的黃金機會，為新興華資財團的崛起提供了發展空間。

反觀華資，從戰後到 50 年代初，隨著中國政局的急劇轉變，大批來自上海等內地大城市的華人實業家及沿海省份的殷商移居香港。據估計，這些華商以商品、有價證券、黃金及外幣等各種形式帶入香港的資金，高達 5 億多美元。❺❹ 這批資金的流入，大大加強了華資在香港經濟的實力和活躍程度，推動了香港經濟的復甦及邁向工業化。1949 年中華人民共和國成立之後，中國國勢漸興，對香港政治經濟的影響力日漸增強。當時，中國政府對香港採取了 "長期打算，充份利用" 的政策，使香港的政局得以迅速穩定，成為當時政局動盪的東南亞地區的資金 "避難所"。其間，大批華僑資金因東南亞諸國政局動盪及排華浪潮而湧入香港，進一步加強華資在香港經濟中的勢力。

這一時期，中國政局的變化亦影響到香港各種資本、財團的力量對比。60 年代中期中國爆發 "文革動亂"，影響所及，香港亦出現政治騷動，大批英資公司及富戶紛紛拋售物業、股票，撤離香港，香港經濟尤其是地產市道陷入低谷，而以李嘉誠、郭得勝、李兆基、王德輝、鄭裕彤為代表的一批新興華商，在看好香港長遠前景的前提下，大量購入廉價地皮物業，從而一舉奠定日後稱雄香江的基礎。

70 年代中期以後，中國的政治、經濟形勢發生了重大轉變，先是為期 10 年的
"文革動亂"結束，政局漸趨穩定，中國開始推行四個現代化的宏偉計劃，繼而鄧小
平復出，中共召開具歷史意義的十一屆三中全會，實行舉世矚目的改革開放路線。
其後，中國先後在毗鄰香港的深圳、珠海等地設立經濟特區，香港與內地的經貿聯
繫獲得全面性的發展。1980 年 11 月 19 日，英國《金融時報》曾載文剖析了這種歷
史性的轉變，它說："金錢、信心和民族主義在過去兩年所起的作用，已根本地改變
了香港向來的勢力均衡"，"對香港的非華人來說，過去一年並不好過，他們既不能
像華人企業家一樣感受到北京政治和經濟動向的改變，也不能像華人一樣對香港的
產業具有信心，這種信心需要一種安全感和快速牟取利潤的機會主義同時支持"。❺

　　這時，香港的"九七"問題已開始浮現，這使得英資財團的信心變得更加脆
弱。正是在這種特定的歷史背景下，政治上漸取上風、經濟上朝氣勃勃的新興華資
財團向信心不足、經營保守的老牌英資財團發起了挑戰，從而一舉改變了香港經濟
兩大資本力量的實力對比。

　　其次，新興華資財團的崛起，是戰後香港經濟結構轉型的客觀結果。

　　香港自 1841 年開埠以來的首 100 年間，基本上是作為對中國內地的貿易轉口港
而存在和發展的，在這種傳統的經濟結構中，以轉口貿易為主業的英資洋行，一方
面由於它們與歐美市場的天然聯繫，另一方面又在中國內地建立龐大分支網絡，因
而控制了對中國轉口貿易的絕大部份份額，在香港經濟中處於主導地位。然而，20
世紀 50 年代，由於朝鮮戰爭爆發，以美國為首的聯合國對中國實行貿易禁運，香港
的轉口貿易一落千丈，洋行的地位因而動搖，並漸次式微。

　　這一時期，香港經濟第一次發生結構性轉型，從遠東的貿易轉口商埠，迅速蛻
變為亞太區的出口加工工業中心及工商並重的城市。伴隨著香港的工業化進程，新
興華商在英資最薄弱的環節——製造業積聚雄厚實力。當時，香港的內外部客觀環
境也為華資的發展提供了有利的條件。從內部條件看，香港作為遠東著名的貿易轉
口港，經過逾百年的積累，不但建立了經濟發展所必需的各種基本設施，而且與國
際市場形成了悠久、密切的聯繫，為香港的工業化及經濟起飛準備了基本條件。香
港長期實行的自由開放的經濟政策（包括自由港政策，簡單及低稅率的稅制，沒有

外匯、資金的管制等等）以及法治制度，更為香港營造了良好的投資環境。從外部條件看，戰後西方工業國在新一輪科技革命的推動下，其經濟進入一個持續增長的"黃金時期"，世界市場容量迅速擴大，減少關稅和國際貿易壁壘的自由貿易主義成為這一時期的主流；加上西方工業國家正進行產業結構調整，將勞動密集型產業轉移到發展中國家和地區，在國際市場上留下了勞動密集產品的空檔，這為發展中國家和地區的出口導向型經濟的發展，提供了良好的外部環境。上述種種因素推動了香港工業化進程以及華資在香港製造業的迅速發展。

新興華資財團的崛起，很大程度上得益於戰後香港地產業的發展。60 年代以後，香港經濟起飛，各業繁榮，加上人口急劇膨脹，刺激了房地產業的興旺發展。傳統上，地產業一直是華商的主要投資領域，由於"有土斯有財"的觀念根深蒂固，從南北行時代的行商、華人買辦，到經營百貨的澳洲華僑，以至利希慎、馮平山、許愛周、張祝珊等世家大族，一直對地產投資有特殊偏愛。不過，當時香港的經濟、人口均未能配合，傳統華商投資地產又多作收租用途，發展有限。戰後，新興華商則以地產發展為主，強調"貨如輪轉"，又首創"分期付款、分層出售"的售賣樓花制度，70 年代初更透過將公司上市、發行新股，或將股票按揭給銀行貸款，籌集龐大資金發展，因而積累了雄厚的財力，令老牌英資公司相形失色。

1980 年，剛辭去和黃主席兼行政總裁的韋理就曾指出："中國人擁有香港大部份資產最少已有 20 年了。以往由於中國人的財政實況未有公開，所以未被發覺，但現今卻不同了。" **⑤⑥** 1983 年底，辭去怡和主席一職的紐璧堅為其任職期間丟失九龍倉一役辯護，他說："整個形勢都變了，……華商從 70 年代起就越來越強大。這就像當年美國扶植日本，突然一天發現，原來抱在懷裡的嬰兒是一隻老虎。人們總是揪住九龍倉不放，而不睜眼看看對手是嬰兒還是老虎。如果一個人胳膊被老虎咬住，不管這隻手是在顫抖，還是在掙扎，都會被咬斷或咬傷。聰明的人，是不必再計較已經失掉的手，而是考慮如何保全另一隻手。" **⑤⑦** 英資大班的這番話，深刻反映了新興華資財團在戰後短短數十年間所積聚的雄厚財力。

再次，新興華資財團的崛起，與他們正確地運用一系列投資策略密切相關。這些策略重要的有兩個：

其一，緊扣香港經濟、地產市場的週期性循環盛衰。戰後的香港經濟，尤其是地產市場的重要特徵，就是其週期性，整體經濟及地產市場呈現週期性的復甦、繁榮和衰退。以地產市場來看，從1945-1984年，香港地產市場已經歷了5個循環週期，這些週期最短約6-7年，最長約9-10年，平均8-9年，大約每個週期前5年處於上升階段，後三四年處於下降階段。這種週期性的出現，從內部因素看是因為地產市道特殊的供求關係及其投機性，從外部因素看主要受西方經濟週期性的影響。不過，儘管如此，由於戰後香港經濟起飛、人口急劇膨脹，與土地資源嚴重短缺存在明顯反差，形成了香港地產市場從長遠看呈上升趨勢，表現為一浪高過一浪的發展態勢。以李嘉誠、郭得勝、李兆基、鄭裕彤、王德輝等為代表的新興華商，正因為能看到這一發展規律，看好香港經濟及地產的長遠發展前景，因而往往能在每次地產危機中果敢地趁低吸納大量土地，發展物業，然後在市道復甦時高價出售，在一買一賣之間賺取鉅額利潤。

其二，透過銀行貸款、上市集資、槓桿式收購等手段"以少控多"，善於利用"別人的錢"。利用"別人的錢"（Other People's Money，簡稱"O. P. M."），是西方經濟學的一個術語。在西方資本主義經濟中，最懂得賺錢又確有所成的企業家，往往都是一些懂得利用別人錢的人，否則，僅靠自身有限的資金，實在難有大作為。戰後香港成功的華商，均深明此道。善用"別人的錢"，最常用的方式是銀行信貸，取得銀行的有力支持，船王包玉剛就是因為取得了滙豐銀行的全力支持，其船隊才得以幾何級膨脹，收購九龍倉和會德豐亦因為得到滙豐的鉅額信貸。李嘉誠亦因為得到滙豐銀行的支持，才得以購入和記黃埔，一鳴驚人。善用"別人的錢"的另一途徑是將旗下公司上市，透過發行新股集資。70年代初，大批華資地產公司上市，實力才得以作三級跳。香港地產和股市素有密切關係，即所謂的"股地拉扯"，當市道高漲時，股市亦被推起，這時正是地產公司上市或發行新股的良機，時機把握得準，可在股市高潮中籌得大量資金以發展，並趁地產低潮時大量購入地盤，幾個回合，實力和資金即可膨脹數倍，李嘉誠的長江實業、郭得勝的新鴻基地產可說是箇中高手。善用"別人的錢"還有一種方式，就是發動槓桿式收購，透過層層控股，實現"以少控多"的目的。香港最先採用以小錢控大量資產並取得成功的華商，首推李嘉誠，他以 34% 持股量控制長實，再透過長實收購和黃，然後透過和黃收購香港電燈，結果控制了數百億以至數千億的龐大資產。號稱"股壇狙擊手"的劉鑾雄、羅旭瑞等，亦是這方面的高手。

最後，戰後新興華資財團的迅速崛起，還得益於香港華人企業家獨特的價值觀念和堅韌的應變能力。

香港的華人企業家既繼承了中華民族刻苦耐勞、艱苦奮鬥的優良傳統，又接受了西方文明所帶來的先進科技和知識，形成了獨特的價值觀念，具體表現為既重視社會和睦，又強調競爭；既重視家族觀念，又強調個人拚搏精神；既重視倫理道德，又強調物質價值。這些華人企業家，其中不少幾乎都是從零開始，白手興家，屢經挫折，形成了"永不言敗"的幹勁、堅韌的應變能力和頑強拚搏的精神。華人企業家的這種獨特價值觀念和堅韌的應變能力，是其家族財團崛起的重要因素，更被不少探索香港經濟成功奧秘的學者，視為戰後香港經濟騰飛的重要原因。

表 5-1　1996 年香港前二十大上市家族財團

排名	財團	上市公司	1996 年底市值（億港元）	1995 年底市值（億港元）	1996 年底佔上市公司總市值比重
1	李嘉誠家族	長江實業	1,579.88	1,034.79	13.02%
		和記黃埔	2,196.72	1,702.19	
		香港電燈	519.14	512.07	
		長江基建	280.44	——	
		小計	4,576.18	3,249.07	
2	郭氏家族	新鴻基地產	2,264.53	1,475.74	6.80%
		九龍巴士	53.33	50.78	
		數碼通	71.04	——	
		小計	2,388.90	1,526.52	
3	李兆基家族	恒基地產	1,325.22	788.47	6.37%
		恒基發展	260.57	162.81	
		香港小輪	53.76	26.70	
		中華煤氣	447.01	309.13	
		美麗華酒店	89.44	94.05	
		恒基中國	63.18		
		小計	2,239.18	1,381.11	

排名	財團	上市公司	1996 年底市值（億港元）	1995 年底市值（億港元）	1996 年底佔上市公司總市值比重
4	吳光正家族	會德豐	445.63	266.85	4.53%
		九龍倉	872.36	558.52	
		海港企業	35.91	28.19	
		新亞	116.37	60.40	
		聯邦地產	74.10	55.66	
		寶福集團	3.80	3.45	
		連卡佛	11.02	11.13	
		香港隧道	32.35	27.98	
		小計	1,591.54	1,012.18	
5	施懷雅家族（英資）	太古洋行	1,086.52	878.83	4.38%
		港基工程	44.03	37.00	
		國泰航空	419.31	337.95	
		小計	1,538.73	1,253.78	
6	鄭裕彤家族	新世界發展	959.31	564.14	3.21%
		新世界基建	169.95	108.93	
		小計	1,129.26	673.07	
7	中信香港 *（中資）	中信泰富	957.72	532.44	2.73%
		小計	957.72	532.44	
8	嘉道理家族（英資）	中華電力	684.90	710.79	2.47%
		香港大酒店	183.83	120.20	
		小計	868.71	830.99	
9	陳啟宗家族	恒隆	229.16	165.80	1.61%
		淘大置業	313.45	192.11	
		格蘭酒店	22.11	19.41	
		小計	564.71	377.32	
10	郭鶴年家族	香格里拉	181.02	139.29	1.43%
		南華早報	110.78	70.88	
		嘉里建設	212.00	——	
		小計	503.80	374.79	
十大上市家族財團佔香港上市公司總市值比重					46.55%
11	黃廷芳家族	尖沙咀置業	198.90	76.01	1.39%
		信和置業	262.43	145.72	
		信和酒店	28.16	11.77	
		小計	489.49	233.50	

排名	財團	上市公司	1996 年底市值 （億港元）	1995 年底市值 （億港元）	1996 年底 佔上市公司 總市值比重
12	郭令燦家族	國浩集團	184.89	158.90	1.27%
		道亨銀行	259.70	182.37	
		小計	444.59	341.27	
13	李國寶家族	東亞銀行	376.68	247.53	1.07%
		小計	376.68	247.53	
14	利氏家族	希慎興業	316.93	203.91	0.90%
		小計	316.93	203.91	
15	羅旭瑞家族	世紀城市	55.49	35.74	0.79%
		白利保	138.01	100.12	
		富豪酒店	83.84	54.05	
		小計	277.34	189.91	
16	林紹良家族	第一太平	236.88	174.58	0.78%
		第一太平銀行	37.29	17.28	
		小計	274.17	191.86	
17	黃坤家族	明珠興業	224.46	59.20	0.64%
		小計	224.46	59.20	
18	胡應湘家族	合和實業	219.00	195.65	0.62%
		小計	219.00	195.65	
19	查濟民家族	名力集團	60.26	29.42	0.57%
		香港興業	137.03	67.93	
		中國印染	1.58	1.85	
		小計	198.87	99.20	
20	劉鑾雄家族	華人置業	163.83	85.85	0.51%
		愛美高中國	15.70	——	
		小計	179.63	85.85	
二十大上市財團佔香港上市公司總市值比重					55.09%

* 榮智健家族持有中信泰富 17.98% 股權，中信香港持有 28.26% 股權。

資料來源：香港《信報財經新聞》，1997 年 1 月 2 日。

註釋

❶ 香港《明報晚報》，1978 年 9 月 7 日。

❷ 香港布政司姬達，《向祁德尊爵士致敬》，祁德尊追悼會上的悼詞，香港：《信報財經月刊》雜誌，第 5 卷第 2 期，第 107 頁。

❸ 黃惠德、趙國安著，《和記黃埔行政總裁韋里："我如何挽救一家瀕臨破產的公司"》，香港：《信報財經月刊》雜誌，第 2 卷第 1 期，第 29-30 頁。

❹ 《李嘉誠部署長實鯨吞和黃》，香港：《經濟一週》雜誌，1993 年 6 月 27 日，第 39 頁。

❺ 雙慶譯，《使李嘉誠直上雲霄的一宗交易》，香港：《財富月刊》雜誌，1988 年 10 月 3 日，第 22 頁。

❻ 洪一峰著，《沈弼和包約翰：香港銀行界的一對最佳配搭》，香港：《信報財經月刊》雜誌，第 4 卷第 5 期，第 43 頁。

❼ 同註 5。

❽ 黃尚煌著，《和黃高層大地震的前因後果》，香港：《經濟一週》雜誌，1984 年 8 月 13 日，第 5 頁。

❾ 思聰著，《從港燈股權易手看和黃、置地的盛衰》，香港：《信報財經月刊》雜誌，第 8 卷第 11 期，第 29 頁。

❿ 賓加著，《李嘉誠妙計賺港燈》，齊以正等著：《香港商場"光榮"榜》，香港：龍門文化事業有限公司，1985 年，第 65 頁。

⓫ 范美玲著，《李嘉誠的收購哲學》，香港：《信報財經月刊》雜誌，第 8 卷第 11 期，第 29 頁。

⓬ 同註 11。

⓭ 《李嘉誠細説香港前景、收購、內幕買賣調查與證券法例》，香港：《經濟一週》雜誌，1985 年 5 月 26 日，第 6 頁。

⓮ 郭艷明、趙國安著，《增購→爭購→憎購→九倉事件日誌》，香港：《信報財經月刊》雜誌，第 4 卷第 4 期，第 52 頁。

⓯ 《置地九倉爭奪戰》，香港：《現代時報》，1994 年 5 月 23 日。

⓰ 歐陽德著，《馬登與張氏家族擬分家》，香港：《經濟一週》雜誌，1984 年 11 月 26 日，第 22 頁。

⓱ 呂景里著，《會德豐收購戰揭開序幕，張玉良李察信動態矚目》，香港：《經濟一週》雜誌，1985 年 2 月 18 日，第 4 頁。

⓲ 梁國材著，《剖析收購戰對會德豐及投資者的影響》，香港：《信報財經月刊》雜誌，第 8 卷第 12 期，第 3 頁。

⓳ 《包玉剛異軍突起，打破萊斯收購渣打好夢》，香港：《信報財經月刊》雜誌，第 10 卷第 5 期，第 45-46 頁。

⓴ 方元著，《由包玉剛出售渣打股權談起》，香港：《南北極》雜誌，第 230 期，1989 年 7 月 18 日，第 14-15 頁。

㉑ 冷夏、曉笛著，《世界船王：包玉剛傳》，廣州：廣東人民出版社，1995 年，第 238 頁。

㉒ 《會德豐"商行夢"前路漫長》，香港：《經濟日報》，1996 年 11 月 6 日。

㉓ 陳憲文、方中日著，《兆業恒基享永泰，財來有方順景——李兆基處世之道在於順勢應時》，香港：《信報財經月刊》雜誌，第 5 卷第 3 期，第 22 頁。

㉔ 方元著，《李兆基的五千五百萬元大製作》，香港：《南北極》雜誌，1988 年 8 月 18 日，第 16 頁。

㉕ 《楊秉正指出價偏低更非善意》，香港：《信報》，1993 年 6 月 15 日。

㉖ 同註 25。

㉗ 《恒基集團快刀斬亂麻，成功收購美麗華控股權》，香港：《文匯報》，1993 年 6 月 19 日。

㉘ 《美麗華收購戰來龍去脈》，香港：《明報》，1993 年 6 月 19 日。

㉙ 吳小明著，《李兆基神機妙算顯財技》，香港：《資本》雜誌，1996 年 12 月，第 71 頁。

㉚ 戴裕著，《談新世界收購永安》，香港：《財富》雜誌，1989 年 4 月，第 11 頁。

㉛ 呂景里著，《恒隆決續發展地鐵港島線物業》，香港：《經濟一週》雜誌，1985 年 7 月 8 日，第 6 頁。

㉜ 呂凱君著，《恒隆投資策略轉趨積極》，香港：《每週財經動向》雜誌，1992 年 3 月 23 日，第 18 頁。

㉝ 《陳啟宗明言增添土地儲備》，香港：《信報》，1991 年 6 月 5 日。

㉞ "C 計劃"是恒隆銷售樓花的辦法：首期只供一成半，年半左右的建築期中，買家再供樓款的一成半，入伙時只欠七成樓價，再做按揭便成。

㉟ 凌永彤著，《劉鑾雄取勝秘訣：策動"貪心遊戲"》，香港：《經貿縱橫》雜誌，1989 年 2 月，第 43 頁。

㊱ 徐意偉著，《〈香江歲月〉又添一集——由馮秉芬家族被告說起》，載齊以正、林鴻籌等著：《香港豪門的興衰》，香港：龍門文化事業有限公司，1986 年，第 57 頁。

㊲ 同註 36。

㊳ 賢思、石民著，《馮氏王國為何由盛而衰？》，齊以正、林鴻等著：《香港豪門的興衰》，香港：龍門文化事業有限公司，1986 年，第 61 頁。

㊴ 紫華著，《劉鑾雄、李兆基與"煤氣"狂想曲》，香港：《南北極月刊》雜誌，1986 年 8 月 16 日，第 9-10 頁。

㊵ 思聰著，《大酒店控制權"攻防戰"》，香港：《信報財經月刊》雜誌，第 13 卷第 3 期，第 36 頁。

㊶ 香港《大公報》，1987 年 6 月 30 日。

㊷ 文希著，《香港巨富風雲錄》，香港：明報出版社，1994 年，第 92 頁。

㊸ 參閱《愛美高：風風雨雨又十年》，香港：《資本》雜誌，1994 年 1 月，第 35-36 頁。

㊹ 凌永彤著，《羅氏三傑各有千秋》，香港：《經貿縱橫》雜誌，1989 年 5 月，第 40 頁。

㊺ 思齊著，《何方神聖羅旭瑞》，香港：《南北極》雜誌，1994 年 9 月，第 36 頁。

㊻ 《股海"百變萬花筒"的百利保》，香港：《資本》雜誌，1995 年 8 月，第 50 頁。

㊼ 鍾蘊青著，《不斷創造財富的郭鶴年》，香港：《大公報》，1993 年 1 月 4 日。

㊽ 衛忻灝著，《信和集團三大發展目標》，香港：《經貿縱橫》雜誌，1989 年 7 月，第 32 頁。

㊾ 張庭澤著，《黃廷芳點地成金》，齊以正等著：《王德輝傳奇》，香港：南北極月刊，1992 年，第 110 頁。

㊿ 林惠瑩、方中日著，《黃志祥談信和"生仔"》，香港：《信報財經月刊》雜誌，第 5 卷第 1 期，第 30 頁。

❺ 香港股票研究中心編印，《香港股票資料手冊（1982-1987）》，香港：香港股票研究中心，1988年，第 37 頁。

❻ 蔣瑋，《愛國愛港的金融家》，華商韜略編委會，華商名人堂網站，http://www.hsmrt.com/chenyouqing/933.html。

❻ 香港股票研究中心編印，《香港股票資料手冊（1988-1993）》，香港：香港股票研究中心，1994年，第 50 頁。

❻ 元邦建編著，《香港史略》，香港：中流出版社有限公司，1988 年，第 201 頁。

❻ "Why the 'Barbarians' Are Losing Ground", *Financial Times*, 19 December 1980.

❻ 《華商鉅子雄霸香港》，美國：《洛杉磯時報》，1980 年 11 月 25 日。

❻ 陳美華著，《香港超人──李嘉誠傳》，廣州：廣州出版社，1996 年，第 177 頁。

6

過渡時期的投資策略

1984 年 12 月，中英簽訂關於香港前途問題的《中英聯合聲明》，香港步入"九七"回歸中國的過渡時期。在這一歷史轉折關頭，香港華資大財團繼續秉承其一貫看好香港前景的本色，"立足香港，在這裡發展"，在繼續加強地產發展的同時，積極推動集團的多元化業務，尤其是積極拓展電訊和基建這兩個潛力巨大的領域，在香港經濟中縱橫捭闔，成為香港繁榮穩定的重要資本力量。

　　過渡時期前半段，面對風雲變幻的政經形勢，華資大財團在加強香港業務的同時，亦積極向歐美等海外地區投資，力圖在邁向國際化中分散投資風險。1992 年鄧小平南巡，中國改革開放進入第二春，華資大財團向海外投資的戰略重心，亦從海外轉向中國內地，一時間，對中國內地的投資高潮迭起。這種投資策略的微妙轉變，反映出其對香港及中國內地經濟發展的信心已大大增強。香港終於平穩地度過了過渡時期的一道道激流險灘。

01

"立足香港，在這裡發展"

————————

1984 年 12 月，中英兩國經過長達 22 輪的艱苦談判之後，終於在北京正式簽署關於香港前途問題的《中英聯合聲明》，宣佈英國政府將於 1997 年 7 月 1 日將香港交還中國，中國政府將對香港恢復行使主權，並根據"一國兩制"的方針，在香港設立特別行政區，實行"港人治港"、"高度自治"，維持香港現行社會經濟制度和生活方式 50 年不變。自此，香港步入 1997 年回歸中國的歷史性過渡時期。

面對這種歷史性的轉變，以怡和、滙豐為首的英資財團先後著手加緊部署集團國際化策略，包括遷冊海外、加快海外投資步伐、將第一上市地位外移等等。早在 1983 年 3 月 28 日，正值中英就香港前途問題談判的關鍵時刻，香港投資者信心仍處於低迷之際，英資四大行之首怡和就率先宣佈遷冊海外，在香港經濟中投下一枚"百慕達炸彈"，自此開啟香港公司遷冊、走資的先河，形成這一時期香港經濟中一股矚目的暗流。然而，面對這一形勢，從地產崛起的華資大財團仍然秉承其一貫看好香港經濟前景的方針："立足香港，在這裡發展"，加強對香港地產業的發展及投資，不僅成為過渡時期繼續維持香港繁榮穩定的中堅力量，而且在過渡時期的地產大潮中進一步崛起。

》 新鴻基地產、恒基地產：趁低吸納土地儲備

踏入 80 年代，香港前途問題開始浮現，當時香港部份投資者擔心 1997 年新界租約屆滿，中英兩國政府將如何解決這一問題。但新鴻基地產主席郭得勝則明確表示毋須擔心"九七"問題，他對記者指出："對 1997 年新界租約問題，或地契年期

問題，我們全不理會，也不用擔心，因為這是政府與港府的問題，而有關政府必會為照顧我們而作出最圓滿的決定。做地產商的，只要積極去幹，為市民提供更理想的居所，就已盡了地產商的責任。" ❶ 進入過渡時期以後，郭得勝更明確表示："香港人勤奮努力，思想敏銳，無論從經濟發展或歷史的角度看，1997 年後的香港都是一片光明。" ❷

與郭得勝同出一系的恒基地產主席李兆基，早在 1981 年記者問及其對 1997 年新界租約期滿的意見時就已表示："其實你可以從我兩間公司的業務情況看出我對香港的信心。到目前為止，恒基兆業與永泰仍集中於經營香港的地產生意，我們從未作多元化的企業發展，或是急於向海外伸展以保障財產的安全。" ❸ 後來，李兆基又表示："在香港搞地產，如果時時顧慮'九七'問題，則根本沒得做，因為拆舊樓重建，由頭到尾要 6-7 年時間，在政府公開拍賣場合競投土地，起樓賣樓，亦起碼要四個春秋，都是跨越九七的，對地產發展商來說，九七並不是一個界限。" ❹

郭、李二人是香港地產界著名的"大好友"，由於看好香港地產業長遠前景，他們往往能在形勢不利時期以沉著鎮定的態度，採取"人棄我取"的投資策略，緊扣地產市道的循環盛衰，將每次危機視作趁低吸納廉價土地的良機，結果在地產高潮中令集團的資產值及盈利額大幅增長。看好香港經濟的長遠前景，採取"人棄我取"的投資策略、緊扣地產市道的循環盛衰，可以說是新鴻基地產和恒基地產這兩大地產集團，在過渡時期的致勝之道。

以新鴻基地產為例，新地的部署可說極為配合地產發展的盛衰期，這種策略早在 70 年代已發揮自如。1977 年香港地產從衰退中復甦，剛踏入鞏固期，新地就趁當時銀行利率低企，大量借入資金，先後購入現時的青衣島美景花園龐大的土地和大量的換地權益證書，因此負債逐年上升，借貸佔股東資金比率一度達到 1.29 倍。不過，新地卻能及時在地產調整期之前大量集資，以減輕負債，1980 年新地發行新股，以 10 股供 1 股，每股供 10 元集資 3 億港元。1981 年 2 月，新地再將旗下的新城市（新界）地產有限公司公開上市，集資 6.72 億港元，同年再發行優先股集資 4.87 億港元，兩年內共籌集資金 14.6 億港元用來減輕負債。1980 年，新地曾一度參加置地、佳寧為首財團發展白筆山計劃，但後來即退出，1981 年新地拒絕加入置地、佳寧組成財團發展美麗華酒店舊翼，避免了一次巨大損失。新地對香港地產市道盛衰的深刻認識，由此可見一斑。

1982-1984 年期間，香港地產因前途問題觸發的信心危機而崩潰，新地擁有的地產物業價格亦大幅下挫三四成，然而，新地在此期間仍大量趁低吸納廉價土地，到 1984 年 6 月，新地的土地儲備已達到 1,140 萬平方呎樓面，估計每平方呎樓面面積所負擔的地價低於 200 港元。❺ 踏入 1985 年，香港進入過渡時期，投資者信心因中英簽訂的《中英聯合聲明》而逐步恢復，地產進入鞏固期，該年新地即動用約 10 億港元先後購入 8 幅可建 285 萬平方呎樓面面積的地盤。新地抱著"貨如輪轉"的宗旨，不計較個別地盤的成敗得失，而致力於資產、負債平衡，維持龐大土地儲備的同時又保持大量現金，所以地產市道復甦後，新地往往是首批可以大量購入廉價土地的財團。

1987 年 10 月，香港爆發空前的股災，市道一片蕭條，新地卻趁低大量吸納旗下上市公司新城市的股票，並於 1988 年以低價將其私有化。1989 年北京"天安門事件"發生後，香港部份上市公司紛紛遷冊海外，把資金調走，新地不僅沒有遷冊走資，反而繼續參與一些重大投資，同年就與信和集團等合作，以 33.5 億港元鉅資投得灣仔海旁地區，興建亞洲最高的建築物——中環廣場。1992 年正值中英雙方就政制問題爭拗期間，新地以 20 多億港元收購全幢世貿中心。當時，郭得勝曾公開表示："除了在內地投資之外，新地不會考慮將資金調往海外。我們的方針，依然是立足香港，在這裡發展。"❻ 1990 年 10 月 3 日，郭得勝在逝世前不足一個月展望公司前景時指出："雖然中東現時發生危機，世界經濟受影響而轉為不穩定，但香港擁有穩固的經濟基礎，於逆境中有特強的適應能力及靈活性，這優點於過去的石油危機及經濟放緩時，以及往年中國發生六四事件後充份發揮出來"，"中國繼續推行其開放政策，香港處於有利地位及擁有各種資源，可參與中國的現代化計劃，從而配合及為這超逾 10 億人口的市場提供服務。……本集團對香港前途充滿信心，將繼續於本港大量投資"。❼

郭得勝逝世時，新地的年度純利已高達 24.6 億港元（1989/1990 年度），比上市初期約 5,000 多萬港元，升幅接近 50 倍，可說是業內的表表者。其時，新鴻基地產

中環廣場內觀

巍然聳立於香港灣仔的亞洲第一高廈——中環廣場，是
新鴻基地產和信和集團的投資物業。

的市值已達 253.3 億港元，比 1972 年上市時的 4 億港元增長 62 倍，在香港地產上市公司中僅次於長江實業（279.1 億港元）而居第 2 位。

郭得勝逝世後，新鴻基地產遂轉由郭氏家族第二代掌舵，長子郭炳湘出任公司董事局主席兼行政總裁，二子郭炳江、三子郭炳聯則出任副主席兼董事總經理。郭炳湘兄弟繼續遵循其父"立足香港，在這裡發展"的遺訓，郭炳江就明確表示："先父一向認為香港地產業最終都是向好的，因此新地未來亦會秉承此經營信念，繼續在港大力加強香港的地產。"❽遵循這一投資策略，新地於 90 年代繼續加強在香港的地產發展及投資，不斷在市場大量吸納土地儲備，據統計，僅 1993/1994 年度至 1995/1996 年度的 3 年間，新地透過購買、合作發展及農地轉換用途等方式購入的土地儲備，就可供發展逾 1,500 萬平方呎樓宇，而 1994-1996 年間，新地在市場推出的住宅樓宇數量高達 6,577 個單位，成為香港三大地產發展商之一。從 1993 年起，新地更穩佔香港十大地產上市公司榜首。

　　"立足香港，在這裡發展"，既是新地 50 多年來成功的秘訣，亦是與其同出一源的恒基地產的發展方針。踏入過渡時期以後，恒地亦一直致力於維持龐大的土地儲備，從 1990-1996 年，恒地集團的土地儲備從 1,650 萬平方呎增加到 2,420 萬平方呎，其中尚未包括 1,340 萬平方呎的農地，成為香港僅次於新地的第二大土地儲備銀行。由於土地成本低，恒基的邊際利潤相當高，以 1993 年度為例，該年恒地共完成及售出 160 萬平方呎樓宇，獲利 30 億港元，即平均每平方呎純利 1,800 港元，比新地的平均每平方呎 1,400 港元還高出接近三成。由於土地儲備龐大，恒基強調資產負債平衡，尤其在市場不景氣時，會不斷地將樓價調低，以測試樓價底線，保持貨如輪轉。1989 年地產下滑時，恒基即將樓價下調 20%。1994 年中市道不景時，恒基即在一個月內三度減價推出單位。這一期間，恒地積極發展中小型住宅樓宇，僅 1994-1996 年間，就推出 7,518 個住宅單位，僅次於長實、新地而成為香港第三大地產發展商。踏入 90 年代以後，恒地亦一直穩居香港十大地產上市公司的第 3 位，僅次於新地和長實。

》長江實業：發展大型私人屋邨

　　踏入過渡時期以後，李嘉誠領導的長實集團仍然繼續積極致力於香港地產業的發展。早在 1984 年 9 月，中英兩國草簽《中英聯合聲明》，港人信心開始回升之際，李嘉誠即恢復與港府關於黃埔花園的補地價談判事宜，同年 12 月，雙方達成協議，李嘉誠即著手策劃龐大的黃埔花園發展計劃。這是香港進入過渡時期以後首個大型私人屋邨發展計劃，涉及的投資高達 40 億港元。在整個 80 年代，長實集團先後共完成 60 多項地產發展計劃，除黃埔花園外，尚有城市花園、和富中心、嘉雲台、樂信台、瑞峰花園、銀禧花園及麗城花園，所提供的住宅單位超過 5.5 萬個。這期間，長實集團發展的物業，約佔香港整個物業市場的 20%，❾ 長實已成為香港地產業的領導者。

1990 年 1 月，李嘉誠應邀訪問北京，他明確表示："我們是看好香港前景的，……香港的安定繁榮與中國的安定繁榮息息相關。香港前景是樂觀的，有條件成為'四龍之首'。"他並向中國領導人表示："長實集團系公司近兩年及未來幾年內將在港投資 400 億港元，作這樣大規模的投資正因為看好香港的前景。" ❿ 踏入 90 年代，李嘉誠透過長實和黃再策劃四大屋邨的發展計劃，包括藍田地鐵站的匯景花園、茶果嶺的麗港城、鴨脷洲的海怡半島，以及元朗天水圍的嘉湖山莊，這是香港地產發展史上僅見的大型發展計劃，四大屋邨共佔地 747 萬平方呎，可提供樓面面積 2,953 萬平方呎，其中住宅單位逾 4 萬個，總投資超過 185 億港元。

四大屋邨中，藍田匯景花園地段於 1988 年 4 月由長實聯同中信集團投得，該財團向港府補地價 10 億港元，在藍田地鐵站上蓋興建 20 幢 28-34 層高住宅樓宇，提供約 4,100 個單位，從 1991 年起陸續建成。茶果嶺的麗港城和鴨脷洲的海怡半島，則是以和黃聯營公司聯合船塢在青衣的船廠用地，與蜆殼石油公司在茶果嶺及鴨脷洲的油庫用地交換，以及香港電燈將發電廠從鴨脷洲遷往南丫島後所得，其中麗港城

李嘉誠在 20 世紀 90 年代策劃興建的四大屋邨之一——位於元朗天水圍的嘉湖山莊，是香港最具規模的私人屋邨。

1993 年九倉在銅鑼灣繁華商業區落成的氣派豪華的時代廣場

計劃興建 55 幢住宅樓宇，逾 8,000 個住宅單位，可容納 2.5 萬名居民，從 1990 年起陸續建成；海怡半島則計劃興建 35 幢住宅樓宇、逾 1 萬個住宅單位。

四大屋邨中，以嘉湖山莊規模最大，是香港迄今最大型的私人屋邨，佔地 38.8 公頃，計劃興建 58 幢 28-40 層高的住宅樓宇，提供約 1.5 萬個單位。嘉湖山莊發展計劃由長實策劃，擁有 48.25% 權益，其餘 51.75% 由中資華潤集團擁有。根據 1988 年長實與華潤達成的協議，長實保證華潤至少獲得 7.5 億港元利潤，但若售樓價超過特定水平，長實所分得利潤份額將從 48.25% 提高到 75%。嘉湖山莊發展計劃充份反映李嘉誠對過渡時期香港地產市道的信心。該屋邨於 1991 年 11 月推出首期，當時的售價已達每方呎 1,850 港元，超過長實與華潤協議中 1997 年每方呎 1,700 港元的指定價格。其後，嘉湖山莊樓價隨香港地產大潮節節飆升，到 1996 年 4 月已達每方呎 2,936 港元，最後一期於 1997 年推出，售價已超過每方呎 4,000 港元。據估計，長實在是項計劃中獲利超過 130 億港元。[11] 而從 1994-1996 年期間，長實集團在地產市場推出的住宅單位就超過 1.1 萬個，高踞香港三大地產發展商的榜首。

》 會德豐、希慎：改建及重建旗下物業

會德豐（當時稱為"隆豐國際"）及九龍倉集團主席吳光正也相當看好香港經濟前景。1988 年，即吳氏出任該集團主席後不久，他已明確表示："香港是一個很特別的地方，其經濟增長率非常之高，在過去 30-35 年間，平均每年增長率以複息計亦達 17%，因而三五年內投資就可以收回成本。香港的競爭非常激烈，但卻是融洽競爭，到處充滿賺錢機會。"[12] 踏入 90 年代，他又指出："香港可以憑著其戰略位置，作為中國南部的金融和經濟首府"，並表示"我們願意對香港作出承諾，深信香港仍將存著大幅增長的機會"。[13]

基於這種信念，會德豐以九龍倉為主力，以"創建明天"為旗號，積極展開一系列令人矚目的投資活動。在地產方面，重點是透過改建或重建旗下原有物業，盡用地積比率，擴大集團的優質資產規模。首個大型地產發展項目便是雄踞於銅鑼灣繁盛商業區的時代廣場。時代廣場舊址是位於銅鑼灣霎東街的香港電車公司車廠，

早在 70 年代已納入發展之列，初時的計劃只是在原址發展一座小型住宅樓宇，由香港電車公司與會德豐旗下的聯邦地產合作進行。1979 年吳光正隨包玉剛加入九倉董事局，被委派接手電車廠址的重建發展，吳氏發現該廠址位於銅鑼灣極具發展潛力的地段，故要求公司重新檢討該項重建計劃。吳光正的這項革新建議，在當時並未被看好，但適逢中東第二次石油危機爆發，故怡和、九倉主席紐璧堅亦贊同押後此重建計劃。至 1980 年及 1985 年，包氏集團先後收購九倉及會德豐，該項計劃便落入吳光正手中，成為吳氏入主九倉後的首項大型地產發展計劃。

時代廣場於 1988 年開始動工，至 1993 年落成，歷時 5 年。整座建築物包括兩幢分別樓高 46 層和 36 層的辦公大樓蜆殼大廈和西敏寺大廈，以及一座 16 層高的商場，共容納逾 300 間商店、18 間食肆、4 間戲院和 700 個泊車位，總面積達 240 萬平方呎。時代廣場建成後，即以其恢宏的氣勢、美侖美奐的外觀傲視同儕，成為銅鑼灣地區最優質的商廈和該區的標誌，出租率高達 100%。由於不須補地價，整項投資的建築成本僅 24 億港元，而每年為集團帶來的租金收入就超過 9 億港元。時代廣場可說是吳光正確立其在集團地位的首項大型計劃，取得完滿的成功。

與此同時，九龍倉旗下的多項大型物業重建計劃亦相繼展開，海港城一期重建工程，即將兩幢住宅物業重建為兩幢樓高 36 層的港威大廈，已於 1994 年落成，為集團提供 113 萬平方呎寫字樓。海港城二期即港威大廈第二期工程亦已於 1994 年動工，將原址 3 幢住宅物業拆卸重建為 3 幢高級商廈，全部工程於 1999 年陸續完成，將為集團增加 270 萬平方呎寫字樓和商場面積，進一步鞏固九倉作為 "尖沙咀地王" 的地位，而尖沙咀海旁的面貌也因而煥然改觀。

在地產發展方面，會德豐集團亦取得矚目進展，1993 年會德豐、九倉、置業信託合組財團，以 35.3 億港元的高價奪得鑽石山地王，該地段包括樓面面積達 65 萬平方呎的荷李活廣場，及 5 幢樓面面積達 120 萬平方呎的住宅大廈，整項計劃預期將於 1997 年 8 月落成。1994 年，該合組財團以 35 億的高價再下一城，奪得深井海旁生力啤酒廠址，該地段將發展 250 萬平方呎住宅樓宇。到 90 年代中期，會德豐已成為香港活躍的地產發展商，1996 年在市場推出的住宅單位達 617 個，在香港十大地產發展商中排名第 6 位，僅次於新地、恒地、長實、新世界及恒隆。

除吳光正的九龍倉外，香港華資地產財團中積極推動旗下投資物業的，尚有利氏家族的希慎興業。希慎興業自 1981 年 9 月在香港上市以來，即穩步加強旗下的投資物業陣容，向大股東利氏家族購入地產物業並重建發展，包括於 1984 年以 4,600 萬港元購入淺水灣寶山閣；1986 年以 4,500 萬港元購入銅鑼灣兩地盤，發展成今日的友邦中心及禮頓道 111 號；同年以 8.5 億港元再購入花園台 2、3 號及樂源道 38 號柏樂苑；1987 年以 4.45 億港元購入恩平道 2-38 號及渣甸坊 19 號等。到 80 年代末，希慎的銅鑼灣王國已發展至擁有出租樓面面積達 270 多萬平方呎，比上市初期增加逾倍。

踏入 90 年代，希慎的投資策略明顯轉趨積極，除積極擴充集團的土地儲備之外，更相繼展開多項物業重建計劃，包括興建嘉蘭中心、重建利舞台及利園酒店等。嘉蘭中心位於銅鑼灣恩平道，是希慎透過收購整條街的舊樓地皮重建而成的，於 1992 年底落成，樓高 31 層，樓面面積 62 萬平方呎，是該

希慎興業的主要投資物業——位於銅鑼灣的新利舞台。

利園山道一帶均為利氏家族的物業，包括希慎道 1 號、禮頓中心等，其中著名的利舞台及利園酒店已分別於 1990 年及 1994 年拆卸重建。圖為利園山道路牌，反映利氏家族在該區的份量。

區的高級商廈，希慎總部亦設於此。利舞台的重建計劃始於 1991 年 3 月，為了配合銅鑼灣商廈和寫字樓的發展，希慎斥資 4.5 億港元向大股東利氏家族購入波斯富街 99 號利舞台地皮，將其拆卸重建為一幢日本銀座式的戲院和購物商場，總樓面面積 26 萬平方呎，連利息在內總投資額達 8.5 億港元。重建後的利舞台於 1995 年落成，成為毗鄰時代廣場的另一購物娛樂中心。該物業亦由先施公司購入 30% 權益，經歷了 66 年燦爛風華的利舞台終於未能阻擋歷史的潮流，在香港地產大潮中風流雲散。

利園酒店重建計劃亦於 1993 年 3 月展開，由希慎以每股 14.95 港元配售 8,677 萬股，集資 12.9 億港元，又由大股東利氏家族行使 3,763.5 萬股認股證，再集資 16 億港元，以 24.5 億港元向利氏家族購入利園酒店物業，該項重建計劃總投資額達 42 億港元，計劃發展為類似金鐘太古廣場式的大型綜合物業，建成後總樓面面積達 90 萬平方呎，於 1997 年完成。上述計劃完成後，希慎的投資物業將達 430 萬平方呎，規模已不下於置地。1996 年 11 月，希慎更以 36.4 億港元鉅資向劉鑾雄的華人置業購入中區優質商廈娛樂行，將投資的觸角伸向中區，希慎實際上已可與中環的置地、尖沙咀的九龍倉分庭抗禮，稱雄一方。

》 新世界、合和、鷹君的大型投資項目

"立足香港，在這裡發展"的方針，還表現在過渡時期華資地產大集團的一系列大型地產發展及投資計劃，包括新世界的香港會議展覽中心、合和的胡忠大廈、鷹君的萬國寶通廣場及華懋的如心廣場。

踏入過渡時期，香港的首個大型地產項目要數新世界的香港國際會議展覽中心。1984 年 12 月，即中英兩國正式簽署《中英聯合聲明》之際，鄭裕彤就與香港貿易發展局達成協議，由新世界發展投資 27.5 億港元在灣仔海旁興建香港最大規模的會議展覽中心。據鄭裕彤在 1994 年接受專訪時回憶："多年以來，政府都一直想興建大型會議展覽中心，但當時適逢英國首相戴卓爾夫人去北京商討香港前途問題，是經濟最低潮的時候，根本沒有人肯投資，但我完全沒擔心過，還決定投資興建會議展覽中心。這次投資，政府沒有收地價，對我很優待。今天，會議展覽中心已落

成多年，各方面也很滿意。"在香港投資者信心仍處低迷之際仍大舉投資大型地產發展項目，充份反映了鄭氏對香港長遠前景的信心。

香港會議展覽中心佔地 33.5 萬平方呎，位於灣仔海旁，整項計劃包括一座 7 層高具國際先進水平的會議展覽中心，兩幢高級酒店，一幢辦公大樓及一幢酒店式豪華住宅。會議展覽中心設於低層基座，其餘 4 幢建築物將建於基座之上。這座龐大的綜合性物業總樓面面積達 440 萬平方呎，規模比 3 座交易廣場合起來還大一倍，相當於近 6 座滙豐銀行大廈，堪稱全港最巨大的建築物。根據協議，新世界發展無須補地價，在計劃完成前，新世界代香港貿易發展局支付租金，每年不多於 600 萬港元，並付予該局 7,500 萬港元的營運開支，完成後展覽中心若干部份交予貿發局辦公，而展覽場所部份仍由新世界經營及管理，其餘各項物業業權則屬於新世界。❸新世界在此項發展中可說獲得相當優厚的條件。

香港會議展覽中心從 1985 年初動工，到 1988 年 11 月完成，歷時三年零九個月。1989 年 11 月，英國王儲查理斯攜夫人戴安娜王妃訪港，為香港國際會議展覽中心揭幕。香港會議展覽中心的落成啟用，將新世界發展的聲譽和地產發展業務推上新的高峰。香港會議展覽中心在設計上還相當獨特，建築物臨海的正面是一幅世界最巨型的玻璃幕牆，面積達 2.67 萬平方呎，有 8 層樓高，它為香港海旁反射出一片美麗的海景。香港會議展覽中心是 80 年代香港最具代表性的五大建築之一（其餘分別是滙豐銀行大廈、中國銀行大廈、交易廣場及奔達中心），它與尖東的新世界中心隔海相望，不但為維多利亞海港增添瑰麗的色彩，而且成為新世界屹立在香港商界的標誌和象徵。

合和在 70 年代在港島灣仔成功發展合和中心，在 80 年代再接再厲，在合和中心毗鄰地段籌劃興建另一大型物業——以胡應湘父親名字命名的"胡忠大廈"。胡忠大廈佔地 5 萬平方呎，其中 2.6 萬平方呎是合和經過 10 多年努力向鄰近多個小業主購入的舊樓地皮，另外 2.3 萬平方呎是灣仔郵局及鄰近一政府宿舍用地，合和與香港政府達成協議，向政府補地價 1 億港元以取得上述地皮，而香港政府則可取得胡忠大廈 7-16 層樓面，約 30 萬平方呎建築面積，以作為灣仔郵局及其他部門之用，港府只須支付 4,000 萬港元建築費用。胡忠大廈於 1988 年 4 月奠基，1991 年 6 月建成，樓高 38 層，總樓面面積 84.75 萬平方呎，可供出租面積達 70 萬平方呎。1990 年 6 月，合和將胡忠大廈 40% 權益售予銘威公司，套現資金 6.55 億港元。

過渡時期，合和在地產方面，主要集中發展中型至豪華型住宅、工業大廈、寫字樓大廈及酒店物業等，包括 1989 年在港島香港仔建成樓面面積達 88 萬平方呎的興偉工業中心；1991 年建成新界荃灣悅來酒店，該酒店共有客房 1,026 間，樓面面積 73 萬平方呎，合和佔 75% 權益。合和又與長江實業合作，在九龍灣投資一幅土地，興建香港最大的國際展貿中心，可提供 100 萬平方呎的永久商品陳列室，供香港製造商及出口商使用，並設有展覽會場館及會議設施等，該中心於 1995 年建成啟用。❶⑤ 此外，合和還一度計劃在灣仔合和中心側畔，建造全港最大及最高的酒店 "Tower Hotel"，酒店樓高 91 層，將提供 2,400 間客房和相關設施。不過，由於遲遲未能完成收地，加上未能配合政府的道路計劃，以致最終成為 "空中樓閣"。

新世界發展在過渡時期策劃興建的香港國際會議展覽中心

位於香港國際會議展覽中心旁的五星級酒店——君悅酒店。

鷹君集團原是一間從事地產發展投資業務的地產集團。80 年代初，香港地產市道崩潰，鷹君遭受重大損失。不過，踏入過渡時期以後，鷹君憑藉大股東羅鷹石家族的敏銳目光，透過一連串低買高賣，實力迅速恢復。1987 年，羅鷹石家族收購建築公司孫福記集團有限公司，該公司由孫氏家族在上海創辦於 1920 年，1948 年在香港設立辦事處，1971 年獲香港政府頒發第一類 C 級承建商牌照，隨後在香港開展多項工程，包括港島中區的太古大廈和文華酒店等。羅氏收購孫福記後，將公司於 1989 年在香港上市。1989 年，孫福記收購光記股權，後者為一家道路及渠務承建商，實力進一步加強。[16] 1989 年，鷹君更在競投中區花園道地王一役重振聲威。

花園道地王位於中區花園道中銀大廈南，地盤面積為 9.2 萬平方呎，是中區最後一塊貴重地皮。1989 年 1 月，港府首席地政監督史格偉曾表示，這塊地王價值約在 50 億港元左右，當時有分析家更認為 "地王" 成交價可能達 57 億港元，將刷新香港的賣地紀錄。然而，花園道地王從 1989 年 5 月招標到 7 月揭盅，期間剛好經歷了北京天安門事件的衝擊，香港地產市道下調，地王的估價也相應地被調低了三至五成，約為 25-30 億港元。結果，參加競投下標的五家財團（全為華資財團）包括鷹君、新地與郭鶴年、長實、新世界與恒地及長榮、南豐發展等，其中鷹君的標價最高，以 27 億港元一舉奪標。整個地產發展項目，以該幅地競投價 27 億港元，再加上建築費 20 億港元及利息支出 7.8 億港元，鷹君在是項投資的總額高達 55 億港元。

鷹君集團董事總經理羅嘉瑞在中標後接受記者訪問時表示，該集團對香港的前景，尤其對寫字樓市道充滿信心，他表示香港過去曾經歷多次突發性風暴，每次都只有短暫的影響。

花園道地王於 1992 年 5 月建成，為兩幢具備智慧架構運作的高級寫字樓，命名為 "萬國寶通廣場"。每層樓均建有架高地台層及具備光導纖維的中樞通訊系統。廣場平台上建有 47 層高的萬國寶通銀行大廈，及 37 層高的亞太金融大廈，總樓面面積 165 萬平方呎。鷹君佔有 69.5% 權益，作為長期投資物業。其餘股權則售予美國的萬國寶通銀行及數間合夥公司。萬國寶通銀行表示："萬國寶通廣場的中樞位

鷹君集團旗下的主要投資物業——位於中區的萬國寶通銀行大廈。

置，重新界定了中區的銀行中心。"該項發展計劃證明了鷹君集團大股東的投資眼光卓越獨到。鷹君於 1997 年 3 月向萬國寶通銀行收購其 5% 權益，並增持該物業權益至 74.5%。其增添份量，續供租用。

» 華懋集團：介入亞洲證券收購戰

香港的地產大集團中，龔如心旗下的華懋集團可說是唯一沒有上市的。其實，早在 1988 年，華懋曾籌備在香港上市，當時曾委託渣打亞洲研究上市事宜。不過，其時香港股市經過 1987 年 10 月全球股災後元氣未恢復，王德輝夫婦不滿意集團資產折讓過大及市盈率釐定過低的上市安排，有關計劃遂被擱置，其後王德輝再度遭綁架，此事就拖了下來。不過，將華懋上市或部份上市，始終是龔如心的心願。由於沒有上市，華懋集團的規模如何至今仍不透明，不過，據行內人士估計，其與新鴻基地產、長江實業、恒基地產等相比，應該不遑多讓。據了解，華懋持有的乙種換地權益證書，在香港地產發展商中可能數一數二，而其擁有的出租樓宇，包括寫字樓、住宅樓宇及工業大廈，至少約 100 幢，其中最為人熟知的，是尖沙咀的華懋廣場、灣仔的熙信大廈等。1988 年，華懋將集團總部遷至尖東"華懋廣場"，它是集團首個全資興建的商業物業。

不過，對華懋集團打擊最大的，是董事局主席王德輝在短短七年間兩度被匪徒綁架，至今仍下落不明。1983 年 4 月，王德輝夫婦從山頂豪宅駕車回中環寫字樓途中，被綁匪在金鐘截停。綁匪將王德輝擄走後，釋放龔如心，指示其於 5 日內支付 1,100 萬美元作贖金，龔如心按綁匪指示辦，幸而丈夫得以安然獲釋，虛驚一場，破財擋災。事隔 7 年後，1990 年 4 月，王德輝第二次遭匪徒綁架，是次綁匪均為江湖中有名的黑道人物，贖金數字高達 6,000 萬美元，幾近天文數字。龔如心救夫心切，短期內再籌足鉅款交付綁匪。王德輝兩次被綁架中，王氏家人共支付贖金 7,100 萬美元，即 5.538 億港元，破了香港開埠以來的紀錄，在香港社會轟動一時。其後，綁匪行跡敗露，被警方捕獲，但王德輝本人則至今不知所蹤，有人估計或許已在綁架期間喪生公海。經此事件，王德輝夫人龔如心所受打擊之沉重可想而知，華懋集團在香港商界亦因而沉寂了一段日子。

1993 年，經過 3 年深居簡出之後，龔如心終於收拾悲痛心情，重出江湖，再展拳腳，她首先看中的就是亞洲證券，希望借亞證將華懋集團部份資產上市。亞洲證券全名"亞洲證券國際有限公司"，其前身是伊人置業，創辦於 1973 年 2 月 2 日，2 月 9 日在香港上市，於 1986 年 11 月被"公司醫生"韋理收購，易名為"亞洲證券國際"。其後，韋理透過亞洲證券收購並私有化趙氏家族的華光地產。不過，1991 年 2 月，韋理出人意表地將所持亞洲證券股權售出，套回現金近 8 億港元，其中 34.5% 股權售予李明治旗下的聯合集團，其餘 23% 股權則分批售出。這種安排，為後來爆發的亞洲證券收購戰，埋下了伏筆。

1992 年 8 月，聯合集團系各公司被香港證監會調查，系下各公司股價均告急挫，結果，李明治來個"金蟬脫殼"，相繼將旗下公司出售，包括將亞洲證券售予李文正旗下的華地，將東榮鋼鐵及三泰實業售予首鋼，將百樂門售予海裕實業。當時，亞洲證券的資產，主要包括亞洲貨櫃中心、紅山半島第四期、大角咀麗華中心、港晶中心、鴨脷洲港灣工貿中心等，持有 16.7-74% 不等的權益。此外，還持有星晨集團 34.5% 股權，以及廣聯企業 16.6% 股權等。1993 年 5 月 19 日，華地為加強對亞證的控制權，向亞證股東提出全面收購建議，每股作價 1.54 港元，涉及資金達 5.85 億港元，收購的附帶條件，是購得的股權以超過 50% 為準。

華地全面收購亞證，打亂了龔如心的部署，兩日後，華懋透過寶源投資宣佈對亞洲證券展開反收購，建議以每股現金 1.98 港元價格全面收購亞證，附帶條件為以收購 75% 股權為準，但如果華地所持股權不接受收購，可考慮將比例降低至 51%。當時，華懋已持有亞證 15.2% 股權，主要是早前向韋理基金購得的，並無參與亞證管理，因為附帶若干法律性條件，主要涉及資產和財務方面。華懋介入後，華地一度陷入被動局面，不過，6 月 1 日，形勢突然急轉直下，華地宣佈已於 5 月 31 日以每股 1.91 港元價格向獨立投資者購入 9,198 萬股亞證股份，佔亞證已發行股本的 15.8%，華地所持亞證股權增加到 50.32%。換言之，華地成功取得亞證的控制權。

龔如心原本看中亞證，希望借亞證將華懋資產部份上市，豈料被華地搶先一步，提出全面收購。在收購戰中，龔如心雖然出價每股 1.98 港元，比李文正的每股

1.91 港元要高，但市場內仍有幾個大戶賣家不領情，把股份賣給李文正，令她"陰溝裡翻船"。亞證收購戰後，公司兩大股東僵持，華地持有亞證 50.96% 股權，而華懋則持有亞證 25.27% 股權，結果導致公眾持股量不足 25%，未能符合聯交所的要求。其後，在聯交所的壓力下，華地將所持股權售予有中資背景的丹楓國際，結束這一兩敗俱傷的對峙。這一期間，華懋在試圖收購亞洲證券的同時，在市場上也頻頻下注，大量收購具重建價值的物業廣場，其中包括斥資 30 億港元向永安集團購入中區永安人壽大廈、永安中心大廈及向英皇集團購入宏記大廈，該集團還向廖創興企業集團聯絡，有意將永安人壽大廈、永安中心大廈與廖創興銀行大廈合併發展；稍後又斥資 2.55 億港元向岑才生家族購入中區華人銀行大廈兩成權益，計劃與毗鄰的宏記大廈合併重建。

1994 年 3 月，華懋主席龔如心宣佈一項令香港轟動的發展大計，計劃斥資 100 億港元在荃灣興建一座全香港及全球最高的商業大廈，該廈不連地庫合共 108 層，樓高 518 米，地盤面積約 21 萬平方呎，可建樓面面積 210-230 萬平方呎，預計將於 1998 年落成，屆時將比現時香港最高的中環廣場高出 158 米，比現時全球最高的美國芝加哥 Seas Tower 高出 25 米，比預計 1997 年落成的中國重慶大廈，亦將高出 11 米，堪稱"世界第一大廈"。該大廈將命名為"如心廣場"（Nina Tower），大廈外牆將沿用華懋傳統顏色——金色，大廈頂樓將掛個紅色大心，寫著"We Love Hong Kong"。龔如心表示：她不是希望藉著大廈命名來紀念自己，而是希望這幢大廈成為香港的新標記，表達她對香港前途的信心。不過，後來該計劃因技術原因被迫一度擱置。

》 華資地產商：競投機場鐵路沿線各站上蓋物業

進入 90 年代中期，隨著"九七"回歸的迫近，香港繼續維持穩定繁榮，華資財團對香港經濟前景的信心日益增強，紛紛大舉出擊，斥鉅資發展跨越"九七"的大型地產項目，最矚目的例子是競投機場鐵路沿線各站上蓋物業發展權。1995 年，港府批地予地下鐵路公司興建中環總站至大嶼山赤鱲角新機場之間的機場鐵路，地鐵公司向各財團招標發展沿線各站上蓋物業，華資財團紛紛合組財團出擊，結果，由新地、恒地、中華煤氣及中銀集團合組財團投得中環機鐵總站；麗新發展、環球投資、永泰及新加坡置業等合組財團投得九龍站；信和、嘉里、新加坡發展銀行、新加坡置地及中國海外合組財團投得大角咀站首期；長實、和黃及中信泰富合組財團投得青衣站；新地、新世界發展、太古地產、恒基地產及恒隆合組財團投得東涌站首期。

　　機鐵沿線各站中，以中環總站的規模最大，競爭亦最激烈，英資的"中區地王"置地亦一反多年來淡出香港的姿態，自組財團加入競爭，企圖力保其在中區的霸主地位。分析家指出，機鐵中環站毗鄰交易廣場一至三期，置地若能投得發展權，將有助其物業的發展並有利於互相配合。結果，由新地與恒地合組財團擊敗了英資的置地，長實、和黃，新世界、恒隆、希慎，以及信和、鷹君、南豐、萬泰製衣等四大財團而一舉奪標。中環機鐵站上蓋發展項目佔地約 4 公頃，發展工程將包括 3 幢高級商廈、零售商場，以及兩間酒店或服務式住宅大廈，總樓面面積達 447.7 萬平方呎，總投資達 400 億港元，預計分 6 期進行，1997 年開始動工，至 2004 年全部完成。該項發展計劃不僅是機鐵沿線各站中最負盛名及最昂貴的發展項目，而且亦是

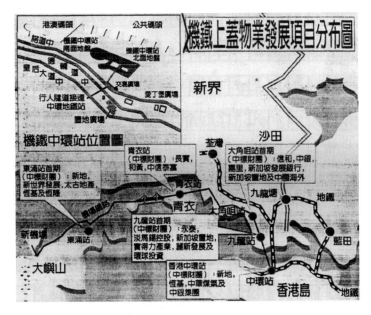

機鐵上蓋物業發展項目分佈圖

香港有史以來最大的單一地產項目，屆時完成後，英資置地在中區的王國將黯然失色，中區霸主的寶座將拱手讓予新地、恒地等華資大財團。

　　1996 年，各財團就機鐵大角咀站二期和東涌站二期再度展開激烈競爭，結果，大角咀站由信和置業、嘉里建設牽頭的財團奪得，總投資逾 150 億港元；東涌站二期則由香港興業為首財團奪得，總投資 90 億港元。整個發展趨勢顯示，華資財團在香港的地產發展中已佔絕對優勢，"立足香港，在這裡發展"已成為其投資策略的重要準則。

<h1 style="text-align: center;">02</h1>

<h1 style="text-align: center;">多元化：以電訊和基建為重點</h1>

　　踏入過渡時期以後，隨著中國對外開放的深入展開，香港製造業大規模向以廣東珠江三角洲為核心的華南地區北移，香港的經濟結構迅速從以出口帶動並以製造業為主導的體系，向以港口帶動並以服務業為主體的體系轉型。期間，香港不僅成為亞太區國際性金融中心、貿易中心、航空及航運中心，而且成為中國內地特別是華南地區的服務中心。隨著經濟結構的轉型，香港的服務業蓬勃發展，帶動電訊業、基本建設等各個領域高速增長。這一時期，華資大財團在繼續加強地產發展及投資的同時，亦積極推動集團的多元化發展，其中，尤以電訊和基建這兩個領域為重點，而華資集團亦逐漸從單純的地產公司蛻變成多元化綜合性大型企業集團。

》流動電話市場爭奪戰

　　長期以來，香港的電訊市場一直被英資的香港電訊集團所壟斷。香港電訊旗下的香港大東電報局壟斷著香港國際電訊的專營權，旗下的香港電話公司則壟斷著香港本地電話的專營權。❼ 不過，80年代中期以後隨著信息科技革命及全球電訊業的發展，香港電訊業步入大躍進時代，非專利電訊業務迅速發展。這一期間，電訊傳導途徑不僅從海底擴展到太空，人造衛星國際通訊網絡成為了重要的電子傳導方式，傳統的電子海底電纜亦迅速被光導纖維電纜取代；與此同時，個人通訊器材紛紛面世：傳呼機、手提電話、蜂窩式流動電話、汽車流動電話、流動數據傳遞、CT2/Telepoint，甚至先進的影印機、超小型圖文傳真機、私人電腦等已被廣泛應用。華資財團進軍香港的電訊業正是在這種背景下展開的。

80 年代中，李嘉誠旗下的和記黃埔向傳呼服務和流動電話市場進軍，成為華資大財團中率先進入電訊業的集團。其實，香港的傳呼服務早在 60 年代末已展開，1969 年 8 月，一位美國駐港記者開設 Republic Broadcasting System Ltd.，向港府郵政署取得傳呼牌照，在港島跑馬地安裝一部發射機，提供傳呼服務，但不足年半便宣告結束。第二家傳呼機公司 Apollo Telephone Service Ltd. 創辦於 1970 年，1974 年被佳訊有限公司接收，佳訊以大機構及政府部門為重點推銷對象，結果在數年間便吸納了大量客戶。70 年代，港府鑑於傳呼服務需求大增，便增發十數個傳呼經營牌照，當時英資的香港電話公司亦增設傳呼服務。80 年代中，和黃看準香港電訊市場的巨大增長潛力，於 1985 年推出手提無線電話，並進軍傳呼機市場，和黃在市場大舉收購各大小傳呼公司，一時間即購入 7 家傳呼電台，客戶逾 16 萬。到 80 年代末，和黃旗下的和記傳訊已成為香港最大的傳呼服務公司，1989 年底已擁有 100 個傳呼站，為 23 萬家客戶服務，佔香港傳呼市場的 50% 份額。而和黃屬下的和記電話公司，亦提供佔香港總量 55% 的蜂窩式流動無線電話服務，用戶有 5 萬多家，在香港流動電話市場佔領先地位。

不過，踏入 90 年代，和黃在流動電話的領先地位即受到挑戰。1990 年 4 月，香港電訊宣佈重組，成立專責非電訊專利業務的香港電訊 CSL，並推出 GSM（歐式數碼系統）流動電話，第一太平集團旗下的訊聯亦推出 GSM 流動電話，與和記電話展開激烈競爭，1992 年 7 月，新鴻基地產佔 40% 股權的數碼通有限公司（其他股東分別是美國 AT&T、ABC 佳訊及中國郵電部）擊敗九倉、新世界發展等集團，取得了第四個經營流動電話牌照，香港的流動電話市場遂形成四國爭雄的局面。

1991 年 2 月，港府頒發 4 個經營 CT2 即第二代流動電話的牌照，參與競投的財團多達 7 個，結果由和記傳訊的天地線（和黃佔 90%，滙豐佔 10%）、其士集團的步步通（其士商業國際系統有限公司佔 51%，Overseas Telephone Corporation 佔 49%）、太平專訊的經緯站（第一太平佔 45%、英國電訊佔 45%、新鴻基地產佔 5%、佳訊佔 5%），及香港點點電話（即 Tragetta Co., Ltd. 香港電訊 CSL 佔 50.1%、新鴻基香港工業基金佔 35%、星光傳呼佔 14.9%）分別投得經營。所謂第二代無線電話，是指利用 telepoint 的技術來傳遞信息，它跟蜂窩式流動電話不同之處，是它在室外

新鴻基地產旗下的上市公司數碼通，在香港流動電話市場的激烈競爭中穩佔一席之位。

1992 年 3 月 28 日，李嘉誠（左一）出席和記傳訊的"天地線"亮燈儀式。

時只可以打出電話，但不能接收電話，它只能與傳呼機一同使用，才可達到流動電話效果。在 CT2 的競爭市場，和記天地線可算一馬當先，到 1994 年底最高峰時，和記天地線擁有的客戶達到 12.5 萬戶，市場佔有率超過 50%，而其士步步通則緊追其後，擁有逾 5 萬戶客戶。不過，第二代流動電話在數碼流動電話的價格大幅下降時遭到激烈競爭，其客戶迅速流失，到 1996 年初，和記天地線的客戶已下降至不足 6 萬戶，被迫於同年 5 月結束服務，而其餘的其士步步通及太平專訊經緯站亦於稍後結業。和黃在該項業務中累積投資達 8 億港元。

和黃結束天地線後轉而加強對流動電話市場的爭奪，1995 年先後推出 GSM 數碼流動電話和 CDMA（美式數碼系統）流動電話，並展開猛烈的宣傳及推廣攻勢。不過，和記電話在香港流動電話市場的領先地位已被香港電訊所取代。據統計，到 1996 年 10 月，香港電訊 CSL 擁有的客戶達 32 萬戶，市場佔有率 28.6%；數碼通擁有的客戶 28.5 萬戶，市場佔有率 25.4%；和記電話擁有的客戶達 28 萬戶，佔 25%；而訊聯則有客戶 23.5 萬戶，佔 21%。⓱ 1996 年 7 月，港府宣佈頒發 6 個個人通訊服務（PCS）經營牌照，中標財團包括和記電訊、新世界電話、訊聯電信、八方通訊、匯亞通訊及萬眾電話，各大財團在香港流動電話市場的競爭將更趨激烈。

》 有線電視和第二網絡爭奪戰

80 年代中期以後，香港的華資大財團在競逐傳呼服務及流動電話市場的同時，目標卻是要染指香港被長期壟斷的電訊市場，包括專利經營的本地電話市場和國際電訊市場。其實，早在 80 年代中期，國際電訊業已開始形成放寬管制、引進競爭的大氣候，香港內部要求開放電訊市場、建立第二電訊網絡的呼聲日益高漲。1987 年港府委任 Booz Allen & Hamilton 公司就香港發展有線電視及第二網絡問題作出評估，著手檢討香港電訊政策。1988 年 3 月 Booz Allen & Hamilton 完成檢討報告，建議鋪設第二網絡，打破電訊業長期被壟斷的局面。

同年 9 月，港府招標籌建有線電視及第二網絡，參加競投的財團包括和記專線電視（和記通訊佔 40%，英國電訊佔 24%，太古洋行、嘉宏國際、中信集團各佔

10%，滙豐佔 6%）、香港有線傳播（九倉佔 28%、新鴻基地產佔 27%、美西電訊佔 25%、高德有線電視佔 10%、邵氏兄弟佔 10%）、Windows Television System（新鴻基公司、恒基發展、恒隆各佔 25%，新世界發展及潘迪生私人公司各佔 12.5%），及跨國公司速達國際資源工程。參加投標的 4 個財團中，以和記專線電視及香港有線傳播的建議書較佳，和記專線全新鋪設電訊網絡的建議及該財團的財力、股權結構被有關當局認為是最符合有線電視經營招標指引的條件，至於另外兩家財團 WTS 及速達國際資源工程的建議書則被認為資料欠詳盡。[19] 換言之，和記專線已成為奪標大熱門。可惜，和記專線在最後關頭，拒絕港府所要求將資本保證額從原來的 42 億港元提高到 55 億港元及徵收較高專利稅的條件，結果落敗，由香港有線傳播奪標。據當時的分析家評論，和記敗北可能與該財團在天安門事件後採取較為審慎的投資策略有關。[20] 事實上，該財團的股權結構中，英資所佔比重高達 40%。

有線傳播奪標後，計劃投資 40 億港元設立有線電視系統，1991 年開播，設立 15 條頻道，提供各種類型的廣播節目，並經營非專利電訊服務，包括資訊及圖文傳真，以及住宅用戶互通服務。有線傳播主席吳光正指出：該項投資涉及 100-160 億元，預計平均每年回報率超過 15%，估計可在 7 年內達到收支平衡。

可是，香港有線傳播的起步一波三折，到 1990 年 11 月 16 日終於宣告夭折，導火線是衛星電視的競爭。原來和黃落敗後，於 1990 年 4 月透過和黃與英國大東電報和中信集團合組的亞洲衛星通訊有限公司（各佔三分之一股權），發射 "亞洲衛星一號"，和黃並與李嘉誠家族成立和記衛星電視有限公司，斥資 31 億港元向亞洲衛星一號簽租 12 個轉發器，開辦 6 條頻道的衛星電視，並於同年 11 月 10 日領取港府頒發的以香港為基地發射衛星電視至泛亞洲地區的牌照。面對這種變化，香港有線傳播股東內部產生意見分歧，美西電訊決定退出，而新鴻基地產亦早萌退意，結果於 11 月 16 日宣佈解散。

不過，九倉對投資有線電視的態度堅決，決心捲土重來，九倉主席吳光正曾表示："我十分看好通訊業的發展潛力，而如果你要參與這個行業，那就一定要先在該行業先佔一席位，以便日後謀求發展。" [21] 1991 年 1 月，九倉組成九倉有線電視，並於 5 月向港府呈交有線電視及第二網絡的建議書，期間經歷重重波折，終於在

1993 年 6 月獲港府頒發有線電視經營牌照，是項發展計劃的總投資預計高達 50 億港元。1993 年 10 月，九倉有線電視正式啟播，初期推出 8 個電視頻道，其鋪設的互動式寬頻光纖網絡覆蓋約 10 萬個家庭。1995 年，九倉有線電視以"新聞、電影、體育、有線全城矚目"為主題，發動推廣攻勢，節目頻道增至 20 個，並透過自選電視 500 推出亞洲首個"近似自選視像"服務和"自選有線電視"服務。到 1996 年底，九倉有線電視的訂戶已從開辦初期的 5 萬戶增至 30 萬戶，而其覆蓋網絡亦已擴展到香港 135 萬個家庭。然而，有線電視在競爭對手眾多的情況下進展尚欠理想，1995 年度大幅虧損 8.2 億港元，1996 年度估計仍虧損 4 億港元，預期要到 1998 年才能達到收支平衡，而總投資額則已超過 60 億港元。㉒

就在九倉有線電視尚為收支平衡而苦苦努力之際，和黃開辦衛星電視卻取得了良好的效益。和記衛星電視自 1990 年起約投資 1.5 億美元，用 3 年時間將衛星電視辦成一個公認的地區性廣播活力站，它的 5 個頻道在亞洲和中東地區約吸引了 4,500 萬名觀眾。㉓ 1993 年 7 月 26 日，和黃及李嘉誠家族將和記衛星電視 64% 股權以 5.25 億美元售予澳洲報業大亨梅鐸（Rupert Murdoch）的新聞集團，獲利高達 30 億港元。

九倉旗下的有線電視，於 1993 年 10 月 31 日正式啟播，為香港首次引進有線電視服務。

李嘉誠次子李澤楷，曾一手主持和記衛星電視的交易，因此替和記黃埔賺取逾 30 億港元，成為香港傳媒的焦點。

是次交易由李嘉誠次子李澤楷主持，一時成為香港傳媒的焦點。稍後，李澤楷再以27億港元價格向新聞集團售出衛星電視其餘股權。1996年6月，和黃又與英國大東及中信集團聯手，將亞洲衛星在美國紐約交易所掛牌上市，估計和黃藉此可獲特殊收益逾7億港元。

》 電訊市場爭奪戰

　　踏入90年代，香港的華資大財團在進軍香港的專利電訊市場方面取得了突破性進展。1992年7月，港府宣佈將開放本地電訊市場，採用開放式發牌制度引進超過一個固定電訊網絡，與香港電話公司展開競爭。9月港府公開招標，參與投標的財團包括和黃、九倉、新世界發展、訊聯電訊、冠軍科技，以及澳洲的Telstra等。同年11月30日，港府宣佈將發出3個新固定網絡經營牌照予和黃的和記通訊（和黃佔80%、澳洲Telstra佔20%）、九倉的香港新電訊（九倉佔100%，但美國Nynex為技術夥伴，將投資若干股份），及新世界發展的新世界電話（新世界發展佔95%、英福電訊亞洲佔5%），從1995年7月1日起生效。

　　3家獲頒牌照的財團中，和記通訊計劃投資35億港元為香港主要商業區提供電話、數據、圖文傳真及整系列的視訊和專用電腦服務，並為一般市民提供"個人號碼"服務。該集團的優勢是擁有龐大流動電話及傳呼服務客戶，並獲得澳洲Telstra的電訊技術支持，因此在與香港電訊這個龐然巨物競爭中，不致處於被動地位。九倉的香港新電訊則計劃在10年內投資60億港元，首3年即投入30億港元，在5年內為香港主要地區提供全面雙向多媒體服務。香港新電訊的優勢，是可借助九倉屬下有線電視所發展的光纖網絡，達到相輔相承的效果。九倉的雄心可說比和黃有過之而無不及，香港新電訊的中文名稱與香港電訊僅一字之差，大有推陳出新之意，其英文名稱"New T & T"，則與美國電訊巨人AT & T相似，其在香港電訊市場的雄心，不難猜想。新世界電話將以亞洲電視為後盾，配合新世界的中方合作夥伴及新世界在內地酒店、房地產的投資，計劃投資50億港元為香港提供聲音、數據、錄像相結合的電訊服務，並發展資訊高速公路，據香港電訊局估計，引進3家競爭者將可在未來 10 年內使香港消費者獲得更優質服務並節省 17 億港元,而香港電訊市場則會由現時年值 70 億港元擴展到 280 億港元。

1995 年 7 月 1 日,香港電訊集團旗下香港電話的經營專利權屆滿,市場正式引入競爭。新世界電話即於當日開業,並以先聲奪人之勢首先在電訊開支大的企業客戶市場展開猛烈宣傳攻勢,先後推出香港第一個結合話音、數據和視像的網絡服務——IDD009 國際長途電話,以及香港及外地均可使用的 Go Gard 和 Talk Talk Card。1996 年 7 月,新世界電話又推出集通訊、資料查詢、理財及電子郵件功能的觸幕式互動多媒體公眾電話(Powerphone),進軍公眾電話

九倉旗下的香港新電訊商標

位於尖沙咀地鐵站內的新世界電話門市

市場。新世界以 "全面電訊服務" 為目標,計劃於 2000 年在本地電話、國際長途電話、流動電話及公眾多媒體的整體市場佔有 9.5% 的市場份額,並將未來電訊業在新世界業務中所佔比重大幅提高到 50%。❷❹

九倉的香港新電訊亦於 1995 年 10 月啟業,初期覆蓋觀塘、尖沙咀、中環及銅鑼灣的 30 幢商廈,主要提供商業電話服務,其後相繼推出 "聲訊縱橫"、"數據傳送"、"商務國際線" 及 "IDD007" 國際長途電話等服務。香港新電訊的發展策略,與同時加入本地電訊市場的和記廣訊及新世界電話頗不相同,其重點是發展獨立的第二電訊網絡,以注重網絡設備為競爭基礎,盡量避免被香港電訊控制,獨立出擊。❷❺

成立於 1995 年的和記廣訊稍後亦先後推出 IDD008 服務,以及 "個人專碼"、

"國際電話卡"、"電話卡" 等服務，計劃在 1997 年推出全面服務。1996 年 1 月，和黃為加強統籌香港電訊業的發展，成立和記電訊有限公司，負責統籌香港的電訊業。和黃不僅著眼於香港本地電話市場，而且對香港電訊的另一專利權——香港國際電訊服務虎視眈眈。早在 1991 年 6 月，當時的和黃董事總經理馬世民，就曾以"香港國際電訊業期望走向區域領導地位"為題，以尖銳措詞抨擊香港電訊 "擁權自肥"，他指責香港電訊擁有至 2006 年才屆滿的國際電訊專利經營權，在毫無競爭之下獲取龐大利潤，並要求港府從速檢討香港電訊的國際電訊專利權。❷ 可以預料，在未來香港電訊業市場上，和黃、九倉、新世界等華資大集團將成為英資香港電訊強有力的挑戰者。

》 新貨櫃碼頭、西隧等基建爭奪戰

80 年代中期以後，香港華資大財團積極拓展的多元化業務中，另一個重點是貨櫃碼頭、隧道、公路、新機場有關設施為主的基本建設。香港的貨櫃碼頭業務始於 60 年代末、70 年代初，在 80 年代隨著香港與內地經貿關係全面發展、轉口貿易大幅增加而進入高速增長時期。1989 年香港首次躍升全球第一大貨櫃港（表 6-1），1992 年以後更連續數年保持全球最繁忙貨櫃港地位（表 6-2），貨櫃碼頭業已成為高增長行業。

70 年代，香港的貨櫃碼頭業基本被現代貨箱（MTL）和國際貨櫃（HIT）這兩家英資貨櫃碼頭集團所壟斷，不過自 1979 年和 1980 年李嘉誠收購和黃以及包玉剛收購九倉之後，這兩家集團的貨櫃碼頭控制權便逐步轉移到華資財團手中，華資財團並藉此大力發展貨櫃碼頭業。現代貨箱全稱 "現代貨箱碼頭有限公司"，創辦於1969 年。原屬九龍倉的聯營公司，九龍倉持有其 25.6% 股權，其餘兩大股東分別為歐洲航務公司馬斯基和英國鐵行輪船公司。不過，1994 年後，馬斯基和英國鐵行輪船公司先後多次出售其所持股份，令九龍倉所持現代貨箱股權大幅上升到 50.84%，其他股東則轉變為招商局（20.31%）、太古洋行（17.65%）、滙豐銀行（6.3%）及捷成洋行（4.9%）等，現代貨箱遂成為九龍倉的附屬公司。

表 6-1　1989-1995 年世界主要港口貨櫃吞吐量（TEU：萬個）*

地區＼年度	1989 年	1990 年	1991 年	1992 年	1993 年	1994 年	1995 年
香港	446.4	510.1 （14.27%）	616.2 （20.80%）	797.2 （29.37%）	920.4 （15.45%）	1,105.0 （20.06%）	1,253.0 （13.39%）
新加坡	436.4	522.4 （19.71%）	635.0 （21.55%）	755.6 （18.99%）	904.7 （19.73%）	1,044.2 （15.42%）	1,183.0 （13.31%）
鹿特丹 （荷蘭）	361.7	366.6 （1.36%）	376.6 （2.73%）	412.3 （9.48%）	416.1 （0.92%）	450.0 （8.15%）	480.0 （8.15%）
釜山 （南韓）	215.9	234.8 （8.75%）	269.4 （14.74%）	275.1 （2.12%）	307.1 （11.63%）	382.5 （24.55%）	450.0 （17.65%）

* 括號內數據為年增長率，以 20 呎標準貨櫃為單位。
資料來源：渣打銀行，轉引自香港《資本》雜誌，1996 年 5 月期。

表 6-2　1987-1995 年香港貨櫃箱吞吐量增長概況

年度	葵涌碼頭		中流作業		內河貿易		總額	
	TEU （萬個）	%	TEU （萬個）	%	TEU （萬個）	%	TEU （萬個）	%
1987	261.4	19.4	78.0	52.8	6.4	-14.2	245.7	24.6
1988	300.2	14.9	95.0	21.8	8.1	28.1	403.3	16.7
1989	331.7	10.5	106.7	12.4	7.9	-2.5	446.4	10.7
1990	383.1	15.5	119.8	12.3	7.1	-10.6	510.1	14.3
1991	451.4	17.8	157.3	31.3	7.4	4.8	616.2	20.8
1992*	507.9	12.5	246.1	——	43.2	——	797.2	29.4
1993	579.7	14.1	279.7	13.7	61.0	41.3	920.4	15.5
1994	727.8	25.6	283.9	1.5	93.3	52.8	1,105.0	20.1
1995	825.6	13.4	292.8	3.1	134.5	44.2	1,253.0	13.4

* 自 1992 年起以新統計方式進行
資料來源：香港港口發展局

1970 年 8 月，港府在葵涌貨櫃碼頭招標，由現代貨箱投得葵涌一號貨櫃碼頭的發展經營權，二、三號貨櫃碼頭則分別由日本大山船務公司及美國海陸聯運公司投得。1972 年，現代貨箱建成並運營一號貨櫃碼頭的首個泊位，當年箱運有限公司旗下的"東京灣號"率先使用現代貨箱泊位，開啟香港貨櫃運輸的先河。1973 年，二、三號貨櫃碼頭首個泊位也先後建成啟用。不過，1973 年，日本大山船務公司將二號貨櫃碼頭權益專售予國際貨櫃，1991 年，海陸聯運公司將三號貨櫃碼頭權益轉讓予海陸聯運（中國）有限公司（SLOT）。

九倉旗下的現代貨櫃碼頭

和記黃埔旗下的國際貨櫃集團，是全球規模最大的私營貨櫃碼頭公司。

1975 年，港府再以私人協約方式批出葵涌貨櫃四、五號貨櫃碼頭發展權，分別由國際貨櫃和現代貨箱投得。80 年代期間，包玉剛收購九龍倉後，即透過現代貨箱積極拓展貨櫃碼頭業務。1980 年，現代貨箱碼頭的香港貨倉大樓正式啟用。1988 年，香港的五號碼頭擴建工程竣工。1985 年，現代貨箱以港府授權的葵涌六號貨櫃碼頭半數權益，與國際貨櫃交換二號碼頭，並於 1989 年正式接收該碼頭。至此，其所擁有的一、二、五號貨櫃碼頭連成一體。1991 年，現代貨箱再獲得八號貨櫃碼頭 4 個泊位中的 2 個，成為香港貨櫃碼頭業僅次於國際貨櫃的另一大集團。1995 年，現代貨箱的貨櫃處理量達 211 萬個標準箱，約佔葵涌貨櫃碼頭吞吐量的兩成半。

　　國際貨櫃全稱是 “香港國際貨櫃碼頭有限公司”，其前身是香港黃埔船塢有限公司的貨櫃碼頭業務，1974 年，黃埔船塢奪得葵涌四號貨櫃碼頭發展經營權，遂將其位於紅磡、北角和觀塘 3 段貨櫃碼頭業務全部遷往四號貨櫃碼頭。1977 年和記國際與黃埔船塢合併為和記黃埔，國際貨櫃遂成為和黃的附屬公司。1979 年李嘉誠收購和黃後，即透過國際貨櫃集團大力發展貨櫃碼頭業務。

　　1985 年，港府決定讓國際貨櫃和現代貨箱共同發展六號貨櫃碼頭，但國際貨櫃以二號貨櫃碼頭換取現代貨箱在六號貨櫃碼頭的半數權益，斥資 20 億港元獨力發展六號貨櫃碼頭。1988 年，港府招標競投七號貨櫃碼頭，國際貨櫃以 43.9 億港元的高價奪得七號貨櫃碼頭的發展權，一舉奠定其作為香港最大貨櫃碼頭集團的地位。七號貨櫃碼頭的標價連同填海及購置設備等費用，總投資高達 70 億港元。1991 年，國際貨櫃與中資的中國遠洋運輸公司合資組成中遠—國際貨櫃碼頭（香港）有限公司（CHT），與港府達成協議，取得八號貨櫃碼頭 4 個泊位中的兩個泊位的發展經營權。至此，國際貨櫃集團共經營葵涌的四、六、七、八號貨櫃碼頭的 12 個泊位，已成為全球規模最大的私營貨櫃碼頭公司。1995 年度，國際貨櫃集團處理的貨運量高達 520 萬個標準貨櫃箱，在葵涌貨櫃碼頭處理的總吞吐量中所佔比重超過 50%。❷❼ 該年度，港口及有關服務為和記黃埔帶來的營業溢利高達 36.3 億港元，佔和黃營業溢利總額的 55.6%。❷❽

　　80 年代中期，積極拓展多元化業務的新世界發展亦開始進軍香港的貨櫃碼頭業，1985 年，新世界以 3 億港元價格向陷入財政危機的東方海外實業購入亞洲貨櫃有限公司 49% 股權（翌年將持股量減至 39%），並透過亞洲貨櫃公司斥資 40 億港元在葵涌三號貨櫃碼頭興建亞洲最大規模的貨櫃集散中心。其後，新世界併購入經營三號貨櫃碼頭的海陸貨櫃碼頭有限公司 13.84% 股權。90 年代以後，新世界增持亞洲貨櫃股權至 45.92%，成為該公司最大股東。其時，亞洲貨櫃在三號貨櫃碼頭擁有的亞洲貨櫃中心，面積達 590 萬平方呎，已成為世界最大型多層式直達貨櫃貨運倉庫大樓，而新世界持有的海陸貨櫃股權亦增至 30.34%。

　　1992 年，隨著香港貨櫃碼頭業的高速增長，預期葵涌一至八號貨櫃碼頭的吞吐量將於 1995 年達到飽和，九號貨櫃碼頭的興建遂提到議事日程，香港各大財團，包括英資的怡和財團都有意參與，使貨櫃業的競爭更趨激烈。同年 11 月 10 日，港府在未與中方磋商的情況下宣佈，以私人協議的方式將九號貨櫃碼頭的發展經營權，批予以英資怡和為首的青衣貨櫃集團（其餘股東尚有海陸貨櫃集團、新鴻基地產及新世界發展）、國際貨櫃及現代貨箱 3 個財團，九號貨櫃碼頭的 4 個泊位中，青衣貨

興建中的位於葵涌三號貨櫃碼頭的亞洲貨櫃中心，建成後其規模將為亞洲之最。

櫃獲得其中兩個，國際貨櫃和現代貨箱各得一個。其時，正值香港新任港督彭定康上任伊始，並在施政報告中單方面提出對香港原有政制作重大改動的方案，中英關係陷入低潮。中方即指責港英政府單方面批出跨越“九七”的重大工程是違反《中英聯合聲明》的侵權行為，未來特區政府將不予承認。香港輿論亦認為港英政府的決定有私相授受之嫌。九號貨櫃碼頭的發展遂陷入僵局，一拖達 3 年之久。

1996 年 1 月，中英關係轉趨改善，而香港貨櫃碼頭的發展更趨迫切，兩國外長終於就九號貨櫃碼頭的解決辦法達成共識，並擬就一至九號貨櫃碼頭的泊位擁有權作重新分配。然而，由於交換泊位涉及各財團的切身利益，有關磋商一再拖延，直至同年 9 月 11 日始獲解決。結果，和黃的國際貨櫃再次成為大贏家，國際貨櫃除獲得九號貨櫃碼頭一個泊位外，再額外獲得一個支線泊位及港府批出的一幅在九號貨櫃碼頭以北、佔地 2.49 公頃土地，可發展為商業樓宇。國際貨櫃每年將增加 120 萬個標準貨櫃箱，令該公司的吞吐量上升至 700 萬個標準貨櫃箱。九倉的現代貨箱則以八號貨櫃碼頭的兩個泊位，交換青衣貨櫃在九號貨櫃碼頭的發展權，因而在九號貨櫃碼頭將獲得 3 個泊位及額外一支線泊位。獲得八號貨櫃碼頭兩個泊位的青衣貨櫃則重組股權，並易名為“亞洲貨櫃碼頭有限公司”。重組後，怡和集團的股權大幅下降，成為第二大股東，透過置地及怡和太平洋持有 28.5% 股權；經營三號貨櫃碼頭的海陸貨櫃集團成為大股東，持有 29.5% 股權；新鴻基地產和新世界基建分別持有 28.5% 和 13.5% 股權。至此，九號貨櫃碼頭的爭奪終告結束。九號貨櫃碼頭首個泊位估計將在動工後 24 個月落成，以後每 4 個月可多建成一個泊位，全部落成後可處理 220 萬個標準貨櫃箱。

就在九號貨櫃碼頭計劃因中國外長錢其琛訪英而漸露曙光之際，1995 年 12 月港府就屯門首個內河貨櫃碼頭進行投標，是次招標的目的是為了解決日益繁忙的內河貿易。參與投標的分別是以和黃和新世界為首的兩大財團，和黃財團（和黃佔 37%、新鴻基地產佔 37%、中遠太平洋佔 11%、怡和佔 15%）的標價為 11.4 億港元，計劃以海上穿梭系統配合中流作業碼頭；新世界財團（新世界基建佔 35%、恒基地產佔 35%、新鴻基工業佔 10%、越秀投資佔 10%，另海陸貨櫃碼頭公司有權認購 20% 股權）的標價則為 23.8 億港元，計劃發展為貨櫃碼頭。是次投標競爭相當激烈，兩大財團罕

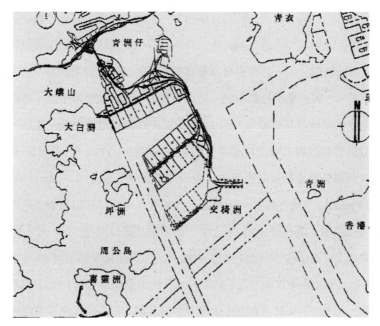

葵涌／青衣的貨櫃碼頭及大嶼山的擬建貨櫃碼頭

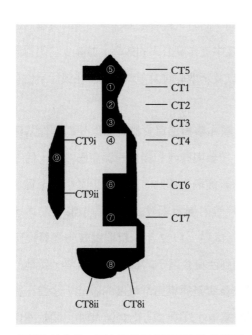

- CT5
- CT1
- CT2
- CT3
- CT4
- CT9i
- CT9ii
- CT6
- CT7
- CT8i
- CT8ii

圖例
現代貨櫃：CT1、CT2、CT5、CT9ii
國際貨櫃：CT4、CT6、CT7、CT9i
海陸聯運：CT3
中遠國際貨櫃：CT8i
亞洲貨櫃（前身為青衣貨櫃）：CT8ii

經互換泊位後一至九號葵涌貨櫃碼頭的分配圖

有地先後披露自己標書的內容，和黃的國際貨櫃指對方出過高標價，假若他們中標後收費會更高，公司將拒絕用屯門碼頭；而與新世界共同投標的海陸聯運則指國際貨櫃效率偏低，就在投標揭曉前一天，新世界發展董事總經理鄭家純更公開表示，如果港府不以高價為中標準則，實有違反投標規則。結果，和黃財團以較低價中標。港府表示，新世界財團落敗的原因是其標書未符合 12 項招標文件內指定的要求。為此，新世界財團發出律師信禁制政府有關投標結果，但被法院駁回。1996 年，以和記黃埔旗下的國際貨櫃和新鴻基地產為首財團組建 "香港內河碼頭有限公司"（River Trade Terminal Company Limited），雙方各佔 50% 權益。1998 年，位於珠江口和香港屯門西的香港內河碼頭落成啟用。該碼頭佔地 65 公頃，靠泊碼頭總長度達 3,000 米，共 49 個泊位，每年可處理 130 萬個標準貨櫃的內河貨物，另外還建有堆場面積 45 公頃，散貨倉 2.8 萬平方米，集裝箱維修中心 1.8 萬平方米。內河碼頭的主要功能，是集中處理香港與珠三角一帶港口間用船隻載運的貨櫃及散裝貨物，同時支援葵涌貨櫃碼頭及中流作業的運作。為此，內河碼頭將利用連接到葵涌貨櫃碼頭及中流作業公司的先進電腦系統，先將內河貨櫃分類整理，然後根據貨櫃離港次序，用快速接駁躉船將貨櫃運送到個別葵涌貨櫃碼頭或中流作業公司；同時，經香港運往珠三角的貨櫃亦會集中在內河碼頭處理集散，以提高貨櫃碼頭及中流作業公司的效率，並減少它們對後勤用地的需求。至此，和黃、九倉、新世界以及新地等幾大華資財團已在該行業佔有絕對優勢。

　　踏入 90 年代以後，香港的華資大財團亦積極進軍貨櫃碼頭以外的其他基建領域，如九倉就透過旗下的香港隧道有限公司參與興建和經營西區海底隧道，佔 37% 股權，透過香港空運貨站參與興建赤鱲角新機場空運站，並透過天星小輪、香港電車、美城停車場、駕易通、香港駕駛學院等附屬及聯營公司參與香港的交通運輸業。新鴻基地產的多元化拓展亦以基建為重點，1992 年，新地就曾向港府提交建議，有意發展由沙田大圍火車站經馬鞍山到西貢企嶺下的鐵路。1993 年，新地持有 20% 股權的翠谷工程有限公司獲港府批出負責新界東南堆填區的設計、建造、經營及長期環保管理的合約，該堆填區面積廣達 100 公頃，已於 1994 年 9 月開始運作，吞吐量可達 4,000 萬立方米，每日約處理 6,000 噸廢料。1995 年，新地獲港府批准三號幹線郊野公園段為期 30 年的設計、建造、管理和維修專營權，新地佔 50% 權益。三號幹線郊野公園段已於同年 6 月展開，整項工程成本高達 72.54 億港元。此外，新地佔 65% 權益的財團亦獲香港臨時機場管理局甄選，負責興建與管理位於赤鱲角新機場的貨運代理中心，該中心預期於 1998 年完成，由新機場啟用起計，為期 20 年。此外，新世界發展、合和實業等集團亦積極進軍基建業，如新世界就參與興建大老山隧道，持有 27.5% 股權。不過，該等集團的基建業務主要集中在中國內地。

» 地產公司蛻變為 "大行" ── 綜合性企業集團

踏入過渡時期以來，香港華資大財團在香港經濟中縱橫捭闔，積極推動集團多元化業務，已逐漸從單純的地產公司蛻變成香港經濟中的 "大行"，即多元化綜合性大型企業集團。其中，李嘉誠家族財團的業務多元化程度可說最高，李氏以長實

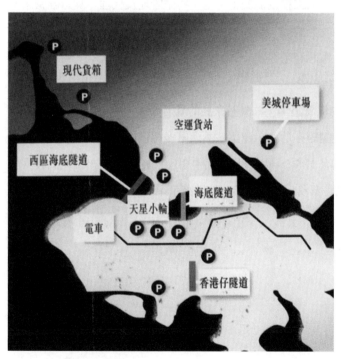

九龍倉在香港的基建投資項目（資料來源：《九龍倉集團有限公司 1993 年報》）

為旗艦，以和黃為主力積極拓展多元化業務，其投資遍及香港經濟的眾多行業，其中地產發展及投資、貨櫃碼頭、電訊、零售及製造業、能源等已成為其五大核心業務。包玉剛家族財團的多元化程度亦相當高，其女婿吳光正出掌會德豐後，該集團積極向地產、電訊、貨櫃碼頭、投資銀行、貿易及服務業等重點領域拓展，並雄心勃勃計劃重塑香港大行形象。鄭裕彤家族財團的業務多元化程度亦頗高，鄭氏從金銀珠寶業發跡，再藉地產崛起，又以地產為依託拓展建築、酒店、航運、傳播業，80 年代中期以後更積極進軍電訊和基建業，已粗具"大行"規模。

香港的華資大財團中，專注地產發展及投資的新鴻基地產和恒基地產集團的多元化程度較低，但 80 年代中期以後亦開始加緊部署，推動集團的業務多元化發展。其中，恒基地產已藉收購中華煤氣、香港小輪涉足香港公用事業領域。1993 年收購美麗華酒店後業務拓展至酒店業，近年又透過旗下公司進軍零售業，業務多元化已初見成效。新地拓展多元化業務可說獨具特色，主要圍繞著地產發展及投資拓展與此相關業務，包括建築、機械工程及混凝土生產、物業管理及代理、貨倉經營、酒店投資及管理、財務金融及保險等。自郭炳湘兄弟接掌新地後，該集團亦積極向地產以外業務拓展，尤其是電訊和基建。不過，新地的多元化才剛起步，目前非地產業務在集團中所佔比重僅為一成。

此外，陳啟宗家族的恒隆集團、羅鷹石家族的鷹君集團、羅旭瑞家族的世紀城市、林百欣家族的麗新集團等亦地產、建築、酒店等多線發展。其中，恒隆在香港華資大集團中多元化的起步最早，早在 60 年代中期已積極進軍洗衣業、批發零售業、酒店飲食業及停車站等業務，但在 80 年代以後卻停滯不前，被其他財團超越。

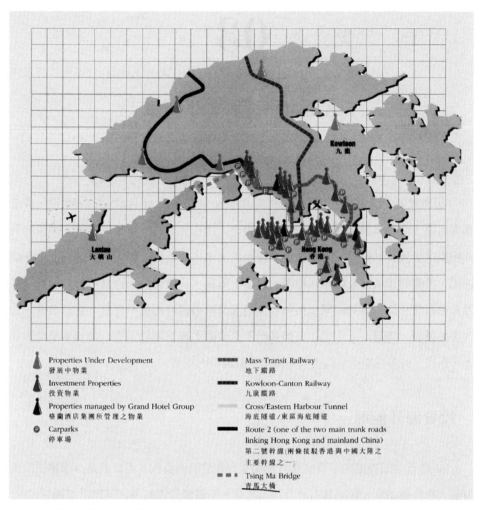

1996 年恒隆集團的主要投資及發展物業分佈。（資料來源：《恒隆集團 1995/1996 年度報告》）

03

國際化：向海外拓展

———————————

　　毋庸置疑，踏入過渡時期以後，尤其是 80 年代中至 90 年代初的前半期，香港華資財團一個頗具爭議性的投資策略的變化，是在加強香港業務的同時，加快向海外拓展的步伐，其投資的觸角從香港伸延到加拿大、美國、澳洲、歐洲以及東南亞諸國，投資的領域遍及能源、地產、酒店、電訊、貨櫃碼頭、百貨零售、製造業以及其他行業。這一趨勢與同期怡和、滙豐等傳統英資財團遷冊海外，重組結構，加快海外投資，將第一上市地位外移甚至不惜全面撤離香港股市等一系列舉措齊頭並進，形成了過渡時期前半段香港經濟中一股矚目的潮流。

» 投資海外能源

　　80 年代中期香港的華資家族財團加快海外發展的步伐，可以說是以李嘉誠家族財團大舉投資加拿大赫斯基石油公司為起端。李嘉誠投資海外，其實可追溯到 60 年代末期，1968 年李氏首次到加拿大，已開始投資當地物業。1974 年，李嘉誠與加拿大五大商業銀行之一的加拿大帝國商業銀行結成密切合作夥伴，合組加拿大怡東財務公司（各佔 50% 股權）。1981 年，李嘉誠先是斥資 6 億港元收購加拿大多倫多希爾頓酒店，繼而斥資 2 億多港元購入美國休斯頓數幢商業大廈。據統計，從 70 年代末到 80 年代初，李嘉誠以個人或長實名義在北美至少購入過 28 宗物業。❷❾ 不過，這一時期，李嘉誠在海外的投資規模仍較小，並未引起投資者的關注。

　　80 年代中期起，李嘉誠開始加快向海外投資的步伐。1986 年 2 月，和黃董事總經理馬世民在倫敦主持和黃在海外首個辦事處的成立典禮時表示，和黃正在找尋收購目標，有能力在未來 12-18 個月內在歐洲投資 10 億美元。稍後，和黃主席李嘉誠就馬世民的談話補充說："馬世民的真正意思是，若有合適的投資計劃，和黃在今後 5 年內，有能力在海外投資 10 億美元。"翌日，馬世民在接受記者訪問時又表示：和黃已訂立一套向海外發展的準則，這套準則包括收購的海外公司須有一定的規模，已有合理的利潤和資產，並非從事勞力密集，而且必須是和黃熟悉的業務，所在地必須政治穩定、經濟良好、稅務結構合理、收益容易匯出等。此外，貨幣與人口亦是重要的考慮因素。

同年 9 月，和黃小試牛刀，透過旗下和黃與嘉宏國際合組的聯營公司 Union Faith 以約 5,000 萬英鎊價格購入英國皮亞遜公司（Pearson Co., Ltd.）4.99% 股權。該公司是一家在倫敦證券交易所上市的多元化企業集團，旗下業務包括著名的《金融時報》、《經濟學人》、朗文出版社、投資銀行 Lazard Brothers、精瓷製造公司 Royal Doulton、美國上市石油公司 Camco 65% 股權、加州兩萬畝農場及英國一些貴重物業等，在國際上聲譽甚隆。和黃原計劃進一步增加對該公司的投資，並尋求雙方合作的機會。然而，和黃的收購遭到該公司主要股東拒絕，稍後和黃將所收購股權出售，獲利 1.4 億港元。

1986 年 12 月，李嘉誠透過家族公司及和黃重槌出擊，斥資 4 億加元收購加拿大赫斯基石油公司（Husky Oil Ltd.）52% 股權，其中，和黃旗下的 Union Faith 購入 43% 股權，1983 年已入籍加拿大的李嘉誠長子李澤鉅購入 9% 股權，李氏擁有 9% 股權的加拿大帝國商業銀行亦購入該公司 5% 股權，而原大股東、加拿大化學製品及氣體運輸集團 Nova Corp. 則仍擁有其餘 43% 股權。根據加拿大政策，外國人是不能購買 "財政狀況健全" 的能源公司，但李嘉誠利用兒子李澤鉅入籍加拿大的身份避過這種限制，成功取得赫斯基的控制權。

赫斯基的總部設於加拿大亞伯達省卡加利市，是加拿大主要的獨立能源公司，在加拿大擁有 5,000 餘口石油及天然氣生產井的開採權，其中約 40% 由該公司開採，此外還持有重油精煉廠 26.67% 股權及 343 間汽油站。李嘉誠在收購赫斯基時表示：世界石油價格在短期內不會有太大升幅，但長遠來說可以看好，而且香港電燈公司的發展與石油有很大關係，所以是項投資將對香港有利。他在接受《加拿大商業》月刊獨家採訪時還表示：為了尋求合適的能源投資機會，他曾花了幾年在歐美考察，之所以看中赫斯基，主要有兩個原因，一是他個人對加拿大有一份特別的個人感情，二是他本人與赫斯基總裁 Mr. Blair 私交甚篤，相信他的指引。

赫斯基自被李嘉誠收購後，即展開連串擴張活動，包括制訂整套石油裝置計劃，趁低價購入更多的石油儲存及多鑽取石油以減低負債，1988 年 6 月又斥資 3.75 億加元全面收購加拿大另一家石油公司 Canterra Energy Ltd.，令其資產值從原來的 20 億加元擴大一倍，成為北美五大石油和氣體公司之首。不過，赫斯基的連串擴展亦令其負債急增，收益銳減，令其主要股東不勝負荷。1991 年 10 月，赫斯基另一大股東 Nova 集團以低價將其所持的 43% 股權售予李嘉誠家族及 Union Faith，李氏斥資 17.2 億港元，實際上取得了赫斯基的絕對控制權。收購赫斯基可說是香港華商首宗令人矚目的大規模海外投資項目，實際上揭開了香港華商 80 年代中期加快海外投資的序幕，是項投資亦令李嘉誠財團晉身跨國公司之列。

投資海外能源業的還有香港華商鄭裕彤、李兆基及何鴻燊等。1992 年，鄭裕彤合組財團斥資 7,000 萬加元（約 4.27 億港元）收購加拿大上市能源公司 Unmac Oil & Gas Ltd. 41% 股權。1993 年，鄭裕彤又聯同李兆基、何鴻燊等以 2.4 億加元（約 15 億港元）向加拿大上市公司 West Coast Energy Ltd. 購得其全資附屬公司西岸石油公司（West Coast Petroleum Ltd.）全部股權。鄭氏等將兩公司合併，易名 "Numac Energy Inc."，仍維持其上市地位，合併後的新公司已成為加拿大第二十大石油及天然氣生產商。

» 投資海外地產業

香港華商投資海外的地產業，以李嘉誠、李兆基、鄭裕彤 3 位富豪聯手競投加拿大溫哥華世界博覽會舊址發展權一役最矚目，亦最大規模。1988 年 4 月，正值全球股災爆發之後數月，李嘉誠聯同李兆基、鄭裕彤以及加拿大帝國商業銀行合組太平世博發展有限公司（Concord Pacific Development Ltd.），其中，李嘉誠佔 61.7% 股權、李兆基和鄭裕彤各佔 17.5% 股權、加拿大帝國商業銀行佔 3.25% 股權，以 3.2 億加元的標價和獨具匠心的設計方案，擊敗了獲得當地英屬哥倫比亞省省長支持的溫哥華置地公司，一舉奪得溫哥華 1986 年世界博覽會舊址的發展權。在競投期間，李嘉誠財團差點因為加拿大政府排外而被剔除，幸而負責該項目的李澤鉅在幾次關鍵的聽證會上，高喊出"我是加拿大公民"，將阻力驅散，最終奪得該發展項目。根據協議，太平世博獲得極優厚的付款條件，首期僅需付款 5,000 萬加元，其餘款項則在 15 年內分期繳付。

溫哥華世界博覽會舊址位於溫哥華市中心福溪（False Creek）北部的臨海地段，佔地約 82 公頃，由於地形狹長，盡覽湖光山色，被認為是北美洲最昂貴和最具發展潛力的土地。根據太平世博的標書，該集團將在未來 15-20 年內斥資 20 億加元興建一個巨型的"鄰舍式組合體"（Neighbourhood-Style Mix），整個計劃包括 1 萬個住宅單位、樓面面積逾 300 萬平方呎的商業樓宇、一間擁有 400 個客房的高級酒店、2.1 萬個車位的停車場、可容納 630 艘遊艇的避風碼頭、一座國際金融中心、一個高科技研究中心以及一個設備齊全的公園。❸ 該項計劃不僅是香港華商在海外開發房地產業的最龐大計劃，而且亦是加拿大有史以來最大的發展計劃。

一手策劃、主持加拿大萬博豪園工程並取得佳績的李澤鉅。

和記黃埔和李嘉誠家族於加拿大投資的赫斯基石油公司，是加拿大主要的原油、天然氣及硫磺生產商之一。圖為在加拿大高速公路上，經常見到的赫斯基石油公司的標誌。

李嘉誠競投溫哥華世博舊址時，加拿大興論一度嘩然，許多人擔心溫哥華將變成另一個像香港般人口稠密的城市，不過，當太平世博的發展計劃細則公佈後，當地的政經界人士及傳媒旋即好評如潮，加拿大聯邦部長表示："這些土地發展成為中心區一個新的繁盛地帶，將提高溫高華作為國際城市的聲譽"，經濟發展部長認為該項發展將是一個"舉世注視和欣羨"的典範。溫哥華市長則表示："整個計劃令人嘆為觀止，我很高興溫哥華市能有這樣的發展。" 當地華裔僑領認為此舉"對華埠前景有極佳影響"，[31] 就連投標的對手亦對這項獨具匠心的設計表示折服。

　　這項發展項目初期命名為"太平廣場"，後來改名為"萬博豪園"（Concord Pacific Place），最初的意念是由李嘉誠長子、出任太平世博董事兼高級副總裁的李澤鉅構思的。李澤鉅在 1964 年生於香港，自幼便在加拿大讀書，後畢業於美國史丹福大學，獲土木工程學碩士學位。遠在世界博覽會選中溫哥華這個地盤時，李澤鉅已看中這幅龐大的土地，當時，這個地方四處已經發展，唯獨這幅狹長、面積龐大的土地尚未開發。到博覽會圓滿結束後，他就將自己的構思與父親商量，得到父親支持後即全力以赴，從投標、策劃、宣傳、推出他都參與其事，"萬博豪園"實際上成為李嘉誠讓其長子嘗試獨當一面、大展所長的最佳機會。

　　萬博豪園計劃曾一度受到當地有關政府的阻礙而拖延。該項目簽約 8 個月後，加拿大英屬哥倫比亞省省長溫得森（Bill Vander Zalm）藉口"雅濤苑"事件，表示要重新談判萬博豪園的合約。事緣當時李澤鉅一手策劃毗鄰萬博豪園的另一個小型住宅樓盤"雅濤苑"出售，他透過長實在香港發售全部 216 個住宅單位，結果在數小時內售罄。[32] 此事引起加拿大居民的不滿，擔心萬博豪園將來會繞過加拿大發售，溫得森也藉此發難。事情鬧大後，李澤鉅從滑雪勝地威士拿趕回，他首先公開承認自己忽略了溫哥華本地人士的情緒。他說："我沒有充份留意本地居民的感受，也錯誤判斷市場對發展計劃的反應和需求。" 他並強調："如果我只是你們心目中的普通發展商，只顧及賺錢，那麼我就成了種族歧視的受害人。但我並非普通的發展商，6 年前我成為加拿大和卑詩省的公民時，已經作了最大的投資。我不惜萬里而來，是為了交朋友，不是惹爭議。" [33] 李澤鉅面見省長溫得森，結果成功說服後者收回成命，使計劃最終得以順利展開。在早期的商業生涯中，李澤鉅已顯現了他獨當一面的能力。

1990 年 11 月，萬博豪園在香港推出第一期嘉匯苑 186 個住宅單位，平均每方呎售價 230 加元（約 1,540 港元），在半日內全部售罄，反應熱烈；翌年 12 月再推出第二期柏苑 100 個住宅單位，在香港和加拿大兩地同時發售，售價較第一期上升 13%，亦於半日內售罄。到 1996 年，萬博豪園已售出 16 幢住宅樓宇、逾 2,100 個住宅單位。與此同時，太平世博又將其在萬博豪園的部份地段權益先後售予新加坡聯合工業、台灣宏國建設及香港國際德祥在加拿大的上市公司，套現約 2.9 億加元。萬博豪園計劃不僅為李嘉誠、李兆基、鄭裕彤等帶來可觀的經濟收益，而且帶來巨大的聲譽。

香港華商在海外地產方面的另一宗矚目投資，要算新加坡的國際會議及展覽中心。1988 年，應新加坡總理李光耀之邀，李嘉誠、鄭裕彤、李兆基、邵逸夫、曹文錦等香港頂級華商合組新達城市發展有限公司（Suntec City Development Ltd.，李嘉誠、鄭裕彤、李兆基、邵逸夫、曹文錦各佔 16% 股權，周文軒及周忠繼兄弟分別佔 7% 和 5% 股權），以 2.08 億新加坡元投得新加坡國際會議及展覽中心發展權，該幅土地面積 11.69 公頃，計劃興建一座亞洲最大規模的會議展覽中心，包括面積逾 100 萬平方呎的會議展覽中心，一幢 18 層高及 4 幢 45 層高的辦公大樓和一個大型商場，預計總投資約 48 億港元。

該項計劃將分三期完成，第一期包括新加坡國際會議及展覽中心和一幢 18 層高辦公大樓，已於 1994 年完成；二、三期包括 4 幢 45 層高商廈，已陸續於 1999 年全部完成。整座會議展覽中心提供 220 萬平方呎寫字樓面積，估計約佔新加坡同級寫字樓總供應量的 15-18%，成為新加坡的 "城中之城"。

地產業可說是香港華商投資海外最重要的領域，幾乎絕大部份華資家族大財團都涉足海外地產業，李嘉誠、李兆基、鄭裕彤、邵逸夫、曹文錦等華商除上述大型發展計劃外，在北美、澳洲、歐洲及東南亞各地均有規模不等的地產投資。如李嘉誠於 1986 年就以 4.48 億港元購入美國曼哈頓中心 49% 權益，1996 年又與加拿大帝國商業銀行及萬國寶通銀行合組財團，奪得美國 O&Y 在紐約 1,200 萬平方呎商廈控制權。李兆基早在 1988 年已親赴加拿大多倫多考察地產市場，計劃發展受香港買家歡迎的小型住宅樓宇，1994 年，李兆基出售加拿大物業百福軒，套現 2.6 億港元。

有份投資新加坡新達城（包括新加坡國際會議展覽中心及 5 層辦公大樓）的股東，前排左起依次為周文軒、李兆基、邵逸夫、曹文錦、李嘉誠及鄭裕彤，攝於 1988 年。

鄭裕彤亦於 1985 年在加拿大多倫多購入土地，興建樓高 19 層的商廈。

除了上述華商外，郭炳湘兄弟、邵逸夫家族、陳啟宗家族、何鴻燊家族、羅鷹石家族、羅旭瑞家族、楊志雲家族、包玉剛家族、查濟民家族、馮景禧家族、胡仙家族等，在美加、澳紐及東南亞各地均有地產投資。如郭炳湘兄弟家族在美國三藩市就擁有價值 10 億港元的物業。1993 年郭氏家族與加拿大地產公司合組財團，合作開發溫哥華高豪港（Coal Harbour）市鎮及旅遊區。該港面積達 64 英畝，計劃興建 2,200 個豪宅單位及 200 萬平方呎商業大廈和一家擁有逾 300 個遊艇泊位的高級酒店。此外，邵逸夫在加拿大及美國均有大量地產投資。香港華商到海外的地產投資，多經家族私人公司低調進行，甚少曝光，因此具體的數據難以統計。據估計，僅 80 年代下半葉，香港華商已投資並擁有美國三藩市中心區一成地產。❸❹ 不過，可以肯定，已曝光的部份僅是其冰山之一角。

» 投資海外酒店業

　　酒店業是香港華商投資海外的另一重要領域，著名的投資者有包玉剛、鄭裕彤、羅旭瑞等。早在 1988 年，包玉剛已透過旗下的隆豐國際及九倉斥資 10.53 億港元收購了美國東部的奧麗酒店集團（Omni Hotels Group），其時該集團擁有 39 間酒店，共 16,684 間客房的管理權，是美國第十四大酒店集團。1990 年，隆豐及九倉再度聯手出擊，計劃斥資約 10 億港元收購美國另一家酒店集團 Methotels Inc.，該集團在美國西部擁有 67 家酒店共 17,540 間客房的管理權，若收購成功，奧麗酒店集團將躋身美國十大酒店集團之列，不過是項收購無疾而終。包玉剛除加強在北美酒店業發展外，亦極重視亞太區酒店業的發展。早在 1986 年，九倉已成立一個酒店管理部門——馬可孛羅國際酒店集團，接管香港大酒店集團對九倉屬下在香港的 3 家酒店（香港酒店、馬可孛羅酒店、太子酒店）及新加坡馬可孛羅酒店的管理權。1988 年，九倉向新加坡馬可孛羅酒店提出全面收購，將持股量從 42% 提高到 76.1%。1989 年，九倉透過新加坡馬可孛羅酒店以 3.08 億新元投得該市烏節路地段，並將其發展為面積 47 萬平方呎的商業大廈連卡佛廣場，該項計劃於 1993 年完成，總投資約 24 億港元。

九龍倉於 1993 年建成的新加坡連卡佛廣場

　　不過，九倉在北美酒店業的發展並不理想，多年來集團雖投入了不少資金對酒店進行翻新，但盈利表現仍長期欠佳。1996 年 1 月，九倉終於將奧麗酒店集團在美國的 9 間酒店權益及其他 26 間酒店的管理權售予美國德州石油大亨羅林（Rowling）家族旗下的 TRT Holdings Inc.，套現約 39 億港元，從北美撤出，專注中港及亞太區業務。目前，九倉正以馬可孛羅酒店集團為旗艦，重整其在亞太區的業務，旗下酒店除香港的 3 間酒店外，尚包括新加坡的馬可孛羅酒店、越南胡志明市的奧麗西貢酒店、印尼雅加達的奧麗巴達維亞酒店，九倉計劃在 2000 年前將其在亞太區的酒店增加到至少 15 家。[35]

香港華商投資海外酒店業，以鄭裕彤的新世界發展最為矚目，規模亦最大。1989 年 4 月，鄭裕彤透過新世界發展與美國 Prime Motor 集團合作，斥資 5.4 億美元（事後證實不足 3 億美元）[36] 收購美國華美達酒店集團（Ramada Inc.）。當時，華美達管理的酒店達 741 間，客房數目達 12 萬間，是全球第三大酒店集團。根據新世界董事總理鄭家純的構想，新世界收購華美達後，將該集團的物業資產出售，可套現 2 億美元，其中由 Prime Motor 集團承接華美達在美國的汽車旅店業務，而新世界僅以 1 億美元即取得該集團的全球酒店網絡。可惜，人算不如天算，在交易過程中，Prime Motor 集團陷入財政危機，無法履行協議，期間又遇上美國地產市道轉壞，華美達的物業只售得 1 億美元，結果購買華美達的貸款利息開支，每年高達 4,700 萬美元，而該集團的酒店收入，每年僅得 2,000 萬美元，新世界是項投資遂陷於困境之中。

不過，新世界拓展國際酒店網絡的步伐並未因此而卻步。鄭家純明確表示，該集團在海外投資的重點是酒店經營及管理。他認為："酒店必須國際化，一間一間地買難成事。" 1993 年，新世界再度出擊，斥資 7 億美元（約 54.6 億港元）購入在美國擁有 28 間酒店的 Stouffer 集團及在歐洲擁有 9 間酒店的 Penta 集團，令新世界在全球的酒店業務急速膨脹。經過合併整頓後，新世界旗下分佈全球 35 個國家和地區的兩個酒店網絡基本形成，即新世界和 Renaissance，以及 3 個品牌，包括新世界（在香港以外是新世界國際）、Renaissance 和 Ramada，合共擁有 137 間酒店、約 4.47 萬間客房。新世界網絡旗下的 12 間酒店，屬高檔酒店，集中在大本營香港、東南亞和中國內地，其中 9 間由新世界擁有全部業權；Renaissance 屬豪華級，擁有 74 間酒店，以歐美地區為重心；Ramada 屬中檔級，擁有 51 間酒店，主要分佈在歐洲。[37]

1995 年，新世界重組旗下酒店業務，將其一分為二，其中有關酒店管理及專營權業務注入新公司 Renaissance Hotel Group N. V.（RHG），而酒店的業權則由全資附屬公司擁有。同年 8 月，RHG 在美國紐約上市，集資 1.8 億美元，新世界則套現逾 1 億美元，令集團的負債比率從 39% 減至 35%。RHG 上市後，新世界酒店業務在 RHG 統轄下分成兩部份：一是管理 66 間 Renaissance 酒店、12 間新世界酒店和 29 間 Ramada 酒店，二是專利權管理 8 間 Renaissance 酒店和 22 間 Ramada 酒店。其發展策略是：在東南亞、中國內地，以新世界這個商標領軍，在歐美，則分別以 Renaissance 和 Ramada 搶佔高檔和中檔市場。鄭氏家族無疑已成功建立起一全球性酒店網絡。

　　另一位成功建立起全球酒店網絡的香港華商是富豪酒店集團主席羅旭瑞。1988 年 9 月，羅旭瑞首次透過富豪酒店集團進軍海外，斥資 3.65 億港元收購加拿大多倫多富豪星座酒店 51% 股權，該酒店是加拿大最大的會議酒店之一，擁有逾 900 間客房。1989 年，富豪集團再斥資逾 4 億港元購入美國酒店管理集團 Aircoa Companies, Inc. 51% 股權，該公司位於美國科羅拉多州的丹佛市，是一家有 22 年歷史的酒店管理及經營公司，在美國擁有 20 間酒店共約 5,700 間客房的全部或部份權益。踏入 90 年代，富豪不斷以低價購入北美有潛質的酒店，將其翻新裝修及重新整合業務，然後撥入集團作聯營，同時透過其在北美的管理公司 Richfield Hotel Management 管理遍佈北美約 170 間酒店共約 3.3 萬間客房。

　　香港華商中，投資海外酒店業的還有陳澤富、呂志和、何鴻燊、林百欣、邱德根等家族。陳澤富早在 1984 年已在美國三藩市興建華美達麗新酒店，現於美國、印尼等地擁有超過 6 家酒店；呂志和家族在亞太區及美國分別擁有和管理 4 間及 6 家酒店；何鴻燊在 1988 年曾以 4,770 萬加元投得溫哥華地利酒店（Le Meridien Hotel），其後又以 2,200 萬加元爭奪該酒店毗鄰的一間寓所式酒店格蘭集團（Le Grand Complex），何鴻燊並持有美國三藩市酒店 50% 及菲律賓馬尼拉 New World Ayala 酒店 20% 股權。

» 進軍海外電訊、貨櫃碼頭市場

　　80 年代後期，李嘉誠在進軍海外能源、地產業的同時，亦積極拓展海外的電訊、貨櫃碼頭市場。1987 年，李嘉誠曾斥資 29 億港元購入英國大東電報局 5% 股權，成為該集團的大股東。可惜，李嘉誠無法進入大東董事局，1990 年李嘉誠將所持股票趁高拋售，獲利逾 2 億港元。1989 年，李嘉誠透過和黃收購英國 Quadran 集團的流動電話業務，邁開拓展海外電訊市場的第一步。1991 年 7 月，和黃透過旗下的和記通訊與英國宇航局換股，和記通訊（英國）收購英國宇航名下經營個人通訊業務的全部權益，而英國宇航則購入和記通訊（英國）30% 股權。雙方協議在未來數年投資 8-10 億英鎊共同發展英國流動電訊市場，而重點是第二代流動電話（CT2）和個人通訊網絡（PCN）。換股完成後，和記通訊（英國）成為和黃集團在英國發展電訊業務的旗艦，旗下業務除第二代流動電話和個人通訊網絡之外，尚包括和記流動電話、和記傳呼、和記流動數據通訊及和記幹線流動電話等。

　　不過，和記通訊（英國）於 1992 年 6 月推出的 CT2 反應不甚理想，1993 年底被迫結束，命運與香港的 CT2 一樣。1994 年 4 月，和記通訊（英國）推出 Orange 數碼蜂窩式通訊網絡服務，業務迅速發展，到 1995 年底用戶已急增至 48 萬戶，約佔英國數碼流動電話客戶總數的 26%，並佔英國整個流動電話市場的 7%。1996 年，和記通訊（英國）成立 Orange plc. 作為 Orange 個人通訊網絡的控股公司，同年 4 月將其分拆，分別在英國倫敦證券交易所和美國證券市場上市，和黃藉此獲利約 32 億港元。

　　與此同時，和黃亦進軍亞太區的電訊市場，1989 年，和黃接連在澳洲收購多家傳呼機構，包括昆士蘭的 Bellpage、南澳洲的 Answerpage 和西澳洲的 Auspage，1992 年又收購美國 Motorola 在澳洲的傳呼業務，這些業務均由和記通訊（澳洲）控制，和黃持有 56% 股權。1993 年，和記澳洲又推出 Optus GSM 流動電話網絡服務，到 1995 年底該公司已擁有 9.8 萬戶傳呼用戶及 1.8 萬戶 GSM 流動電話用戶。此外，和黃又積極拓展在泰國、馬來西亞及印尼等的傳呼及流動電話市場。不過，和黃競投泰國及澳洲衛星發射和經營計劃則告失敗。

在貨櫃碼頭方面，1991 年 6 月和黃斥資 11 億港元向英國鐵行輪船公司和東方海外實業收購其所持有的英國菲力斯杜港（Felixstowe）的 75% 股權（後已增持至 100% 股權），邁開進軍歐洲貨櫃碼頭業的第一步。菲力斯杜港是英國當時最大及最繁忙的港口，1990 年共處理 143.5 萬個標準貨櫃箱及 1,600 萬噸貨物，接待 350 萬名乘客。該港口擁有可觀的滾裝船和雜貨處理設施及貨倉設備，並有一個遠油船泊位。到 1995 年底，菲力斯杜港口的吞吐量已增至 225 萬個標準貨櫃箱，成為和黃在海外貨櫃業務的一個重要據點。

此外，和黃旗下的屈臣氏亦積極拓展亞太區的零售業務，到 1995 年底，屈臣氏在香港及中國內地以外的亞洲區共開設逾 100 間零售店舖，已成為該區最具規模的零售集團之一。經過 10 年的艱苦拓展，李嘉誠已成功領導長和集團邁向國際化，旗下的五項核心業務包括地產發展及投資、貨櫃碼頭、電訊、零售及製造業、能源等均以香港為基地，伸延到北美、歐洲及亞太區，成為香港華資大財團中國際化程度最高的一家。

04

揮師北上中國內地

————————

踏入過渡時期以後，尤其是 1992 年春，中國領導人鄧小平南巡廣東，中國進入全方位對外開放新階段以後，香港華資財團投資策略的另一個重要變化，是將其衝出香港的重點，從以歐美為主的西方經濟轉向中國沿海及內陸開放城市或地帶，其投資的領域亦從初期的製造業擴展到地產、酒店、基本建設、百貨零售以及其他服務行業，其來勢之迅猛、規模之浩大，舉世矚目。這一趨勢，推動了香港經濟與中國內地，尤其是以廣東珠江三角洲為核心的華南地區經濟的融合，形成過渡時期後半段香港經濟中另一股矚目的潮流。

» 80 年代華商投資內地以製造業為主

其實，早在 70 年代末、80 年代初，中國實施改革開放方針，並在廣東深圳、珠海、汕頭及福建廈門開設經濟特區以後，香港華商已開始向內地投資，初期的主要領域是以"三來一補"的形式投資製造業，其中，幾位由上海來香港的紡織大亨包括永新企業的曹光彪、南聯實業的唐翔千可說是這方面的拓荒者。1978 年初夏，永新企業主席曹光彪應邀到北京觀光，了解到中國推行四個現代化計劃的宏圖偉略，觸動了他的投資意念，他的構想立即得到中國有關方面的支持鼓勵，當年他即與中國紡織品進出口總公司簽訂合同，投資 750 萬港元，以補償貿易的形式在珠海創辦香洲毛紡廠。1979 年 11 月 7 日，正式投資香洲毛紡廠，當時珠海經濟特區尚未設立。曹氏在珠海取得成功後，又先後在湖州、哈爾濱、上海、廈門、深圳等地投資合辦毛紡廠、麻紡廠和紗廠。到 90 年代初，曹氏已在中國內地 5 市 11 省開設 39

家合資、獨資企業，投資領域遍及紡織、針織、印染、化工、電子、鋼鐵、木材、酒店等行業。曹光彪以補償貿易的形式開創了外商投資中國內地的先河，自此，來料加工熱潮在中國內地蓬勃展開。

出任南聯實業副董事總經理的唐翔千，也是另一位投資中國內地的先驅。早在1973 年唐翔千組織香港棉紡同業公會代表團到中國考察時，南聯實業旗下的中南布廠已率先採用內地棉花，打破美國棉在香港的壟斷。1976 年中國 "文化大革命" 尚在尾聲之際，唐翔千已開始籌備到內地投資。1978 年，唐氏透過家族的半島針織在深圳黃貝嶺開設針織廠生產毛衣，初期為補償貿易形式，後轉為合資方式經營。1979 年，唐氏的半島針織與日商在新疆烏魯木齊開設新疆天山毛紡織品有限公司，成為當地第一個合資項目。天山毛紡織品廠佔地逾 4.65 萬平方米，工人 5,000 名，是一垂直整合式生產系統，從梳洗羊毛、紡織，到漂染、成衣，全部一條龍生產。經十數年發展，該廠已成為內地主要的羊絨供應商和全國第四大毛絨成衣製造商，1994 年共產山羊絨機織毛紗 1,200 噸、出口羊毛及羊絨毛紗 40 噸，生產羊毛及毛絨成衣 40 萬件。此外，唐翔千還於 1981 年在上海創辦上海聯合毛紡織有限公司，於1987 年成立上海聯合紡織（集團）有限公司，先後在新疆、上海及廣東等地開設近20 家工廠。

在曹光彪、唐翔千等一批早期投資內地的香港華商的帶動下，80 年代中期到 90年代初中期，中國內地尤其是以廣東珠江三角洲為核心的華南地區投資環境日漸改善，正飽受香港生產成本包括土地和工資大幅上漲之苦的香港製造業廠商，遂大規模將其勞動密集型工序北移，利用內地廉價的土地和勞力資源，繼續維持其產品在國際市場的競爭力。據統計，到 1992 年，香港製造業廠商已有七成半在中國內地設廠，其中僅廣東一省就設有 2.3 萬家合資企業和 8 萬家加工工廠，所僱用的勞工有300 萬人以上，若以全國計算則更高達 500 萬人。❸ 香港主要的製造業廠商，包括南聯實業、永新企業、半島針織、麗新國際、鱷魚恤、長江製衣、金利來、開達實業、彩星玩具、善美環環、東茗國際、寶光實業、冠亞商業，以及德昌電機、金山實業、震雄機械、南順香港等，幾乎絕大部份均在中國內地設廠，以內地為主要生產基地。

其實，早在 70 年代後期，香港華資大財團已開始涉足國內投資，當時是以酒店業為主。1978 年，霍英東聯同何鴻燊、何賢、馬萬祺等華商合組中澳投資建設公司，興建中山溫泉賓館，該賓館於 1980 年 12 月 28 日正式開業，被譽為中國改革開放的「繁花第一枝」。1979 年 4 月，霍英東又與廣東旅遊局簽訂協議，投資 2 億港元興建廣州白天鵝賓館，該賓館於 1983 年 2 月 7 日正式開業，1986 年即被接納為「世界一流酒店組織」成員。霍英東還先後投資興建珠海賓館、北京貴賓樓及北京首都賓館。1982 年合和實業董事總經理胡應湘和新世界主席鄭裕彤聯袂訪問北京後，即建議投資內地酒店業，得到李嘉誠、郭得勝、李兆基、馮景禧等人的贊同，當年與廣州羊城服務公司合作，投資 1.2 億美元興建廣州中國大酒店。其後，利氏家族亦投資興建廣州花園酒店。

不過，直到 90 年代初，香港華商投資中國內地的，絕大部份是中小企業集團。1992 年春，中國領導人鄧小平南巡廣東，中國進入對外開放的新階段以後，香港華商對內地的投資出現一系列重要的變化，投資的地域從華南沿海地區向工業基礎雄厚和資源豐富的華東、華北和東北地區擴散，從沿海開放地區向內地擴散，其中上海浦東成為投資的新熱點；而投資的領域亦不斷擴闊，除繼續投資加工裝配業外，還迅速擴展到地產、酒店、金融保險、大型基礎建設以及百貨零售等其他第三產業，更重要的是，香港的華資大財團開始大舉進軍內地市場，掀起了規模空前的投資內地熱潮。

》 合和投資內地大型基建

香港華資大財團中，最早進軍中國內地的要數胡應湘旗下的合和實業。早在 70 年代末，當時中國正式提出改革開放政策，合和實業已將集團的發展重心從香港轉向內地，從房地產轉向大型基建。80 年代初期繼投資中國大酒店後，合和又策劃在香港落馬洲對面的深圳福田區進行土地開發，闢為製造業及住宅區，但後來遇上香港地產低潮，該計劃遂無疾而終。合和的另一項計劃是在港深交界的羅湖火車站興建海關大樓，該大樓連同附屬設施的樓面面積達 320 萬平方呎，總投資約 10 億港元，原計劃由過境旅客每人每次繳交 5 元回收，合和擁有 25 年管理權，但香港輿論嘩然，指為 "收買路錢"，最後由中國政府支付合和費用，該大樓在 1985 年落成使用。

隨著改革開放的深入和經濟的蓬勃發展，80 年代中期以後中國缺電情況日趨明顯，而廣東則尤為嚴重。據 1986 年的數據，僅廣州地區就估計缺電 30-40 億度。

1983 年廣東省在深圳沙角興建火力發電廠（A 廠），合和即與中國建設、越秀、深業等集團合組合和電力（中國）有限公司（合和佔 50% 股權），投資沙角 B 廠。B 廠的總投資額為 33.33 億港元，其中八成來自銀團貸款，該廠以日本川島播磨生產的兩台 35 萬瓩燃煤機組為主體設備，總發電量為 70 萬瓩，是 A 廠的兩倍。B 廠從 1984 年 9 月動工興建，到 1987 年 9 月第二台機組合網供電，時間剛好 3 年，速度可謂空前。由於提前一年發電，合和電力可享有這一年全部經營淨收益。沙角 B 廠的經營，在決策及實際執行上均十分成功，為以後同類投資開創先例。隨後，合和再投資沙角 C 廠，該廠設有 3 台 66 萬瓩燃煤發電機組，是中國境內最大規模的燃煤發電廠，總投資約 148 億港

合和實業參與投資的沙角電廠 B 廠

合和實業投資的廣深珠高速公路第一期，於 1994 年 7 月 18 日全線通車。

元，該廠於 1996 年全部建成投產，合和佔四成權益。

　　合和在中國境內另一項矚目的大規模投資，是興建廣深珠高速公路。不過，該計劃的落實可謂一波三折，困難重重。其實，早在 1979 年，胡應湘已向當時的中國總理趙紫陽提出了廣深珠高速公路的構想，根據胡氏的構想，該公路是一條三線雙向行車的密封式高速公路，全長 305 公里，分三期工程進行，胡應湘視之為“亞洲的新澤西公路”。1981 年，合和和中方簽訂意向書，不過直到 1987 年 4 月才與廣東省公路建設有限公司正式簽約，其後又接連受到 1987 年的股災、1989 年的天安門事件、1990 年的中東海灣戰爭的影響，令該計劃一直只是“只聞樓梯響，不見人下來”。1991 年 12 月，中國改革開放準備進入新階段，合和終於獲得以滙豐銀行為首的 29 家金融機構提供的 8 億美元銀團貸款，決定於 1992 年 1 月全面實施首期工程。

　　根據合和計劃，首期工程從廣州經太平、松崗、黃田至深圳，全長 122.8 公里，架有 14 座互通式立交大橋，橋下有三四層建築物作商場、餐廳，全線興建大、中、小橋樑 70 多座，高架橋總長 41 公里，整個工程架橋總量超過廣東改革開放以來建橋總和，也超過香港 150 年來建橋總量，規模之浩大，令人嘆為觀止。不僅如此，該公路計劃以德國國際最高標準施工，其設施包括電子收費、監控、全線照明、通訊管理等，要求達到中國最高水平的管理，廣深珠高速公路第一期於 1994 年 7 月 18 日全線通車，成為貫通香港、深圳與廣州及珠江三角的交通大動脈。該項計劃原預定投資額為 50 億港元，但到 1995 年底已激增至 175 億港元。除廣深珠高速公路第一期外，合和在內地的大型基建項目還有全長 102.4 公里的順德公路、38 公里的廣州東南西環高速公路、56 公里的廣深珠高速公路西線，以及虎門大橋。

　　2003 年，合和將負責經營國內項目的附屬公司——合和公路基建有限公司於香港聯合交易所主板上市，成功集資超過 30 億港元，用以推動及發展集團於國內珠三角地區的高速公路、隧道及橋樑等新基建項目。不過，2017 年 12 月，合和實業發佈公告，以 98.7 億港元價格，將所持合和公路基建 66.69% 股權，出售予深圳市政府的投資平台——深圳投資控股有限公司子公司深圳投控國際資本。

　　80 年代中期以來，合和除了在中國內地投資之外，也積極拓展東南亞諸國市場，包括在泰國曼谷發展高架公路及鐵路系統、在菲律賓興建電廠等建設。1991

年，合和位於菲律賓的由 3 台 70 兆瓦汽油渦輪機組組成的 Navotas I 發電廠建成；1993 年，合和再在菲律賓建成由 1 台 100 兆瓦機組組成的 Navotas II 躉船發電廠。當年，合和成立亞洲電力發展有限公司，並在香港聯交所掛牌上市，集資 8 億美元，計劃於亞洲地區發展及經營電力項。不過，1997 年，合和將亞洲電力權益售予於美國紐約上市的 The Southern Company 的附屬公司 Southern Energy-Asia Inc.。合和積極拓展中國華南地區及東南亞諸國的基建業務，成功解決了當地的交通和電力需求，胡應湘及合和集團因而聲譽漸隆，1991 年胡應湘獲得香港 "傑出企業家獎"，一位審評人士形容他是 "具有遠見及創意的人，已建立了輝煌的成績，能夠使夢想成真"。1992 年他更獲得 DHL/ 南華早報頒發的 "商業獎海外拓展成就獎"。

合和在中國內地及東南亞的投資，都是一些投資額大、回報期長的基建項目，一般說來當地政府不允許外資參與，需承擔一定的風險。不過，合和都運用一系列經營策略，成功介入這些項目，並有效減低集團所面對的風險。這些策略主要是：

第一："興建、管理、移交"（Build-Operate-Transter，簡稱 "BOT"）的策略，即由外資財團投資興建基建工程，並接手管理一個期限，最後移交當地政府。胡應湘指出："BOT 計劃的始作俑者是廣州中國大酒店，我在那裡興建一家酒店，在 20 年後轉交他們經營，自此，BOT 策略就用作發展其他計劃，包括興建發電廠、高速公路。" 他認為，現時大多數政府沒有大量資金作基建工程，這個 BOT 策略正好讓各地政府滿足人民的需求。

第二，盡可能邀請所在國（中央及地方）政府加入投資項目，在投資進行時遇到障礙，所在國方股東將發揮影響力，使投資計劃順利進行。

第三，投資的資金來源以項目帶動的銀團貸款為主，合和的巨大投資，主流在中國，但實際上合和動用的自有資金並不多，八九成來自銀團貸款，香港金融界認為，合和只是利用項目貸款來融資，而不把風險帶入自己的資產負債表。

第四，分拆項目上市。1993 年 11 月，合和宣佈將旗下已投產的沙角 B 廠、菲律賓 Narotas I、II 發電廠及興建中的沙角 C 廠、菲律賓的 Pagbilao 發電廠組成 "亞洲電力" 分拆上市，套現 50 多億港元，從而獲得大量營運資金。1996 年 1 月，合和又將旗下的基建項目組成 Consolidated Real Estate and Transport Asia Ltd. (CREATA)，準備在適當時機再分拆上市。

長期以來，合和的股價一直落後於大市，僅 1982-1992 年合和股價就比恒生指數落後四成，胡應湘亦不諱言，合和 70 年代看錯大市，未能把握時機擴大土地儲備，80 年代回國任基建拓荒人，公司盈利停滯不止，但他表示 90 年代合和將超越其他地產公司，"最終在笑的人會是我"。事實上，自 90 年代起合和的純利開始大幅增長，1992 年度純利 16.2 億港元，比上年度增加 126%，1993 年度純利達 20.3 億港元，再增 25%，而胡應湘亦藉此一度躋身香港十大上市家族財團之列。可惜的是，香港回歸之後，由於受到 1997 年亞洲金融危機的衝擊，合和在東南亞諸國的基建項目受挫，導致合和的股價逐漸落後於大市，逐步被擠出香港大財團之列。

》 新世界投資內地大型基建和地產

踏入 90 年代，大舉進軍中國內地的香港華資大財團，大概首數鄭裕彤旗下的新世界發展。80 年代末期，新世界已開始把目光轉向中國內地，北上與中國有關方面洽談大型投資項目，如廣州北環高速公路、珠江電廠、惠州高速公路等。1994 年鄭裕彤回憶當時的情形時表示："我感覺中國的潛力相當大，如果她的路線走向經濟發展，前途應該更大。中國擁有 12 億人口，我們做零售生意，只要每人每年光顧你 1 元，已有 12 億元的生意了。中國已開始走向經濟發展，因此，我便開始部署，並簽下廣州環城公路和電廠兩項工程。新世界當時給人罵，我亦不理會，我是為公司利益，況且，我是以個人眼光來判斷的。……果然，一兩年後經濟真的變好，人人都往中國去，掀起了中國熱。"1990 年 6 月，新世界一口氣與廣州方面簽訂了 3 個合作項目，投資逾 30 億港元發展廣州北環高速公路、珠江電廠及廣州地產發展，在香港引起轟動效應。

此後，新世界在中國內地的投資以雷霆之勢連串展開，1992 年 8 月，新世界宣佈與京滬兩地建設銀行合組新世界建設（集團）有限公司，新世界將斥資 1,200 萬美元合作開發上海房地產業。1993 年 6 月及 9 月，新世界主席鄭裕彤及董事總經理鄭家純分別率團到武漢考察，在暢遊長江三峽之餘，新世界前後共簽訂 14 個合作項目，包括武漢天河機場一期、機場高速公路、江漢一橋、江漢二橋和長江二橋的建設，武漢冷凍廠、粉末冶金廠、揚子江生化製藥廠、武漢開關總廠、武漢飯店的改造，以及江灘整治和居者有其屋計劃。與此同時，新世界還與武漢市政府簽訂合作發展綱要，規定香港新世界集團與武漢市將在原有基礎上進一步擴大合作領域，5 年內共投資興建一批新的開發項目，投資額新增至 200 億元人民幣，武漢政府保證新世界集團的市政基礎設施投資回收期為 10 年左右，平均回報率達 15-18%，保證老企業改造投資回收期在 4-5 年內，平均回報率為 20% 左右。❸⁹ 據鄭家純表示，新世界之所以看中武漢，因為武漢地處華中，位置優越，交通便利；新世界與武漢市政府互相信任、互相支持，有關部門辦事效率高，手續不似內地繁雜。此外，三峽工程一上馬，武漢前景更加被看好。

新世界發展在內地的主要投資項目——武漢長江二橋。

新世界發展在內地的主要投資項目——珠江發電廠。

經過數年的高速發展，到 1995 年底，新世界在內地的投資淨值估計已高達 120 億港元，佔集團資產的 20%，投資的項目約 60 個，包括地產、酒店、基建（包括收費公路、收費橋樑、電廠）等，新世界表示，該集團在中國的發展策略，是將在中國的投資比重控制在集團股東資金的 25% 以下，以確保"即使出問題，新世界仍可生存"。❹⁰ 這一時期，新世界在內地投資的重點主要集中在 3 個方面：基建、安居工程和舊城重建。在基建方面，新世界在內地的投資項目，以廣東和武漢為重點，包括珠江電廠一期、珠江電廠二期、廣州北環高速公路、惠深高速公路、惠澳公路、324線公路（高要段）、321線公路（封開段）、321線公路（德慶段）、1964線公路（肇江段）、1960線公路（四合段）、1960線公路（廣寧段）、1962線公路（廣寧段）、1969線公路（高要段）、廣珠東線高速公路、武漢機場高速公路、江漢一橋、江漢二橋及長江二橋等。1995年，新世界發展將旗下香港及中國內地基建項目重組為新世界基建有限公司，同年10月分拆在香港上市，套現資金逾20億港元，新世界發展仍持有其66.5%股權。1996年11月，新世界基建斥資42.6億港元購入新世界在香港及內地多項基建項目，包括廣州的江灣橋、解放橋和鶴洞橋，以及山東煙台、淄博的王家水泥。

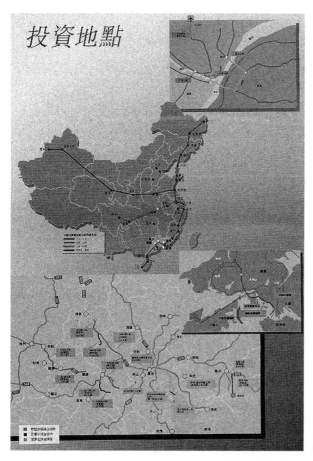

1996年新世界集團在中國內地的基建投資項目（資料來源：《新世界基建有限公司1996年報》）

在安居工程方面，由新世界集團在國內倡導，參考香港政府推行的"居者有其屋"計劃而與當地政府合作發展的安居工程亦取得良好進展，到 1995 年底，新世界已簽訂合約的安居工程共 5 項，包括武漢、天津、瀋陽、惠州及廣州 5 個地盤，將發展的住宅樓面面積達 1.04 億平方呎，其中新世界出資六成，並負責發展和融資，而當地政府提供土地，負責分配和銷售住宅，並保證以總成本加 15% 購回住宅。安居工程項目中三成住宅向市場公開發售，售價仍比市價低，因此安居工程項目風險不高，回本期快，回報率可達 25-30%。1995 年底，新世界為安居工程項目成立投資公司新世界安居工程，並計劃在適當時候分拆上市。

在舊城重建方面，新世界亦取得重要進展，到 1995 年底，新世界參與的舊城重建計劃包括北京的崇文區、天津的紅橋區及和平區、廣州的東山區、惠州的惠城區，地盤面積達 4,486 萬平方呎。此外，新世界在內地各大城市尚有約 50 個地產發展計劃，包括酒店服務式住宅、中產收入住宅樓宇、商廈及商場。新世界還參與內地諸如衛星城市或遠離市中心工業區的土地發展計劃，包括天津港自由貿易區二期、武漢長江江灘整治、武漢宋家江經濟開發區及廣州珠江新城等。據統計，到 1995 年底，新世界在內地的土地儲備已高達 9.19 億平方呎，其中，土地發展佔 47.4%、安居工程佔 23.5%、舊城重建佔 14.7%、傳統物業發展佔 14.4%，主要集中在武漢、廣州、天津、北京、上海等大城市。❹ 無疑，新世界在中國內地的投資已佔盡先機。

》 長實／和黃投資內地大型基建和地產

踏入 90 年代以後，大舉向中國內地投資的另一家香港華資大集團，是李嘉誠旗下的長實、和黃集團。1992 年春，鄧小平南巡廣東，中國掀起第二次改革開放的熱潮。同年 4 月 28 日，李嘉誠應邀出席北京大學授予他名譽博士學位的授銜儀式，當天上午中共總書記江澤民會見李嘉誠，對李嘉誠說："希望你和香港各界人士一起，在香港 1997 年回歸祖國大業中發揮積極作用"，李嘉誠當即表示："我對香港的前途充滿信心，對中國的前途也充滿信心。" 同年 5 月 1 日，李嘉誠到深圳出席深圳長和實業有限公司合同章程簽訂儀式，該公司由李氏名下長實、和黃及怡東 3 家公司與深圳市投資管理公司、中國國家機電輕紡投資公司合資成立，註冊資本為 2 億港元，主要從事內地地產、交通、金融、通訊和能源方面的投資。此舉被視為李嘉誠大舉向中國投資的先聲。

擁有 24 萬方米集裝箱堆場的深圳鹽田港

1993 年 10 月 5 日，李嘉誠到北京出席深圳市與和黃合資建設、經營的鹽田集裝箱碼頭合同簽字儀式。

李嘉誠在內地的投資頗具戰略性，其主攻目標是南中國的貨櫃碼頭業務。1992年 8 月，李嘉誠透過和黃與上海港集裝箱綜合發展公司合組上海集裝箱碼頭有限公司（SCT），註冊資金為 20 億元人民幣，各佔 50% 股權，和黃向 SCT 注入 10 億元人民幣現金，上海方面則以上海港現有 12 個泊位（其中 7 個為貨櫃泊位）及設施等實物資產注入，雙方計劃投資 56 億元人民幣，在 1995 年以前將其餘 5 個多用途泊位改建為貨櫃泊位，並建造金山咀深水碼頭及購入外高橋碼頭權益，上述計劃預期將於 2000 年全部完成，屆時上海港的貨櫃吞吐量將從 1992 年的 73 萬個標準貨櫃箱增加到 200 萬個標準貨櫃箱，相當於香港葵涌貨櫃港 1992 年吞吐量的三分之一。經過數年改裝擴建，1995 年上海港貨櫃碼頭泊位已增加到 10 個，貨櫃處理量已達 170 萬個標準箱。

1993 年，李嘉誠在南中國貨櫃碼頭業的投資又取得重大進展，同年 10 月，和黃透過旗下的國際貨櫃集團與深圳東鵬實業有限公司，合組鹽田國際集裝箱碼頭有限公司，國際貨櫃持有該公司控股權，並與中遠、三井及熊谷組持有該公司 70% 股權，深圳東鵬實業則擁有其餘 30% 股權，新公司計劃投資 50 億元人民幣發展深圳鹽田港首期，包括興建兩個 5 萬噸級貨櫃泊位及 4 個雜貨泊位，第二期將興建 3 個 5 萬噸級貨櫃泊位，落成後上述 5 個貨櫃泊位和 4 個雜貨泊位，每年處理能力將分別為 170 萬個標準箱和 200 萬噸貨物。根據鹽田港長遠發展規劃，該港最終將建成 40 個深水泊位，年處理量達 8,000 萬噸，與大連的大窯灣、寧波港、福建湄洲灣同為中央指定的國際中轉港。鹽田港計劃曾引起和黃與九倉的爭奪，並一度醞釀合作經營，但最終仍由和黃奪得。

此外，和黃透過旗下的和黃三角洲先後奪得珠海九洲港、高欄港、南海港、江門港、汕頭港及廈門港的貨櫃碼頭業務發展管營權。1992 年初，和黃與珠海港務局合組珠海國際貨櫃碼頭（九洲）有限公司，各佔 50% 股權。1994 年，九洲港貨櫃處理量為 26 萬個標準箱，繁忙程度居中國第五位。1994 年和黃再與珠海港務局合組珠海國際貨櫃碼頭（高欄）有限公司，各佔 50% 股權。和黃還與南海市交通局合作經營南海三山港，與汕頭港務局合建汕頭珠池港。經數年發展，和黃已在南中國各港口貨櫃碼頭業確立領先地位，與香港葵涌貨櫃碼頭業務形成相輔相承、互相配合的戰略格局。

　　李嘉誠在內地投資的另一個重點是基建領域。1992 年 11 月，李嘉誠與合和實業董事總經理胡應湘達成協議，由長實和合和以雙方各佔相同股權的方式合組一家公司，投資興建廣深珠高速公路第二期廣州至珠海段工程。1993 年 6 月，李嘉誠旗下的長實、和黃與廣東省高速公路公司等合作，投資 25 億元人民幣發展全長 140 公里的深汕高速公路東段，同年 8 月，長實又牽頭合組廣東省汕頭海灣大橋有限公司，投資興建全長 2,500 米的汕頭海灣大橋。此外，長實還投資一系列電廠，包括汕頭的澄海電廠、潮陽電廠、鮀浦電廠，南海的江南電廠、南海發電一廠，珠海電廠等。1996 年 7 月，長江實業將旗下的青洲英坭、安達臣大亞與內地基建業務重組，成立長江基建集團，並分拆在香港上市。長江基建上市後，即在內地接連簽訂一系列投資項目，刺激股價飆升，令市值在 4 個月內從 170 億港元急升到 239 億港元，成為香港股市中規模最大的基建集團。

　　地產發展亦是李嘉誠投資內地的重點領域。1992 年初，長實就與熊谷組（香港）、中信集團以及海南省的 3 家銀行合組海南洋浦土地開發有限公司，計劃投資 180 億港元開發總面積達 30 公頃的洋浦自由港區。同期，長實又與嘉里、光大等集團合組投資公司，興建上海不夜城中心，該中心包括 9 幢大樓及 3 個相連的群樓，為一大型綜合性建築物，總面積達 500 多萬平方呎。1993 年 8 月，長實與福輝首飾有限公司合組長江福輝置業有限公司，計劃投資 35 億元人民幣，改造福州 “三坊七巷”，“三坊七巷” 位於福州市區最繁華地段，佔地約 140 萬平方呎，將興建 29 幢高層住宅、6 幢高級商廈及公寓、5 個大型商場。該項工程將在保持原有坊巷格局和風貌的前提下展開，是福建省規模最大及最矚目的舊城改造工程。

　　長實參與的大型地產發展項目還有：上海徐匯華爾登商場一至三期、青島太平洋中心、上海梅龍鎮、重慶大都會廣場、北京順義縣天竺鎮薛大人莊村、珠海唐家灣、上海浦東花木區、廣州黃沙、上海北京路西張家宅以及北京東方廣場等。此外，長實還參與內地的安居工程，包括北京朝陽區朝陽路北側長營鄉、北京豐台區馬家堡西區、重慶江北縣九龍湖、重慶江北縣洋河水庫及汕頭第一城等。此外，李嘉誠還私人投資北京 7 間飯店，佔 51% 股權以上，包括長城飯店、香山飯店、華都飯店、燕都飯店、民族飯店、前門飯店及燕京飯店等。

到 1996 年，李嘉誠透過旗下公司參與的中國內地投資已超過 250 億港元，李氏
表示，其在內地的投資最終將達 500 億港元，佔集團資產的 20%。1995 年，李嘉誠
在北京東方廣場的發展計劃受挫，市場擔心他對內地的投資會裹足不前，不過，李
嘉誠則表示："本集團投資香港和中國內地的方針不會變，對內地的改革、香港的前
途，本人充滿信心。"

》 其他華資家族財團在內地的投資

踏入 90 年代，積極向內地投資的華資大財團，除了胡應湘、鄭裕彤、李嘉誠
之外，還有吳光正、李兆基、霍英東、郭炳湘兄弟、郭鶴年、林百欣、陳啟宗、羅
鷹石、羅旭瑞、劉鑾雄等家族財團。

踏入 90 年代，吳光正就提出"創建明天"的口號，他表示："'創建明天'計
劃，總的是以發展香港－武漢－上海經濟大三角為目標，其立足點牢牢扎根於香
港。"1991 年，吳光正提出"香港十"的概念，認為香港與廣東的經濟合作關係將
進一步擴展到中國的中西部，從而為香港帶來挑戰和機會。他表示："照我看來，中
國經濟在很大程度上取決於香港／廣州、上海、北京／天津、成都／重慶、武漢這
五個區域中樞的發展。"根據吳光正的構想，九倉將參與較北的 4 個區域中樞的基
礎設施和房地產開發，會德豐將專注華南地區物業發展以及所有 5 個區域的零售、
分銷、服務及貿易方面的投資。

自 1992 年起，九倉先後與內地各有關方面簽訂協議，計劃參與武漢陽邏港集裝
箱碼頭、陽邏開發區電廠、武昌及漢口輕鐵運輸系統、武漢國際機場貨運中心、寧
波北侖港集裝箱碼頭、四川省有線電視等項目。不過，九倉在內地的投資實際上仍
以地產為主，目前開展的大型項目計有：大上海時代廣場、首都時代廣場、武漢時
代廣場、大連時代廣場、上海匯龍城、上海靜安花園、上海九洲大廈及寧龍花園、
上海匯寧花園、上海會德豐廣場及重慶時代廣場等，共發展樓面面積 1,253.3 萬平方
呎。❷ 至於會德豐則透過會德豐亞太與富仕達合作，投資興建天津渤海啤酒廠，並

恒基集團在內地的主要投資項目——位於北京東城區的北京恒基中心，總
樓面面積達 300 萬平方呎。

新鴻基地產在內地的主要投資項目——位於北京的王府井新東安市場。

在廣州、上海、北京等地開設名牌專門店。

1992 年以後，李兆基亦透過恒地旗下的恒基中國大舉向內地投資，並委派長子李家傑出任恒基中國副主席兼董事總經理。恒基中國的投資策略，是以地產為主，極注重發展主要城市的黃金地段，並側重建設綜合住宅、商舖及辦公室的多用途大型項目。1993 年 9 月，恒地已宣佈發行總值 4.6 億美元的可換股債券，為分拆恒基中國上市預作安排。1996 年 3 月，恒基中國在香港上市，集資約 15 億港元。其時，恒基中國在國內的地產投資項目已達 22 個，包括位於北京的北京恒基中心、10 個位於上海的項目、6 個位於廣州的項目，其餘 5 個位於珠江三角洲，可發展樓面面積共 2,790 萬平方呎，獨立估值約 137 億港元。1996 年，恒地在中國的投資已陸續進入收成期，恒基的中國業務佔集團資產的一成，恒地的目標是逐漸增加到 20%。

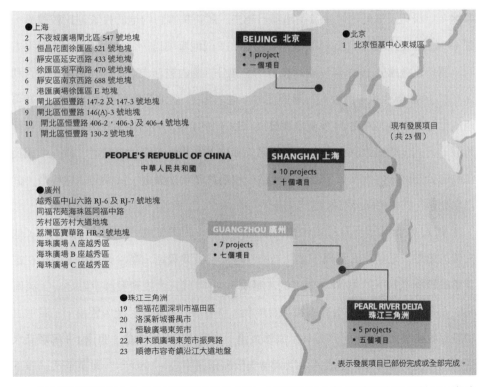

1996 年恒基兆業集團在內地地產發展項目分佈圖。(資料來源：《恒基中國有限公司 1996 年度年報》。)

此外，郭炳湘兄弟的新地、林百欣的麗新集團、陳啟宗的恒隆、羅鷹石的鷹君、羅旭瑞的百利保、劉巒雄的華人置業、利氏家族的希慎興業在內地均有多項大型投資項目展開。1992年11月，新地就與北京東安集團簽訂協議，雙方合作重建北京王府井東安市場，該地盤佔地22萬平方呎，將建成樓高11層（另有3層地庫）、總面積達226萬平方呎的大型綜合商業中心，新王府井東安市場將於1997年底開業，屆時將成為北京最大規模的商廈。新地在內地的投資還有北京的王府井新東安市場（佔65%）、芳莊的北京城市廣場（佔32%）；上海的中環廣場（佔61.25%）、虹橋上海新城市廣場（佔65%）、延安西路金柏苑（佔30%）；以及廣州的東風東路廣州新城市廣場（佔50%）等。

新地在中國內地的投資較為審慎，主席郭炳湘曾表示，該集團在內地的投資將以不超過集團總資產的10%為原則，發展對象主要集中在北京、上海、廣州、深圳等地，以優質及穩健的地產及基建項目為主。麗新集團對內地的投資則比較積極，到1996年初已投資15億港元，在內地發展11個地產項目，佔地面積達180萬平方呎，麗新正考慮於1997年以麗峰投資的名義分拆國內業務上市。羅旭瑞旗下的百利保亦於1992年合組中團公司，參與內地7個省市11個地產發展計劃，1993年初再組成世紀福斯參與內地20多個地產發展項目。1994年，百利保又先後以現金及發行新股的方式，購入大慶市慶大經濟貿易集團屬下石油化工廠六成權益，並向中國長江動力公司購入六大投資項目五成權益，包括武漢柴油機廠、武漢防水材料廠、武漢水泥廠、武漢長福發電廠等。

踏入90年代，作為投資中國內地先行者之一的霍英東，亦加快投資步伐，他投資的重點，是其家鄉番禺，尤其是南沙經濟技術開發區。南沙經濟技術區是在霍英東的積極推動下於1990年成立的，是廣東90年代三大投資發展重點之一。該區佔地面積56平方公里，根據總體發展規劃，將發揮交通樞紐、港口貿易、工業加工和旅遊服務四大功能，特別是利用南沙長達7公里的深水海岸線，興建1-5萬噸深水通用泊位及貨櫃碼頭，建成南中國貨櫃集散和轉運中心。1992年，霍英東透過旗下有榮公司與番禺市政府合作，發展南沙東部22平方公里土地為高級商住區，總投資已由最初100億元人民幣增至200億元人民幣（霍氏佔51%股權）。霍英東在南沙的大型投資還有虎門大橋、番禺大橋、番禺客貨運碼頭、貨櫃廠等。到 1996 年初，霍英東投入南沙的資金已達 20 億港元。

到 90 年代中，香港的絕大部份華資財團均在中國內地展開形式不同、規模不等的各類投資，投資中國內地不僅成為華商投資策略中不可或缺的重要一環，而且已演變成一股不可阻擋的時代潮流。

05

投資策略轉變的背景與影響

————————————

進入過渡時期以後，香港華資大財團的投資策略，大體而言，以 90 年代初尤其是 1992 年鄧小平南巡廣東為分界線，大致可劃分為兩個階段：第一階段即過渡時期前半段，華資大財團的投資策略，是在立足香港、致力於推動集團多元化的同時，積極向歐美等海外地區拓展，以推動集團的國際化；而第二階段即過渡時期後半段，其投資香港以外地區的重點則從歐美國家轉向中國內地，並掀起對中國內地空前的投資熱潮。這種投資策略的微妙轉變，可說有其特殊的歷史背景及動因。

》過渡時期華商投資海外的背景與影響

1982-1984 年中英兩國就香港前途問題展開艱苦談判期間，香港地產、股市崩潰，並觸發史無前例的港元危機，香港投資者一度爆發空前的信心危機。1984 年 12 月 9 日，中英兩國在北京正式簽署關於香港前途問題的《中英聯合聲明》，宣佈英國政府將於 1997 年 7 月 1 日將香港交還中國，中國政府將對香港恢復行使主權，並根據 "一國兩制" 的方針，在香港設立特別行政區，實行港人治港、高度自治，維持香港現行社會經濟制度和生活方式 50 年不變。自此，香港步入 1997 年回歸中國的歷史性過渡時期。鑑於香港前途已獲得明確安排，港元匯價轉趨穩定，地產、股市開始回升，香港投資者的信心開始恢復。然而，毋庸否認，這種信心仍然是審慎、脆弱的。

不過，這種歷史性的轉變，卻對長期以來藉英國的殖民統治而崛起、發展的英資財團造成極大的震撼。英資四大行之首的怡和及香港 "準中央銀行" 滙豐這兩家總部設在香港的英資集團，均著手部署集團國際化戰略。1984 年 3 月 28 日，正值中英就香港前途問題的談判進入關鍵時刻，香港投資者信心仍處低迷之際，怡和率先宣佈將公司註冊地從香港遷往英屬百慕達，此舉的震撼力在當時被形容為一枚"百慕達炸彈"。其後，怡和及滙豐先後展開連串策略性行動，包括結構重組、加快海外投資、出售香港非核心業務和資產、將第一上市地位外移，甚至全面搬離香港證券市場等等。[43] 怡和及滙豐在過渡時期的種種國際化措施，從某種程度上說都是對香港前途投下不信任票，鑑於怡和、滙豐在香港經濟中的主導地位，其種種舉措無疑對香港投資者的信心產生深遠的負面影響，故每次這些重大措施宣佈，導致香港股市大幅波動、人心不穩，形成一次次程度不等的"震蕩"。

在怡和等英資財團的推動下，過渡時期前半段香港經濟中掀起一股令人矚目的遷冊風、移民潮及走資潮。1984 年怡和率先遷冊後，1985 年和 1986 年各有兩家上市公司宣佈遷冊，其中 3 家是怡和系的，1988 年增加到 7 家，1989 年香港上市公司遷冊海外一度高潮迭起，蔚然成風，該年宣佈遷冊的上市公司急增到 59 家。據統計，到 1994 年底，遷冊的上市公司達 210 家，約佔香港上市公司總數的四成。這一期間，遷冊之風亦影響到部份重要的華資財團，如連卡佛、世紀城市、百利保、富豪酒店、愛美高、華人置業、中華娛樂、鷹君、麗新發展、大昌地產、香港興業、第一太平、卜蜂國際、德昌機電等，均宣佈遷冊。遷冊海外，儘管其中包含商業利益方面的考慮，但重要原因之一，是取得外國公司地位，此舉在香港普遍被視為購買政治保險。

與此同時，香港亦掀起一股空前的移民潮。1984 年，香港移民海外人數約 2 萬人，但到 80 年代末 90 年代初每年移民人數已增加到 5-6 萬人，據統計，從 1982-1992 年香港移民海外人數達 40 萬人，由於香港移民中相當部份為投資移民，以每個家庭平均 3.7 人、平均帶走 150 萬港元計算，[44] 期間外流的資金高達 1,600 億港元。在這股潮流中，香港部份富有華資家族亦採取程度不等的淡出香港的措施，以分散投資風險，著名的如何東家族。1984 年 11 月 30 日，何東家族旗下經營了 54 年的《工商日報》宣佈停刊，何東後人、該報社社長何鴻毅表示，停刊是與香港政局的轉變有關，因為香港人的政治觀念改變，與這份"政治偏右"的報紙在價值觀念上出現分歧，所以決定停刊。不過，香港的分析家認為，《工商日報》停刊與 1997 迫近有關，是何東家族淡出的表現。其後，何東家族頻頻出售家族物業套現，包括灣仔的工商日報大廈、旺角的東興大廈等。據悉，何東家族已將名下物業轉由在海外註冊的外資信託基金管理，以便一旦出現問題時可在國際法庭提出申訴。❹

積極部署淡出香港的另一著名華資家族是張玉良家族，張氏家族曾是會德豐的大股東，在香港經濟中亦曾顯赫一時，不過，1985 年他突然宣佈將所持會德豐23.5% 有效控制權售予包玉剛，套現逾 10 億港元，令包氏阻止南洋富商邱德拔的收購行動。1989 年，張氏家族將其在銅鑼灣的物業，包括 6 條街道共 22 幢商場及住宅樓宇（其中包括大丸百貨公司及食街）售予陳氏家族的淘大置業。1995 年，張氏家族再將山頂賓吉道兩幢豪宅物業招標出售，套現 6 億港元。與此同時，張玉良在澳洲等地大肆收購物業，實際已淡出香港。

部署淡出香港的亦有少數戰後新興華商，一手創辦鱷魚恤集團的陳俊家族是其典型。1987 年，陳俊家族顯然對香港前途缺乏信心，將鱷魚恤控股權售予林百欣家族的麗新國際，剩餘下 10% 股權，舉家移居加拿大，陳俊家族在美加大量投資酒店物業，在加拿大溫哥華著名滑雪度假區威士拿興建大批住宅公寓，供應給香港新移民。

香港華資大財團的主流，包括李嘉誠、鄭裕彤、李兆基、包玉剛、何鴻燊、邵逸夫等在這一時期向海外投資，就是在這種特定的歷史背景下展開的。這一系列投資的背後，顯然有分散投資風險的考慮，畢竟，"不把雞蛋放在一個籃子裡"，符合資本追求最大利潤和避免最大風險的屬性。何鴻燊就表示："我對香港的前途，看好歸看好，但我總不能把所有的雞蛋，放在一個籃子裡。" ❹ 這番話相信具有相當程度的代表性。

無可否認，遷冊風、移民走資潮，從某種程度上看都是投資者信心脆弱、審慎的表現，它在過渡時期前半段曾對香港經濟造成某種負面的影響。根據滙豐銀行1990 年 4 月出版的《經濟月刊》提供的數據，從 1984-1989 年的 6 年間，香港每年都有 "私人非貿易資金" 的淨流出，其中 1984-1988 年淨流出的規模量逐年減少，但1989 年淨流出激增至 223.9 億港元，比 1988 年增加超過 10 倍。這種情況曾一度使香港私人消費低落、股市呆滯、樓市下跌、廠商再投資萎縮。不過，有關數據顯示，這種淨流出的規模仍較有限，而且被貿易盈餘、外部資金流入和本地資金積累所部份抵消。這亦反映出香港華資大財團"立足香港"發展的積極影響。

事實上，客觀而論，李嘉誠、鄭裕彤、李兆基、包玉剛等華資大財團主流的投資策略，與怡和、滙豐等英資財團以及何東、張玉良、陳俊等少數華資家族的有明顯的區別，前者是立足香港，以香港為基地、為集團總部及投資重心，海外投資僅是其整體策略中的一環，李嘉誠就曾多次強調，他每投資1元到海外，將投資3元在香港；後者則是將其集團的基地從香港轉移到海外，從香港公司蛻變為跨國公司，再以跨國公司經營其在香港的業務或索性淡出香港，背後反映出的對香港前途的信心，實有天淵之別。

80年代後期，李嘉誠的一系列海外投資引起香港傳媒的猜測，有分析評論認為長實集團可能仿效怡和遷冊海外，大舉將資金轉移到海外，對此，李嘉誠反覆明確表示："長實的根在香港"，"長實到海外投資，就好像樹木的枝葉伸展，目的只是汲取陽光養料，它的枝幹仍在香港"。[47] 1989年3月，正值香港上市公司遷冊風盛行之際，李嘉誠再次明確表示：長實和黃植根香港，無意遷冊，和黃在未來5年於香港的投資將超過300億港元，他並指出：長實系在海外投資最高限度只會佔四成。[48] 鄭裕彤亦一再發表聲明："本集團永遠以香港為基地，絕不遷冊。"

80年代中期以後，李嘉誠在先後收購和黃、港燈之後，實際上已成為香港規模最大的家族財團，走向國際化已是勢在必行，只是遲早的問題。1988年，和黃董事總經理馬世民在會見美國《財富》雜誌記者時曾表示："若說香港對我們而言太小，這的確有點狂妄，但困境正在日漸逼近，我們沒有多少選擇餘地。"李嘉誠亦曾多次發出"香港缺乏龐大投資機會"的慨嘆。因此，80年代中後期香港華資大財團向海外的投資，既有特定歷史時期分散投資風險的考慮，但更重要的是大企業跨國化的必然趨勢。

不過，這一時期華資大財團向海外的拓展，其實際經濟效益則差強人意，由於期間適逢西方經濟不景，有關的投資大多數不是虧損嚴重就是盈利表現長期欠佳。李嘉誠家族及和黃投資加拿大的赫斯基石油，就曾經一度虧損嚴重，1991年度和黃為此大幅撇賬 7.6 億港元，1992 年度和黃再大幅撇賬 14.22 億港元，有評論認為和黃在赫斯基的最初投資實際已完全"虧蝕"。和黃在英國的電訊業投資亦不理想，導致和黃在香港電訊業的盈利差不多要全部補貼於英國的業務。這使得和黃在一段時期股價遠落後於大市。新世界在北美華美達酒店的投資亦困難重重，由於期間遇上地產、酒店業低潮，華美達酒店的收入遠遠不抵收購貸款的利息開支，令新世界揹上沉重的包袱。九龍倉收購的美國奧麗酒店亦長期表現欠佳，最後被迫於 1996 年將其售出。難怪當時有評論認為華資財團衝不出香港。

》 華商投資中國內地的背景與影響

踏入 20 世紀 90 年代，正當西方經濟仍在不景之中苦苦掙扎之際，中國的經濟已開始擺脫 80 年代末期的低潮而進入新一輪循環週期的上升階段。尤其是 1992 年中國改革開放總設計師鄧小平南巡廣東，中國的改革開放進入了全方位開放的新時期，國內的投資環境經逾 10 年的努力已趨完善，這實際為香港華資財團在香港地區以外的投資，提供了潛質優厚的龐大市場，華資大財團將其投資的重點從歐美國家轉向中國內地正是在這種歷史背景下展開的。這時期，香港投資者對中國政府實行"一國兩制"的誠意已有充份認識，經過數年的觀察、實踐，對香港及中國前途的信心已大大增強，與 1984 年相比，已不可同日而語。

華資大財團到中國內地的投資遠比其對歐美的投資順利，經數年發展，到 90 年代中已開始進入收成期，突出表現是將其中國業務分拆上市，套現資金和利潤，最初是胡應湘於 1993 年將亞洲電力從合和分拆上市，並藉此一度躋身香港十大上市財閥。其後，新世界發展分拆新世界基建、恒基地產分拆恒基中國、長江實業分拆長江基建、華人置業分拆愛美高中國，均藉此在香港上市財閥排名榜中更上一層樓。誠然，華資在中國內地的投資亦非處處如意，1996 年，合和實業就因廣深珠高速公路東段超支 60 億港元而致股價大跌，負債急增，被迫將所持亞洲電力股權出售，套現減債。

華資財團對中國內地的投資，可說大大加強了香港與中國內地的全面經貿聯繫，推動了香港經濟結構的轉型，以及鞏固香港作為中國尤其是華南地區服務中心及國際資本進軍內地的橋樑的戰略地位。而華資大財團投資內地與其投資歐美的成效強烈反差，實際上更增強了其對香港及中國內地經濟前景的信心，這種信心成為過渡時期香港平穩過渡及穩定繁榮的一股舉足輕重的重要力量。1993 年，香港工商專業聯會就在一份反映香港工商界主流意見的大型研究報告《香港廿一：展望香港經濟十年路向》中表示："我們深信香港主權回歸中國，……將會加強香港的競爭力，推動香港的經濟繁榮"，"香港一旦打開內地龐大消費者市場及投資於內地製造業的途徑，香港的經濟便會更加蓬勃，華南地區將會發展成亞洲的 '第五條小龍'，這地區的財富急增，將會促進整個中國的經濟發展，而香港與華南地區資源結合，相互補足，兩地之間的商業活動，彷彿沒有邊境的阻隔，定必形成實力強大的經濟體系。" 該報告預言："香港將會是中國的首要商業城市及亞洲服務之都。" ❹

註釋

❶ 梁道時著，《郭得勝先生——毋須擔心 1997》，香港：《經濟一週》雜誌，1981 年 6 月 25 日，第 2 頁。

❷ 唐守著，《郭得勝成功之道：人棄我取》，香港：《政經週刊》雜誌，1990 年 2 月 17 日，第 53 頁。

❸ 陳憲文、方日中著，《李兆基處世之道——在於順勢應時》，香港：《信報財經月刊》雜誌，第 5 卷第 2 期，第 24 頁。

❹ 同註 2。

❺ 歐陽德著，《新鴻基地產不甘伏櫪》，香港：《經濟一週》，1985 年 1 月 21 日。

❻ 同註 2。

❼ 香港《信報》，1990 年 11 月 14 日。

❽ 梁悅琴著，《一門四傑順利接班》，香港：《文匯報》，1993 年 4 月 26 日。

❾ 長實小冊子，《積極建設發展，繪畫香港新貌——長江實業九十年代物業發展計劃》。

❿ 方式光著，《華商超級巨富李嘉誠》，廣州：《港澳經濟》雜誌，1996 年第 4 期，第 25 頁。

⓫ 《長實分賬 130 億，嘉湖樓越賣越有》，香港：《經濟日報》，1996 年 12 月 24 日。

⓬ 香港《經濟日報》，1988 年 12 月 6 日。

⓭ 香港《信報》，1991 年 4 月 23 日。

⓮ 歐陽德著，《新世界發展前景秀麗趁低吸進》，香港：《經濟一週》雜誌，1985 年 6 月 10 日，第 18 頁。

⓯ 參閱合和《里程碑》，合和實業有限公司官網。

⓰ 曹淳亮主編，《香港大辭典》，廣州：廣州出版社，1994 年，第 370 頁。

⓱ 馮邦彥著，《香港英資財團（1999-2019）》，香港：三聯書店（香港）有限公司，2019 年，第 369-373 頁。

⓲ 《流動電話容量超越傳呼》，香港：《經濟日報》，1996 年 12 月 4 日。

⓳ 范美玲著，《有線電視經營權受各方覬覦》，香港：《信報財經月刊》雜誌，1989 年 7 月，第 71 頁。

⓴ 特稿《和記臨尾退縮耐人尋味》，香港：《信報》，1989 年 8 月 2 日。

㉑ 香港《經濟日報》，1989 年 12 月 6 日。

㉒ 《有線經營虧損程度持續改善，吳天海料明年底達 45 萬用戶》，香港：《經濟日報》，1996 年 12 月 27 日。

㉓ 《梅鐸斥鉅資收購"衛視"控制性版權》，香港：《南北極》雜誌，1993 年 8 月，第 44 頁。

㉔ 陳潛著，《撥開雲霧見新世界》，香港：《資本家》雜誌，1995 年 11 月，第 52 頁。

㉕ 陳光珍著，《九倉首要功能，擺脫控制，獨立出擊》，香港：《信報》，1996 年 1 月 6 日。

㉖ 《和黃正式要求港府檢討香港電訊獨享國際電話專利權》，香港：《信報》，1991 年 6 月 6 日。

㉗ 《和記黃埔有限公司 1995 年年報》，第 18 頁。

㉘　同註 28，第 44 頁。

㉙　林鴻碩著，《長實系勢將成為跨國企業》，香港：《信報財經月刊》雜誌，1986 年 12 月，第 52 頁。

㉚　參閱《進軍"香哥華"》，香港：《資本》雜誌，1988 年 7 月，第 108 頁。

㉛　參閱《李嘉誠震撼加國，對手心悅誠服》，香港：《快報》，1988 年 5 月 10 日。

㉜　《資本》雜誌駐加拿大特派員霍得著，《一子錯，滿盤皆落索："雅濤苑事件"的迴響》，香港：《資本》雜誌，1989 年 1 月，第 87 頁。

㉝　杜蒙特（Joho DeMont）、范勞爾（Thomas Fennel）著，程希譯，《香港億萬富豪進軍加拿大》（*Hong Kong Money-How Chinese Families Fortunes are Changing Canada*），香港：博益出版集團有限公司，1990 年，第 44-45 頁。

㉞　《香港富豪揚威"三藩市"金三角》，香港：《信報》，1989 年 9 月 1 日。

㉟　《九龍倉集團有限公司 1995 年年報》，第 36 頁。

㊱　陳潛著，《重組分拆，減輕負債》，香港：《資本家》雜誌，1995 年 11 月，第 58 頁。

㊲　同註 37。

㊳　香港工商專業聯會著，《香港廿一：展望香港經濟十年路向》，香港：香港工商專業聯會，1993 年，第 16 頁。

㊴　津章著，《新世界捲起武漢旋風，鄭家純再投資 200 億》，香港：《廣角鏡》雜誌，1993 年 12 月，第 80 頁。

㊵　陳潛著，《新世界的"新世界"》，香港：《資本家》雜誌，1995 年 11 月，第 53 頁。

㊶　《新世界發展有限公司 1996 年度年報》，第 25 頁。

㊷　《九龍倉集團有限公司 1995 年年報》，第 21-23 頁。

㊸　馮邦彥著，《香港英資財團（1999-2019）》，香港：三聯書店（香港）有限公司，2019 年，第 5 章。

㊹　林行止著，《移民帶錢走，基建"填氹"難》，香港：《信報》，1989 年 11 月 28 日，文中即以每個家庭平均 3.7 人計算，每個家庭平均帶走 150 萬港元。

㊺　何文翔著，《香港富豪列傳》，香港：明報出版社，1991 年，第 65-66 頁。

㊻　冷夏著，《一代賭王——何鴻燊傳》，廣州：廣東人民出版社，1994 年，第 257 頁。

㊼　方式光著，《華商超級巨富李嘉誠》，廣州：《港澳經濟》雜誌，1996 年第 4 期，第 23 頁。

㊽　《李嘉誠稱植根香港無意遷冊》，香港：《經濟日報》，1989 年 3 月 31 日。

㊾　同註 39，第 10 頁。

7

回歸後大財團

新發展

1997 年 7 月 1 日，香港回歸中國。隨著港英政府落旗返國，香港特區政府籌組成立，華人在香港政治事務中的地位迅速提升。香港華人作為香港人的主體，肩負起管治香港的重任，特區行政長官、行政會議成員、立法會主席、終審法院和高等法院的首席法官等主要官員，均由在外國無居留權的香港永久性居民出任，香港華商領袖紛紛出任各種社會公職。這一歷史性轉變，無疑為華商的發展提供了重要的政治基礎。

　　這一時期，華資大財團在香港經濟中取代了傳統英資財團而發揮主導作用。隨著香港與中國內地經濟融合加速推進，華商在香港，尤其在內地市場獲得龐大而廣泛的投資機會。在這種特定的歷史背景下，華資大財團以香港為基地，突破狹窄的地域限制，發展成為全國性的、多元化的大型企業集團。其中，如李嘉誠旗下的長和系，更一舉成為全球性跨國企業集團。華資大財團這一發展趨勢，對於香港、中國內地乃至世界經濟發展，無疑都將產生深遠影響。

01

長和系：打造全球性商業帝國

香港回歸第一年，即受到亞洲金融危機的劇烈衝擊。長和集團主席李嘉誠在長江實業年報中表示："1998 年為極度困難及有挑戰性之一年。預料在金融風暴之負面影響下，低增長、利率波動及銀根短絀的情況短期內仍將持續。香港回歸祖國後，一國兩制落實執行，為香港提供獨特的發展優勢。香港為祖國之南方大門，有利於經濟及對外貿易，本人對內地及香港的經濟前景充滿信心。集團過往發展中不忘穩健，現雖面對經濟放緩之環境，穩健中仍不忘發展，爭取於本港及內地之每個投資機會，繼續拓展多元化業務。" ❶

李嘉誠在和記黃埔年報中更明確表示："祖國加強改革開放所實施之政策，將賦予集團更大之拓展空間。集團對內地及香港之經濟前景充滿信心，並將繼續以香港為業務根基，執行集團之長遠政策，爭取香港及內地每一個投資機會，並秉承過去之策略，以審慎態度繼續在海外地區作選擇性發展。" ❷

》 以香港為業務根基，積極拓展內地市場

這一時期，長和集團的基本策略，是 "以香港為業務根基"，"爭取於本港及內地之每個投資機會"，並 "以審慎態度繼續在海外地區作選擇性發展"。集團旗下 4 家上市公司中，長江實業繼續從事地產發展與地產投資業務；由長實持有 48.95% 股權的和記黃埔，主要從事 5 項核心業務，包括地產發展及投資，港口及有關服務，零售、製造業及其他服務，電訊，以及能源、基建、財務及投資等；由和黃持有 84.58% 股權的長江基建，主要從事基建業務；而由長江基建持有 30.05% 股權的電能

實業（前身為"港燈集團"），則主要從事電力生產和能源供應。回歸初期，由於受到亞洲金融危機的衝擊，長和系在謹守香港業務的同時，將業務發展的重點，轉向積極拓展內地市場，特別是內地的房地產市場。

香港商人參與內地房地產、基礎設施的投資，始於20世紀80年代中國改革開放初期。不過，李嘉誠自1978年被邀請到北京參加國慶觀禮後一直到1989年，對於內地的投入，主要以捐資辦學、公益捐贈為主。長和系對內地房地產業的大規模投資，大約從1989年起。這一年爆發"北京風波"，部份外資企業從內地撤離，李嘉誠卻反其道而行之。1992年，鄧小平南巡廣東，中國進入全方位對外開放新時期。同年5月，長江實業在深圳成立"深圳長和實業有限公司"，正式開啟長和系大規模投資內地之旅。1993年初李嘉誠正式對外宣佈轉向中國內地市場拓展時，長和系在內地項目已佔到集團資產的四分之一。

其中，最具標誌性的項目，就是拿下了位於北京東長安街1號、佔地10萬平方米的絕佳地段，建成亞洲著名的商業建築群——東方廣場（Beijing Oriental Plaza），總投資額高達20億美元。東方廣場總建築面積達80萬平方米，擁有8幢甲級寫字樓，時至今日仍然是亞洲最大、最具特色的商業建築群之一。其中，東方新天地商場面積逾13萬平方米，擁有不同主題的購物區；東方豪庭公寓擁有3幢豪華服務式公寓；北京東方君悅大酒店為五星級酒店，擁有世界一流的酒店設施與服務。東方廣場匯聚了多種商業元素，包括規模宏大、位置絕佳、具前瞻性的高科技設計與高效率的辦公理念，加上頂尖的豪華居停與層出不窮的購物休閒樂趣，名符其實地成為了一個北京的生活新焦點、商貿新紀元。

2003年，和記黃埔在內地初步佈局了上海、深圳、重慶、廣州、北京等一線城市。2005年中央政府的樓市調控政策出台，和黃"逆市而上"，陸續在西安、成都、長沙、長春、武漢、天津、重慶等地投入400億元人民幣的鉅額資金，圈下了超過300萬平方米的土地，基本完成了對一線城市和主要二線城市的戰略佈局。從投資線路看，長和系在內地的擴張遵循了一條從中心到邊緣、從一線城市擴散向二線城市的策略；而投資時機，多是在國內房地產市場陷入低谷之際。

據統計，到2014年李嘉誠重組長和系時，集團共擁有1.7億平方呎可供發展的土地儲備，其中位於內地的土地儲備高達 1.58 億平方呎，佔集團全部土地儲備的 92.94%。這些土地儲備大部份是在 2005 年以前獲得，獲得土地的成本很低。❸另外，根據和黃 2013 年年報介紹："集團目前應佔之土地儲備（包括直接持有之權益及透過聯營公司與合資企業持有之所佔權益）約 8,300 萬平方呎，其中 97% 在內地（平均土地成本為每平方呎 240 元人民幣或約 307 港元），以及 3% 在英國與新加坡。"❹ 從實踐看，長和系進入內地進行地產開發的一個顯著特點，是通過分期開發，坐享土地升值。由於拿地時間較早，其土地儲備均價處於較低水平，這就保證了將地塊的價值充份挖掘，從而實現項目利潤最大化。有評論指出，李嘉誠在內地的土地策略，其實就是香港富豪熱衷的 "landbank 模式"，即所謂的 "低價拿地、長線操作" 的 "抄底" 策略。

據粗略統計，從 2005-2014 年的 10 年間，長江實業在內地建成物業總樓面面積約達 876 萬平方米，分佈在北京、上海、廣州、深圳、重慶、成都、長春、西安、長沙等內地一線城市和省會城市，其中，以成都最多，達 187 萬平方米。這些物業包括：北京譽天下，長春御翠園，常州御翠園，上海御沁園、御翠園、御濤園和嘉里不夜城，成都南城都匯和彩疊園，深圳御峰園和世紀匯，廣州珊瑚灣畔和逸翠莊園，重慶逸翠莊園等。這 10 年間，以面積計算，長江實業在內地建成物業約佔集團全部建成物業的八成以上。以 2013 年為例，這一年，長江實業全部建成的物業總面積大約為 194.60 萬平方米，其中內地佔去 178.10 萬平方米，佔長江實業全部建成物業面積的 91.5%。❺ 長江實業在內地房地產項目的發展，大幅提升了集團的營業額。據統計，1997 年長江實業營業額為 78.57 億港元，到 2011 年增加到 423.59 億港元，14 年間增長了 4.39 倍。

與此同時，長和系的其他核心業務亦相繼進入內地發展。在零售業，1989 年和黃旗下的屈臣氏在北京開設第一家店，到 2011 年突破 1,000 家店，2013 年開設第 1,500 家店，完成了在中國區市場從一線到四線城市的全覆蓋策略。在港口及有關服務，自 1993 年以來，和記黃埔港口與深圳合資成立 "鹽田國際集裝箱碼頭有限公司"，先後開展深圳鹽田港一、二期工程。2001 年，和記黃埔港口與深圳市政府及鹽田港集團簽約，共同發展鹽田國際集裝箱碼頭三期工程項目，總投資額 66 億港元；2005 年雙方再簽約投資 100 億元人民幣，推進深圳鹽田港區集裝箱碼頭擴建工程。擴建工程完成後，鹽田國際集裝箱碼頭將佔地 344 公頃，擁有集裝箱深水泊位 15 個。❻ 2003 年，和記黃埔港口宣佈和其他公司合資成立上海浦東國際集裝箱碼頭有限公司，經營上海外高橋碼頭一期。另外，和記黃埔中國在內地經營多家製造、服務及分銷合資企業，並投資於和黃中國醫藥科技有限公司。

》"乾坤大挪移"：長和系投資策略轉變

2009 年全球金融海嘯爆發以來，特別是 2013 年以來，隨著國際經貿環境和中國經濟環境的變化，李嘉誠在內地的投資策略發生了重大轉變。從積極拓展轉向大舉拋售，特別是拋售在中國內地處於高位的房地產物業。據粗略統計，犖犖大者主要有：

1. 2013 年 8 月，李嘉誠旗下的長江實業、和記黃埔以 25.78 億元人民幣出售廣州西城都薈廣場項目。

2. 2013 年 10 月，李嘉誠旗下的長江實業、和記黃埔以 71.6 億元人民幣出售上海陸家嘴東方匯經中心，該項交易單價高達 8.2 萬元人民幣 / 平方米，成為上海大宗交易賣得最貴的項目。

3. 2014 年 2 月，李嘉誠旗下長江實業持股 7.84% 的新加坡房地產基金亞騰資產管理公司（ARA），以 24.8 億元人民幣出售南京國際金融大廈。

4. 2014 年 4 月，李嘉誠次子李澤楷旗下盈大地產，以 72.01 億元港幣出售北京盈科中心予泰國華僑吳繼泰的基匯資本。

5. 2014 年 8 月，李嘉誠旗下長江實業持股 7.84% 的新加坡房地產基金亞騰資產管理公司（ARA），以 15.4 億元人民幣出售上海盛邦國際大廈。

6. 2016 年 10 月，李嘉誠旗下長實地產與李嘉誠海外基金會，以 230 億元人民幣出售上海世紀匯地產項目。

據市場粗略估計，這一時期，李嘉誠在內地拋售物業套現資金金額至少在 1,000 億元人民幣以上。不僅如此，2011 年以前，長江實業及和記黃埔每年都在內地吸納土地儲備，但 2012 年 5 月購入上海一塊住宅用地之後，長和系在內地市場再沒有買進過一塊土地。與此同時，李嘉誠在香港也減持資產，主要包括：

1. 2013 年 7 月，李嘉誠高調宣佈將出售和記黃埔旗下的百佳超市。百佳超市在香港擁有約 270 間門店，是香港僅次於英資怡和集團旗下惠康超市的第二大超市集團，市場佔有率達 33.1%。消息傳出一時香港轟動。當時，連《人民日報》海外版也以"李嘉誠出售百佳引熱議，出手被疑撤離香港"的標題予以報道。不過，該出售計劃其後於 10 月份擱淺。

2. 2013 年 9 月，由長江實業持股約 32% 的置富產業信託，宣佈以 58.49 億港元，收購大股東長江實業旗下天水圍嘉湖銀座商場及嘉湖山莊部份資產。置富產業信託被業界認為是李嘉誠的套現工具，此舉被認為是在變相出售香港資產。

3. 2014 年 1 月 29 日，李嘉誠宣佈將電能實業旗下的香港電燈公司分拆，後者於當年單獨上市，成為香港最大的 IPO 之一，電能實業套現 241.27 億港元。香港電燈公司註冊地在開曼群島。

4. 2014 年 3 月，和記黃埔旗下在新加坡的上市公司和記港口信託，以 24.72 億港元的售價，將亞洲貨櫃碼頭公司 60% 權益出售予中資的中海集團。

5. 2014 年 3 月 21 日，和記黃埔將旗下屈臣氏集團 24.95% 權益出售予新加坡淡馬錫集團，作價 440 億港元，並保留兩年後分拆屈臣氏上市的權利。

6. 2015 年 6 月，電能實業以 76.8 億港元的售價，將所持香港電燈公司 16.53% 權益售予中東的卡塔爾投資局。此外，卡塔爾投資局再向李嘉誠的長江基建購入電能實業 3.37% 股權。交易完成後，卡塔爾投資局共持有香港電燈 19.9% 股權；電能實業對香港電燈持股減至約 33.37% 股權，套現逾 92.5 億港元。

7. 2017 年 7 月，長和旗下的和記電訊香港以 144.97 億港元作價，將所持和記環球電訊全部股權，售予 Asia Cube Global Communications Limited。

8. 2017 年 11 月，長實地產將所持香港中環中心 75% 權益以 402 億港元的售價，出售給中資公司中國港澳台僑和平發展亞洲地產有限公司（C. H. M. T. Peaceful Development Asia Property Limited）。這項交易創下香港商廈交易的最高成交紀錄。該項交易於 2018 年 5 月完成。

粗略估算，這幾年李嘉誠旗下公司在香港也大約出售超過 1,000 億港元資產物業。李嘉誠拋售內地、香港資產，特別是內地房地產項目的策略，引起內地媒體和社會各方的關注，掀起了軒然大波。其中，最具衝擊力的是署名羅天昊於 2015 年 9 月 13 日，發表在新華社批准成立的瞭望智庫上的評論文章《別讓李嘉誠跑了》。該評論認為：李嘉誠等豪族的坐大得益於北京的“招安”政策，其在內地的地產財富也“並非完全來自徹底的市場經濟，恐怕不宜想走就走”；“中央政府應權衡利弊，果斷拋棄不再有利用價值的香港豪族，平抑豪族……”。❼ 一時間，對李嘉誠的抨擊、非議鋪天蓋地。

　　就在相繼拋售中國內地、香港的資產物業的同時，李嘉誠透過旗下公司，特別是和記黃埔旗下公司，大舉進軍歐洲，特別是英國市場。其實，早在 20 世紀 80 年代中期以後，長和系已開始推進國際化策略。1997 年 1 月 6 日，李嘉誠旗下的長江實業集團系 4 間上市公司，以“長江集團邁向基建新紀元”為主題，宣佈全港矚目的重組計劃，根據該項計劃，長江基建將從長江實業的附屬公司轉變為和記黃埔的附屬公司，並直接持有香港電燈。重組完成後，長實集團的架構更趨精簡，作為集團旗艦專注地產、策略性投資並持有和黃股權，和黃將擁有貨櫃碼頭、電訊、零售業務並持有長建，而長建則擁有國內道路、橋樑、電力並持有電能實業，成為一家超級基建集團。很明顯，重組的最大得益者是長江基建，它可憑藉電能實業的穩定盈利以及其豐富基建經驗去拓展海外及中國內地的基建業務，成為該集團“邁向基建新紀元”的旗艦。從實踐來看，長江基建事實上亦成為了長和系拓展海外市場的另一重要平台。

　　回歸前，長和系旗下五項核心業務除了地產以外，包括港口及相關服務、零售、基建、能源及電訊等，均以香港為基地，繼而拓展到北美、歐洲及亞太區。到 90 年代末期，長和系的海外投資開始進入回報期，其中最為人們津津樂道的就是創造了“千億賣橙（Orange）”的“神話”。1994 年 4 月，和黃旗下的和記電訊（英國）投資 84 億港元組建 Orange 公司。1996 年，和黃宣佈成立 Orange plc. 作為和記通訊（英國）的控股公司，並將其在倫敦證券交易所和 NASDAQ 上市。1999 年，電訊企業股票市值屢創新高，和黃把握時機，先是在 2 月份出售了 5,000 萬股

Orange 股份，套現 52.8 億港元；同年 10 月，和黃再將 Orange 剩餘 44.81% 股權，以現金、票據及股票作交易，作價 1,130 億港元，全部出售給德國電訊商曼內斯曼（Mannesmann）。交易完成後，和黃持有曼內斯曼 10% 的股權，成為該公司的單一最大股東。❽ 其後，曼內斯曼被英國電訊商沃達豐收購，和黃將所持曼內斯曼股票轉售予沃達豐，再賺逾 500 億港元。是役，和黃一舉賺取 1,650 億港元的高額利潤，創造了香港商界的奇跡。

這一時期，和記黃埔在海外投資的策略，除了出售回報豐厚的資產之外，還集中將所投項目分拆上市。由於和黃進入這些海外新領域時，一般需要較長時間才能獲得盈利。在通過出售資產無法滿足後續資金投入時，往往採取將各項目分拆上市的戰略，使各項目獨立運作，負擔自身的現金流，從而縮短整個新投資領域的回報期。而且，隨著越來越多的項目被分拆上市，各項目的內在價值得以體現，可以避免和記黃埔股價出現被嚴重低估的情況。

以電訊投資為例，和記黃埔出售 Orange 後，在全球各地不斷競投 3G 牌照。但 3G 的發展遠沒有那麼樂觀。在終端價格一降再降的同時，和黃還必須承受當年高價收購牌照帶來的鉅額資產攤銷。2002 年，和黃的 3G 業務虧損 20.7 億港元；到 2003 年虧損增加到 183 億港元，2004 年更進一步擴大到 370 億港元。到 2004 年底，和黃已在 3G 業務投入約 2,000 億港元。2004 年，為解決 3G 資金問題，李嘉誠開始分拆旗下主要的電訊資產上市，盡量將 3G 業務的影響孤立化，從而解決 3G 業務的困擾。先是分拆香港的固定電話業務上市，其後分拆 2G 業務，包括分拆中國香港、中國澳門、印度、以色列、泰國、斯里蘭卡、巴拉圭及加納等八地電訊資產上市，進而再由和記電訊國際將和記環球私有化。

2009 年，全球金融海嘯爆發，歐美經濟相繼陷入不景，其後歐洲更爆發持續的主權債務危機，資產市場價格低沉。在這種背景下，李嘉誠進一步加強對海外投資的策略，投資領域從能源、電訊等領域擴展到基礎設施建設、水務、管道燃氣、地產等行業，投資地域幾乎遍及整個歐洲，其中的投資重點是英國。對英國的投資，犖犖大者包括：

1. 2010 年 11 月，長江基建牽頭財團以 57.75 億英鎊（約 700 億港元）價格，收購 EDF Energy plc 所持有 100% 股權的英國受規管及非受規管電網 UK Power Networks。

2. 2011 年 10 月，長江基建牽頭財團以 48 億英鎊（約 618 億港元）價格，收購英國水務公司 Northumbrian Water Group plc。該公司在倫敦證券交易所上市，於英國從事食水供應、污水及廢水處理業務。

3. 2012 年 10 月，長江基建牽頭財團以 19.57 億英鎊（約 242.65 億港元）價格，收購英國配氣網絡 Wales & West Utilities。

4. 2012 年 7 月 31 日，和記黃埔收購英國曼徹斯特機場集團。

5. 2012 年 8 月，長江基建等公司斥資 77.53 億港元收購英國天然氣供應商。

6. 2014 年 4 月，和記黃埔投資 15.12 億美元，在英國倫敦商業區金絲雀碼頭（Canary Wharf）重建 Convoys Wharf，開展商住地產項目。

7. 2015 年 1 月，長江實業及其子公司長江基建以合資企業的名義，以 25 億英鎊收購英國鐵路車輛租賃公司 Eversholt Rail Group。

8. 2015 年 3 月，李嘉誠旗下和記黃埔宣佈，集團已經與西班牙電訊公司 Telefónica SA 就收購其英國附屬公司 O2 英國達成協議，收購價為 92.5 億英鎊（約 1,067.5 億港元）。和記黃埔計劃在收購交易完成後，將 O2 英國與旗下的 3 英國集團合併，屆時將使 3 英國的客戶增至逾 3,300 萬戶，躍升為英國最大流動電訊營運商。❾

不過，李嘉誠收購 O2 英國的計劃一波三折，進展並不順利。2015 年 11 月，歐盟反壟斷監管部門對 Telefonica SA 將英國手機營運商 O2 英國股權出售給和記黃埔的交易計劃進行了反壟斷調查。2016 年 2 月，長和實業作出 3 點承諾：在未來 5 年，"3+O2" 將在英國的電訊業務投資 50 億英鎊；在合併後 5 年內絕不提高語音、短訊或資料傳輸價格；"3+O2" 將通過出讓網絡容量中小部份共用權益，令其他英國電訊市場的競爭對手可以在公平競爭的環境下提供服務。❿ 可惜，5 月 11 日，歐盟委員會宣佈否決長江和記實業有限公司收購西班牙電訊公司旗下英國無線營運商 O2 英國的計劃。歐盟反壟斷機構稱，若該交易達成，將導致價格上升，並減少英國客戶的選擇，同時阻礙英國互聯網基礎設施的創新和發展。

據市場粗略估計，截至 2019 年底，李氏商業帝國在英國的總資產已高達約 4,000 億港元，包括英國超過 40% 的電訊市場、約四分之一的電力分銷市場、近三成的天然氣供應市場，以及近三分之一的碼頭等。

除英國外，長和系還在歐洲的法國、奧地利、愛爾蘭、荷蘭，以及澳洲的澳大利亞、新西蘭等其他地區開展收購行動：2012 年，和記黃埔旗下歐洲 3 集團積極透過收購壯大業務版圖，反向收購 Orange 法國電訊及奧地利 Orange，並在完成交易後併入 3 奧地利；2013 年，收購西班牙電訊（Telefónica）旗下的 O2 愛爾蘭，並將其併入 3 愛爾蘭；2014 年，長江基建先後以 4.1 億美元和 12.51 億美元收購新西蘭廢物管理公司 Enviro Waste 及荷蘭最大的廢物轉化能源公司 AVR Afvalverwerking B. V.，其後又以 15.04 億美元高額收購奧地利 3G 通訊業務。2017 年 1 月，長江基建再聯同長實地產、電能實業合組財團，宣佈以總價值約 70 億澳幣（約 424 億港元）收購在澳洲證券交易所上市的澳洲 DUET 集團。❶ DUET 集團為澳洲主要的能源資產擁有人及營運商，業務遍及美國、英國及歐洲地區。同年 10 月，長實集團聯同長江基建成立合營企業，以代價約 45 億歐元（約 414 億港元），收購 ista Luxemburg GmbH（ista）全部股權。ista 為世界具領導地位的能源管理綜合服務供應商，在歐洲包括德國、丹麥、荷蘭、法國、意大利及西班牙等國家具有重要市場地位。2018 年下半年，長和又先後收購意大利主要流動通訊商 Wind Tre 全部股權，以及斯里蘭卡的流動電訊業務 Etisalat Group，並將與 Hutch Sri Lanka 合併。

這一時期，李嘉誠旗下長和系公司的海外投資主要有兩個特點：第一，重視"反週期操作"，並且與集團的多元化、國際化拓展緊密結合起來。

在投資週期逢低吸入，佔據發展先機，幾乎是李嘉誠海外投資開關每一個新領地的基本準則。在香港投資界，李嘉誠被稱為"玩 cycle（週期）的人"。他做投資，是在摸準了行業的發展規律和週期之後，不但做到在行業處於投資的最佳時機時才大舉進入，還讓所投資行業與其他的產業處於不同的業務週期，互補不足，相得益彰。長和系的和記黃埔最能體現李嘉誠的投資策略。和記黃埔屬下有五大行業，包括港口及相關服務、房地產、零售及製造、能源及基建和電訊等，各個行業之間有很強的互補性。例如，在 1998-2001 年間，1998 年零售業務不佳，但基建和電訊業務好；1999年物業和財務投資較差，但是零售卻好轉了；2000年零售、物業和基建都很差，但是能源好；2001年零售和能源比較差，但是其他行業都很好。李嘉誠如果僅投資單一行業，那整個企業集團就容易引起大起大落。但是，如果在全球佈局多個週期互補行業，就會使得整個集團東方不亮西方亮，每段時間都會有表現好的行業來彌補其他行業的下滑。同時，李嘉誠一旦決定投資某個行業，就會想盡辦法，在全球尋找機會。和記黃埔的電訊業務，從20世紀80年代後期開始，就走多元化道路。因為不同的國家和地區在科技發展和應用程度有較大區別，公司就利用這種差異，推出適應當地實際情況的技術和產品。這意味著，和記黃埔的技術能在不同時期在不同市場推廣，其盈利期限可以盡量延長。可見，李嘉誠的"反週期操作"還與他的"多元化、國際化"策略緊密結合起來。

第二，奉行"高現金、低負債"、"現金為王"的財務政策，並且重視聯合系內公司共同收購，以減低資金壓力。

長和系的資產負債率一般保持在12%左右。李嘉誠曾對媒體表示："在開拓業務方面，保持現金儲備多於負債，要求收入與支出平衡，甚至要有盈利，我想求的是穩健與進取中取得平衡。"李嘉誠也說過："現金流、公司負債的百分比是我一貫最注重的環節，是任何公司的重要健康指標。任何發展中的業務，一定要讓業績達至正數的現金流。"正因為重視現金流，長和系選擇的核心業務，包括地產、港口及相關業務、零售、基建、能源和電訊等，均為現金流豐富的產業。因此，長和系得以長期維持流動資產大於全部負債的策略，以防風險擴大。如果當年的經常性利潤較低或者現金流緊張，李嘉誠往往會用出售旗下部份投資項目或資產的方法來解決。在亞洲金融危機後，和黃先後出售了Orange等資產，用非經常性盈利平衡了業績波動。另一方面，資產出售帶來的利潤，為和黃在危機後的低潮期大舉投資港口、移動通訊等"準壟斷"行業提供了資金支援。和黃的商業模式的特點，是通過一系列能產生穩定現金流的業務，為投資回報週期長、資本密集型的新興"準壟斷"行業提供強大的現金流支援。

為了保持"高現金、低負債"，長和系在海外展開收購兼併時，往往聯合系內其他公司共同展開。自2008年以來，長江基建投入了超過220億美元用於海外收購，但得益於這種策略，長江基建的淨資產負債率平均值一直保持在 4.4% 左右，該公司在 2012 年的淨利潤達 94 億港元（約合 12 億美元），幾乎是 5 年前的兩倍。相比之下，在海外收購方面孤軍奮戰的中電控股的資產負債率則徘徊在 84.3% 的高位，而 2012 年的淨利潤亦下降 22%。

》"重組業務架構，邁進嶄新里程"

就在長和系在中國內地、香港以及歐洲等海外市場，大規模重新配置資產和業務的同時，自 2013 年起，李嘉誠對長和系的股權和業務架構也展開令人矚目的重組工作。重組前，李嘉誠旗下的長和集團成員包括多家公司：長江實業、和記黃埔、長江基建、電能實業、長江生命科技、TOM 集團有限公司，以及在新加坡上市的和記港口信託等。據統計，截至 2013 年 10 月 31 日，長和系在香港上市的公司總市值為 1 萬億港元。這次世紀重組，包括了電能實業分拆港燈電力投資、長和系重組，以及長江基建合併能源實業等 3 個部份。

第一，電能實業分拆港燈電力投資。

2013 年 12 月，長和旗下的電能實業宣佈，將分拆港燈電力投資有限公司（簡稱"港燈"）上市，並根據情況出售港燈 50.1-70% 的股權。港燈於 2013 年 9 月 23 日在開曼群島註冊成獲豁免有限公司。

香港電燈有限公司客戶中心

2014 年 1 月 6 日，電能實業分拆港燈上市的議案獲逾 99% 的股東支持通過。同年 1 月 16 日，港燈宣佈在香港交易所上市，發售 44.27 億股份，發售價為每股 5.45 港元，集資約 241 億港元，同年 1 月 29 日在港交所掛牌上市。

2015 年 6 月，電能實業宣佈，以 76.81 億港元向卡塔爾投資局出售港燈 16.53% 的股權。此外，卡塔爾投資局從長江基建手中買入港燈 3.37% 股權，收購完成後將持有共 19.9% 的港燈股權。李嘉誠在 1985 年 1 月以 29 億元從置地收購香港電燈 35% 股權。以當時收購價計算，香港電燈市值約 84 億港元。經過 28 年的經營，電能實業（前身為香港電燈）的市值超過 1,400 億港元，增長約 16 倍，連同股息，每年投資回報高達 16%。分拆上市後的港燈，成為李嘉誠旗下首家在海外註冊的上市公司。

第二，長和系 "三部曲" 重組計劃。

2015 年 1 月 9 日，香港股市收市後，李嘉誠旗下的長和系公佈其 "三部曲" 重組計劃，這無疑是香港回歸以來最重大的企業事件。這消息彷彿在香港市場投下一枚 "重磅炸彈"，讓香港及國際社會為之矚目，其震撼力有如當年怡和宣佈遷冊海外。是項計劃的權威資料，首推香港交易所於 1 月 9 日下午 4 時 17 分、22 分在其正式網站上的 "披露易" 頁面代長江實業及和記黃埔發表的上市公司公告。該份公告的分類詞，包括 "非常重大的收購事項"、"集團重組或協議安排"、"私有化／撤銷或取消證券上市"、"分拆" 等，一共 10 個，與當日其他上市公司發佈的消息相比，確實非同小可。根據公佈的資料，李嘉誠旗下長江實業與和記黃埔合併改組的計劃，包括 "三部曲"：

第一步，長江實業變身為 "長江和記實業有限公司"（簡稱 "長和實業"）。長和實業於 2014 年 12 月 11 日在開曼群島註冊成立，為長江實業的全資附屬公司。根據重組計劃，所有長江實業股份，將以一對一的比率換成長和實業的股份，而原有的長江實業股票將隨即被註銷及銷毀。此後，長和實業將代替長江實業成為集團的新控股公司，擁有長江實業及其所有附屬公司的權益，其股份將在港交所主機板上市，沿用長實目前的股份代號 0001。之後，長江實業於聯交所的上市地位將不復存在。要完成此第一步，須得到長實股東、香港高等法院原訟法庭和港交所上市委員會的批准。計劃完成後，長和實業將完全取代長江實業，而公司的註冊地則從香港

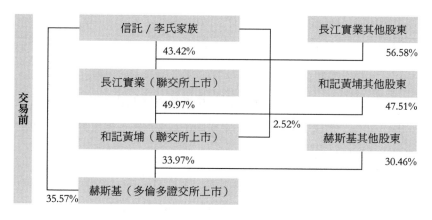

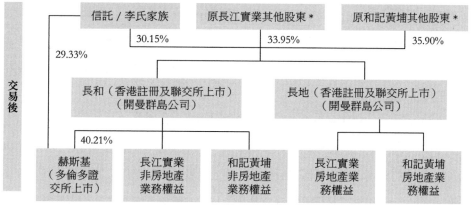

* 截至併購方案和分拆上市方案的記錄日。

長和系重組前後股權架構變化（資料來源：長江實業、和記黃埔新聞稿：《長江實業與和記黃埔將進行合併、重組、再分拆，成為兩間具領導地位的新公司在香港上市》，2015 年 1 月 9 日。）

轉移到開曼群島。

　　第二步，首先，由和記黃埔收購部份赫斯基能源（Husky Energy）的股份。赫斯基能源是加拿大最大的一家綜合能源上市公司，約三分之一股權屬於李嘉誠家族信託基金，另外約三分之一屬於和記黃埔。該步驟是由和記黃埔收購原來屬於李嘉誠家族基金所擁有的加拿大赫斯基能源股份的六分之一左右（約為赫斯基能源市值的 6.24% 權益），並按照 1 股赫斯基股份換取 1.376 股長和股份作為支付代價。交易完成後，長和實業所持赫斯基能源的股權將從 33.97% 增加到 40.21%。其次，由長和實業併購和記黃埔，並整合與長江基建合營的 5 個項目。計劃中的這一部份，換股比率為 1 股和記黃埔股份換取 0.684 股新的長和實業股份。此步亦須經相關的股東、法庭和交易所或監管機構同意，方可進行。由長和實業併購和記黃埔，可以說是整個收購行動的核心部份。併購完成後，李氏家族信託基金和李氏家族將繼續作為長和實業的控股股東，持股比例為 30.15%。

第三步，分拆新的長和實業的所有地產業務，交由新公司——"長江實業地產有限公司"（簡稱 "長實地產"）經營、上市。分拆的方案是：長和實業將會把所有已發行的長實地產股份，按照一比一的比例進行分派。其後，長實地產將以介紹方式在香港聯交所上市。與長和實業一樣，長實地產也是在開曼群島註冊、在香港上市的雙重意義上的 "離岸" 公司：相對於香港，兩個公司離岸註冊；相對於開曼群島，兩家公司離岸上市。

長和系表示，該重組計劃的目標，是要 "消除長江實業持有的和記黃埔股份之控股公司折讓，從而向股東釋放實際價值"；"提高透明度及業務一致性"；"消除長江實業與和記黃埔之間的分層控股架構，讓公眾股東能與李氏家族信託一同直接投資於兩間上市公司"；"股東直接持有長和及長地的股份，從而提高投資的靈活性和效率"；以及 "規模提升" 等。❶❷ 從重組方案來看，其中的目的之一無疑是想要進一步梳理長和系的內部業務，解決 "控股導致股價偏低" 的問題（holding company discount 或 conglomerate discount）。重組前，長江實業與和記黃埔有太多業務存在交叉重複；重組後，兩大集團的業務分類更加清晰，地產業務與非地產業務分屬兩個集團來操作，避免了此前的內部競爭或利益輸送等嫌疑，企業運作也更加透明。所以，從投資者角度來說，李嘉誠實施的這一重組方案實屬利好。不過，更重要的是，重組後，李嘉誠旗下的兩家主要上市公司，其註冊地都從香港轉到開曼群島，實現了變相遷冊海外。

第三，長江基建合併能源實業。

2015 年 9 月 8 日，長江基建宣佈，計劃以換股形式合併旗下公司電能實業，以創立一間世界級的多元化基建公司；每股非由長江基建持有的電能實業股份將交換新發行的長江基建股份，換股比率為每股電能實業股份交換 1.04 股長江基建股份；換股比率基於長江基建和電能實業截至（及包括）2015 年 9 月 4 日五個交易日的平均收市價釐定，每股並派發股息 5 港元。[13] 合併後，電能實業將退市。由於長和實業、長實地產、長江基建等公司註冊地均在海外，電能實業成了唯一一家在中國境內註冊的長和系公司。這就意味著，一旦電能實業成功併入長江基建並退市，李嘉誠將最終完成旗下公司註冊地的全部遷冊海外。

不過，長江基建合併能源實業的計劃進展並不順利，遭到部份小股東的反對。為爭取合併成功，2015 年 10 月，長江基建宣佈，將原有 1 股換取 1.04 股和派發 5 港元股息，分別提高至以 1 股換取 1.066 股長江基建股份和派發 7.5 港元股息。[14] 不過，在電能實業的股東大會上，電能實業與長江基建合併的決議案僅獲得 50.8% 票數贊成，而反對票則佔 49.2%。根據相關規定，兩家公司的合併交易必須得到至少 75% 少數股股東同意，同時持反對意見的少數股股東不能超過 10%。因此，有關長江基建合併能源實業的計劃被迫擱置。至此，李嘉誠旗下上市公司，除了電能實業外，都成功變相遷冊海外。

對於李嘉誠長和系的改組，市場普遍給予正面的肯定和支持。有香港大型投資銀行的高級管理人員認為："李嘉誠的做法受到了資本市場的普遍歡迎，因為長和系的多個大型集團涉足多個產業，每一產業估值不同，這使得集團上市公司股價較淨資產賬面價值有所折讓。"根據公告，長實賬面權益為 3,790 億港元，市值 2,920 億港元，這中間存在 23% 的折讓。2015 年 1 月 9 日重組消息宣佈後，李嘉誠旗下上市公司於美國掛牌的預託證券當晚彈升逾 10%。1 月 12 日，香港股市開盤伊始，長江實業與和記黃埔的股價均大漲逾 15%。

2008 年全球金融海嘯爆發，特別是 2013 年以來，李嘉誠透過重新配置在中國內地、香港與歐洲的資產，以及股權和業務重組，實現了世紀性的"乾坤大挪移"。對於這次重組，李嘉誠的解釋是，為了長子李澤鉅接班和方便做生意。不過，由於長和系在香港的地位特殊，該集團如此大動作的背後，必定有更多深刻的政經原因。有香港投行的資深人士認為："香港在司法、決策方面越發受到政府的影響，李嘉誠將樹根移至開曼群島，萬一出現特殊情況，至少不會一籃子雞蛋全部打散。"

香港人士更為普遍的看法是：重組、遷冊、西進，這一系列舉動是李嘉誠在為家族企業接班人鋪路。"長和系此次大重組，從資本市場解讀是合理的；從產業佈局角度，也到瓜熟蒂落之時；從家族管理來說，條件也已具備。"市場人士認為，李嘉誠長子李澤鉅一直在業務發展方面傾向於國際化佈局。這不僅可以突破父親的成就陰影，成就第二代的開拓者形象，而且可以將家族企業順勢從局限於一地、受一地政治色彩影響的家族企業，轉為更國際化的跨國常青樹企業。

》 長和系：多元化、國際化的全球性商業帝國

資產及業務重組後，李嘉誠透過 "李氏家族及信託"，分別持有長和實業和長江實業兩家上市公司。其中，長和實業直接或間接持有多家上市公司，包括長江基建、電能實業、和記電訊香港控股有限公司、長江生命科技集團有限公司、TOM 集

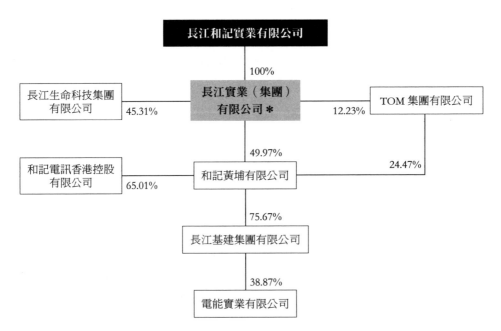

*自 2015 年 3 月 18 日起，長江實業（集團）有限公司之上市地位由長江和記實業有限公司取代。

重組後的長和實業股權架構（資料來源：《長江和記實業有限公司 2014 年報》）

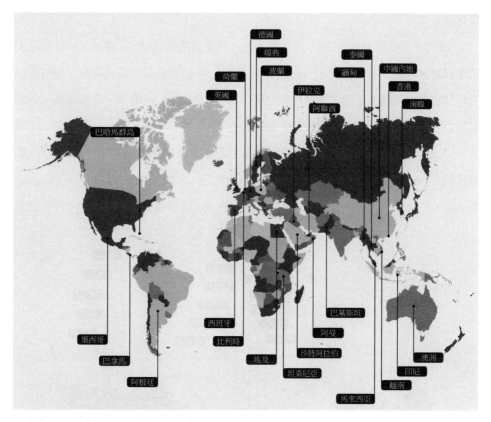

長和集團經營港口及相關業務的全球分佈（資料來源：《長江和記實業有限公司 2018 年報》，第 17 頁。）

香港葵青貨櫃港（香港《文匯報》提供）

團有限公司等。

據統計，截至 2019 年底，長和系上市公司總市值為 8,481.96 億港元，在香港上市家族財團中高居首位。其中，長和實業在全球 50 國家經營多元化業務，包括港口及相關服務、零售、基建、能源和電訊等，僱員人數超過 30 萬，已發展成為"一家銳意創新發展、善於運用新科技的大型跨國企業"。⑮

在港口及相關服務方面，集團的業務主要集中於持有 80% 股權的和記港口集團及持有 30.7% 股權的新加坡上市公司——和記港口信託（Hutchison Port Holdings Trust），在全球 26 個國家的 51 個港口，擁有共 288 個營運泊位的權益，所持有的貨

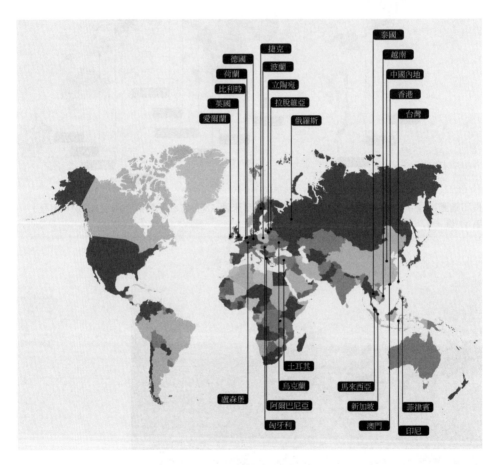

長和集團經營零售業務的全球分佈（資料來源：《長江和記實業有限公司 2018 年報》，第 25 頁。）

櫃碼頭權益包括全球 10 個最繁忙港口中的 5 個。在 2018 年，集團旗下港口所處理的總輸送量達到 8,460 萬個 20 呎的標準貨櫃；集團同時參與中流作業、內河碼頭與郵輪碼頭業務，並提供港口相關的物流服務。其中，和記港口信託旗下的香港國際貨櫃碼頭有限公司（HIT）擁有香港葵青貨櫃港的四號、六號、七號及九號碼頭（北）共 12 個泊位。另外，和記港口信託還透過合資公司持有八號碼頭東 50% 權益，持有八號碼頭東西 40% 權益，同時在廣東珠江三角洲，包括香港、深圳鹽田、惠州、江

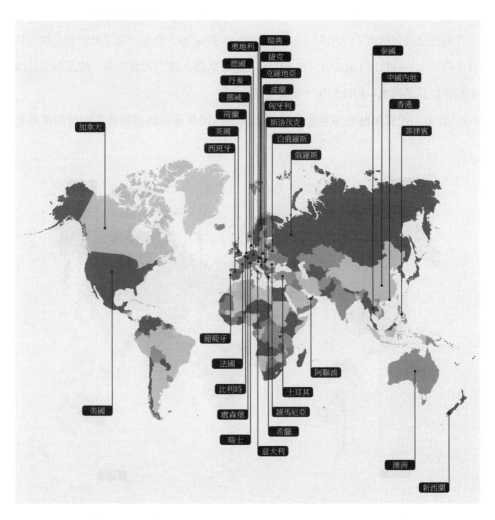

長和集團經營基建業務的全球分佈（資料來源：《長江和記實業有限公司 2018 年報》，第 37 頁。）

門及南海等城市，建立起一個高效、高生產力和極具成本效益的港口和物流服務網絡，已發展成為世界級的貨櫃碼頭經營商。

在零售業務方面，集團的零售部門由屈臣氏旗下公司組成，已發展成為全球最大的國際保健美容零售商，在全球 24 個市場經營 14,976 家店舖，僱員超過 14 萬人，其中香港僱員 12.9 萬人，經營的業務包括：保健及美容產品，高級香水及化妝品，食品、電子及洋酒，飲品製造等四大類，共 12 個品牌。保健及美容產品的經營品牌包括屈臣氏、Trekpleister、Rossmann、Superdrug、Savers、Drogas 等，高級香水及化妝品品牌包括 ICI PARIS XL、The Perfume Shop 等，食品、電子及洋酒品牌包括百佳超市、TASTE、GREAT、FUSION、豐澤電器、屈臣氏酒窖等，飲品製造品牌包括屈臣氏蒸餾水、菓汁先生、新奇士等。

其中，經營保健及美容產品的屈臣氏，已經發展成為亞洲領先的健與美零售

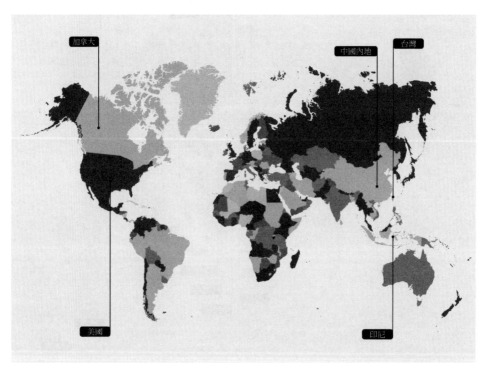

長和集團經營能源業務的全球分佈（資料來源：《長江和記實業有限公司 2018 年報》，第 43 頁。）

商，業務遍佈 12 個亞洲及歐洲市場，包括中國內地、香港、台灣、澳門、新加坡、泰國、馬來西亞、菲律賓、印尼、土耳其、烏克蘭及俄羅斯等地，經營超過 6,800 家屈臣氏門市，當中超過 1,500 家提供專業藥房服務。由 2009 年至今，屈臣氏一直穩據亞洲個人護理店／藥房品牌第一位，同時亦是歐洲烏克蘭市場首屈一指的健與美零售商；而百佳超市在香港、澳門及中國內地亦開設超過 340 家分店，已成為大中華地區佔有領先地位的超級市場。

在基建業務方面，集團透過持有 75.67% 股權的上市公司——長江基建的股權及與長江基建共同擁有的 6 項基建資產權益，包括 Northumbrian Water、Park'N Fly、Australian Gas Networks、Dutch Enviro Energy、Wales & West Utilities 及 UK Rails 等，從事能源基建、交通基建、水處理基建、廢物管理、轉廢為能、屋宇服務基建及基

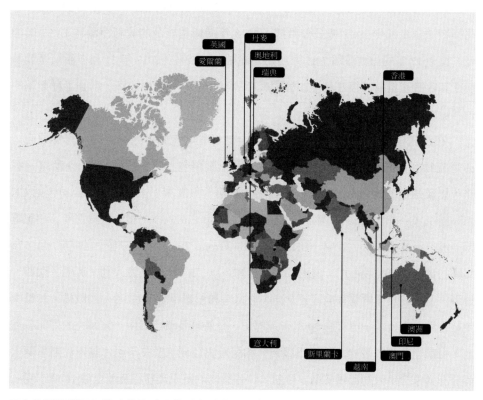

長和集團經營電訊業務的全球分佈（資料來源：《長江和記實業有限公司 2018 年報》，第 49 頁。）

建相關業務，投資及營運範圍遍及香港、中國內地、英國、歐洲大陸、澳洲、新西蘭、加拿大及美國等國家。其中，長江基建持有電能實業 38.01% 股權，並透過電能實業持有港燈投資 33.37% 股權，發展香港電力供應業務，總裝機容量為 3,237 兆瓦，用電客戶超過 58 萬戶。不過，2019 年 1 月，長江基建以約港幣 23 億元出售電能實業 2.05% 權益，使所持股權下降至 35.96%。⑯

在能源方面，集團的投資主要分佈在加拿大西部及大西洋省份、美國和亞太地區，其中，最重要的是持有 40.19% 股權的聯營公司——赫斯基能源公司，該公司是在加拿大多倫多上市的綜合能源公司，總部設於加拿大亞伯達省的卡加利，創辦於 1938 年，目前主要在加拿大西部和大西洋區、美國，以及亞太地區經營上游與下游能源業務。⑰ 至 2018 年底，赫斯基已探明的石油及天然氣儲量為 14.71 億萬桶石油當量，而 2018 年公司的平均產量為每天 29.92 萬桶石油當量，較 2017 年每天 32.29 萬桶石油當量減少 7%。據公佈數據，2018 年赫斯基能源的盈利淨額為 14.57 億加元，比 2017 年的盈利淨額 7.86 億加元大幅增加了 85%。2017 年 11 月，赫斯基能源赫斯基收購產量為每天 5 萬桶的美國威斯康辛州蘇必利爾煉油廠，增強了赫斯基的盈利能力。

在電訊業務方面，集團已發展成為全球領先的流動電訊與數據服務營運商，亦是流動寬頻技術的先驅。集團提供的電訊服務包括 4.5G/4G/3G 流動電訊服務，以及透過流動通訊網絡提供國際通訊服務。集團旗下主要的電訊公司包括 CK Hutchison Group Telecom、歐洲 3 集團（3 Group Europe）、和記電訊香港、和記電訊亞洲、新城廣播等。其中，CK Hutchison Group Telecom 成立於 2019 年 7 月，為集團的電訊業務控股公司，透過歐洲 3 集團，以 "3" 網絡在意大利、英國、瑞典、丹麥、奧地利及愛爾蘭等地經營業務，並持有和記電訊香港 66.09% 的股權。和電香港是香港上市公司，擁有逾 30 年營運歷史，是香港及澳門其中一家領先的電訊營辦商，目前主要專注發展流動通訊服務。和記電訊亞洲主要在印尼、越南和斯里蘭卡等亞洲國家提供流動電訊業務。目前，長和集團的電訊業務已覆蓋全球 12 個市場，擁有電訊客戶約 1 億戶。

據統計，長和實業 2019 年的收益總額為 4,398.56 億港元，息稅前盈利（EBIT）

為 711.08 億港元。從收入總額來看，以零售佔最大份額，佔總收入的 38%，其次分別是電訊和基建，分別佔 23% 和 12%。不過，如果從息稅前盈利來看，則電訊佔最大份額，佔息稅前總盈利的 31%，其次是基建和零售，分別佔 27% 和 19%，赫斯基能源則虧損 30.04 億港元。（表 7-1）而按地區劃分，從收益總額來看，歐洲佔最大份額，為 48%（其中英國佔 16%），其次是亞洲、澳洲及其他，佔 15%，再次為加拿大，佔 11%，香港和中國內地兩者所佔比重同樣為 9%；從息稅前盈利來看，仍以歐洲佔最大比重，為 57%。換言之，長和實業盈利約近六成來自歐洲；其次是亞洲、澳洲及其他，佔 21%，中國內地佔 11%，而香港僅佔 2%。（表 7-2）

重組後的長實集團，初期主要從事物業發展、物業投資、酒店及服務套房等業務，並持有 3 個信託基金，包括持有 31.93% 的匯賢產業信託，持有 26.95% 的置富產業信託，及持有 18.12% 的泓富產業信託。其中，置富產業信託主要投資香港零售物業，泓富產業信託主要投資香港辦公室、零售及工業物業，匯賢產業信託主要投資內地酒店及服務套房、辦公室及零售物業等。2016 年 12 月，長江實業向長和實業收購飛機租賃公司 CK Capital Limited 及 Harrier Global Limited 全部股權。2017 年 5 月，公司又與長江基建及電能實業組成合營公司（長江實業佔 40% 股權）收購 DUET 集團，該集團為澳洲、美國、加拿大及英國多項能源資產擁有人及營運商。其後，私有化後的 DUET 集團改名為 "CK William 集團"。2017 年 7 月 14 日，長江實業地產有限公司宣佈正式改名為 "長江實業集團有限公司"（簡稱 "長實集團"），英文名則改為 "CK Asset Holdings Limited"（原名為 "Cheung Kong Property Holdings Limited"）。

改名後的長實集團主要業務擴展至 6 個領域，包括物業發展、物業投資、酒店及服務套房、基建及實用資產、飛機租賃，以及英式酒館。物業發展主要在香港、中國內地和海外等市場展開，2019 年度已確認的銷售收入為 641.08 億港元，比 2018 年度的 347.67 億港元大幅增長 84.60%；其中香港為 500.20 億港元，佔 77.94%；中國內地為 130.59 億港元，佔 20.35%，海外為 10.29 億港元，佔 1.60%。截至 2019 年底，集團擁有可開發土地儲備（包括發展商於合作發展項目的權益，但不包括農地及已完成物業）約 9,200 億平方呎，其中香港佔 400 萬平方呎、中國內地佔 8,400 萬

表 7-1　2019 年長和實業核心業務分析（單位：億港元）

核心業務	收益總額	稅息折舊及攤銷前利潤（EBITDA）總額	息稅前盈利（EBIT）總額
港口及相關服務	353.75（8%）	134.05（12%）	90.61（13%）
零售	1,692.25（38%）	168.91（15%）	136.71（19%）
基建	511.91（12%）	284.88（25%）	192.20（27%）
赫斯基能源	476.18（11%）	31.39（3%）	-30.04（-4%）
電訊 CKH Group Telecom 和記電訊亞洲	1,043.01（23%） 953.17 89.84	375.08（34%） 353.41 21.67	221.86（31%） 211.31 10.55
財務及投資與其他	339.46（8%）	126.37（11%）	99.74（14%）
總額	4,398.56（100%）	1,120.68（100%）	711.08（100%）

資料來源：《長江和記實業有限公司 2019 年報》，第 5 頁。

表 7-2　2019 年長和實業核心業務分析（單位：億港元）

地區	收益總額	稅息折舊及攤銷前利潤（EBITDA）總額	息稅前盈利（EBIT）總額
歐洲	2,123.48（48%）	617.67（55%）	406.76（57%）
香港	395.31（9%）	36.72（3%）	15.67（2%）
中國內地	385.29（9%）	105.14（10%）	80.15（11%）
亞洲、澳洲及其他	677.74（15%）	215.76（19%）	147.58（21%）
加拿大	477.28（11%）	19.02（2%）	-38.82（-5%）
其他 *	339.46（8%）	126.37（11%）	99.74（14%）
總額	4,398.56（100%）	1,120.68（100%）	711.08（100%）

* 來自財務及投資與其他之貢獻

資料來源：《長江和記實業有限公司 2019 年報》，第 5 頁。

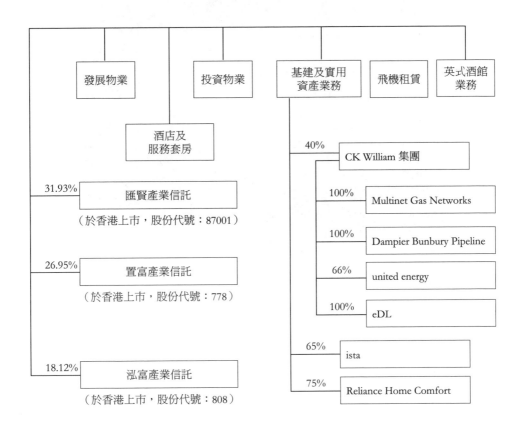

2019年長江實業集團有限公司架構（資料來源：長江實業集團官網）

華人行商場

平方呎，海外佔 400 萬平方呎；物業投資包括寫字樓、零售、工業等物業，以香港為主，包括中環的長江集團中心、華人行及和記大廈（重建中）、尖沙咀的 1881 Heritage、紅磡的黃埔花園、葵涌的和黃物流中心及其他物業等。2018 年 6 月，長實集團以 10 億英鎊收購英國倫敦 5 Broadgate 物業，將物業投資業務進一步拓展至英國。2019 年，集團的租金收入（包括攤佔合營企業）為 74.50 億港元。**⑱**

　　酒店及服務套房業務，主要包括集團於香港經營的海逸君綽酒店、海逸酒店及 Horizon Hotels & Suites 的管運。2019 年 8 月，長實集團宣佈將以 27 億英鎊（相當於 252 億港元）全資收購英國具領導地位的釀酒廠及英式酒館營運商 Greene King plc，該公司在倫敦證券交易所上市，在英格蘭、威爾斯、蘇格蘭等地經營超過 2,700 間英式酒館、餐廳及酒店。在基建及實用資產業務方面，主要包括 CK William 集團、ista，以及 Reliance Home Comfort 等公司。CK William 經營的業務主要包括在澳洲的配電、輸氣和配氣，以及為當地偏遠地區客戶提供發電方案；ista 為以德國為主要市

北角海逸酒店

場的能源管理綜合服務供應商；Reliance Home Comfort 為加拿大建築設備服務供應商。在飛機租賃方面，集團（包括合營企業權益）擁有 129 架窄體飛機和 5 架寬體飛機，平均機齡為 6 年，2019 年飛機租賃收益為 15.15 億港元。2019 年 8 月，長實集團宣佈將以 27 億英鎊（相當於 252 億港元）全資收購英國具領導地位的釀酒廠及英式酒館營運商 Greene King plc，包括承擔 Greene King 19 億英鎊的債務，總投資合共約 46 億英鎊。該公司在倫敦證券交易所上市，在英格蘭、威爾斯、蘇格蘭等地經營超過 2,700 間英式酒館、餐廳及酒店。通過是項投資，長實集團將業務擴展到英式酒吧業務。

長和系重組後，在收益總額和股東應佔溢利方面，長和的增長相對有限，而長實集團的增長則相對較快。據統計，2019 年長和實業的收益總額為 4,398.56 億港元，股東應佔溢利為 398.30 億港元，分別比重組初期 2015 年的收益總額（3,960.87 億港元）及股東應佔溢利（311.68 億港元）增長了 11.05% 及 27.79%；而長實集團的收益總額為 963.19 億港元，股東應佔溢利為 291.34 億港元，分別比 2015 年重組初期的收益總額（572.80 億港元）及股東應佔溢利（179.08 億港元）增長了 68.15% 及 62.69%。

　　值得一提的是李嘉誠於 1980 年成立的李嘉誠基金旗下的維港投資（Horizons Ventures）。維港投資創辦於 1999 年，是一家重點關注能夠引領行業變革的技術創新性公司的投資機構，該機構的成立正是配合時任行政長官董建華致力將香港轉型為科創中心的政策，其創始合夥人為周凱旋、張培薇和李嘉誠。據周凱旋透露，維港投資並不是一個基金，主要是為李嘉誠對創新和顛覆性技術的興趣服務，其模式是李嘉誠個人承擔投資風險，收益則撥入李嘉誠基金會，作慈善用途。初期，維港投資管理 1.5 億美元資產，共 3 個基金，重點投資於 4 個領域的公司，包括通訊和系統（Communications and Systems）、半導體（Semiconductors）、醫療衛生信息技術（Healthcare IT）和商業應用軟件（Software Applications for Business）等。❶❾ 據有關資

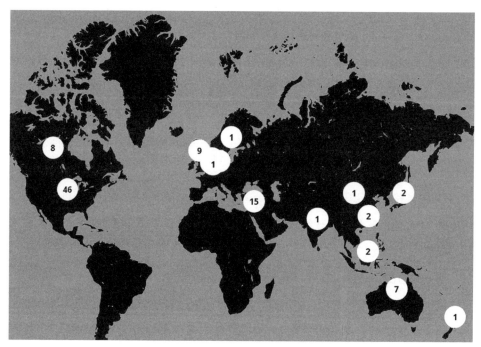

維港投資在全球的投資佈局（資料來源：維港投資官網）

料顯示，維港投資自 1999 年起，先後投資了近 100 家科創公司，主要集中在美國、以色列、英國、澳洲、加拿大等國家，近年也包括香港和深圳，其中不少是明星項目，如 Facebook（已經上市）、Skype（被微軟收購）、Siri（被谷歌收購）、Summly（被雅虎收購）、DeepMind（被谷歌收購）、Slack（已經上市）、Zoom（已經上市）等。

維港投資取得了很大的成功，特別是 2007 年，維港投資先後兩次投資於 Facebook，共計 1.2 億美元。其後 Facebook 上市，維港投資獲得 5 倍的投資回報，一舉成名。不過，維港投資最成功的項目，是投資於視頻會議工具 Zoom。Zoom 創辦於 2011 年，創辦人為美籍華人袁征，2013 年，維港投資參與了 Zoom 的 B 輪投資，領投了 650 萬美元；2014 年再參與 Zoom 的 C 輪 3,000 萬美元的投資，前後共投入 850 萬美元。2019 年 4 月，Zoom 在美國納斯達克上市，維港投資持有的股值即增加到 8.5 億美元。其後，由於受到全球新冠肺炎疫情影響，視頻會議工具大受歡迎，Zoom 股價大幅飆升，到 2020 年 9 月初，已增加到超過 1,200 億美元，維港投資持有的股值超過 100 億美元，即獲得了 1,200 倍的回報，相當於李嘉誠個人財富的三分之一，被認為是李嘉誠一生最成功的投資。2018 年 9 月，周凱旋在上海世界人工智能大會演講時表示，維港投資未來的投資焦點，將圍繞在傳統板塊的 IA（Intelligent Augmentation，即智能增強）和能夠推動未來的 AI（Artificial Intelligence，即人工智能）。有評論稱："這 20 年，以互聯網為代表的高科技在全球崛起，香港作為一個城市錯失了機會，但維港投資在全球抓住了這個機會。"[20]

02

新鴻基地產：“亞洲最佳地產公司”

────────────

　　香港回歸後不久，新鴻基地產作為香港最大地產公司，於 2002 年迎來了成立 30 週年誌慶。新地表示：“集團自成立以來，經歷多次經濟起落，都能不斷成長壯大，對香港前景一直保持著十足信心。數十年來，集團堅持將投資集中在香港。過去的歲月印證，只要憑著決心與信念，我們總能克服困難，亦全憑這份信念，我們對推動香港發展成為今天的大都會盡了一分力。展望未來，集團將充份利用本身的強項，包括強大的品牌、能幹的管理層和全力以赴的員工，在競爭激烈的市場中保持優勢，我們對克服未來的挑戰充滿信心。”[21]

》 打造香港新地標：“維港門廊”

　　回歸以來，新鴻基地產一個重要的發展，就是致力打造世界級的綜合性商廈，以滿足國際跨國公司對香港優質寫字樓市場的需求。其中，最矚目的就是參與港島機場鐵路香港總站上蓋物業——國際金融中心，以及獨資發展九龍機場鐵路九龍站上蓋物業——環球貿易廣場。這一發展，使得長期壟斷港島高級寫字樓市場的英資置地公司旗下的“中區王國”黯然失色。

　　國際金融中心的發展，最早可追溯到 20 世紀 90 年代中期。當時，香港政府宣佈香港機場核心計劃，包括興建機場快線連接赤鱲角香港國際機場與中環商業區，並在港島中環對開的維多利亞港進行填海工程，以興建機鐵香港總站。1995 年，香港政府批地給地鐵公司興建香港總站，以及香港總站至大嶼山赤鱲角新機場之間的機場鐵路。地鐵公司招標發展沿線各站上蓋物業，多個財團參與投標競爭，包括老牌英資地產公司置地。結果，由新鴻基地產聯同恒基地產、中華煤氣、中銀香港等組成的財團 Central Waterfont Property Development Ltd.，以總投資 300 億港元的價格擊敗置地，奪得機鐵香港總站上蓋物業發展權，從而成為香港史上單一項發展成本最高的物業。

香港總站上蓋的發展，包括兩幢高級商廈、兩幢酒店大廈，以及連接這些大廈的大型零售商場，總樓面面積約 447.7 萬平方呎，分四期展開。整個工程於 1997 年動工，1998 年及 2003 年國際金融中心（IFC）一期、二期相繼落成啟用。其中，一期樓高 210 米，共 38 層，總樓面面積 78.42 萬平方呎；二期樓高 415.8 米，共 88 層，總樓面面積約 195.16 萬平方呎。國際金融中心一、二期建成後，旋即成為香港最優質智慧型商廈的典範，成為香港第一高樓（二期）。其中，一期的主要租戶包括香港交易所（12 樓）、香港強制性公積金管理局（5 樓）等；二期則由香港金融管理局以接近 37 億港元的高價，向發展商購入包括頂樓在內共 14 層辦公室面積。

其後，新地等發展商還相繼興建了兩幢頂級酒店大廈，一幢為"四季匯"（Four Seasons Place），另一幢為全港首個以"四季酒店"（Four Seasons Hotel）品牌命名的酒店。此外，還興建了一間連接多幢大廈以及機鐵香港總站大堂的大型高級商場。該商場共有 4 層，樓面面積約 80 萬平方呎，匯聚了超過 200 家國際品牌商戶、多家名牌食肆，並設有電影院。2005 年，全港最大規模的六星級酒店四季酒店及四季匯盛大開幕，標誌著該項龐大發展計劃的最終完成。

就在國際金融中心興建期間，新鴻基地產的另一傑作——九龍站環球貿易廣場也開始動工興建。2000 年 9 月，新鴻基地產成功投得機鐵站上蓋最大型發展項目——九龍站第五至七期項目發展權。該項目由於坐落於東鐵、西鐵及地鐵 3 條主要鐵路的交匯處，在交通上有著無與倫比的優勢，地理位置極為優越，屬市區內罕有的黃金地段，也是未來香港的商業心臟區及文化中心。整個項目包括高級商廈、酒店、大型商場、住宅及服務式住宅等，投資額約 200 億港元。其中，主要工程——第七期項目是一幢樓高 484 米的高級商廈。

2005 年，新鴻基地產以預售樓花方式，向地鐵公司買斷整個項目的權益，並於 9 月 29 日將九龍站第七期項目正式命名為"環球貿易廣場"（ICC）。環球貿易廣場於 2005 年開始分 3 期動工興建，2011 年全部落成啟用。環球貿易廣場樓高 118 層，為香港最高、全球第五高的建築物，總樓面面積為 540 萬平方呎，包括 250 萬平方呎的甲級寫字樓、約 100 萬平方呎的大型商場、以及六星級酒店香港麗思卡爾頓酒店和天際 100 香港觀景台等。環球貿易廣場建成當年，即獲國際建築業權威機構高樓建築與城市住宅協會評選為全球 "最佳高樓大廈" 之一。其後，相繼獲得芝加哥摩天大樓研究組織、亞太地區智慧綠建築聯盟等權威機構頒發多個獎項，更被美國權威建築雜誌 *Architectural Record* 評選為過去 125 年來最重要的時代建築之一。

　　機場鐵路香港總站和九龍站綜合項目的相繼發展，成為香港回歸以來最大型的商業地標項目。這兩個項目雲集了甲級寫字樓、頂級酒店、高級購物商場，以及尊貴豪宅及服務式住宅（九龍站）於一身，從而令港島的商業業態發生重大的變化，使九龍站蛻變為香港一個全新的商業、文化及交通總匯。更令人矚目的是，聳立在維多利亞港灣兩旁的兩幢香港最高建築——國際金融中心（二期）與環球貿易廣場隔海互相輝映，形成 "維港門廊"（Harbour Gateway）這一獨特景觀，為香港這座國際化大都會和國際金融中心增添了壯麗的色彩。

"維港門廊"：國際金融中心與環球貿易廣場

» "以心建家"：專注香港、拓展內地

　　2012 年，在集團成立 40 週年之際，新鴻基地產系統地闡述了其業務發展模式、核心價值及策略方向。對於其業務發展模式，新地表示："致力在香港和內地發展優質物業，為股東創造可持續的價值。"其中包括兩項核心業務：一是"發展可供出售的物業"，即"集團採取垂直業務架構，從土地收購、項目規劃、物料採購、工程建設、項目管理、市場營銷以至物業管理，確保每個環節均達到高水平，有助集團締造迎合市場需要的舒適居所"。二是"收租物業投資"，即"集團在核心及非核心地區興建、出租和管理不同類型的商業項目，為租戶提供優質寫字樓及商場。集團另有酒店、優質服務式套房酒店及豪華住宅的物業組合，以滿足不同顧客需求。集團旗下投資物業組合亦包括工業大廈、貨倉、數據中心及停車場"。

　　對於集團的核心價值，新地表示："集團秉持的核心價值是業務長遠發展的基石。"這些核心價值包括：以心建家，快、好、省，以客為先，與時並進，及群策群力等。"以心建家"的內涵是："建造優質項目及提供卓越服務，致力締造理想生活環境"。在策略方向，主要包括：平衡收益來源，專注香港，拓展內地，及審慎的財務管理等。當中"專注香港"即"數十年來集團與香港一同成長，多年來建立了昭著的信譽和優質品牌。集團對香港前景充滿信心，亦對香港作為其中一個環球金融中心和內地通往世界的門戶抱有信心"。❷

　　20 世紀 90 年代以來，隨著香港市民及投資者對居住、購物環境的要求越來越高，市場對高端住宅的需求逐步增加。新鴻基地產及時把握這一商機，致力發展高品質的住宅樓宇。1990 年，新地建成半山帝景園，一舉開創了香港豪宅的新標準。回歸以後，儘管經歷了 1997 年和 2008 年兩次金融危機的衝擊，香港樓市跌宕起伏，然而新鴻基地產秉承"以心建家"和"專注香港"的信念，以具前瞻性的發展和建築概念、高端的設計及技術、細心和一絲不苟的服務，繼續為香港市場悉心發展大批優質住宅及商業物業，致力為客戶建造最優質的樓宇，並提供最周全的服務，贏得了買家的口碑，在市場上建立了家喻戶曉的品牌形象，成為了"信心的標誌"。

在地產發展方面，這一時期，新地大力發展一大批大型住宅樓盤、高端豪宅，主要包括：跑馬地利頓山、元朗采葉庭和朗庭園、馬灣珀麗灣、九龍何文田山 1 號、港島半山寶珊道 1 號、山頂 Kelletteria、元朗 YOHO Town、九龍站凱旋門、荃灣爵悅庭、上水皇府山、元朗葡萄園、西九龍君匯港和曼克頓山、九龍站天璽、東九龍譽‧港灣、港島南區南灣、元朗尚豪庭、港島東 i.UniQ 譽‧東、西九龍瓏璽、大角咀形品‧星寓、將軍澳天晉及天晉 II、荃灣西海瀧珀、元朗爾巒、港島南區 50 Stanley Village Road、山頂洋房 Twelve Peaks、元朗東 Park YOHO、元朗 Grand YOHO 等等。這些樓盤均成為各區內最具標誌性的物業。❷❸

新鴻基地產對各種風格高端的豪宅和大型樓盤的開發，一直緊執香港業界牛耳。例如，2006 年建成的九龍站豪宅凱旋門推出市場後，即成為了世界豪宅的最高標準，樹立了新一代超級豪宅的典範。2011 年推出天晉系列，設有酒店、商場、餐飲購物等多元化設施，從而建立了將軍澳市中心的新生活模式，成為香港地產項目與社區融合的經典例子。2016 年推出的港島西尊貴住宅 Imperial Kennedy，採用玻璃幕牆設計，設有全天候綠化花園，住戶出入途經廣闊的林蔭大道，仿如置身度假勝地的舒適環境。Imperial Kennedy 還精心規劃區內罕見的雙子式私人天際會所，將遼闊海景盡收眼底，平台會所設有露天游泳池，予住戶度假式享受。該項目推出後即成為同區的新地標。❷❹

新地將地產發展、社區發展與環境保護有機結合的經典例子，是集團醞釀 20 年、精心推出的 YOHO 系列屋苑。該項目自 1993 年發展新元朗中心開始，至 2003 年以後先後推出 YOHO Town（2003 年）、YOHO Midtown（2010 年）、YOHO Development 第一期 Grand YOHO（2016 年）等，以及 YOHO Mall 形點（即 YOHO Midtown 的 YOHO MALL I，新元朗中心的 YOHO MALL II 及 Grand YOHO 的 YOHO MALL I EXTENSION 伸延部份）等，打造了西鐵沿線最獨特的 YOHO 都會圈。其中，PARK YOHO Venezia 及 PARK YOHO Sicilia 是香港罕有的結合濕地保育的大型住宅項目，當中濕地"候花園"佔地 50 萬平方呎，有蜻蜓、蝴蝶及雀鳥等逾 180 個自然物種。該發展項目為當地市民營造了一個完整而優越的居住環境。❷❺

新鴻基地產的另一項核心業務是物業投資。1997 年亞洲金融危機爆發後，新地

國際金融中心商場

世貿中心

為加強危機管理，更加重視"平衡來自可供出售物業及投資物業的收益比重"，以使集團"保持穩定的現金流，與提高資產周轉率之間取得平衡"。為此，新地在回歸後進一步加強對收租物業的投資，先後投資了國際金融中心商場、旺角新世紀廣場、銅鑼灣世貿中心、尖沙咀新太陽廣場、創紀之城五期 APM，以及機鐵九龍站第五至七期等超過 20 間大型商場，加上回歸前在港九新界各區投資的大型商場，構建了一個遍佈全香港的龐大商場網絡。至 2017 年底，集團旗下零售樓面總面積共 1,200 萬平方呎。與此同時，新地還對原有的旗艦商場，如沙田新城市廣場等，相繼進行了大規模的翻新裝修，大幅提高旗下投資物業的效益。據統計，2018 年度，新地的物業銷售收入為 419.43 億港元，而投資物業的租金收入為 236.82 億港元，已相當於物業銷售收入的 56.46%；其中，物業銷售的溢利為 162.61 億港元，而淨租金收入則為 186.47 億港元，已超過物業銷售的溢利。❷⑥

回歸以後，新鴻基地產另一個策略方向是"拓展內地"，即繼續維持選擇性及專注的投資策略，憑藉著集團優良的物業品牌，相繼在國內重點城市展開地產發展項目。2003 年，新地與上海陸家嘴金融貿易區開發股份有限公司，簽訂土地使用權轉讓合約，計劃在上海陸家嘴投資逾 80 億港元，發展世界級大型商業綜合項目——上海國際金融中心。上海國際金融中心地處浦東陸家嘴金融貿易區的核心位置，由 3 幢大廈組成，分別為樓高 260 米和 250 米的雙子塔及一幢 85 米高的建築，總樓面面積約 400 萬平方呎，其中包括甲級寫字樓、大型商場及兩間分別由 Ritz-Carlton 及 W Hotels 酒店集團管理的酒店。上海國際金融中心於 2007 年動工，於 2011 年全部落成啟用，建成後即成為跨國企業及金融機構設立地區總部及國際頂級旗艦店的首選。其中，滙豐銀行中國總部即進駐第一座的 22 樓。

就在上海國際金融中心興建期間，2006 年，新地加快在內地投資步伐，購入上海浦西淮海中路一幅 40 平方呎的優質地皮，發展高級購物商場、寫字樓及豪華住宅——上海環球貿易廣場。上海環球貿易廣場坐落在浦西淮海中路最繁盛的商業區，包括兩座頂級寫字樓、大型商場及豪華住宅，該項目連接地鐵站，為 3 條地鐵線的交匯點，具有極佳的地理位置。上海環球貿易廣場於 2009 年動工，分期展開，於 2015 年全部落成。這樣，繼佇立浦東小陸家嘴的上海國際金融中心，再度成功展現了香港國際金融中心的品牌風範；而蜚聲海內外的環球貿易廣場品牌也落戶浦西淮海中路，新地成功在上海浦江兩岸再現香港"維港門廊"的世紀地標傳奇。

2013年，新地再以217.7億元人民幣的鉅資投得上海徐家匯中心地塊，計劃打造集團在內地的最大商業綜合項目。到2018年，新地在內地的地產投資，已形成包括華北的北京、華東的上海及長江三角洲、華南的廣州及珠江三角洲，以及成都和其他城市的總體佈局，投資項目包括優質甲級寫字樓、大型購物商場、酒店及住宅等。其中的重點區域是上海及長江三角洲，投資項目包括上海國際金融中心、上海環球貿易廣場、濱江凱旋門、徐家匯國貿中心、天薈、上海中環廣場、上海名仕苑、杭州萬象城、太湖國際社區、蘇州項目、南京國際金融中心、杭州之江九里等。

》兄弟鬩牆與家族企業傳承

不過，回歸以後，新地在發展過程中，出現了兄弟鬩牆事件，一度影響了集團的發展。事緣1990年新地創辦人郭得勝病逝，家族企業股權由郭氏家族信託基金持有，管理權則交予第二代郭氏三兄弟，由大哥郭炳湘出任集團董事局主席兼行政總裁，二弟郭炳江、三弟郭炳聯則出任副主席兼董事總經理。這一安排一直行之有效，直到2008年。在香港豪門中，郭氏兄弟一向給人齊心、低調的印象，是業界公認的楷模。

兄弟鬩牆的起源，可追溯到1997年郭炳湘被黑社會頭目張子強綁架事件。在交付鉅額贖金後，郭炳湘雖然獲釋，但身心受創，經過一年多治療才得以康復。2008年初，據說郭炳湘被美國醫生診斷患有"躁狂抑鬱症"，兄弟矛盾開始升級，影響到公司管理決策。❷ 其間，更有傳聞指郭炳湘的紅顏知己插足公司運作，令情況更形複雜，矛盾難以調和，最終導致分裂。2008年5月27日，新鴻基地產發佈公告，宣佈委任郭氏兄弟母親鄺肖卿出任集團主席，郭炳湘轉任非執行董事。2011年9月15日，新地董事局委任郭炳江及郭炳聯為集團聯席主席，兩兄弟從母親手中接過掌權大棒。至此，郭炳湘黯然退場，正式告別了新鴻基地產管理層。

2010年10月4日，郭氏家族信託基金宣佈重組。新地發言人稱，重組是內部安排，以繼續維持郭氏家族在新地的權益，並指「鄺肖卿（郭氏兄弟母親）繼續是該信託基金及其所持有的全部新地股份權益的受益人」。港交所股東權益申報資料顯示，信託基金重組後，鄺肖卿及郭氏兄弟共同持有約 42% 新地股權的情況已發生變化，鄺肖卿被視作仍持有 42% 權益，「郭炳江及其家人」與「郭炳聯及其家人」持股量分別變為 15.32% 及 15.36%；而「郭炳湘及其家人」則改為「郭炳湘的家人」，持有 14.03% 股權。不過，郭炳湘作為大哥，不滿被剔出家族基金受益人行列，為此不斷透過民事訴訟追討權益。

然而，新鴻基地產的麻煩並沒有就此結束，一場更大的廉政風暴隨後席捲而來。2012 年 3 月 29 日，新鴻基地產發佈公告稱，郭氏兄弟中的聯席主席郭炳江和郭炳聯因涉嫌觸犯《防止賄賂條例》，被香港廉政公署拘留。同時被捕的還有香港前政務司司長許仕仁。之前，新鴻基地產執行董事陳鉅源已因同樣原因被拘留。事件在香港引起了軒然大波，受此衝擊，新地股價在 3 月 30 日暴跌 13.14%，創 14 年來公司股價單日最大跌幅，市值一日蒸發 382 億港元。對於此次涉貪時間的案發原由，外界猜測不斷。大部份港媒傾向於認為，該案件的揭發與幾年前郭氏兄弟紛爭有關。

郭氏兄弟被香港廉政公署監控後，新鴻基地產隨即宣佈成立公司執行委員會，並委任郭氏第三代——郭基輝和郭顯澧為替代董事。其中，郭基輝為郭炳江兒子，時年 31 歲，持有美國史丹福大學管理科學及工程學士學位和哈佛大學商學院工商管理碩士學位，於 2008 年 11 月加入新地，擔任新地項目經理，負責集團在香港及珠江三角洲區域的住宅及商業項目；郭顯澧為郭炳聯兒子，時年 33 歲，持有耶魯大學文學士學位、香港中文大學專業會計學學士後文憑，於 2010 年 1 月份加入新地，擔當銷售及項目經理，負責香港新住宅項目的可行性研究、市場推廣及策劃工作。同時，集團還委任兩位高層——黃植榮和雷霆出任副董事總經理，分別負責土地發展規劃、工程建築管理和收購土地物業銷售等範疇，共同負責維持公司的日常管理及運作，任命自 2012 年 7 月 13 日起生效。

這項被成為香港傳媒稱為「世紀貪腐案」的案件，經過長達兩年的調查、訴訟，終於在 2014 年 12 月作出最終裁決：郭炳江被判監禁 5 年、罰款 50 萬港元，5 年內不能再做任何公司董事；弟弟郭炳聯則全部控罪均不成立，全身而退。此外，許仕仁被判監 7 年半，新鴻基前執行董事陳鉅源和港交所前高級副總裁關雄生分別被判監 6 年和 5 年。該裁決公佈後，郭炳江隨即辭去在新地所有職位。新地宣佈重組董事局，由三弟郭炳聯出任集團董事局主席兼總經理，郭基輝和郭顥澧出任執行董事，其中，郭顥澧作為郭炳聯之替代董事。這樣，在倉促之間，郭氏第三代走上了接班的前台。

不過，郭氏家族的風波並未結束。2014 年 1 月 28 日，新地發出通告指，郭氏家族成員就處理家族權益一事達成共識，郭炳湘、郭炳江及郭炳聯將獲得相同數量的新地股權，條件之一是郭炳湘辭任新地非執行董事職務。據聯交所資料顯示，郭炳湘從母親鄺肖卿接過逾 1.72 億股新地股份，股數與兩名弟弟所得一樣，股份約值 164 億港元。但母親鄺肖卿仍持有新地逾 6.74 億股，涉及 24.93% 權益。其後，有傳媒披露，郭炳湘對家族私產分配協議不滿，質疑家族的滙豐信託基金及家族成員未有履行 "大和解" 責任，要求推倒協議，重新估值及分配。由於基金在英國註冊，故事件鬧上英國法院。2017 年 12 月 15 日，英國法院頒佈書面判辭，裁定郭炳湘敗訴，郭炳湘不服並即時提出上訴。不過，2018 年 5 月，郭炳湘決定放棄上訴，表示要 "以和為貴"，待二弟郭炳江出獄後展開和解談判。

可惜的是，尚未等到兄弟和解，郭炳湘已於 2018 年 10 月 20 日因腦溢血在醫院病逝，享年 68 歲，遺下他於 2014 年組建的帝國集團，由 3 名子女郭基俊、郭蕙珊和郭基浩匆忙接班。

》 新鴻基地產："亞洲最佳地產公司"

儘管受到長達 10 年的 "兄弟鬩牆" 事件跌宕起伏的不斷衝擊，但新鴻基地產總體而言仍然表現出色，業務發展並沒有受到太大影響。據統計，2019 年度，新鴻基地產的收入總額達 853.01 億港元，撇除投資物業公平值變動的影響後，可撥歸公司股東基礎溢利為 323.98 億港元，分別比 10 年前 2009 年度的 342.34 億港元及 124.15 億港元，增長了 1.49 倍及 1.61 倍，年均增長率分別為 9.56% 及 10.07%。(表 7-3)

在地產發展方面，至 2019 年 6 月，集團在香港及中國內地共擁有 7,570 萬平

表 7-3　新鴻基地產經營概況（單位：億港元）

	收入	可撥歸公司股東基礎溢利	香港土地儲備（百萬平方呎）	中國內地土地儲備（百萬平方呎）
2001 年	177.01	83.30	54.1（包括內地）	
2005 年	229.45	102.62	41.9	8.5
2006 年	255.98	104.68	42.4	19.8
2007 年	309.94	114.95	45.8	43.5
2008 年	244.71	121.86	43.0	56.0
2009 年	342.34	124.15	41.9	55.3
2010 年	332.11	138.83	44.2	82.3
2011 年	625.53	214.79	44.2	86.1
2012 年	684.00	216.78	46.6	83.4
2013 年	537.93	186.19	46.6	81.1
2014 年	715.00	214.15	46.9	84.3
2015 年	667.83	198.25	50.8	79.6
2016 年	911.84	241.70	51.4	71.2
2017 年	782.07	259.65	51.8	66.5
2018 年	856.44	303.98	56.5	64.5
2019 年	853.01	323.98	58.7	65.4

資料來源：歷年《新鴻基地產有限公司年報》

方呎可供出售的發展中物業，其中，在香港擁有 2,510 萬平方呎，在中國內地擁有 5,060 萬平方呎，分別佔 33.16% 和 66.84%。在投資物業方面，集團在香港及中國內地共擁有 4,770 萬平方呎已落成出租／投資物業，其中，在香港擁有 3,290 萬平方呎已落成出租／投資物業，在中國內地擁有 1,480 萬平方呎已落成出租／投資物業，分別佔 68.97% 和 31.03%。換言之，集團擁有土地儲備組合達 12,340 萬平方呎，其中香港佔 47.00%，內地佔 53.00%，成為香港擁有最多土地儲備的公司之一。另外，2018

年 6 月，集團在香港還擁有約 3,200 萬平方呎的農地（地盤面積），主要位於現有或計劃建造城鐵沿線，大部份為城市建設儲備用地（in process of land use conversion）。此外，集團還在新加坡從事地產發展業務。

除了地產發展與投資物業兩大核心業務外，新地還經營酒店、物業管理、建築、保險及按揭服務等多項與地產相關業務，還有電訊及資訊科技、基建及其他業務。在酒店業，集團在高檔酒店市場保持領導地位，旗下酒店包括香港四季酒店、香港麗思卡爾頓酒店、香港 W 酒店、香港九龍東皇冠假日酒店、香港九龍東智選假日酒店、帝苑酒店、帝都酒店、帝京酒店、帝景酒店、海匯酒店，以及海浦東麗思卡爾頓酒店、杭州柏悅酒店及廣州康萊德酒店等。此外，集團亦擁有 3 所服務式套房酒店，分別是位於機場快線香港站上蓋的四季匯、機場快線九龍站上蓋的港景匯以及將軍澳站上蓋的星峰薈。

在電訊及資訊科技方面，集團透過旗下上市公司數碼通電訊，從事流動電話服務及數據中心和資訊科技基建等。其中，數碼通電訊集團有限公司是香港及澳門領先的無線通訊服務供應商，透過 4G 和 3G HSPA+ 網絡，提供話音、多媒體及寬頻服務。集團透過旗下附屬公司新意網集團有限公司，從事提供數據中心、設施管理、網上應用及增值服務，以及系統之安裝及保養等服務。在基建及其他業務，集團主要透過旗下上市公司載通國際控股，從事運輸基建營運及管理等業務，持有歷史悠久的九龍巴士（一九三三）有限公司、龍運巴士有限公司，以及多家非專營運輸服務供應商，包括香港的陽光巴士控股有限公司、新香港巴士有限公司，以及中國內地的深圳巴士集團股份有限公司、北京北汽九龍出租汽車股份有限公司、北京北汽福斯特股份有限公司等，並在香港的物業及地產發展業務中擁有權益。此外，集團透過附屬公司從事港口業務、航空貨運及物流、廢物管理，及一田百貨和天際 100 香港觀景台等業務。

鑑於新鴻基地產多年的突出表現，香港及國際商界對其一直給予高度的評價。國際權威財經雜誌 Euromoney、FinanceAsia、Asiamoney、Asian Business 等連續多年將新地評選為 "香港最佳地產公司"、"亞洲最佳地產公司"、"亞洲最佳地產公司第一名"、"亞洲區最佳企業管治地產公司"、"亞洲企業白金獎"、"亞洲最被推崇公司"

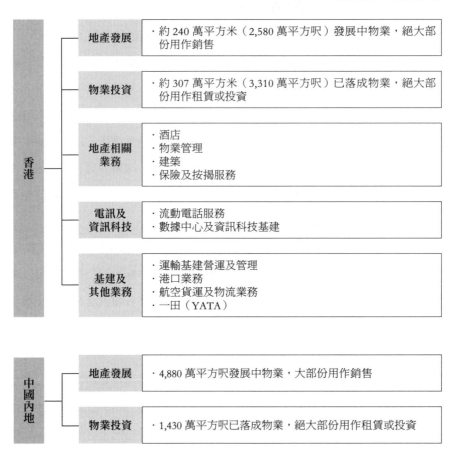

新鴻基地產

於 2019 年 12 月 31 日

香港

- **地產發展**
  - 約 240 萬平方米（2,580 萬平方呎）發展中物業，絕大部份用作銷售

- **物業投資**
  - 約 307 萬平方米（3,310 萬平方呎）已落成物業，絕大部份用作租賃或投資

- **地產相關業務**
  - 酒店
  - 物業管理
  - 建築
  - 保險及按揭服務

- **電訊及資訊科技**
  - 流動電話服務
  - 數據中心及資訊科技基建

- **基建及其他業務**
  - 運輸基建營運及管理
  - 港口業務
  - 航空貨運及物流業務
  - 一田（YATA）

中國內地

- **地產發展**
  - 4,880 萬平方呎發展中物業，大部份用作銷售

- **物業投資**
  - 1,430 萬平方呎已落成物業，絕大部份用作租賃或投資

2019 年新鴻基地產業務架構（資料來源：新鴻基地產發展有限公司官網）

等。2007 年，國際房地產雜誌 *Liquid Real Estate* 將新地評選為 "全球最佳地產公司第一名"，並連續三年蟬聯 "亞洲及香港最佳地產公司第一名"。當年，時任集團副主席兼董事總經理郭炳聯獲 *Euromoney* 頒發亞洲金融市場發展傑出貢獻終身成就獎。

　　直到 2018 年，儘管受到 "內訌" 事件的多年困擾，新地仍獲 *Euromoney* 頒發 "環球最佳地產公司"。同時，新地亦在多個不同組別摘冠，包括 "亞洲最佳地產公司"、"香港最佳地產公司"、"環球最佳綜合項目發展商"、"香港最佳綜合項目發展商"、"環球最佳零售項目發展商"、"亞洲最佳零售項目發展商"、"中國最佳寫字樓 / 商業項目發展商" 等，一共奪得 18 個獎項。新地主席兼董事總經理郭炳聯表示："提升樓宇及服務質素是新地多年來堅守的承諾，致力發展優質住宅及嶄新的大型綜合項目，結合住宅、辦公室、商場及酒店於一身，規劃完善質素超卓，穩佔市場領導地位。香港 ICC 及 IFC 所組成的維港門廊，以及內地的上海 IFC 及上海 ICC 等，均是新地發展具代表性的地標物業。我們將繼續努力，確保優質的物業質素，以及提供超越客戶期望的服務，以心建家。"

03

恒基地產：多元化的地產大集團

————————————

回歸初期，受到亞洲金融危機的衝擊，香港地產市道低迷。地價、樓價的節節
下挫，對擁有大量樓宇現貨、期貨以及大批地皮的地產發展商形成了沉重的財政壓
力。各大地產商唯有以減價及各種形式促銷新樓盤，以減低持有量，套現資金。業
內人士表示，其慘烈程度為近 10 年來所罕見。恒基地產也不例外，在將軍澳，恒基
地產的新都城、新寶城等，均加入了促銷戰，恒基並提出了 "跌價兩成補償計劃"。
當時，恒基地產除了加強促銷、穩定收入等策略之外，還致力推動集團業務與股權
架構重組，以提高營運效率。

» 集團架構重組：私有化恒基發展及恒基中國

回歸初期，李兆基旗下的恒基地產集團，共持有 6 家上市公司，包括恒基兆業
地產、恒基兆業發展、恒基中國、中華煤氣、香港小輪（集團），以及美麗華酒店
企業等，總市值約 1,560 億港元，其中，恒基地產市值達 770 億港元。當時的集團
架構，主要是由恒基地產持有恒基發展 73.48% 股權，持有恒基中國 65.45% 股權，
再由恒基發展分別持有中華煤氣 36.72% 股權、香港小輪 31.33% 股權和美麗華酒店
43.69% 股權，在股權持有方面顯得架構重疊，在業務發展方面也存在重複競爭等問
題。因此，在回歸之後的一段時期，恒基地產的其中一個重點，就是重組集團業務
及股權架構，包括私有化恒基發展與恒基中國。

首先改組的是旗下香港小輪的業務。香港小輪（The Hongkong and Yaumati Ferry
Company, Limited），創辦於 1923 年，當時稱為 "香港油麻地小輪船有限公司"。

1989 年，公司重整架構，將控股公司易名為 "香港小輪（集團）有限公司"。20 世紀 90 年代後期，隨著社會發展，交通日趨發達，乘坐香港小輪人數大幅減少。集團為了更有效地整合資源，賺取更高收益，決定出售低回報的非核心業務，把資源調配到高回報的地產業務上。2000 年 1 月，香港小輪以 1.55 億港元價格，把旗下香港客運渡輪業務資產售予新世界旗下的新渡輪公司，結束渡輪業務。早在 1999 年 5 月，香港小輪已接納香港政府就大角咀道 201 號地皮提出的 20.38 億港元補地價建議，並於同年 8 月底繳付了補地價金額。該地皮計劃重新發展總樓面面積 195 萬平方呎的物業，分兩期展開。❷ 另外，香港小輪位於油塘區內的建發工商業中心，在城規會的油塘區重新規劃計劃中，位處住宅區域。香港小輪按照規劃，經申請獲批及補地價後，將該幅地皮地發展為商住大廈。經此改組，香港小輪轉型為一家地產公司，營業額與經營利潤均獲得提升。

其後，恒地試圖私有化恒基發展。2001 年 11 月 5 日，恒地發佈公告宣佈，將以協議安排的方式，以每股現金 7.35 港元的價格（比收市價溢價 23.5%），註銷恒基發展的股份，涉及資金 54.91 億港元，實現私有化恒基發展，撤銷其上市地位。對於私有化的原因，恒地表示："由於該建議透過減除恒基地產集團其中一個上市工具，將會令到集團架構更為精簡，因此，該建議符合恒基地產股東之最佳利益。此外，

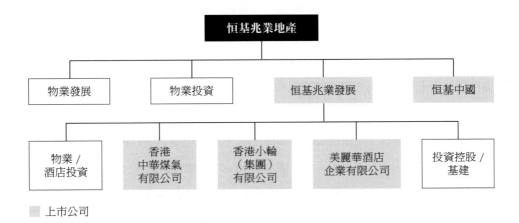

重組前恒基地產集團的股權架構（資料來源：《恒基兆業地產發展有限公司 1999 年報》，第 103 頁。）

恒基地產將可增加其於中華煤氣、香港小輪、美麗華及恒基數碼之實際權益，並可使該等公司之前景而受惠。" [29] 其後，恒基地產正式提出對恒基發展的私有化建議，私有化價格也從每股 7.35 港元提高到 7.60 港元。2003 年 1 月 3 日，在少數股東批准該計劃的法院指令會議上，獲 85.6% 股東贊成，共 14.4% 股東反對，由於反對的少數股東超過 10%，故恒基地產有關計劃宣佈失效。

兩年之後，恒基地產再次提出私有化計劃，這次的目標是旗下另一家上市公司——恒基中國。2005 年 5 月 17 日，恒地發佈公告宣佈，將以協議安排的方式，以每股現金 7.50 港元的價格（比收市價溢價 56.25%），註銷恒基中國的股份，涉及資金 12.95 億港元，實現私有化恒基中國，撤銷其上市地位。與上次私有化恒基發展相比，大幅提高了收購價的溢價率。對於私有化原因，恒地表示：恒基中國 "股份之交投量持續稀疏，致令股份流通量低"。但 "該建議將令到恒基中國成為恒基地產之全資附屬公司，藉以更有效率地經營業務，以及制定一個更具成本效益之集團結構。" [30] 其後，恒基地產透過摩根士丹利發出私有化建議，並將收購價提高到每股 8.0 港元。結果，在特別股東大會上，私有化建議獲得 99.75% 的大比數贊成，建議獲得通過，恒基中國退市。

同年 8 月 15 日，恒基地產再接再厲，透過旗下的恒基發展和中華煤氣，提出了私有化恒基數碼科技有限公司的建議。恒基數碼科技創辦於 2000 年，主要從事互聯網服務、商品銷售服務、數據中心服務、智慧大廈服務及資訊科技投資等業務，當時是最大數據中心（合益商場及巨昇中心）之一，公司於同年 7 月 14 日在香港交易所創業板上市，大股東是中華煤氣和恒基發展。不過，其後由於受到互聯網泡沫爆破的影響，公司發展差強人意。為此，恒地決定，通過協議安排的方式，以每股 0.42 港元現金的價格（比收市價溢價 90.91%）私有化恒基數碼科技，涉及資金 3.21 億港元，其中，由恒基發展支付總代價中的 78.69%，中華煤氣支付其餘的 21.31%。對於私有化原因，恒基發展和中華煤氣均表示："由於股份流通量低，……恒基數碼目前從股票市場集資之能力有限，而於可見將來似乎未能改善其於股票市場集資之能力"，"亦留意到恒基數碼現有業務之前景並不明朗"。 [31] 結果，恒基數碼科技有限公司的私有化亦順利獲得通過，於 2005 年 12 月 12 日在香港股市劃上句號。

2006 年，中華煤氣與百江燃氣有限公司訂立交易協議，把前者旗下位於山東及安徽的 10 項管道燃氣項目注入百江燃氣，換取百江燃氣 7.72 億新股，佔擴大後股本 44%。百江燃氣於 2001 年已在香港聯交所創業板上市。收購後，百江燃氣改名為"港華燃氣有限公司"，主要是在中國內地從事燃氣業務投資、開發和營運管理的專業化燃氣投資管理等業務，並銷售及經銷管道燃氣，包括提供管道燃氣、建設燃氣管網、經營城市管道氣網、經營燃氣汽車加氣站、以及銷售氣體相關用具等。其間，恒基地產、恒基發展聯同主席李兆基，將 17 個商場及寫字樓項目，分拆為"陽光房地產投資信託基金"，集資逾 27 億港元。

2007 年 3 月 27 日，恒基地產與恒基發展訂立協議，以現金換取恒基發展擁有的物業組合、所持有的香港小輪 31.36% 股權、所持有的美麗華酒店 44.21% 股權，

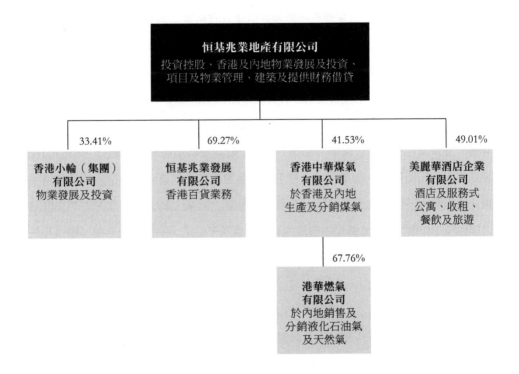

恒基地產集團的股權架構（資料來源：《恒基兆業地產發展有限公司 2019 年報》，第 6 頁。）

以及若干上市證券。完成交易後，恒基發展主要持有中華煤氣 38.55% 股權及若干從事基建業務投資的權益，收購的代價為 120.726 億港元。[32] 其後，恒基發展將向股東派發每股 5 港元，合共 152.37 億港元。同年 10 月，恒基地產再次向恒基發展收購其所持有中華煤氣 39.06% 股權，涉及金額達 428.6 億港元（後提高到 459.8 億港元），包括恒地發行總值 391.5 億港元、約 6.37 億股新股另加 37.07 億港元（後增加到 68.28 億）現金予恒基發展，而恒基發展則向小股東按每股份派 0.209 股恒地股份及現金 1.21 港元，相當於每股派 14.71 港元。交易完成後，恒基發展則轉變為一家專注經營內地基建業務的上市公司。至此，恒基集團的重組計劃基本完成。

» 物業發展與投資並重：“以低地價成本建造可持續未來”

在經營模式方面，恒基地產與新鴻基地產具有相當高的相似度，都是以物業發展和物業投資為核心業務，重視維持龐大的土地儲備。2012 年，恒基地產首次在公司年報公佈其“業務模式及策略方向”，明確表示：“恒基地產採取多元化業務模式，包括中港物業投資、策略投資及物業發展之‘三大業務支柱’。”[33]

在物業發展方面，恒基地產表示：“本集團以垂直整合方式經營香港物業發展業務，確保項目在設計、發展、建築、銷售及管理發展項目有效地執行”，“致力建設高質素之新型住宅及商業項目，務求提升整體自然及社區環境，從而達致和諧共融。集團努力不懈創造外形美觀，兼具生活創意之物業，為大眾建造既理想又舒適之居住及工作環境”。恒基地產發展的物業，囊括了住宅、商住、寫字樓、商業及工業樓宇等類型，但其中的重點是高質素的住宅樓宇。

回歸前，恒基地產以“小型住宅之王”著稱。回歸後，恒地配合香港市民對生活質素提升的需求，以“貨如輪轉”的方式，推出了大批高質素的住宅或商住樓宇，遍佈港九新界。其中不少項目均是與國際著名的建築師和專業人士攜手合作的經典建築，屢獲殊榮，如“優質建築大獎”、“十大樓則大獎”、“卓越品牌大獎”以及“詹天佑土木工程大獎”等，備受各界讚賞。恒地代表性的項目，包括大埔的豪華獨立洋房比華利山別墅、傲視維港的大型屋苑嘉亨灣和翔龍灣，以及及卓越非凡的豪宅港島半山的天匯、灣仔的尚匯和馬鞍山的迎海等。

這些項目大都位置優越，鄰近主要大型運輸系統，部份更是臨海而建、坐擁迷人海景，或盡享翠綠環抱的優美環境；在建築設計方面，注重切合不同用家需要，不少物業配備五星級會所、空中花園及家居智能系統等設施。其中，2009年推出市場的豪宅天匯，坐落港島西半山，樓高34層共66個單位，住宅單位擁覽璀璨維港及太平山層峰景致，並附設顯貴非凡的住客會所，創造出建築面積每平方呎逾7萬港元的歷史天價，被業界譽為登峰造極的豪宅代表作。

在物業投資方面，恒基地產多年來一直致力於加強其“具規模且多元化物業投資組合”，以便為集團發展提供穩定的收入來源。恒基的物業組合，“乃位於黃金地段之商業物業”，“主要包括位於核心區之寫字樓及購物商場，以及若干位於港鐵站上蓋或沿線策略性區域之大型購物商場”。2006年12月，恒基地產分拆旗下投資物業，組成“陽光房地產基金”，並在香港掛牌上市。至2019年，恒基地產集團的投資物業組合面積達940萬平方呎。其中，商場或零售舖位組合達510萬平方呎，包括沙田廣場、粉嶺中心、時代廣場商場、荃灣千色匯、馬鞍山新港城中心、新都城中心二期商場、尖東港鐵站上蓋“H Zentre”、東薈城名店倉（持有20%權益）等數十個零售商場，當中多個是位於港島、九龍及新界港鐵站上蓋或沿線的大型購物商場；寫字樓組合達350萬平方呎，包括中環國際金融中心一、二期（佔40.77%權益），北角友邦廣場和港匯東，上環富衛金融中心，九龍東宏利金融中心、友邦九龍金融中心、鴻圖道78號及鴻圖道52號等，面積達350萬平方呎。這兩項組合就佔集團物業投資組合總面積的91.4%。此外，集團的住宅／酒店套房組合包括四季匯（佔40.77%權益）、惠苑、問月酒店等，面積達40萬平方呎；工業／寫字樓面積達40萬平方呎。2019年，恒基地產的應佔稅前租金收入淨額為70.65億港元，已超過當年集團物業銷售稅前盈利貢獻58.88億港元。❸❹

這一時期，恒基地產亦進一步加強對中國內地的物業發展和物業投資。回歸以後，恒基地產即在廣州、北京、上海等一線城市展開地產發展，並在北京、上海建造地標性商廈。2007年恒基地產成功私有化恒基中國之後，集團投資內地的地域擴展到長沙、西安、重慶、瀋陽、蘇州、徐州、宜興等城市。恒基地產在內地的

友邦廣場

港匯東

發展方針，是主要城市及二線城市並重。其中，在主要城市，精心物色人流暢旺及交通方便的優質地塊，發展糅合創新設計及良好質素的地標性大型綜合項目，作為商業物業投資組合，其代表作是北京環球金融中心及上海恒基名人商業大廈等。建成於2008年的北京環球金融中心，位於北京中央商業區，由世界知名建築大師西沙·佩利（Cesar Pelli）及其建築事務所設計，是北京首幢同時榮獲美國綠色建築委員會的領先能源與環境設計（LEED）及香港環保建築協會按香港建築環境評估法

表 7-4　2017 年恒基地產新收購市區舊樓重建項目

序號	已收購全部業權	序號	已收購八成或以上業權
1	上環忠正街 1-19 號及奇靈里 21 號	26	灣仔活道 13-15 號
2	上環樓梯台 1-4 號	27	香港仔石排灣道 83 號
3	灣仔莊士敦道 206-212 號	28	香港仔田灣街 4-6 號
4	灣仔活道 17 號	29	大坑新村街 9-13 號
5	香港仔石排灣道 85-95 號	30	大坑新村街 17-25 號
6	半山羅便臣道 62C 號及西摩台 6 號	31	鰂魚涌英皇道 983-987A 號及濱海街 16-94 號
7	半山西摩道 4A-4P 號	32	半山羅便臣道 88 號
8	半山堅道 73-73E 號	33	半山羅便臣道 94-96 號
9	半山羅便臣道 98-100 號	34	半山羅便臣道 105 號
10	西灣河太祥街 2 號	35	大角咀嘉善街 1 號、大角咀道 39-53 號及博文街 2 號
11	鴨脷洲大街 65-71 號	36	大角咀大角咀道 177-183 號
12	佐敦德成街 2A-2F 號	37	大角咀大角咀道 189-199 號
13	大角咀角祥街 25-29 號	38	大角咀萬安街 16-30 號
14	大角咀利得街 35-47 號、角祥街 2-16 號及福澤街 32-44 號	39	石硤尾巴域街 17-27 號
15	長沙灣永隆街 11-19 號	40	石硤尾耀東街 1-2 號及 9-12 號
16	深水埗西洋菜北街 456-466 號及黃竹街 50-56 號	41	紅磡黃埔街 1-11C 號、19-21C 號及必嘉街 80-86 號
17	石硤尾巴域街 1-15 號及南昌街 202-220 號	42	紅磡黃埔街 23-29 號、35-37 號及必嘉街 79-81 號
18	石硤尾耀東街 3-8 號	43	紅磡寶其利街 14-20 號及機利士南路 46-50 號
19	紅磡黃埔街 15-17A 號	44	紅磡機利士南路 2-12 號及 18-24 號
20	紅磡黃埔街 31-33 號	45	紅磡黃埔街 2-16A 號
21	紅磡黃埔街 39-4 號及寶其利街 12A-12B 號及大嶼山 22-22A 號	46	紅磡黃埔街 22-24 號及必嘉街 88-90A 號
22	紅磡機利士南路 14-16 號及 26-28 號及必嘉街 76-78 號	47	紅磡機利士南路 30-44 號及必嘉街 75-77 號
23	九龍城福佬村道 67-83 號	48	紅磡黃埔街 26-40A 號及必嘉街 83-85 號
24	九龍城南角道 4-6 號	49	土瓜灣土瓜灣道 68A-70C 號、下鄉道 14-16 號、麗華街 1-7 號及美華街 2-8 號
25	何文田窩打老道 74-74C 號及祐滿街 15-25 號	50	九龍城南角道 8-22 號

資料來源：《恒基兆業地產有限公司 2017 年報》，第 56 頁。

（HKBEAM）評選為最高"白金"級別的建築物，吸引多家著名金融機構及跨國企業進駐。該項目是恒基最矚目的代表項目之一。在二線城市，集團則以中產人士漸多的省會城市及直轄市作為發展重點，"開發以住宅為主之大型發展項目"，其代表作包括長沙的恒基·凱旋門、南京的玲瓏翠谷、蘇州的水漾花城和恒基·旭輝城、西安的御錦城、徐州的恒基·雍景新城等。

在積極推進物業發展與投資同時，恒基地產更重視"以低地價成本建造可持續未來"的策略方向，重視透過參與一級土地市場的競投、收購市區舊樓重建項目，以及更改新界土地用途等方式來維持集

國際金融中心一期

團龐大的土地儲備。恒基地產認為：收購市區舊樓重建項目及更改新界土地用途這兩項方式，"均為行之有效擴展土地儲備途徑，既令土地來源較易掌握，兼且成本合理，可為本集團帶來長遠之發展收益"。[35] 在收購市區舊樓重建項目方面，回歸以來恒地仍然不遺餘力地展開，到 2017 年共擁有 50 個已購入全部或八成以上業權的項目，預計可提供約 400 萬平方呎樓面面積作出售或出租用途，總地價成本約 334 億港元，折合每平方呎樓面地價約 8,300 港元。這種低成本的增加土地方式，為恒基地產的業務發展提供客觀的利潤來源。

當然，恒基地產亦不斷從土地一級市場競投土地。2017 年 5 月，恒地就以 232.8 億港元的高價，成功投得中環金融商業核心地段的罕有地皮——中環美利道的商業項目，地盤總面積為 3.1 萬平方呎，可建樓面約為 456.5 萬平方呎。恒地副主席

李家誠表示："我們會將項目打造成繼中環國際金融中心後又一標誌性的地標。"2018年2月，恒地再以 159.59 億港元價格，成功購入兩塊位於啟德新九龍內地段的地皮，計劃發展為總樓面面積逾 100 萬平方呎的時尚豪華住宅。

恒基地產以地產發展和物業投資並重，並且重視以低成本維持龐大土地儲備的投資策略，為公司帶來豐厚的利潤。據統計，2018 年，恒基地產的總收入為 219.82 億港元，年度盈利為 313.72 億港元，比 10 年前的 2008 年分別增加了 62.93% 及 92.23%，年均增長率分別為 5.00% 及 6.75%。同時，恒基地產仍維持龐大的土地儲備，據統計，截至 2019 年底，恒基地產在香港及中國內地共擁有 5,640 萬平方呎土地儲備，其中，在香港有 2,450 萬平方呎；同時，在中國內地的 11 個城市，包括上海、廣州、長沙、成都、大連、南京、瀋陽、蘇州、西安等，共擁有 3,190 萬平方呎

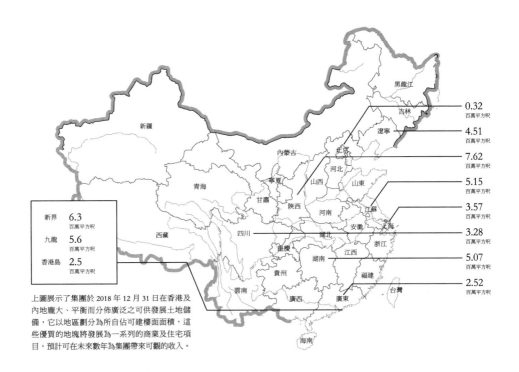

上圖展示了集團於 2018 年 12 月 31 日在香港及內地龐大、平衡而分佈廣泛之可供發展土地儲備，它以地區劃分為所自佔可建樓面面積，這些優質的地塊將發展為一系列的商業及住宅項目，預計可在未來數年為集團帶來可觀的收入。

2018 年底恒基地產在香港及內地的土地儲備分佈（資料來源：《恒基兆業地產有限公司 2018 年報》，第 3 頁。）

的土地儲備。在中國內地的土地儲備佔集團總土地儲備的 56.56%。另外，集團尚持有約 4,490 萬平方呎的新界土地儲備，為香港擁有最多新界土地的發展商。（表 7-5）

表 7-5 恒基地產經營概況

	收入 （億港元）	年度盈利 （億港元）	香港土地儲備 （百萬平方呎）	中國內地土地儲備 （百萬平方呎）	新界土地儲備 * （百萬平方呎）
2007 年	83.56	119.74	21.1	101.5	31.7
2008 年	134.92	163.20	18.4	118.8	30.4
2009 年	146.95	174.13	19.8	151.4	32.8
2010 年	70.92	156.38	21.3	156.9	40.6
2011 年	151.88	173.63	21.1	158.1	41.9
2012 年	155.92	203.25	20.9	147.9	42.8
2013 年	232.89	160.56	24.6	143.9	42.5
2014 年	233.71	169.40	23.8	135.9	44.5
2015 年	263.41	218.74	24.4	126.9	45.0
2016 年	255.68	221.86	24.1	101.1	44.8
2017 年	279.60	311.65	24.5	42.9	44.9
2018 年	219.82	313.72	24.7	38.8	45.6
2019 年	241.84	170.43	24.5	31.9	44.9

* 以自佔土地面積計算
資料來源：歷年《恒基兆業地產有限公司年報》

》 多元化的策略性投資與業務發展

恒基地產業務模式中的 "三大業務支柱"，除了以物業發展和物業投資之外，第三個支柱就是 "策略投資"，即透過集團持有控制股的 6 家上市公司——恒基地產、中華煤氣、港華燃氣、美麗華酒店、香港小輪及恒基發展，推進多元化業務。

其中，中華煤氣是香港歷史最悠久的大型公用事業機構之一，其核心業務為生

港華燃氣在內地的儲氣罐
（香港《文匯報》提供）

產、輸配及營銷煤氣，同時亦銷售煤氣爐具及提供全面的售後服務。截至 2018 年底，中華煤氣在香港的供氣網絡管道全長超過 3,600 公里，服務約 190 萬戶住宅及工商業客戶。2006 年以後，中華煤氣透過旗下的港華燃氣，大舉進軍內地市場，發展燃氣項目，至 2019 年底，中華煤氣與港華燃氣在內地發展的項目，總數已超過 265 個，遍佈 26 個省、自治區和直轄市，包括天然氣上、中、下游項目、環保能源、能源高效應用、水務、廢品處理，以及電訊等。港華燃氣已發展成為內地領先的城市管道燃氣營運商，並形成了以終端服務體系為核心，涵蓋燃氣精製、倉儲、輸配、銷售和城市燃氣管網建設等完善的運行體系。

在新興環保能源開發和利用方面，中華煤氣透過全資附屬公司易高環保投資，主要從事航空燃油儲存庫設施、專用液化石油氣汽車加氣站，及垃圾堆填區沼氣應用等業務；在內地則在山西晉城、江蘇張家港、內蒙古鄂爾多斯市從事多項新興環保能源開發和利用。在電訊業，集團透過全資附屬公司名氣通電訊，主要業務包括網絡連接、數據中心及智慧雲端，該公司於 2007 年開始將業務拓展至內地，現已在內地成立 15 家合資公司。目前，名氣通在香港及內地投資建有 7 座符合 TIA-942 Rated 3+ 級國際建築標準的大型數據中心，分別位於山東濟南、遼寧大連、廣東東莞及黑龍江哈爾濱等地，組成互聯互通的數據中心網絡，可容納高達 1.6 萬多個機櫃。此外，中華煤氣還透過旗下的華衍水務有限公司、卓誠工程有限公司、卓度科技有限公司等，在內地分別從事水務、建設配水庫及抽水站、設計製造智能燃氣錶及相關系統等業務。

恒基地產持有 48.12% 股權的美麗華酒店，為香港一家具領導地位的酒店企業，其經營的核心業務包括酒店及服務式公寓、物業管理、餐飲及旅遊等。美麗華擁有及管理多間酒店和服務式公寓，包括旗艦店 The Mira Hong Kong 及問月酒店。2008年完成創意工程後，The Mira Hong Kong 已成為聳立於尖沙咀區心臟地帶的高級酒店。近年來，美麗華酒店完成了旗下四大物業——美麗華商場、Mira Mall、美麗華大廈及 The Mira Hong Kong 的軟硬體優化及策略性整合，並於 2017 年 6 月 2 日起命名為 "Mira Place"（美麗華廣場），在尖沙咀黃金購物消費區建立了面積達 120 萬平方呎的一站式綜合購物樞紐。此外，美麗華透過旗下的國金軒、翠亨邨等提供中菜餐飲業務，透過美麗華旅遊為客戶提供前往世界各地的旅行團及預訂機票、酒店、郵輪假期、自遊行套票等服務。

表 7-6　2019 年度恒基地產控股的上市公司經營概況（單位：億港元）

上市公司名稱	經營的主要業務	營業額	股東應佔利潤	總資產減流動負債
中華煤氣	在中國及香港提供管道燃氣、新興環保能源、水務、信息科技、電訊、工程服務及其他相關設施等業務	406.28	69.66	1,143.03
港華燃氣	從事燃氣業務投資、開發和營運管理的專業化燃氣投資管理	129.24	13.08	381.95（總資產）
美麗華酒店	酒店、服務式公寓業務以及餐飲業務	30.62	12.88	206.00
香港小輪	地產發展、物業投資、渡輪、船廠及相關業務	2.99	1.36	61.99
恒基發展	經營百貨、超市業務	17.07	0.62	19.20
陽光房地產基金	擁有及投資於可提供收入之香港寫字樓及零售物業	8.51	17.76（經營溢利）	208.06（總資產）

資料來源：恒基地產集團旗下各香港上市公司 2019 年報

恒基地產持有 33.41% 股權的香港小輪，業務轉型後主力從事物業發展及投資業務，以充份發揮公司擁有的土地資源的效益。公司先後發展或投資的物業包括港灣豪庭、亮賢居、嘉賢居、新港豪庭等。此外，香港小輪還從事渡輪、船廠及相關業務，渡輪業務主要透過旗下的香港油麻地小輪經營，包括危險品車輛渡輪服務、觀光遊覽船及燃油貿易等。集團位於青衣北的船廠，主要提供船舶維修保養服務及土木工程服務。該船廠擁有一座全港最大及最先進的同步升降船排，具有起重 3,000 噸重量之能力，能夠起重各類船隻，包括工作船、渡輪及遊艇等。另外，公司透過旗下附屬公司經營"洋紫荊維港遊"，即將集團的汽車渡輪變身成為色彩爛漫的多功能觀光船，並提供海上食肆、酒吧及娛樂表演等服務，成為觀賞香港夜景的最佳選擇之一。

至於恒地兩次私有化均沒有成功的恒基發展（2005 年曾再次提出私有化，但同樣遭遇滑鐵盧），業務轉型初期主要是持有浙江杭州錢江三橋的 60% 權益。其後，這條公路出現收費爭議，恒基發展在 2012 年 3 月 20 日起不確認入公司賬目內。截至 2014 年 6 月止的半年度，恒基發展並無錄得營業額，行政費用 500 萬港元，業績轉盈為虧，損失 900 萬港元。2014 年 9 月，恒基發展獲控股股東恒基地產注入千色店業務，總代價為 9.345 億港元。千色店創辦於 1989 年，先後在荃灣、屯門、元朗、馬鞍山、將軍澳、大角咀 6 個人口稠密之住宅社區開設百貨公司，2006 年正式命名為"千色 Citistore"。恒基發展收購"千色 Citistore"後，專注香港百貨公司業務發展。2018 年 5 月，恒基發展以 3 億港元價格，收購日本第二大便利商店營運商 FamilyMart UNY 控股公司在香港的零售業務，包括擁有及營運多間名為"APITA"、"UNY"（生活創庫）、"PIAGO"及"私と生活"的百貨公司、超級市場及折扣店，進一步鞏固其在百貨零售業務的地位。

》"亞洲股神"李兆基部署交班

1998 年，即香港回歸翌年，恒基集團主席李兆基已步入 70 週歲的"古稀之年"。回歸前，李兆基就有"密底算盤"之稱，回歸後更成為香港社會聞名的"亞洲股神"。

2004 年 12 月 15 日，李兆基宣佈成立私人公司——兆基財經企業公司，公司 5 名董事中，除了李兆基，還有其兒子李家傑及李家誠，妹妹馮李煥瓊及恒基副主席林高演等，專門管理家族分散在全球高達 500 億港元的投資。該公司在李兆基的帶領下，業績彪炳。其間，他先後斥鉅資大量購買在香港上市的內地央企股票，包括中國網通、中國人壽、中國財險、中國電力、中國石油、中海集運、平安保險、交通銀行、中遠控股、神華能源、建設銀行等。李兆基於 2003 年 12 月以每股 3.59 港元購入的中國人壽股份，到 2006 年已升至每股 19 港元，單是中國人壽這隻股票已獲得 67 億港元利潤。兆基財經成立的短短兩年間，公司的資產由 500 億港元增加到 1,000 億港元，翻了一番。李兆基因而榮膺 "亞洲股神" 之稱。不過，2008 年全球金融海嘯爆發後，兆基財經受到衝擊，資產一度減少。

2011 年 9-10 月，恒基地產主席李兆基一口氣辭掉旗下 33 家香港附屬公司的董事職位，其中八成的附屬公司交由次子李家誠續任董事。當時，恒基地產發言人稱，這是為了精簡附屬公司的董事局架構，屬於一般日常的商業安排。不過，外界將其視為李兆基退隱的先兆。2014 年 6 月，李兆基再退任美麗華酒店主席職位，由次子李家誠接任。及至 2015 年 6 月 2 日恒基發展股東大會上，李兆基被記者問到接班問題時表示，自己已 86 歲，年事已高，是時候讓下一代接班。當日，李兆基宣佈退任恒基發展主席兼董事總經理，並由次子李家誠繼任。

李兆基共有三女兩子，長子李家傑，曾在英國接受教育，1985 年加入恒基兆業地產集團，出任執行董事一職，1993 年出任恒基地產副主席及恒基中國董事長兼總裁，主力開拓內地市場，為人低調。次子李家誠，畢業於加拿大威爾弗里德·勞雷爾大學（Wilfrid Laurier University），主修經濟學，畢業後返回香港，曾在新鴻基地產工作，後協助父親打理恒基兆業業務，1993 年出任恒基地產執行董事，2005 年出任恒基地產副主席兼恒基發展副主席、美麗華酒店主席兼行政總裁、中華煤氣非執行董事，被外界視為李兆基的接班人。不過，2019 年 5 月 28 日，李兆基在恒基地產股東大會上正式辭去董事一職，並向董事會建議由其兩個兒子李家傑和李家誠出任聯席主席及總經理。換言之，兩位兒子將同時出掌李兆基的家族事業。

04

新世界：多元、跨境發展的大集團

新世界創辦人鄭裕彤早年從周大福的珠寶業起家，其後透過家族控股旗艦周大福控股，創辦了新世界發展。到 1997 年回歸時，旗下業務已從珠寶、地產擴展到物業、基礎建設、服務和電訊等多元化業務範疇。回歸後，受到亞洲金融危機的衝擊，新世界發展的純利從 1997 年度的 53.12 億港元下跌至 2001 年度的 2.21 億港元，4 年間跌幅高達九成五以上。在此期間，新世界積極致力發展新科技及電訊業務，由於擴張過快，造成鉅額虧損，負債一度高達超過 100 億港元。為了減輕負債，2001 年 5 月，新世界被迫將旗下鄭裕彤最引以為傲的資產之一——位於尖沙咀東部海濱的麗晶酒店，以 26.98 億港元出售給英國巴斯集團（Bass Hotel & Resort）。及至 2013 年度，新世界仍虧損高達 48.11 億港元，對此，新世界發展董事總經理鄭家純在年報中表示："對本集團來說，2003 財政年度實在是困難重重的一年。""業績未如理想，主要起因於樓市下滑、2003 年第 2 季度爆發非典疫症和香港經濟持續低迷，集團為物業項目和其他投資計提撥備，拖低業績表現：集團的物業發展項目和酒店項目錄得物業銷售虧損和減值撥備達 42.15 億港元，電訊、媒體和科技業務因為發展和推廣費用及撥備，亦錄得 11.25 億港元虧損。" [36] 在這期間，新世界為了扭轉虧損，除了出售旗下資產外，亦積極展開集團的業務和架構重組工作。

》 多元發展：以地產、基建、酒店、百貨、珠寶為核心業務

回歸之初，鄭裕彤家族透過家族控股公司——周大福控股共持有兩家公司，上市公司新世界發展及私人公司周大福珠寶。其中，新世界發展持有 3 家上市公司，

包括新世界發展、新世界中國、新世界基建等。新世界發展主要從事香港的地產發展與物業投資、酒店及相關服務、電訊等；新世界中國主要在中國內地從事房地產業務；新世界基建則從事在香港及內地的基建業務。另外，新世界發展旗下附屬公司——新世界創建旗下轄有協興建築、佳定工程及景福工程，新世界第一巴士及新世界第一渡輪等附屬公司，主要經營設施管理、建築機電、交通運輸、金融保險以及環境工程等五大範疇。新世界發展並透過旗下另外兩家附屬公司——新世界電話及新世界傳動網，經營固定及流動通訊網絡。

2002 年 10 月 1 日，為了精簡集團架構，有利於核心業務發展，新世界發展宣佈重組計劃，由新世界基建旗下太平洋港口有限公司，以換股方式購入新世界發展旗下新世界創建有限公司，並以現金加股份作為代價收購新世界基建的傳統基建資產。同時，新世界基建將所持有的太平洋港口股份，悉數分派予新世界基建股東。重組及分派完成後，新世界發展持有 54.25% 的新世界基建股權，以及 52.00% 太平洋港口股權。稍後，太平洋港口易名為"新創建集團有限公司"並換上全新標誌，成為集團從事基建及服務等業務的旗艦；新世界基建則改名為"新世界資訊科技有限公司"，從事電訊、媒體及科技等業務。同時，新世界電話易名為"新世界電訊"，轉型為一家地區性電訊商。不過，新世界資訊科技因業務發展差強人意，已於2006 年被私有化，撤銷上市地位。

當時，新世界發展表示：重組"為集團建立一個更合理及精簡的架構。在新架構下，集團得以確立更流暢和具效率的企業及資本結構"；"新架構使集團在物業、基礎建設、服務及電訊四大穩健業務平台上得以作進一步發展。"[37] 新世界董事總經理鄭家純表示："集團重組使該 3 間公司的內在潛力得以全面釋放，以開展更廣闊的業務層面，精簡公司架構，重整集團的資產負債和現金流量。新組成的新創建將會統掌集團的服務、基建和港口業務，成為這三大業務的投資旗艦公司。新基建的業務方向亦將煥然一新，轉攻中國內地的電訊、媒體和科技市場。"[38] 不過，回歸20 年來，新世界的電訊業務發展未如理想，反而酒店、百貨等有出人意表的表現，因而逐漸形成了新的四大核心業務——物業、基建及服務、酒店、百貨。

在物業發展方面，新世界發展表示："多年來，本集團一直以'邁步向前‧One

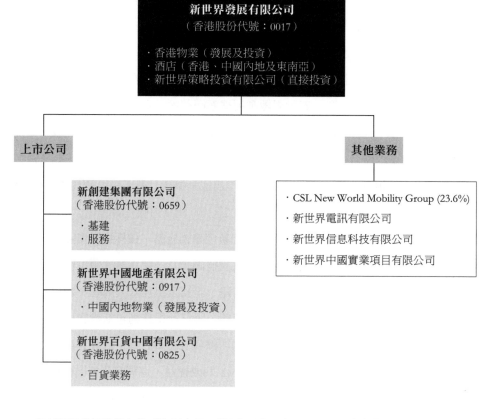

新世界發展有限公司
（香港股份代號：0017）

· 香港物業（發展及投資）
· 酒店（香港、中國內地及東南亞）
· 新世界策略投資有限公司（直接投資）

上市公司

新創建集團有限公司
（香港股份代號：0659）

· 基建
· 服務

新世界中國地產有限公司
（香港股份代號：0917）

· 中國內地物業（發展及投資）

新世界百貨中國有限公司
（香港股份代號：0825）

· 百貨業務

其他業務

· CSL New World Mobility Group (23.6%)
· 新世界電訊有限公司
· 新世界信息科技有限公司
· 新世界中國實業項目有限公司

2008 年新世界發展股權架構（資料來源：《新世界發展有限公司 2008 年報》，第 6 頁。）

Step Forward' 的精神，用心專注做好香港地產業務，以優質卓越的產品、匠心獨運的設計、與及無微不至的服務，配合創新與科技的應用，為置業者提供最佳的生活體驗。" 近年來，新世界發展更 "通過一系列的改革，將現代化企業管理、創新果敢的思維及重視客戶聲音的服務態度，三者靈活地糅合在一起，成功將新世界的優質品牌進一步提升"。❸❾ 與新鴻基地產、恒基地產相似的是，新世界發展亦重視以垂直的發展方式，慎密構思每一個項目發展，從土地收購、發展規劃，到物業銷售、客戶服務等均以新世界的 DNA 為藍本，調配出獨特新穎的居住體驗。其中重點，是在香港及中國內地發展住宅物業項目。代表性的項目如位於尖沙咀核心地段的 "名鑄"、位於九龍京士柏的 "君頤峰"，以及西南九龍 "The Austin" 等。

回歸後大財團新發展　　　537

同時，集團在香港擁有包括購物商場、寫字樓、酒店及服務式住宅在內的龐大投資物業組合。其核心是位於尖沙咀海旁的新世界中心和位於港島的香港會議展覽中心。2003 年以來，新世界相繼對新世界中心展開翻新工程，又在該中心旁投資興建一間 60 層高、樓面面積約 100 萬平方呎的五星級酒店，並在尖沙咀海濱長廊贊助興建 "星光大道"。2005 年，新世界啟動總樓面面積達 100 萬平方呎的尖沙咀河內道重建項目，該項目包括酒店、服務式公寓及購物商場，工程於 2007 年完成，集團將於尖沙咀黃金地段合共擁有超過 300 萬平方呎的投資物業。與此同時，為了保持香港會展中心的領導地位，新世界於 2006 年起啟動擴建計劃，該計劃於 2009 年完成，使香港會議展覽中心可出租樓面面積增加至 100 萬平方呎左右。

在基建及服務方面，新世界以上市公司新創建為旗艦，積極拓展集團的基建及服務等業務。2005 年 3 月，新創建出售三號貨櫃碼頭及八號貨櫃碼頭等權益後，將原來的服務、基建、港口部門重新劃分為基建、服務及租務兩大範疇。其中，基建部門涵蓋能源、道路、水務和港口等 4 個範疇，服務及租務則包括設施租務、建築機電和交通等。2011 年 7 月，新創建旗下的新礦資源有限公司正式在香港聯交所主機板上市。2015 年 1 月，新創建收購 Goshawk 四成權益，進軍商務飛機租賃市場。目前，新創建在香港的業務，主要集中在服務領域，包括設施管理、建築及交通，以及策略性投資等。在設施管理方面，集團主要管理及營運香港會議展覽中心和免稅店業務，並持有合營企業港怡醫院；在建築及交通方面，集團為香港多個主要客戶和發展商提供一站式的專業建築服務，並致力提供巴士和渡輪服務，該等服務每日平均載客量約 110 萬人次；在策略性投資方面，集團主要持有新礦資源有限公司、Tharisa plc、Hyva Holding B. V. 等股權。

在酒店業務方面，2001 年新世界出售了著名的麗晶酒店後，在香港仍擁有 3 間酒店，分別為香港萬麗海景酒店、新世界萬麗酒店及香港君悅酒店，此外還擁有位於東南亞的 4 間酒店，包括菲律賓馬卡蒂新世界萬麗酒店、越南胡志明市西貢新世界酒店與萬麗酒店，以及馬來西亞吉隆坡新世界萬麗酒店。2009 年以後，集團先後有多間酒店開業，包括香港尖沙咀凱悅酒店、香港沙田凱悅酒店、九龍貝爾特酒店等。2013 年 3 月，新世界曾一度申請以商業信託形式分拆旗下酒店業務上市，但有關上市申請未能成功。同年 5 月 29 日,新世界酒店集團改名為"瑰麗酒店集團"(Rosewood Hotel Group)。目前,瑰麗酒店集團已成為全球發展最迅速的酒店管理公司之一,於全球 20 個國家管理多個酒店品牌,合共 63 個物業,旗下擁有 3 個酒店品牌,包括極致豪華的瑰麗酒店、華麗的新世界酒店及設計時尚的貝爾特酒店。2015 年 6 月,鑑於酒店營運業績下跌,新世界發展將所持香港 3 間酒店(香港君悅酒店、萬麗海景酒店及香港尖沙咀凱悅酒店)的 50% 權益出售予阿布達比投資局,套現 158 億港元。

在百貨零售業,2007 年 7 月 12 日,新世界分拆旗下百貨公司業務,以"新世界百貨中國有限公司"名義在香港聯交所上市。新世界百貨的業務主要在中國內地展開。在策略投資方面,新世界主要投資電訊,透過旗下兩家電訊公司——新世界電訊及新世界傳動網展開。初期,新世界對電訊業務寄予厚望,希望能成長為集團的核心業務。不過,在激烈競爭的市場環境下,該業務發展並不太理想,因而被剔除核心業務之列。2006 年 3 月,新世界傳動網與 Telstra CSL Limited 合併為 CSL New World Mobility Group(簡稱 "CSLNW"),由新世界移動控股有限公司持有其 23.6% 權益。2007 年 1 月,新世界向新世界移動收購 CSLNW23.6% 權益,以精簡公司架構。新世界電訊則集中發展電訊服務、資訊及通訊科技服務及 iMedia 解決方案(電子商貿),以鞏固和提升其作為城中新一代 IP 及電訊服務供應商的地位。

至於集團經營的傳統業務——珠寶首飾,則由周大福控股旗下的私人公司周大福珠寶經營。周大福珠寶集團有限公司,於 1929 年在中國廣州創辦,1938 年及 1939 年先後在澳門、香港開設周大福珠寶金行。1998 年,周大福開始進軍內地市場,在北京開設內地首家周大福珠寶金行。2011 年 12 月,周大福控股將周大福珠寶分拆在香港上市。目前,周大福珠寶已成為香港、中國內地及東南亞國家一家歷史悠久、信譽昭卓的領先珠寶集團,其經營的核心業務是以"垂直整合業務模式",製造及銷售珠寶產品,包括珠寶鑲嵌首飾、黃金產品與鉑金和 K 金產品等,旗下品牌包括周大福、T MARK、Hearts On Fire、MONOLOGUE 及 SOINLOVE 等,在大中華地區、韓國、日本、新加坡、馬來西亞與美國等擁有龐大的銷售網絡。據統計,截至 2018 年 3 月底,公司營業收入為 591.56 億港元,經營溢利為 56.06 億港元。

》 跨境經營：大舉進軍內地市場

回歸前，新世界發展是香港大財團中最積極進入中國內地的大公司之一。回歸初期，面對中國內地市場的發展機遇，新世界樂觀地認為："中國在各方面的發展成績有目共睹。無論在基建設施的改善、可支配收入及生活水平的提高、汽車業增長、電訊業的發展，還是資本市場及銀行業務的自由度，中國均是一個新的發展領域。鑑於中國入世在即和北京成功申辦 2008 年奧運會，以及其龐大之全國性基建項目，未來十年中國可望維持經濟高速增長。"為此，新世界表示："在中國，我們早已累積了豐富的物業發展和基礎建設經驗，信守長期以來對國家發展的承諾，我們致力為市場的繁榮盡一分綿力。""本集團已作好準備去迎接其中蘊含的無限商機。"❹ 回歸以後，新世界在內地的發展，主要是依託旗下公司——新世界中國、新創建、新世界百貨等平台，展開對內地物業發展、基建、百貨零售等多元化領域的拓展。此外，集團亦透過另一家上市公司——周大福珠寶，展開對內地珠寶首飾等零售業務的拓展。

在物業發展方面，新世界透過旗下新世界中國在內地展開。新世界中國最早可追溯到集團於 1992 年成立的新世界發展（中國）有限公司。1993 年，新世界發展（中國）開始進入中國，展開龐大的北京市中心重建計劃。1999 年 7 月，新世界中國組成並在香港上市，作為集團進軍中國內地地產市場的旗艦。當時，新世界中國在北京、上海、廣州、天津、武漢、瀋陽等內地城市，共擁有 41 個發展項目，土地儲備（樓面面積）達 2.045 億平方呎。其後，新世界中國不斷在內地購入大片土地，在上海、北京、天津、大連、廣州、深圳等城市發展各類優質住宅社區、大型綜合商業地標、商場、寫字樓及酒店等，成為內地最具規模的香港房地產發展商之一。截至 2018 年 6 月底，新世界中國在內地的土地儲備，達到 7,584.24 萬平方呎（704.6 萬平方米），主要集中於廣州、佛山、深圳、武漢、寧波、北京、廊坊及瀋陽等城市，成為在內地擁有最多土地儲備的香港公司。

在基建領域，集團透過旗下新創建在內地展開。新世界早在 1992 年已開始進軍內地基建業務。2003 年 7 月 2 日，新創建集團組成並在香港聯交所上市後，開始加大對內地業務發展的投入。2006 年 9 月，新創建與中國鐵道部屬下企業合資成立中鐵聯合國際集裝箱有限公司，建設及經營中國內地 18 個大城市的樞紐性鐵路集裝箱中心站。2007 年 11 月，新創建與廈門市政府及法國達飛輪船公司簽訂關於廈門海滄港區開發戰略合作協定，拓展廈門海滄港區的港口業務。2012 年 11 月，新創建完成收購杭州繞城公路合共 95% 實際權益，總代價約為 11 億美元。經過多年發展，新創建已發展成為大中華地區領先的基建企業之一，旗下管理及經營的核心業務包括收費公路、商務飛機租賃及建築；策略組合則涵蓋環境、物流、設施管理及交通等領域。

在收費道路方面，新創建擁有 15 條道路及相關項目，長度約 700 公里，覆蓋廣東、浙江、廣西、山西、天津及湖北等 6 個省份的策略性據點。在商務飛機租賃方面，集團投資於以客運量計算全球第二最繁忙的機場——北京首都國際機場，旗下 Goshawk Aviation Limited 投資商務飛機租賃業務。2018 年 6 月，Goshawk Aviation Limited 收購 Sky Aviation Leasing International Limited，從而一躍成為全球十大飛機租賃公司之一。該公司首次向空中巴士及波音直接訂購 40 架全新飛機。截至 2019 年 6 月，Goshawk 擁有、管理及承諾購買共 223 架飛機，租賃方案涵蓋 33 個國家的 60 個航空公司客戶。在建築業方面，集團透過旗下的興業集團，擁有手頭工程總值約 556 億港元。在策略組合的環境業務方面，新創建透過旗下的蘇伊士新創建有限公司及重慶德潤環境有限公司兩個平台，參與大中華地區 48 個城市的 117 個環境項目，經營的業務包括食水及污水處理、廢料管理、可再生資源回收及利用、環境修復，以及設計、工程及採購服務。在物流業務方面，集團透過其合營公司中鐵聯合國際集裝箱有限公司，在中國內地發展及營運大型樞紐性鐵路集裝箱中心站網絡。此外，集團的投資還包括位於香港的亞洲貨櫃物流中心，以及位於廈門及天津的 3 個港口項目，每年合共可處理 1,375 萬個標準箱。在交通業務方面，透過新世界第一巴士、城巴等公司車隊及旗下船隊，每日接載逾 112 萬人次。

截至 2019 年 3 月底，新創建集團的營業收入為 268.34 億港元，集團應佔經營溢利為 47.07 億港元。在集團營業收入總額中，核心業務為 189.02 億港元，佔 70.44%，其中，道路為 25.29 億港元，航空為 1.62 億港元，建築為 162.11 億港元；策略組合為 79.32 億港元，佔 29.56%。在集團應佔經營溢利總額中，核心業務為 35.10 億港元，佔 74.56%，其中，道路為 18.06 億港元，航空為 5.00 億港元，建築為 12.04 億港元；策略組合為 11.978 億港元，佔 25.44%，其中，環境為 6.29 億港元，物流為 6.51 億港元，設施管理虧損 3.93 億港元，交通虧損 0.10 億港元，策略性投資 3.22 億港元。❹

在百貨零售方面，新世界透過旗下新世界百貨展開。新世界百貨於 1993 年 6 月成立後，即進軍中國內地市場，多年來憑藉“一市多店”及“輻射城市”等擴充策略，先後在武漢、瀋陽、無錫、哈爾濱、天津、寧波、北京、上海等內地城市開設百貨商店。2003 年 8 月，為慶祝成立 10 週年，新世界百貨與中國工商銀行聯手推出第一張全國通用的連鎖百貨聯名信用卡——牡丹新世界信用卡。2007 年 7 月 12 日，新世界百貨重組為新世界百貨中國有限公司，並於香港聯交所上市。2009 年，新世界百貨率先推行一站式購物百貨“生活館”及主題性百貨“時尚館”的全新經營模式。2012 年 11 月，為慶祝公司成立 20 週年，新世界百貨中國開展全國性 VIP 日活動，期內創下高達 4 億人民幣的銷售業績。

截至 2019 年 6 月，新世界百貨中國經營管理 22 間以“新世界”命名的百貨店、9 間於上海以“巴黎春天”命名的百貨店及購物中心，總樓面面積超過 125.20 萬平方米。其百貨零售連鎖網絡覆蓋內地 17 個主要城市，包括北京、天津、燕郊、煙台、蘭州、西安、哈爾濱、瀋陽、上海、南京、武漢、長沙、鄭州、成都、重慶、昆明及綿陽，已經發展成為中國最大的百貨店擁有人及經營者，以及中國內地的零售旗艦之一。截至 2019 年 6 月底，新世界百貨經營收入為 35.19 億港元，經營利潤為 2.05 億港元。❷ 此外，在酒店業務方面，目前，新世界發展在中國內地共有 8 家酒店，包括北京貝爾特酒店、上海貝爾特酒店、上海巴黎春天新世界酒店、順德新世界酒店、武漢新世界酒店、大連新世界酒店、北京新世界酒店及北京瑰麗酒店。

在珠寶首飾零售領域，周大福珠寶自 1998 年起進軍內地市場，當年即在北京開設中國內地首家周大福珠寶金行。2003 年，周大福珠寶在深圳設立中國業務營運總部。周大福珠寶在內地開設的金行擴展速度極快，2002 年增加到 200 間，2010 年突破 1,000 間，2014 年進一步突破 2,000 間，遍佈內地一、二線城市。2017 年及 2018

年，周大福先後在深圳及長沙開設內地首家周大福薈館及周大福藝堂。2017 年，周大福珠寶響應中國政府倡導的創新與創業精神，配合 "Smart+2020" 策略框架，在武漢周大福珠寶文化產業園內設立 "C+ 創意園"，目的是支援科技發展的人才，促進創業文化，並鼓勵尋求各類長遠商機。截至 2019 年 3 月，周大福在內地已開設有 2,988 個零售點，佔集團在全球開設店鋪總數 3,134 個零售點的 95.34%；集團營業收入額達 666.61 億港元，主要經營溢利為 67.72 億港元。其中，中國內地的營業收入為 424.32 億港元，佔 63.65%。[43]

另外，值得注意的是，與周大福珠寶同屬一系的私人企業——周大福企業（兩家公司的控股公司是周大福控股），近 10 年以來亦頻頻投資內地房地產。據報道，周大福企業在內地最早的一筆地產投資是北京中央別墅區的麗宮別墅項目，總投資額高達 100 億元人民幣，由周大福企業全數出資。2008 年 9 月，周大福企業獨家競標廣州珠江新城東塔項目，以 10.5 億元人民幣的價格摘得該地塊，再加上需要另外支付珠江新城地下空間建築費 5 億元人民幣，總地價平均每平方米達 4,329 元人民幣。該項目於 2009 年 9 月動工，2016 年落成啟用，樓高 530 米共 116 層，為廣州第一高樓，命名為 "廣州周大福金融中心"，集五星級酒店及餐飲、服務式公寓、甲級寫字樓、地下商場等多種功能於一體，總投資超過 100 億元人民幣，與 "西塔"——廣州國際金融中心構成廣州及珠江新城的地標。其後，周大福企業又先後在天津投資 80 億元人民幣，興建超高層建築周大福濱海中心、武漢周大福中心等大型商廈。據估計，這些物業每年僅租金收入就可達 20-30 億元人民幣。經過多年的拓展，目前新世界／周大福集團已成為中國內地最大的外商直接投資者之一。

》 家族企業傳承與佈局粵港澳大灣區

2008 年，新世界創辦人鄭裕彤獲香港特區政府頒授大紫荊勳章，以表揚其對香港作出的貢獻。2011 年，年屆 86 歲高齡的鄭裕彤，在策劃周大福珠寶上市之後，開始著手部署家族企業承傳大計。2012 年 2 月，鄭裕彤正式宣佈退休，由其長子鄭家純接任新世界發展及周大福珠寶兩家上市公司董事局主席及執行董事。鄭家純出生於 1946 年，1971 年 5 月加入周大福集團擔任董事，1989 年出任新世界發展董事總經理。同時，鄭家純長子鄭志剛則出任執行董事兼聯合總經理。2015 年 3 月，鄭志剛更擢升為新世界發展執行副主席，負責集團的策略、方向、運作及執行情況。鄭志剛畢業於美國哈佛大學，持有哈佛大學文學士學位（優等成績），並獲薩凡納藝術設計學院頒授榮譽博士學位，畢業後曾加入國際投資銀行高盛，2006 年 9 月加入家族企業，2007 年 3 月出任新世界發展執行董事，被視為家族第三代接班人。鄭裕彤的其他多位第三代，亦被安排到家族不同上市公司中予以培養錘煉，從而構成多角佈局的態勢。至此，鄭氏家族的第三代已走上家族企業接班的前台。

2016 年 9 月 29 日，新世界發展創辦人鄭裕彤病逝，享年 91 歲。多年來，依託著新世界發展和周大福這兩個企業群，鄭裕彤成為了世界級的富豪，旗下業務遍及地產、基建及服務、百貨、酒店及珠寶首飾銷售等，經營版圖囊括香港、澳門、中國內地及全球多個城市，與長和的李嘉誠、新鴻基地產的郭氏家族、恒基地產的李兆基一道，被譽為香港經濟的“四大家族”。出殯當日，為鄭裕彤扶靈的 8 人，包括時任全國政協副主席董建華、行政長官梁振英、香港中聯辦主任張曉明、澳門行政長官崔世安、長和主席李嘉誠、恒地主席李兆基、萬雅珠寶主席冼為堅、廖創興企業董事總經理兼行政總裁廖烈智等，其“江湖地位”之高，由此可見一斑。

不過，自 2012 年鄭氏家族第二、三代接班之後，新世界的經營方針似乎發生微妙變化，集團在內地的發展一度放緩。2014 年，新世界發展鑑於新世界中國業績不如理想、股價長期偏低等原因，提出了私有化新世界中國計劃，宣佈以每股 6.8 港元的價格，收購約 28% 獨立股東的股份，涉資最多 186 億港元。私有化計劃在特別股東大會上獲得 99.84% 股份贊成。不過，由於受制於新世界中國註冊地開曼群島的“數人頭”制度，出席股東中投反對票的人較多（持股僅 0.16% 股份的 458 名股東反對），新世界中國私有化方案遭否決。2016 年初，新世界發展舊事重提，私有化計劃則從原來的協議收購改為全面收購，宣佈以最多 214.53 億港元價格，收購新世界中國所有股份及認股權，每股作價 7.8 港元，溢價約 25.6%，結果獲得成功。據報道，在宣佈私有化之前，新世界已將旗下多項位於內地武漢、海口、惠陽、貴陽、成都等城市的地產項目出售予內地地產公司恒大，套現資金 251 億港元。

其後，新世界對新世界百貨也提出私有化計劃。2017 年 6 月 6 日，新世界發展宣佈對新世界百貨展開要約收購，以每股 2 港元的要約價格（比收市價溢價 50.4%），收購小股東持有的新世界百貨約 27.71% 股份（新世界持有 72.29% 股份），涉及資金 9.345 億港元。新世界表示，私有化的原因是由於行業不景氣，股份流通量低，融資能力弱，新世界百貨需作出必要改變以增強長期競爭力。不過，該計劃歷經三度延期後，由於未能收到不少於 90% 無利害關係的有效股份接納，要約並未達成，最後於 8 月 28 日宣告失敗。

不過，2016 年以後，新世界又為一度放緩的內地發展計劃注入新的動力。集團在完成了對新世界中國的退市、私有化之後，對新世界、周大福旗下的地產進行整合優化，重新將集團業務集中於一、二線城市，並著力佈局粵港澳大灣區，加大對這一地區商業地產的投資力度。新世界發展副主席鄭志剛多次強調：「新世界發展集團非常看好也看重粵港澳大灣區的發展，未來 5 年大灣區將是新世界在內地最優先發展的地區。」他也表示，將計劃撥出 160-200 億港元，增加集團在華南區域的土地，以及其他一、二線城市土地。2017 年 10 月，新世界中國新管理班子在廣州亮相時亦表示：「新世界過去三四年在內地的拿地步伐確實有點慢。但是公司地產板塊經過一年多的重整之後，積極發展內地房地產市場，重點佈局國家打造的粵港澳大灣區，尤其是廣州、深圳。拿地方式除了與其他開發商合作、與政府合作介入一級土地市場開發外，最重要的還是在拍賣市場取得地塊。」

2016 年 8 月，新世界發展與周大福企業合作，以 42.72 億元人民幣奪得深圳前海桂灣片區商業地塊；同年 12 月又與招商蛇口以合資方式，斥資約 53.6 億元人民幣，拿下深圳蛇口太子灣 4 塊優質地段，面積達到 36.72 萬平方米，以發展商業物業。目前，前海和太子灣項目均已啟動。其中，前海項目將建設成為周大福企業及新世界集團的中國區總部，並引進世界 500 強外資金融機構在此設立區域總部，定位為世界級金融商務及服務綜合體；太子灣項目總建築面積 22.58 萬平方米，包括 K11 購物藝術中心，集家庭親子、娛樂教育為一體的 D.Park 多元智慧學習樂園，以及 9,000 平方米的大型藝術空間。2018 年 1 月，新世界中國與羅湖區政府簽署《文錦渡口岸經濟帶戰略合作協定》，計劃在「口岸經濟帶」建設、「一河六圈」等商業片區改造、綜合營運及招商引資等領域開展深度合作。

　　就在新世界積極在粵港澳大灣區拿地同時，由鄭氏第三代鄭志剛主導的藝術購物中心 K11 亦相繼落成。K11 藝術購物中心是由鄭志剛於 2008 年首創的全球首個"博物館零售"概念的原創品牌，即將藝術作為商業體的核心元素引入零售環境，讓消費者得到更多元化的體驗，同時闖出一條購物中心的差異化之路。2009 年及 2013 年，位於香港及上海的 K11 相繼落成開業。2018 年 3 月，位於廣州珠江新城中央商務區核心周大福金融中心（俗稱"東塔"）的廣州 K11 亦宣告開業，成為內地繼上海、武漢（兩家）之後第四家開業的 K11，其中 K11 ATELIER 辦公樓是一個創意驅動的工作空間。據新世界介紹，集團計劃將在 2024 年之前，在北京、深圳、瀋陽、武漢、寧波、天津、上海、廣州和香港等 9 個城市，發展 29 個 K11 項目，包括購物中心、寫字樓、服務式公寓等。2018 年 9 月 20 日，新世界發展主席鄭家純在 2018 年度公司年報的主席報告書中表示："本集團會充份配合'一帶一路'倡議和粵港澳大灣區等國家發展戰略，繼續肩負城市建設者的責任，貢獻國家、回饋社會。"

　　在積極佈局內地同時，新世界亦加強對香港的投資。2017 年 5 月，新世界發展宣佈將耗資 200 億港元，在香港尖沙咀打造藝術及設計新地標——Victoria Dockside（前身為新世界中心），於 2019 年全面落成啟用。該項綜合商業發展項目總樓面面積將達 300 萬平方呎，"將提供甲級寫字樓、奢華的香港瑰麗酒店、瑰麗府邸，以及無可比擬的藝術、設計及消閒新體驗，以全新視野眺望維港及港島的無邊景致"。❹ 首階段大樓已於 2017 年 11 月落成啟用。2018 年 5 月，新世界投得香港國際機場 SKYCITY 航太城的世界級商業地標——航太城 A2 及 A3 地段。航太城毗鄰香港國際機場客運大樓及港珠澳大橋，連接粵港澳大灣區其餘 10 個城市，落成後將成為大灣區的商業娛樂樞紐。有評論認為："近年來大動作頻出的新世界，正在尋求顛覆性的變化。"

　　據統計，截至 2019 年 6 月底，新世界發展總收入 767.64 億港元，股東應佔溢利為 181.60 億港元，比 2009 年 6 月底的 244.15 億港元和 20.84 億港元，10 年間分別增長了 2.14 倍和 7.71 倍，年均增長率分別為 12.14% 和 24.17%。（表 7-6）其中，物業銷售為 385.12 億港元，租務為 36.69 億港元，分別佔總收入的 50.17% 及 4.78%；工程合約、服務及基建為 292.97 億港元，佔總收入的 38.17%；酒店營運及百貨經營收入分別為 14.91 億港元和 33.58 億港元，分別佔總收入的 1.94% 及 4.37%，其他為 4.31 億港元，佔 0.57%。[45] 換言之，新世界發展的業務仍以地產；工程合約、服務及基建為主，其他業務的發展仍在起步之中。在地區分佈方面，在 767.64 億港元的總收入中，香港部份為 507.09 億港元，中國內地部份為 249.08 億港元，分別佔總收入的 66.06% 和 32.45%，其他地區部份為 11.46 億港元，佔 1.49%。[46] 換言之，來自中國內地的收入已對集團總收入產生重要影響。

表 7-7　新世界發展經營概況（單位：億港元）

年份	總收入	股東應佔溢利	總資產
1997 年	199.76	53.12	1,084.34
2002 年	228.75	12.75	1,267.75
2007 年	232.85	43.13	1,440.99
2008 年	293.61	96.86	1,657.58
2009 年	244.15	20.84	1,765.19
2010 年	302.19	123.99	1,999.80
2011 年	328.82	91.54	2,291.15
2012 年	356.20	101.39	2,863.72
2013 年	467.80	141.49	3,321.89
2014 年	565.01	97.25	3,692.27
2015 年	552.45	191.12	3,979.31
2016 年	595.70	86.66	3,921.09
2017 年	566.29	76.76	4,370.56
2018 年	606.89	233.38	4,814.55
2019 年	767.64	181.60	5,032.85

資料來源：歷年《新世界發展有限公司年報》

表 7-8　2019 年度新世界／周大福集團的上市公司經營概況（單位：億港元）

上市公司名稱	經營的主要業務	營業額	股東應佔利潤	總資產
新世界發展	控股公司、地產發展、物業投資、工程合約、服務及基建、百貨、酒店	767.64	181.60	5,032.85
新創建	經營收費公路、商務飛機租賃及建築，策略組合涵蓋環境、物流、設施管理及交通服務	268.34	40.43	860.65
新世界百貨	百貨零售、餐飲、娛樂體驗及配套服務	35.19	0.32	117.98
周大福珠寶	製造及銷售珠寶產品	567.51	29.01	652.43

資料來源：新世界旗下各香港上市公司 2019 年報、《周大福珠寶 2020 年報》。

05

會德豐：從洋行蛻變為地產大集團

20 世紀 90 年代中後期，會德豐系基本就是一家綜合性企業集團，俗稱 "洋行"。根據會德豐 1999-2000 年年報所稱，"會德豐有限公司是一家建基香港的綜合企業，秉持積極管理的方針，主要業務是連同附屬公司，在香港、中國內地和新加坡從事地產發展，並在香港和大中華地區經營高級零售業務。此外，集團還透過主要聯營公司九龍倉，持有物業投資、電訊、有線電視、高速互聯網、貨箱碼頭、基建和酒店業務的權益。" ❹ 當時，集團持有 6 家上市公司，包括會德豐、九龍倉、新亞置業信託、聯邦地產、馬可孛羅發展、Joyce，此外，還持有會德豐發展、夏利文、連卡佛、香港現代貨箱、香港空運貨站等附屬或聯營公司。

* 上市公司

1999 年會德豐集團股權及架構（資料來源：《會德豐有限公司 1999-2000 年報》，第 3 頁。）

» 集團股權重組：出售非核心業務

不過，由於會德豐集團本身是從包玉剛透過旗下的隆豐國際收購會德豐洋行、九龍倉等公司整合而成的，集團的股權架構和資產業務相當龐雜。有鑑於此，自 20 世紀 90 年代中期以來，集團為精簡架構、重組業務，展開了一連串的收購兼併和私有化策略。從整體來看，是致力推動集團從綜合性企業集團，轉型為一家以地產發展和地產投資及相關業務為策略重點的大集團。這一轉型，主要從兩個方面展開：一是逐步剝離非核心業務，包括高級零售、電訊、有線電視等；二是透過收購兼併整合地產發展和地產投資業務。

首先展開的重組是會德豐私有化連卡佛集團。連卡佛是香港一家歷史悠久的百貨公司，創辦於 1850 年 8 月。1980 年包玉剛收購會德豐之後，連卡佛有了較快的發展，1988 年連卡佛在港島太古廣場開業，銷售額突破 10 億港元。1999 年，會德豐將上市公司連卡佛私有化，並於 2003 年將連卡佛股權全部售予大股東吳光正的私人公司。其後，連卡佛在吳光正女兒吳宗恩帶領下，逐步脫離傳統的百貨商店模式，轉型為一家專注於銷售國際設計師時裝的專門店。[48]

2003 年，同時出售給吳光正私人公司的還有會德豐持有的上市公司 Joyce Boutique 時尚精品店 51.99% 的股權。Joyce 創辦於 1970 年，創辦人是兩大香港望族永安郭氏家族第四代郭志清（Joyce Ma）與丈夫先施馬氏家族後人馬景華。公司的主要業務是透過旗下的店舖銷售自己的品牌或代理外國著名品牌的時裝、化妝品及飾物，在香港、台灣及內地均有分店或品牌專門店。Joyce 於 1990 年 10 月 16 日在香港聯交所上市。2000 年，會德豐斥資 2 億港元購入 Joyce 51.99% 的控股權。2003 年 3 月，吳光正家族購入該公司控股權後，馬景華仍持 23% 股權，保持第二大股東地位，並出任董事局主席，郭志清及其女兒馬美儀分別出任行政總裁和董事總經理。不過，2007 年 11 月，馬景華、郭志清及其女兒馬美儀齊齊辭職，轉任非執行董事，由吳天海接任非執行主席。Joyce 正式踏入另一新里程。

與此同時，會德豐旗下九龍倉亦先後於 2000 年及 2001 年，將所持上市公司寶福集團和港通控股股權出售。其中，寶福集團成立於 1954 年，於 1973 年在香港上市，是一家提供投資、資產管理及物業投資的控股公司。九龍倉將所持寶福 34.87% 股權出售予和成公司，套現 2.98 億港元，稍後再在市場上出售餘下所持 17.95% 股權。港通控股前稱“香港隧道有限公司”，成立於 1965 年，是一家交通基建項目投資控股公司。該公司擁有興建及經營香港紅磡海底隧道的專營權，該專營權至 1999 年終止。其後，港通控股透過一家聯營公司——香港運輸物流及管理有限公司（前稱“香港隧道及高速公路管理有限公司”），根據與香港政府續簽的“管理、營運和維修保養”合約，為紅磡海底隧道提供管理服務。九龍倉將所持港通 26.7% 股權出售予彩星地產，套現 6.14 億港元。

2008 年全球金融海嘯爆發後，九龍倉鑑於市場環境發生的巨大變化，開始考慮處理九倉電訊有線電視股權事宜。九倉電訊前稱“香港電訊有限公司”，於 1992 年在香港註冊成立，是香港政府全面開放香港電訊市場後，首批獲發固網電訊網絡服務經營牌照的公司之一。2002 年，該公司宣佈於 2001 年度錄得首次純利，並改名為“九倉新電訊有限公司”，2003 年再改名為“九倉電訊有限公司”。2006 年，九倉電訊重組架構，與子公司 COL 進行策略式合併，集中發展商業客戶的電訊業務，逐步發展成為香港最大以企業為對象的電訊服務供應商，其光纖網絡覆蓋約九成商業市場。❹ 2007 年，九倉電訊宣佈成立子公司 Wharf T&T eBusiness Limited，提供寬頻應用及互聯網應用服務。2009 年 4 月，九龍倉與法國的威立雅交通運輸集團達成協議，將所持香港電車 50% 股權轉售予後者，並由後者負責經營。及至 2010 年 2 月，九龍倉再將香港電車其餘 50% 股權出售予威立雅，使香港電車成為後者的全資附屬公司。

2015 年，九倉電訊獲得除稅後盈利 3.01 億港元。九龍倉開始對該項業務進行策略性評估。正如會德豐、九龍倉所指出：“九龍倉在 20 多年前開展通訊、媒體及娛樂業務，市場至今已經歷巨大轉變，而轉變的步伐亦更趨急劇。2015 年，九龍倉經由 Wharf Communications 營運的通訊、媒體及娛樂分部佔九龍倉集團收入 9% 及佔九龍倉集團營業盈利 1%。” ❺ 市場人士分析，香港面積不大、營運商多，通訊企業競爭激烈，價格難以提升，而九倉電訊主要針對企業服務，加上香港經濟下行壓力大，企業經營困難，市場潛力有限，出於長遠發展的考慮，出售九倉電訊亦在情理之中。

2016 年 10 月 4 日，九龍倉宣佈以 95 億港元價格，向 TPG 資本及 MBK Partners 所組成的財團 Green Energy Cayman Corp，出售主營商業寬頻業務的九倉電訊全部股權，並表示"該項出售所得款項將為九龍倉集團日後業務發展及投資機會提供額外現金流"。買方是一家於開曼群島註冊成立的獲豁免公司，由 MBK Partners Fund III, L. P. 及 TPG 平均實益擁有。其中，MBK Partners Fund III, L. P. 是具領導地位的私募基金，專注投資北亞洲市場，而 TPG 則是一家具領導地位的環球私人投資公司，旗下管理資產逾 700 億美元。收購完成後，九倉電訊於 2017 年 6 月 15 日改名"匯港電訊"（WTT HK Limited）。

九龍倉對有線寬頻的策略性考慮更早。2008 年 11 月，九龍倉就曾考慮私有化有線寬頻，但最終放棄。有線寬頻前身為九倉有線電視，成立於 1992 年。1993 年 6 月，九倉有線電視獲香港政府頒發收費電視牌照，專營權 12 年。同年 10 月，九倉有線電視正式啟播，提供 8 個頻道，包括全港第一個 24 小時播放的廣東話新聞頻道。1998 年 10 月，九倉有線電視啟播 5 週年，改名為"香港有線電視"。1999 年 11 月，控股公司有線寬頻通訊有限公司成立，並於美國納斯達克及香港聯合交易所上市，有線電視成為其集團成員。2000 年 1 月，有線寬頻獲發固網電訊服務牌照，並推出有線寬頻上網服務。

不過，有線寬頻由於本身經營不佳，整體服務、鋪線覆蓋、傳送速度以至頻道質量都遜於同業，因而自 2008 年起連年虧蝕，2016 年淨虧損高達 3.13 億港元，公司多次傳出賣盤消息。2017 年 3 月 9 日，九龍倉於其業績報告中表示，與有線寬頻潛在買家的商討已全部終止，並未達成出售協議，因而除現行由九龍倉提供的 4 億港元融資資金承擔外，九龍倉未來無意再增持有線股權及提供任何進一步資金承擔。消息傳出震動業界。

2017 年 4 月 20 日，有線寬頻發佈公告，宣佈以每 3 股供 5 股，發行 33.53 億新股，每股 0.21 港元，集資 7.04 億港元，大股東九龍倉將不會參與供股，並將其持股實物分派予其股東，持股量由 73.8% 大幅降至 6.76%。由新世界主席鄭家純、遠東發展主席邱達昌等持有的永升（亞洲）將擔任供股包銷商，計及貸款資本化後，永升（亞洲）將最多持有有線寬頻 54.02% 股權，其中鄭家純間接持有 24.58% 股份，成為大股東。2017 年 5 月 29 日，有線寬頻舉行特別股東大會，通過供股讓永升（亞洲）入主方案。同年 9 月 12 日，香港政府通訊事務管理局正式批准永升入股有線寬頻，持表決權股份約 43.22%。

　　與此同時，會德豐也展開了對集團地產業務的整合。這一整合早在 20 世紀 90 年代初已經開始。當時，會德豐系旗下從事地產業務的上市公司多達 5 家，包括會德豐、九龍倉，以及會德豐旗下的新亞置業信託、聯邦地產、夏利文發展。1990 年，夏利文發展由於長期業務發展停滯、股價低迷，被九龍倉私有化，撤銷上市地位。2000 年 9 月，會德豐曾一度計劃私有化新亞置業信託，但最終失敗。2002 年 12 月，會德豐轉而聯同新亞置業信託提出私有化聯邦地產的計劃，以每股 3.2 港元價格，收購聯邦地產股份，結果取得成功，涉及資金 10.16 億港元。聯邦地產於 2003 年 3 月 19 日撤銷上市地位，成為新亞置業信託的全資附屬公司。2004 年，新亞置業信託和馬可孛羅發展有限公司分別改名為 "會德豐地產有限公司" 及 "會德豐地產（新加坡）有限公司"。2010 年 7 月，會德豐以協議安排方式，按每股 13 港元的註銷價，私有化會德豐地產，使之成為集團的全資附屬公司。其時，會德豐地產擁有土地儲備 170 萬平方呎，並 "帶頭發展集團於香港的項目"，[51] 成為會德豐旗下從事香港地產發展業務的主力。

》 地產發展與物業投資橫跨三地雙線展開

　　經過一系列重組後的會德豐系，基本上蛻變成為一家以地產發展及地產投資為核心業務的地產商。其中，在香港市場，地產發展由會德豐全資附屬公司會德豐地產主導，物業投資由九龍倉負責；而在中國內地市場，無論是地產發展還是物業投資，都主要由九龍倉主導，會德豐輔之。在新加坡市場，則主要由在新加坡上市的會德豐地產（新加坡）有限公司展開。

　　回歸以來，會德豐在香港地產發展的業務，重點集中於大型住宅樓盤和甲級商業樓宇兩個方面。在大型住宅樓盤方面，主要是回歸初期發展的兩大地產發展項目，即由會德豐、新亞置業、聯邦地產、九龍倉及海港企業合作發展的機場鐵路九龍站二期發展計劃"擎天半島"，以及由會德豐、新亞置業、九龍倉合作發展的深井"碧堤半島"。前者分兩期展開，包括 5 幢住宅大樓共 2,126 個單位，總樓面面積達 230 萬平方呎；後者分四期展開，包括 8 幢住宅大樓共 3,354 個單位，總樓面面積為 280 萬平方呎。其後，會德豐還相繼發展了何文田的君頤峰、半山豪宅 The Babington 等。2010 年，會德豐與新世界合作，以 117 億港元價格，投得位於尖沙咀西心臟地帶的港鐵柯士甸站上蓋豪宅發展項目。

與此同時，會德豐亦逐步加強在寫字樓市場的發展，展開收購及重建策略。2005 年，購入港島香葉道的 One Island South 所在地塊；其後又購入荃灣的 One Midtown 等。2011 年，會德豐展開位於九龍東（香港政府標誌其為第二個核心商業區"CBD2"）的 One Bay East 商業項目。2013 年 3 月，會德豐將這項雙塔式商廈項目中樓面面積達 51.2 萬平方呎的西座大廈，以 45 億港元的價格，售予宏利人壽保險（國際）有限公司，作為其香港總部。2017 年 12 月，會德豐再將位於九龍東中心地帶的甲級商業大廈 8 Bay East，以 90 億港元價格全幢出售。8 Bay East 是自 2010 年以來售出的第 8 幢寫字樓物業，延續 One Bay East 及 One Harbour Gate 成功售出所有單位的業績。該等寫字樓交易合共為會德豐帶來 370 億港元的銷售額。

在物業投資方面，會德豐以旗下九龍倉為旗艦，投資物業主要有九龍尖沙咀的海港城和港島銅鑼灣的時代廣場，兩者均持有 999 年期的長期業權。僅此兩項物業已佔九龍倉總資產接近六成。其中，海港城包括海運大廈、馬哥孛羅香港酒店、海洋中心和港威大廈等商廈，擁有 440 萬平方呎寫字樓面積、200 萬平方呎的商場，以及其餘約 400 萬平方呎的酒店、服務式住宅等，為香港區內最大的購物中心及全球零售商戶作品牌展示的矚目地標。時代廣場為銅鑼灣商業樓宇的"龍頭"，樓高 17 層，被譽為"全球最成功的直立式商場之一"。九龍倉曾多次對該兩大投資物業展開翻修工程。1999 年，海港城和時代廣場的收入分別為 26.00 億港元及 9.95 億港元；到 2013 年分別增加至 84.71 億港元及 20.96 億港元，14 年間分別增長了 2.26 倍和 1.11 倍。2013 年底，九龍倉的投資物業組合的賬面值為 2,610 億港元，躋身全球首五大由上市公司持有的投資物業組合之列。

九龍倉在持有香港優質投資物業的同時，亦於中國內地市場展開地產發展和

時代廣場

物業投資。早在 20 世紀 90 年代後期，九龍倉已經開始在中國內地發展以"時代廣場"品牌命名的地產項目。2000 年，九龍倉先後成功推出北京首都時代廣場和大上海時代廣場，主打以"寫字樓 + 商場"的物業組合。2007 年，九龍倉加快在內地的投資步伐，表示"展望未來，集團的增長動力將來自內地房地產……，集團的目標是於未來五年使集團於中國內地與香港的資產各佔一半比重"。❷ 從 2000-2008 年初，九龍倉先後在成都、杭州、蘇州、重慶、南京、常州及無錫等城市，購入 12 幅地塊作發展用途。

這時，按地積比率應佔土地儲備及投資物業總樓面面積，九龍倉在內地的土地儲備已達到約 9,000 萬平方呎，逼近集團 1 億平方呎的中期目標，總投資達 300 億元人民幣。

從 2007-2014 年期間，九龍倉在內地的物業發展突飛猛進。九龍倉的內地資產額從 2007 年的 230.26 億港元，增加到 2014 年的 1,402.11 億港元，7 年間增長了 5.09 倍，佔集團總資產的比例從 5.67% 提高到 31.53%；同期內地地產收入從 20.35 億港元增加到 171.10 億港元，增長了 7.41 倍，佔集團總收入的比例從 12.56% 躍升至 45.65%。2014 年，九龍倉在內地的土地儲備達到 1,020 萬平方米，分佈於全國 15 個城市，其中，華東佔 50%，華西佔 32%，華南佔 4%，其他地區佔 14%。這一期間，九龍倉在內地的投資組合中，賣掉了北京首都時代廣場，但新增加了大連時代廣場、武漢時代廣場、大上海會德豐國際廣場、成都時代·奧特萊斯、天府時代廣場等，並開始在各地城市發展國際金融中心系列，包括成都國際金融中心、重慶國際金融中心、長沙國際金融中心、無錫國際金融中心、蘇州國際金融中心等。

　　九龍倉在內地發展的重要特點，是與內地擁有大量土地儲備的國有企業及房地產商合作。如在南京，九龍倉與招商地產合作；在重慶，九龍倉與中海地產合作開發重慶國金中心等項目。九龍倉並持有內地房地產公司——綠城中國控股有限公司約 24.3% 權益。2014 年，九龍倉集團主席吳天海曾公開表示："如果香港物業不增值，按照 2007 年的資產總值，我們 50% 的目標是達到了。"

　　不過，2014 年以後，受到內地房地產市場調整等各種不利因素的影響，九龍倉在內地的發展開始放緩。這逼使九龍倉開始調整內地發展策略，將原來的 15 個城市縮減至 10 個，成為首個宣佈縮減內地戰線的港資發展商。此後，九龍倉內地發展重心傾斜，將核心聚焦在一、二線城市，特別是北京、上海、蘇州、杭州、深圳和廣州等，著力開發投資型商業地產物業，重點項目集中於成都、蘇州、長沙、無錫及重慶 5 個國際金融中心。九龍倉表示，這些國際金融中心建成後，規模媲美甚至超越香港的海港城和時代廣場，將加強九龍倉在內地的經常性收入基礎，並成為主要增長動力。

　　在新加坡，會德豐透過持有 76.2% 股權、在新加坡上市的會德豐地產（新加坡）有限公司，在新加坡拓展地產市場。該公司是新加坡最大的港資地產公司，在新加坡烏節路商業繁華區擁有樓面面積 46.48 萬平方呎的會德豐廣場，並展開一系列地產發展項目。2018 年 7 月 20 日，會德豐發表公告稱，將向會德豐地產（新加坡）提出自願性無條件收購要約，以每股 2.1 新加坡元收購會德豐地產（新加坡）餘下股份。當時，會德豐地產（新加坡）主要持有新加坡會德豐廣場和 Scotts Square 兩項物業，估值逾 25 億新加坡元。及至同年 10 月，會德豐持有會德豐地產（新加坡）90.1% 股權，成功啟動私有化程序，會德豐地產（新加坡）退市。

》 吳光正交班與家族企業傳承

　　香港大家族企業中，最早部署第三代接班的，當數會德豐集團。2013 年，年屆 67 歲的會德豐主席吳光正，高調向媒體宣佈家族企業的接班安排。吳光正在接受《福布斯》採訪時指出，對包玉剛來說，分身家就好比分蘋果、橙、梨一樣，不可能均分，因為這並非簡單地將一個西瓜公平而均等地切開。"岳父分家時希望化繁為簡，讓每家人獨立地生活及養家，分家後成敗在於自己。"吳光正表示，自己將仿效岳父包玉剛，將"家族"和"財產"分開處理，其中，會德豐／九龍倉等上市公司業務，將交由次子吳宗權主理，而家族的零售業務，包括連卡佛國際、Joyce Group 等，則交由已有多年管理經驗的長女吳宗恩接管。吳光正強調，吳宗恩及吳宗權將分別在零售及地產業務有絕對決策權，其餘家族成員不得干涉。

2013 年 11 月 27 日，會德豐發佈公告稱，從 2014 年 1 月 1 日起，現年 67 歲的吳光正不再擔任該公司董事會主席，但留任公司高級董事。吳光正之子、會德豐常務董事、35 歲的吳宗權將接任公司主席職位。2014 年 1 月 1 日，吳宗權正式出任會德豐董事局主席，副主席則分別由兩位資深員工吳天海和梁志堅出任，以協助年輕的主席。2015 年 2 月 17 日，吳光正宣佈再辭去九龍倉主席職位，並推薦副主席吳天海接任，為期 3 年。吳光正表示："1982 年包玉剛爵士委以我領導會德豐及九龍倉之重任，當時我 36 歲。我希望吳宗權也可以有同樣的機會，故此於 2013 年 11 月，我宣佈由吳宗權接替本人出任會德豐主席。"吳光正並解釋推薦吳天海出任九龍倉主席的原因："以上安排、連同現時會德豐副主席兼會德豐地產主席梁志堅先生，在集團內部結構上，已清楚體現著會德豐旗下兩大主要附屬公司，均由兩位會德豐副主席分別向會德豐集團主席兼常務董事吳宗權負責；而本人亦欣然同意擔任集團首席顧問。整項繼任安排井然有序。"

吳光正自 1978 年起出任九龍倉董事，至 2015 年辭去主席一職，期間經歷了 37 年。吳光正表示："在九龍倉的日子，我們見證了中國市場改革開放的第一波，以及由 1970 年代後期至 2012 年間的經濟騰飛。在這期間，九龍倉有機會在前座、積極參與，並因早著先機而能受惠。"❺❸ 這一時期，在吳光正的領導下，九龍倉在銅鑼灣興建了時代廣場，擴建九龍海港城，使之成為"全球數一數二最高效的商場"，並以"創建明天"的理念拓展集團在中國的業務。經過 37 年的努力，包玉剛創下的會德豐／九龍倉已發展成為市值逾千億港元的大地產集團。吳光正本人也成為香港著名的商界領袖。有評論指，吳光正為人處事與岳父包玉剛如出一轍，"堅毅、奮進、求穩、務實"，這為他在海內外商界贏得了廣泛讚譽。

吳光正的接班人吳宗權，畢業於美國普林斯頓大學建築系，並獲得香港科技大學商學院和美國西北大學凱洛格管理學院聯合頒授的工商管理碩士學位，以及薩凡納藝術設計大學頒授的人道文學榮譽博士學位。吳宗權在 2005 年加入會德豐之前，曾於瑞士聯合銀行房地產企業融資及 UBS Triton 基金工作，主要負責資產併購與資產管理。他於 2013 年 6 月被委任為會德豐執行董事，負責核心業務及企業管理，2014 年起出任公司主席。當時，有評論指出：吳宗權以 35 歲的年齡接手會德豐的"權杖"，使他成為了"香港主要家族地產商中最為年輕的主席"。

吳宗權上任後，最大的手筆就是對會德豐和九龍倉的業務和股權展開大規模的重組。2016 年 3 月 14 日，九龍倉宣佈，以 61.61 億港元的價格，收購會德豐旗下會德豐大廈和卡佛大廈兩宗商業物業。交易完成後，九龍倉持有會德豐所有在香港的物業。九龍倉在 2016 年年報中表示："就集團部份投資物業資產，以介紹形式分拆上市，並透過實物分派予本公司股東之可行性研究正在展開。……評估利弊的建議將盡快提交予董事會考慮。" ❺❹ 同時，九龍倉"決定撤出通訊、媒體及娛樂業務"。2016 年 11 月，九龍倉以 95 億港元出售九倉電訊全部股權，同時為有線寬頻業務尋找買家。

在完成上述步驟後，2017 年 9 月 4 日，會德豐與九龍倉發佈聯合公告，宣佈將把九龍倉置業從九龍倉分拆獨立上市，並表示："就建議分拆九龍倉置業地產投資有限公司及將其獨立上市（以九龍倉向合資格股東分派九龍倉置業地產投資有限公司股份的方式進行），向聯交所提交分拆之聯合建議已獲聯交所批准。九龍倉置業地產投資有限公司集團將主要在香港從事策略性大型零售、寫字樓及酒店物業的投資。" ❺❺ 根據建議，分拆將以分派方式進行，即每持一股九龍倉股份獲發一股九龍倉置業股份。

交易完成後，九龍倉不再持有九龍倉置業任何股份，成為一家以在中國內地地產發展和物業投資為重點，以酒店、物流、新經濟等業務為輔助的地產集團，持有九龍倉酒店集團、現代貨箱碼頭、香港空運站（20.8%）權益。九龍倉置業則由會德豐持有 62% 股權，以香港物業投資為主，並持上市公司海港企業有限公司 72% 權益。海港企業則持有馬哥孛羅香港酒店、中環 The Murray, Hong Kong 酒店、香港及內地的投資物業及地產發展業務。九龍倉置業主要持有香港投資物業，包括尖沙咀的海港城，銅鑼灣的時代廣場，中環的會德豐大廈、卡佛大廈及 The Murray，九龍東的荷里活廣場、天星小輪，以及在新加坡的會德豐廣場和 Scotts Square 等。其中，僅海港城、時代廣場及荷里活廣場等 3 項地標商場，2017 年總銷售額就佔香港整體零售銷售額 9.2%。2017 年 11 月 23 日，九龍倉置業在香港聯交所正式上市。有分析指，這一分拆借鑑了李嘉誠長和系的重組，將九龍倉長期被低估的市值釋放出來。不過，九龍倉主席吳天海表示，分拆主要是給投資者多一個選擇，"根本沒有想像過"分拆以後九龍倉市值是增加還是減少，"所以，在估值或者市值方面，即使沒有出現明顯的增值，（我們）也不會有失望"。

2019 年度，會德豐集團經營收入為 485.19 億港元，股東應佔溢利 91.73 億港元。在會德豐經營收入中，地產發展收入 219.82 億港元，佔 45.10%；投資物業收入 185.53 億港元，佔 38.24%；酒店收入 19.75 億港元，佔 4.07%；物流收入 25.97 億港元，佔 5.35%；投資及其他收入 34.12 億港元，佔 7.03%。會德豐旗下的九龍倉置

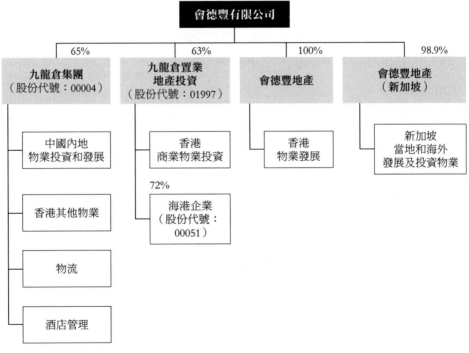

2019 年 4 月會德豐集團股權及業務架構（資料來源：會德豐有限公司官網）

業，年度經營收入為 160.43 億港元，股東應佔溢利為 39.28 億港元。在九龍倉置業經營收入中，投資物業收入為 142.79 億港元，佔 89.00%；酒店收入為 15.07 億港元，佔 9.39%；其他收入為 2.57 億港元，佔 1.60%。會德豐旗下的九龍倉，年度經營收入為 168.74 億港元，股東應佔溢利為 34.70 億港元。在九龍倉經營收入中，地產發展收入為 70.54%，佔 41.80%；投資物業收入為 40.90 億港元，佔 24.24%；酒店收入為 5.3 億港元，佔 3.14%；碼頭等物流收入為 25.97 億港元，佔 15.39%；投資及其他收入

表 7-9　會德豐／九龍倉系業務經營概況（單位：億港元）

年份	會德豐		九龍倉		九龍倉置業	
	收入	股東應佔溢利	收入	股東應佔溢利	收入	股東應佔溢利
1999 年	70.99	6.57	105.21	35.11	——	——
2004 年	71.16	23.02	119.53	37.67	——	——
2008 年	225.83	34.32	159.40	62.42	——	——
2009 年	189.57	96.31	175.53	175.01	——	——
2010 年	241.86	201.94	193.80	357.50	——	——
2011 年	345.58	228.66	240.04	305.68	——	——
2012 年	331.24	269.35	308.56	472.63	——	——
2013 年	350.71	169.54	318.87	293.80	——	——
2014 年	409.53	220.09	381.36	359.30	——	——
2015 年	574.31	142.32	408.75	106.24	——	——
2016 年	605.79	162.94	466.27	214.40	168.51	99.17
2017 年 *	709.53	205.70	432.73	218.76	209.04	172.18
2018 年	484.90	172.39	210.55	67.11	164.81	180.27
2019 年	485.19	91.73	168.74	34.70	160.43	39.28

* 鑑於九龍倉集團於 2017 年 11 月分拆九龍倉置業地產投資有限公司，故集團財務業績與 2017 年難以作直接比較。
資料來源：歷年《會德豐有限公司年報》、《九龍倉集團有限公司年報》、《九龍倉置業地產投資有限公司年報》。

為 26.03 億港元，佔 15.43%。若按地區劃分，九龍倉的年度經營收入中，則香港為 33.11 億港元，佔 19.63%；中國內地為 135.22 億港元，佔 80.14%，其他為 0.41 億港元，佔 0.23%。會德豐旗下的九龍倉置業和九龍倉的表現均比上年度遜色。（表 7-7）

不過，從會德豐系 3 家公司來看，彼此之間仍然存在不少業務重疊，因此，市場不時流傳該集團還可能重組架構和股權，傳聞較廣的是九龍倉可能被私有化。然而，與市場預期相反，2020 年 2 月，會德豐和九龍倉置業發佈公告，稱吳光正家族建議以協議安排的方式，溢價約 52.2% 私有化會德豐，具體方案是會德豐股東每 1 股可獲得 1 股九龍倉置業和 1 股九龍倉股票，並獲得 12 港元現金，為此，吳光正家族將要支付約 81.5 億港元現金。2020 年 7 月 27 日，會德豐完成私有化，正式退市。私有化完成後，會德豐成為吳光正家族的私人公司，對九龍倉置業的持股權從 66.51% 下降至 46.99%，對九龍倉的持股權也將降至 54.37%。

與弟弟吳宗權相比，被安排接管連卡佛的姐姐吳宗恩，早已成為香港商界的一顆熠熠生輝的新星。吳宗恩早年畢業於美國衛爾斯利女子學院（Wellesley College）心理學系，她於 1999 年起加入會德豐後先後在集團內部擔任不同職位，包括營運、採購、市場推廣和財務等。2003 年 2 月，會德豐宣佈，公司已將連卡佛（香港）有限公司 100% 的股權出售於吳光正的家族私人公司，出售價為 4.228 億港元。據說，連卡佛被私有化的部份原因，是會德豐旗下包括連卡佛在內的百貨業經營並不理想，出售前一年度的虧損總額為 3,870 萬港元。這一年，吳宗恩出任連卡佛行政總裁，其後更兼任 Joyce Group 執行董事。

連卡佛是香港一家歷史最悠久的百貨公司，創辦於 1850 年，1968 年被英資的會德豐收購。20 世紀 70 年代，連卡佛的業務有較快的發展，除了經營高檔消費品之外，還拓展室內設計業務，銷售古董、珠寶及化妝品等，成為香港最大的零售百貨集團之一。2003 年吳氏家族私有化連卡佛後，轉由吳宗恩主理。這一時期，連卡佛成功實現了轉型，從一家傳統百貨公司蛻變為一家高檔的專注銷售國際設計師時裝的時尚專賣店，專營名牌時裝、配飾及時尚精品。2007 年以後，連卡佛進軍內地市場，先後在北京、上海、成都等地開設多家店舖，從而成為大中華地區時尚品牌的引領者。2011 年，連卡佛發展線上旗艦店，進一步發展成為全渠道時尚零售商。

連卡佛旗艦店

經過多年的發展，目前，連卡佛集團（The Lane Crawford Joyce Group）旗下共擁有 4 家公司，包括連卡佛、Joyce、Pedder Group、俊思集團（IMAGINEX GROUP）等。其中，連卡佛在香港、中國內地的上海、北京、成都等地共開設 9 間店舖，包括香港的中環國際金融中心二期店、銅鑼灣時代廣場店、尖沙咀海港城店、金鐘太古廣場家具精品店、香港 One Island South 家具精品店及展廳等，並配合線上銷售旗艦店，建構覆蓋中華地區全渠道銷售的時裝零售網絡，主要銷售包括女裝、男裝、化妝品、家居及時尚生活用品、高級珠寶在內的約 800 個國際品牌。Joyce 創辦於 1970 年，旗下擁有 5 個時尚服裝精品店銷售點、13 個 Joyce Beauty 銷售點及 7 個單一合作的品牌專賣店，售賣約 400 個時裝品牌。此外，Joyce 還與設計師合作，共同營運品牌在香港的銷售點。Pedder Group 創辦於 2003 年，旗下擁有約 70 個銷售點，主要業務包括：在連卡佛經營多個鞋履及配飾品牌；在香港 LAB Concept 經營女鞋和配飾；在 Joyce 經營由設計師零售概念衍生的品牌店 On Pedder，並在新加坡經營 Pedder on Scotts 鞋飾專門店。俊思集團創辦於 1992 年，主要在大中華地區經營國際奢華品牌、高級時裝及生活風尚品牌，在 40 多個城市擁有逾 500 個銷售點。❺

06

大地產商：信和、華懋、南豐及其他

» 信和集團：加強對物業投資

信和集團是香港主要的大型地產發展商之一，旗下的上市公司有 3 家，包括尖沙咀置業、信和置業和信和酒店。1995 年，信和置業正式成為恒生指數成份股。2010 年 2 月 2 日，信和集團創辦人黃廷芳病逝，享年 82 歲。黃廷芳生於 1928 年，原籍福建莆田，6 歲跟父親南下新加坡謀生，白手起家，先後創立新加坡遠東機構（Far East Organisation）和香港信和集團（Sino Group）。

在新加坡，黃廷芳的遠東機構是新加坡最大的地產公司之一，在新加坡繁榮商業區烏節路一帶直接或間接擁有大量物業，據報道包括：遠東商業中心（Far East Plaza）、幸運中心（Lucky Plaza）、遠東購物中心（Fast East Shopping Centre）、烏節商業中心（Orchard Plaza）、烏節購物中心（Orchard Shopping Centre）、太平洋廣場（Pacific Plaza）、烏節中央城（Orchard Central）、卡佩芝大廈（Cuppage Plaza），以及麗晶大廈（Regency House）。另外，還擁有酒店和服務公寓，包括烏節廣場酒店（Orchard Parade Hotel）、昆西酒店（Quincy Hotel）、伊莉莎白酒店（The Elizabeth Hotel）和烏節豪閣（Orchard Parksuites）等。

黃廷芳曾連續多年都被《福布斯亞洲》（Forbes Asia）評為新加坡最富有的人。2009 年，《福布斯亞洲》估計他的財富高達 80 億美元（約 113 億新元），超越排名第二的邱德拔家族（55 億美元）。對於他的辭世，豐隆集團執行主席郭令明表示：黃廷芳是房地產界元老，在該領域是權威，深層了解房地產市場，且具備以另類眼光看待房地產市場的天賦才能。他不僅將遠東機構從一家小公司發展成房地產巨頭，也推動香港信和置業（Sino Land）取得今日的成功，這樣的成就對於一名新加坡人來說，是值得感到驕傲的。

黃廷芳育有兩子六女，長子黃志祥負責掌管香港業務，次子黃志達則負責掌管新加坡業務，擔任遠東機構總裁。黃志祥於 1975 年取得大律師資格，早年已跟隨父親參與香港拓展業務，1981 年出任信和集團執行董事，1991 年接替父親出任集團董事長，長期活躍於香港地產界。1991 年 10 月，他在參與沙田住宅地王的激烈競投時，曾彎腰向前與數排座位之隔的隆豐代表磋商合作，引起全場嘩然，被稱為"飛將軍"，是香港地產界的"超級大好友"。黃志祥的長子黃永光於 2005 年出任信和董事，2017 年 11 月出任集團副主席。顯然，黃志祥也在部署家族企業的接班。

回歸之後，信和繼續積極從事地產業務，涉及住宅、商業樓宇、寫字樓、購物中心等各個領域。在住宅領域，信和自 2000 年以來，先後發展了西九龍的維港灣（2000 年）、帝柏海灣及柏景灣（2001 年）、港島南區的 Three Bays（2004 年）、新界上水的御林皇府（2004 年）、將軍澳的蔚藍灣畔（2004 年）、港島半山的 Bowen's Lookout（2004 年）、新界上水的 St. Andrews Place（2005 年）、西九龍的一號銀海（2006 年）、九龍塘的畢架山峰（2006 年）、新界荃灣的萬景峰（2007 年）、深水埗的海峰（2008 年）、荃灣的御凱（2009 年）、深水埗的御匯（2011 年），以及粉嶺的囍逸、元朗的朗屏 8 號、深灣 9 號、白石角的天賦海灣（2018 年）等。在商業項目領域，主要包括長沙灣的香港中心（1998 年）、中環的中央廣場（2001 年）、九龍灣的宏天廣場（2003 年）、港島灣仔的 The Hennessy（2008 年）、九龍灣的國際交易中心（2008 年）等。其中，信和置業於 2008 年完成的香港市區重建項目萬景峰／荃新天地，憑藉其全港首創及最大的"直立花園"、開放式露天園林廣場、氣冷及水冷混合中央空調系統等 11 項卓越環保建築設計和設施，榮獲香港環保建築協會頒發最高"白金"評級。

與此同時，信和也積極拓展新加坡及中國內地市場，主要項目包括：新加坡富麗敦海韻樓（2001 年）、新加坡富麗敦船屋（2002 年）、上海來福士廣場（2003 年）、新加坡富麗敦天地（2001-2012 年）、新加坡富麗敦海灣酒店（2010 年）、中國福州信和廣場（2010 年）、新加坡富麗敦蓮亭（2012 年）等。其中，富麗敦天地坐落於新加坡商業中心與古跡區，總面積達 140 萬平方呎，由多幢酒店與餐飲消閒區組成，包括富麗敦酒店、富麗敦船屋、富麗敦海灣酒店、紅燈碼頭、富麗敦海韻樓、富麗敦一號與富麗敦蓮亭等。當中的文化古跡經過仔細翻修，結合輝煌的歷史傳統與現代設計觸覺，化身成獨一無二的臨海地標，為新加坡海旁帶來全新面貌。

回歸以來，信和集團的一個重要發展，就是加強對物業的投資。據統計，截至2019 年度，信和置業連同聯營公司用作投資的物業及酒店面積約 1,186 萬平方呎，總租金收入 43.34 億港元，分別比 2004 年的 920 萬平方呎和 11.33 億港元增加了 28.91%和 2.83 倍。不過，土地儲備則從 2008 年的 4,480 萬平方呎減少至 2019 年的 2,207 萬平方呎，減幅高近五成，主要是因為集團在中國內地的土地儲備大幅減少。（表 7-8）2019 年的投資物業中，寫字樓 / 零售面積為 730.65 萬平方呎，佔 61.6%；工業和停車場面積分別為 134.36 萬平方呎及 156.92 萬平方呎，分別佔 14.7% 及 13.2%；酒店面積為 90.98 萬平方呎，佔 7.7%；住宅面積為 33.00 萬平方呎，佔 2.8%。

荃新天地

表 7-10　信和置業投資物業及土地儲備概況

	2004 年	2008 年	2014 年	2018 年	2019 年
投資物業及酒店面積（萬平方呎）	920	990	1,130	1,182	1,186
總租金收入（億港元）	11.33	19.15	34.51	40.82	42.34
土地儲備（萬平方呎）	2,130	4,480	3,900	2,190	2,207
香港	1,510	1,670	1,420	1,580	1,594
中國內地	620*	2,740	2,410	520	527
新加坡	——	70	70	70	68
悉尼	——	——	——	20	18

* 包括新加坡

資料來源：《信和置業有限公司年報》，2004 年、2008 年、2014 年、2018 年及 2019 年。

　　信和集團的核心業務，除了地產發展和物業投資之外，還有酒店業務。信和集團旗下酒店主要包括兩部份，由上市公司信和酒店持有的酒店業務和由上市公司信和置業持有的酒店業務。其中，信和酒店持有酒店包括：港島北角城市花園酒店（100% 權益）、太古廣場香港港麗酒店（50% 權益）、尖沙咀皇家太平洋酒店（25% 權益，另大股東黃氏家族持有 75% 權益）。信和置業持有酒店包括：新加坡富麗敦酒店（100% 權益）、新加坡富麗敦海灣酒店（100% 權益）、香港港麗酒店（30% 權益）、悉尼威斯汀酒店（50% 權益）、香港西九龍香港逸凱酒店（100% 權益）等。信和酒店共管理位於香港、新加坡和澳洲的 10 家酒店，提供逾 3,600 間客房及套房，同時擁有及營運尊尚豪華的黃金海岸鄉村俱樂部遊艇會。

　　信和集團的業務表現受到業界高度評價。2009 年，信和置業在國際財經雜誌《歐洲貨幣》（*Euromoney*）舉辦的 "地產選舉 2009"（Real Estate Poll 2009）中，獲選為 "香港最佳住宅發展商"。2010 年，信和置業在國際財經雜誌《歐洲貨幣》（*Euromoney*）舉辦的 "地產大獎 2010"（Real Estate Awards 2010）中，獲選為 "全球第三最佳發展商"。2011 年 9 月，信和置業獲選為恒生可持續發展企業基準指數 2011 成份股。2016 年及 2018 年，信和置業先後兩度榮獲年度 "BCI Asia 十大公司獎" 的發展商組別獎項，並於 2018 年榮獲由 am730、亞洲公關及 RoadShow 舉辦的 "傑出上市公司大獎 2018"。

表 7-11　信和集團業務發展概況　（單位：億港元）

年份	尖沙咀置業		信和置業		信和酒店	
	營業額	股東應佔溢利	營業額	股東應佔溢利	營業額	股東應佔溢利
1997 年	32.95	8.75	32.14	18.48	3.17	1.47
2007 年	75.99	33.57	75.32	62.67	2.07	0.86
2008 年	63.39	46.79	62.51	77.21	2.27	1.04
2009 年	97.83	18.19	96.93	37.31	2.18	0.77
2010 年	77.77	34.19	76.98	63.48	2.14	1.31
2011 年	60.10	58.78	59.44	114.00	2.84	1.83
2012 年	84.61	53.81	83.96	106.73	3.39	2.35
2013 年	78.80	59.77	78.19	116.87	3.31	2.41
2014 年	75.10	45.13	74.51	89.21	3.29	2.35
2015 年	218.96	47.47	218.39	93.72	3.17	2.04
2016 年	108.57	36.22	108.04	70.90	2.94	1.66
2017 年	183.86	38.48	188.34	74.15	3.01	1.78
2018 年	107.81	73.28	107.30	139.96	3.14	1.95
2019 年	80.60	37.15	80.10	69.15	3.21	1.96

資料來源：《尖沙咀置業集團有限公司年報》、《信和置業有限公司年報》、《信和酒店（集團）有限公司年報》，1997-2019 年。

》 華懋集團：建造集團地標 "如心廣場"

　　華懋集團是香港少數沒有上市的大型地產發展商。回歸前，華懋集團主席龔如心曾高調計劃在新界荃灣海旁投資 100 億港元，興建樓高 518 米、共 108 層的 "如心廣場"，以打造集團的地標建築。不過，當時由於香港國際機場將於 1998 年遷往赤鱲角，荃灣上空成為飛機主要航道，香港政府於 1995 年 1 月拒絕批准華懋集團的興建項目。結果，華懋集團被迫修改有關計劃，將如心廣場一分為二，前後一共耗費了近 10 年的時間才得以完成，期間，更因有關工程未能如期於 1996 年完工而被罰款 5.6 億港元。

　　該項龐大發展計劃最終於 2006 年完成，包括兩幢分別為 88 層和 42 層高的商業建築物，其中，高座樓高 318.8 米，以冀如心丈夫王德輝的英文名字命名，稱為 "Teddy Tower"，低座樓高 163.7 米，以冀如心自己的英文名字命名，稱為 "Nina Tower"。兩座大廈之間由一道以透明玻璃建成的弧形空中天橋連接，寓意夫婦手牽手而情不變。如心廣場建成後，即成為新界最高的建築物，亦成為華懋集團首個結合旅遊、零售及商業元素的雙子式大樓，擁有 1,608 間豪華五星級酒店客房、17 層甲級辦公大樓，以及面積約 30 萬平方呎的商場。如心廣場 89 樓天台更放置了冀如心於 2005 年 4 月 16 日慶祝平頂儀式而留下的手印石模，象徵冀如心眺望尖東華懋廣場及九龍大部份地區。

　　不過，回歸之後，華懋集團最矚目的就是連續多場的"世紀官司"。1997 年 7 月 8 日，王德輝父親王廷歆要求確認 1968 年其兒子所立遺囑，及頒令其兒子已死。根據當年遺囑，王德輝的遺產將全部留給其父親。1999 年 9 月，法庭宣佈王德輝在法律上正式死亡。不過，與此同時，王德輝太太、華懋集團主席冀如心卻出示王德輝於 1990 年立下的遺囑，指她才是王德輝遺產受益人。至此，世紀爭產案揭開了序幕。爭奪王德輝名下 400 億港元遺產，翁媳對簿公堂，雙方經過 5 年搜集證據，案件在 2001 年 8 月展開官司，爭產案審訊歷時 172 日，開創了香港司法史上民事審訊案最長聆

如心廣場

訊時間紀錄。

2002 年 11 月 21 日，香港高等法院裁定王廷歆是王德輝的遺產受益人，龔如心提出的 1990 年遺囑則屬偽造。其後，龔如心不服上訴，不久被警方拘捕。2004 年 6 月 28 日，高院上訴庭裁定龔如心上訴失敗，王廷歆仍是王德輝遺產受益人。不過，案情在 2005 年 9 月 16 日有了戲劇性的變化，香港終審法院 5 名法官一致推翻原訟庭及上訴庭的裁決，裁定王德輝於 1990 年 3 月 12 日所立的遺囑為王德輝生前的最後遺囑，龔如心成為其夫王德輝的唯一遺產受益人。至此香港史上歷時最長的民事訴訟、耗資最多訴訟費的 "世紀爭產案"，終以龔如心的勝利而告終。

龔如心雖然贏了官司，成為亞洲女首富，但卻身患重疾，於 2007 年 4 月 3 日病逝，享年 70 歲。據報道指，龔如心於 2001 年曾公開透露，她自己已立下遺囑，除預留照顧家族長輩生活所需外，餘數會撥入名下的華懋慈善基金作慈善用途。不過，2007 年 4 月 20 日自稱為龔如心 "地下戀人" 的風水師陳振聰召開記者會，自稱持有龔如心 2006 年所立遺囑，是龔如心遺產的唯一受益人。為此，華懋慈善基金與陳振聰展開另一場世紀官司。2009 年 5 月 11 日，該官司正式在香港高等法院開審，聆訊時間長達 40 天，期間法庭傳召了 30 多名證人，包括龔如心親友、華懋集團員工、見證龔如心簽署遺囑的律師、醫生、筆跡專家、陳振聰夫婦及其兄弟等人。2010 年 2 月 2 日，香港高等法院裁定陳振聰敗訴，認為陳振聰所持的 2006 年遺囑屬偽造，而龔如心 2002 年所立的遺囑才是最後遺囑。2013 年 7 月 5 日，陳振聰偽造已故華懋集團主席龔如心遺囑和使用虛假文書兩項罪名成立，被判囚 12 年，兩項罪名同期執行。

不過，陳振聰敗訴後，華懋的官司仍未結束。2012 年 5 月，香港律政司以龔如心遺產守護人身份入稟法院，要求法庭解釋遺囑條文，包括確認華懋基金為受益人還是信託人的身份界定。2013 年 12 月 17 日，香港高院開審，香港律政司首次披露龔如心遺產高達 830 億港元，指龔如心的意願只是委任華懋慈善基金擔任遺產信託人，必須依據遺囑把遺產用作行善，並受到監管機構和法庭的雙重監管。華懋慈善基金一方則堅持基金是遺產的唯一受益人，以龔仁心為首的基金董事局則有權決定如何執行遺囑，而遺囑本身僅屬 "指引"，基金有權 "彈性" 使用遺產。最後官司打到終審法院。2015 年 5 月 15 日，香港終審法院最終裁定，華懋慈善基金為龔如心遺產的受託人，基金需要與作為慈善事務的守護人即香港律政司司長代表開會擬定計劃，商討如何成立監管基金的機構，並適時監督基金履行其作為遺產受託人的角色，有關計劃並需提交高等法院批核。與此同時，法院委任羅兵咸永道會計師事務所為遺產管理人，協助保護及保存遺產。至此，華懋長達 20 年的"爭產"官司劃上句號。

目前，華懋集團作為龔如心遺產的主要部份，由管治委員會負責監督。其中，龔如心的胞弟龔仁心醫生為管治委員會會議主席，委員會成員包括行政總裁蔡宏興、營運總裁王弘瀚、財務總監陳鑑波、人力資源部主管龔劉元春、司庫及土地評估部主管梁煒才、銷售部主管吳崇武，以及 3 個遺產管理人的代表。行政總裁蔡宏興是香港建築師學會的資深會員，擁有超過 30 年的房地產投資與開發經驗，曾主力參與發展許多獲獎項目，並擔任香港建築師註冊管理局主席。

2010 年，華懋將集團總部遷往荃灣如心廣場。目前，華懋的核心業務包括地產發展、物業投資、酒店及服務式住宅，以及物業管理等。其中，地產發展主要是

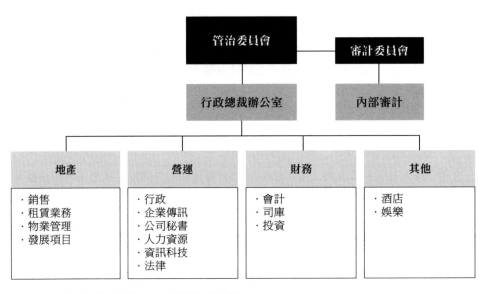

華懋集團管治架構（資料來源：華懋集團官網）

住宅項目，包括九龍的御・豪門、雲門，以及新界的富・盈門、琨崙、賢文禮士、銀海峰、海翩匯、紅山半島等；物業投資則遍佈全港各區，涵蓋多個商用、住宅及工業物業，其中包括位於香港淺水灣、由國際知名建築師 Norman Foster 傾情設計的 The Lily，寫字樓則主要有港島的華懋世紀廣場、華懋交易廣場，華懋荷里活中心、華懋莊士敦廣場、華懋禮頓廣場、華懋大廈、華懋中心 I 期、華懋中心 II 期、華懋交易廣場 II 期、華懋廣場 II 期，九龍的華懋 333 廣場、華懋金馬倫中心、華懋廣場，新界的華懋荃灣廣場、如心廣場等。酒店業務方面主要擁有兩個時尚酒店品牌，包括如心酒店和薈賢居。如心酒店品牌擁有 4 間如心酒店，別具亞洲時尚風格，配備游泳池、健身中心等優越設施，酒店內雲集格調高雅的餐廳、洋溢摩登風情的酒吧等各餐飲設施，供應琳琅滿目的美酒與珍饈佳餚等；薈賢居品牌旗下擁有兩間薈賢居，以及為香港科技大學管理校內的高級訪客住宿設施，客房數量高達2,800 多間。

》 南豐集團：地產、投資雙線發展

南豐集團與華懋一樣，也是香港少數沒有上市的大地產發展商。南豐集團曾於1970 年將南豐紡織聯合有限公司在香港上市，不過其後鑑於紡織業務逐步衰落，於1989 年將其私有化。90 年代初期，香港備兌認股證熱潮興起，陳廷驊於 1992 年，利用旗下 15 間不同名義的公司，一口氣發行了 15 隻備兌認股證，總額高達 9.7 億港元，扣除發行費用，南豐套現資金 9.4 億港元，在香港轟動一時。陳廷驊本人因而被稱為 "輪王"（認股證俗稱 "窩輪"）及 "備兌認股證大王"。

這一時期，南豐集團亦積極發展地產業務，1994 年，南豐先後建成將軍澳首個私人住宅項目慧安園，以及馬鞍山大型住宅項目馬鞍山中心。回歸之後，由於受到亞洲金融危機的衝擊，南豐一度減慢在香港地產業的發展。不過，仍於 2003 年在將軍澳建成大型住宅樓盤將軍澳廣場。2009 年以後，南豐再度加大在香港地產業的投資力度。2009 年 9 月，南豐以 21.43 億港元的價格購得香港跑馬地豪宅區的雲暉大廈，折合樓面價為每平方米 1.2 萬港元。業內人士認為，該項目位於跑馬地傳統豪宅地段，坐擁馬場景致，屬一級罕有靚地，投資發展潛力相當高。2010年7月，南豐再以104億港元的代價，力拚會德豐、新鴻基地產等大型發展商，拿下了香港山頂聶歌信山道豪宅地塊，每平方米樓面地價約3.2萬港元，是香港近年來不可多得的優質豪宅地皮。2011年，南豐集團提供高質素及可持續發展物業的理念，獲得BCI Asia頒發香港十大發展商獎項。

除了在香港發展之外，南豐也加強了在內地的發展。其實，早在1993年，南豐已在天津開展了其在內地的第一個房地產住宅項目。但1997年亞洲金融危機後，南豐在內地的發展一度停滯。2004年，南豐集團成立南豐中國，專責內地房地產業務開發。2006年12月，南豐擊敗內地房地產巨頭保利，以7.42億元人民幣奪得廣州"琶洲地王"地塊。稍後不久，又在臨近地塊再次以7億元人民幣奪得廣州東風中路羊城大廈。2007年初，南豐中國與滙豐銀行成立房地產私募基金——"滙豐·南豐中國房地產基金"，資產規模為7億美元（約54.6億港元），用於內地投資，每項商業房地產投資規模在7,000萬美元至1億美元之間，完成了在北京、大連、廣州和香港的7個項目投資。

與華懋一樣，南豐在創辦人去世後亦遭遇"爭產"官司。南豐創辦人陳廷驊與妻子楊福和共育有兩女，分別為長女陳慧芳和次女陳慧慧。有報道稱，陳廷驊在1985年時已有意選擇次女陳慧慧接班，並著手安排此事。當時，妻子楊福和和長女陳慧芳均無異議。1995年，陳廷驊被診斷患有腦退化症，其後於2008年宣佈退休。2009年，陳慧慧接替父親出任南豐集團董事長兼董事總經理。不過，當年，妻子楊福和以陳廷驊作出"不合理行為"為由，申請離婚，並分得100億現金和部份物業等資產。翌年11月，楊福和將已逐步執掌南豐的次女陳慧慧告上法庭，稱其於2003-2005年期間，利用父親陳廷驊病情惡化之時，作出誤導、不當影響或違反合約及信託責任，要求其作出賠償、退還涉款及交代賬目。楊福和並根據《精神健康條例》向高院申請宣佈陳廷驊為精神上無能為力的人，不能出席作證。由於陳廷驊的證詞是案件的關鍵，此案一直拖延不決。

2012年6月17日，南豐創辦人陳廷驊病逝，該消息由其外孫女張添珞於6月18日對外公佈。陳廷驊是香港著名的華商代表人物，他從紡織起家，在地產業崛起，生前曾榮膺多個頭銜，被譽為"棉紗大王"、"備兌認股證大王"等。2011 年福布斯香港富豪榜上，陳廷驊以 38 億美元（約 296.4 億港元）排名第 11 位。陳廷驊又是一名虔誠的佛教徒，一直低調進行慈善工作，他於 1970 年成立陳廷驊基金會，對教育、醫療研究和改進香港醫療服務、社福項目和宗教活動等作出大量捐助。1997 年，他獲頒授 OBE（英國官佐）勳章。同年，陳廷驊與邵逸夫雙雙榮獲中華人民共和國文化部首次頒發的"文化交流貢獻獎"。1998 年 12 月，在香港中文大學第 54 屆大會上，陳廷驊被授予"榮譽社會學博士"稱號，由行政長官董建華先生親自為他頒授證書。

陳廷驊患病、退休及辭世後，南豐集團由其次女陳慧慧執掌。2013 年 11 月，南豐宣佈已邀請前香港財政司司長、全球另類資產管理公司黑石集團（Blackstone）大中華區主席梁錦松出任集團行政總裁。南豐主席陳慧慧表示，很高興得到梁錦松加盟，有信心梁錦松將帶領集團更上一層樓。2017 年 5 月，南豐以超過 246 億港元的價格，擊敗包括長江實業、會德豐、恒基兆業、華懋等眾多投標者，奪得香港特區政府所批出九龍啟德第 1F 區 2 號地盤的新九龍內地段第 6556 號的用地，批租期為 50 年。這意味著，一向低調的南豐集團打破了恒基兆業於美利道中環商業地 233 億港元的成交總額，成功晉升成為香港新商業地王，並創出政府賣地史上的最高價。

據資料顯示，該地塊佔地 20.5 萬平方呎，可建樓面面積達 191.2 萬平方呎，地理位置鄰近沙中線啟德站，屬於地標式商業項目，是尖沙咀環球貿易廣場後最大型的商業項目。南豐發展董事總經理蔡宏興表示，啟德區是九龍東商業核心區的中心地帶，而該地更是中心中的中心，毗鄰未來沙中線啟德港鐵站，又是交通樞紐，項目更是一個集甲級寫字樓、酒店及零售於一身，兼有地下商業街發展意念的大型綜合商業發展項目，可謂極之難求。中原工商舖高級區域董事盧偉德則表示，此地應是多年來賣地中，最具規模的一幅商業用地，會是繼尖沙咀環球貿易廣場（ICC）後，另一個最大型的商業項目。

目前，南豐集團以"縱向整合的發展模式營運"拓展多元業務，主要包括 3 類：物業發展、投資業務及其他業務。其中，在物業發展方面，經過 30 多年的努力，南豐已晉身為香港一線的大型地產發展商，發展項目超過 130 個，遍及香港各區、中國內地及海外市場，包括住宅、商業、工貿及公共設施項目等。在香港，主要的發展項目包括住宅、商業大廈和購物中心等，其中住宅有羅便臣道 80 號、驛宅・皇后大道東 239 號、南區淺水灣的福慧大廈和華景園等，商業項目以港島中環的南豐大廈為代表，購物中心主要有馬鞍山中心、嘉豐花園商場、將軍澳廣場、Nan Fung Place 等。在中國內地，主要項目以商業項目為主，包括廣州南豐國際會議中心／朗豪酒店、廣州南豐匯、山東青島中央公園購物廣場、上海淮海南豐薈、上海財瑞大廈、上海世貿商場、上海虹橋南豐城、上海達邦協作園、天津武清創意米蘭等。在海外，主要有韓國首爾的國際金融中心、新加坡體育城、澳門金峰及南岸等住宅項目。

南豐集團的投資業務主要包括三類：環球股票及固定收益、另類投資、策略投資。其中，在環球股票及固定收益方面，主要是南豐在全球市場中投資不同類別的金融資產，目標是通過綜合運用自上而下和自下而上的方法，採用以基本為主導的理念，持續獲得相對較高的回報。在另類投資方面，主要包括基金夥伴投資和直接投資／共同投資兩種。在基金夥伴投資，自 2001 年以來，南豐致力投資於由領先全球的基金經理所提供顧問及管理服務的合夥企業，藉此與不同投資市場表現出色的基金經理建立長遠關係；在直接投資／共同投資，主要投資於運作良好的公司。在策略投資方面，主要有兩個項目：與美國 Innovo Property Group 的合資項目及新風天域。2015 年，南豐與美國 Innovo Property Group 合作設立一個房地產投資及營運平台，主力收購及管理位於美國大紐約區的房地產項目。2016 年 8 月，南豐成為新風天域的主要投資人，協助其在亞洲區建立投資互聯網及醫療保健企業。

在其他業務領域，南豐擁有多個投資項目，其中地產業務橫跨建築、物業發展、物業管理及物業信貸。在建築業，南豐擁有兩家建築公司，包括寶登建築有限公司和晉業建築有限公司，旗下員工共 400 人。在物業管理，南豐擁有 4 家物業管理公司，包括民亮發展、新卓管理、萬寶物業及漢興企業，致力為住宅屋苑、工貿物業、商業大廈、商場等項目提供管理服務。在物業信貸，南豐透過旗下的南豐財務、成裕發展等提供按揭貸款服務。在酒店業務，南豐擁有兩間酒店，包括香港沙田萬怡酒店和廣州南豐朗豪酒店。在航運業，南豐早在 1978 年已設立南豐輪船有限公司，2002 年該公司進一步擴大規模，現擁有 12 艘輪船，包括 9 艘大型油輪和 3 艘集裝箱船。^⑤

» 希慎興業：銳意發展銅鑼灣 "利園區"

回歸之後，希慎興業的投資策略，基本就是對旗下投資物業展開重建或者翻新改造工程，銳意發展銅鑼灣的利園區，以提高物業的經營效益。這些工程包括：

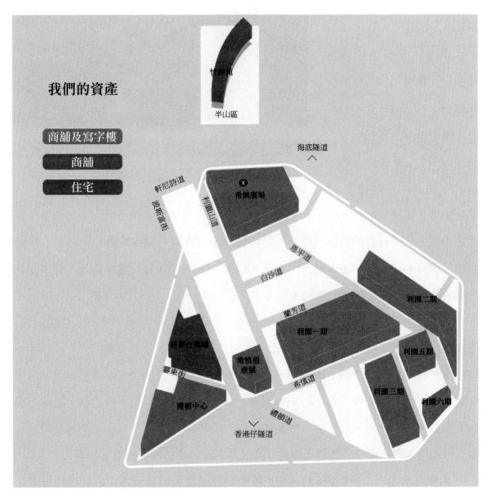

希慎興業在銅鑼灣的物業組合（資料來源：《希慎興業有限公司 2018 年報》，第 16 頁。）

2002 年完成翻新半山住宅竹林苑；2004 年完成翻新利園六期；2009 年完成翻新利園五期；2011 年完成翻新"希慎道一號"；2012 年建成"希慎廣場"；2013 年完成翻新利舞台廣場低層；2017 年建成利園三期；2019 年完成翻新利園二期。

其中，希慎廣場為重建項目，在興利中心原址拆卸重建，樓高 36 層，另設有 4 層停車場及零售地庫，基座設有 17 層零售店舖，逾 120 間商戶，高層為 15

利舞台

層寫字樓，建築面積達 31.4 萬平方呎。希慎廣場是希慎興業旗下最大型的商場及灣仔區由單一業主持有的第二大商場。希慎廣場是香港第一幢獲美國 LEED 白金級綠色建築認證的建築物，並同時獲得香港 BEAM Plus 白金級綠色建築認證，建成開業後即成為銅鑼灣廣受歡迎的商場。

2018 年，適逢"利園區"成立 95 週年。同年 11 月，希慎旗下的"利園三期"落成開業。利園三期樓高 34 層，建築面積 46.7 萬平方呎，為銅鑼灣的租戶提供了新的選擇。利園三期落成後，希慎興業持有投資物業組合增加到 450 萬平方呎，包括商舖、寫字樓、住宅等。其中約 85% 是位於銅鑼灣的商舖及寫字樓物業，其餘 15% 為半山區的住宅物業。該年度，希慎興業在年報中表示："作為我們的業務基地，利園區與銅鑼灣密不可分。我們繼續銳意發展利園區，成為香港的首選熱點。"

希慎並表示："希慎肩負的任務是不斷為社區注入嶄新元素，以促進持份者之間的溝通互動。我們把不斷增強的數碼技術與希慎的種種姿采融為一體，其中包括都市農圃農作物散發的泥土氣息、參與夜光巡遊的閃亮巨型木偶、多家期間限定店為購物人士帶來驚喜體驗、還有 Hysan95 項目在社交媒體上訴說銅鑼灣今昔和未來的窩心故事。希慎亦透過整個物業組合中各棟大樓的發射站，提供覆蓋全區的高速 Wi-Fi 服務，加上使用簡便的環保電子優惠券、即將推出經改良的常客獎勵計劃應用程式等，均見證我們運用最新科技，打造更豐富的社區生活。"

» 劉鑾雄家族："銅鑼灣舖王"

回歸之後，劉鑾雄家族的業務也有了新的發展。1997 年香港剛回歸不久，就遇到亞洲金融危機的衝擊，股票暴跌，眾多投資者血本無歸。不過，劉鑾雄由於習慣以個人名義投資，因此外界並不清楚他虧損多少，但他旗下的華人置業，卻相繼投入了逾 10 億美元，證明這場災難並未使其傷筋動骨。其中，大部份投資金額進入了中國內地。[58] 這一時期，華人置業在劉鑾雄的領導下，在香港也繼續展開一系列的收購，其中包括：1998 年收購廣生行國際有限公司 64.29% 股權；2001 年收購至祥置業有限公司 72.68% 股權；2003 年收購金匡企業有限公司 57.56% 股權等。其後，華人置業將廣生行國際私有化，而所持至祥置業和金匡企業的股權則先後售出。[59]

2003 年，劉鑾雄與鄭裕彤聯手，收購日資的崇光百貨公司，組成利福國際集團有限公司，並於 2013 年 12 月在香港上市，劉鑾雄任董事長。利福國際共持兩家崇光百貨，分別位於銅鑼灣和尖沙咀。2017 年 4 月，利福國際將旗下利福地產股權出售後，主要業務是於香港經營百貨店以及物業發展和投資。為了吸納九龍東地區的潛在客戶群，該集團於 2017 年 12 月啟動新啟德發展區的兩幢商業大廈工程，計劃於 2022 年竣工。屆時，將在商廈開設一間全新的崇光百貨店，並設有其他商業、娛樂及餐飲設施。

華人置業在致力收購的同時，亦透過物業重建、改造及翻新工程，有效提升旗下物業價值。目前，華人置業的投資物業主要是商場和寫字樓，大部份集中在港島銅鑼灣、灣仔及九龍尖沙咀等商業區，劉鑾雄亦因而被稱為"銅鑼灣舖王"，這些物業主要包括：The ONE、皇家堡、新港中心、銅鑼灣地帶、怡東商場、灣仔電腦城、尚曉峰等購物中心；皇室大廈、美國萬通大廈、夏愨大廈等寫字樓；以及駿升中心、興偉中心、廣建貿易中心等工業大廈等。此外，華人置業在內地還持有希爾頓酒店、北京東方國際大廈、上海愛美高大廈、上海新茂大廈等寫字樓，以及深圳羅湖商業城等收租物業。在地產發展方面，回歸以來，華人置業也先後展開一系列地產發展項目，主要包括：壹環、帝峰‧皇殿、御金‧國峰、尚曉峰、樂優居、邁爾豪園、畢架山峰、逸翠軒等住宅項目。

劉鑾雄除了通過華人置業展開物業投資、地產發展之外，更多以個人名義進行投資。2009 年內地地產公司恒大上市前夕，劉鑾雄便聯同鄭裕彤等人，分別認購恒大 5,000 萬美元的股票，成為恒大的基礎投資者。2010 年初，他兩次認購恒大發行的企業債券，總額高達 7.5 億美元。2011 年，他旗下的華人置業，又以 5 億美元認購恒大江蘇啟東項目 49% 權益。這兩年間，劉鑾雄投資恒大的股票和債券，數額就達50 億元人民幣。結果，恒大上市後股價上漲，劉鑾雄獲得不菲的利潤。這一時期，他還利用全球金融海嘯導致資產價格低迷的市場環境，收購歐洲金融企業的債券，包括渣打銀行、德意志銀行、巴克萊銀行等，以 30-60 元價格，大量吸納面值 100 元的債券，待海嘯平息後，投資者回歸理性，市場價格靠攏面值，劉鑾雄大賺一筆。2007 年金融海嘯爆發前，劉鑾雄的個人資產為 21 億美元，到 2011 年增長到 65 億美元，增長了兩倍多。到 2015 年，他的資產增加到 109 億美元，位列香港家族財團的第 6 位。[60]

2014 年 3 月，劉鑾雄因捲入澳門“歐文龍受賄案”，辭去華人置業董事局主席職務，由其長子劉鳴煒接任。2019 年 5 月，劉鑾雄在患病期間對財產進行分配的方案曝光，其中，長子劉鳴煒獲得華人置業約 24.97% 股權以及一批物業，妻子陳凱韻及其子女獲得約 400 億港元資產，包括女兒劉秀樺與兒子劉仲學共獲得華人置業約50.02% 股權。至此，劉鑾雄轉趨低調。

》 鷹君集團：打造“朗廷酒店”品牌

回歸之後，鷹君集團的發展重點是酒店業。1996 年，羅嘉瑞收購了歷史悠久的倫敦朗廷酒店，該酒店自 1865 年以來一直是歐洲有的豪華酒店。鷹君收購朗廷酒店後，即以此為品牌積極拓展。2012 年，鷹君以 2.29 億美元收購美國紐約曼哈頓第五大道一家酒店。2013 年，鷹君將之前收購的美國紐約酒店重塑為"郎豪"品牌，又在芝加哥發展"朗廷酒店"品牌，同時將加拿大多倫多酒店改造為"逸東"品牌，為將朗廷打造成領先的國際酒店品牌進一步鞏固基礎。

2013 年 5 月 30 日，鷹君將部份酒店業務分拆，組成"朗廷酒店投資與朗廷酒店投資有限公司"，在香港上市。朗廷酒店投資主要擁有及投資於一個酒店投資組合，初步重點為位於亞洲的已落成酒店，由香港朗廷酒店、香港朗豪酒店，香港逸東酒店組成。到 2013 年底，鷹君旗下的朗廷系列在全球共擁有 20 家豪華酒店，客房數目約 8,000 間，其中包括 14 間以"朗廷"或"朗豪"品牌命名的酒店、5 間"逸東"酒店及 1 間上海的 88 新天地酒店。❻❶

就在發展酒店業務的同時，鷹君在地產業亦穩步發展。2006 年 5 月，鷹君將旗下投資物業組成"冠君產業信託"在香港上市。信託最初投資並持有港島花園道三號 91.5% 業權（前名為"花旗銀行廣場"），2008 年向鷹君收購旺角朗豪坊的商場及辦公樓（四層除外）。朗豪坊於 2004 年落成後旋即成為旺角區的代表性地標。2013 年，冠君產業信託進一步收購花園道三號餘下樓層，並統一整個綜合大廈的業權。信託基金的總資產已從 2006 年底的 240 億港元增長至 2016 年底的超過 680 億港元。❻❷

2006 年羅鷹石去世後，老三羅嘉瑞便成為了鷹君集團的董事主席。在掌握了公司管理權的同時，羅嘉瑞其實在謀求更大的權利，那就是徹底掌控家族企業。此後羅嘉瑞不斷通過二級市場買入鷹君集團股份。截至到 2017 年 5 月份爭產事件爆發時，羅嘉瑞已經持有鷹君集團 27.28% 的股權。再加上家族信託的基金中他佔有最大份額，也就是說他已經控制了鷹君集團的六成股權。換言之，如果羅鷹石二子羅旭瑞不發起爭端，鷹君集團將完全落入羅嘉瑞的手中。

目前，羅鷹石、羅嘉瑞家族共持有 3 家上市公司或投資信託，包括鷹君集團、冠君產業信託與朗廷酒店投資有限公司。其中，鷹君主要在香港及中國內地從事地產發展和物業投資，主要資產包括持有冠君產業信託的 66.0% 股權、朗廷酒店投資與朗廷酒店投資有限公司 62.9% 股權，以及於 2014 年成立的"美國房地產基金"在美國三藩市、馬里布、西雅圖等地投資的寫字樓及住宅物業。鷹君經營的業務，以香港、美國為重點，並遍及加拿大、英國、澳洲、紐西蘭、中國、日本及其他地區。2018 年，該集團根據客戶所在地區劃分的外部客戶收益（惟物業投資及酒店業務乃按物業所在地分析）為 101.56 億港元，（表 7-10）其中，香港為 51.84 億港元，美國為 21.12 億港元，加拿大、英國、中國內地均在 5-6 億港元左右。[63] 冠君產業信託在香港核心商業區擁有面積達 293 萬平方呎的甲級商用寫字樓物業，包括花園道三號及朗豪坊。朗廷酒店投資在全球共擁有及投資 23 間酒店，包括香港 3 間（香港朗廷酒店、香港康得思酒店及香港逸東酒店）、中國內地 11 間、美國 5 間、澳洲 3 間、英國 1 間。

表 7-12　鷹君集團業務發展概況（單位：億港元）

年份	鷹君集團		冠君產業信託		朗廷酒店投資	
	收益	除稅前（虧損）溢利	租金收益	物業組合總值	收益	除稅前（虧損）溢利
2015	82.71	52.73	20.63	647.83	6.82	15.19
2016	86.49	46.92	22.99	668.42	7.63	4.93
2017	89.48	131.66	24.31	767.04	6.94	12.23
2018	101.56	89.14	26.77	831.35	6.15	（9.70）
2019	92.37	（1.46）	27.78	811.78	4.84	（25.86）

資料來源：《鷹君集團有限公司年報》、《冠君產業信託基金年報》、《朗廷酒店投資與朗廷酒店投資有限公司年報》，2015-2019 年。

註釋

❶ 參閱《長江實業（集團）有限公司 1997 年年報》，第 9 頁。

❷ 參閱《和記黃埔有限公司 1997 年年報》，第 10 頁。

❸ 長江實業、和記黃埔新聞稿，《長江實業與和記黃埔將進行合併、重組、再分拆，成為兩間具領導地位的新公司在香港上市》，2015 年 1 月 9 日，第 3 頁。

❹ 參閱《和記黃埔有限公司 2013 年年報》，第 30 頁。

❺ 參閱《長江實業（集團）有限公司 2013 年年報》，第 16-17 頁。

❻ 和記黃埔新聞稿，《深港合作擴建鹽田港區集裝箱碼頭》，2005 年 11 月 8 日。

❼ 羅天昊，《別讓李嘉誠跑了》，北京：新華社瞭望智庫，2015 年 9 月 16 日。

❽ 和記黃埔新聞稿，《和黃接受 Mannesmann AG 收購其 44.81%Orange plc 股權》，1999 年 10 月 21 日。

❾ 和記黃埔新聞稿，《和黃與 Telefónica 達成收購 O2 英國的協議》，2015 年 3 月 25 日。

❿ 長和實業新聞稿，《長和就 3 與 O2 英國合併作三項簡單清晰承諾》，2016 年 2 月 4 日。

⓫ 長江基建新聞稿，《長江基建／長實地產／電能實業合組財團，擬收購澳洲 DUET 集團》，2017 年 1 月 16 日。

⓬ 同註 3，第 2-3 頁。

⓭ 長江基建新聞稿，《建議將長江基建和電能實業合併，創立一間世界級的多元化基建公司》，2015 年 9 月 8 日。

⓮ 長江基建新聞稿，《長江基建與電能實業合併新建議》，2015 年 10 月 17 日。

⓯ 《長江和記實業有限公司 2018 年年報》，第 2 頁。

⓰ 同註 15，第 40 頁。

⓱ Husky：Overview，赫斯基能源公司官網。

⓲ 參閱《長江實業集團有限公司截至 2019 年 12 月 31 日年度業績》，第 10-14 頁。

⓳ Horizons Ventures，Welcome to Horizons Ventures，Horizons Ventures 官網。

⓴ 中國私募股權投資，《維港投資，隱秘的香港創投之王》，搜狐網，2020 年 7 月 4 日。

㉑ 參閱《新鴻基地產 2001-2002 年年報》，第 2 頁。

㉒ 參閱《新鴻基地產發展有限公司 2011-2012 年年報》，第 24 頁。

㉓ 參閱《新鴻基地產發展有限公司年報》，1997-98 年至 2017-18 年。

㉔ 新鴻基地產新聞稿，《港島西 Imperial Kennedy 獨特玻璃幕牆設計成區內新地標》，2016 年 6 月 30 日。

㉕ 新鴻基地產新聞稿，《新地二十年精心策劃打造西鐵沿線 YOHO 都會圈》，2016 年 7 月 26 日。

㉖ 參閱《新鴻基地產發展有限公司 2017-2018 年年報》，第 8 頁。

㉗ 廖冰清著，《郭炳湘：新鴻基長子的 "退" 與 "進"》，《經濟參考報》，2012 年 12 月 13 日。

㉘ 參閱《恒基兆業地產有限公司 1999 年年報》，第 106 頁。

㉙ 恒基地產新聞稿，《恒基兆業地產有限公司透過協議安排將恒基兆業發展有限公司私有化之建議》，2002 年 11 月 5 日，第 6 頁。

㉚ 恒基地產新聞稿，《恒基兆業地產有限公司提出以協議安排之方式建議私有化恒基中國集團有限公司》，2005 年 5 月 17 日，第 6 頁。

㉛ 恒基發展、中華煤氣新聞稿，《收購人集團提出以協議安排之方式建議私有化恒基數碼科技有限公司》，2005 年 8 月 5 日，第 8 頁。

㉜ 參閱《恒基兆業地產發展有限公司 2007 年年報》，第 19 頁。

㉝ 參閱《恒基兆業地產有限公司 2012 年年報》，第 94 頁。

㉞ 參閱《恒基兆業地產有限公司 2019 年全年業績公佈》，第 2、17-18 頁。

㉟ 參閱《恒基兆業地產有限公司 2017 年年報》，第 74 頁。

㊱ 參閱《新世界發展有限公司 2003 年年報》，第 12-13 頁。

㊲ 參閱《新世界發展有限公司 2002 年年報》，第 8 頁。

㊳ 參閱《新世界發展有限公司 2003 年年報》，第 12 頁。

㊴ 參閱《新世界發展有限公司 2014 年年報》，第 29 頁。

㊵ 參閱《新世界發展有限公司 2001 年年報》，第 8 頁。

㊶ 參閱《新創建集團有限公司 2019 年報》，第 77、81、87、174 頁。

㊷ 參閱《新世界百貨中國有限公司 2019 年年報》，第 5 頁。

㊸ 參閱《周大福珠寶集團有限公司 2019 年報》，第 14-18、46 頁。

㊹ 參閱《新世界發展有限公司 2017 年年報》，第 16 頁。

㊺ 參閱《新世界發展有限公司 2019 年年報》，第 170 頁。

㊻ 參閱《新世界發展有限公司 2018 年年報》，第 174 頁。

㊼ 《會德豐有限公司 1999-2000 年年報》，第 20 頁。

㊽ 參閱連卡佛網站，http://www.lanecrawford.com.cn/info/about-us/。

㊾ 參閱《會德豐有限公司、九龍倉集團有限公司聯合公告須予披露的交易：出售九倉電訊》，第 3 頁，2016 年 10 月 4 日。

㊿ 同註 46。

(51) 參閱《會德豐有限公司 2010 年度末期業績公告》，2011 年 3 月 23 日，第 1 頁。

(52) 參閱《九龍倉集團有限公司 2007 年年報》，第 4 頁。

(53) 參閱《九龍倉集團有限公司 2015 年年報》，第 6 頁。

(54) 參閱《九龍倉集團有限公司 2016 年年報》，第 10 頁。

(55) 參閱《會德豐及九龍倉聯合公告》，第 1-2 頁，2017 年 9 月 4 日。

(56) The Lane Crawford Joyce Group，《我們的公司》，The Lane Crawford Joyce Group 官網。

(57) 南豐集團官網。

(58) 陳光，《浮世大亨劉鑾雄》，華商韜略編委會，華商名人堂官網。

(59) 華人置業，《公司里程碑》，華人置業官網。

(60) 同註 58。

(61) 蔣煒，《打造世界級華人酒店品牌》，華商韜略編委會，華商名人堂官網。

(62) 冠君產業信託，《公司歷史、概覽及里程碑》，冠君產業信託官網。

(63) 參閱《鷹君集團有限公司 2018 年報》，第 166 頁。

8

新進展與新動向

隨著英資財團逐步淡出，華資財團在香港各個領域均獲得進一步的發展空間。在電訊業，英國大東電報局旗下的香港電訊被李澤楷旗下的盈科拓展成功併購，使華資在電訊業取得了壓倒性優勢。在採購業，利豐先後收購英之傑採購和太古貿易等，結束了香港進出口貿易由英資洋行主導的局面。在地產酒店業，得益於中國改革開放的擴大，以瑞安、恒隆、嘉里為首的華資公司，發展成為全國性的企業集團。在製造業，德昌電機、偉易達、李錦記等突圍而出，成為跨國大企業。在博彩業，呂志和家族把握澳門博彩經營權開放良機，一舉躍升為澳門新"賭王"，成為回歸後最快速崛起的華資大財團。在餐飲業，美心和大家樂發展為亞洲區的大型餐飲集團。

　　不過，在金融業、影視娛樂等領域，由於受到 1997 年金融危機及 2008 年金融海嘯的嚴峻衝擊，華資的地位進一步下降、式微。在證券業，香港最大華資投行百富勤在金融危機中被迫清盤；由馮景禧創辦的新鴻基證券因經營困難被家族後人出售，最後歸入中資公司旗下。在銀行業，永隆銀行、創興銀行等一批華資中小銀行相繼被迫"賣盤"。在影視業，亞洲電視最終停播，長期佔據主導地位的無綫電視及其控股公司邵氏兄弟，亦隨著其靈魂人物邵逸夫的淡出、辭世，最終走向"賣盤"局面，結束其作為香港本地華資影視巨擘的輝煌時代。

01

電訊業：盈科拓展的崛起與發展

長期以來，香港電訊業務主要由香港電話、香港大東及其後的香港電訊等英資公司壟斷。不過，20 世紀 90 年代以後，隨著全球及香港電訊業務的開放，這種壟斷局面逐步被打破。

》 盈科數碼動力兼併香港電訊

1990 年，香港首富李嘉誠次子李澤楷在美國史丹福大學電腦工程學系畢業後，返回香港，加入父親旗下的和記黃埔，專責籌辦衛星電視，3 年多後成功將衛視售予澳洲傳媒梅鐸的新聞集團，獲利 30 億港元。交易完成後，李澤楷聲名大噪，成為香港及國際傳媒的焦點。1993 年 8 月，李澤楷用出售衛星電視所賺取的 30 億港元，創立盈科拓展集團，發展科技基建業務。盈科創辦後第一個大動作，就是於 1994 年 5 月斥資 5 億多港元，收購新加坡上市公司海裕亞洲 45.7% 股權，借殼上市，改名為 "盈科亞洲拓展有限公司"（Pacific Century Regional Developments Limited），成為李澤楷的控股旗艦。

1997 年香港回歸後，由於受到亞洲金融風暴的襲擊，股市、樓市連番暴跌，產業結構的不合理性充份暴露。當時，行政長官董建華在首份施政報告提出香港經濟向高增值、高科技發展的新方向。在此背景下，李澤楷向香港政府提出了 "數碼港"（Cyberport）計劃。1999 年 3 月，香港政府公佈與盈科集團合作發展 "數碼港" 計劃。根據計劃，"數碼港" 位於香港薄扶林鋼線灣，佔地 26 公頃，分 3 期發展，成為香港發展資訊科技的主要基地。合作的模式是政府提供土地，盈科出資並負責興建。整個計劃完成後盈科預計可獲利 37 億港元。消息傳出後，全港轟動，國際上亦相當矚目。不過，"數碼港"計劃在香港引起了頗大爭議，尤其是"數碼港"的批地方式和其中的地產發展項目，受到了香港主要大地產發展商的猛烈批評，認為"數碼港"實際上僅是一個"地產項目"，指責政府"私相授受"。

由於數碼港需要在市場融資，最理想的方式是擁有一家上市公司。為此，李澤楷選擇借殼上市。1999 年 5 月 1 日，李澤楷宣佈透過旗下盈科亞洲拓展收購"殼股"公司得信佳 75% 的股權，方法是將盈科在香港及內地的一批投資及地產發展項目，以及數碼港發展權益注入得信佳。收購完成後，得信佳改名為"盈科數碼動力"（Pacific Century Cyber Works Limited）。5 月 4 日，得信佳復牌，由於市場上流通量極低，加上受到投資者熱烈追捧，股價在開市後大幅上升，每股價格從停牌前的 0.136 港元升至最高 3.225 港元，收市報 1.83 港元，升幅高達 12.5 倍。該股全日成交額達 18.7 億港元，比當日滙豐控股成交額高出 1.5 倍，成為最大成交額股份，幾乎佔大市全日成交總額的一成六。僅此一日，得信佳市值從原來停牌前的 3 億港元急升至 591.1 億港元，成為市場高度矚目的資訊科技概念股的領導者。

其後，盈動高層以巧妙的財技展開連串集資及收購活動，包括與美國基金 CMGI 互換股份，引入英特爾、CIGM 等作為策略聯盟；又斥資數十億港元收購 10 多家從事互聯網或有關聯公司，成為亞洲除日本外最大的互聯網企業。在連串集資及收購活動刺激下，盈動股價作三級跳，到該年底收市時，每股價格已升至 18.1 港元，公司市值高達 1,641 億港元，躋身香港十大上市公司之列，排名第 7 位，創造了香港經濟史上最大神話。不過，李澤楷似乎並不滿足於此，他表示："今天盈科是全亞洲第三大互聯公司，但不及日本的 Softbank 和光通信，我們的目標是成為全亞洲最大的互聯網公司。"

為實現這項目標，李澤楷將收購的目標，指向歷史悠久的百年老店——英國大東電報局旗下的香港電訊。香港電訊是一家歷史悠久的老牌英資集團，其歷史最早可追溯到 1882 年英國大東電報局的創辦。1936 年，英大東電報集團接管在香港的全部國際電訊業務，進入香港電訊市場。1981 年 10 月，英國大東電報局與香港政府合組香港大東電報局有限公司，英大東持有該公司 80% 股權，香港政府持有其餘 20%

股權。香港大東接管英大東在香港的全部資產和業務；而香港政府則重新向香港大東頒發國際電訊經營專利牌照，年期從 1981 年 10 月 1 日起，至 2006 年 6 月 30 日止，為期 25 年。

　　香港進入回歸中國的過渡時期以後，英大東開始部署其在香港的長遠發展策略——重塑其"當地語系化"形象。1983 年，香港大東部署收購怡和集團旗下的香港電話公司，其後將香港大東與電話公司合併。1987 年 6 月，英大東在香港註冊成立香港電訊有限公司（Hong Kong Telecommunications Ltd.），以作為該集團在香港的控股旗艦。10 月 19 日，香港電訊宣佈以發行新股方式，收購香港大東及電話公司兩機構的全部股權，並取代電話公司在香港的上市地位。1988 年 2 月 1 日，香港電訊正式在香港聯合交易所掛牌上市，當日收市價位每股 7.5 港元，市值達 721 億港元，成為香港市值最大的上市公司。合併後的香港電訊，由英大東持有 80% 股權，香港政府持有 11% 股權，電話公司原少數股東持有 9% 股權。❶ 1990 年香港電訊重組，分拆出 4 家全資擁有公司：分別是掌管全香港固網電話的香港電話有限公司、掌管全香港 IDD 話音及電報服務的香港國際電訊有限公司（前身為大東電報局〔香港〕有限公司）、掌管全香港流動通訊服務的香港電訊 CSL 有限公司及掌管全香港互聯網服務的 Computasia Limited。

　　20 世紀 90 年代，隨著資訊科技革命及全球電訊業務的發展，香港電訊業步入全面開放的新時代。1992 年 7 月，香港政府宣佈開放本地電訊市場，採用開放式發牌制度引進超過一個固定電訊網絡，與香港電話公司展開競爭。11 月 30 日，政府宣佈將發出 3 個新固定電訊網絡牌照予和記通訊、九龍倉的香港新電訊及新世界發展的新世界電話，從 1995 年 7 月 1 日起生效。面對即將開放的電訊市場，以及電訊業競爭日趨激烈的形勢，香港電訊從 90 年代初已著手部署應變對策，包括精簡架構、裁減人員、減低營運成本、擴展新業務等，並先後邀請中信集團旗下的香港中信、中國郵電部直屬的中國電信香港等公司加盟。到 1997 年 6 月，英大東所持有的香港電訊股權已降至 54%，而中國電信香港持有香港電訊的股權則增加到 13.24%，成為香港電訊的第二大股東。

　　1996 年 5 月 1 日，世界貿易組織（WTO）就開放全球電訊市場達成一項廣泛的初步協議，內容包括香港在內的 39 個國家和地區，承諾將於 1998 年 1 月 1 日起全面開放本土及國際電訊市場。同年 6 月 1 日，香港政府與香港電訊就國際電訊專營權問題展開談判。1998 年 1 月 20 日，香港特區政府與香港電訊達成協議，香港電訊提早結束原定於 2006 年屆滿的國際電訊專營權，而該集團將獲得政府補償除稅後現金 67 億港元，並可豁免繳交 1998 年度國際長途上（IDD）專利稅。該協議公佈後受到香港社會的普遍歡迎，但證券分析員則認為消息對香港電訊有長遠的負面影響。當時，香港電訊宣佈，截至 2000 年 3 月底，公司經營溢利連續第二年下跌，並且由於要為互動電視過時設備作鉅額撇賬，實際純利僅得 11.4 億港元，比上年度大幅下跌九成，成為自 1988 年上市以來最差的財政年度。

正是在這種背景下，英大東決定棄守香港電訊，以便套現鉅資發展歐洲業務。最初與英大東展開談判的，是新加坡政府旗下的新加坡電信集團。2000 年 1 月 28 日，市場廣泛流傳新加坡電信與香港電訊的合併計劃，已接近完成階段；合併的模式已定，新加坡電信將成為新控股公司，同時在多個地方，包括新加坡和香港上市；而香港電訊將成為其全資附屬公司，其上市地位將被取消，股東可換取新控股公司的股份。不過，有關消息傳出後在香港引起憂慮，擔心香港最大電訊公司會落入競爭對手新加坡手中。當時，最強烈的反對聲音來自香港電訊董事局內 3 位獨立董事——鍾士元、馮國經和李國寶，他們均反對新加坡電信收購香港電訊，不願看到香港電訊控制權落入非香港人手中。

在這種背景下，同年 2 月 11 日，李澤楷宣佈，旗下盈科數碼動力將介入收購香港電訊，與新加坡電信形成正面對撼。當時，香港一家網絡傳媒形容盈動的收購，"儼如一條快高長大的巨蛇，鯨吞超級巨象，情況令市場為之震撼，亦對本港以致國際造成深遠影響"。受到連串利好消息的刺激，盈動的股價於 2 月 15 日衝上每股 28.5 港元的歷史高位。2 月 27 日，盈動成功獲得由中國銀行牽頭銀團提供的 130 億美元鉅額貸款。當日，盈動向英大東提出了兩個可供選擇的收購方案。根據方案一，盈動以 1.1 股盈動新股份換取香港電訊 1 股股份，以盈動停牌前每股 22.15 港元計算，香港電訊每股作價 24.36 港元，比 2 月 10 日盈動有意收購的消息曝光後的收市價每股 17.65 港元溢價 38%，比 2 月 25 日香港電訊停牌前每股 25.90 港元溢價

5.95%。根據方案二，盈動以 0.7116 股新盈動股份加上 0.9290 美元（7.23 港元）換取香港電訊 1 股股份，即香港電訊每股作價 22.99 港元，比 2 月 10 日收市價溢價 30.2%，比 2 月 25 日收市價折讓 11.2%。方案二最大的好處，是正好滿足英大東套現鉅額資金的需要。

經過"驚心動魄的 48 小時"博弈，❷ 2 月 29 日，盈動宣佈已與英大東達到併購協議。根據協議，英大東選擇現金加股票的"混合方案"，出售所持香港電訊 54% 的股權，包括收取 473 億港元現金，以及 46.6 億股新盈動股票。英大東並承諾在完成收購事項後首 6 個月內，將不會出售手上的新盈動股份，而在第七至十一個月內，將不會出售手上超過五成的新盈動股份。英大東行政總裁華禮士（Graham Wallace）在接受英國《金融時報》訪問時表示，盈動願意提出現金比例更高的收購價，是大東選擇盈動的主要因素。不過，中國銀行向盈動提供鉅額貸款，亦是大東"做出決定的其中一個考慮因素"。大東將視所持新盈動的 11.1-20.9% 股份為一項通往中國內地市場的重要"戰略性投資"。至此，盈動成功擊敗新加坡電信而取得了香港電訊的控股權。

2000 年 8 月 9 日，香港電訊除牌。8 月 17 日，合併後的新公司以電訊盈科掛牌上市，市值高達 2,900 億港元，成為香港股市中僅次於中國移動、滙豐控股及和記黃埔的第四大上市公司。借殼上市不到一年的盈動成功鯨吞百年老店香港電訊，確實在香港以至國際金融市場產生強烈的轟動效應。香港傳媒隨以"李澤楷締造盈動神話"的大字標題，詳盡報道事件的全過程。李澤楷本人亦被冠以"小超人"稱號。對此，香港證券業資深人士、南華集團副主席張賽娥表示："這個併購我認為有三點不可思議：首先，一家完全沒有市盈率的公司，嘗試收購舉足輕重的藍籌股；其次，一家近乎火箭速度發展的資訊科技公司，意圖手起刀落地收購一家已有近一個世紀傳統優勢的電訊龍頭；其三，盈動的市值是靠股票資產迅速膨脹支持的，收購計劃會有部份用換股進行，對盈動真是有利到無以尚之。歸根結底，都是資訊科技帶來的神話，以前不可想像的事情，現在都有可能發生了。"❸

至此，英國大東電報局正式退出其經營了 64 年的香港市場。不過，事後證明，大東電報局的管理層打錯算盤，在眾多電訊公司爭相投資下，光纜基建嚴重供過於求。此後 10 年，大東在債務纏身下苦苦支撐，市值萎縮，要不斷沽售家當自保，包括分拆澳門及加勒比海等 4 個小市場的業務。2009 年 11 月，大東電報局表示，將在金融市場出現早期復甦跡象的情況下推行公司分拆計劃。分拆前，大東電報公司已將旗下兩部份業務分離。2010 年 3 月 26 日，大東電報局宣佈將公司業務分拆成兩個獨立上市公司──大東通信（Cable & Wireless Communications）和大東環球（Cable & Wireless Worldwide）。其中，大東通信在前英屬殖民地國家（如巴拿馬、一些加勒比群島和海峽群島）經營固定線路和移動業務；而大東環球則專門提供通訊服務，如互聯網協定、資料和語音，同時託管大型企業、經銷商和營運商客戶的通訊服務。

不過，分拆後的大東環球和大東通信，其經營並不理想，業績持續下跌，逐漸陷於困境。2012 年 4 月 23 日，Vodafone 斥資 10.4 億英鎊（約 130 億港元）收購大東環球。收購完成後，大東環球於翌年 4 月 1 日在倫敦交易所退市。2015 年 11 月 17 日，商人約翰·馬龍（John Malone）旗下的國際有線電視業務 Liberty Global 宣佈，通過股票加特別股息的方式，收購總部位於倫敦的大東通訊，交易價值 36 億英鎊（約合 51.2 億歐元）。至此，英國大東電報局這家老牌電訊集團正式瓦解。

》 電訊盈科私有化與分拆香港電訊

2000 年之後，全球互聯網泡沫破滅，大批互聯網公司股價呈現斷崖式下跌，在併購過程中急劇膨脹的電訊盈科也不例外，股價從最高峰時的每股 28.5 港元（由於後來五股合一，其價格實際達到每股 142.5 港元），輾轉反覆下跌，一直跌至 2008 年 10 月的每股 2.75 港元，大批股民損失慘重。電訊盈科的市值也從數千億港元一直下跌至 200 多億，跌幅高達 95% 以上。2003 年 1 月 1 日，香港本地固定電訊網絡服務（FTNS）市場全面開放，電訊盈科的優勢進一步削弱。這一期間，集團儘管有公司強大業務支撐，但在營運中由於受到龐大債務拖累，經營舉步維艱，甚至被迫不斷依靠出售資產維持。2001 年，電訊盈科就以 17 億美元價格，將旗下移動電話業務──CSL 60% 股份賣給了澳洲 Telstra。

2005 年 1 月，李澤楷將電訊盈科 20% 股權出售予正計劃進入香港市場的中國網絡通信集團公司（簡稱 "中國網通"），與之建立戰略聯盟，共同發展中國及全球電訊業務。2006 年 6 月，澳洲麥格理集團（Macquarie Group）和美國新橋投資集團（Newbridge Capital）相繼向電訊盈科提出全面收購建議，其中，美國新橋投資的開價是 75.5 億美元，而當時電訊盈科市值僅 40 多億美元。不過，有關競購最終擱置，主要是受到第二大股東中國網通反對，理由是電訊網絡涉及國家安全和利益，不宜由外資擁有。其間，一度傳聞李嘉誠有意籌組財團競購電訊盈科

香港電訊東區電訊大廈

資產。由花旗環球金融前亞洲區主席梁伯韜組成的財團亦提出收購建議，以每股 6 港元收購李澤楷所持 22.64% 的電訊盈科股權。不久後，西班牙電訊和李嘉誠基金都表示，將從梁伯韜手中收購電盈股份。西班牙電訊表示，將把收購的電盈股份同中國網通持有近 20% 電盈股份合併，成立一家專門合資公司，作為電盈未來單一最大股東。不過，李嘉誠和中國網通的介入，使得李澤楷同梁伯韜之間的交易引發了爭議。2006 年 11 月 24 日，在盈科拓展特別股東大會上，該計劃因受到 76% 小股東反對而告吹。❹

2008 年 5 月，電訊盈科（簡稱 "電盈"）被剔出恒生指數成份股。同年 11 月，電盈兩大股東——盈科拓展（持股 22.54%）和中國網通（持股 19.84%），提出以每股 4.2 港元價格（比停牌前的收市價每股 2.75 港元溢價 52.73%），聯合私有化電訊盈科，涉及資金 154.91 億港元。交易完成後，兩者分別佔電盈 66.67% 及 33.33% 股

權,電盈將撤銷其上市地位。根據交易協議,私有化成功後 20 天內,電盈將向盈科拓展及中國網通合共派發 169.64-175.65 億港元的現金股息。因而該計劃被批評為大股東的"空手套白狼"。2009 年 2 月 4 日,私有化計劃在電盈股東大會上通過,但其後因被舉報有"種票"嫌疑,觸發證監會高姿態介入調查,最終在數月後的上訴法庭被裁決推翻。該案件一度在香港社會引起轟動。❺

私有化計劃受挫後,李澤楷轉而計劃將電訊盈科旗下的"香港電訊信託與香港電訊有限公司"(簡稱"香港電訊",PCCW-HKT)的股份合訂單位分拆上市。2011年 11 月 16 日,香港電訊進行公開招股,招股價介乎每股合訂單位 4.53-5.38 港元,集資總額約 93.02-110.47 億港元之間。香港電訊優先向電盈股東發售最多 2.07 億個合訂單位。其中,電盈主席李澤楷認購 12.49% 合訂單位。香港電訊旗下的資產,主要是在香港提供固網、行動電話及寬頻服務,業務與電盈前身盈科數碼動力當年收購的香港電訊極為相似,因此被市場人士視為香港電訊再生。同年 11 月 29 日,香港電訊在香港聯交所上市。

從 2005 年起,電盈開始重返移動電訊市場。當年 6 月,電盈以 19.4 億港元(2.49 億美元)收購 Sunday 通信 59.87% 股權,並隨即向 Sunday 股東提出全面收購的建議,但由於受到小股東華為集團的反對,私有化失敗。Sunday 通信是香港已獲得 3G 牌照的 4 家營運商之一,也是當地 6 家移動營運商中規模最小的一家。此後,電盈將持有的 Sunday 股份上升到 77.10%。電盈董事長李澤楷表示,要爭取在未來四五年內將 Sunday 通信打造成香港移動電話市場最賺錢的營運商之一。2006 年 11 月,電盈以協議安排方式全面收購 Sunday,並取消其上市公司地位。

2013 年 12 月,為進一步加強旗下移動電訊業務發展,電盈斥資 24 億美元(約188.67 億港元),向澳洲電訊商 Telstra 旗下的 Telstra Bermuda,及新世界發展旗下 Upper Start,分別收購 CSL New World Mobility Limited(簡稱"CSL")76.4% 及23.6% 股權,包括 CSL 旗下 1010、one 2 free 及新世界傳動網品牌等。CSL 為澳洲電訊 Telstra 旗下子網,是香港第一大移動營運商,擁有 400 多萬用戶,包括數十萬1010 品牌最高端品牌用戶,同時擁有豐富的無線頻譜資源。對此,香港電訊董事總經理艾維朗(Alex Arena)表示:"我們很高興能夠提議讓 CSL 回歸香港電訊家族,這一交易將會使我們有能力促進香港電訊的發展，也使我們有能力為香港電訊和 CSL 的客戶提供更好的服務。"業內人士估計，兩家電訊公司合併後，大約可佔據香港電訊市場 31% 份額。

2015 年 7 月，香港電訊與新收購的 CSL，經過近一年半時間，完成兩網合併。這一合併堪稱香港電訊行業史上最大規模的網絡整合，由中國電訊商華為獨家承建，華為提供包括 2G、3G、LTE、核心網、承載網在內的全網端到端解決方案，以及 NFV、SDN、LTE MOCN、多頻 CA、eMBMS、CloudBB 等面向未來的關鍵技術，幫助整合後的 PCCW-HKT 取得領先網絡優勢。華為也由此成為香港移動網絡最大供應商。

目前，李澤楷透過盈科拓展持有電盈及香港電訊兩家電訊公司。電盈除了持有香港電訊控股權外，還透過旗下的電訊盈科媒體、香港電視娛樂有限公司、電訊盈科企業方案有限公司、盈科大衍地產發展有限公司等機構，從事收費電視、免費電視、視像服務、資訊科技服務及地產發展等業務。其中，電訊盈科媒體（PCCW Media）為香港一家綜合性多媒體及娛樂集團，經營香港最具規模的收費電視 Now TV，以及在香港及區內其他地方從事提供以 Viu 為品牌的 OTT（over-the-top）視像服務。截至 2019 年底，Now TV 已安裝服務的客戶數目達 136.1 萬名，業務收益達 26.85 億港元。至於香港電視娛樂有限公司提供的免費電視 Viu TV 及網絡電視 Viu OTT，現階段仍處於增長期，2019 年收入分別為 2.59 億港元和 10.71 億港元，預期要 3-5 年時間才會為公司帶來盈利。其中，Viu OTT 的每月活躍用戶已從 2016 年的 480 萬名增加到 2019 年的 4,140 萬名，遍及亞洲、中東、印度及非洲等 28 個市場。❻

電盈旗下的電訊盈科企業方案，是一家香港及中國內地領先的資訊科技服務供應商，提供廣泛的數碼服務及方案、資訊科技與業務流程外判、雲端計算服務、系統的開發和集成、數據中心、託管和管理服務，以及電子商務和物聯網服務方案，協助客戶達成業務目標及完成數碼轉型。電訊盈科企業方案亦為香港的公共部門提供關鍵的資訊科技系統擔當重要角色，例如為入境事務處提供新一代智慧身份證系統及新一代電子護照系統。此外，公司還透過旗下上市公司盈科大衍地產發展（Pacific Century Premium Developments Limited，簡稱"盈大地產"），在香港、中國內地、日本及東南亞國家從事地產發展業務。據統計，2019 年，電盈集團的綜合收益為 375.21 億港元，息稅前利潤（EBITDA）為 123.81 億港元，除稅前溢利 38.11 億港元，（表 8-1）擁有員工 2.47 萬名，遍及全球 50 個國家及城市。❼

　　由電盈持有控股權的香港電訊，為香港首屈一指的電訊服務供應商及領先的固網、寬頻及流動通訊服務營運商，經營業務包括本地電話、本地數據及寬頻、國際電訊、流動通訊，以及客戶器材銷售、外判服務、顧問服務及客戶聯絡中心等其他電訊服務。香港電訊還在香港提供獨特的"四網合一"服務，聯同母公司電訊盈科透過香港電訊的固網、寬頻互聯網及流動通訊平台傳送媒體內容。據統計，截至 2018 年底，香港電訊共提供 263.1 萬條電話線路，包括 138.0 萬條住宅線路以及 125.1 萬條商業線路；同時提供 161.5 萬條寬頻線路，包括 144.5 萬條消費市場線路（其中 78.1 萬條為光纖入屋線路）及 15.8 萬條商業線路。其光纖綜合網絡覆蓋香港 88.3% 家庭及 7,400 棟非住宅大廈，連接 3,000 個發射站及 21,700 個 Wi-Fi 熱點。與此同時，香港電訊的全球網絡聯繫 150 個國家超過 3,000 個城市，流動通訊用戶達 432.4 萬戶（包括 324.7 萬名後付用戶）。2019 年度，香港電訊總收益為 331.03 億港元，息稅前利潤（EBITDA）為 128.17 億港元，股份合訂單位持有人應佔溢利為 52.17 億港元。❽

表 8-1　電訊盈科集團經營概況（單位：億港元）

年份	電訊盈科		香港電訊	
	經營收入	除稅前溢利	經營收入	除稅前溢利
2015 年	393.14	44.40	347.29	45.86
2016 年	383.84	42.27	338.47	56.98
2017 年	368.32	41.45	330.67	56.55
2018 年	388.50	41.84	351.87	58.52
2019 年	375.21	38.11	331.03	62.74

資料來源：《電訊盈科 2019 年報》，第 223 頁；《香港電訊信託與香港電訊有限公司 2019 年報》，第 191 頁。

» 盈科旗下的保險業務：富衛保險

　　李澤楷旗下的投資業務，除了電訊、媒體及資訊科技、地產等，還涉及保險和資產管理等金融服務。其實。李澤楷早在 20 世紀 90 年代初已開始投資香港保險業。1994 年，李澤楷以 3 億港元價格，收購鵬利保險，改組為香港盈科保險。1999 年，盈科保險成功在香港上市。2007 年，李澤楷將盈科保險 50.5% 股權出售給比利時富通集團，套現約 35 億港元。其後，盈科保險更名為"富通亞洲保險有限公司"。2010 年 3 月，盈科從美國友邦保險手中，購入已有 52 年歷史的資產管理公司 Pinebridge，管理資產約 670 億美元。

　　2012 年，李澤楷透過盈科亞洲拓展，再度進軍香港保險業，以 21.4 億美元（約 167 億港元），收購荷蘭國際集團（ING）旗下在香港、澳門及泰國的保險業務。據資料顯示，ING 在香港及澳門共擁有超過 27 萬客戶，合共有約 400 名員工及 1,600 個保險代理，2012 年上半年錄得總保費為 15.8 億港元，在香港的保險公司中排名第 8 位，市佔率約 4%。ING 在泰國則有超過 30 萬客戶，以淨保費收入計算，在泰國排名第 9 位。隨後，盈科對上述資產進行整合，組建"富衛保險"（FWD）。對於再次進入亞洲的保險業務，李澤楷接受有線電視查詢時表示："當然好滿意！"

　　2013 年 10 月，富衛保險引入戰略性股東瑞士再保險（Swiss Re），後者以 4.25 億美元購入富衛 12.3% 股份。2014 年以來，富衛保險相繼進入印尼、菲律賓、新加坡和越南等東南亞市場，又在上海設立代表處。2016 年 11 月，富衛保險宣佈成功收購美國國際集團（AIG）旗下富士生命保險公司（AIG Fuji Life Insurance），進軍日本市場。2017 年 9 月，富士生命保險公司易名為"富衛富士生命保險公司"（FWD Fuji Life Insurance Company Ltd.）。富衛保險首席執行官黃清風（Huynh Thanh Phong）表示："對富衛而言，完成這次收購是一個重要的里程碑，更為我們在致力成為泛亞洲領先的保險公司及創造保險新體驗上，踏出重要一步。"他並補充說："我期待與日本的新管理團隊及在任的 AFLI 員工通力合作，透過長遠的投資，以及實踐以客戶為先和善用創新科技的策略，全力發展日本的業務。" AIG 富士生命保險公司行政總裁友野紀夫（Norio Tomono）亦表示："我很榮幸能帶領公司迎接歷史性的新一頁，

並深信富衛對發展日本人壽保險業務的承諾，將進一步令我們的客戶和同事受惠，並一起邁向新的里程碑。" ❾

2017 年 1 月 19 日，富衛保險發佈公告表示，集團計劃於未來 5 年投資約 5 億港元發展保險科技（InsurTech），投資額較過去 3 年增加 5 倍，重點發展移動服務、物聯網（IoT）和大資料分析三大範疇。富衛香港及澳門行政兼大中華區行政副總裁黃大偉表示："富衛在拓展直銷保險業務已取得重大進展，目前已躋身香港人壽保險直銷市場的第一位（截至 2016 年第三季，以首年年化保險計算）。我們會繼續貫徹多元分銷管道策略，並積極發展更具潛力的直銷保險平台，預期直銷管道的整體人壽保險市場佔有率將由現在的 3% 增加至未來數年的 5%。" ❿

目前，富衛保險已發展成為一家亞洲區領先保險公司，其務遍佈香港、澳門、泰國、印尼、菲律賓、新加坡、越南及日本等國家或地區，專注為客戶創造嶄新體驗，利用數碼科技，提供簡單、易明和貼心的產品。在香港及澳門，富衛保險主要提供多元化的保險產品和服務，包括人壽保險、醫療及危疾保障、子女教育儲備、退休儲蓄及財務策劃等，僱有超過 750 名員工，為約 50.3 萬名客戶提供服務，公司人壽保險營運機構總資產為 117 億美元（截至 2018 年 9 月 30 日）。目前，富衛保險的主要投資者包括瑞士再保險、新加坡主權基金 GIC Ventures、亞洲私募基金 RRJ Capital Master Fund III 及 Hopu Investments 等。

02

商貿業：利豐馮氏的"全球供應鏈管理"

———————

20 世紀 90 年代以前，香港的三大採購貿易公司分別是英資的英之傑採購（IBS）
和太古貿易，以及華資的利豐公司。不過，90 年代中期以後，利豐公司先後收購了
英之傑採購和太古貿易，結束了香港由英資洋行主導進出口貿易的局面，利豐亦發
展成為香港最大跨國商貿集團，成為國際上著名的"全球供應鏈管理者"。

》 利豐：構建全球供應鏈管理網絡

20 世紀 90 年代初期，香港製造業大規模內遷至以廣東珠三角為核心的南中
國，形成"前店後廠"的分工格局。同時，香港廠商也有部份向東南亞、亞洲區內
其他較遠的地點，甚至在包括巴西、捷克、宏都拉斯、毛里裘斯、墨西哥、波蘭、
南非及津巴布韋在內的世界各地投資設廠，形成了以香港為總部的龐大生產網絡。
這一網絡又和世界各國的全球化市場網絡交織在一起，形成更為龐大的全球經貿網
絡。在此過程中，香港貿易形態發生深刻變化，再次成為亞太區特別是中國內地最
重要的貿易轉口港。

面對新形勢，利豐大股東——馮國經、馮國綸兄弟決定把握時機，將利豐核心
業務重組上市。當時，利豐在其招股章程中談到公司未來計劃及發展前景時表示：
"董事相信亞洲將繼續為全球大量生產消費品之主要生產中心，而香港將繼續扮演
地區內之主要貿易中心角色。……由於遠東區之採購日趨繁複，董事相信主要海外
買家已認識到利用具有地區基礎的出口代理較自行在地區內建立採購網絡更有利。
董事相信本集團統籌協調之地區網絡可提高本集團爭取新客戶及加強與現有客戶關

係之能力。"❶ 1992 年 7 月 1 日，經重組後的利豐有限公司再次在香港掛牌上市。為了進一步擴大公司的採購網絡，利豐制定上市後的第一個三年計劃（1993-1995 年），決定展開收購兼併，將目標指向其長期競爭對手"英之傑採購服務"（Inchcape Buying Services，簡稱"IBS"）。

IBS 是英國英之傑集團（Inchape）旗下在香港的貿易公司，成立於 1970 年，總部設於香港，其核心業務來自集團於 20 世紀 60 年代收購的一家歷史悠久的洋行——天祥洋行，主要從事商品採購貿易業務，從玩具、電子產品、紡織品到成衣等，在全球 18 個國家和地區共設有 20 個採購辦事處。70 年代以來，IBS 一直是香港最大的採購貿易公司，擁有超過 1,000 名採購專業人才。IBS 的業務與利豐相似，但出口市場重點不同。IBS 的出口市場結構中，美國市場佔 29%，歐洲及其他市場佔 71%。利豐若收購 IBS，將可使集團的出口市場趨向平衡；不過，IBS 的邊際利潤僅為 0.8%，遠低於利豐的 3.3%。❷

當時，英之傑作為一家跨國企業集團，其核心業務是汽車經銷，採購服務只佔集團營業額的一個小部份。英之傑希望通過業務重整，鞏固及壯大其核心業務，而將非核心業務出售。1995 年 7 月 1 日，經過數月商談，利豐與英之傑達成收購協定，以不超過 4.5 億港元現金收購 IBS，市盈率約為 8-9 倍。完成收購後，利豐接管 IBS，包括擁有該公司的若干商標及標誌，主要是"Dodwell"（天祥）名稱和標誌性的權利。利豐的全球採購網絡拓展也因而擴展到南亞、歐洲、地中海、拉丁美洲，以及埃及、突尼斯、墨西哥、阿聯酋、尼泊爾等，在全球 29 個國家或地區共設有 45 家辦事處，其供應商增加到 7,000 多家。

1998 年，利豐制定上市後第三個"三年計劃"（1999-2001 年），將目標訂為 3 年內集團盈利翻一番，同時提升 50% 營業額及 1% 邊際利潤。為此，利豐決定再次策動收購兼併，目標是太古貿易及金巴莉公司。太古貿易有限公司（Swire & Maclaine Limited）是香港英資太古集團旗下的貿易公司，創辦於 1946 年，總部設於香港，主要從事採購貿易及提供品質保證服務。該公司業務與利豐大致相同，其採購產品大部份為成衣，佔營業額的 65%，其次為一系列耐用消費品，如玩具、家具、禮品、烹飪用具及食具等，約佔 35%。按出口市場劃分，美國市場約佔營業額的 80%，其餘 20% 來自英國等歐洲國家，以及加拿大、日本等國家，主要客戶是一些連鎖專門店集團。太古貿易在亞洲區設有 11 家辦事處，在美國設有 1 家服務中心，並另設 11 家品質控制中心，監控 31 個採購地區，員工逾 400 人。

金巴莉企業有限公司（Camberley Enterprises Limited）創辦於 1979 年，創辦人是太古董事兼當時香港行政、立法兩局首席議員鄧蓮如。金巴莉是一家成衣公司，擁有員工 165 名，主要從事設計、生產及採購高檔成衣、女士運動裝、最新流行時裝及家居用品，客戶包括英國、美國及日本的零售商、時裝品牌及設計師名下品牌。其中，英國市場佔公司營業額的 70%，美國市場佔 27%，其餘 3% 為日本及其他市場。金巴莉最大的特色，是 "虛擬生產商"，即利用自置設施為成衣客戶提供設計、自行製造紙樣及樣品、購買布料，然後將生產工序授予深圳的工廠以合約形式進行，內部管理比利豐的供應鏈管理還要繁複。

1999 年，利豐向太古提出收購建議。當時，太古集團正部署鞏固其航空、地產等核心業務，有意 "瘦身"，放棄採購貿易，雙方一拍即合。12 月 29 日，利豐與太古達成收購協定，以 4.5 億港元現金收購太古貿易有限公司及金巴莉有限公司，市盈率約 9.4 倍。根據收購協定，太古保證 1999 年度太古貿易及金巴莉的合併資產淨值不少於 7,100 萬港元，合併營運資金（即流動資產減流動負債）不少於 1,750 萬港元。當時，香港里昂證券發表研究報告指出：這項交易以 1998 年金融危機後價格計算，對太古集團而言絕對是割價發售；而對利豐來說，不但能進一步壯大利豐業務，更令利豐穩坐本港環球消費品貿易業務第一把交椅。[13] 利豐則認為："金巴莉的案例體現了利豐從代理業務向產品供應業務的延伸。金巴莉對整條成衣供應鏈進行管理和優化，是成衣供應鏈的管理者。與傳統的企業生產規模相比，虛擬生產模式更加注重生產必須符合市場需求的經營理念，更加體現以顧客為核心的市場觀念的確立。金巴莉的成衣製造模式深刻地體現了這個轉變。"[14]

2000 年，利豐再次展開收購，收購了香港一家幾乎與利豐齊名的消費品貿易公司 Colby Group Holdings Limited（簡稱 "Colby"）。Colby 集團創辦於 1975 年，創辦人是猶太商人盛智文（Allan Zeman）。Colby 在百貨公司客戶中擁有甚高商譽，一直是利豐的另一個重要競爭對手，被稱為 "同一屋簷下的巨人"。[15] Colby 的主要業務是為零售商採購服裝及百貨產品，在世界各地設有 35 個辦事處，擁有 600 名員工，採購範圍涵蓋亞洲、中美洲、非洲、歐洲、北美、中東、太平洋及加勒比海地區等逾 55 個國家和地區，擁有超過 4,200 家供應商，所採購的產品包括女裝、男裝、童裝，以及時裝配飾、家庭產品（包括電器及電子用具）、精品、鞋類、旅行用品、手袋、家具等。其中，紡織品約佔銷售總額的八成，其餘為雜貨，與利豐的比例相若。Colby 的客戶主要為歐美國家一些著名百貨公司以及專門連鎖店、郵購公司、名

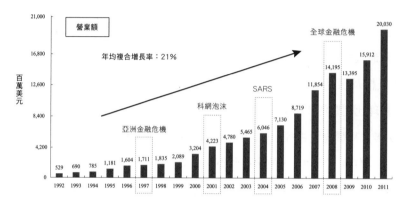

1992-2011 年利豐（494）營業額增長概況（資料來源：哈佛商學院，*Li & Fung 2012*，第 19 頁。）

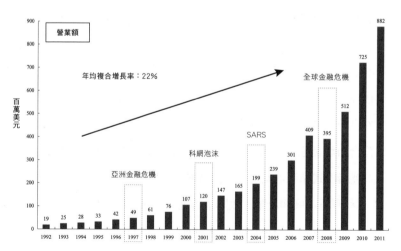

1992-2011 年利豐（494）核心經營溢利增長概況（資料來源：哈佛商學院，*Li & Fung 2012*，第 19 頁。）

牌進口商和其他零售商。Colby 的營業額中，美國市場約佔 83%，其餘來自南美、澳洲、歐洲及加拿大。

2000 年，Colby 曾以"舜森互聯網集團"（Colby Net）名義兩度申請在香港創業板上市，均未能成事，盛智文等公司管理層遂萌生將公司出售的意向。同年 11 月 8 日，利豐宣佈向 Colby 集團主席盛智文及行政總裁樂裕民（Bruoe Rockowitz）購入其擁有的這家美國採購服務集團（各佔 50% 權益），總收購價為 21.99 億港元，其中 2.475 億港元以現金支付，餘下金額將透過利豐發行 1.132 億股新股支付，佔已擴大後股本的 3.95%，每股作價 17.25 港元。盛智文在出售 Colby 後公開向傳媒說："我們計劃上市，於是向不同銀行及投資機構作推介，而每一個人均拿我們跟利豐比較，然後問我們怎樣可以超越利豐。20 多年來我們和利豐一直保持友好競爭關係，但直到這個時候我們才想到，利豐和 Colby 作為最大的市場參與者，合併所產生的共同效益，其實對雙方都有好處。"

收購 Colby 為利豐帶來協同效應，Colby 在世界各地均有龐大採購網絡，尤其是在中國內地及加勒比海（牙買加和多明尼加共和國）等地，其客戶網絡與利豐並不重疊。利豐的主要服務對象是專業店品牌（Private Labels），而 Colby 的客戶則主要是一些百貨商店，收購 Colby 有助利豐直接吸收這些新的客戶群體，即時進入這些市場段落。Colby 客戶中，五大客戶佔其生意額的七成。完成收購後，利豐的全球採購辦事處網絡從 48 個增加到 68 個，員工增加到 5,000 人（其中香港員工 1,200 人），一躍成為香港及全球最大貿易公司之一，並在全球構建其龐大的供應鏈管理網絡。自此，英商主導香港貿易業的時代宣告結束。

隨著全球採購貿易網絡的建構，利豐從一家地區性貿易採購公司發展成為"全球供應鏈管理者"，被美國哈佛商學院譽為"香港風格的供應鏈管理"，具有"快捷、全球化和創業精神"。[16] 這一時期，利豐經營業務的發展進入了前所未有的快速發展階段。據統計，1992 年公司上市當年，利豐的營業額為 5.29 億美元，到 2011 年增長到 200.3 億美元，19 年間增長了 36.86 倍，年均增長率高達 21.08%；同期，利豐的核心經營溢利從 0.19 億美元增加到 8.82 億美元，增長了 45.42 倍，年均增長率高達 22.38%，創造了商業奇跡。利豐總市值從 1992 年底的 11.25 億港元增加到 2010 年底的 1,815.00 億港元，18 年間增長了 160 倍，年均增長率高達 32.63%。2010 年，利豐成功躋身香港十大上市財團的第 7 位，在全球華商 500 強中排名第 45 位。❶❼

» 積極拓展品牌經銷、品牌零售等業務

20 世紀 90 年代，隨著亞太區特別是中國內地經濟的蓬勃發展，國民生活水平不斷提高，品牌經銷業越來越受到國際商界的重視。1998 年 11 月，馮氏兄弟透過利豐（1937），聯同美國寶信資產管理等四大投資公司，合組利豐（經銷）集團有限公司（Li & Fung (Distribution) Ltd.），其中利豐（1937）佔 67% 股權，策劃以此為基礎來進軍香港經銷業。

1999 年 1 月，利豐以 11.62 億港元的價格，再收購英之傑旗下新加坡上市公司英之傑市場拓展（Inchcape Marketing Services Ltd.，簡稱 "IMS"）及其全資附屬公司英之傑集團亞太區市場推廣業務（IMAP）。該兩項業務的核心是 "英和商務有限公司"（Inchape JDH Limited），業務覆蓋亞太區 9 個國家和地區，包括香港、中國內地、台灣、泰國、馬來西亞、新加坡、印尼、菲律賓和汶萊等，擁有 40 個經銷中心及先進企業資源管理系統和資訊網絡設施，聘用超過 6,000 名員工，其中包括 1,800 多名市場專家和專業人士，為全球超過 300 家跨國公司提供品牌經銷服務，將產品分銷到亞太區 2 萬個客戶中。

2004 年 11 月，利豐將英和商務以 "利和經銷" 的名義分拆上市。利和經銷上市在香港獲得熱烈反應，公開招股部份錄得超額認購 152.7 倍。可惜的是，利和經銷上市後發展並不順利。2008 年，由於受到美國次貸危機引發的全球金融海嘯的衝擊和影響，利和經銷的業務發展遭遇困難。2010 年，為了配合利豐集團在全球的品牌經銷業務的發展，利豐將利和經銷私有化。當時，利豐表示，私有化利和將使集團在美國及歐洲批發業務取得的成就再次在亞洲（特別是中國）發揚光大。❶❽

利豐私有化利和經銷後，即以此為基礎成立全資附屬的利豐亞洲公司，原利和公司中的利和物流單獨分拆為利豐物流，由利豐公司直接管轄。可惜的是，利豐亞洲的發展亦差強人意，於 2016 年 6 月以 3.5 億美元價格將旗下的亞洲消費品及醫療

保健產品分銷業務售予大昌行（是項協議不包括利豐亞洲的物流及美容產品業務）。大昌行收購後將其改名為“滙昌市場拓展有限公司”（滙昌）及“奧利佳”，前者為快速消費品品牌提供全面的銷售、市場推廣及分銷服務，將品牌帶到大中華及東南亞市場，後者則為亞洲醫療保健品牌提供綜合行銷管理服務。

　　長期以來，利豐在全球供應鏈管理中的薄弱環節，是在岸品牌經銷。收購英之

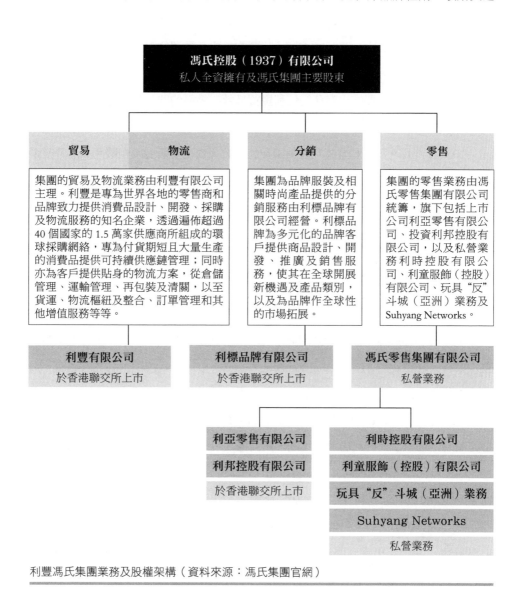

利豐馮氏集團業務及股權架構（資料來源：馮氏集團官網）

傑亞洲區市場業務後，利豐在亞太區有了業務發展平台，但在歐美市場仍然是"空白點"。為此，利豐於 2004 年以後實施登陸美國的"本土策略"，致力於發展美國本土品牌分銷業務，並成立總部設在美國紐約的全資附屬公司利豐美國，專責該項業務。自 2008 年開始，利豐又將登陸美國的"本土策略"複製到歐洲本土，並成立利豐歐洲，總部設在英國倫敦。經過數年發展，美歐本土業務成為利豐業務發展的一個重要支柱，其所代理經銷的品牌多達數百個，產品包括服裝、鞋類、童裝、小皮具、家紡（床上用品）等。2010 年，利豐的美國及歐洲的本土業務營業額分別達26 億美元和 11 億美元，佔公司年度營業總額 1,241.15 億港元（約合 159.12 億美元）的 16.34% 和 6.91%，即本土業務約佔利豐貿易營業總額的四分之一左右，取得初步的成功。

2014 年 7 月 9 日，利豐將利豐美國及利豐歐洲內從事服裝及相關產品品牌經銷業務，以"利標品牌集團有限公司"（Global Brands Group Holding Limited）在香港分拆上市。新公司主要業務是在美洲及歐洲經營全球領先的服裝、鞋類、時裝配飾及相關時尚產品，這些品牌包括授權品牌和擁控品牌兩大類，分別約佔營業額的 80%和 20%。利標共擁有超過 350 個授權品牌的活躍特許授權、10 個活躍的擁控品牌及超過 100 個管理品牌。當時，利標品牌副主席兼行政總裁樂裕民（Bruce Rockowitz）表示："預計在未來 5-10 年內，（我們的）品牌業務可以有 2-4 倍的增長。"

利豐從事品牌零售業務的時間更早。1973 年，利豐（1937）成立全資附屬的利豐（零售）有限公司（Li & Fung Retailing Group）。80 年代中期，利豐透過旗下附屬公司利豐零售，與多家跨國企業合作，進軍香港零售市場，最早發展項目是經營Circle K 便利店。Circle K 便利店是美國 Conoco Phillips 集團擁有的連鎖便利店品牌，是美國及全球第二大便利店連鎖集團，業務僅次於 7-Eleven 連鎖店集團。1985 年 1月，利豐零售與美國 Circle K Corporation、日本 UNY 合作，在香港開設 Circle K 便利店，即 OK 便利店，利豐零售佔 50% 股權。

20 世紀 90 年代初，利豐零售有意將便利店業務上市。不過，1994 年香港股市市況逆轉，1997 年更受到亞洲金融危機的衝擊，上市計劃被迫一再押後。1998 年10 月，馮國經邀請楊立彬出任便利店業務行政總裁，重組公司管理層，重整 OK 便利店的業務發展模式。2000年10月，隨著OK便利店業務逐步走上軌道，利豐零售管理層認為將便利店業務分拆上市的時機成熟，於是籌組成立OK便利店控股公司——利亞零售有限公司（Convenience Retail Asia Limited），計劃上市。2001年1月，利亞零售終於成功在香港創業板招股上市。2007年2月，利亞零售收購聖安娜餅屋，將公司的業務從便利店擴展到西餅麵包銷售。

隨著利豐集團各項業務的發展，主要從事採購業務的上市公司為利豐有限公司，以及利豐集團，即由利豐（1937）有限公司所統領的整個集團，在名稱上給外界造成一定的混淆，這在某種程度上影響了公司的發展。為了進一步釐清整個集團和上市公司利豐的關係，利豐集團決定改名：從2012年8月1日開始，總部設在香港、核心業務涵蓋全球消費品市場的整個供應鏈管理各個環節（包括採購、分銷、零售和物流）的香港利豐集團控股公司——利豐（1937）有限公司，改名為"馮氏控股（1937）有限公司"，因而利豐集團（Li & Fung Group）亦相應地改名為"馮氏集團"（Fung Group）。馮氏集團旗下最主要的上市公司——利豐有限公司的名稱則維持不變。馮氏集團主席馮國經博士表示："集團改名最主要的考慮，就是要消除外界、特別是國際商界對利豐有限公司和利豐集團業務之間的混淆，以利於推動整個集團各項業務的進一步發展。除了從事採購的利豐有限公司以外，其餘的各個公司均以馮氏集團統領。"與此同時，馮氏家族第四代——馮國經長子馮裕鈞於2014年出任利豐行政總裁，開始從父輩手中逐步接過家族企業的"接力棒"。

》 面對嚴峻挑戰，艱苦轉型創新

2009年以來，全球的經貿環境及商業發展模式，發生了深刻的變化：2008年美國次貸危機引發了全球金融海嘯，因應形勢的發展，美國總統奧巴馬宣佈制定美國製造業出口5年倍增計劃，推動了美國製造企業重回本土發展；繼而是歐洲國家爆發持續的主權債務危機，歐元區經濟持續陷入低迷及不景，國際出口市場增長明顯放緩。同時，全球電子商務快速崛起，對傳統商貿業務的發展構成了衝擊，跨國公司在國際市場的爭奪更趨激烈。中國經濟作為世界經濟增長"火車頭"，則進入了增長從高速轉向中速發展的"新常態"。這些翻天覆地的變化，對馮氏集團的業務發展構成了影響。自 2012 年起，利豐進入困難時期。

2013 年 3 月，利豐公佈 2012 年度業績，營業額按年升 1%，達 202.2 億美元，而核心經營溢利則跌至 5.11 億美元，按年大幅下跌 42%，主要因為美國業務架構改組開支、某些特許品牌及產品類別的毛利受壓，以及架構改組令在美國分銷的品牌數量減少。2013 年，利豐提出 2014-2016 年的"新三年計劃"，內容包括貿易業務核心經營溢利，於 2016 年超越 2013 年的整體核心經營溢利；物流業務將達至 2013 年核心經營溢利的雙倍。不過，該三年計劃的執行仍然差強人意。2016 年，利豐的營業額下降至 161.95 億美元，核心經營溢利下降至 4.12 億美元，分別比 2013 年下跌 14.88% 和 45.43%。

面對 2009 年以來國際經貿環境的大變化，利豐積極推動集團旗下各公司業務的轉型和拓展，創新供應鏈管理模式，包括積極推動採購貿易業務及組織架構的轉型與重組，推進商業生態化經營；分拆利標品牌，積極拓展授權品牌經銷業務，強化授權品牌業務營運；在泛亞洲地區搭建品牌零售業務平台和銷售網絡，致力發展成為"亞洲零售市場的先行者"；面對電子商務快速崛起的衝擊，積極發展全管道銷售新模式，並以"利程坊"實驗店探索集團未來零售業務的新模式；積極發展物流業務，加強物流基礎設施建設，實施"以營運為核心"的營運模式，優化全球供應鏈管理；以及積極發展供應鏈金融，進一步創新供應鏈管理等工作。[19] 2016 年，面對電子商務快速崛起的衝擊，利豐在新三年計劃（2017-2019 年）中提出：將"專注於執行三大元素，包括速度、創新和數碼化，以創造未來的供應鏈"，"以協助客戶應對數碼經濟"。[20]

與此同時，馮氏利豐為減少經營虧損，不斷出售旗下虧損或非核心業務，並重整集團業務架構，主要包括：2016 年以 3.5 億美元價格將利豐旗下的利豐亞洲（消費品及健康保健用品分銷業務），出售予中資的大昌行集團；2017 年將利豐旗下貿易業務板塊中重點發展的 3 個產品業務——利妍 LF Beauty、利洋針織 Cobalt Fashions（毛衣）和 Living Style Group（家具），以現金 11 億美元出售予弘毅資本、馮氏控股（1937）和馮氏投資組成的買方財團，其中馮氏佔 55% 股權；2018 年以 22.152 億港元價格出售上市公司利邦 51.7% 股權予中資的山東如意集團；2018 年利標品牌以 13.8 億美元（相當於 107.64 億港幣）價格，將旗下大部份北美特許授權業務，包括所有童裝業務和配飾業務，以及大部份美國西岸與加拿大時裝業務，出售予在美國納斯達克上市的 DFBG 集團；2019 年以 3 億美元價格將利豐旗下物流業務 LF Logistics 21.7% 股權出售給新加坡淡馬錫公司等。

不過，進入 2018 年以後，隨著中美之間貿易摩擦的深化，以美國為主要市場的利豐經營困難進一步加深。至 2019 年，利豐的營業額和核心經營溢利分別為 114.13 億美元和 2.28 億美元，比該三年計劃前、2016 年的 167.61 億美元和 4.12 億美元再下跌 31.91% 和 44.66%。受此影響，利豐的股市總值大幅下挫，於 2017 年 2 月被剔出恒生指數成份股。進入 2020 年，隨著新冠肺炎疫症在全球爆發，香港及全球經營環境進一步惡化，利豐股價進一步跌至每股 0.5 港元左右。在此背景下，2020 年 3 月，利豐發佈公告宣佈，將由包括馮國經、馮國倫、馮氏控股（1937）等在內的"馮氏股東"（一家間接持有要約人 32.33% 股份的實體），與 GPL 旗下持有 66.2% 股權的普洛斯中國控股有限公司所組成的控股公司（馮氏擁有 60% 附表決權股份，普洛斯中國擁有 40% 附表決權股份和 100% 無表決權股份）組成的要約人——Golden Lincoln Holdings I Limited，以每股 1.25 港元，即溢價約 150.0%，全面私有化利豐並撤銷其上市地位，涉及資金 72.23 億港元，由 GLP 透過外部債務融資及或內部資源撥付。[21] GLP 集團則是一家物流、房地產、基建設施、融資及相關技術方面全球領先的營運商及投資者，以新加坡為基地，業務遍及巴西、中國、歐洲、印度、日本和美國等地。

對於是次私有化，利豐表示：鑑於電子化對零售行業的影響，公司著力於開展重組，以將其業務重新定位並加強其競爭優勢。儘管公司已實施一系列策略轉變以適應不斷變化的市場動態，惟財務表現仍然受壓。此外，預期將持續的經濟阻力正對公司的業務活動產生重大不利影響。要約人相信，目前作出的轉型努力將需要更長的時期以進行更深入的重組，因應全球經濟的不確定因素，公司的轉型將涉及實施風險，而且相關裨益將需要較長時間方可實現，相信公司的轉型在離開公眾股本市場後將能更有效地實施。

03

地產酒店業：華資財團在內地的拓展

回歸以來，由於受到 1997 年亞洲金融危機及 2008 年全球金融海嘯的衝擊，以及其他種種主客觀因素的影響，香港經濟增長放緩，發展空間受到制約。與此同時，中國內地改革開放進入新階段，發展機遇無限。有鑑於此，香港華資財團相繼進入內地市場，並取得了長足的發展。其中的佼佼者，包括霍英東旗下的霍英東集團、羅康瑞旗下的瑞安房地產、陳啟宗旗下的恒隆地產，以及郭鶴年家族旗下嘉里建設、香格里拉（亞洲）及益海嘉里，許榮茂旗下的世茂房地產等公司。在內地的發展，使他們從獨處香港一隅的企業，發展成為全國性的商業大集團。

» 霍英東：港商進軍內地市場的先行者

1978 年中國實施改革開放後，霍英東是最早進入內地發展的港商之一。當時，時任香港中華總商會會長的霍英東等港澳商人回內地考察，決定投資 4,000 萬港元興建中山溫泉賓館，根據協議，"外方負責管理培訓並投資 3,000 萬港元（後再追加 1,000 萬），不需擔保、不計利息、不要利潤，合作期滿時歸還本金，全部資產移交國家所有"。1980 年 12 月，中山溫泉賓館建成正式開業，成為內地第一個中外合作企業。其後，霍英東又於 1984 年在中山建成內地第一個高爾夫球場——中山溫泉高爾夫球場，並建立了中國第一支自己的高爾夫球隊。❷

1979 年 4 月，霍英東再接再厲，與廣東方面簽訂協議，由霍英東投資 5,000 萬美元及提供管理、技術，廣東省政府提供"磚瓦砂石"、土地和人力，合作興建五星級的廣州白天鵝賓館。白天鵝賓館樓高 40 多層，是當時廣州市最高的建築物。1983

年 2 月 6 日，白天鵝賓館正式開業，這是中國第一家自行設計、自行建設、自行管理的現代大型中外合作酒店。根據協議，霍英東旗下的港維昌發展公司負責經營，經營期為 15 年，其後延長至 2003 年。自此，港資開始大舉進入廣州的酒店業，中國大酒店、花園酒店分別在 1984 年和 1985 年開業。在 20 世紀 80 年代，白天鵝賓館、中國大酒店和花園酒店三大合資酒店每年的營業收入都達到十五六億，成就了廣州酒店業傲視全國的輝煌時代。❷❸

與此同時，霍英東將發展的目光轉向廣州番禺南沙。1988 年，霍英東投資建成番禺洛溪大橋。1989 年，66 歲的霍英東決心在南沙打造連結香港與廣東的經濟紐帶——"小香港"。1993 年，霍英東集團與廣州南沙資產經營有限公司合資成立大型綜合性開發型企業——"廣州南沙開發建設有限公司"（香港霍英東集團佔 51% 股權），致力開發建設一個面積約 22 平方公里的現代化海濱新城。該地塊在南沙東南部濱海地區，擁有 7.1 公里黃金海岸線，人稱 "小南沙"，地理位置相當優越。

這一時期，霍英東集團在南沙先後建成虎門渡輪碼頭和南沙客運港（1991 年），番禺沙灣大橋（1994 年），天后宮、博物館和蒲洲花園（1996 年），高爾夫球會（1998 年），南沙科學展覽館和南沙國際會議中心（1999 年），資訊科技園（2002 年），英東中學（2004 年），中華總商會大廈、南沙大酒店和南沙新客運港（2005 年），南沙珠三角世貿中心大廈（2005 年）等建築。2005 年以後積極籌劃、興建南沙遊艇會、南沙濱海遊艇高端商務綜合體、南沙蒲洲大酒店等建築。2015 年，據霍英東集團首次透露，該集團在南沙投資的項目，已竣工的有 23 個，其中 14 個為公共服務類項目，總投資已達 60 億元人民幣左右。❷❹

2015 年 4 月，南沙自貿試驗區掛牌成立，霍氏家族旗下這片已投入 60 億元的地塊，是廣州南沙自貿區七大功能區中的南沙灣地塊，功能定位為 "粵港澳科技創新合作區"。按照規劃，該片區將重點發展科技創新、文化創意、服務外包和郵輪遊艇經濟。目前，以霍家南沙遊艇會、南沙大酒店等為代表的南沙灣片區的高端商務及配套設施已初具規模；南沙遊艇會和南沙客運港之間、總投資 150 億港元的國際郵輪母港及配套商業綜合體建設也正在加快推進。據 2016 年的市場估值，霍氏家族的南沙項目地盤價值高達 380 億港元。❷❺ 霍英東家族作為南沙的 "大地主"，還有大量未竣工的產業，這些產業將是該集團未來開發的重點。

2006 年 10 月，霍英東因病逝世，享年 83 歲。當年，霍英東在《福布斯》富豪榜排名中位居全球第 118 位，身價估計為 37 億美元，兩年後《福布斯》估計霍氏家族財產增至 45 億美元。霍英東家族的企業主要包括：有榮公司及霍興業堂置業有限公司、董氏信託、信德船務、東方海外實業、信德集團等 80 多家參股和全資子公司，家族財產約 300 億港元。其中，霍興業堂是霍英東涉足地產行業後成立的第一家公司，也是霍氏集團資產的核心旗艦，擁有家族大部份產業，包括地產、建築、航運、酒樓及百貨等業務。根據霍英東的遺囑，長房長子霍震霆繼承體育事業，成為霍氏家族的對外形象代言人；長房次子霍震寰接管家族商業王國，成為霍英東集團董事兼總經理；長房三子霍震宇則接手南沙開發計劃。其他兩房子女不得從商，轉而從事律師和醫生等職業。

不過，2011 年 12 月，霍家後人就家產發生糾紛，長房三子霍震宇向香港高等法院提交傳票和起訴書，指控其兄弟姐妹等人侵吞家族財產。其後，在前行政長官董建華及前律政司司長梁愛詩的調停下，雙方達成 “和解協議”，霍震霆、霍震寰及霍震宇 3 名長房兄弟均分 200 億港元，餘下 100 億港元留予二房及三房成員，以每月 “零用錢” 持續發放給他們。及至 2012 年 8 月，一家跨國會計公司在負責審計霍英東遺產時，發現還有四分之一的南沙項目權益沒有申報，霍震宇得悉後不滿，再向法庭提出重新審理霍家的爭產案件。據霍震宇所指，這次四分之一的南沙項目權益大約 30 多億港元，照此推算，這個南沙項目在 2012 年就超過 120 億港元。❷⁶ 不過，2014 年 1 月，霍震宇一方被判敗訴。這樣，霍英東家族的商業王國進入第二代掌舵時期。

》瑞安集團：闖出 “新天地”

瑞安集團創辦於 1971 年，創辦人為羅康瑞。羅康瑞出生於香港富豪之家，父親是香港鷹君集團創辦人羅鷹石，家中有 10 位兄弟姊妹，他排行老六。羅康瑞早年畢業於澳洲新南威爾士大學。畢業後返回香港進入父親公司工作，但他不滿父親的安排，向父親借了 10 萬港元，創辦瑞安建築公司。1975 年，瑞安（集團）有限公司註冊為瑞安集團的控股公司。據羅康瑞回憶："創業頭 7 年，我沒有休息過一天，每天都工作超過 10 個小時，自己不懂行業，要不斷去學習。" 70 年代末，瑞安奪得牛池灣的麗晶花園合約，贏得 "公屋專家" 名頭。1980 年，瑞安集團成立地產部，拓展集團地產及投資業務。1987 年，瑞安集團在灣仔建成總部大樓——瑞安中心。1997 年，瑞安集團將旗下建築及建築材料業務重組為瑞安建業有限公司，在香港聯交所上市。至此，瑞安集團初具規模。

瑞安中心

　　瑞安集團是香港地產公司中最早進入中國內地發展的公司之一。1984 年，瑞安成立瑞安（中國）有限公司，發展中國內地業務。其後於 1993 年購入北京華威大廈 50% 權益，1994 年取得位於上海淮海中路今瑞安廣場地段的發展權。1995 年，瑞安與內地公司合組重慶騰輝水泥，各佔一半權益，進軍內地水泥市場。1996 年，瑞安取得位於上海市虹口區瑞虹新城的發展權。1997 年 3 月香港回歸前夕，瑞安集團在上海剛落成的瑞安廣場設立內地總部，進一步加大在內地的投資發展。

　　使得瑞安集團在內地聲名鵲起的，是極具創新意味的 "上海新天地" 的建設。上海新天地位於上海淮海中路南側太平橋地段，佔地 52 公頃，原為法租界舊址，其最大特點就是保存完好的石庫門弄堂建築群，又有中共一大會議舊址，有著大量的歷史沉澱，成為了海派文化的精髓和上海建築的獨特標誌。1997 年，羅康瑞看準太平橋地區的巨大發展潛力，與上海市盧灣區政府簽訂開發意向書，獲得該地區重建項目發展權。根據協議，該項目分期發展，其中包括：第一期翻修改建舊石庫門式里弄民居成為新天地廣場（2000-2001 年）、第二期在廣場鄰邊新建商場設施（2001-

2003 年）、第三期在鄰邊土地發展多期住宅樓宇項目（2003-2010 年）等。經過深思熟慮的研究，羅康瑞決定投資 14 億元人民幣，首先開發第一、二期工程，即在 "一大" 會址所在的一片石庫門建築中，打造一片中西融合、新舊結合的 "新天地"：在保留石庫門建築原有外貌的前提下，改變原有的居住功能，賦予它新的創意和生命力，把百年石庫門舊城區，改造成 "中國百年看上海" 的時尚新地標。羅康瑞的計劃獲得上海市政府有關部門的批准。

為此，羅康瑞邀請美國著名設計師本傑明・伍德（Benjamin Wood）和新加坡設計事務所擔任設計。1999 年，上海新天地動工建設。兩年後，上海新天地北里及太平橋人工湖綠地落成。2002 年，上海新天地南里正式全面開業。翌年，上海新天地北里榮獲國際房地產大獎——由 Urban Land Institute（ULI）頒發的 Award for Excellence 大獎，成為首度獲得此國際殊榮的中國內地項目。上海新天地的成功，使羅康瑞和瑞安集團聲名大震，羅康瑞一躍成為中國最知名的香港開發商之一，被譽為 "上海姑爺"。

上海新天地只是整個開放項目的第一期。根據羅康瑞的計劃，該發展項目是建設具標誌性的現代化綜合園區，具體包括 5 個部份：地塊中央是人工湖和綠地，湖的西部是 "新天地"，南部是高檔住宅小區 "翠湖天地"，北部是辦公樓區 "企業天地"，東部是商業文化區。當 "新天地" 帶動周邊地價大漲後，"翠湖天地"、"企業天地" 以及精品酒店項目 "88 新天地" 等才陸續推出，廣受市場歡迎。

2004 年 2 月，瑞安藉推出新天地之機，宣佈註冊成立瑞安房地產發展有限公司，以作為集團在中國內地從事房地產業務的旗艦，總部設於上海。瑞安集團主席兼行政總裁羅康瑞表示："今天，瑞安實現了我一直追求的理想，成立一家結合國際知名合作夥伴、擁有優秀管理層以及出類拔萃發展項目的世界級房地產發展企業。憑藉我們在房地產發展的卓越往績，瑞安房地產發展定可抓住中國內地發展蓬勃的房地產市場龐大商機，繼續擴張發展、向前邁進。" 2006 年 10 月 4 日，瑞安房地產在香港聯交所主板上市。2008 年，瑞安房地產榮獲香港主流財經媒體《經濟一週》頒發的 "傑出內房股 2008" 稱號，成為 10 家獲此殊榮的房地產企業之一。❷

瑞安的標誌品牌 "新天地" 在上海一炮而紅，成為內地老城改造的典範。其

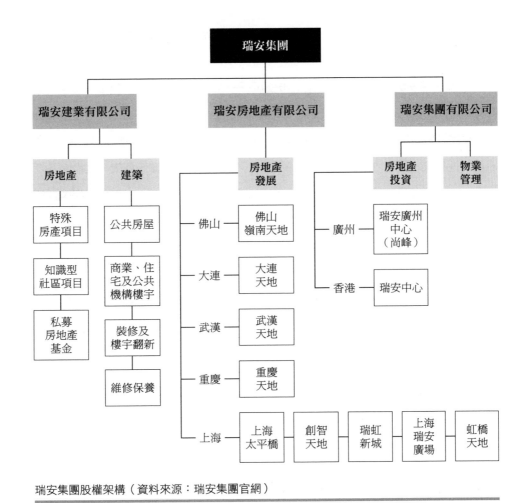

瑞安集團股權架構（資料來源：瑞安集團官網）

時，正值內地各地城市紛紛展開舊城區改造的熱潮，並邀請瑞安集團前來策劃參與當地舊城改造，一時間在全國掀起一股"新天地熱"。這一時期，瑞安先後參與發展杭州的"西湖天地"（2003 年）、重慶的"重慶天地"（2005 年）、湖北的"武漢天地"（2006 年）、遼寧的"大連天地・軟體園"（2007 年）、廣東的"佛山嶺南天地"（2008 年）、上海的"創智天地"（2010 年）和"虹橋天地"（2011 年），以及四川的"成都天地"等。2013 年，瑞安房地產註冊成立全資附屬公司——中國新天地有限公司，負責處理商業、零售、辦公室、娛樂休閒及酒店類物業。集團並於 2011 年成立 Sotan China Real Estate I, LP，專責投資中國的特殊房地產項目。2012 年，鑑於羅康瑞在地產業方面的卓越表現，他獲頒"第四屆世界華人經濟論壇（地產類別）終身成就獎"。

目前，瑞安集團旗下共有兩家上市公司——瑞安房地產及里安建業。其中，瑞安房地產為一家"中國內地具創意的房地產開發商"，"在發展多功能、可持續發展的'整體社區'項目方面擁有卓越成績，在內地房地產市場奠定了穩固的基礎"。❷⁸不過，近年來，隨著內地房地產市場的低迷，瑞安房地產為降低負債一度拋售多項資產。2017 年 5 月，瑞安房地產將"重慶天地"79.2% 股權以 41.33 億元人民幣價格出售予萬科；同年 11 月，再將持有的"大連天地"全部股權以 44.6 億元人民幣價格轉售給億達集團，使公司的淨資產負債從 68% 減少至 51%。截至 2018 年底，瑞安房地產在上海、武漢、重慶和佛山 4 個主要城市的黃金地段，共持有 9 個處於不同開發階段的項目，包括上海的太平橋項目、虹橋天地、瑞虹新城、創智天地、新灣景項目，武漢的武漢天地、光谷創新天地，重慶的重慶天地，佛山的佛山嶺南天地，總建築面積達 850 萬平方米，其中 680 萬平方米發展為可供出租及可供銷售面積，170 萬平方米為會所、停車位和其他設施。2018 年度，瑞安房地產總收入為 293.62 億港元，股東應佔溢利為 22.53 億港元。此外，瑞安旗下的另一家上市公司瑞安建業，則主要在香港、澳門及中國內地從事房地產及建築業務。

» 恒隆集團：打造"恒隆廣場"品牌

恒隆集團是香港另一家將發展目光聚焦於中國內地市場的地產集團。早在 1991 年，當恒隆創辦人陳曾熙之子陳啟宗接任恒隆集團主席時，他並沒有將發展眼光局限於香港，而是看中了正蓬勃發展的中國內地市場。1992 年，恒隆制定進入內地的發展計劃，集中在內地"人口龐大城市的最佳地段"發展商業地產項目，並圈定上海作為橋頭堡。

1992 年 12 月，恒隆在上海取得突破性的發展，成功拿下上海最大的徐家匯地鐵站上蓋發展項目。該項目包括甲級寫字樓、6 層的購物商場及 635 套服務式住宅公寓，總樓面面積為 27.06 萬平方米。2006 年，被命名為"港匯恒隆廣場·上海"的項目竣工，旋即成為上海市商圈新地標。幾乎與此同時（1993 年 12 月），恒隆成功拿下位於南京西路商業繁華區地塊。該地塊位於當時上海最具標杆意義的兩幢物業——上海展覽中心和波特曼旁，地理位置絕佳。恒隆的出價是 3 億美元，這是當年上海靜安區大規模改造總標價最高的項目。以此為起點，靜安區正式拉開了以南京西路全面改造和綜合開發為龍頭、建設上海中心一流城區的序幕。該項目包括甲級寫字樓和購物商場，總樓面面積為 21.33 萬平方米。2006 年，"港匯恒隆廣場·上海"正式落成，成為當時浦西最高建築，與梅龍鎮廣場、中信泰富組成上海著名的商業"金三角"。上海恒隆廣場落成後，旋即被選為上海第一購物商場及中國第一辦公室。這兩座物業的成功發展，為恒隆帶來豐厚的租金來源和很高的聲譽。

2004 年以後，鑑於香港房地產已日趨成熟，發展空間有限，而內地房地產市場正在迅速崛起，恒隆決定加快在內地的投資發展。恒隆集團制定新的發展計劃，準備在 2005-2007 年間，在內地多個核心城市購入土地，興建 10-12 個大型商業項目，每個項目 20-25 億元人民幣，總投資約 250-300 億元人民幣。當時，恒隆這一計劃有兩個重點，其一是精心挑選城市，包括上海等一線城市，以及具發展潛力的二線城市；其二是以購物商場為主體。2005 年，恒隆突破上海地域，先後在天津、瀋陽成功取得兩塊土地，發展"恒隆廣場·天津"和瀋陽"皇城恒隆廣場·瀋陽"。皇城恒隆廣場於 2010 年落成開業，不過天津恒隆廣場則延遲到 2008 年才展開工程，至 2014 年竣工。2006 年，恒隆再在瀋陽市府廣場南面地段、無錫市中心繁華商業區、長沙芙蓉區東牌樓舊城改造區，獲得 3 幅土地，分別發展瀋陽"市府恒隆廣場·瀋陽"、"恒隆廣場·無錫"和"恒隆廣場·長沙"。2007 年，恒隆再取得濟南市中心歷下區泉城路地塊，於 2011 年發展成為濟南"恒隆廣場"。到 2007 年，恒隆在內地的地產投資，已擴展到上海、天津、瀋陽、無錫、濟南、長沙等多個城市，共發展了 8 個項目，均成為當地的商業新地標。

2008 年全球金融海嘯爆發後，內地房地產市場一度市況低迷，土地價格下跌。面對這一形勢，恒隆仍有條不紊地增加內地的土地儲備。正如恒隆集團主席陳啟宗所說："每當經濟下滑，我們負責土地購置的項目開發團隊便特別忙碌。當市政府無法售出土地致財政緊絀之際，恒隆便翩然而至！每當全國各地的市領導開始靠攏時，我們便知道機會正向我們招手。"❷⁹ 這一時期，恒隆先後購入大連核心商業區地段、昆明盤龍區東風東路地段、武漢位礄口區京漢大道地段。2015 年 12 月，大連恒隆廣場落成開業。該項目坐落於大連市核心商業區，樓高 7 層，總樓面面積 22.19 萬平方米。就在建設期間，大連恒隆廣場在 2013 年度新興市場城市景觀建築大獎（Cityscape Awards for Emerging Markets）中，奪得"零售項目——未來"組別的獎項。

2012 年，恒隆在昆明的項目恒隆廣場動工建設。該項目處於昆明規劃中的中央商務區核心圈內，佔地約 5.6 萬平方米，計劃發展成集世界級購物商場、甲級辦公樓和服務式寓所於一體的大型商業綜合項目，總樓面面積達 40.1 萬平方米，其中寫字

表 8-2　恒隆集團業務發展概況（單位：億港元）

年度	收入			股東應佔純利
	物業租賃	物業銷售	合計	
2008 年 *	41.86	63.67	105.53	75.16
2009 年 *	46.85	0.11	46.96	25.59
2010 年 *	50.69	75.11	125.80	131.39
2011 年 *	57.11	0.03	57.14	35.29
2011 年（7-12 月）	31.68	1.93	33.61	15.78
2012 年	67.11	12.75	79.86	52.62
2013 年	72.16	25.18	97.34	45.57
2014 年	77.92	98.14	176.06	68.25
2015 年	83.30	11.98	95.28	32.11
2016 年	83.26	53.22	136.48	37.13
2017 年	83.54	34.20	117.74	53.14
2018 年	87.84	12.31	100.15	52.85
2019 年	91.93	2.96	94.34	68.16

* 截至 6 月 30 日止年度；2011 年 11 月，董事會批准將集團的財政年度年結日，由 6 月 30 日更改為 12 月 31 日，因而出現 2011 年 7-12 月財政數字。
資料來源：《恒隆集團有限公司年報》，2008-2019 年。

樓大廈樓高超過 300 米。至於武漢的恒隆廣場，位於武漢繁盛商貿樞紐礄口區京漢大道，與赫赫有名的武廣商圈和中山大道商圈相近，佔地面積約 8.26 萬平方米。恒隆將計劃投資約 120 億元人民幣，發展為商業綜合物業項目，當中包括世界級購物商場、寫字樓及公寓式酒店。該兩項物業預期於 2019 年分期完成。

2017 年，為了鞏固恒隆在上海商圈的地位，集團宣佈對旗下的旗艦項目——上海恒隆廣場展開為期 3 年的大型資產優化工程，除了為顧客締造更優質的購物環境外，並積極引進一系列備受注目的全新國際品牌及奢侈品牌中國旗艦店，以進一步提升作為內地奢侈品品牌集中地（Home to Luxury）的定位。該項工程將分階段展開，預計於 2019 年全部完成。對此，恒隆主席陳啟宗表示："20 多年前，我們選擇在上海投資，開展恒隆在內地市場發展的時代。自此，我們已成功在內地多個城市建立甚具代表性的地標項目。上海的恒隆廣場在完成優化工程後，其零售額強勢增長 26%，證明項目已成功蛻變成現代高端零售的象徵，重塑中國零售市場的形勢。" ㉚

2018 年 5 月，恒隆成功奪得杭州下城區百井坊商業綜合體地塊，作價約 107 億元人民幣（約 131 億港元）。恒隆計劃投資約 190 億元人民幣，發展大型商業綜合項目。陳啟宗表示："我們一直對內地商業及零售市場的發展非常樂觀，是次入駐杭州，正配合恒隆欲進一步擴大在內地投資的長遠策略。我們充滿信心，這項世界級的地標項目可為杭州和恒隆創造更大的價值。" ㉛ 恒隆並表示："隨著未來進一步發展，恒隆地產正努力開創前景，矢志發展成為一家備受尊崇的全國性商業地產發展商。"恒隆在公司年報中強調：集團將繼續"秉持'只選好的，只做對的'的營運理念，致力為公司創造更高價值"。㉜

經過多年發展，恒隆集團秉持"只選好的，只做對的"（We Do It Right）的理念和經營方針，發展成為橫跨香港及中國內地經營的大地產集團。㉝ 目前，該集團透過上市控股旗艦——恒隆集團有限公司及其所持有的恒隆地產有限公司，在香港及內地從事地產發展與物業投資業務。截至 2019 年底，恒隆集團的投資物業面積為 134.65 萬平方米，其中內地為 80.80 萬平方米，佔 60.0%；香港為 53.85 萬平方米，佔 40.0%。2019 年度，恒隆集團的總收入為 94.34 億港元，其中物業租賃收入 91.93 億港元，物業銷售收入 2.96 億港元，分別佔總收入的 96.86% 及 3.14%；（表 8-1）股東應佔純利則為 68.16 億港元。在物業租賃收入中，來自中國內地的收入為 49.75 億港元，香港收入為 41.64 億港元。換言之，來自內地的租金收入已超過香港部份，成為集團收入的重要來源。

值得一提的是，陳啟宗家族除了持有恒隆集團之外，還透過旗下的晨興資本（Morningside Venture Capital）投資全球科技創新產業。晨興資本由陳啟宗、陳樂宗兄弟於 1986 年在美國創辦，資金來自恒隆集團創辦人陳曾熙遺產成立的基金，專門投資於初創和成長型科技公司，該機構通過與全球的投資機構和投資人合作，在北美、歐洲、亞太區、印度和中國內地廣泛投資新興產業。據報道，該機構創辦 20 年來，先後投資了 79 間公司（至 2016 年），其中 47 家為美國公司，佔 59.49%。晨興資本從 1992 年開始進入中國，主要投資於內地的醫療保健、互聯網、信息服務、媒體、軟件、通訊、生命科技和教育等領域。至 2016 年，公司總共在中國內地投資了 41 個項目。其中，成功案例包括搜狐（1998 年），攜程（2000 年），第九城市（2005 年），小米集團（2010 年），正保遠程教育、康盛創想、微醫集團（2007 年），YY、精銳教育、UC（2008 年），鳳凰新媒體（2009 年），愛回收（2011 年），小豬短租、脈脈（2012 年）等。其中，公司持有小米 17.19% 股權，回報豐厚。目前，晨興資本管理美元和人民幣雙幣基金，規模達數十億美元，並在香港、北京、上海設有辦事處。❸❹

》 嘉里／香格里拉的內地版圖

回歸以來，積極拓展中國內地市場的香港華資財團中，還有郭鶴年家族，透過旗下上市公司——嘉里建設、香格里拉（亞洲）、嘉里物流，以及益海嘉里等，在中國內地展開龐大投資，投資行業遍佈房地產、酒店管理、糧油食品及物流等多個領域，投資地域亦遍及華東、華北、華南、西北等各個區域。

在房地產領域，郭鶴年家族主要透過上市公司嘉里建設有限公司展開。該公司早於 1978 年開始在香港參與物業投資及發展業務。1996 年 8 月 5 日，嘉里建設在香港聯交所上市，成為集團投資香港及中國內地房地產業的旗艦，投資的重點，"在於精選中心地段，發展尊尚物業"。香港回歸以後，特別是 2004 年以後，嘉里建設開始從北京、上海、深圳、杭州、天津等一線城市，逐步擴展到瀋陽、秦皇島、唐山、揚州、南京、成都、長沙、南昌、鄭州、武漢、昆明等二三線城市。其中的發展重點，是在內地一二線城市的黃金地段，發展大型綜合物業——嘉里中心。先後建有：北京嘉里中心、杭州嘉里中心、上海靜安嘉里中心一期、上海靜安嘉里中心二期、上海嘉里不夜城、浦東嘉里城、瀋陽嘉里中心、深圳嘉里建設廣場、前海嘉里中心、天津嘉里中心等。這些大型綜合物業一般包括甲級寫字樓、商場及酒店等。其中，靜安嘉里中心位於上海南京路商業中心區，匯集辦公室、服務式公寓、商場及酒店，俯瞰景致優美的中庭廣場，總樓面面積合共 374 萬平方呎，為該集團在中國內地的地標式綜合發展項目。（表 5-1）

這一時期，嘉里建設投資發展物業的重要策略，就是與集團旗下的另一品牌——香格里拉緊密結合：每一座嘉里中心都配有一間五星級酒店香格里拉。對此，嘉里建設執行董事錢少華表示，外資企業很難跟內地開發商競爭，要想突圍必須開發先進或者特有的產品，集團最終找到高端酒店與商務相結合的開發模式。❸❺此外，嘉里建設還在成都、濟南、昆明、滿洲里、南昌、南京、寧波、莆田、秦皇島、唐山、鄭州等內地城市發展住宅樓宇。2017 年，在中國房地產業戰略峰會上，嘉里建設獲選為 "2017 中國房企商業物業價值 Top 10"，被譽為 "優質綜合體的締造者"。

在酒店業領域，郭鶴年家族主要透過上市公司香格里拉（亞洲），參與內地酒店業的發展。香格里拉在 20 世紀 80 年代中期已開始進入內地發展。1984 年，香格里拉酒店與浙江省旅遊局合作，開設並管理首家內地酒店——杭州香格里拉飯店，香格里拉佔 45% 股權。1985 年，郭鶴年與國家經貿委合作，斥資 3.8 億美元，興建北京國際貿易中心。1986 年，坐落在國際貿易中心的北京香格里拉飯店落成開業，香格里拉佔有 49% 股份。該飯店成為當時京城最高、最豪華的五星級飯店。

回歸以後，香格里拉加快在中國內地的發展。2000 年後，香格里拉在內地開始新一輪的酒店拓展計劃，實施投資和管理酒店 "兩條腿走路" 的策略。2001 年，香格里拉接管南京丁山飯店，改名為"南京丁山香格里拉大酒店"，以純輸入管理方式介入。稍後，香格里拉公佈8家新建中的酒店，其中有一半是輸出管理，另一半仍是自己投資興建。及至2017年，香格里拉在廈門開設了集團在全球第一百家香格里拉酒店。

截至2019年，香格里拉亞洲在中國內地共開設了44家酒店，地域遍及北京、上海、深圳、杭州、廣州等一線城市，以及西安、北海、長春、瀋陽、青島、大連、武漢、哈爾濱、福州、成都、溫州、寧波、桂林、包頭、呼和浩特、滿洲里、揚州、曲阜、拉薩、三亞、南京、秦皇島、合肥、天津、南昌、唐山、廈門、濟南等二三線城市。其中，北京共設有5家，包括北京香格里拉飯店、北京中國大飯店、北京國貿大酒店、北京新國貿飯店、北京嘉里大酒店等；上海設有4家，包括上海浦東香格里拉大酒店、上海靜安香格里拉大酒店、上海浦東嘉里大酒店等；深圳設有兩家，包括深圳香格里拉大酒店、深圳福田香格里拉大酒店等。香格里拉擁有的股權從23.5%到100%不等，包括4個品牌：香格里拉酒店及度假酒店、嘉里大酒店、今旅Hotel Jen和盛貿飯店等。㊱

在糧油飲料加工領域，郭鶴年家族主要透過旗下在新加坡上市的豐益國際有限公司及其屬下的益海嘉里等公司展開。豐益國際於1991年在新加坡成立，是一家綜合型農業集團，業務範圍包括棕櫚種植、油籽壓榨、食用油精煉、食糖加工和提煉、消費產品製造、專用油脂、油脂化學品、生物柴油和化肥製造，以及麵粉和大米加工等，在全球擁有850家製造工廠和龐大的分銷網絡，覆蓋中國、印度、印尼等50個國家，擁有約9萬名員工。在2018年世界500強企業中位列第248位。豐益國際在1988年開始進入中國內地市場，並於1991年打造了"金龍魚"等一系列小包裝食用油品牌，引發從散裝油到小包裝油的消費模式革命。2000年，豐益國際整合在華投資糧油企業，成立益海集團。2002-2003年期間，趁內地油脂市場低迷而收購大批中小型榨油廠，一舉奠定在該行業的領先地位。2006年，豐益國際成功在新加坡上市。

2007年，豐益國際整合在華投資糧油企業，成立益海嘉里集團。按照該集團的說法，益海嘉里集團是郭氏家族旗下"豐益國際集團在祖國大陸投資的一系列農業和糧油加工貿易業的統稱"。經過 10 多年的發展，目前益海嘉里已成為中國內地最大的糧油加工集團之一，在全國 26 個省自治區及直轄市，建立了 70 多個生產基地，擁有超過 100 家生產型實體企業，總投資超過 300 億元人民幣，旗下員工 2.5 萬人。益海嘉里經營的業務，主要包括油籽壓榨、食用油精煉、專用油脂、油脂化工、粟米精深加工、大豆精深加工、水稻循環經濟、小麥精深加工、食品原輔料、糧油科技研發等，旗下擁有"金龍魚"、"歐麗薇蘭"、"胡姬花"、"香滿園"、"海皇"、"豐苑"、"金味"、"銳龍"、"潔勁 100"等一系列知名品牌，產品涵蓋了小包裝食用油、大米、麵粉、掛麵、米粉、豆奶、餐飲專用糧油、食品原輔料、油脂化工等諸多領域，並建立起龐大的銷售網絡。

在物流領域，郭氏家族透過嘉里建設持有 42.35% 股權的上市公司——嘉里物流展開。嘉里物流經營的業務主要包括：綜合物流、國際貨代、國際及本地速遞到門服務以及供應鏈解決方案等，為各類型商品、非商品及輔助銷售材料，提供專業物流服務，主要為時尚服飾及精品、電子科技、食品及飲料、快消品、工業及物料科學、汽車、醫藥等行業提供物流服務。目前，嘉里物流是唯一覆蓋東南亞六國和中國跨境陸運網絡的物流公司。2017 年 6 月，嘉里物流投資一家業務橫跨獨立國家聯合體的貨運集團 Globalink Logistics DWC LLC，大大加強了集團在中亞的鐵路、陸路及多式聯運服務方面的能力和覆蓋面，令公司的環球物流網絡擴展至 51 個國家和地區。

經過 40 多年的發展，郭鶴年家族財團已發展成為香港一家主要的家族財團，旗下擁有 3 家香港上市公司，包括嘉里建設、香格里拉亞洲和嘉里物流。其中，嘉里建設主要從事香港及內地的地產發展和物業投資，至 2019 年底以樓面面積計算，持有物業組合達 4,800 萬平方呎，包括發展中物業 2,682 萬平方呎、已落成投資物業 1,447 萬平方呎、酒店物業 467 萬平方呎，並持有作出售用途之物業共 204 萬平方呎，香港佔 12%，中國內地佔 75%，澳門佔 4%，海外佔 9%。香格里拉（亞洲）主要經營酒店業務，在亞洲，以及歐洲、非洲和北美洲持有、經營及管理超過 100 家酒店、41,500 間客房。嘉里物流則已發展成為一家以亞洲為基地的國際協力廠商物流服務供應商，核心業務包括綜合物流、國際貨代、快遞，以及為跨國企業及國際品牌提供端對端的供應鏈解決方案。公司總部設於香港，經營網絡遍及全球六大洲，特別是在大中華及東盟地區擁有龐大的配送網絡和物流樞紐。（表 8-3）

表 8-3　嘉里集團業務發展概況（單位：億港元）

年份	嘉里建設		香格里拉亞洲		嘉里物流	
	營業額（億港元）	股東應佔溢利（億港元）	資產總值（億美元）	股東應佔溢利（億美元）	營業額（億港元）	股東應佔溢利（億港元）
2015	103.93	55.30	132.85	1.70	210.79	18.04
2016	129.91	65.37	129.94	0.62	240.36	18.77
2017	355.48	92.42	136.75	1.44	307.88	21.16
2018	214.33	74.99	131.71	1.84	381.39	24.40
2019	180.25	68.97	137.22	1.70	441.39	37.88

資料來源：嘉里集團旗下各香港上市公司 2019 年報

》 世茂房地產：藉進軍內地市場崛起

　　另一家從拓展內地房地產崛起的集團，是由許榮茂創辦的世茂房地產。許榮茂，原籍福建石獅，20 世紀 70 年代從內地到香港發展，第一份工是在香港藥店做夥計，又曾到工廠打工，70 年代末到證券行做股票經紀，並開設了金融公司，80 年代初在香港股市賺取了"第一桶金"。許榮茂後來回憶說："在金融市場我比較順利。很多人第一桶金可能要經過長期的拚搏，我運氣稍好一點。不過我對經濟非常感興趣，如今還一直閱讀經濟方面的書籍。" 1987 年香港爆發空前的股災，不過許榮茂在此之前已經退出，沒有受到重大損失。80 年代中期，許榮茂把握內地做紡織成衣低成本的優勢，和香港紡織貿易躍升的機遇，在香港、深圳、蘭州等地開設成衣工廠，貼牌為美國等國家和地區生產服裝，幾年間資金再次翻倍。

1989 年，許榮茂創辦"世茂房地產"，開始從事房地產發展。許在接受採訪時表示："這一年我轉做房地產。以前做服裝特別累，員工多，業務量大，但利潤微薄。幫美國人做加工，等於為他人做嫁衣，成衣後貼上他們的標籤，沒有自己的品牌。這雖然也是實業，但缺少滿足感。現在我們建一幢幢雄偉壯麗的大廈，既能美化城市，改善人們的生活，又給自己帶來事業成功的欣慰。" 1989-1990 年間，許世茂在家鄉福建石獅開始起步，當時石獅的房地產剛剛起步，10 萬元可以買到一塊地，幾千萬就可以做大項目。世茂房地產先後投資發展兩個項目——振獅大酒店和振獅經濟開發區。結果，兩個項目都獲利豐厚，僅振獅經濟開發區投資回報率就高達 50%。❸

1992 年和 1993 年，世茂房地產先後投資 2 億元人民幣興建武夷山度假村，投資興建佔地 6,000 畝的閩南黃金，又在當年開辦服裝廠的蘭州發展東方紅商業城，到 1994 年，世茂已成為石獅地區最大的房地產投資商。1994 年，國家開始出台宏觀調控政策，地產熱潮之後的泡沫開始破滅，北京的房地產處於低迷時期。許榮茂決定轉戰北京，在北京先後開發建設了亞運花園、華澳中心、紫竹花園、御景園等大型房地產項目，累計投資超過 40 億元人民幣。結果，4 個項目的 3,000 多套住宅銷售一空。北京亞運花園、華澳中心、紫竹花園、御景園多次獲得"北京明星樓盤"稱號，華澳中心榮獲"1996 年首都十佳公共建築設計獎"。不過，這一時期，世茂房地產和許榮茂的名字還鮮為人知。

2000 年，北京房地產市場攀上高峰，而當時上海地產仍處於低谷。許榮茂力排眾議，決定在投資的重點轉向上海。1999 年 3 月，許榮茂註冊了上海世茂投資公司，並於 2000 年將集團營運總部從香港搬往上海。世茂隨即收購在上海證券交易所上市的上海萬象 26.43% 股權，該公司因恒源祥而聞名上海。2000 年 8 月，世茂將上海萬象集團更名為"世茂股份"，將其主業從商業轉為房地產。這時，許榮茂和世茂房地產才逐步進入業界的視野。2000 年，世茂房地產成功在上海開發"上海世茂濱江花園"，該項目總投資 80 億元人民幣，包括 6 幢高層高檔公寓和 1 幢 60 層酒店式公寓，總建築面積 80 萬平方米，結果大獲成功。世茂濱江花園於 2001-2004 年，連續 4 年蟬聯"上海市住宅銷售金額第一名"，2004 年在加拿大獲"國際花園社區"

金獎；上海世茂房地產有限公司被評為“上海 2001 年房地產十大著名企業”及 2004年度上海房地產關注品牌（商標）等。世茂房地產的“名頭”開始在內地打響。

2001 年，世茂集團在香港收購上市公司東建科訊控股，將其更名為“世茂中國”（現為“世茂國際”）。此後，世茂集團開始不斷將“濱江模式”對外複製，先後開發了上海世茂湖濱花園、上海世茂國際廣場、福州世茂外灘花園、上海世茂佘山艾美酒店（現為“上海佘山茂御臻品之選酒店”）及世茂佘山莊園、南京世茂濱江新城、哈爾濱世茂濱江新城等項目。世茂還將業務拓展到海外市場，2004 年，世茂先後與馬來西亞地產商簽訂共同開發吉隆坡“運河城”項目，與俄羅斯濱海公司簽署合作開發“綏－波”貿易區協議。 ❸❽

自 2005 年以後，世茂房地產開始實施新世紀的新發展戰略，先是實施“專注主業，兼顧房產領域多元組合”戰略，有計劃、有步驟地推進多元產業拓展，逐步建立高端住宅、豪華酒店及商業辦公三大集團核心產業。截至 2007 年 7 月，該集團在上海先後建成了 3 家五星級酒店，包括上海世茂佘山艾美酒店、上海世茂皇家艾美酒店及上海外灘茂悅大酒店，總客房數近 1,700 間，佔據上海豪華酒店約 20% 的市場份額。其後，世茂再實施“核心區域發展”戰略，將優勢資源集中投入到中國經濟發達或極具發展前景的經濟圈，包括長三角地區、環渤海地區等。

2006 年 7 月 5 日，許榮茂將集團控股旗艦——“世茂房地產控股有限公司”在香港掛牌上市，隨即成為香港大型地產上市公司。同年 12 月，世茂被 MSCI Barra 納入為摩根士丹利全球股票指數（MSCI Standard Equity Index）及摩根士丹利中國指數（MSCI China Index）成份股，2007 年 3 月 12 日更成為恒生綜合指數系列 200 隻成份股之一，及恒生流通綜合指數系列的成份股。上市當年，世茂房地產已在中國內地的上海、南京、杭州、徐州、福州、武漢、北京、煙台、瀋陽、哈爾濱等 10 個城市共發展房地產項目 23 個，營業額 69.13 億元人民幣，經營利潤 28.23 億元人民幣，土地儲備的總計劃建築面積達 2,016 萬平方米。 ❸❾

上市之後，世茂房地產除了繼續積極拓展內地房地產業務之外，還致力集團業務的多元化發展，早在 2004 年，世茂已開始涉足酒店業，先後與萬豪、凱悅、洲際、希爾頓等國際酒店管理公司締結戰略合作關係。2009 年，世茂成立世茂酒店及度假村公司，負責世茂旗下酒店業務的經營、管理和發展。2014 年，世茂主題樂園成立，著力於自主 IP 研發與國際 IP 跨界合作。2017 年，世茂旗下的世茂主題樂園與日本三麗鷗合作，打造國內首家 Hello Kitty 上海灘室內主題館。同年，世茂與喜達屋資本集團聯手，成立全新合資酒店公司──上海世茂喜達酒店管理有限公司，加速自主品牌的輕資產輸出。2018 年，世茂入股 AI 創業企業──商湯科技，佈局高科技產業。當年，世茂與故宮攜手，探索文化傳承之路，故宮文創品牌落地於世茂在上海、廈門、濟南、石獅的購物中心，紫禁書院落地於福州世茂雲上鼓嶺小鎮。

經過多年發展，世茂集團已成為多元化的地產大集團，在香港和上海分別擁有世茂房地產及世茂股份兩家上市公司，集團總資產規模約 4,160 億元，可售貨值 12,000 億元。世茂集團經營的業務，涵蓋地產、酒店、商業、主題娛樂、物管、文化、金融、教育、健康、高科技、海外投資等領域，形成了多元化業務並舉的“可持續發展生態圈”，投資項目遍及香港、上海、北京、廣州、深圳、杭州、南京、武漢、廈門等全球 120 多個城市。[40] 2018 年度，世茂房地產收入為 855.13 億元人民幣，經營利潤 232.09 億元人民幣，分別比 2006 年增長了 11.37 倍和 7.22 倍。截至 2018 年底，集團的土地儲備遍佈 87 個城市，共 264 個項目，約 5,538 萬平方米，分佈於蘇滬區、福建區、華南區和香港。[41]

04

製造業：新興企業巨頭與新富豪群體

———————————

20 世紀 80 年代中期以來，隨著中國改革開放的深入，香港與毗鄰的廣東珠三角地區形成"前店後廠"的分工格局，香港經濟進一步轉向服務經濟。在此背景下，香港大批製造業企業轉型、式微，但儘管如此，仍有部份企業進一步崛起，甚至成為世界級製造企業，其中的佼佼者包括德昌電機、偉易達、李錦記等。值得注意的是，這一時期的香港亦湧現出一批藉內地改革開放大潮崛起的香港富豪，如伯恩光學的楊建文、藍思科技的周群飛等，他們構成了香港華資財團的新特色。

》香港製造業龍頭：德昌電機、偉易達、益達、互太、晶苑

德昌電機創辦於 1959 年，創辦人為汪松亮和汪顧亦珍夫婦，初期主要生產微型電機。1976 年，汪松亮將業務拓展到美國，在美國建立德昌電機集團，開始生產微型電機以供汽車行業應用。1980 年，德昌電機的銷售額達 1,600 萬美元，比 1970 年的 170 萬美元增加了 8.4 倍，即年均增長率為 25.13%。1982 年，德昌電機在廣東深圳沙井設立生產基地，該基地於 1995 年獲得 ISO9002 認證。1984 年，德昌電機在香港聯交所上市，1988 年在日本設立德昌電機分公司，並於 1992 年在德國設立工程中心。到 90 年代，德昌電機已發展成為全球第二大微型馬達製造商，1995 年取代南聯實業，成為恒生指數成份股及香港股市上的工業藍籌股。

回歸之後，德昌電機透過一系列的收購兼併，獲得進一步的發展。具體包括：1999 年從 Lear Corporation 收購電機系統；2001 年先後收購 Kautex Textron 部門的電機業務及 ArvinMeritor's Light Vehicle System 部門的座椅電機業務；2004 年收購

Nanomotion 公司高精度壓電陶瓷電機 51% 的股份，及日本相機及光碟驅動器所用的迷你型電機；2005 年收購生產步進電機、開關、驅動器、控制系統的瑞士製造商 Saia-Burgess AG，以及生產撓性印製電路板及連接件產品的美國製造商 Parlex。這一時期，德昌電機又先後設立汽車工業部門（2001 年）及德昌電機醫療器械部門（2007 年），並在意大利設立無刷直流電機技術生產中心（2003 年），在印度欽奈設立汽車電機生產工廠及在中國廣西省北海市設立電機生產工廠（2010 年），並在墨西哥、塞爾維亞、波蘭等地設立製造工廠。2010 年，德昌電機銷售額達 17.4 億美元，比 2000 年 6.77 億美元增長了 1.57 倍。[42]

經過數十年的拓展，德昌電機已成為一家國際性的生產企業集團，是世界上最大的電機、螺線管、微型開關、柔性印刷電路板和控制系統的供應商之一，集團年生產量超過 10 億件。德昌生產的產品主要包括：電機及驅動產品（電機和螺線管）、泵和電動閥門、柔性電路與微電子、開關和繼電器及粉末冶金零件等，在香港、中國內地、瑞士、德國、意大利、以色列、法國、加拿大、英國及美國都有其產品研發設計中心，包括合約員工的僱員總數約為 4 萬人，分佈於全球 23 個國家。截至 2019 年 3 月底財政年度，德昌電機銷售額為 32.80 億美元，股東應佔溢利為 2.81 億美元。[43]

偉易達是全球知名的有線及無線電話供應商，創辦於 1976 年，當時稱為 "Video Technology Limited"，創辦人為黃子欣與梁棪華，初期主要開發公司第一代家庭電視遊戲機，首年營業額少於 100 萬美元。七八十年代，偉易達先後推出一系列新產品，包括首部配備微型處理器晶片的 LED 手提電子遊戲機（1978 年）、首部 LCD 手提電子遊戲機（1979 年）、首部電子學習產品 Lesson One（1980 年）、首個個人電腦系列 Laser 100（1983 年）、首部與 Apple II 相容電腦 Laser 3000（1985 年）、首部配備無線遙控器的教育視像系統 Socrates（1988 年），又以兩款非常暢銷的產品 Small Talk 及 Little Smart Driver，進軍學前兒童玩具市場（1989 年）。1991 年，公司更名為 "偉易達集團有限公司"，在倫敦證券交易所作第一上市，並於 1992 年在香港聯合交易所重新上市，連同於倫敦上市在內，擁有雙重第一上市地位。

香港回歸後，偉易達於 2000 年收購朗訊科技的消費性電話業務，並擁有 AT&T

品牌的特許使用權，可製造及銷售 AT&T 品牌的固網電話及配件；2002 年在美國推出全球首部 5,800 兆赫無線電話；2003 年推出全球首部最先進並且配備彩色 LCD 螢幕的 5,800 兆赫無線電話；2004 年推出 V. Smile 電視學習系統，該學習系統成為偉易達歷來最成功的電子學習產品之一。2006 年集團成立 30 週年之際，獲美國《商業週刊》雜誌選為全球 "資訊技術 100 強" 之一。2008 年，偉易達取消在倫敦證券交易所的上市地位，維持在香港的第一上市地位。經過多年發展，偉易達不僅成為全球消費無線電話市場最大生產商，而且成為歐洲主要市場的最大嬰幼兒玩具生產商，在加拿大、香港及中國內地設有產品研究及開發中心，業務遍佈全球 10 個國家，並聘用超過 3 萬名員工。2018 年，偉易達營業收入突破 20 億美元大關，達 21.3 億美元，創下歷史新高。

相比起德昌電機和偉易達，益達集團（Esquel Group）成立的時間較晚，其創辦人楊元龍原為上海紡織商人，其岳父蔡聲白是上海著名的美亞織綢廠的老闆，該公司曾經在中國近代史上顯赫一時。20 世紀 50 年代初，蔡、楊等舉家移居香港。1978年，楊元龍創辦益達集團，總部設在尖沙咀，當年先後收購檳城的東方製衣廠和毛里裘斯的 Textiles Industries Limited。80 年代初，益達在馬來西亞吉蘭丹州成立東方針織製衣廠，並入股斯里蘭卡 Polytex Garments Limited。1984 年，益達創立 "派" 品牌，並在香港開設首家 "派" 專門店，發展零售業務。1988 年，益達進入中國內地發展，在廣東佛山高明建立合資企業——"高豐紡織染聯合企業有限公司"。該廠於1996 年成為溢達的獨資企業，並於 2000 年易名為 "廣東溢達"。90 年代初，益達先後在長三角寧波、常州等地投資設廠，業務獲得快速發展。

1994 年，楊元龍女兒楊敏德接班，出任集團董事長，當年即在新疆吐魯番投建產能 3 萬紗錠的吐魯番紡紗廠，稍後擴建該廠，使產能增至 5 萬紗錠。1998 年，益達在新疆喀什建立合資企業 "新疆豐達農業有限公司"，租賃一幅面積約 6,500 英畝的棉田（為期 20 年），並在烏魯木齊收購產能 4 萬紗錠的棉紡廠。2000 年，益達將總部遷往灣仔，並在廣東高明成立集團研發中心，從而完成整合縱向一體化供應鏈。2009 年，益達旗下紡織廠首創 330 英支紗，為當時最細的紗線，2012 年再成功研發出世界上最細的 700 英支純棉紗線。❹ 2014 年，益達將集團的發展願景確定為

"勵志篤行，有所作為"。

　　經過多年的發展，益達集團已成為世界級的紡織及成衣全方位服務供應的企業集團，經營業務包括棉花研究、軋棉與紡紗（新疆）、特種紡紗（廣東高明和廣西桂林）、針織與梭織（廣東高明和越南平陽）、成衣製造（中國內地、馬來西亞、斯里蘭卡、毛里裘斯）、輔料與包裝（廣東高明）、零售和直銷（香港、廣州、上海、北京和新疆）等，並在日本東京、英國倫敦、美國紐約和西雅圖等地設有銷售辦事處，集團員工逾 5 萬人，每年生產的成衣逾 1 億件，除了集團旗下自主品牌"派"和"十如仕"的產品外，同時為全球多個知名品牌包括 Ralph Lauren、Tommy Hilfiger、Hugo Boss、無印良品及安踏等生產成衣，每年營業額達 15 億美元。

　　互太紡織由尹惠來於 1997 年 3 月在香港創辦，初期主要從事紡織品銷售及市場拓展業務，並在番禺開設工廠。2004 年，公司於開曼群島註冊成立，並收購位於斯里蘭卡布料製造廠的 52% 權益，翌年與住江織物株式會社及丸紅株式會社訂立合營企業協定，製造布料供應汽車紡織品市場。2007 年 5 月，互太紡織在香港聯交所上市。2011 年，互太紡織持有 40% 權益的 Textured Jersey 在哥林堡交易所主機板上市。2015 年 6 月，互太紡織成為"恒生高股息率指數"成份股。目前，互太紡織已成為一家大型的紡織產品（包括優質全棉及化纖針織布）製造及貿易企業集團，生產基地主要設於廣東及斯里蘭卡等地，生產廠房裝備全面，配有先進的生產設施，包括大型的污水處理設備及廢熱能發電設施，廠房集合針織、染色、印花及整理，形成綜合生產線，年產量約達 8,700 萬公斤，公司擁有逾員工 6,500 名。截至 2019 年 3 月底，互太紡織營業收入為 61.19 億港元，年度溢利為 8.70 億港元。❹⑤

　　晶苑國際創辦於 1970 年，創辦人為羅樂風和羅蔡玉清夫婦，羅樂風為知名服裝品牌堡獅龍創始人羅定邦的長子，公司初期僅為一小型車間，只有幾台縫紉機及針織機，從事毛衣業務，1976 年拓展至休閒服業務，又在馬來西亞及毛里裘斯開設工廠，並與 Mast Industries 共同成立合資公司 Sinotex。80 年代期間，晶苑國際將業務擴充至中國內地、牙買加及斯里蘭卡等地，並開始實施先進的工業工程及電腦化程式。香港回歸後，晶苑國際先後在越南、孟加拉、柬埔寨等地開設工廠，又收購 Martin International Holdings 並開設貼身內衣類別，同時將梭織業務轉型為專注於牛仔服的業務。2016 年，晶苑國際被《財富》雜誌列入"改變世界"名單中的第 17 位。目前，晶苑國際在全球 5 個國家共設有 20 間配備自動化製造設施的工廠，員工人數約 8 萬人，每年主要為全球領先的服裝品牌交付約 350 萬件成衣，產品類別包括休閒服、牛仔服、貼身內衣、毛衣、運動服及戶外服。截至 2019 年 6 月底財政年度，晶苑國際銷售收入為 24.28 億美元，年度溢利 1.52 億美元。[46]

表 8-4　香港部份主要製造業上市公司概況

家族財團	上市公司	上市日期	董事局主席 /董事長	2019 年1 月 25 日市值（億港元）
汪穗中家族	德昌電機控股（00179）	1984 年 7 月 11 日	汪穗中	149.21
黃子欣家族	偉易達集團（00303）	1992 年 11 月 5 日	黃子欣	188.80
尹惠來家族	互太紡織（01382）	2007 年 9 月 18 日	尹惠來	97.20
羅樂風家族	晶苑國際（02232）	2017 年 11 月 3 日	羅樂風	125.52

資料來源：香港交易所

》百年醬料專家：李錦記

香港製造業龍頭企業中，還有一家從事醬料生產和銷售的大型跨國企業集團——李錦記。李錦記的歷史，最早可追溯到 1888 年李錦裳創辦的李錦記蠔油莊。李錦裳，廣東新會人，幼年喪父，與母親靠農耕為生。孤兒寡母受盡村中豪強欺凌，不得已從新會遷至珠海南水鄉定居，並開設一家小食品店謀生。時年 17 歲的李錦裳偶然發現有一種叫蠔的海產品煮出的汁液味道十分鮮美，激發了他的靈感：如果將如此鮮美的汁液製成產品出售，必定大受歡迎。於是，經過反覆試驗和改進，他製成了蠔油。1888 年，李錦裳請人書寫了"李錦記" 3 個大字，懸掛在店舖上作為招牌，取"此蠔油由李家經營錦記為號"之義。自此，李錦裳的生意越做越大，

"李錦記"蠔油也開始四處流傳、名聲大震。然而,1902年,一場無情的大火燒去了半條南水街,李錦記也未能倖免。李錦裳只好攜同妻子到澳門謀生,但仍以經營"李錦記"蠔油為業,並兼營小雜貨。

1922年12月,李錦裳在澳門逝世,終年60歲。其子李兆南、李兆登等第二代繼承父業,不斷開闢貨源,改進製作技術,發展並擴大李錦記蠔油的經營。為了尋求更大的發展空間,李兆南於1932年把李錦記蠔油莊又遷到香港,在中環皇后大道中262號設立辦事處。當時,香港經濟開始繁榮,老百姓收入也有大幅度的提高。隨著超級市場的出現,李錦記蠔油等產品逐漸打開了香港市場。1936年,李氏兄弟抓住時機開拓海外市場,不久就成功打開第一個海外市場——北美洲華人市場。不過,這一時期,李錦記家族內部矛盾萌發,家族內部紛爭時有發生,這在一定程度上影響公司的發展。

為平息家族紛爭,1970年李兆南買下李錦記的全部股份,並將兒子李文達從澳門召回香港。1972年,李文達接任李錦記主席,他針對市場所需,改變李錦記過去只賣高檔蠔油的經營方針,以生產多檔次的蠔油去佔領各階層的市場。1976年,李錦記在香港仔黃竹坑設立廠房,以蒸氣及柴油取代柴火為生產能源。1980年,李文達引進先進設備,實行現代化管理,使企業達到了規模化生產,產品亦由單一的特級蠔油發展到包括辣椒醬、酸甜醬、豉油雞汁、蒜蜜醃醬、排骨醬、咖喱汁等100個品種的系列調味品。這時,李文達的5名子女李惠民、李惠雄、李惠中、李惠森及李美瑜在國外完成學業,相繼加入李錦記,為公司注入新的活力。

李文達(中)與他的兒子
(香港《文匯報》提供)

1988 年，李錦記將總部遷往香港大埔，同年推出全新企業商標，象徵公司以醬料及調味品作橋樑，促進中西飲食文化交流。1991 年，李錦記在美國洛杉磯的生產基地啟用，1995 年榮獲由香港品質保證局及英國標準協會頒發的 ISO9002 證書，成為全港首間取得此項國際品質保證的食品製造商。1997 年，李錦記將生產基地拓展至東南亞地區，在吉隆坡設立廠房。

香港回歸後，李錦記積極進軍中國內地市場，先後於 1996 年及 1998 年在廣東省江門市新會七堡鎮及廣州黃埔設立生產基地。2008 年及 2010 年，李錦記先後獲國家委任為北京奧運指定餐飲供應企業，及上海世博會事務局官方推薦的餐飲原輔材料供應企業。2012-2016 年，李錦記接連獲委任為"中國航太事業合作夥伴"，其生產的多款醬料通過高規格的品質、安全檢測及口味方面的嚴謹要求，入選為"神舟九號"、"神舟十號"及"神舟十一號"航太食品或航太員食用醬料，李錦記的"是拉差蛋黃醬"更登上國際太空站。為了進一步擴大生產，李錦記先後於 2014 年及 2015 年在廣東新會設立生產基地、物流中心暨貨運碼頭。2016 年，李錦記（中國）銷售總部正式遷入上海李錦記大廈。與此同時，李錦記亦積極拓展國際市場，先後於 2017 年及 2018 年在新加坡和英國倫敦設立辦事處。

經過 100 多年的發展，目前，李錦記已成為一家以香港為基地，橫跨中國內地、東南亞諸國、北美、歐洲的國際性大型醬油集團。其生產基地設於中國內地、馬來西亞及美國，並在中國內地、歐洲及俄羅斯、美國、東南亞及中東等區域設有辦事處，旗下員工 5,000 多人，生產及銷售超過 200 種醬料和調味品，產品銷售至全球 100 多個國家和地區。[47] 李錦記沒有在香港上市，據市場估計，李錦記品牌價值約 500 億美元。鑑於李錦記的斐然成績，李文達先後於 2010 年及 2018 年獲香港政府頒發銅紫荊星章和銀紫荊星章，並獲 DHL／南華早報頒發香港商業獎 2018——終身成就獎。

值得一提的是，李氏家族在將李錦記的醬料事業發揚光大的同時，亦將戰略目光放得更遠。李錦記早在 1992 年 12 月 8 日已在中國內地創辦"無限極（中國）有限公司"，當時稱為"廣東南方李錦記營養保健品有限公司"，總部設在廣州，致力從事家族未曾接觸的中草藥健康產品的研發、生產、銷售及服務。1994 年 8 月，無限極推出第一款產品——無限極增健口服液。2000 年，無限極與中國第一軍醫大合作成立天然藥物研究中心，2003 年成功通過 ISO9001，包括 2000 國際管理體系、HACCP 國際管理體系和保健食品良好生產規劃（GMP）3 項認證，2004 年在廣東新會設立生產基地，並與中華中醫藥學會聯合成立"無限極中華中醫藥發展基金"。2005 年，公司更名為"南方李錦記有限公司"。到 2009 年 3 月，公司啟動使命升級和品牌國際化戰略，再更名為"無限極（中國）有限公司"。

東惠商業大廈

經過多年發展，目前無限極已成功研發生產出五大系列、六大品牌共 145 款產品，擁有廣東新會、遼寧營口兩大生產基地（總投資 45 億元人民幣），並在中國內地設立 30 家分公司、30 家服務中心，超過 7,000 家專賣店，旗下員工超過 4,700 人。據該公司介紹，2017 年"無限極"品牌價值，經世界品牌實驗室評估為 658.69 億元人民幣，位列"中國 500 最具價值品牌排行榜"第 45 位。❹ 無限極已成為李氏家族另一重要的發展事業。根據 2019 年 2 月《福布斯》發佈的香港富豪排行榜，李文達以 171 億美元的財富，躍居第 3 位，僅次於李嘉誠（317 億美元）和李兆基（300 億美元）。

》 從內地製造業崛起的新富豪群體

20 世紀 80 年代以來，特別是 1997 年回歸之後，香港崛起一群新的富豪群體，這批富豪原多為中國內地居民（也有香港居民），藉中國改革開放大潮發家致富，其後取得香港永久性居民資格，成為香港富豪，其中矚目的包括：楊建文和林惠英、周群飛、李運強、葉澄海、林剛、黃敏利、朱共山、朱林瑤、張茵和劉名中等，這批人主要以製造業起家，旗下公司業務遍及中國內地甚至海外，為香港華資製造業財團中的新群體。

表 8-5　2018 年香港新富豪群體（部份）

名字	財富來源	主要企業	財富（億美元）	年齡
楊建文、林惠英	電子產品	伯恩光學有限公司	111	——
周群飛	智能手機屏	藍思科技股份有限公司	100	47
李運強、李文俊	造紙	理文造紙、理文化工	50	75
葉澄海	醫藥	深圳信立泰藥業股份有限公司	48	74
林剛	醫藥	康哲藥業控股有限公司	28	53
黃敏利	家具	敏華控股	25	52
鄧耀	時尚零售	百麗國際	25	83
朱共山	太陽能板材料	保利協鑫能源控股有限公司	24	59
朱林瑤	調味品	華寶國際控股有限公司	23	48
張茵、劉名中	造紙	玖瓏紙業	20	62/54
蔡文勝	圖片分享應用	美圖集團	18	47
黃聯禧	家居建材	中國聯塑	17	55

資料來源：根據相關資料整理

　　楊建文為香港人，曾是香港中文大學理工科的高材生，癡迷並善於研發。1986年改革開放初期，楊建文來到深圳橫崗街道，辦起一家僅有 100 多人的 "三來一補" 小工廠，為一些價值僅一兩百元的手錶製作錶面，這就是伯恩光學的前身。隨著生意的興旺，工廠與西鐵城等精工手錶合作，僱員增至 3,000 人。一個偶然機會改變了公司命運。據楊建文回憶，當時他買了部手機，螢幕是用膠片做的，使用時容易出現劃痕，於是他嘗試用玻璃材質生產手機屏幕，推薦給手機生產商，並獲得認可，隨後玻璃螢幕成為公司新業務。2004年，伯恩光學獲得摩托羅拉100萬片手機玻璃訂單，其後擴大到400萬片。楊建文於是擴大廠房面積，工人也增加到7,000人。很快，伯恩光學給摩托羅拉的手機玻璃供應超過億片規模，並成為了行業的領導者。

2007年，蘋果推出第一代iPhone手機，伯恩光學憑藉口碑成功獲得訂單，開始為蘋果提供螢幕。2009年，面對全球金融海嘯的衝擊，伯恩光學作出最重要的決定：在惠州設立新廠房，並且向自動化轉型，逐漸以機器代替人力。2010年，楊建文將旗下的富士光學及伯恩光學整合為伯恩光學有限公司。2014年，伯恩光學與浙江的露笑科技合資設立伯恩露笑藍寶石公司，在內蒙古通遼發展藍寶石晶體項目。目前，伯恩光學在深圳和惠州兩地的廠房總面積超過120萬平方米，僱員超過10萬人。2016年，伯恩光學總產值超過400億元人民幣，其中，蘋果、三星、索尼等市場佔公司總產值的90%，另外小米、酷派、華為等市場約佔公司產值10%。楊建文的成功與其妻子林惠英的支持和能幹密不可分。林惠英在伯恩光學出任集團主席，持有49%股權，楊建文出任公司總裁，持有51%股權。目前，伯恩光學不但是全球最大手機玻璃生產商，更可以說是這個市場的全球寡頭，其核心主業手機玻璃在全球市場佔有份額超過60%。

與伯恩光學展開正面競爭的是周群飛旗下的藍思科技。周群飛，原籍湖南湘鄉，20世紀80年代末期隨父親南下廣東謀生，初期在一家手錶玻璃加工廠打工。據傳聞，周群飛早年曾在伯恩光學打工。1993年，周群飛一家9人，一道以2萬元人民幣資金啟動，在深圳創業，從事絲網印刷。1994年，周群飛與香港商人結婚，取得香港永久性居民資格。據說，周群飛的崛起源自2001年，當時雷地科技公司老闆把TCL一批翻蓋手機面板的訂單分給她，自此開始生產手機有機玻璃面板。2004年10月29日，藍思科技（香港）有限公司註冊成立，公司實際控制人為董事長周群飛。在此前的2003年，周群飛在深圳創辦深圳藍思科技有限公司，其後將工廠拓展至湖南瀏陽經開區，並於2011年重組為藍思科技股份有限公司。

2015年3月18日，藍思科技在深圳創業板掛牌上市。周群飛表示："之所以選擇在3月18日這天上市，是因為這個日子對我、對藍思有特殊意義。22年前的今天，我和8個家人正式開始了創業的歷程。"目前，藍思科技已發展為一家以研發、生產、銷售高端視窗觸控防護玻璃面板、觸控模組及視窗觸控防護新材料為主的上市公司，經營業務覆蓋視窗防護玻璃、觸控式螢幕單體、觸控式螢幕模組、攝像頭、按鍵、陶瓷、金屬配件等，廣泛應用於手機、平板電腦、筆記型電腦、數碼相機、播放機、GPS 導航儀、車載觸控、智能穿戴、智能家居等多方面。藍思科技現時亦成為全球觸控功能玻璃面板最大的供應商，市值超過 250 億人民幣。周群飛本人被譽為"全球手機玻璃女王"。

李運強，原籍海南，1945 年移居香港，早年跟隨親戚學經商，其後自立門戶創業，改革開放後即返內地投資設廠，先後創辦了錄音、錄影帶廠，手袋廠，軟箱廠和紙箱、紙板廠及造紙廠，房地產投資公司等，並創辦理文集團。1994 年 3 月，李運強與長子李文俊在廣東東莞創辦獨資企業——東莞理文造紙廠有限公司，製造箱板原紙。翌年 5 月，理文造紙（香港）有限公司在香港註冊成立，負責處理集團的財政事務。1998 年，理文造紙的第一及第二條生產線在東莞濤涌廠房投產，年產 10 萬噸箱板原紙。2003 年 9 月 26 日，李運強將理文造紙在香港聯交所上市。經過多年拓展，目前理文造紙已發展成為全球具領導地位的箱板原紙及紙漿生產商之一，集團在東莞濤涌、廣東洪梅、江蘇常熟、重慶永川及江西九江等地共擁有 5 間廠房，並在越南設有生產設施，集團年產能超過 716.5 萬噸，其中包裝紙產能約 626 萬噸，漿年產能約 18 萬噸，衛生紙年產能約 72.5 萬噸。2018 年，理文造紙營業收入為322.08 億港元，除稅前利潤為 61.27 億港元，分別比 2014 年的 176.16 億港元及 22.09億港元增長了 82.83% 及 1.77 倍。❹

另外，李運強旗下的另一項業務——理文化工成立於 2006 年，原屬理文集團其中一項業務。理文集團於 2002 年 1 月 16 日在香港聯交所上市，主要經營手袋和化工等業務。2011 年 6 月，李運強將集團手袋業務分拆為"理文手袋"（Lee & Man Handbags Holding Ltd.）另在香港上市，讓化工成為集團單一業務，集團也因而改名為"理文化工有限公司"。理文化工在江蘇常熟和江西瑞昌設有兩個化工生產基地，主要從事氯化工、氟化工、高分子材料的生產研發。2018 年，理文化工營業收入為38.77 億港元，稅後利潤 8.72 億港元。❺ 早在 2016 年 8 月，李氏家族將所持理文手袋股權出售予聯想控股旗下的弘毅投資，退出公司管理層，理文手袋更名為"百福控股有限公司"。

葉澄海，原籍廣東梅州，早年畢業於中國人民大學，39 歲擔任廣東省委常委、深圳市副市長，並兼廣東省對外經濟工作委員會主任、黨組書記等職。1985 年，他辭職下海，成為中國最早下海的高官之一。1998 年 11 月，葉澄海透過旗下的香港信立泰藥業與深圳市華泰康實業，合資成立深圳信立泰藥業有限公司，主要生產化學原料藥、粉針劑、片劑和膠囊等產品。該公司於 2007 年 6 月重組為深圳信立泰藥業股份有限公司，註冊資本 8,500 萬元人民幣。2009 年 9 月 10 日，信立泰在深交所掛牌上市，當日以 66.35 元人民幣報收，一舉摘得 3 項稱號——"最貴中小板個股"、"A 股第三高價股"、"最貴醫藥股"。信立泰還先後收購了蘇州金盟生物、成都金凱生物和科奕頓生物等公司，又在美國馬里蘭州成立子公司 Salubris Biotherapeutics, Inc.。目前，深圳信立泰已是一家集醫藥產品研發、生產、銷售於一體的綜合性醫藥集團，業務範圍覆蓋中國、美國、德國、法國、日本等 30 多個國家和地區。2018 年度，深圳信立泰營業收入為 46.52 億元人民幣，股東淨利潤 14.58 億元人民幣。[61]

黃敏利，原籍福建南安，1980 年移居香港，初期在一家工廠當工人，後出任香港康麗電子工廠經理。1992 年，黃敏利與人合夥在深圳創辦敏華沙發，從事家具製造及銷售，1995 年重組為敏華實業有限公司，即敏華控股前身，第一年的銷售額為 300 萬美元。2005 年 6 月 16 日，敏華控股在新加坡證券交易所主機板上市，成為在新加坡主機板上市的首家中國家具企業。2006 年及 2007 年，黃敏利獲新加坡總理李顯龍頒發 "傑出貢獻獎"，又當選為 "香港十大傑出青年工業家"。2009 年 9 月 15 日，敏華控股在新加坡退市，其後於 2010 年 4 月 9 日在香港聯交所主機板掛牌上市。目前，敏華控股已發展成為集研發、製造、銷售和服務於一體的大型跨國智慧家居企業，在全球 22 個國家和地區設立分部，旗下分支機構 200 餘家，銷售網絡橫跨亞、美、歐、澳等區域，產品銷售至近 100 個國家和地區。據歐睿國際報道，2017 年芝華仕品牌、頭等艙品牌在中國功能沙發零售市場佔有率為 44.8%，並且是入選美國功能沙發前三名的亞洲功能沙發品牌。2020 年度，敏華控股營業收入為 121.44 億港元，股東應佔溢利為 16.38 億港元。[62]

林剛，原籍廣東湛江，1986 年畢業於湛江醫學院（現今廣東醫學院），1995 年收購深圳市康哲藥業有限公司。1997-2010 年期間，康哲藥業先後取得黛力新、優思弗、施圖倫滴眼液、肝復樂、新活素、西施泰、莎爾福、億活等藥品在中國的獨家推廣及銷售權。2006 年，林剛出任公司執行董事。2010 年 9 月 28 日，康哲藥業控股有限公司成功在香港聯交所主機板上市，並於 2011 年收購天津普瑞森醫藥貿易有限公司（其後更名為「天津康哲醫藥科技發展有限公司」）全部股份。經過多年發展，康哲藥業現已成為一家聚焦中國市場的專業醫藥企業集團，在深圳、湖南、河北擁有藥品生產基地，主要產品包括：波依定、優思弗、黛力新、新活素、莎爾福、億活、施圖倫滴眼液、喜療妥、丹參酮膠囊、伊諾舒等約 20 個品種。2018 年，康哲藥業的營業收入為 54.33 億元人民幣，年度利潤為 18.45 億元。

朱共山，原籍江蘇阜寧，早年畢業於南京電力專科學校（現今的南京工程學院），1990 年在香港創辦協鑫集團，並於 1996 年與保利集團旗下的新海康航業合作，組成新海康協鑫熱電有限公司，在江蘇太倉投資建設了第一個熱電廠——太倉新海康協鑫熱電廠。2006 年，朱共山創辦江蘇中能矽業科技發展有限公司，進入光伏產業門檻最高的上游——多晶矽原料行業。2007 年，朱共山將旗下光伏產業整合，以「保利協鑫能源控股有限公司」名義在香港主機板上市。2009 年，保利協鑫以超過 263.5 億港元，收購江蘇中能的全部股權。2012 年，保利協鑫先是與招商新能源簽訂框架協定共同建設太陽能屋頂電站營運平台，其後又與美國光伏電力項目發展商 NRG 成立合資公司。目前，保利協鑫已發展成為一家在全球規模領先、市場佔有率高的光伏材料製造商，每年為全球提供四分之一左右的高效光伏材料。2019 年，保利協鑫的營業收入為 192.50 億元人民幣，年度利潤為 11.08 億元人民幣。❸

朱林瑤，原籍四川，1990 年大學畢業後在北京成立第一家香精香料貿易公司，隨後將業務拓展至上海。1996 年，朱林瑤與丈夫林國文因香精業務在上海相識。林國文，原籍廣東茂名，改革開放後在深圳創辦華寶公司，1989 年移居香港。1996 年前後，林國文投資 2,000 萬美元，成立了上海華寶公司，而朱林瑤則成立了華寶香精香料（上海）有限公司。2004 年，華寶集團收購上海家化旗下一家企業，並成立上海華寶孔雀香精香料有限公司，一躍成為食用香精領域的重要生產企業。2006 年，華寶集團借殼深圳力特公司將集團香精業務在香港聯交所上市，公司更名為「華寶國際控股有限公司"。2018 年 3 月，寶華國際將旗下華寶香精股份有限公司，分拆在深圳交易所創業板上市。經過多年發展，華寶國際已成為一家領先市場的香料生產及銷售集團，其核心業務包括香精（煙用、食品用、日用）、香料、煙草原料及材料（再造煙葉、膨脹煙梗、捲煙新材料等）和調味品業務的研發、生產、銷售和服務。2019 年度，寶華國際集團營業收入為 42.41 億元人民幣，除稅前盈利為 17.46 億元人民幣。❺

張茵，祖籍黑龍江雞西，1985 年移居香港創業，1987 年返回內地尋找合作夥伴，從事造紙業，先後與遼寧營口造紙廠、武漢東風造紙廠、河北唐山造紙廠等廠商合作。1988 年，張茵在東莞建立獨資造紙廠——東莞中南紙業，生產生活用紙。1990 年，張茵與丈夫劉名中在東莞投資 1.1 億美元，創辦玖龍紙業，1998-2002 年期間，玖龍紙業先後在廣東東莞和江蘇太倉建成並投產 3 條生產線，年產能達 100 噸以上，確立作為中國包裝紙板龍頭企業的地位。2006 年 3 月 3 日，玖瓏紙業在香港聯交所上市。經過多年發展，目前，玖瓏紙業已成為全球最大的環保型廢紙造紙集團之一，主要生產卡紙、高強瓦通原紙以及塗布灰底白板紙，集團在中國的造紙機遍佈各製造業中心，包括廣東東莞、江蘇太倉、重慶、天津及福建泉州和黑龍江瀋陽，並收購河北永新紙業 78.13% 股權。2018 年，玖龍紙業在美國先後收購 3 家漿紙一體化工廠，包括位於緬因州的 Rumford 和 Old Town、威斯康辛州的 Biron 和位於西維珍尼亞州的 Fairmont 再生紙漿廠。2018-2019 年度，玖瓏紙業營業額為 546.47 億元人民幣，除稅前年度盈利利潤 38.60 億元人民幣。❺

近年來，這一群體的富豪在香港迅速崛起，其中的標誌是 2018 年《福布斯》香港富豪榜中，楊建文夫婦以 111 億美元躋身前 10 位，僅次於李嘉誠（360 億美元）、李兆基（329 億美元）、呂志和（190 億美元）、郭炳江和郭炳聯（178 億美元）、劉鑾雄（170 億美元）、吳光正（130 億美元）、朱李月華（120 億美元），而排名第 8 位。當中還有中國聯塑的黃聯禧、美圖集團的蔡文勝、百麗國際的鄧耀等等，都是中國改革開放的最大得益者，也是將來一群不可小覷的香港華資財團群體。

05

金融業：華資財團的潰退與發展

————————————

　　回歸以來，香港先後遭受 1997 年和 2008 年兩場全球金融的嚴峻衝擊。受此影響，華資財團在香港金融業的地位進一步下降。在證券業，受到 1997 年亞洲金融危機的衝擊，香港最大華資投行百富勤被迫清盤，轉售予法國國家巴黎銀行；由馮景禧創辦的新鴻基證券於 1996 年被家族後人出售後，亦於 2015 年被中資的光大證券收購，結束了其作為華資最大證券集團的歷史。在銀行業，隨著中小銀行經營環境的惡化，包括永隆銀行、創興銀行等一批華資中小銀行相繼被迫"賣盤"。至此，華資財團在金融業的地位進一步式微。不過，值得注意的是，這一時期香港歷史最悠久的華資銀行——東亞銀行卻取得了進一步的發展，成為華資銀行僅存的碩果。

» 證券業：百富勤清盤與新鴻基金融轉手

　　20 世紀 90 年代，香港股市掀起一股紅籌股與 H 股上市熱潮，推動了國際投資銀行在香港的發展。這一時期，華資在香港投資銀行與證券業發展中，最矚目的是百富勤國際的崛起。百富勤國際創辦於 1988 年 9 月，註冊資本為 3 億港元，創辦人杜輝廉（Philip Leigh Tose）和梁伯韜，曾出任萬國寶通國際行政正、副總裁，是香港投資銀行界赫赫有名的人物。杜、梁二人持有公司三成半股權，其餘股權由 10 多名股東合佔，包括和記黃埔、中信國際、合和實業等。當時，梁伯韜曾雄心勃勃地表示："我希望我們在 10 年內成為中國的高盛（Gold Sachs）、摩根士丹利（Margan Stanley）或美林（Merrill Lynch）。"

　　百富勤國際創辦後，遇到兩個迅速發展的良機。第一個就是成功收購老牌上市公司廣生行。廣生行創辦於 1898 年，是一家有百年歷史的化妝品公司。廣生行於 1941 年在香港掛牌上市，是當時香港股市的藍籌股，素有"股霸"之稱。20 世紀 70 年代中期以後，廣生行轉向地產發展，發展成為一家以收租為主的地產投資公司。1989 年 9 月，百富勤在李嘉誠支持下，運用"槓桿式收購"（Leveraged But-out）原理，以 3 億港元資本額成功購入市值 14 億港元的廣生行控制權。百富勤的第二個機會，是透過廣生行成功控制另一家上市公司泰盛發展。泰盛發展創辦於 1972 年，同年 10 月在香港上市，原是一家地產發展公司，70 年代中期轉向證券投資，成為一家典型的華資證券公司。其創辦人香植球素以對股市預測準確聞名，人稱"股壇怪傑"。不過，80 年代後期，受到 1987 年 10 月全球股災及 1989 年天安門事件衝擊，香植球萌生退意，為百富勤國際的介入提供了良機。❺❻

　　1990 年 2 月，百富勤國際透過廣生行以 4.78 億港元價格，購入泰盛發展 34.9% 股權。同年 5 月，泰盛發展易名"百富勤投資"，並斥資 2.6 億港元向百富勤國際購入兩家全資附屬公司——百富勤融資和百富勤證券，百富勤國際借殼上市。1991 年 4 月，百富勤宣佈結構重組，從原來廣生行持有百富勤投資，改組為由百富勤投資持有廣生行，前者以投資銀行及證券業務為主，後者則以地產業務為主。百富勤重組後，透過百富勤投資在香港的投資銀行、證券業，大展鴻圖。20 世紀 70 年代初期，香港的證券及投資銀行業基本上由英資壟斷，當時滙豐的獲多利、怡和的怡富、嘉道理的寶源投資鼎足而立。進入 80 年代，一些美資銀行和證券公司如美林入股新鴻基公司，萬國寶通透過附屬公司唯高達，開始在香港證券及投資銀行業大展拳腳。不過，90 年代初期，部份外資投資銀行在香港的業務有所收縮，這為百富勤提供發展空間。當時，華資財團的勢力在香港迅速抬頭，並活躍於收購、兼併、重組、集資及證券投資等領域。百富勤憑藉其與華資大亨的密切關係，在香港市場迅速崛起。

　　1992 年內地的改革開放進入新階段，百富勤及時把握機會，為中資公司和國有企業安排融資並推薦上市，掀起紅籌股和 H 股在香港上市熱潮。百富勤透過全資附屬公司百富勤融資，在短短數年內在香港投資銀行市場佔據相當大的比率，尤其是在安排紅籌股和 H 股方面處於領導地位，它先後策劃上市的紅籌股就有中信泰富、海虹招商局、中國海外、上海實業、深業控股、北京控股、越秀投資等。董事總經理梁伯韜因而被譽為"紅籌之父"。在證券業方面,百富勤透過另一家全資附屬公司百富勤證券,於 1991 年收購長實與加拿大帝國商業銀行合資的怡證公司,一舉躋身香港十大證券公司之列。到 1995 年底,百富勤投資市值已達 62.76 億港元,遠超過資歷比它深的新鴻基公司(市值 21.44 億港元),成為亞洲區內(不包括日本)最大投資銀行及香港本地證券公司的"龍頭老大"。

到 1997 年金融風暴爆發前夕,百富勤已發展成一個大型投資銀行集團,擁有資產 241 億港元、員工 1,750 人,分支機構遍及全球 28 個國家或地區(其中大部份集中在亞洲區)。不過,由於擴張過快,百富勤對不少位處東南亞的國家,尤其是在緬甸、越南、泰國、印尼等分支機構的管理,都出現不同程度的混亂,並導致債務規模過大,風險控制不力。20 世紀 90 年代中後期,百富勤發展的業務中,風險業務所佔比重相當大,尤其是金融衍生工具業務,即所謂"坐盤資產"(Trading Account Assets)。據統計,1994 年底,百富勤的坐盤資產僅 25.8 億港元,但到 1997 年已突破 100 億港元大關。

1997 年 7 月,亞洲金融危機席捲泰國,香港市場即流傳百富勤投資出現財務危機的傳聞。11 月 16 日,百富勤投資宣佈,將引進瑞士蘇黎世集團的全資附屬公司蘇黎世中心集團作為策略性股東,ZCI 承諾認購金額 2 億美元的可贖回優先股,每股作價 8 港元,比當時百富勤投資的股價有 27% 的折讓。認股完成後,ZCI 將持有百富勤投資 24% 股權,成為單一最大股東(百富勤國際的持股量將降至 20.3%,成為第二大股東)。其後,百富勤投資又與多家國際金融機構恰商有關認購額外可換股贖回優先股的可能性。12 月 16 日,百富勤投資宣佈與美國第一芝加哥銀行達成協議,該行全資附屬公司將根據 ZCI 相同條款,認購總值 2,500 萬美元的可換股贖回優先股。

不幸的是,踏入 1998 年,金融危機在印尼進一步惡化,印尼盾大幅貶值。百富勤投資在印尼卻有高達 6 億美元的鉅額投資,除對印尼計程車公司(Steady Safe)貸款外,還有 2 億美元掉期交易及 2 億美元發債擔保。印尼盾急挫,令百富勤投資的資產從 53 億美元下降至 32 億美元,其印尼債券形同廢紙。面對急轉直下的形勢,1998 年 1 月 6 日,ZCI 提出更苛刻的入股條件,即認股價從每股 8 港元減為 5.75 港元。1 月 7 日，百富勤與 ZCI 達成修改條款協定。根據協定，ZCI 承諾在 1 月 13 日注入 1.75 億美元，但百富勤必須先安排一筆 6,000 萬美元的短期貸款作為過渡性貸款。1 月 9 日凌晨，美國第一芝加哥銀行通知百富勤取消向其提供 6,000 萬美元貸款的承諾，ZCI 立即中止談判。翌日，由於無法取得 ZCI 和第一芝加哥銀行的注資及

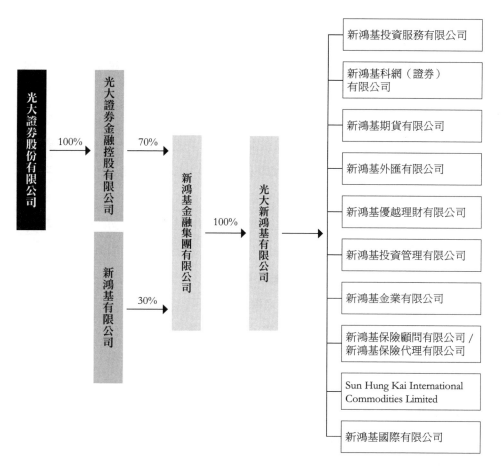

光大新鴻基的股權及業務架構（資料來源：光大新鴻基官網）

貸款，百富勤投資無法向債權人支付到期債券 6,000 萬美元。消息傳出，百富勤所有往來銀行立即停止其賬戶的支付。

其後，香港證監會以保障投資者利益為理由，向百富勤旗下 10 家公司發出限制通知書。香港聯交所也決定暫停百富勤證券會籍，禁止其進行買賣活動。香港期交所只允許百富勤期貨進行平倉活動。此後，一系列的"拯救計劃"相繼流產，百富勤被迫於 1998 年 1 月 13 日宣佈清盤，法庭委派羅兵咸會計事務所為臨時清盤人。同年 2 月 2 日，法國國家巴黎銀行（Banque Nationale de Paris，簡稱 "BNP"）及旗下的法國國家巴黎建東證券（BNP Primeeast Securities）與百富勤臨時清盤人達成協議，購入百富勤中港證券業務，公司改名為"法國國家巴黎百富勤"（BNP Prime Peregrine）。至此，香港最後一家大型華資投資銀行轉投外資投資銀行陣營。百富勤申請清盤後，香港多家華資證券公司，包括正達集團、福權證券、集豐證券相繼出事，嚴重打擊了投資者的信心。華資證券公司的生存空間進一步收窄。❺❼

香港證券業的發展，基本與香港證券市場的開放與發展同步展開。在"香港會時代"（1866-1969 年），香港的證券業基本由英資公司壟斷，主要依附於滙豐銀行、渣打銀行等英資商業銀行。及至"四會時代"（1969-1986 年），隨著多家華資開設的證券市場的發展，華資經營的投資銀行與證券行得到長足的發展，其中的佼佼者便是馮景禧旗下透過新鴻基公司持有的新鴻基證券和新鴻基銀行（初期稱為"新鴻基財務"）。20 世紀 80 年代初，新鴻基公司在地產狂潮及其後的大崩潰中泥足深陷，旗下的新鴻基銀行亦在地產市道最高峰時期，斥資 3 億元（相當於股東資金的 70%）購買總行大廈。隨著地產崩潰和銀行危機的相繼爆發，新鴻基銀行面臨資金不足及存款大量流失的雙重困難。1983 年，陷入危機的恒隆銀行被香港政府接管後，新鴻基銀行亦遭受擠提，並陷入財務危機之中。為了挽救被清盤的命運，馮景禧被迫同意讓作為第二大股東的百利達和美林，以增股方式向銀行注入資金，從而控制該銀行 51% 股權（各佔 25.5% 股權），馮景禧失去大股東地位。❺❽ 1985 年 3 月，阿拉伯銀行集團以 3.6 億港元價格，收購新鴻基銀行 75% 股權。1986 年，新鴻基銀行改名為"港基銀行"。到 1990 年，阿拉伯銀行再收購馮氏家族餘下的 25% 股權，港基成為阿拉伯銀行的全資附屬機構。

當時，新鴻基銀行控股權的易手，對馮景禧打擊頗大。1985 年 8 月 25 日，一代金融奇才馮景禧在郵輪旅程中病逝，東山再起夢滅。1986 年，馮永祥成立“天安中國有限公司”，1987 年 3 月透過收購食品工業空殼以介紹方式上市，投資中國內地業務。❺⁹ 1990 年，馮永祥再分拆天安中國的內地製造業業務，組成“新鴻基工業有限公司”在香港上市。❻⁰ 這一時期，新鴻基的地位逐步下降，在香港聯交所的理事地位亦降至 B 組（成交量最大 14 位列作 A 組）。面對當前困境，馮永祥意興闌珊。1996 年 6 月，馮永祥以每股 3.24 港元價格，將其父親所創的新鴻基公司 33.18% 股權出售予李明治旗下的聯合地產，套現資金 7.4 億港元。馮永祥隨後收購新鴻基旗下的新鴻基工業，改組成立“禹銘投資”，另作發展。

新鴻基在聯合集團時代，也取得一定的發展機會。2002 年，新鴻基公司以“新鴻基金融集團”作品牌，成立財富管理業務，開展多元化經營。2007 年，新鴻基收購歐洲投資銀行 Ambrian Capital plc 9.10% 股權，建立策略性夥伴關係，拓展企業融資及顧問服務、基金管理及商品經紀服務等業務。2011 年 3 月，新鴻基成立全新一站式優越理財及資本管理服務機構——“新鴻基尊尚資本管理”（SHK Private），以作為新鴻基金融集團的旗艦品牌，並在銅鑼灣開設設施配套齊備的 SHK Private 客戶中心。同年 12 月，新鴻基旗下的新鴻基證券改名為“新鴻基金融有限公司”，以配合集團的“新鴻基金融”品牌策略。

回歸以來，隨著大批 H 股在香港上市，中資證券公司迅速發展。2014 年，中資的光大證券制定 5 年戰略發展規劃，提出“積極推進國際化，實現境內外一體化”的戰略目標。為此，光大證券將目標指向新鴻基金融。2015 年 2 月 1 日，光大證券宣佈與新鴻基簽訂收購協議，以 40.95 億港元的總價格，收購新鴻基公司旗下全資附屬公司新鴻基金融有限公司 70% 的股權，其餘 30% 股權仍由新鴻基持有。交易於 6 月 1 日完成。2017 年 12 月 18 日，新鴻基金融有限公司更名為“光大新鴻基有限公司”。光大證券董事長薛峰表示：“公司易名為‘光大新鴻基’對光大證券來說，是一個重要的里程碑，代表著光大證券立足香港，服務全球，是光大證券國際化戰略又一重要實踐。”❻¹ 至此，香港最大的本地華資證券公司正式投身中資集團的陣營。

» 銀行業：永隆、創興等華資銀行相繼賣盤

回歸以來，香港銀行業已具有較明顯的寡頭壟斷經營特徵，包括滙豐、渣打、中銀香港、恒生在內的大銀行，約佔香港銀行資產總額的六成以上、貸款總額的五成以上，以及客戶存款的三分之二左右。2001 年，香港宣佈取消實施多年的"利率協議"，銀行之間的競爭日趨激烈，利差收窄從而使銀行盈利能力受到更大的壓力。香港本地註冊的華資中小型銀行因為規模有限，為爭取存款被迫用更高的利息招攬客戶，而更高利息則意味著要更高的資金成本，利潤也隨之被壓縮。在這種背景下，銀行業唯有推動業務轉型，向非利息的中間業務發展。但全球金融危機後金融監管當局的監管措施更為嚴厲，又有日益強大的外資金融機構和中資銀行等大型銀行相競爭，加上 1997 年的亞洲金融危機及 2008 年的全球金融海嘯，都使香港中小華資銀行的經營環境進一步惡化。

與此同時，隨著人民幣國際化進程和中國企業"走出去"步伐加快，特別是中國"一帶一路"對外發展戰略的實施，香港作為中國內地與國際市場跨境交易的平台角色日益凸顯，這進一步推動中國內地金融機構以香港為平台拓展海外市場。正

星展銀行中環總行

是在這種特定的歷史背景下，踏入 21 世紀以來，香港銀行業的併購風潮再度掀起，有關收購、兼併的個案此起彼伏。被併購的香港銀行，包括廣安銀行、友聯銀行、第一太平銀行、華人銀行、道亨銀行、浙江第一銀行、港基國際銀行、亞洲商業銀行、永隆銀行、創興銀行、永亨銀行等一眾華資銀行。犖犖大者計有：

1. 1998 年，新加坡發展銀行收購廣安銀行，並將其改名為"DBS 廣安銀行"。

2. 2000 年，中國工商銀行與招商局集團達成收購協議，以 18.05 億港元收購香港友聯銀行 53% 股權，隨後香港友聯銀行改名為"工銀亞洲"。同年，東亞銀行收購第一太平銀行。

3. 2001 年，新加坡發展銀行以 432 億元收購道亨銀行。2003 年新加坡發展銀行將道亨銀行、DBS 廣安銀行及海外信託銀行合併，改名為"星展銀行（香港）"。

4. 2001 年，中信嘉華銀行以 42 億港元價格收購華人銀行。該項收購行動於 2002 年 1 月 17 日完成。同年 2 月，中信嘉華銀行重組為"中信國際金融控股有限公司"（簡稱"中信國金"），華人銀行成為中國金控旗下全資附屬公司。2002 年 11 月 25 日，中信國金將大部份銀行資產及負債轉移至華人銀行，並將華人銀行改名為"中信嘉華銀行有限公司"，中信國金則作為金融控股公司繼續在香港掛牌上市。

5. 2003 年 8 月，永亨銀行與日本瑞穗金融集團（Mizuho Financial Group）旗下的瑞穗實業銀行（Mizuho Corporate Bank）簽署協定，以 48 億港元的價格收購浙江第一銀行。

6. 2004 年，工銀亞洲收購華比富通銀行的零售及商業銀行業務，華比富通銀行隨後改名為"華比銀行"，成為中國工商銀行（亞洲）的全資附屬公司。同年，港基國際銀行被台灣富邦銀行收購。2005 年 10 月，工銀亞洲正式將華比銀行香港分行併入，重點發展人民幣業務。

7. 2006 年，亞洲商業銀行被大眾金融收購，改名為"大眾銀行"。同年，中國建設銀行收購香港的美國銀行（亞洲）有限公司，更名為"中國建設銀行（亞洲）"。美國銀行（亞洲）的前身是創辦於 1912 年的廣東銀行。

8. 2008 年，招商銀行收購永隆銀行 53.12% 股權，總收購價為 193 億港元（折合約 172 億元人民幣）。

永隆銀行大廈

9. 2014 年，越秀集團透過旗下的越秀金融控股，以每股 35.69 港元價格，向創興銀行大股東廖氏家族及其餘小股東共收購創興銀行 75% 股權，總交易作價 116.44 億港元。

10. 2014 年，新加坡華僑銀行以 387 億港元價格，收購永亨銀行 97.52% 股權。收購完成後，永亨銀行改名為"華僑永亨銀行"。

11. 2015 年，中國信達資產管理股份有限公司旗下信達金控與中銀香港簽訂協定，以 680 億港元現金收購南洋商業銀行 100% 股權。

在這些收購、兼併案例中，以 2008 年招商銀行兼併永隆銀行，以及 2013 年越秀集團收購創興銀行一事最為典型。

永隆銀行由伍宜孫、伍絜宜兄弟於 1933 年創辦，早期稱為"永隆銀號"，秉持"進展不忘穩健、服務必盡忠誠"宗旨，為客戶提供銀行服務，是香港歷史最悠久的本地註冊銀行之一。1960 年 4 月 1 日，永隆銀號正式註冊為"永隆銀行有限公司"。1980 年 3 月 24 日，永隆銀行在香港證券交易所上市，1984 年在美國洛杉磯開設首家海外分行，2004 年又積極利用 CEPA 協議在中國深圳開設首間內地分行。至 2007 年在香港及境外共開設 40 間分行。截至 2007 年底，該行擁有總資產達 930 億港元，名列香港第四大本地銀行。然而，在 2008 年全球金融海嘯的壓力下，伍氏家族最終還是走上"賣盤"之路。

2008 年 3 月，永隆銀行委託財務顧問向有意收購的 5 家金融機構發出招標邀請函，分別為中資的工商銀行、建設銀行、交通銀行、招商銀行，以及澳洲的澳新銀行（ANZ）。結果，由招商銀行以每股 156.5 港元的價格，擊敗有意參與競投的其他

4 家銀行的競價，以 193 億港元的總價格，收購伍氏家族所持有的 53.12% 股權。[62]根據香港《公司收購及合併守則》的有關規定，該行其後按同樣價格向永隆銀行剩餘股東發起全面要約收購。永隆銀行全部已發行股本的估值為 363.38 億港元。這次收購創下了自 2001 年新加坡發展銀行收購道亨銀行以來，香港銀行業最大規模的一次收購，被英國《金融時報》評述為"不具備可複製性"的併購案例。

　　當時，有評論指出："多方競購永隆銀行的事實表明，尋找海外市場視窗的中資銀行，和希望在中國開展業務的外國銀行，對香港的中小銀行都很感興趣。"對招商銀行而言，收購永隆銀行將提高其在香港的業務規模，使其可以從香港和內地之間不斷增長的跨境業務中獲利。這一時期，香港正處於與內地融合的歷史性時刻，人民幣業務的發展充滿機遇，招商銀行收購永隆銀行後，將獲得香港這個寶貴的發展平台，從而更好地向海外擴展。金英證券（Kim Eng Securities）分析師 Ivan Li 表示："招行需要一個更大的網絡，以使其香港當地業務更有意義。購買永隆銀行是一個很好的擴張方式。"[63]

　　另一個典型案例是越秀集團收購創興銀行。創興銀行由廖寶珊於 1948 年創辦，當時稱為"廖創興儲蓄銀莊"，以"創業興家"、"服務大眾"為宗旨。1955 年，廖創興儲蓄銀莊註冊為"廖創興銀行有限公司"，並在 50 年代後期取得快速發展。1960 年，廖創興銀行遭遇擠提風潮，風潮平息後，廖寶珊病逝。其後，廖創興銀行在廖氏第二代廖烈文兄弟的引領下穩健發展。1994 年，廖創興銀行在香港上市後，積極拓展內地及海外經營網絡，又致力發展強積金、人壽保險、證券等非銀行業務，以及非利息收入的零售銀行業務，取得長足的發展。2006 年以後，廖創興銀行積極推進"市場化"策略，包括將銀行改名為"創興銀行"；啟用新銀行總部大樓並改變銀行"包裝"；改組銀行董事會及管理高層，首次由非廖氏家族人士出任銀行行政總裁；又發行美元次級債券以增強銀行資本基礎，並進一步擴展分行網絡等。然而，在全球金融海嘯的刺激下，創興銀行最後也被迫走上"賣盤"之路。2014 年 2 月 5 日，中資的越秀集團透過旗下的越秀金融控股，以每股 35.69 港元價格，向創興銀行大股東廖氏家族及其餘小股東共收購創興銀行 75% 股權，總交易作價 116.44 億港元。

當時，有評論指出："該收購案（越秀收購創興銀行）為香港 27 年來首家非銀行金融機構收購香港本地銀行、國內首宗由地方國企完成的境外銀行併購、廣州改革開放以來最大的境外併購。該收購案圓滿落槌，在國際資本市場也引起較大反響。2014 年 12 月，基於在收購創興銀行過程中的卓越表現，越秀集團接連斬獲香港《財資》雜誌'年度最佳交易——最具創意交易'大獎，享有亞洲資本市場'奧斯卡'聲譽的《金融亞洲》雜誌'金融成就大獎——最佳金融機構交易'等。" [64] 收購完成後，創興銀行藉助大股東越秀集團的優勢，迅速拓展內地分支行網絡，鞏固和提升越秀集團在粵港金融領域的實力和發展優勢。

回歸以來，包括永隆銀行、創興銀行等一系列本地註冊中小銀行相繼被收購後，華資銀行在香港金融界的地位進一步式微。剩餘的只有東亞銀行、大新銀行等少數銀行。對於華資銀行的衰落，曾經在滙豐、恒生銀行任職高管的香港著名銀行家梁高美懿有這樣評價："外資的管理是較強的，一方面因為要符合不同國家的監管

創興銀行中心

機構的指引，而且它們不是由家族來經營，也沒有一個特大的股東，全由專業人士來管理，故此他們的管理架構是比較完善的，會清楚知道每個崗位的職責，如何制衡。在嚴謹的管理制度下，理論上出現問題的機會較低。""而華資，不少都是家族生意。這樣家族就會掌握決定權，而且家族成員也會進入管理層，不過通常會由一人來掌握決定權，因而較為保守，少做少錯，所以發展不會太大。在今天日益嚴謹的銀行監管要求下，很難有大的發展。例如 IT 方面，會否願意作這麼大的投資呢？人才方面，聘請了能幹的人，會否影響家族成員在銀行的地位呢？可預見衝突是存在的，所以現在我們見到一家接一家的華資銀行出售。一些因為他們不願投放更多的資金，一些不願下放更大的權力，不願聘請更多的人才，這樣銀行是難以發展的，結果便要求售了，而價錢也因香港銀行牌照有限而相當理想。可以預期它們會逐步出售，因為當你不願投資時，便難以經營下去。" ⑥⑤

創興銀行前董事總經理廖烈智在收購完成後曾這樣表示："如果不黯淡，我們也不會賣盤，並且有這麼多家都賣盤了，事實上是經營困難。我自己是很專心去經營的，我的同事、社會各界人士、銀行同業都知道。但還有什麼其他選擇呢？"他並強調指出："我認為最使我痛心的就是政府不大力支持本地銀行。香港作為一個世界金融中心，竟然沒有一家可與外商大銀行平起平坐之本地銀行！我覺得這是香港政府最大的錯失，我對此感到悲痛。就好像新加坡，所有大銀行都是當地銀行，例如星展銀行、華僑銀行及大華銀行等全是當地銀行。在香港，有哪一家銀行可以與中銀、花旗、渣打、滙豐競爭？如果香港再發生一次經濟衰落，我想情況會很嚴重。香港沒有本地銀行幫忙，如果你尋找大銀行幫助，大銀行不一定會貼心處理。因為它不太認識你，不知道你的背景。華資銀行不同，對借貸人的背景則比較了解。" ⑥⑥

» 銀行業：東亞銀行藉收購兼併壯大

這一時期，香港華資銀行的發展演變中，最值得稱道的是東亞銀行。在 20 世紀 90 年代中期以後，東亞銀行在香港銀行界收購、兼併此起彼伏的浪潮中，也展開了一系列的收購行動，並藉此發展壯大。

1995 年，東亞銀行成功收購中國聯合銀行。當時，中國聯合銀行在香港設有 19 間分行。2001 年，東亞銀行再收購第一太平銀行。第一太平銀行的前身為康年銀行及遠東銀行。1986 年銀行危機期間，康年銀行因壞賬問題被香港政府接管，其後被林紹良旗下的第一太平集團收購。1987 年，第一太平集團再向花旗銀行收購旗下的遠東銀行，並將康年銀行與遠東銀行合併，易名為“第一太平銀行”。2001 年 8 月和 2002 年 4 月，中國聯合銀行和第一太平銀行先後被併入東亞銀行，兩家銀行的所有香港分行都改名為東亞銀行，所有資產和債務也將轉移至東亞銀行名下。至此，東亞銀行在全球的經營網絡增加到 150 多個，成為香港最大的本地華資銀行。

　　回歸之後，東亞銀行進一步加強多元化業務發展。2002 年，東亞通過收購三大國際會計師行的相關業務，成立了網絡遍佈全球的 Tricor Holdings Limited（卓佳專業商務）。2008 年 1 月，東亞銀行旗下的全資附屬公司“東亞人壽保險有限公司”開業，提供一系列人壽保險方案，包括終身壽險、儲蓄壽險、年金計劃、定期保險計劃，以及不同保障範圍和模式的退休及醫療儲蓄計劃等，使東亞銀行客戶享受更全面的一站式銀行、投資及保險服務，更靈活方便地管理財富。不過，2008 年全球金融海嘯爆發後，香港觸發“雷曼兄弟債券”債務危機，受謠言影響，東亞銀行部份分行一度出現擠提人群，東亞的股價在 9 月 24 日一度大幅貶值 11.29%，一天內損失近 31 億港元的市值，導致銀行主席李國寶緊急從美國趕回香港“救火”。幸而，危機很快過去。

　　回歸之後，東亞銀行的重要策略，是積極拓展中國內地市場。東亞銀行自 1920 年在上海成立首家分行以來，在內地的業務從未間斷。1998 年，東亞銀行成為首批獲准在內地經營人民幣業務的外資銀行。2002 年和 2004 年，東亞銀行先後在內地推出個人客戶“電子網絡銀行服務”和“企業電子網絡銀行服務”。2003 年，東亞銀行在北京開設分行。2007 年，東亞銀行在內地註冊成立全資附屬銀行——東亞銀行（中國）有限公司（簡稱“東亞中國”），與花旗、滙豐及渣打等國際巨頭一起，成為內地首批通過本地註冊驗收的外資銀行。東亞中國成立後，在內地的業務穩步發展。2008 年 11 月，東亞銀行的信用卡系統通過中國人民銀行驗收，成為在內地第一家發行人民幣信用卡的外資銀行。2014 年，東亞中國成為首批在上海自貿區內開設網點的外資銀行之一，2018 年再成為首家獲准在前海開設分行的外資銀行。同年 8 月，東亞銀行與浦發銀行簽署全面戰略合作協議，將聚焦"一帶一路"、科創中心和自貿試驗區建設等領域，全面深化雙方合作。

與此同時，東亞銀行在海外的業務亦穩步發展。從 20 世紀 60 年代開始，東亞銀行就走出海外，先後在美國、加拿大、新加坡、印尼、馬來西亞等地設立網點。2001 年，東亞銀行成功收購美國大興銀行（Grand National Bank），進一步擴展集團於美國西岸的銀行業

東亞銀行大廈

務。大興銀行成立於 1983 年，專門為美國南加州的中小型企業提供商業銀行及貿易融資服務。2002 年，大興銀行更名為"美國東亞銀行"（The Bank of East Asia (U. S. A.) N. A.）。**❻❼** 2003 年，美國東亞銀行將集團總行由加州遷往紐約，並在紐約開設首間分行。東亞銀行透過美國東亞銀行和加拿大東亞銀行的分行網絡，以及其設於洛杉磯和紐約的各分行，為北美洲的客戶提供銀行服務。此外，東亞銀行亦於英國、英屬維珍群島及東南亞國家設有分行及代表處，形成一個以香港為基地，覆蓋中國內地及美歐的銀行網絡。2017 年，東亞銀行收購柬埔寨 PRASAC Microfinance 21% 股權，藉以掌握"一帶一路"倡議帶來的機遇。東亞在海外的業務，主打"華人牌"，重點在華人聚居的地區如美國的唐人街等開設分行。"為海外華人服務"成為東亞銀行海外業務的經營特色。

2008 年全球金融海嘯爆發後，東亞銀行與中資的中國工商銀行加強合作。2010

年 1 月，東亞銀行與工商銀行達成交叉收購協議，東亞銀行以 8,024.91 萬加元（約
5.89 億港元）出售其所持有的加拿大東亞銀行 70% 的股權，而東亞銀行也以 3.72 億
港元的代價，收購工商銀行持有的工商東亞其餘 75% 的股權。交易完成後，工商東
亞將成為東亞銀行的全資附屬公司，而加拿大東亞銀行則不再為東亞銀行的附屬公
司，東亞銀行將與工商銀行合作營運和管理加拿大東亞銀行。工商東亞是工商銀行
與東亞銀行於 1998 年共同成立的，主要提供證券經紀、承銷、保證金融資、期貨及
期權合同交易等服務。李國寶表示，東亞銀行將視本次收購為重要的契機，以擴大
該行的客戶群及開拓新市場。2011 年，東亞銀行與工商銀行再達成協議，東亞銀行
將其所持有的美國東亞銀行 80% 的股權出售予工商銀行，套現 1.4 億美元。交易完
成後，東亞仍持有美國東亞銀行 20% 的股權。

目前，東亞銀行主要股東包括李國寶及李氏家族成員，據市場估計約持有
20-25% 股權，但股權分散；日本三井住友銀行持有 17.61%；西班牙 Criteria Caixa, S.
A., Sociedad Unipersonal 持有 16.03%；國浩集團持有 12.76%。2019 年 7 月，李國寶
正式辭任行政總裁，但仍擔任董事局主席，其子李民橋和李民斌則接任聯席行政總
裁。目前，東亞銀行在香港、中國內地及海外東南亞、英國和美國等地共設有 200
個分支機構，旗下東亞中國為內地網絡最龐大的外資銀行之一，網點遍佈內地 44 個
城市。東亞銀行經營的業務包括零售銀行、企業及商業銀行、財富管理、保險及強
積金服務等，並透過附屬公司經營證券、保險、投資基金等。2019 年度，東亞銀行
的集團股東溢利為 32.60 億港元，資產總額達 8,651.98 億港元。（表 8-6）

根據畢馬威《香港 2019 年銀行業調查報告》（*Hong Kong Banging Survey 2019
-KPMG*）的數據，以總資產計算，在香港本地註冊的十大銀行中，東亞銀行的總資
產為 8,394.51 億元，稅後淨利潤 65.54 億港元，排名第 6 位。在 2020 年度"全球銀
行品牌價值 500 強排行榜"中，東亞銀行排名第 195 位。東亞銀行表示，銀行未來
的發展願景，是"成為大中華及其他地區客戶信任及首選的銀行夥伴"。❸

表 8-6　東亞銀行經營概況（單位：億港元）

	2015 年	2016 年	2017 年	2018 年	2019 年
存款總額	5,780.20	5,646.46	6,081.50	6,326.04	6,475.86
客戶貸款及墊款	4,415.06	4,542.42	4,737.76	5,006.31	5,091.05
資產總額	7,813.64	7,657.06	8,089.42	8,394.51	8,651.98
可歸屬於本集團股東溢利	55.22	37.23	93.47	65.09	32.60

資料來源：《BEA 東亞銀行 2019 年報》，第 5 頁。

06

影視傳媒業：亞視停播與無綫、邵氏賣盤

回歸以後，華資財團在影視傳播業的發展也趨向走下坡路，在香港經濟的影響力逐步下降。在影視業，隨著現代科技及電子傳媒的發展，香港傳統的影視集團都先後受到衝擊。其中，經營時間最長的亞洲電視在種種主、客觀不利因素壓力下，特別是公司股權多次轉手影響下，最終被迫停播。在20世紀80-90年代一度輝煌、並長期佔據主導地位的無綫電視及其控股公司邵氏兄弟，亦隨著其靈魂人物邵逸夫的淡出、辭世，後人無意接手，最終走向"賣盤"道路，被迅速崛起中的中資傳媒巨頭收購，從而結束其作為香港本地華資影視巨擘的時代。

» 亞洲電視股權轉手與停播

自1982年邱德根入主亞洲電視以來，香港影視業基本由無綫電視和亞洲電視兩家持有免費電視牌照的集團壟斷，覆蓋香港約700萬收視人群，同時輻射中國內地廣東地區以及東南亞多個國家，共超過1億收視人群。在兩巨頭的競爭中，亞洲電視雖然處於下風，但仍致力挑戰無綫電視霸權，製作出不少具影響力的電視節目。可惜好景不長，就在亞洲電視情況稍有改觀的時候，公司控制權卻遭遇數度易手，直接打擊亞視隨後的發展。

1988年，鄭裕彤家族與林百欣家族合作，透過旗下的新世界發展與麗新集團，聯手購入亞洲電視三分之二的股權，作價4.17億港元，結束了邱德根長達7年的經營期。在鄭、林主政時代，亞洲電視租用清水灣片場作為電視劇製作中心，製作過不少經典節目，包括成人清談節目《今夜不設防》、電視劇《我來自潮州》、《我和

殭屍有個約會》等。1994年，無綫與亞視同時購入台灣版《包青天》，兩台同期熱播。其後，無綫請來邵氏出身的影視巨星狄龍重新拍攝了一部《包青天》，亞視則請出包拯專業戶金超群再拍一部《新包青天》，兩台對打前後持續兩年之久，形成香港電視史上有名的"雙包案"。可惜的是，這一時期，亞洲電視儘管在節目上出現不少突破，但仍未能扭轉收視率。其間，鄭裕彤家族減持股份，而林百欣家族則專注於控制成本，減少虧損。

香港回歸後，亞洲電視股權又出現多次重大變動。先是從越秀集團出身的內地商人封小平與鳳凰衛視董事長劉長樂聯手，取代林百欣成為亞視大股東；繼而由劉長樂與長江製衣主席陳永棋聯手，入主亞視。然而，亞視的經營一直差強人意。2007年，亞洲電視再次易手，由查懋聲旗下的名力集團牽頭，聯同荷銀集團合組財團，購入亞洲電視47.58%股權；查懋聲兄弟共同擁有的泛泰集團另持有10.07%股權，連同查懋聲個人持有的0.68%股權，合共持有亞洲電視58.33%股權，成為大股東。另外，國務院直屬企業中信集團以其附屬公司僑光集團入股14.81%。原來的大股東陳永棋及劉長樂則減持股權至26.85%。交易完成後，由查懋聲出任亞洲電視董事局主席，陳永棋改任副主席。名力集團創辦於1988年，原為香港上市公司，主要業務是投資紡織、金融、地產等業務，由查濟民出任主席。2001年，受到亞洲金融危機和全球科網股爆破的影響，通過私有化退市。

查懋聲入主亞洲電視後，為公司注入10億港元資金，一度雄心勃勃，招兵買馬，準備大展拳腳，又將亞洲電視總部遷入位於大埔工業村的亞視新電視綜合大樓，並計劃籌備上市事宜。2008年12月，亞視宣佈委任資深電訊業高管張永霖為執行主席，王維基為行政總裁。不過，在短短12天後，雄心勃勃的王維基突然宣佈辭職。2009年1月，亞洲電視又引入旺旺中時媒體集團的台灣富商蔡衍明加盟。及至2010年1月，查懋聲突然公開宣稱，自己年事已高，心有餘而力不足，加上健康原因，希望能為亞視找到新的"歸宿"。他亦坦誠，接手亞視3年來，公司一直沒有賺錢。當年9月，中國內地富商王征宣佈投資20億港元入主亞視。不過，由於在操作過程引起亞視另一股東蔡衍明不滿，結果演變成持續的股權糾紛。據說，王征本姓盛，祖上為清朝巨賈，是清朝著名實業家盛宣懷堂弟的曾孫，當時身兼香港懋輝發展有限公司董事長、北京榮豐房地產開發有限公司董事長、重慶吉聯房地產開發有限公司董事長等多種身份，他通過其遠房親戚黃炳均入主亞視。當時，王征曾雄心勃勃地表示，要將亞視打造成"亞洲的 CNN"。

由於持續不斷的股權轉變，亞洲電視的節目質素逐步下降，加上受到"慣性收視"等其他各種不利因素影響，亞洲電視逐步陷入困境。其後，亞洲電視因資金緊絀而拖欠員工薪酬，節目播映受到影響，甚至取消播出新聞節目《亞洲早晨》、《新聞簡報》、《普通話新聞》等，在香港影視傳媒領域引發轟動反應。從 2013 年起，王征開始尋找亞視接盤人，但是始終沒有願意出資拯救亞視的個人或公司。據香港媒體報道，王征曾經開價 17 億港元出售其股份，包括亞視欠他近 11 億港元的債務以及股份作價 6 億港元。如果要接手亞視，除了償付這部份資金之外，還需再投入鉅資更新設備，以及打造新節目。市場預計，總投資或需以幾十億港元計。有傳聞稱，包括娛樂大亨楊受成、澳門新賭王呂志和、香港電視老闆王維基等，都曾對亞視股份表示有興趣，但接觸之後，全都打了退堂鼓。❻

2014 年 12 月 8 日，亞視股東蔡衍明向法院要求，委任獨立監管人進入亞視董事局，重組公司結構，法官裁定蔡衍明勝訴，高等法院並頒令委任德勤的黎嘉恩和何熹達擔任亞洲電視經理人。由於亞洲電視的本地免費電視節目服務牌照於 2015 年 11 月 30 日屆滿，2015 年 4 月 1 日，香港政府行政會議召開特別會議商討亞洲電視續牌事宜，決定不續牌予亞視；同時宣佈向李澤楷旗下的電盈附屬公司——香港電視娛樂發放 12 年免費電視牌照，在未來兩年內提供粵語及英語電視頻道服務。

2016 年 4 月 1 日子夜，亞洲電視免費電視牌照最終到期，亞洲電視結束其 58 年又 308 天的營運歷史。根據香港政府通訊局的公告，官營香港電台電視部在 4 月 2 日凌晨接管亞視的類比電視頻譜，其替代廣播服務將持續至約 2020 年香港結束類比電視廣播制式為止。4 月 2 日凌晨，亞視廣播結束後，公關及宣傳科高級經理黃守東最後一次以亞視發言人身份會見傳媒，他感謝觀眾 59 年來的支持，感謝歷年來台前幕後所有亞視員工的努力，又讚揚所有"亞視人"都是最優秀的傳媒工作者及電視從業員。他並希望亞視以衛星廣播及網絡電視繼續廣播，最後引用亞視經典電視劇《天蠶變》主題曲歌詞"經得起波濤，更感自傲"勉勵亞視及員工勇敢向前。黃守東發言後向傳媒及公眾鞠躬致謝，掩面流淚，步回亞視大樓，成為亞視最後經典一幕。

對於亞視的停播，香港著名評論人查小欣認為："亞視的興衰起落是傳媒工作者的最佳反面教材。亞視雖有經營超過半世紀的本錢，而王征入主 5 年就有本領將亞視送入墳墓，可見做傳媒完全沒有吃老本這回事。""亞視的死因不單是多個節目錄得零或一點收視率，令觀眾完全失望，還屢犯廣播條例，誤報新聞，濫用新聞自由，削弱亞視新聞公信力，破壞企業形象，更多次拖欠員工薪金……最可憐的是600 多位亞視職員藝人，未知何去何從。" ❼

不過，亞洲電視的故事似乎並未結束。2016 年 5 月 3 日，由司榮彬旗下的上市公司協盛協豐控股有限公司的附屬公司星鉑企業有限公司（Star Platinum Enterprises Limited）與主要債權人王征及其名下公司簽署協議，購入王征的股權與債項，星鉑企業成為亞視唯一的投資者及主要債權人，持有亞視超過 52% 股權。2017 年 4 月 24日，香港高等法院正式批准解除德勤的亞視臨時清盤人職務，亞視轉由星鉑企業接管。2018 年 1 月 19 日，重組後的亞洲電視改名為"亞洲電視數碼媒體有限公司"，並正式啟播，與香港寬頻（HKBN）攜手合作，透過流動應用程式及 OTT 平台廣播節目。

» 無綫電視與邵氏兄弟的賣盤

在香港免費電視兩強爭霸的年代，邵逸夫時代的無綫電視一直處於主導地位。無綫電視，即電視廣播有限公司（Television Broadcasts Limited，簡稱"TVB"）。香港回歸之後，亞視因管理層和股權頻頻變動，加上自製劇產量銳減，聲勢已大不如前，而無綫電視幾乎一台獨大。根據前香港浸會大學新聞系助理教授杜耀明的資料顯示，無綫和亞視各佔香港本地粵語頻道的市場份額，由 1994 年的 7：3，發展為1999 年的 8：2 及 2007 年的 9：1。 ❼

無綫電視的總部原設於九龍清水灣道電視城，為公司向電視企業和邵氏兄弟租借用地，租約於 2003 年到期。早在 1998 年，無綫電視就開始籌劃在新界將軍澳建設電視城。2003 年 12 月，將軍澳電視廣播城開幕，總面積約 11 萬平方米，主要由 6

幢製作及行政大樓組成，包括廣播大樓、綜藝錄影廠大樓、戲劇錄影廠大樓、新聞及停車場大樓、工廠大樓及聯匯大樓等，面積比清水灣電視城大約 30%。2007 年 12 月 31 日，香港正式推出數碼電視廣播，無綫電視率先推出香港首個 24 小時高清頻道 "高清翡翠台"。

不過，自 2010 年以後，邵逸夫由於年近古稀，逐步淡出無綫電視管理。2011 年 12 月 31 日，邵逸夫退任董事局主席及無綫電視非執行董事。這一時期，無綫電視的盈利增長開始放緩。2014 年，無綫電視淨利潤出現 5 年來首次下跌，從 2013 年度的 17.6 億港元跌至 14.2 億港元，跌幅接近 20%。2015 年，無綫電視淨利潤進一步跌至 13.2 億港元，營業額也從 2014 年度的 57.7 億港元下跌至 44.6 億港元，跌幅達 22.7%。由於邵氏後人無意經營無綫電視，因此，踏入 21 世紀以後市場就不時傳出無綫賣盤的傳聞。據報道，包括復星、碧桂園、新鴻基地產以及恒基地產等地產集團，都曾對 TVB 股權及其下資產表現出濃厚的興趣。

2011 年 1 月 26 日，無綫電視終於發出股權變動公告，由香港富商、德祥集團主席陳國強，台灣女首富、威盛集團董事長王雪紅及美資基金公司普羅維登斯（Providence Equity Partners）合組的財團——Young Lion，以 62.64 億港元的價格，向邵氏兄弟購入無綫電視 26% 股權，成為無綫電視單一最大股東。其中，陳國強佔有 Young Lion 逾五成股權。3 月 30 日，有關交易獲香港政府廣電局批准。同時，邵氏兄弟將所持公司 2.59% 股權饋贈予數家教育及慈善機構。饋贈完成後，邵氏兄弟的持股比率降至 3.64%，公司副主席、郡逸夫夫人方逸華的持股量則為 0.26%。全部交易完成後，TVB 管理層保持不變，但陳國強、王雪紅及普羅維登斯行政總裁喬納森·尼爾森 3 人加入董事局，由陳國強出任主席。至此，無綫電視逾 40 年的邵逸夫時代正式結束。2014 年 1 月 7 日，一代影視大亨邵逸夫辭世，享年 107 歲。對此，無綫電視給予高度評價稱："無綫電視於 1967 年成立，邵爵士是創辦公司董事之一。他以無比的精力和視野，帶領無綫電視成為香港最大的電視台和全球中文電視行業中最具影響力的電視台之一。" ❼❷

入主無綫電視的新財團中，出任主席的陳國強為香港德祥集團主席，名下持有多家上市公司股權，由於擅長收購空殼公司，在香港有 "殼王" 之稱。陳國強早在

2005 年已開始與無綫電視產生關係。當年，陳國強透過錦興集團收購 TVB 旗下無綫收費電視 51% 股份，不過由於收費電視業績欠佳，其後於 2009 年將三成股權售回 TVB，但仍持有公司 21% 股權。王雪紅為台灣著名企業家王永慶之女，宏達國際電子董事長。至於美資私募基金普羅維登斯則以擅長投資電訊傳媒業著稱。不過，新財團入主無綫電視後，並未能扭轉公司業績不斷下滑的趨勢。2016 年 12 月初，TVB 罕有地發出了近 30 年來第一次盈利警告，表示預計 2016 年度盈利將可能較上年下跌 55-65%。評論認為，近年 TVB 業績的滑落，受到多種因素的影響，包括電子新媒體的崛起、內地電視產業對香港電視業形成的壓力，以及公司內部節目缺乏創新、人才流失及培養乏力等。

2015 年 4 月 22 日，無綫電視再傳出股權變動消息。當日，無綫電視發佈公告稱，內地華人文化產業投資基金（簡稱 "CMC"）董事長黎瑞剛，透過旗下華人文化傳媒投資公司，入主 TVB 控股公司 Young Lion。❼❸ 消息傳出後，香港傳媒市場為之矚目。據事後了解，黎瑞剛透過持有 82.12% 股權的 CMC，購入 Young Lion

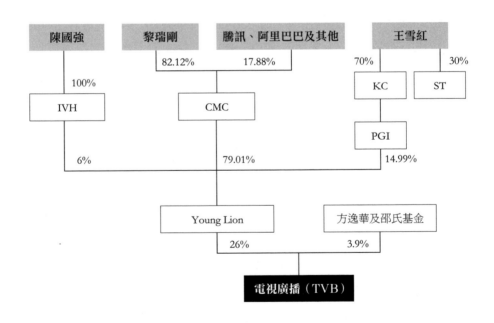

CMC 入股後電視廣播有線公司（TVB）的股權結構

79.01% 的股權。交易完成後，原大股東陳國強及王雪紅持有的股權分別下降至 6% 和 14.99%。黎瑞剛透過持有 Young Lion 控制權，持有無綫電視 26% 的股權，而方逸華及邵氏基金則持有無綫電視 3.9% 的股權。換言之，黎瑞剛已取代陳國強等人成為無綫電視的實際控制人。

黎瑞剛早年畢業於復旦大學新聞系，曾在上海文化廣播影視集團（SMG）出任董事長及總裁超過 10 年時間，2009 年創辦國內首個文化產業私募股權基金——華人文化產業投資基金，並出任董事長兼行政總裁。該基金初始規模為 50 億元人民幣，後擴大到 300 億元人民幣的規模。其後，CMC 先後投資燦星製作、IMAX 中國、bilibili、愛奇藝、快手、CAA 及 CAA 中國、電動汽車方程式 Formula E、趣頭條、SNH48、快看漫畫等傳媒及娛樂類公司，以及一系列互聯網技術和消費類公司。2015 年 10 月 31 日，黎瑞剛再創立華人文化控股集團（後改名為 "華人文化集團公司"，簡稱 "CMC Inc."），旋即成為中國內地領先的傳媒與娛樂產業集團。黎瑞剛本人亦被譽為 "傳媒教父"。

黎瑞剛與無綫電視的合作早在 2012 年已開始。當年，無綫電視與 SMG 及 CMC 組成合營公司 "上海翡翠東方傳播有限公司"（無綫電視擁有 55% 股權），共同推動無綫電視在中國內地市場業務的發展。黎瑞剛入主無綫電視後，於 2016 年 10 月 17 日經香港政府批准及董事局選舉，出任公司董事局副主席兼非執行董事，陳國強則繼續出任該公司董事會主席。在此之前，2016 年 1 月，黎瑞剛更透過 CMC，購入邵氏兄弟 29.73% 股權，成為公司第一大股東。同年 10 月 25 日，邵氏兄弟宣佈，經香港政府批准及董事局選舉，委任黎瑞剛為董事局主席兼非執行董事，即日起生效。邵氏兄弟並委任 CMC 總裁及首席戰略官許濤為公司非執行董事，委任 CMC 旗下引力影視總裁姜偉為公司執行董事。至此，內地傳媒大亨黎瑞剛已實際控制邵氏兄弟及香港無綫電視兩家影視傳媒巨頭。

對此，黎瑞剛表示："我非常高興成為邵氏兄弟的主席及非執行董事。邵氏是華人電影世界家喻戶曉的品牌。我非常有信心，和公司同仁一同努力，推動邵氏在包括中國內地和香港在內的區域市場以及全球市場的更大發展。" ❼ 兩日後，邵氏兄弟公佈其未來電影、電視發展鴻圖大計，其中電影包括真人電影和動畫電影，類型多樣,題材廣泛,納入香港和內地眾多一線藝人、導演、製作人班底,並與美國、歐洲、日本同業展開廣泛合作等。黎瑞剛表示:"在相當長的時間裡,邵氏兄弟一定程度代表了整個香港電影工業,是香港電影傳統的縮影,也是香港電影演藝及創作人才的搖籃。邵氏兄弟在人才、產業系統,以及在國際市場,品牌等方面的深厚積累具有獨特的價值和巨大發展空間。未來華人文化和無綫電視作為邵氏兄弟的戰略股東,將把各自體系內以及中國內地、香港乃至全球的優勢電影資源和邵氏緊密聯動,共同創新突破,聯手開拓全球華語電影市場。" ❼❺

07

博彩娛樂財團與餐飲王國

回歸以來，發展最快速的華資財團要屬呂志和家族。呂志和家族從香港採礦、酒店、地產起家，在 2002 年澳門開放博彩經營權的過程中，由於及時把握商機，籌組銀河娛樂集團，結果在眾多競爭者中脫穎而出，取得博彩經營牌照，並迅速成為澳門的新"賭王"，成為香港回歸以後最快速崛起的大財團。

》 呂志和家族：澳門新"賭王"

呂志和是廣東新會人，1934 年 5 歲時隨父母移居香港。二戰後，呂志和靠進口日本機械參與城市重建賺得"第一桶金"。1955 年，呂志和創辦嘉華集團，參與香港政府有關開山、填海、建造馬路等基建工程。1964 年，嘉華投得秀茂坪山上安達臣道石礦場開採經營權，成為香港首間擁有採礦牌照的公司。1977 年，嘉華將旗下安達臣礦場分拆在香港上市。20 世紀 80-90 年代，香港多個大型基建工程相繼展開，本地建材需求急劇上升，如赤鱲角機場、青馬大橋、西區海底隧道、三號幹線等，嘉華均參與其中，成為香港最大的建材商之一。呂志和亦被譽為香港"石礦大王"。

70 年代，嘉華集團開始涉足香港酒店業，先後與洲際、萬豪、喜來登、希爾頓等世界知名酒店品牌合作，將酒店特許經營權引入香港。1979 年，呂志和斥資 6,800 萬港元在九龍尖東投資一幅土地，興建五星級的海景假日酒店。1985 年，嘉華集團進軍美國酒店業，以 Stanford Hospitality 名義擁有 17 家酒店，大部份位於美國加州，市值近 30 億港元。其後，嘉華在美國三藩市成立仕德福酒店集團，與希爾頓、喜來登和萬豪等知名酒店品牌合作，先後開設 20 多家酒店，被評為全美十二大酒店集團之一。1987 年，嘉華集團旗下地產板塊——嘉華國際在香港聯交所上市。1992 年，鄧小平南巡廣東後，中國對外開放進入新階段。嘉華集團把握機會，參與廣州市首個舊城改造項目——嘉和苑。其後，嘉華集團加快在內地發展，不但在各地買下石礦場、興建混凝土廠，還在上海投資房地產業，先後開發了港泰廣場、嘉麗苑和嘉華中心等地產項目。

1999 年澳門回歸後，新成立的澳門特區政府決心打破何鴻燊在博彩業 40 年的壟斷地位，於 2001 年下半年宣佈開放博彩經營權，以公開競投方式批出 3 個專營牌照。當年，呂志和與呂耀東父子即組建銀河娛樂場股份有限公司，參與競投賭牌。當時，參與競投的財團多達 21 家，競投委員會共收到 21 份標書，除港澳台外，各競標財團分別來自美國拉斯維加斯、大西洋城、澳洲、英國、南非等地，匯集了世界賭業巨頭。英國《金融時報》稱競標者名單可稱得上是全球賭業名人錄。經兩輪程式審查，18 家跨國財團參與角逐。

其中，包括澳門"賭王"何鴻燊、美國拉斯維加斯博彩大亨史提芬·永利（Stephen Wynn），以及馬來西亞的林梧桐等，還有香港財團如鄭裕彤、龔如心和劉鑾雄等，競爭相當激烈。在關鍵時刻，銀河娛樂夥拍拉斯維加斯金沙集團董事長蕭登·艾德森（Sheldon Adelson）參與競投，結果在眾多財團中突圍而出，與何鴻燊的澳門博彩股份有限公司、史提芬·永利的永利有限公司一道，奪得澳門政府發出的 3 張賭牌。其中，銀河財團 88 億澳門元的承諾投資額，兩倍於澳博的 44 億澳門元和永利的 40 億澳門元。

不過，在其後運作中，銀河娛樂發現與金沙的在經營理念上存在重大分歧，結果在澳門政府的協調下，將賭牌一分為二，主牌由銀河娛樂持有，副牌則分給金沙，雙方各自獨立經營賭場，但必須共同履行合作競投時承諾的義務與責任。其後，澳博和永利的賭牌也相繼一分為二，澳博將副牌分拆給何鴻燊女兒何超瓊與美國博彩巨頭美高梅的合資公司，永利則以 9 億美元的價格，將副牌出售予何鴻燊兒子何猷龍與澳洲博彩業大亨 James Packer 合組的新濠國際發展，從而使澳門博彩業的競爭格局從"三足鼎立"變為"六雄爭鋒"。

當時，呂志和委派長子呂耀東出任銀河娛樂董事局副主席兼執行董事，負責主理公司業務。呂耀東早年畢業於美國加州大學伯克萊分校，獲土木工程學士及結構工程碩士。呂耀東返回香港後即加入石礦場工作，後投身父親旗下酒店，又進軍內地開拓建材市場。銀河娛樂獲得博彩經營權後，呂耀東對全球博彩業進行深入考察，決定要結合澳門的實際情況，在澳門路氹地區引入拉斯維加斯的度假村酒店模式，打造一個獨特的大型一站式旅遊休閒場所，既具有亞洲特色，東南亞風情，又集博彩、酒店、娛樂、消費、休閒於一體，以全新的經營模式來搶佔市場，並突出銀河的形象。當時，銀河娛樂獲得澳門政府在路氹新區批出總面積達 470 萬平方呎的土地，成為各個獲發賭牌的博彩經營商中，持有單一土地儲備最多的一個。

2004 年，銀河旗下首家賭場華都娛樂場開業，其後擴展到總統、金都和利澳 3 家酒店，形成了銀河旗下四大"城市娛樂會"。銀河也成為繼澳博與金沙之後，第三家在澳門經營賭場的博彩公司。2006 年 10 月，銀河斥資近 30 億港元建造的星際酒店落成開業，選址於澳門博彩業最集中的友誼大馬路。

2011 年 5 月 15 日，銀河娛樂投資 149 億港元建造的大型綜合度假城——"澳門銀河一期"盛大開幕。該項目原計劃於 2008 年落成，其後因受到 2008 年全球金融海嘯影響而一度停工。到 2009 年初引入 Permira 基金後重新啟動，最終於 2011 年建成開業。澳門銀河一期佔地 55 萬平方米，包括兩幢東南亞風格的宮殿式大樓，並在兩幢主樓之間的平台花園上設立全球最大型空中衝浪池——天浪淘園。澳門銀河一期設有高級酒店、3D 電影院、頂級會所，以及購物大道和食肆廣場，為遊客提供一站式多元化旅遊休閒服務。呂耀東表示："澳門銀河是澳門首個百分百以亞洲式度假風情為發展藍本的世界級娛樂度假城，把澳門從未有過的東南亞風情帶進來，以'亞洲心'作為宗旨，'傲視世界、情繫亞洲'作為服務理念，真正構建了一個理想的亞洲度假勝地。"

2015 年 5 月 27 日，銀河娛樂投資 160 億港元的"澳門銀河二期"宣告落成啟用。澳門銀河二期的開幕，令銀河娛樂的位於路氹的綜合度假城，佔地面積擴展到 110 萬平方米。包括：澳門麗思卡爾頓酒店、澳門悅榕莊、澳門 JW 萬豪酒店、澳門大倉酒店及銀河酒店 5 家世界級酒店，提供約 3,600 間客房；零售購物面積達 10 萬平方米，薈萃約 160 個國際頂級名牌及時尚生活品牌，及約 80 間美饌食府；天浪淘園總面積擴展至超過 7.5 萬平方米，設有全球最長的空中激流及人工沙灘"棕悅灣"；以及澳門最豪華的 3D 影城 UA"銀河影院"。❼ 與此同時，銀河娛樂旗下的另一個項目——"澳門百老匯"也正式啟動，為遊客提供充滿動感活力的"百老匯大街"及娛樂區，以展現澳門及亞洲文化精粹。澳門百老匯並設有百老匯酒店，百老匯舞台及零售、食肆區。其中，百老匯舞台設有 3,000 個座位，提供熱力四射的零距離表演，並舉辦各類盛事及澳門活動。

2016 年，銀河娛樂宣佈啟動澳門銀河三、四期建設，計劃投資 500-600 億港元，專注於非博彩設置，預計全部計劃完成後，銀河娛樂在澳門路氹的總發展面積將增加到 200 萬平方米，成為世界上最大的綜合性度假城。2014 年 3 月，銀河娛樂又宣佈與廣東珠海橫琴新區達成框架協定，將投資 100 億元人民幣發展世界級度假勝地。該項目位於橫琴西南面一幅 2.7 平方公里土地，擁有長達 2.5 公里的海岸線，將發展在澳門無法操作的項目，包括低密度旅遊產品或休閒產品、高爾夫項目、休閒度假屋及其他康樂項目等。銀河娛樂副主席呂耀東表示，該項目將可與公司的澳門業務形成優勢互補，並在支持澳門成為世界旅遊休閒中心方面扮演重要角色。

銀河奪得博彩業經營權後，即籌劃在香港上市。2005 年 7 月，呂志和家族將手持澳門賭牌的銀河娛樂股權注入上市公司嘉華建材。由嘉華建材以 184.05 億港元收購銀河娛樂 97.9% 權益，並改名為"銀河娛樂集團有限公司"。2007 年，全球最大的私募基金公司之一 Permira Funds 以約 65 億港元代價，收購銀河娛樂 20% 股權；同時，銀河娛樂透過配售新股集資 13 億港元。交易完成後，呂志和家族及嘉華國際所持有銀河娛樂集團的控股權益，從原來的 71% 減至 52%。

從銀河娛樂借殼上市以來的經營看，隨著一系列賭場的開業，集團的收入有高速增長的態勢。2005 年，銀河娛樂的博彩及娛樂收入 6,621.3 萬港元，到 2017 年增加到 593.83 億港元，12 年間增長了 895.85 倍，年均增長率高達 76.22%。博彩及娛樂收入的高速增長帶動了集團總收入、股東應佔溢利的大幅增長。2017 年，銀河娛樂的總收入和股東應佔溢利分別為 624.50 億港元和 105.04 億港元，分別比 2009 年的 122.33 億港元和 11.49 億港元，大幅增長了 4.11 倍和 8.14 倍，年均增長率高達 22.6%

和 31.86%。（表 8-7）銀河娛樂在澳門六大博彩公司中，股票總市值高居第 2 位，在 2019 年 12 月 31 日收市總市值達 2,487.33 億港元，僅次於金沙中國的 3,288.99 億港元。（表 8-8）

表 8-7　銀河娛樂業務發展概況（單位：億港元）

年份	總收入	博彩及娛樂收入	博彩及娛樂收入佔總收入比例（%）	股東應佔溢利	總資產
2005 年	12.92	0.66	5.11	23.95	263.89
2006 年	46.69	33.89	72.59	（-15.32）	292.09
2007 年	130.35	114.81	88.08	（-4.66）	317.61
2008 年	104.97	88.94	84.73	（-113.90）	186.52
2009 年	122.33	109.88	89.82	11.49	189.63
2010 年	192.62	180.20	93.55	8.98	251.86
2011 年	411.86	396.12	96.18	30.04	357.64
2012 年	567.46	546.96	96.39	73.78	443.89
2013 年	660.32	636.20	96.35	100.52	462.57
2014 年	717.52	697.15	97.16	103.40	518.39
2015 年	509.91	490.73	96.24	41.61	553.54
2016 年	528.26	506.85	95.95	62.83	662.61
2017 年	624.50	593.83	95.09	105.04	838.15
2018 年 *	552.11	470.25	85.17	135.07	873.84
2019 年	519.02	453.81	87.44	130.42	956.96

*2018 年以後的數據已作調整，與 2017 年之前的數據不具可比性。
資料來源：《銀河娛樂集團有限公司年報》，2005-2019 年。

　　鑑於銀河娛樂的驚人業績，呂志和被稱為澳門的 "新賭王"，在 2014 年福布斯香港富豪榜中，以 210 億美元的資產，排名躍居第 2 位，僅次於李嘉誠。目前，呂志和家族持有嘉華國際及銀河娛樂兩家上市公司，經營業務涵蓋地產發展與投資、大型娛樂度假設施、酒店及建築材料等領域，投資遍及中國內地、香港、澳門、東南亞及美國各主要城市。現階段，家族業務已分由第二代主持，其中澳門銀河娛樂業務由長子呂耀東負責，香港業務歸三子呂耀華，美國業務交予次子呂耀南，香港酒店業務及行政管理則分別由長女呂慧瑜和次女呂慧玲負責，各司其職。

》 何鴻燊家族：從澳娛到澳博、新濠、美高梅中國

2002 年之前，何鴻燊家族旗下的澳門旅遊娛樂股份有限公司（簡稱 "澳門娛樂"）"一家獨大"，壟斷了澳門整個博彩業。及至 2001 年澳門特區政府宣佈開放博彩業經營權後，何氏家族透過澳門娛樂組成澳門博彩股份有限公司（簡稱 "澳博"），投得澳門 3 張博彩經營權牌照的其中一張。其後，澳博將副牌轉手給由何鴻燊女兒何超瓊與美國美高梅（MGM.US）合組的公司美高梅中國，何鴻燊兒子何猷龍旗下的新濠國際則與澳洲博彩業大亨 James Packer 合組新濠國際發展，向永利購入副牌。這樣，何氏家族在澳門 6 家博彩公司中，就涉足了其中 3 家。

2002 年 4 月 1 日，澳博率先開業。當時，旗下共擁有舊葡京等 11 間娛樂場。與此同時，澳博著手策劃在舊葡京毗鄰土地興建新葡京。2007 年 2 月 11 日，投資逾 44 億澳門元的澳門新葡京酒店正式開業。新葡京酒店位於澳門半島中心區域，佔地 1.2 萬平方米，樓面面積達 13.5 萬平方米，包括設有娛樂場的蛋狀鑽石裙樓和蓮花狀酒店大樓兩部份。其中，蛋狀鑽石裙樓樓面面積 3.8 萬平方米，主要設置娛樂場及餐廳等；酒店大樓部份呈上闊下窄設計，樓高 258 米，共 52 層，設有酒店、餐廳、品牌商店、宴會廳等服務，為澳門最高的大廈。新葡京開業後旋即成為澳門的新地標。2008 年 2 月及 2009 年 12 月，澳博旗下的十六浦娛樂場及回力海立方娛樂場也相繼開幕。2013 年 5 月，澳博獲得澳門政府在路氹新區批出土地，發展綜合度假村——上葡京。2014 年 2 月，上葡京項目正式動工，於 2019 年落成開業，成為提供包括酒店、娛樂場、會議、購物、餐飲和娛樂等服務的一站式綜合旅遊度假村。

2006 年 2 月 17 日，澳博在香港成立了一家新公司——澳門博彩控股有限公司（簡稱 "澳博控股"），為其在香港聯交所上市作準備。不過，其後何鴻燊妹妹、有

"十姑娘"之稱的何婉琪入稟香港高等法院申請司法覆核，企圖制止澳博在香港掛牌上市，但終告失敗。2008年7月16日，澳博控股在香港聯交所主機板成功上市。不過，在經營權開放的背景下，澳博的業務發展並不理想，博彩收入所佔市場份額大幅下降，到2017年已降至16.1%。❼ 受此影響，公司的營業收入從2013年的871.26億港元，逐年下降至2016年的417.98億港元，2017年小幅上升至418.75億港元；同期，年度利潤也從2013年的77.22億港元，逐年下降至2017年的19.35億港元。不過，2018年澳博控股的年度利潤大幅回升至29.12億港元，升幅達50.49%。

　　2018年4月13日，澳博控股發佈公告宣佈，何鴻燊將於2018年週年成員大會結束後退任公司主席、執行董事等職務，轉而出任榮譽主席。何鴻燊女兒何超鳳將接任公司主席兼執行董事，霍震霆及梁安琪出任公司聯席主席兼執行董事。稍前一些時候，何鴻燊亦退任香港信德集團董事局主席，由另一位女兒何超瓊接任。何氏家族第二代正逐步走上家族企業的前台。與此同時，何鴻燊兒子何猷龍及家族成員持有新濠國際50.42%的控股權，女兒何超瓊持有美高梅中國10.00%的股權，連同金殿超濠有限公司所持12.49%股權，在美高梅中國的持股權達22.49%。其中，新濠國際於2016年5月成為旗下博彩公司——新濠國際娛樂有限公司的單一最大股東。美高梅中國為何超瓊與美國美高梅集團（MGM）合辦公司，MGM佔55.95%股權。換言之，在澳門三正三副6家博彩公司中，何氏家族就控有其中的兩家，並持有另一家相當的股權，仍然是澳門最有影響力的博彩集團之一。據統計，2019年12月31日收市，何氏家族所持有股權的3家博彩公司，包括澳博、新濠國際、信德集團，總市值達946.40億港元。

表 8-8　2019 年底澳門博彩公司上市概況

澳門博彩上市公司	上市日期	主要股東及控股比例（%）	總市值 （億港元）
金沙中國（01928）	2009.11.30	Venetian Venture Development Intermediate II（70.02%）	3,288.99
銀河娛樂（00027）	1991.10.07	呂志和基金有限公司（6.82%）；City Lion Profits Corp.（22.46%）；Super Focus Company Limited（2.58%）	2,487.33
永利澳門（01128）	2009.10.09	WM Cayman Holdings Limited I（72.16%）	997.82
美高梅中國（02282）	2011.06.03	MGM Resorts International Holdings, Limited（55.95%）；金殿超濠有限公司（12.49%）；何超瓊（10.00%）	480.32
澳博控股（00880）	2008.07.16	澳門旅遊娛樂股份有限公司（53.85%）；梁安琪（8.09%）	502.43
新濠國際發展（00200）	2001.01.01	何猷龍（3.09%）；Great Respect Limited（20.44%）；Better Joy Overseas Ltd.（19.67%）；Lasting Legend Ltd.（7.95）；Southeastern Asset Management, Inc.（10.99%）	331.57

資料來源：香港聯交所、東方財富網。

》餐飲王國：美心、大家樂、大快活

美心集團是香港最具規模的餐飲食品集團之一，創辦於 1956 年，創辦人為伍舜德及伍沾德兄弟。當年，美心在港島中環前連卡佛行（現今的置地廣場）開設首間西式餐廳"美心餐廳"，以夜總會形式經營，不時舉辦大型節目，為當時名人必到場所。1960 年，披頭四（The Beatles）訪港期間亦曾於"美心餐廳"演出。1963 年，因文華東方酒店及香港希爾頓酒店（即長江集團中心前身）相繼落成，美心餐廳在競爭中失利，被迫結業。不過，1966 年九龍海運大廈落成，美心在大廈開設首家美心咖啡室 Maxim's Boulevard，售賣西餅，此為 "美心西餅" 的雛形。美心轉型為咖啡廳後頗受歡迎，在兩年內開設了 20 間咖啡廳。

1970 年，美心委派伍淑清以 "翠園" 品牌參與日本大阪世界博覽會香港館，提供精美點心，大受好評。翌年，美心在尖沙咀星光行四樓創辦首間粵菜酒家——翠園，引入嶄新的 "中式食品、西式服務" 管理，並率先於酒樓售賣西式糕點，深受食客歡迎。其後，美心相繼開設多間粵式酒樓，包括美心大酒樓、美心皇宮大酒樓、溫莎皇宮大酒樓、大會堂酒樓、映月樓、美心閣及粵江春，提供 "一盅兩件" 的飲茶及飲宴服務。1972 年，怡和旗下的置地公司加盟美心，各佔 50% 股權，但仍由伍氏家族負責決策。當年，首家美心速食成立，成為香港速食店的代表。其後，美心相繼在置地旗下物業，包括怡和大廈、置地廣場、交易廣場、香港世貿中心等開設多間餐廳，業務迅速發展。1986 年，怡和集團將公司分拆，美心股權改由子公司牛奶國際有限公司持有。

1982 年，美心在香港地鐵沿線各站開設多間美心西餅分店，創業界先河。其後再於 1988 年進駐九廣鐵路各個車站。這一時期，美心相繼創辦潮江春、北京樓、洞庭樓、錦江春、滬江春一系列外省菜館，以及弁慶日本料理、桃山日本料理兩間高級日本餐館。香港回歸後，美心於 1998 年開始發展新派餐廳系列 m.a.x. concepts，包括 MAX、Cellini、Mecca、Thai Basil、eating plus、Mezz、can.teen、Cafe Landmark 及 Emporio Armani Caffe 等餐廳，為顧客提供獨特創新的菜式。另外，又把以往的日本餐館改革為賀菊及 Miso，創造新派日菜熱潮，並將多間中菜館的品牌翻新，如翠玉軒、怡翠軒、川淮居、紫玉蘭、力寶軒、京華飯莊、蘭庭等等。

早在中國改革開放初期，美心已積極拓展內地市場。1980 年，中美航線開通，伍淑清前往北京，與中國民航總局商談合作做航空食品的可能性，結果獲得鄧小平支持，成功拿下航空餐飲營辦權，並成立北京航空食品有限公司，這是改革開放後設立的第一家中外合資企業，其在國家工商行政管理總局的註冊編號為 001 號，伍淑清也因而成為 "中國合資企業第一人"。❼❽ 目前，北京航空食品在內地 12 個城市經營航空餐飲，每日供應逾萬份航空配餐。1992 年，美心曾一度北上廣州發展，但由於營商環境未成熟，被迫撤回業務。2005 年，美心再度北上，在廣州開設西餅廠及美心西餅旗艦店。2008年，美心取得美國著名燒牛肉店 Lawry's the Prime Rib 在內地的經營權，進軍上海新天地，開設內地首家 Lawry's The Prime Rib；同時獲得 "元気壽司" 在南中國的特許經營權。2010年，美心在上海世博會設立接近2萬平方呎的大型美食廣場，成為 "中華美食街" 唯一香港餐飲代表。截至2017年7月，美心集團已在內地開設198間分店，遍佈北京、上海、杭州、蘇州、廣州、深圳、成都、重慶、武漢等主要城市。

回歸之後，美心在香港積極推進業務多元化。2000年5月，美心成功引進世界知名的星巴克咖啡文化，組成 Coffee Concepts Ltd.，短短兩年間在香港開設超過30間咖啡店，2002年並進軍澳門及深圳。2003年，美心與萬里機構合作，出版《美心粵菜名廚——養生時尚美點》及《美心粵菜名廚——養生時尚家常菜》兩本食譜。當年，由於受非典型肺炎襲港影響，美心生意減少四成，但仍於大埔工業園開設佔地25萬平方呎的美心食品廠。2006年，美心收購元気壽司的香港業務，由 Genki Sushi Hong Kong Limited 持有香港特許經營權，經營馳名日本的迴轉壽司餐廳 "元気

星巴克北角分店

壽司"及"千両";同時,引進美國著名燒牛肉店 Lawry's the Prime Rib。2010 年,美心創立全新概念的日式丼飯餐廳"丼丼屋食堂"。

經過多年的發展,美心集團已成為香港最具規模的餐飲集團之一,透過旗下美心中菜、美心速食、m.a.x. concepts、美心西餅、特許品牌等,經營中菜、亞洲菜、西菜、速食、西餅及機構食堂等多種業務,在香港、中國內地、越南、柬埔寨等地共開設超過 1,000 間分店。其中,美心中菜經營的菜系包括粵菜、潮菜和外省菜,經營中菜的品牌包括翠園、美心皇宮、映月樓、八喜,以及新派原味中菜食府如翠玉軒、怡翠軒、海逸軒、八月居、八月花、八月軒、八月芳、八月等;潮菜品牌包括潮江春、潮庭等;外省菜品牌包括京、川、滬等食府,如北京樓、又一棧、紫玉蘭、喜百合、北京人家、川淮居、洞庭樓、美中·鴨子等,分店多達 40 多間。

美心旗下的美心速食包括美心 MX、MX、香港地、can.teen、千燒百味、美心 Food^2 等。其中,於 2005 年革新的美心 MX 和 MX 在港九新界及離島各區共設有超過 120 間分店;香港地以港式茶餐廳為主題的食店,在全港共開設 11 間分店,並正積極擴充中;can.teen 源自美國紐約深受歡迎的自助速食概念,在香港共開設 5 間分店。此外,千燒百味與美心 Food^2 各在香港開設 1 間分店,前者採用"火"的形態圖案設計以表現出傳統燒味的特色,代表千燒百味的精神"薪火相傳",後者致力締造潮流型格的餐飲環境,變身為紐約時尚食店。

另外,美心旗下的新派餐廳系列 m.a.x. concepts,包括高級西式美膳、優閒西式美膳、日式美膳和東南亞美膳等系列,在香港各區,以及深圳、廣州等地開設 40 間分店,為顧客提供西式、日式、泰式、越式等多國菜餚。其中,位於中環的 Cafe Landmark 為名人聚集熱點,而 Thai Basil 於 2000 年被 Condé Nast Traveler 譽為世界六十大最佳新食府之一,Lawry's The Prime Rib 及 The Cheesecake Factory 則為知名品牌。美心旗下經營的特許品牌包括星巴克咖啡(165 間)、元氣壽司(30 間)、千両(13 間)、東海堂(50 間)、丼丼屋(Dondonya)(8 間)、魚尚(9 間)等。

在西餅經營方面,美心旗下的美心西餅已從 20 世紀 60 年代的咖啡廳餅店,發展成為香港最具規模的餅店集團,在港九新界各區共開設 180 多間分店,同時在中國內地的廣州、深圳、佛山等城市開設超過 100 間分店。2008 年,美心集團收購香

港 "東海堂有限公司"，經營全港逾 70 間 "東海堂" 分店。集團並不斷拓展高級日本西餅及麵包市場，包括於 2010 年推出全新概念店 Arome Bakery Room，於 2012 年創立 URBAN 及藝術概念輕食餐廳 URBAN Bakery Works。2015 年，美心成立糅合美心西餅優良傳統及現今流行的精品西餅店概念的 Maxim's Cake Lab。

美心速食連鎖店的主要競爭者，是羅氏家族創辦的大家樂和大快活連鎖店集團。大家樂創辦於 1968 年 10 月，創辦人為羅騰祥。羅騰祥原籍廣東梅縣，36 歲時加入兄長羅桂祥創立的 "香港豆品有限公司"（維他奶）工作。1968 年，羅騰祥在退休之際決定自行創業，與侄兒羅開睦等人創辦大家樂。翌年，大家樂即在香港開設第一家大家樂速食店。1979 年，大家樂設立中央產製中心，配備先進設備加以全面監控，確保食物品質水平。1986 年 7 月，大家樂在香港上市，成為香港首家上市的餐飲集團。90 年代初期，大家樂成立 "泛亞飲食有限公司"，拓展機構飲食業務，時至今日該品牌一直雄踞香港市場，客戶包括本地主要醫院、大學、私營及公共機構。1999 年，大家樂進一步推出新品牌 "活力午餐"，進軍香港學童膳食市場。經過多年發展，活力午餐已成為全港最大規模的學童午餐供應商之一。

香港回歸後，大家樂逐步突破速食業務的框架，擴充經營全服務式的特色餐廳。在速食餐飲方面，除了大家樂速食店之外，又發展出策略性品牌 "一粥麵" 及 "米線陣"。在休閒美食方面，開拓了多個健康西餐品牌，包括於 2003 年購入的 Oliver's Super Sandwiches，主打多款西式滋味小食、沙律及新鮮食品；於 2007 年成立合資公司以獨家特許經營模式，營運意大利咖啡店 Espressamente illy，主攻高檔咖啡市場。在特色餐廳方面，大家樂早在 1991 年創立 "意粉屋"，近年更開設 360 系列及 PizzaStage，以多元化的特色美食吸引食客。2007 年，大家樂先是策略性投資稻香集團，繼而與 Espressamente illy 成為合資夥伴。2015 年，大家樂與日本株式會社聖摩珂集團簽訂特許經營協議，將旗下 "鎌倉 PASTA" 意大利麵專門店引入香港及廣東；又與韓國 JNT Co., Ltd. 簽訂協議，將雙方的合作範圍拓展至廣東，在廣東開設 The Cup 餐廳。

大家樂曾於 1991 年進軍中國內地市場。當年，在廣東、上海和北京一口氣開設了約 20 間分店，但當時市場尚未成熟，大家樂權衡之後決定撤出。2003 年，大家樂再度進軍內地市場，並且將發展重點鎖定華南地區市場。2011 年，大家樂在廣州開設大型中央食品產製中心，為內地分店提供後勤支援。集團於 1997 年收購加工肉類供應商"北歐國際食品"，並在東莞設立面積達 4 萬平方呎的食物製作中心，負責製造火腿、香腸及煙肉等產品，分銷至香港及內地商戶。與此同時，大家樂旗下的特色餐飲意粉屋，亦在珠三角多個一線城市開設分店。

目前，大家樂已發展成為亞洲最大的餐飲上市集團之一，業務遍及香港、澳門、中國內地、美國加州及加拿大等地。截至 2020 年 3 月底，大家樂在香港及中國內地共擁有 470 個營運單位，其中，香港速食餐飲及機構飲食 294 個，香港休閒餐飲 62 個，中國內地 114 個，旗下僱員 1.7 萬人。在香港，大家樂每天為 30 萬位顧客提供餐飲服務。截至 2020 年 3 月財政年度，大家樂的營業收入為 79.63 億港元，其中，香港速食餐飲及機構飲食佔 74.6%，香港休閒餐飲佔 9.8%，中國內地佔 13.7%，其他佔 1.9%；股東應佔溢利為 7.36 億港元。[79]

大快活則創辦於 1972 年，創辦人為羅芳祥，羅芳祥與大家樂創辦人羅騰祥同為維他奶創辦人羅桂祥的弟弟。當年 12 月，首間大快活速食店在荃灣眾安街開業。1981 年，大快活成立中央食品加工中心、倉務部及物流車隊，為業務擴充做好準備，同時確保食品質素及加強成本控制。1991 年 10 月，大快活在香港上市，當年全線共有 52 間分店。2003 年，大快活進行 "Big Bang" 品牌革新行動，以 "係時候大快活" 為新口號拓展業務。2009 年 9 月，該集團在大埔工業邨設立面積達 8 萬平方呎的 "中央食品加工中心"，以精簡生產流程及加強品質控制。到 2010 年，大快活開設第 100 間分店。與此同時，該集團亦進入內地發展，於 1992 年透過與一間中國公司以合資形式於北京開設首間跨境餐廳，成為中國境內首間香港連鎖速食店。經過多年發展，截至 2020 年 3 月，大快活在香港共經營 160 間分店，包括 147 間速食店及 13 間特色餐廳，這些特色餐廳包括 3 間 "ASAP"、3 間 "一碗肉燥"、5 間 "一葉小廚"、1 間 "友天地" 及 1 間 "墾丁茶房"，以服務不同類型的顧客。同時，大快活亦在內地共經營 11 間店舖。[80] 2019-2020 年度，集團經營收入為 30.30 億港元，股東應佔溢利 6,090 萬港元。

除了美心、大家樂、大快活等集團之外，香港主要的餐飲集團還有：翠華控股

有限公司旗下的翠華餐廳連鎖店（1967 年）、利苑飲食集團旗下的利苑酒家（1973
年）、稻香集團（1991 年）、富臨集團（1992 年）、唐宮集團旗下的唐宮（1992 年），
以及太興集團旗下的太興餐廳（1999 年）等。

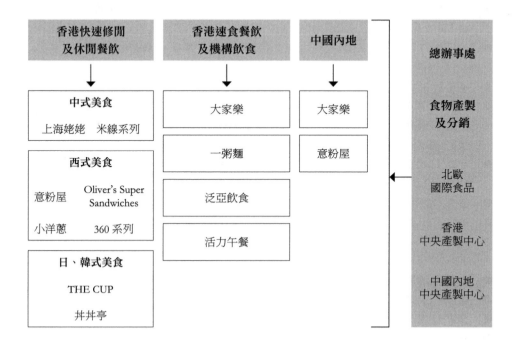

大家樂集團的策略性業務（資料來源：大家樂集團官網）

註釋

❶ 余赴禮著，《從產權角度剖析大東與市場壟斷和合併》，香港：《信報財經月刊》雜誌，1987 年 12 月，第 72 頁。

❷ 馮邦彥著，《盈動兼併香港電訊——香港商戰經典（四）》，香港：明報出版社，2000 年，第 136-143 頁。

❸ 同註 2，第 163 頁。

❹ 參閱《有關電訊盈科有限公司股權變動事件進程的報導摘要》，香港立法會秘書處，資料研究及圖書館服務部，2006 年 11 月 21 日；《有關電訊盈科有限公司股權變動事件進程的本地報導摘要》，香港立法會秘書處，資料研究及圖書館服務部，2007 年 1 月 10 日。

❺ 參閱《有關電訊盈科私有化的報導摘要》，香港立法會秘書處，資料研究及圖書服務部，2009 年 2 月 20 日。

❻ 參閱《電訊盈科有限公司截至 2019 年 12 月 31 日止年度業績公告》，第 7-9 頁。

❼ 參閱《電訊盈科有限公司截至 2019 年 12 月 31 日止年度業績公告》，第 2 頁。

❽ 參閱《香港電訊信託與香港電訊有限公司截至 2019 年 12 月 31 日止年度的年度業績公告》，第 2 頁。

❾ 富衛保險新聞稿，《富衛集團完成收購日本 AIG 富士生命保險公司》，2017 年 5 月 2 日。

❿ 富衛保險新聞稿，《富衛重點投資保險科技！》，2017 年 1 月 19 日。

⓫ 參閱《利豐有限公司配售新股及公開售股章程》，1992 年，第 24-25 頁。

⓬ 參閱 "Inchcape Buying Services operations are now a part of Li & Fung organization", Li Fung News, No.22, August 1995。

⓭ 參閱《利豐藉收購壯大》，香港：《東方日報》，2000 年 1 月 6 日，第 B14 頁。

⓮ 利豐研究中心編著，《供應鏈管理：利豐集團的實踐經驗》，香港：三聯書店（香港）有限公司，2003 年，第 98 頁。

⓯ Angela Mah, Teresa Lai, "Li & Fung Ltd. Two Giants Under One Roof", Morgan Stanley Dean Witter, 10 November, 2000。

⓰ 馮邦彥著，《百年利豐：從傳統商號到現代跨國集團》，香港：三聯書店（香港）有限公司，2006 年，第 326 頁。

⓱ 馮邦彥著，《百年利豐：跨國集團亞洲再出發》，香港：三聯書店（香港）有限公司，2011 年，第 285 頁。

⓲ 《利豐有限公司按照協議計劃以私有化形式收購利和經銷集團有限公司章程》，2010 年 8 月 27 日，第 13 頁。

⓳ 馮邦彥著，《承先啟後：利豐馮氏邁向 110 週年——一個跨國商貿企業的創新與超越》，香港：三聯書店（香港）有限公司，2016 年，第 146-165 頁。

⑳　參閱《利豐有限公司 2016 年年報》，第 2 頁。

㉑　參閱《GOLDEN LINCOLN HOLDINGS I LIMITED、利豐有限公司聯合公告》，2020 年 3 月 20 日，第 1-18 頁。

㉒　《70 年．瞬間：1980 年中山溫泉賓館開業，中國改革開放先行者》，中山檔案方志，2019 年 8 月 26 日。

㉓　《廣州白天鵝賓館因合作期滿正式收歸廣東省政府》，香港：東方新聞，2003 年 2 月 8 日，http://news.eastday.com/epublish/big5/paper148/20030208/class014800003/hwz879222.htm。

㉔　任先博、徐鳳，《霍氏家族在南沙 25 年投資 60 億：想建成小香港》，南方都市報，2015 年 6 月 15 日。

㉕　《"大地主" 26 年接力造城 揭秘霍家與南沙恩怨情仇》，鳳凰房產，2016 年 6 月 16 日，https://gz.ihouse.ifeng.com/news/2015_06_16-50434494_0.shtml。

㉖　劉文韜，《霍英東家族爭產案再聆訊 或影響南沙百億元業務》，網易財經，2013 年 10 月 28 日，https://3g.163.com/money/article/9C9HQ1SI00254TFQ.html?isFromOtherWeb=true。

㉗　瑞安房地產新聞稿，《里安房地產獲 "傑出內房股" 稱號》，2008 年 5 月 19 日。

㉘　參閱《瑞安房地產有限公司 2017 年年報》，第 2 頁。

㉙　參閱《恒隆地產有限公司 2013 年年報》，第 13 頁。

㉚　恒隆地產新聞稿，《核心租賃業務持續增長，恒隆蓄勢待創新高》，2018 年 1 月 30 日。

㉛　恒隆新聞稿，《恒隆成功投得杭州市百井坊黃金地塊》，2018 年 5 月 28 日。

㉜　參閱《恒隆地產有限公司 2018 年報》，第 10 頁。

㉝　同註 32。

㉞　晨興資本，《關於我們》、《投資案例》，晨興資本官網。

㉟　參閱《嘉里建設重攻高端商業，發展多元化大型綜合項目》，中國房地產報，2012 年 10 月 22 日。

㊱　《香格里拉（亞洲）有限公司 2019 年報》，第 29-30 頁。

㊲　畢亞軍，《低調的高品質開發商》，華商韜略編委會，華商名人堂官網。

㊳　同註 37。

㊴　《世茂房地產控股有限公司 2006 年年報》，第 3-8 頁。

㊵　世茂房地產，《集團介紹》，世茂房地產控股有限公司官網。

㊶　《世茂房地產控股有限公司 2018 年年報》，第 3-7 頁。

㊷　參閱《德昌電機歷史》，德昌電機官網。

㊸　參閱《德昌電機控股有限公司 2019 年年報》，第 19 頁。

㊹　益達集團，《成長歷程》，益達集團官網。

㊺　參閱《互太紡織控股有限公司 2018/19 年報》，第 58 頁。

㊻　《晶苑國際集團有限公司年度報告》，2019 年，第 2 頁。

㊼　參閱《首頁》及《企業里程碑》，李錦記官網。

㊽　參閱《集團介紹》，無限極官網。

㊾　參閱《理文造紙有限公司五年財務概要》，理文造紙有限公司官網。

㊿　參閱《理文化工有限公司 2018 年報》，第 73 頁。

(51) 參閱《深圳信立泰藥業股份有限公司 2018 年年度報告》，第 9 頁。

(52) 《敏華控股有限公司年度報告》，2020 年，第 7 頁。

(53) 《保利協鑫能源控股有限公司年報》，2018 年，第 2 頁。

(54) 《華寶國際控股有限公司年度報告》，2018 年，第 4 頁。

(55) 《玖瓏紙業（控股）有限公司 2018/2019 年報》，第 3 頁。

(56) 馮邦彥著，《香港商戰經典：企業兼併收購個案實錄》，香港：明報出版社，1999 年，第 77 頁。

(57) 馮邦彥著，《香港金融業百年》，香港：三聯書店（香港）有限公司，2002 年，第 325-327 頁。

(58) 蘇魯林，《港法美聯手“穩定”新鴻基》，香港：《經濟一週》雜誌，1983 年 10 月 10 日，第 4 頁。

(59) 曹淳亮主編，《香港大辭典》，廣州：廣州出版社，1994 年，第 366-367 頁。

(60) 同註 59，第 346 頁。

(61) 光大新鴻基新聞稿，《新鴻基金融有限公司更名為“光大新鴻基有限公司”》，2017 年 12 月 18 日。

(62) 《櫛風沐雨八十年》編撰組編輯，《櫛風沐雨八十年——永隆銀行發展紀實》，香港：永隆銀行，2013 年，第 115-151 頁。

(63) 參閱《香港中小銀行的機遇》（CMB PURCHASE REFLECTS AIM TO BUILD PRESENCE IN HONG KONG），英國：《金融時報》中文網，2008 年 6 月 5 日。

(64) 杜博奇編著，《越秀三十年》，北京：中信出版集團，2017 年，第 198 頁。

(65) 馮邦彥著，《不斷超越，更加優秀——創興銀行邁向七十周年》，香港：三聯書店（香港）有限公司，2018 年，第 237 頁。

(66) 同註 65，第 287 頁。

(67) 東亞銀行，《百年重要發展里程》，《東亞銀行有限公司 2018 年報》，第 10 頁。

(68) 《BEA 東亞銀行年報》，2019 年，第 2 頁。

(69) 參閱《“紅頂商人”王征敗走香港亞視》，騰訊財經，2015 年 1 月 12 日。

(70) 查小欣著，《王征謀殺了亞洲電視》，新浪專欄，2015 年 4 月 3 日，http://ent.sina.com.cn/zl/bagua/blog/2015-04-03/17073225/1229566933/4949b3d50102vjhe.shtml。

(71) 香港立法會 CB（1）2981/09-10（02）號文件：《香港廣播業的困局與未來發展的路向》，2010 年 8 月，第 3.1 節。

(72) 無綫電視新聞稿，《無綫電視宣佈邵逸夫爵士離世》，2014 年 1 月 7 日。

(73) 無綫電視新聞稿，《通訊局批准無綫電視投資集團股權變動》，2015 年 4 月 22 日。

(74) 邵氏兄弟新聞稿，《黎瑞剛獲委任為邵氏兄弟控股有限公司主席》，2016 年 10 月 25 日。

(75) 邵氏兄弟新聞稿，《邵氏兄弟今日公佈電影大計，重啟本港電影傳奇品牌》，2016 年 10 月 27 日。

(76) 參閱《銀河娛樂集團有限公司 2015 年年報》，第 4 頁。

(77) 參閱《澳門博彩控股有限公司 2017 年年報》，第 9 頁。

(78) 參閱《伍淑清》，華商名人堂官網。

(79) 《大家樂集團有限公司 2020 年報》，第 4、9 頁。

(80) 《大快活集團有限公司 2019/20 年報》，第 15 頁。

9

歷史回顧
與前瞻

回顧歷史，香港華資及華資財團經過逾一個半世紀的發展、積聚，從早期的涓涓細流匯成浩瀚大海。回歸之後，得益於香港的繁榮穩定以及中國內地經濟的快速推進，華資財團獲得空前的發展，取代英資財團而成為香港經濟的主導力量。華資在地產業、電訊、基建等行業佔有主導性的優勢；在公用事業與英資財團形成分庭抗禮之勢；並成為採購貿易、零售百貨、酒店餐飲及製造等行業的主體；在航運、倉儲及碼頭等領域亦擁有強大的實力。不過，華資在銀行、證券等金融業的地位則進一步式微，在影視傳播業的影響力也已大幅下降。

展望前景，在新的歷史條件下，華資財團的發展無疑備受挑戰，特別是近年來華資老一輩企業家相繼部署交班，逐步淡出商界。接班的家族第二代、第三代是否能夠順利地從父輩手上接過接力棒，將家族企業發揚光大，正受到考驗。回歸以來，香港作為中國內地"走出去"的橋頭堡和橋樑的地位日趨重要，大批中資企業在香港獲得快速發展，中資在銀行、證券、影視傳播、航運等領域正發揮漸趨重要的作用。這在某種程度上也與華資及華資財團形成競爭態勢。不過，香港與內地經濟加快融合，特別是粵港澳大灣區戰略的實施，為華資財團拓展中國內地市場以及海外市場，提供了新的發展機遇和空間。

01

華資財團演變、發展的簡要回顧

――――――――――――

» 華資財團的演變與發展

從 1841 年香港開埠到 19 世紀末，隨著香港確立其遠東貿易轉口港的地位，香港的華商開始興起，其中堅力量和代表是經營轉口貿易，以南北行、金山莊為首的行商以及英資洋行、銀行和大公司的華人買辦。這兩股力量的崛起，使華資成為香港經濟中一股具影響力的資本，他們構成香港華資的第一次發展浪潮。不過，這一時期的香港華商就整體而言，基本上仍是作為英資財團的附屬力量而存在、發展，或是在其夾縫中萌芽、成長的，尚未具有獨立性。

踏入 20 世紀，香港作為貿易轉口港的商埠已日漸繁榮，以行商和買辦為主力的本地華商相繼冒起；從北美、澳洲、南洋掘得 "第一桶金" 的華僑富商也紛紛移師香港，以香港為基地拓展內地市場；而中國內地則因義和團運動、八國聯軍侵華、辛亥革命，以及日本發動的大規模侵華戰爭等，依然處於動蕩年代，大批富商陸續移居香港，另闢經營領域。這 3 股力量匯成華商勢力的第二次發展浪潮。這時香港華資家族財團逐漸在地產、航運、零售百貨，以及銀行業等領域嶄露頭角，但仍得在強大的英資財團的夾縫中求存，並未在任何一個重要的經濟行業佔據優勢，或對英資財團構成強而有力的競爭威脅。

20 世紀中葉，外來的華人資本對香港華資的發展起了關鍵作用，尤其是 1949 年中華人民共和國成立前後從內地流入香港，以及五六十年代從東南亞地區因政局動蕩和排華浪潮流入香港的華人資本，使香港的華資在數量上迅速擴張。50 年代初，朝鮮戰爭爆發，聯合國對中國實施貿易禁運，香港的轉口貿易驟然萎縮，以致經濟衰退，傳統的經濟發展道路被堵塞。當時大批從上海等內地城市移居香港的華人實業家，連同其帶來的資金、機器設備、技術、企業管理人才以及與海外市場的聯繫，在香港建立最初的工業基礎。伴隨著工業化的快速步伐，新興華商首先在香港最重要的行業——製造業取得了統治地位。

20 世紀 60 年代，香港整體經濟起飛、各業繁榮，華商勢力相繼在航運、地產、酒店、影視娛樂業等各個領域迅速崛起。10 年文化大革命動亂期間，長期壟斷香港經濟的英資財團，鑑於當時的政治氣候，對於香港這 "借來的時空" 戒心日深，在香港的投資策略轉趨消極，甚至出現嚴重失誤，部份英資財團將大量資金調往海外發展，錯失香港經濟蓬勃發展的黃金時期，這無疑為華資財團的迅速崛起提供極其難得的機會。其間，一些從 50 年代成長起來的企業在看好香港長遠前景的前提下，趁低大量吸納地產物業，並透過上市集資擴展業務，成為實力雄厚的家族財團。這是香港華資的第三次發展浪潮。

及至 70 年代末至 80 年代中，隨著中國政局轉趨穩定，經濟上實施改革開放政策，推行四個現代化建設，中國對香港的影響日益增強，華資財團在政治方面漸取上風。在時局的影響下，羽翼漸豐、財雄勢大的華資財團向信心不足的老牌英資財團發動了正面挑戰。在短短數年間，數家歷史悠久的大型英資上市公司，包括青洲英坭、中華煤氣、和記黃埔、九龍倉、港燈集團、會德豐等，先後被華資大亨鯨吞。英資財團長期在香港經濟中的壟斷地位因而動搖，並逐漸被打破，無可挽回地從其在香港的權勢巔峰滑落。這一時期，華資大財團已成為與英資大財團並駕齊驅的資本力量，在香港經濟中割據稱雄。

1984 年，中英兩國政府簽訂關於香港前途問題的《中英聯合聲明》，香港步入"九七"回歸中國的過渡時期。香港英資財團面對這歷史性巨變，紛紛急謀對策，調整戰略部署，包括遷冊海外，加快海外投資，甚至將上市公司從香港遷往海外等，其在香港經濟中的實力和地位進一步削弱，而華資大財團則秉承其一貫看好香港前景的方針，"立足香港，在這裡發展"（新鴻基地產主席郭得勝語），在加強地產發展及投資的同時，積極推動集團的多元化和國際化，並大舉向中國內地市場拓展，逐漸發展為多元化、綜合性的大型企業集團。

1997 年 7 月 1 日，香港回歸中國，成為中華人民共和國轄下的特別行政區，實施 "一國兩制" 方針，維持原有資本主義制度和生活方式 50 年不變。這種歷史性的轉變為華商在香港，尤其是中國內地的投資提供龐大而廣泛的機會。正是在這種特定的背景下，香港的華資大財團獲得了空前的發展，他們以香港為基地，突破狹窄地域的限制，發展成為全國性、多元化、現代化的企業大財團。其中，如李嘉誠領導的長和系，更發展成為全球性的跨國企業集團。經過數十年的發展，華資及華資財團不僅成為香港經濟中最大的資本力量，而且成為推動香港經濟發展、維持香港穩定繁榮的主要力量，發揮主導性作用。

» 華資財團的發展類型

從歷史發展的進程看，香港的華資財團大體上可劃分成 5 類：

第一類，香港開埠至二次大戰爆發的 100 年間，隨著香港作為遠東，尤其是中國內地貿易轉口港的確立和發展，而乘勢崛起的老牌家族財團。

概括而言，這些老牌家族財團的崛起模式主要有：其一，藉買辦起家。香港開埠初期，依附外資洋行、銀行的華人買辦，利用其代理人的身份從中抽取佣金，然後將所賺取的利潤投資地產、股票，迅速崛起，何東家族是其表表者。其二，藉轉口貿易起家。早期的華商，透過經營南北行、金山莊賺取厚利，轉而投資地產、航運、銀行、保險，迅速致富，李陞、馮平山、李冠春、許愛周家族是其典型。其三，撈偏門發家。早期華商中，部份憑藉販買鴉片，開設外圍賭檔、經營淫窟發達者亦為數不少，利氏家族就是其中代表，利希慎藉販賣鴉片致富後大量購入地皮，成為港島銅鑼灣赫赫有名的地王。其四，華僑集資創業。華僑在外國胼手胝足、省吃儉用，掘得 "第一桶金" 後返回香港籌集資金興辦企業，馬應彪的先施，郭樂、郭泉的永安都是這方面的代表。其五，同居公財。所謂 "同居公財"，即共同生活、財產公有之意，依靠一個大家族眾人之力和資財壯大實力，在芸芸商家之中突圍而出，這是中國傳統封建家族營商模式，張祝珊家族便藉此而起。張祝珊是這個家族的第一代，早期在廣州開設張錦記，專營藤器批發，張祝珊病逝後，四位兒子玉階、玉麒、玉麟、玉良在母親的率領下，繼續合力經營，家族成員仍然"同居公財"，家族所賺取金錢都由家族保管積累，再投資地產，終成超級巨富。其六，售賣中藥發財。如胡文虎家族即憑售賣"虎標良藥"而稱雄一方。

20世紀初中期，老牌華資家族財團憑藉當時歷史提供的種種機遇，在香港經濟各個領域逐漸嶄露頭角。不過，20世紀60-70年代以後，在歷史潮流的衝擊下，這些財團中頗大部份未能跟上時代變遷的步伐，已從當年的繁榮鼎盛轉為隱退消亡，或逐步淡出香港，如何東家族、張祝珊家族、馮平山家族等。當然，其中亦有部份財團屹立百年而不倒，繼續活躍於香港經濟的舞台上，如利氏家族（希慎興業）、李冠春家族（東亞銀行）；有的雖然仍然在發展，但與當年全盛時期相比，已不可同日而語，如郭氏永安集團、馬氏先施集團等。

第二類，1949年中華人民共和國成立前後，從上海等內地大城市移居香港，繼續發展崛起的家族財團。

這批家族財團主要循3種途徑崛起：其一，從製造業起家，尤其是從紡織業起家。這批華商，多數與當年上海繁榮的紡織業有不同程度的淵源，其中有的就是上海的紡織大亨，在20世紀40年代末從政局動盪的上海移居香港，成為香港早期工業的拓荒者，並藉此崛起。這批家族包括香港紡織的王統元，南海紡織的唐炳源，南豐紡織的陳廷驊，中國染廠的查濟民，永新企業的曹光彪，南聯實業的安子介、周文軒、唐翔千，開達實業的丁熊照，華懋公司的王德輝等等。其二，從航運業崛起。這批從上海等內地城市移居香港的華商，看準當時香港及國際航運業大發展的有利時機，在取得銀行支持下大量購買或訂造船隻，迅速崛起，香港四大船王包玉剛、董浩雲、趙從衍、曹文錦，都是其中的表表者。其三，從影視娛樂業致富。著名的有邵逸夫、邱德根等家族，他們從影視娛樂起家後，將所賺取利潤投入地產、股票，迅速致富。

這批家族財團中，其中一部份從製造業、航運業及影視娛樂業崛起後，及時把握有利時機將投資重心轉移到地產業，終於成為香港的大型家族財團，典型例子如陳廷驊的南豐集團，王德輝和龔如心的華懋集團等，其後都成為香港舉足輕重的地產發展商。包玉剛在20世紀80年代初果斷實施"棄舟登陸"策略,及時避過80年代中期國際航運業大災難,成功建立其陸上商業王國——會德豐／九龍倉系。不過,這批家族財團中的一部份,或者由於製造業在七八十年代所面對的內困外擾,或者受到80年代中期國際航運業衰退的衝擊,只能停留在二三流水平。然而也有例外,一直從事醬料製作及銷售的李文達家族就崛起為大型跨國企業集團。

第三類,六七十年代藉香港經濟起飛、地產蓬勃發展而乘勢崛起的新興家族財團,或在東南亞地區崛起後移師香港,逐漸以香港為基地的華僑家族財團。

這批家族財團早期從事的業務或各不相同,有航運、貿易、珠寶批發零售、工業,甚至博彩業,但這些業務共同的特點,是在六七十年代香港地產業一浪接一浪的持續繁榮中,不失時機地將投資策略的重點轉到地產發展,並藉此急速崛起,著名的有霍英東、李嘉誠、郭得勝、李兆基、鄭裕彤、陳曾熙、胡應湘、陳德泰、羅鷹石等家族財團。這一時期,部份從東南亞各國崛起的華僑財團看準香港的重要戰略地位,亦漸漸移師香港,甚至將香港作為基地,構成香港華資財團的重要組成部份,其中包括郭鶴年家族的嘉里集團、黃廷芳家族的信和集團、郭令燦家族的國浩集團、林紹良家族的第一太平、李文正家族的力寶集團、李明治家族的聯合集團等。

這一類家族財團之中,相當部份已發展成香港的大型財團,在香港經濟中具舉足輕重的影響力。經過二三十年的發展,這些財

信和廣場商場

嘉里中心

團旗下的主要企業多數已從單純的地產公司，蛻變成規模毫不遜色於老牌英資大行的多元化綜合性大型企業集團，其投資的觸角已伸延到香港經濟的眾多領域，包括地產、建築、酒店、貨櫃碼頭、電訊、基建、零售貿易、投資銀行、能源供應以及財務投資等等。其中，更有部份晉升為跨國集團，最典型的是李嘉誠旗下的和記黃埔。

第四類，20世紀80年代中期及香港回歸以後，藉著香港股市、地產大潮乘勢崛起，或透過與內地經貿合作而發展起來的家族財團。

隨著香港回歸進入倒計時或者已回歸中國，部份傳統英資財團部署"國際化"策略，逐步淡出香港，這為華資財團提供了發展空間。當中最矚目的，是李澤楷旗下的盈科集團透過收購香港電訊，一舉成為香港最大的電訊財團。馮國經、馮國倫兄弟旗下的利豐集團，亦透過收購英之傑採購、太古貿易等英資公司，發展成為香港最大的商貿集團，同時利用國際產業全球佈局之機，展開全球供應鏈管理。在地產、酒店業，部份財團積極進軍中國內地市場，成功打造其在內地的業務版塊，從而突破香港地域的局限而成為全國性的企業集團，典型的如瑞安、恒隆、嘉里／香格里拉等。同時期崛起的，還有從採礦、酒店業起家的呂志和家族，充份把握澳門博彩經營權開放的歷史時機，一舉而發展成為橫跨香港、澳門和中國內地的大財團。

第五類，藉中國內地改革開放大潮，通過在內地業務發展而崛起的新富豪群體及企業集團。

20 世紀 80 年代以來，特別是 1997 年回歸之後，香港崛起一群新的富豪群體，這批富豪原多為中國內地居民（也有香港居民），藉中國改革開放大潮發家致富，其後取得香港永久性居民資格，成為香港富豪，其中矚目者包括：楊建文和林惠英的伯恩光學，周群飛的藍思科技，李運強和李文俊的理文造紙、理文化工等，葉澄海的深圳信立泰藥業，林剛的康哲藥業，黃敏利的敏華控股，朱共山的保利協鑫能源，朱林瑤的華寶國際控股，張茵和劉名中的玖瓏紙業等，這批人主要以製造業起家，旗下公司業務遍及中國內地甚至海外，為香港華資財團中的新興群體。

02

華資財團在香港經濟中的地位

華資在香港經濟中的勢力，幾乎遍佈各個領域、行業。其中，華資在地產建築業最具實力，佔有主導性的優勢；在電訊、基建及公用事業等領域亦佔有相當強大的優勢；華商並構成了香港商貿、零售百貨、酒店餐飲、娛樂及製造等行業的主體；華商在航運、倉儲和碼頭也仍具有相當大的經濟實力。不過，值得注意的是，華商在銀行、證券等金融業的地位則已日趨式微，在影視傳播業的影響力亦大幅下降。

》 在地產建築業佔有主導性的優勢

在 20 世紀 70 年代初期以前，英資一直在香港地產業中佔有絕對優勢。怡和、置地、九龍倉、和記、黃埔船塢、太古、會德豐等英資大財團，控制著香港市區黃金地段最重要的物業，並擁有大量可供發展的廉價土地，形成強大的壟斷力量。當時，華資儘管在地產業有廣泛的投資，但其所經營的基本上是中小型地產公司，力量單薄，無法與英資抗衡。

從 60 年代後期到 70 年代中期，面對中國內地的劇烈政治變動，部份英資財團不僅大量縮減投資，而且出售土地、套取資金，這給華資地產公司帶來乘勢而起的機會。70 年代初，長江實業、新鴻基地產、新世界發展、恒隆、合和實業、大昌地產、信和地產、鷹君等一批華資地產公司乘股市壯旺上市集資，趁低吸納大量土地和物業，逐漸壯大實力，開始與英資財團分庭抗禮。1977 年，長江實業擊敗置地公司奪得港島中區地鐵中環站及金鐘站上蓋物業發展權，便是這種轉變的標誌。70 年

代末至 80 年代中，一批擁有大量
土地儲備的英資公司，包括青洲英
坭、和記黃埔、九龍倉、香港電
燈及會德豐等先後易手華資財團，
使華資在地產業中的勢力進一步膨
脹。踏入過渡時期，在部份英資財
團急於部署集團國際化戰略，出售
非核心物業資產的背景下，華資地
產集團在香港的股市、地產大潮中
急速崛起，實際上已取代英資成為
香港地產業的主導力量。

　　據統計，截至 1996 年底，香
港二十大市值地產上市公司中，除
中資的中國海外以外，其餘 19 家
均為華資地產公司。（表 9-1）據

鷹君中心

估計，當時香港主要的七八家華資地產公司，大約控制了香港六七成以上的樓宇供
應量，並掌握了大量可供發展的土地儲備。根據香港消費者委員會 1996 年完成的調
查報告，從 1991-1994 年期間，香港前三名地產發展商供應的新樓宇，所佔比重達
45.2%，而前五名所佔比重則達 60.3%。❶ 除地產發展之外，華資在地產投資方面亦
佔上風。九龍倉在尖沙咀海旁及銅鑼灣擁有逾 800 萬平方呎的優質投資物業，其發展
潛質已超過置地，希慎興業在銅鑼灣亦建立起逾 300 萬平方呎投資物業的地產王國，
淘大置業則在港九地鐵沿線擁有龐大物業投資組合。新鴻基地產在新界各新市鎮及大
型屋邨持有 1,500 萬平方呎的商場及商廈，隨著機場鐵路中環總站上蓋物業的建成使
用，新地將取代置地成為中區的"新霸王"。毫無疑問，香港數個主要華資地產集團
在地產業已形成寡頭壟斷的局面。

　　回歸以後，華資地產集團繼續在香港發展的同時，利用中國內地經濟快速增
長的有利機遇，相繼大規模進入內地房地產市場，並且取得了長足的發展，其中的

表 9-1　1996 年底香港二十大市值地產上市公司

名次	公司名稱	市值（億港元）	所屬資本
1	新鴻基地產	2,264.09	華
2	長江實業	1,579.57	華
3	恒基地產	1,325.41	華
4	新世界發展	959.30	華
5	九龍倉	876.92	華
6	希慎興業	316.86	華
7	淘大置業	313.45	華
8	信和置業	262.43	華
9	恒隆	229.18	華
10	明珠興業	224.49	華
11	合和實業	219.00	華
12	嘉里建設	216.60	華
13	尖沙咀置業	198.86	華
14	中國海外	169.26	中
15	華人置業	163.82	華
16	鷹君	143.66	華
17	百利保	137.99	華
18	香港興業	137.06	華
19	新亞置業	116.37	華
20	麗新發展	96.77	華

資料來源：香港聯合交易所

佼佼者包括長和、新鴻基地產、恒基地產、新世界發展、九龍倉、恒隆、瑞安、嘉里建設等，從而一舉成為全國性的地產集團。總體而言，華資在香港地產業仍然佔有主導性的優勢。不過，隨著時間的推移，特別是中資地產集團的崛起，這優勢開始出現被逐漸削弱的態勢。截至 2019 年底，香港恒生指數成份股中，地產股佔 11 隻，其中華資佔了 7 隻，包括新鴻基地產、長實集團、恒基地產、九龍倉置業、新世界發展、信和置業、恒隆地產等；中資佔了 3 隻，包括中國海外發展、華潤置地、碧桂園等；另外 1 隻是香港政府旗下的房地產信託基金——領匯房產基金。2019 年底，華資 7 隻地產成份股市值為 11,479.15 億港元，佔地產成份股（扣除領匯房產基金）總市值的 56.55%；佔全部地產建築業股票總市值的 21.22%。（表 9-2）

表 9-2　香港恒生指數地產成份股概況（單位：億港元）

2012 年底		2015 年底		2019 年底	
成份股	市值	成份股	市值	成份股	市值
新鴻基地產	3,087.17	長和	4,037.22	新鴻基地產	3,457.05
長江實業	2,756.24	新鴻基地產	2,708.20	中國海外發展	3,325.21
中國海外發展	1,887.85	中國海外發展	2,682.08	華潤實業	2,766.80
恒隆地產	1,378.30	長實地產	1,995.28	碧桂園	2,726.21
恒基地產	1,320.92	恒基地產	1,570.70	長實集團	2,077.54
華潤置業	1,229.58	華潤置業	1,566.39	恒基地產	1,851.83
信和置業	828.07	九龍倉	1,303.34	九龍倉置業	1,443.73
——	——	恒隆地產	793.30	新世界發展	1,092.18
		新世界發展	709.85	信和置業	787.75
		信和置業	695.24	恒隆地產	769.11
——	——	領匯房產基金	N.A.	領匯房產基金	N.A.
——	——	——	——		
小計	12,488.13	小計	18,061.60	小計	20,297.43

華資地產股佔地產成份股比重（%）	75.04	華資地產股佔地產成份股比重（%）	76.48	華資地產股佔地產成份股比重（%）	56.55
華資地產成份股佔全部地產建築股總市值比重（%）	28.03	華資地產成份股佔全部地產建築股總市值比重（%）	39.24	華資地產成份股佔全部地產建築股總市值比重（%）	21.22

資料來源：香港交易所，《香港交易所市場資料》，2012 年、2015 年、2019 年。

» 在電訊、基建等領域佔有優勢，在公用事業則與英資分庭抗禮

在電訊業，回歸之前，在香港經濟中長期處於壟斷地位的，是英國大東電報局旗下的香港電訊集團。不過，進入 20 世紀 90 年代以後，隨著電訊市場的逐步開放，其壟斷地位被逐步打破。1995 年 7 月 1 日，和黃旗下的和記通訊、九倉旗下的香港新電訊及新世界旗下的新世界電話，均獲香港政府頒授固定電訊網絡經營牌照，成為香港電訊在本地電話市場上的敵手。2000 年，李澤楷旗下的盈科集團成功收購英大東旗下的香港電訊，其後改組為 "電訊盈科公司"。至此，英資公司退出香港電訊業。2011 年 11 月，電盈分拆香港電訊在香港上市。2015 年 7 月，香港電訊收購之前被出售的 CSL，成為香港最大的電訊集團。

目前，香港電訊業均為華資集團，主要有：李澤楷旗下的電訊盈科與香港電訊、長和實業旗下的和記電訊香港控股，以及新鴻基地產旗下的數碼通電訊等。其中，和記電訊香港控股有限公司於 2009 年 5 月 8 日，從和記電訊國際以介紹形式分拆上市，接管和記電訊國際的香港及澳門業務，從事港澳兩地已獲特許授權使用之 "3" 品牌經營 GSM 雙頻及 3G 流動電訊服務，以及在香港已獲特許授權使用之 "HGC" 品牌，提供固網電訊服務。數碼通電訊則為新鴻基地產旗下的電訊公司。

在基建領域，目前主導香港基建業務的公司，主要有長和系旗下的長江基建

集團有限公司、新世界發展旗下的新創建集團等。其中,長江基建為香港最大的從事基建業務的上市公司,2017 年底市值高達 1,779.93 億港元。長江基建組建於 1996年,目前已發展成為一家國際性基建集團,其從事的業務主要包括:能源基建、交通基建、水處理基建、廢物管理、轉廢為能、屋宇服務基建及基建有關業務,涵蓋的地域包括香港、中國內地、英國、歐洲、澳洲、新西蘭及北美洲。長江基建並在香港基建材料市場佔領導地位,包括水泥、混凝土、石料及瀝青等。新創建的業務涵蓋道路、能源、水務和港口及物流等範疇;服務包括設施管理、建築及交通,以及策略性投資,涵蓋香港、中國內地及澳門等市場。

在公用事業方面,香港長期除水務、郵政、機場、地鐵、九廣鐵路等由香港政府直接經營或控制外,基本上都被英資財團所壟斷。然而,這種情況在 70 年代末以來發生重大變化,中華煤氣、香港電燈、海底隧道、香港電車、天星小輪等一批公用事業公司相繼落入華資財團手中,華資財團又致力開闢一些新的公用事業領域,逐漸控制香港的煤氣供應、部份電力供應、公共巴士、小型巴士、出租汽車、有軌電車、渡海小輪以及海底隧道等,逐步形成與英資分庭抗禮的局面。

目前,李兆基家族透過旗下恒基地產控制的中華煤氣公司,是香港歷史最悠久的公用事業機構,亦是香港規模最大的能源供應商之一,為香港近 190 萬戶客戶供應煤氣,以及提供多元化的煤氣爐具和應用方案。李嘉誠旗下長和控制的電能實業、港燈電力投資等上市公司,擁有港島及南丫島地區電力供應的專營權,公司的總發電能量已達到 3,237 兆瓦,客戶數目達 57 萬戶,約佔香港電力供應市場的三成左右。在九龍半島及新界地區,則由英資的中華電力公司負責提供電力供應,約佔香港七成的市場份額。在公共交通方面,主要由九龍巴士、新世界第一巴士、城巴、龍運巴士及新大嶼山巴士 5 家公司經營,均為華資公司。另外,經營公共交通的,還有吳光正旗下九龍倉控制的天星小輪、新世界控制的新渡輪,以及李兆基控制的香港小輪等。不過,經營航空客貨運業務的,仍然由英資太古集團旗下的國泰航空、港龍航空、港機工程等公司佔主導地位。

» 華資是香港採購貿易、零售百貨、酒店餐飲及製造業等行業的主體力量

在採購貿易業，在香港開埠的首 100 年，外資特別是英資洋行一直是香港採購貿易業的主導力量，華商的南北行、金山莊輔之。不過，20 世紀 50 年代以後，隨著香港工業化進程的展開，外資洋行的地位開始下降，由於競爭激烈，不少洋行因為不能適應情勢的轉變而被淘汰，到 90 年代初，香港的採購貿易主要由英之傑採購、太古集團旗下的太古貿易，以及馮國經兄弟的利豐等公司佔主導地位。香港回歸前後，利豐先後收購了英之傑採購、太古貿易、Colby 等貿易公司，從而結束英資洋行主導的時代。現時香港約有 10 萬家大小不等的貿易公司，其中絕大部份均為華資企業。

在零售百貨業，早在 20 世紀 30 年代，以永安、先施為代表的華商百貨公司已開始嶄露頭角。到 80 年代中期，華資百貨一度受到大舉湧入的日資百貨的嚴重衝擊。不過，其後日資百貨潮退，華資百貨再度佔據主流位置。目前，李嘉誠旗下的屈臣氏、吳光正家族旗下的連卡佛，Joyce，鄭裕彤家族旗下的新世界百貨，以及先施百貨、永安百貨、利福國際、裕華國貨等，在香港百貨市場仍擁有重要份額。華資的一些零售專門店集團，包括售賣服飾的佐丹奴國際、捷思環球、YGM 貿易、鱷魚恤、金利來、馬獅龍；售賣珠寶金飾的景福、周大福、周生生、六福珠寶、英皇鐘錶珠寶、謝瑞麟、福輝首飾；售賣化妝品的莎莎國際、卓悅控股；售賣傳統藥品的東方紅、余仁生、南北行、白花油，以及擁有多項名牌產品銷售權的迪生創建，在港九各區都擁有龐大銷售網絡。其中，長和旗下的屈臣氏是香港規模最大的零售集團之一，經營業務主要包括保健產品、美容產品、香水、化妝品、日用品、食品、飲品、電子產品、洋酒及機場零售等，在全球 24 個國家或地區共設有超過 1.5 萬間零售商店。屈臣氏屬下的百佳超市集團在港澳開設超過 200 間分店，而屈臣氏還在香港開設屈臣氏個人護理店、豐澤電器、屈臣氏蒸餾水、菓汁先生等連鎖店，足可與怡和旗下的牛奶國際集團媲美。

在酒店業，鄭裕彤旗下的新世界酒店集團（瑰麗酒店集團）、吳光正旗下的馬

四季酒店

哥孛羅酒店集團、郭鶴年旗下的香格里拉酒店集團、羅嘉瑞旗下的朗廷酒店集團、李兆基旗下的美麗華酒店、羅旭瑞旗下的富豪酒店集團、傅厚澤家族的富麗華酒店以及其他華資家族經營的酒店，在香港酒店業都佔有重要席位。華資不僅在香港的中低檔酒店業佔據絕對優勢，在高檔酒店業的地位亦已日漸重要。2020 年，權威的《福布斯旅遊指南》全球五星級酒店評定名單中，香港一共有 8 家酒店入選，其中，華資佔了 3 間，包括郭氏家族的香港四季酒店和香港麗思卡爾頓酒店，以及鄭氏家族新世界發展旗下的香港瑰麗酒店等；另外，英資佔 4 間，中資佔 1 間。在餐飲業，華資的美心集團、大家樂及大快活連鎖店等，都佔有重要地位。

在製造業，香港的製造業基本上是由 1949 年前後，從上海等內地大城市移居香港的華人實業家推動而建立起來的。六七十年代，隨著香港工業化進程的迅速推進，華商對製造業的投資從紡織拓展到製衣、塑膠玩具、鐘錶及電子業，香港成為全球最大的成衣、手錶、玩具和多種電子消費品的最大出口基地之一。這時，華資在香港製造業取得統治地位。70 年代末期中國實行對外開放後，大量的華資製造商將企業的勞動密集型產業或工序大規模遷移到中國內地，尤其是廣東珠江三角洲地區，利用當地廉價的勞動力、廠房和自然資源進行生產，雙方形成"前店後廠"的分工格局。不過，隨著製造業大規模北移以及香港經濟轉型，製造業在香港經濟中的地位逐步下降，甚至式微。儘管如此，華資仍然是製造業的主體。目前，香港大型的華資製造企業主要有德昌電機控股、偉易達、益達集團、互太紡織、晶苑國際，以及沒有上市的李錦記等，均已發展成為全球性的跨國製造及銷售企業集團。此外，一些從內地移居香港的企業家，也透過其在內地的製造業而趁勢崛起。

» 華資在航運、倉儲和碼頭業仍具有強大實力

20 世紀 50 年代以前，香港的航運業幾乎完全操縱在以英資太古、怡和為首的外商手中，華資僅有數十艘中小客貨輪航行於香港至廣州灣、汕頭等華南沿海地區，及海防、西貢、曼谷、新加坡等東南亞各港口。不過，50 年代以後，正值世界航運業景氣時期，香港的出口加工裝配業勃興，華資在航運業取得突飛猛進的發展，包玉剛、董浩雲、趙從衍及曹文錦等華商，利用日本銀行的低息貸款大量購造新船，建立世界級規模的龐大商航隊伍，1979 年包玉剛家族控制的環球航運集團成為世界航運業中高踞首位的私營船東集團，旗下船隻超過 200 艘，總噸位超過 2,050 萬噸，比排名第 2 位的日本三光船務公司超出一倍，超過美國和蘇聯全國商船總噸位的總和。到 80 年代初，躋身世界七大船王之列的董浩雲，旗下的船隊亦達 125 艘，總噸位超過 1,100 萬噸。及至 80 年代中期世界航業大衰退，許多華資船東陷入困境，船隊規模收縮，但到 90 年代以後已逐步恢復元氣。

目前，包玉剛家族的環球航運、趙從衍家族的華光航業等公司，仍然是香港航運業的重要支柱。包玉剛逝世後，環球航運集團交由大女婿蘇海文管理。1990 年，蘇海文把握國際油輪市場復甦之機，重組全球最強的油輪船隊。2000 年及 2002 年，蘇海文及其兒子包文剛先後收購瑞典 Nordstrom & Thulin（N&T）航運公司及挪威貝格森（Bergesen ASA）天然汽船公司，重組為現時的 BW Group Limited。目前，BW Group Limited 旗下船隊已增加到 108 艘，經營天然氣運輸（BW LNG）、液化氣

運輸（BW LPG）、原油運輸（BW VLCC）、燃煤和礦產運輸（BW Pacific）、化學品運輸（BW Chemicals），以及船舶建造（BW Offshore）、船隊管理與維修（BW Fleet Management）等業務，總載重噸位近 2,200 萬噸，已超過包玉剛巔峰時期的 2,050 萬噸規模，重登"世界船王"寶座。華光航業目前經營著 18 艘乾散貨船、6 艘超級油輪（VLCC）、4 艘阿芙拉型油輪和 5 艘液化石油氣船（LPG），總噸位達 390 萬。不過，董建華家族的東方海外則已於 2017 年售予中資的中遠海運旗下，和中遠海控與上海港務局合組財團，結束其作為華資公司的歷史。而 BW 集團和曹文錦家族旗下的萬邦航運亦已將營運中心轉移到新加坡。

與龐大商航船隊一起構成香港航運中心重要標誌的貨櫃碼頭服務設施，目前也大部份為華資財團所控制。李嘉誠透過在新加坡上市的和記港口信託持有國際貨櫃碼頭集團（HIT）控股權。HIT 成立於 1969 年，持有葵涌四、六、七號貨櫃碼頭及九號貨櫃碼頭（北），共經營 12 個泊位，為世界頂尖的貨櫃碼頭經營商。HIT 並在華南及珠江三角洲發展一個高效、高生產力和極具成本效益的港口和物流服務網絡，其最終目標是創建一個有全面物流管理服務的綜合供應鏈網絡。HIT 與中遠合組的中遠國際碼頭（香港）有限公司，擁有八號貨櫃碼頭（東）兩個泊位。此外，李嘉誠又透過長和與新鴻基地產合組財團（各佔 37%）奪得屯門內河貨櫃碼頭專營權。吳光正透過會德豐持有控股權的現代貨櫃集團（MTL），則擁有葵涌一、二、五號貨櫃碼頭，以及九號貨櫃碼頭（南），共經營 7 個泊位，成為僅次於國際貨櫃的香港第二大貨櫃碼頭集團。由杜拜港口與新加坡港務局聯營的杜拜環球港務則擁有三號貨櫃碼頭一個泊位的經營權，該公司控股的香港亞洲貨櫃碼頭公司亦擁有八號貨櫃碼頭（西）兩個泊位經營權。2013 年 3 月，杜拜環球港務以 35 億港元（約合 4.5 億美元）作價出售位於香港葵涌貨櫃碼頭的亞洲貨櫃物流中心 25% 的權益和三號碼頭 75% 的權益，售給澳洲嘉民集團旗下的嘉民香港物流基金。總體而言，華資在香港的葵涌及屯門貨櫃碼頭業務中仍佔絕對優勢。

» 華資在金融業的地位進一步式微，在影視傳播業的影響力亦大幅下降

在銀行業，華資的發展最早可追溯到 20 世紀初葉，而在 1946-1966 年間進入黃金時期。當時，華資銀行作為一個集團而論，足以與滙豐銀行、中銀集團及外資銀行集團分庭抗禮，而形成所謂"第四種勢力"。不過，在 1965 年銀行風潮中，當時規模最大的華資銀行——恒生銀行因被擠提所累而遭滙豐收購，華資在銀行業的氣勢大挫。自 1965-1978 年期間，由於港府停發銀行牌照，一些外資銀行藉收購香港銀行方式進入香港金融市場，結果多家華資銀行的股權性質發生改變。1982-1986 年的銀行危機中，再有 8 家華資銀行被收購或被港府接管。回歸以後，本地華資中小銀行先後受到 1997 年亞洲金融危機和 2008 年全球金融海嘯的衝擊，其經營環境進一步惡化，包括永隆銀行、創興銀行等先後出售控股權予中資銀行，華資銀行在銀行業的地位進一步下降。目前，仍由華資家族佔控股權的銀行僅餘東亞銀行、大新銀行、上海商業銀行、大有銀行等少數幾家。與此同時，隨著百富勤的倒閉和新鴻基公司的轉手，華資在投資銀行、證券業的地位也逐漸式微。

不過，值得注意的是，這時華資在證券業亦有新發展。1992 年，出身賭業世家的朱李月華與丈夫朱沃裕從美國舊金山移居香港，翌年她從父親朋友手中承讓股票經紀牌，創辦金利豐證券，並以兒子英文名 Kingston 命名，寫字樓最初設在港島香港仔。1995 年，朱李月華在皇后大道中購置寫字樓，將金利豐遷至中環。1996 年 7月 23 日，金利豐以"金利豐金融集團有限公司"名義在香港上市。1999 年，金利豐成立投資銀行部，涉獵 IPO、收購合併及三四線股之財務顧問等業務，並於 2000 年推出一站式的網上證券交易系統。經過多年發展，金利豐金融已成為香港華商中最具規模的證券集團之一，經營業務涵蓋證券交易、期貨交易、財務顧問、資產管理等，並兼及澳門酒店及娛樂業務，擁有兩間附設娛樂場的四星級酒店。

回歸之前，香港影視傳播業的主要經營者，為邵逸夫家族和郭鶴年家族透過邵氏兄弟控股的香港無綫電視，由林百欣家族和鄭裕彤家族經營的亞洲電視，以及由吳光正家族透過九龍倉全資擁有的九倉有線電視。回歸之後，亞洲電視股權經過多

次變動，最後由內地商人王征購得控股權。不過，這時亞洲電視的發展每況日下，終於 2016 年 4 月 1 日子夜停播。邵氏兄弟持有的香港無綫電視，亦因邵逸夫年近古稀而轉手予 Young Lion，即由香港富商、德祥集團主席陳國強，台灣女首富、威盛集團董事長王雪紅及美資基金公司普羅維登斯（Providence Equity Partners）合組的財團。Young Lion 其後又讓中資公司——黎瑞剛旗下的華人文化傳媒投資公司取得控股權，其後黎瑞剛更出任邵氏兄弟董事局主席。換言之，香港華商的兩家影視傳播巨頭——邵氏兄弟及無綫電視均先後轉手予中資公司，結束其作為華資公司的歷史。

值得一提的是，與邵氏兄弟齊名、被譽為香港電影業傳奇的嘉禾集團亦早於 2007 年 10 月 "易主"。集團主席鄒文懷家族將所持有的 24.78% 公司股份，售予內地文化娛樂公司——橙天娛樂。2008 年，橙天娛樂以每股 3.7 港元向嘉禾提議全面收購，並取得嘉禾約 80% 的股權。其後，因為香港聯交所規定，單一股東最高持股比例不能超過 75%，橙天娛樂向市場出售部份股權。2009 年，嘉禾召開特別股東大會，通過收購橙天娛樂旗下影視公司智鴻影視的決議，並宣佈嘉禾股份公司更名為 "橙天嘉禾"。自此，香港兩家主要影視公司均轉由中資公司掌控。

不過，華資在報業傳媒方面仍佔有相當的份額，香港主要的報紙包括《東方日報》、《蘋果日報》、《明報》、《信報》、《香港經濟日報》、《星島日報》、《成報》等，仍主要由華商經營。不過，中資在香港報業傳媒的地位亦漸趨重要，2015 年 12 月，中資的阿里巴巴集團成功收購香港主要英文報刊《南華早報》，以及南華早報集團旗下的其他媒體資產。

》 華資及華資財團的作用與特點

概括而言，華資及華資財團在香港經濟及資本結構中，具有以下幾個顯著的特點：

第一，華資企業數量眾多，行業分佈廣泛，是香港經濟中最大的資本力量，構成香港經濟的基礎和主體。

香港雖然是國際性商業大都市，但歷來是中國領土的一部份，華人人口在香港總人口中所佔比重高達 97%，與中國內地有著極為深厚的地緣、血緣及文化傳統的聯繫，香港社會本質上屬於華人社會。香港自開埠以來首 100 年間，一直作為對中國實行轉口貿易的商港而發展起來的，與中國內地的經貿活動有著密切的聯繫。20 世紀 70 年代末，中國實行改革開放政策後，香港與中國內地的經貿關係獲得全面的飛躍發展，並逐步與以廣東珠江三角洲為核心的華南地區經濟趨向融洽。這種歷史背景使得華資在香港的活動和發展，具有極廣泛的社會基礎和發展空間。

如果說英資在香港經濟中的地位，是以其控制金融、航空、電力供應等國民經濟命脈而表現出來的話，那麼華資的重要地位，首先是從龐大的數量和廣泛的行業分佈等特點體現的。據粗略統計，1996 年底香港 554 家上市公司中，華資佔控股權的至少有七成以上，在香港股市 35,138.32 億港元的總市值中，華資控制公司所佔比重至少在五成半以上。據估計，華資控制的上市公司資產僅為其全部資產的五成左右。因此，從數量看，華資不僅是香港股市，而且是整個香港經濟中最大的資本力量。回歸之後，華商在香港經濟的各個領域得到進一步的發展，特別是在地產、建築業，採購貿易、零售百貨、酒店餐飲業，航運、倉儲和碼頭業，製造業，乃至電訊、基建等公用事業等，仍然佔有壓倒性優勢，擁有相當強大的實力。

第二，華資是推動香港經濟成長和發展的主要動力。

華資作為香港經濟中最大的資本力量，構成香港經濟的基礎和主體，因而它亦成為推動香港經濟成長和發展的重要動力，這主要表現在：

首先，華資是戰後香港邁向工業化、經濟起飛的主要動力。香港開埠以來，一直是作為對華進行轉口貿易的商港而發展的，20 世紀 50 年代初朝鮮戰爭爆發後，聯合國對華實施貿易禁運，香港的轉口貿易一落千丈。這時期，正是一大批從內地移居香港的華人實業家，在香港建立了最初的工業基礎，先是紡織業，繼而是製衣業，並逐漸擴展到塑膠玩具、鐘錶電子等行業，從而推動香港的工業化進程和整體經濟起飛。戰後香港經濟的繁榮發展正是在此基礎上重新構築的。60 年代以後，華資勢力相繼在貿易、航運、地產、酒店以及其他各個行業中崛起，推動香港經濟向多元化及服務業方面發展，為香港作為國際貿易中心、金融中心、航運中心、航空中心及旅遊中心的崛起奠定了堅實的基礎。

其次，華資是 80 年代以來推動香港與內地經貿合作，促進香港經濟結構轉型的主要力量。七八十年代初中國實施改革開放政策以後，華資在製造業的廠商率先大規模投資廣東珠江三角洲地區，推動香港與內地形成 "前店後廠" 的分工格局，並由此帶動兩地間轉口貿易的再度蓬勃發展，進而帶動香港的金融、保險、運輸、倉儲、旅遊以及其他服務業的高速增長。1992 年中國領導人鄧小平南巡廣東、中國進入改革開放的新階段以後，香港的華資財團積極向中國內地投資，投資領域從製造業擴大到地產、基本建設以及批發零售、服務業等第三產業，有力地推動香港經濟從以出口帶動並以製造業為主導的體系，向以港口帶動並以服務業為主體的體系轉型，從海島型經濟轉向中國內地尤其是華南地區的服務中心、商業大都會。這一進程令香港經濟在整個八九十年代獲得持續穩定的增長。

再者，華資及華資財團成為過渡時期乃至回歸之後，維持香港穩定繁榮的最重要資本力量。踏入過渡時期，香港華資財團的投資策略以 1992 年鄧小平南巡為分界線，大致可劃為兩個階段：前一階段，由於投資信心才剛恢復，並受到部份英資財團遷冊、走資的影響，部份華資財團在 "立足香港"、繼續加強香港業務的同時，亦積極向海外拓展，試圖分散投資風險，但其中不少海外投資遭受挫折。其後，華資財團藉中國進一步改革開放之機，轉而向中國內地進軍，掀起空前的投資熱潮。這種投資策略的轉變對香港維持過渡時期的穩定繁榮，無疑具有至關重要的意義。及至過渡時期後半段，香港華資財團對中國政府關於 "一國兩制" 方針政策的信心已大大增強，實際上已將其利益與香港的前途密切聯繫在一起。回歸以後，華資及華資財團在繼續投資香港業務的同時，大舉進入中國內地市場，投資領域遍及製造業、房地產業、酒店餐飲、零售百貨、基礎建設、銀行業等各個主要領域，推動香港與內地的融合發展，為香港的繁榮穩定作出重大貢獻。這些華資企業、財團也在此進程中發展、壯大。

第三，華資大財團已取代英資，成為香港經濟發展的主導力量。

回歸之前，香港華資的主力，主要由李嘉誠家族、郭炳湘兄弟家族、李兆基家族、吳光正家族（包玉剛家族）、鄭裕彤家族、郭鶴年家族，陳啟宗家族、龔如心家族（王德輝家族）、黃廷芳家族、霍英東家族、利榮森家族，何鴻燊家族、陳廷驊家族、胡應湘家族、邵逸夫家族、羅鷹石家族、劉鑾雄家族、許世勳家族、李國寶家族、林百欣家族等數十個家族大財團構成。其中，又以五大華資財團——李嘉誠家族、郭炳湘兄弟家族、李兆基家族、吳光正家族（包玉剛家族）及鄭裕彤家族的實力最雄厚、影響力最大，這些財團的投資領域已從地產伸展到公用事業、航運、倉儲和碼頭、酒店飲食、百貨零售、傳播及金融業，成為多元化、綜合性跨地域大型企業，是香港經濟中的"大行"。

據統計，從 1994 年底到 1996 年底，五大華資財團控制的上市公司市值，已從 5,816.65 億港元急增到 11,926.06 億港元，升幅達 105%，在香港股市中所佔比重已從 27.81% 上升到 33.92%，總體規模已與香港五大英資財團相若，（表 9-3）1996 年底，香港最大市值的 20 家上市公司中，華資就佔了 12 家，其中新鴻基地產、和記黃埔、長江實業、恒基地產、新世界發展分別位列第二、三、五、七、九位。（表 9-4）這些華資公司就其規模及影響力而言，毫不遜色於有逾百年悠久歷史的英資大公司。1996 年 11 月 23 日，香港《信報》評論家曹仁超就曾對這種轉變作過極具體的剖析："過去香港經濟由四大洋行（怡和、和黃、太古及會德豐）加一間滙豐銀行所控制，今天四大洋行除太古洋行外，怡和已不在港掛牌，和黃及會德豐已易手，甚至怡和旗下的九倉亦易手。今天香港經濟已由五大華資（長江實業、新鴻基地產、恒基地產、新世界發展及會德豐）、兩大洋行（太古及中信泰富）、兩大銀行（滙豐及中銀集團）話事，從四大洋行到五大華資，香港經濟經歷另一轉型期。"❷

表 9-3　香港十大財團排名榜

名次	財團	1994 年底		1996 年底	
		市值（億港元）	比重	市值（億港元）	比重
1	滙豐財團				
	滙豐控股	2,171.25		4,395.06	
	恒生銀行	1,071.98		1,815.61	
	合計	3,243.23	15.50	6,210.67	17.67
2	李嘉誠財團				
	長江實業	692.23		1,579.88	
	和記黃埔	1,132.26		2,196.72	
	香港電燈	427.30		519.14	
	長江基建	—		280.44	
	合計	2,251.79	10.77	4,576.18	13.02
3	郭炳湘兄弟財團				
	新鴻基地產	1,073.93		2,264.53	
	九龍巴士	55.70		53.33	
	數碼通	—		71.04	
	合計	1,129.63	5.40	2,389.90	6.80
4	李兆基財團				
	恒基地產	588.92		1,325.22	
	恒基發展	130.81		260.57	
	香港小輪	27.97		53.76	
	中華煤氣	258.67		447.01	
	美麗華酒店	93.22		89.44	
	恒基中國	—		68.13	
	合計	1,099.59	5.26	2,239.18	6.37
5	怡和財團				
	怡和控股	401.49		—	
	怡和策略	239.88		—	
	置地	406.57		—	
	牛奶國際	142.55		—	
	文華東方	63.23		—	
	怡和國際汽車	38.66		77.81	
	合計	1,292.38	6.18*		6.18*

名次	財團	1994 年底		1996 年底	
		市值（億港元）	比重	市值（億港元）	比重
6	吳光正財團				
	會德豐	259.30		445.63	
	九龍倉	565.74		872.36	
	海港企業	27.72		35.91	
	新亞置業	55.88		116.37	
	聯邦地產	46.60		74.10	
	寶福集團	3.75		3.80	
	連卡佛	19.16		11.02	
	香港隧道	28.46		32.35	
	合計	1,006.61	4.81	1,591.54	4.53
7	太古財團				
	太古洋行	702.30		1,075.39	
	國泰航空	322.26		419.31	
	港機工程	47.78		44.03	
	合計	1,072.34	5.13	1,538.73	4.38
8	香港電訊財團				
	香港電訊	1,645.04		1,431.87	
	合計	1,645.04	7.86	1,431.87	4.07
9	鄭裕彤財團				
	新世界發展	329.03		959.31	
	新世界基建	—		169.95	
	合計	329.03	1.57	1,129.26	3.21
10	嘉道理財團				
	中華電力	656.92		684.90	
	大酒店	96.59		183.81	
	太平地氈	4.06		2.42	
	合計	757.54	3.62	871.13	2.48
總計	五大華資財團	5,816.65	27.81	11,926.06	33.92
	五大英資財團	8,010.56	38.29		34.74
	四大英資財團 **	6,718.21	32.11	8,234.37	28.55

* 怡和系已於 1994 年底撤離香港股市，僅餘怡和國際汽車。為便於比較，假設 1996 年怡和系仍能維持 1994 年底 6.18% 的比重。

** 扣除怡和系的數字

資料來源：香港聯合交易所

表 9-4　1996 年底香港二十大市值上市公司概況

名次	公司名稱	市值（億港元）	名次	公司名稱	市值（億港元）
1	△滙豐控股	4,395.06	11	*九龍倉	876.92
2	*新鴻基地產	2,264.09	12	△中華電力	684.79
3	*和記黃埔	2,196.98	13	*香港電燈	519.23
4	△恒生銀行	1,815.61	14	*中華煤氣	446.95
5	*長江實業	1,579.57	15	*會德豐	445.68
6	△香港電訊	1,431.87	16	△國泰航空	419.36
7	*恒基地產	1,325.41	17	*東亞銀行	376.75
8	△太古洋行	1,075.36	18	*希慎興業	316.86
9	*新世界發展	959.04	19	*淘大置業	313.45
10	○中信泰富	957.80	20	○華潤創業	265.60

* 為華資公司　　△為英資公司　　○為中資公司
資料來源：香港聯合交易所

　　長期以來，由於港英政府的殖民統治，作為港英政府重要支持力量的英資財團，實際上直接或間接參與政府決策過程，並從中獲得種種特權和優勢，因而一直在香港政治經濟中發揮主導作用；華資及華資財團則在一定程度上依附於英資勢力，相對缺乏獨立性。不過，回歸以後，隨著部份英資財團，如怡和、英國大東等逐步淡出香港，華資財團的政治地位、經濟實力進一步提高，華資大財團已取代英資財團而成為香港經濟中的主導力量：包括李嘉誠 / 李澤鉅的長和集團、李兆基家族的恒基集團、郭氏家族的新鴻基地產、鄭家純家族的新世界發展 / 周大福、吳光正家族的會德豐 / 九龍倉、呂志和家族的銀河娛樂、黃志祥家族的信和集團、李澤楷家族的電訊盈科及香港電訊、郭鶴年家族的嘉里建設 / 香格里拉、陳啟宗家族的恒隆集團等，以及其他一大批華資財團，其投資策略和發展重點都成為香港經濟的風向標。（表 9-5）

表 9-5　香港主要上市華資家族財團概況

家族財團	上市公司	上市日期	董事局主席 /董事長	2019 年 12 月31 日收市市值（億港元）
李嘉誠 /李澤鉅家族	長和（00001）	2015 年 3 月 18 日	李澤鉅	2,865.19
	長實集團（01113）	2015 年 6 月 3 日	李澤鉅	2,077.54
	長江基建（01038）	1996 年 7 月 17 日	李澤鉅	1,469.80
	電能實業（00006）	1976 年 8 月 10 日	霍建寧	1,216.53
	港燈電力投資（02638）	2014 年 1 月 19 日	霍建寧	678.62
	和記電訊香港（00215）	2009 年 5 月 8 日	霍建寧	75.66
	長江生命科技（00775）	2002 年 7 月 16 日	李澤鉅	83.62
	TOM 集團（02383）	2004 年 8 月 4 日	陸法蘭	49.88
	置富產業信託（00778）	2010 年 4 月 21 日	N.A.	176.44
	泓富產業信託（00808）	2005 年 12 月 15 日	N.A.	45.96
	匯賢產業信託（87001）	2011 年 4 月 29 日	N.A.	192.86
	小計			8,932.10
李兆基家族	恒基地產（00012）	1981 年 7 月 23 日	李兆基	1,851.83
	中華煤氣（00003）	1960 年 4 月 11 日	李兆基	2,575.99
	美麗華酒店（00071）	1970 年 7 月 25 日	李家誠	108.48
	恒基發展（00097）	1972 年 11 月 6 日	李家誠	18.89
	香港小輪（00050）	1988 年 12 月 30 日	林高演	24.94
	港華燃煤（01083）	2001 年 4 月 20 日	陳永堅	155.02
	陽光房地產基金（00435）	2006 年 12 月 21 日	N.A.	82.25
	小計			4,817.40
郭氏家族	新鴻基地產（00016）	1972 年 9 月 8 日	郭炳聯	3,457.05
	數碼通電訊（00315）	1996 年 10 月 31 日	郭炳聯	67.30
	載通國際控股（00062）	1961 年 5 月 1 日	梁乃鵬	90.29
	新意網集團（08008）	2000 年 3 月 17 日	郭炳聯	退市
	小計			3,614.64

家族財團	上市公司	上市日期	董事局主席/董事長	2019年12月31日收市市值（億港元）
吳光正/吳宗權家族	會德豐（00020）	1983年1月3日	吳宗權	1,064.38
	九龍倉置業（01997）	2017年11月23日	吳天海	1,443.73
	九龍倉（00004）	1921年1月1日	吳天海	604.36
	小計			3,112.47
呂志和家族	嘉華國際（00173）	1987年2月6日	呂志和	135.95
	銀河娛樂集團（00027）	1991年10月7日	呂志和	2,487.33
	小計			2,623.28
鄭家純家族	新世界發展（00017）	1972年11月23日	鄭家純	1,092.18
	新創建集團（00659）	1997年4月15日	鄭家純	427.10
	新世界百貨（00825）	2007年7月12日	鄭家純	22.93
	周大福（01929）	2011年12月15日	鄭家純	745.00
	小計			2,287.21
黃志祥家族	尖沙咀置業（00247）	1972年7月20日	黃志祥	474.22
	信和置業（00083）	1981年4月8日	黃志祥	787.75
	信和酒店（01221）	1995年3月8日	黃志祥	32.90
	小計			1,294.87
李澤楷家族	電訊盈科（00008）	1994年10月18日	李澤楷	355.88
	香港電訊（06823）	2011年1月29日	李澤楷	831.38
	盈大地產（00432）	1993年2月20日	李澤楷	6.48
	小計			1,193.74
許榮茂家族	世茂房地產（00813）	2006年7月5日	許榮茂	1,044.62
陳啟宗家族	恒隆集團（00010）	1972年10月12日	陳啟宗	262.25
	恒隆地產（00101）	1954年1月1日	陳啟宗	769.11
	小計			1,031.36
十大財團小計				29,951.69

家族財團	上市公司	上市日期	董事局主席／董事長	2019年12月31日收市市值（億港元）
何鴻燊、何超鳳、何猷龍家族	澳博控股（00880）	2008年7月16日	何超鳳	502.43
	新濠國際（00200）	1927年1月1日	何猷龍	331.57
	信德集團（00242）	1973年1月25日	何鴻燊	112.40
	小計			946.40
郭鶴年家族	嘉里建設（00683）	1996年8月5日	黃小抗	360.48
	香格里拉亞洲（00069）	1993年6月17日	郭惠光	291.86
	嘉里物流（00636）	2013年12月19日	楊榮文	229.63
	小計			881.98
羅嘉瑞家族	鷹君（00041）	1972年10月26日	羅嘉瑞	185.95
	冠君產業信託（02778）	2006年5月24日	羅嘉瑞	303.28
	朗廷酒店投資與朗廷酒店投資有限公司（01270）	2013年5月30日	羅嘉瑞	50.62
	新福港建設（01447）	2015年12月10日	陳麒淳	3.84
	小計			543.69
李國寶家族	東亞銀行（00023）	1921年1月1日	李國寶	505.73
郭令燦家族	國浩集團（00053）	1983年5月3日	郭令海	434.35
張茵／劉名中家族	玖瓏紙業（02689）	2006年3月3日	張茵	380.05
利氏家族	希慎興業（00014）	1981年9月18日	利蘊蓮	318.89
胡應湘家族	合和實業（00054）	1972年8月21日	胡應湘	退市
羅桂祥家族	維他奶國際（00345）	1994年3月30日	羅友禮	300.52
李明治／李成煌家族	聯合集團（00373）	1973年1月12日	狄亞法	68.02
	聯合地產（00056）	1981年1月8日	狄亞法	105.59
	天安中國投資（00028）	1987年3月18日	李成輝	52.07
	新鴻基（00086）	1983年10月3日	李成煌	74.14
	小計			299.82
林剛家族	康哲藥業（00867）	2010年9月28日	林剛	278.30
李運強／李文俊家族	理文造紙（02314）	2003年9月26日	李文俊	257.64

家族財團	上市公司	上市日期	董事局主席／董事長	2019 年 12 月 31 日收市市值（億港元）
劉鑾雄家族	華人置業（00127）	1988 年 12 月 30 日	劉鳴煒	117.70
	利福國際（01212）	2004 年 4 月 15 日	劉鑾雄	134.27
	小計			251.97
王守業家族	大新金融（00440）	1987 年 11 月 5 日	王守業	98.11
	大新銀行集團（02356）	2004 年 6 月 30 日	王守業	146.48
	小計			244.59
羅旭瑞家族	世紀城市（00355）	1981 年 9 月 7 日	羅旭瑞	18.58
	富豪酒店（00078）	1980 年 11 月 3 日	羅旭瑞	38.83
	百利保控股（00617）	1993 年 12 月 17 日	羅旭瑞	29.76
	富豪產業信託（01881）	2007 年 3 月 30 日	羅旭瑞	65.79
	四海國際控股（00120）	1989 年 11 月 1 日	羅旭瑞	77.69
	小計			230.65
黃敏利家族	敏華控股（01999）	2010 年 4 月 9 日	黃敏利	211.85
黃子欣家族	偉易達集團（00303）	1992 年 11 月 5 日	黃子欣	193.87
汪穗中家族	德昌電機控股（00179）	1984 年 7 月 11 日	汪穗中	159.34
林建岳家族	麗新國際（00191）	1987 年 12 月 3 日	林建名	38.30
	麗新發展（00488）	1988 年 3 月 11 日	林建岳	62.59
	鱷魚恤（00122）	1971 年 9 月 1 日	林建名	5.12
	豐德麗控股（00571）	1980 年 1 月 9 日	劉志強	16.41
	麗豐控股（01125）	1997 年 11 月 28 日	周福安	32.75
	寰亞傳媒（08075）	2001 年 5 月 31 日	林建岳	1.11
	小計			156.28
羅康瑞家族	瑞安建業（00983）	1997 年 2 月 3 日	羅康瑞	9.80
	瑞安房地產（00272）	2006 年 10 月 4 日	羅康瑞	137.86
	小計			147.66
潘蘇通家族	高銀金融（00530）	1992 年 10 月 8 日	潘蘇通	122.34

家族財團	上市公司	上市日期	董事局主席／董事長	2019 年 12 月 31 日收市市值（億港元）
楊受成家族	英皇集團國際（00163）	1972 年 11 月 14 日	陸小曼	63.63
	英皇鐘錶珠寶（00887）	2008 年 7 月 21 日	楊諾思	10.85
	英皇娛樂酒店（00296）	1973 年 3 月 1 日	陸小曼	19.02
	英皇證券集團（00717）	2007 年 4 月 24 日	楊玳詩	12.81
	英皇文化產業（00491）	1992 年 6 月 10 日	范敏嫦	2.57
	歐化國際（01711）	2018 年 1 月 29 日	黃志輝	1.36
	小計			110.24
朱李月華家族	金利豐金融（01031）	1996 年 7 月 23 日	朱沃裕	108.90
羅騰祥家族	大家樂集團（00341）	1986 年 7 月 16 日	羅開光	108.12
馮國經、馮國綸家族	利豐（00494）	1992 年 7 月 1 日	馮國綸	72.58
	利標品牌（00787）	2014 年 7 月 9 日	馮國綸	6.58
	利亞零售（00831）	2001 年 1 月 18 日	馮國經	26.69
	小計			105.85
羅樂風家族	晶苑國際（02232）	2017 年 11 月 3 日	羅樂風	91.58
朱林瑤家族	華寶國際（00336）	1992 年 1 月 22 日	朱林瑤	88.88
合計				37,218.94

資料來源：香港交易所、東方財富網資料。

03

華資家族企業的經營管理模式

————————

自香港開埠以來逾 170 年歷史發展中，華資家族財團長江後浪推前浪，在香港經濟中孕育、萌芽、成長、崛起，終於取得舉世矚目的成就。其中的原因，除了天時、地利等種種外部客觀環境的配合之外，其內部秉持的一套獨特經營管理模式，不能不說也發揮重大的推動作用。這套模式既明顯不同於西方國家的企業制度，亦區別於日本的模式，它從中國傳統文化和儒家思想衍生，具有鮮明的中國色彩。概括而言，這套管理模式的基本特點，就是對企業實行家族化統治，即所謂的"企業家族化"。

》 華資家族企業的經營管理特點

英美等西方國家所強調的企業精神，是所有權與經營權分離，即一家公司的大股東未必需要直接參與該公司的決策及日常管理，公司一般交由職業管理人員管理，員工重視企業整體管理制度，以企業利益為重。然而，在中國傳統文化仍然根深蒂固的華資家族中，他們雖然已不斷吸收西方的管理模式，但對公司的控制權和管理權仍然非常"執著"，並不願意只持有控制性股權，而將董事會的控制權交予其他人士，他們十分看重對公司董事局的控制權，務求掌握公司的決策權和管理權。20 世紀 70 年代之後，這些華資家族雖然願意將其公司上市，將部份股權出讓予公眾人士持有，惟家族本身仍會確保對公司的最大股權，以及對董事局的控制權。

在華資企業中，家族不但是其創造者、所有者，而且是其經營者、管理者，家族及其利益往往就是企業的靈魂及目標。即使是那些在證券交易所上市的公眾有限公司中，建立家族的資本積聚和控制也往往是首要的目標，權力也往往被用來為這個目標服務。正因如此，創業家長或家族大家長往往處於主宰地位，實行“家長萬能”式的集權管治，並以他為核心，根據家族親緣關係的親疏遠近組成管理體系。一般而言，創業家長以外是一個由日後繼承企業的近親所組成的決策層，就企業的戰略策略向創業家長提供意見，遠親和朋友組成的領導層則負責企業的日常運作，再往外推就是技術人員和一般僱員，形成社會學者費孝通所形容的“差序格局”。

　　這種情況在華資家族企業中可謂比比皆是。早期郭樂、郭泉兄弟創辦的永安集團中，郭樂、郭泉、郭葵、郭順兄弟就分握香港、上海、澳門各地的永安聯號，而公司各部部長和主任則分別由郭氏的親友、合夥人出任，形成家族式的統治。50 年代上海紡織大亨創辦的企業中，其最高領導者幾乎清一色是上海人。據長江製衣創

永安集團大廈

辦者陳瑞球透露，到 80 年代初，管理長江製衣的陳氏家族成員，除陳瑞球及其胞弟陳蔭川外，兩兄弟的 11 位子女均在公司工作，分別管理設計、業務、生產和財務等部。❸ 雖然，較大型的華資企業已吸納職業經理和專業人士進入領導層，但正如英國《經濟學家》的評論所指出：“許多最大的華人商行，像香港的李嘉誠帝國和泰國的差倫·波克凡（Charoen Pokphand），它們成功地吸收結合了職業經理，但從不以削弱家族控制為代價。” ❹

　　家族統治的另一個重要體現是子承父業，作為創業家族的繼承人，年輕一代的家族成員往往很早

便被引進家族企業出任要角，培訓掌管企業的能力，而年輕的家族成員亦往往懷著驚人的責任感去履行這一職責。創業家長一旦逝世，已經在美國成為物理學家或醫生的繼承人，就要被召喚回家，去接管家族的企業或生意，這種事例時至今日仍比比皆是。1983年永安郭氏家族第二代掌舵人逝世，已經成為美國哈佛大學物理系博士的第三代郭志權，即放棄長期從事的物理學專業，返抵香港出任永安集團主席。1987年包玉剛被檢查出癌變後，其第四女婿、美國著名的癌病專家鄭維健即奉召歸隊，主理家族投資生意。直至今日仍沒有明顯的跡象顯示，華人創業家族會步某些西方創業家族的後塵，按照現已屢見不鮮的那種模式，把業務交給職業經理或信託投資機構，自己則成為"剪息票食利者"。

華資家族企業在處理內部關係方面，強調團結、和諧和忍讓。有創業家長的主持，加上受到中國二千多年儒家忠孝思想的薰陶，家族及企業內部儘管存在種種矛盾和緊張關係，但一般而言仍比較和諧，尤其在一致對外方面具有高度的團結性。在對外關係方面，華資家族企業的工商活動不像西方建立在法律和契約之上，而是以儒家的信義思想為基礎，依靠相互間的信任。他們以信義為經營信條，通過有親緣關係、以感情紐帶為基礎結成的社會關係網與外界發生聯繫，日本八佰伴集團總裁和田一夫在總結他與華商做生意的經驗時曾說："不少人以為華人社會只是利害關係的結合，其實並非如此。海外華人由於各種各樣的原因，遠適異國，無鄉可回，無國可歸。除了和長年苦樂與共，能夠彼此真誠相待者外，養成不太與人合作共事的習慣。但如果一旦碰上值得信賴的人，仍會竭誠合作。這是從現實生活中，得來的寶貴經驗和人生智慧。" ❺

香港華資家族財團這套獨特的管理哲學及模式，從歷史文化淵源考察，明顯來自中國傳統的文化及儒家思想。香港大學商學院教授高偉定（Gordon Redding）在撰寫《華人資本主義的精神》（The Spirit of Chinese Capitalism）一書時，曾對亞洲72位華僑創業家做過深入訪問，探討他們對家庭及商業兩者之間的關係，高偉定發現，華人創業家有兩個基本意識：一是在管理上希望實行儒家精神，如家長式管理、家庭式的關係及對等級的尊重，二是因為他們歷史上曾生活在封建社會中，他們需要採取另一種經營方式以及營造一種心態，安定他們的"不安全感"。高偉定認為，華商產生"不安全感"的主要原因是：儒家思想貶低商業的貢獻；傳統政治管理階層有無上權力，可從正式或貪污途徑分享商人財富；缺乏商業制度，如銀行及保險公司，以及便利商業交易及保障產業權益的法律等。這些對商人不利的情況衍生出"不安全感"。因此，華商往往要全權控制自己的企業，在他們的企業王國內，只有家族內部成員才可獲得信任及參與權；在商業交易中，他們依賴個人而非契約關係。

高偉定的研究無疑頗有道理，然而他忽略了重要一點，即創業家長從中國文化傳統衍生的獨特價值觀，包括驚人的敬業精神、對創業的滿足感以及堅韌的鬥志和應變能力。這些價值觀不僅成為營造華人家族企業管理模式的重要因素，而且已被不少探索香港經濟成功奧秘的學者，視為香港經濟起飛的重要原因。

》 華資家族企業管理模式的利弊分析

實踐證明，華資家族企業這種獨特管理模式有其旺盛的生命力，其主要優點在於：決策迅速及對市場反應靈敏，有利於在風雲變幻的市場中及時把握營商機會，賺取厚利。有評論曾指出：這種管理模式的"管理費用低，員工彼此容易溝通，管理也富於彈性，易應付市場上的突發事件"。❻ 香港貿易發展局研究部的一份研究報告也指出："在港絕大部份實業公司都由一人領導，好處是方針明確、號令必行，而且公司比較容易應付市場環境的變化調整業務重心。從有利的方面看，……正是香港贏得市場觸角敏銳、善於革新這一美譽的一項重要因素。" ❼ 在華人企業中，創業家長集權力關係於一身，可憑藉其高瞻遠矚的眼光及長年積累的經驗對處於迅速轉變中的市場及時作出反應，制定決策、調整戰略方向，並憑藉其在商業社會深厚的人際關係迅速推動業務進展，取得理想經營效果。這一點，西方企業顯然遠遠不及。

在具魄力和魅力的創業家長的統率下，企業在縱向合作方面具極強向心力，分佈企業各要職的家族成員對企業產生強烈的認同感和忠誠感，工作異常投入。為了推動企業發展壯大，家族成員彼此齊心協力，甚至不惜犧牲個人利益，企業因而煥發強大的活力。即使企業經營方針有所轉變，他們亦不會作出強烈抗拒，這無疑使華資家族企業較易適應市場需要的轉變。這亦是非家族企業所遠遠不及的。企業在橫向合作方面，強調依靠個人關係及信用，而非法律契約，這種安排無疑大大減低"交易費用"（Transaction Cost），並增加適應環境轉變的彈性。

華資家族企業這種管理模式的優點，往往在家族創業的第一代中表現得淋漓盡致，正是憑藉著創業家長的遠見卓識和非凡的判斷力，華人家族企業上下齊心，可在短短數十年間從規模細小的商行崛起而成為龐大的商業帝國，這種事例可謂多不勝數，早期的就有郭樂、郭泉兄弟創辦的永安集團。目光如炬的郭氏昆仲，在短短30年間，將位於皇后大道中一間小小百貨公司建成一個橫跨零售、金融、地產、貿易的多元化大型企業集團。20世紀60年代郭泉更大舉投資香港地產，購進了九龍油尖區、何文田、中區等地區的大量物業。1966年郭泉去世時，永安集團正處於巔峰時期。50年代的華資企業，相當部份亦在一代人中崛起，號稱"超人"的李嘉誠便是從港島筲箕灣一間不顯眼的塑膠廠，在四五十年間迅速崛起為橫跨亞洲、歐洲及北美洲的全球商業帝國。這些成功典範的背後，固然有種種天時、地利等客觀條件的配合，但創業者的準確判斷以及華人企業的這種獨特的管理模式，無疑亦發揮重大作用。香港貿易發展局研究部一份研究報告亦指出："正是基於這種企業文化，成功的香港企業在初期發展階段，大抵是全球數一數二最具競爭力的公司。"❽

誠然，這套獨特的管理模式亦有其先天的缺陷，這種缺陷在企業的最高領導交接班時期表現得最明顯。在華資企業中，企業的成敗盛衰在頗大程度倚重於創業家長，及其接班人的判斷、經驗、魄力、內部的親和力及外部的人際關係。由於受到生命時鐘的催逼，創業家長總有交出權力的一天，在"子承父業"的限制下，他在接班人的問題上幾乎沒有任何選擇餘地。這些創業家長，經過數十年心血建立起商業王國，當然希望後人將來能繼承其衣缽，並將之發揚光大。因此，接班人的培育成為極關鍵的一環。這可以解釋華人企業家為何如斯重視對後代的培育，其實不少企業家的後代亦往往帶著顯赫的博士、碩士學位進入家族企業。然而，企業家的才幹在許多情況下就算是最精心的學校也無法培養的。對於不少家族企業來說，要想家族王朝一代一代往下傳並不容易，因為兒子並不一定總具備創業家長那樣的機敏，而且亦容易出現不爭氣的一代。

接班人的不力，往往成為華人家族企業由盛轉衰的轉捩點，綜觀整部香港華資家族財團的發展史，這種事例簡直俯拾皆是。郭氏永安集團的例子就能說明問題。1966年郭泉逝世後，永安集團便由郭氏第二代"琳"字輩掌舵，儘管財雄勢大，但已無其父輩的魄力和異彩。其時，永安除百貨業仍略有名氣之外，地產、銀行、保險等均被後起之秀迎頭趕上。郭樂、郭泉昆仲致富後極重視後代的教育，郭氏第二三代中獲麻省理工、哈佛大學等名校博士者大不乏人。然而，永安集團在70年代已暮氣沉沉，到80年代更呈漸走下坡之勢。1983年，郭氏第三代曾在美國IBM研究中心當研究員的郭志權出任集團主席，期間，永安銀行傳出金融醜聞，出任永安銀行總經理的郭志匡從銀行挪用1,000萬美元作為己用，1986年永安銀行出現財政危機，曾協助永安集團避過大小風暴的永安銀行，其控制權自此落入恒生銀行手上，其時永安銀行共虧蝕3,600萬美元，已將持股人的權益全部喪失。郭志權曾公開指責郭志匡管理不當，惟郭氏家族成員對兄弟鬩牆表示不滿，使郭志權一度在股東大會上潸然淚下，並迴避股東的質問。經此一役，永安集團的聲譽一落千丈。1989年，永安集團更因經營保守，股票市值低於資產淨值，而遭新興華商鄭裕彤的覷覦，險些將祖業拱手相讓。

中國的傳統智慧，有所謂"富不過三代"的說法。箇中道理，曾國藩的治家格言就說得很清楚："家中錢多，子弟未有不驕者也"，以傳統的道德眼光來看，驕奢固然是敗家的肇因，如郭志匡等輩即是。不過在理財已發展為一門科學的今天，就算一名富家子弟真的揮霍無度，在專業理財人士的匡扶下，亦甚少在一兩代間把家財敗壞淨盡。因此，在新的經營環境中，家族企業較少敗在接班人的操守上，更多的是接班人既缺乏父輩的眼光和才具，又急於求成、盲目擴張，終至動搖企業根基。馮慶鏘兄弟就是一個活生生的例子。在創業家長逝世後權力轉移到下一代時，由於接班人缺乏足夠的權威和魄力，家族企業很容易出現內部分裂和派系鬥爭。香港大學亞洲研究中心主任黃紹倫教授在研究香港華人家族企業的分合時亦承認："家族生意在繼承過程中會出現離心的傾向"，❾ 這往往成為企業由盛轉衰的轉捩點，畢竟個人忠心不易從創業者轉移到他的後代，創業者個人的關係網絡亦會因他的退隱而瓦解。創辦海外信託銀行的張銘添在1982年驟然逝世後，他遺下的龐大商業王國在三數年間便分崩離析，海外信託銀行瀕臨破產，被港府接管，主要原因就在於此。

華人家族企業的另一重要缺陷，是在中國傳統文化中，父親死後，家族財富往往由兒子均分。如包玉剛逝世時就將其龐大的商業帝國劃分為 4 份，由其女兒組成的 4 個家庭分別控制的 4 個信託基金持有。英國《經濟學人》對此的評論是："包玉剛在他生前對其龐大帝國的小心劃分，是最徹底的、令人感興趣的家族觀念的力量展示。" ❿ 然而，這種細胞分裂式的分家代代如此，不僅會動搖家族對企業的控制權，造成企業內部的矛盾，而且會使家族企業無法積累資金，很難進一步發展。有學者指出：家族企業並不就是企業發展的必然障礙，如果家族是一法人團體，可以持有資產，並不受 "分家" 的影響以至削弱家族對企業的控制權，則家族企業可以不斷發展和延續。日本有很多超過百年的大企業都是家族企業，不過這些企業的經營方式是 "家族企業化"，而異於華人企業的 "企業家族化"。誠然，香港華人家族企業中亦有成功解決這一弊端的例子。1989 年，已有逾 80 年歷史的利豐集團，就是透過私有化，由管理層向馮氏家族的數十位成員收購股權，重新取得對公司的控制權，從而解決華人家族企業這關鍵難題，開創了成功的先例。當然，毋庸置疑，並非所有華人企業都能藉此解決問題的。

» 華人家族企業發展的制約因素

20 世紀 80 年代中期以後，隨著企業規模的發展壯大，香港華人企業面臨的另一項重要挑戰，就是能否隨著時代的變遷及經營環境的轉變，在繼續保持傳統管理模式優點的同時，成功吸納西方企業制度的精華並加以改造，從而突破家族企業的制約，令家族企業走向現代化、多元化及國際化。

在傳統管理模式中，華資家族企業的發展規模實際上受到多種因素的制約，首先是企業管理制度的制約，在這種企業制度中，最高決策者處於主宰地位，甚至即使在他們退休後由兒子掌管企業大權時，情況仍然如此。70 年代後期，出任香港中文大學嶺南工商管理研究所副主任的約翰·艾士比，在訪問一家企業的一對父子時曾有深切的感受。訪問期間，已經退休的父親口口聲聲地說道："現在是我兒子當家

了。"但在整個訪問過程中，做兒子的始終不敢說一句話。❶

　　由於最高決策者處於主宰地位，員工只是忠實執行決策，中下管理層的主動性和創造性受到嚴重限制，特別是非家族成員很難受到重用。有研究就指出："這種管理模式，同時衍生了另一種企業特色。由於公司的營運過於依賴東主，中下層職員往往未能人盡其才，無論技能或經驗都比歐美公司的初級管理人員遜色。在很多香港公司，初級管理人員的職務只限於執行東主的決定。東主對員工的督導及控制也較為嚴厲，即使員工主動進取，也沒有多少發展機會。上司的諸多掣肘經常令能幹的員工心灰意冷，轉而另謀高就，加入外資公司任職，或自行創業。令人感到諷刺的是，到他們開設公司時，卻又效法舊上司的家長式管理方法，忘卻自己正是為了擺脫這種諸多規限的企業文化而創業的。"❷

　　結果，策略的成功與否完全依靠創業家長的遠見、經營才能和市場機會。然而，人非全能，創業家長亦只能在積累多年經驗的領域裡得心應手，一旦企業進入創業者不熟悉的領域，就有頗高的失敗風險，這就是為什麼許多家族企業往往局限於某一地域或領域的原因。有評論指出："公司東主獨攬管理大權，也會因個人能力不足而帶來成效低、效率欠佳的弊病。可以說，這種管理模式是造成香港公司淘汰率高的原因之一，同時也揭示了何以香港的企業形象頗有矛盾之處：一方面令人覺得靈活進取，另一方面又顯得非常落伍。身兼東主與領導兩職的香港實業家，大多沒有受過正規管理訓練，他們只憑個人經驗作出商業決定，在發掘新商機方面，也往往沿用舊有和熟悉的手法。"❸

　　香港華人企業發展規模受到制約的另一個重要因素，是企業的對外聯繫方式。香港華人企業發展到一定規模必定要擴大跟外界的聯繫，但由於企業的發展倚重人際關係而非法律契約，一旦超過原有的社會關係網，企業便難以應付。高偉定在其著作《華人資本主義的精神》就指出：家族企業的管理模式使華人家族企業的規模及它們從事的行業都受到局限，海外華人做得最出色的生意是貿易、地產、初級產品、航運、礦業、木材等，在這些行業中，即使經營達到全球規模，一種對恰當的價格、時間和地點的直覺本領，要比複雜的管理技術更加重要。

　　這就解釋了華資家族財團為何不易衝出香港，而一旦往海外投資，不是鎩羽而歸，就是步履艱難，完全失去了在香港的那份瀟灑從容、應付裕如。美國加州執業律師、商學院教授梁福麟在《香港財團無法衝出香港》一文中指出：香港財團，除滙豐銀行等英資公司在美國購買或擁有企業或銀行外，鮮有蛻變為跨國公司之勢，華資財團除了李嘉誠家族以外，其他大多數只是“只聞腳步聲，不見有人來”。他認為這種情況與“港資機構徘徊在家庭式企業運作階段”有莫大關係。❶❹目前，香港從地產崛起的華資大財團，其規模均已發展得相當龐大，實行業務的多元化及國際化，只是遲早的問題，但是企業原有的傳統制度若不加以改革，集團日後的發展勢必會受到重大制約。

　　事實上，某些重要的變化已經開始。自20世紀80年代以來，華人家族企業已開始逐漸吸收西方企業管理的精華，李嘉誠收購和記黃埔後，便開始刻意迴避純粹東方式家族化管理，大力起用職業經理，李察爾、麥理思、馬世民等洋人，他們均曾在李氏公司出任要職。這種變化無疑將隨創業家長第二代的接班而加速，接受過

西方高等教育的華人家族第二代，勢必將他們所學到的西方企業精神和經營管理制度帶進家族企業。利豐的第三代馮國經就指出：“傳統的家族式生意如欲超越家族控制範圍進行擴展業務，會遭遇重重障礙。不過，今天的企業家正迅速學習如何克服這個潛在的問題。本人相信，一個嶄新的華人管理模式現正逐漸興起，其中既包羅中國人克勤克儉、重視社會關係的傳統觀念，又融匯了西方人崇尚靈活創新及同化外來者的處事手法。這個模式由第二代、第三代的華商提倡，這些企業家大多在海外接受

恒隆中心

教育，雖然部份仍需聽命於本身的家族，但是他們卻能成功地吸收西方的管理技巧和起用外國經理，以擴展業務，並確保其企業不斷增長。"❶ 李澤鉅主理長江基建分拆上市時，全然是一派新人新作風，當時香港就有評論指出：香港公子已開始脫離父傳子和世襲管理模式，根本不應預期李澤鉅或李澤楷會直接繼承李嘉誠在長實及和黃的地位。❶ 恒隆主席陳啟宗亦公開認為："中國商人如果繼續用傳統的管理辦法，恐怕難與外國多元化的企業競爭；要發展跨國企業，傳統的家族管理方法難望有成功。"

然而，面對巨大的傳統勢力，其第二、三代接班人究竟能夠走多遠？又會否在改革中丟失傳統模式的種種優點？凡此種種，均是即將進入新的歷史時期華人企業所必須面對的挑戰和考驗。

04

發展前瞻：挑戰與機遇

» 華資家族企業傳承的挑戰

踏入 21 世紀，特別是 2010 年以來，年近古稀的香港老一輩華人企業家相繼部署交班。2012 年，李嘉誠宣佈個人分配資產方案；2012 年，新世界創辦人鄭裕彤宣佈退休，由其子鄭家純出任董事局主席，鄭家純長子鄭志剛獲升為聯席總經理，負責新世界日常運作，其後更擢升為執行副主席，負責集團的策略、方向、運作及執行；2015 年，會德豐主席吳光正宣佈退休，由其兒子吳宗權出任董事局主席，旗下零售業務則交由長女吳宗恩負責；同年，恒基地產主席李兆基也作出交班動作，離任公司主席以及董事總經理等職務，但保留公司執行董事一職，公司主席由次子、時年 43 歲的李家誠接任。與此同時，嘉華集團的呂志和、合和實業的胡應湘等人，亦陸續部署淡出。甚至連正值壯年的新鴻基地產的郭炳江、郭炳聯兄弟也被迫開始部署接班事宜，安排由家族第三代、29 歲的郭基煇和 31 歲的郭顯澧進入董事局。由於這些大企業對香港經濟舉足輕重，有關事件再次引發香港社會對華人家族企業傳承問題的關注：這些被安排的接班人經驗是否足夠？交接會否順暢？對於公司管治將帶來怎樣的挑戰？新一代接掌後對於家族企業發展，將產生怎樣的影響？

隨著富豪們的交棒，一些投資者懷疑這些享有特權且大多在西方接受教育的接班人，能否像白手起家的父輩一樣，有能力打理龐大的商業帝國。尤其這些接班人大多缺乏政治關係，更不像父輩那樣經受過各種磨練。根據香港中文大學范博宏、羅綺萍等學者一項對近 20 年來香港、台灣、新加坡 200 宗家族企業傳承案例的研究，家族企業在繼承過程中往往面臨巨大的財富損失，在繼承年度（新舊董事長交接完成的一年，通常會伴隨控制股權交接）及此前 5 年、此後 3 年的累計股票超額收益率平均高達 -60%。換言之，所有人於企業傳承前 5 年每份價值 100 元的股權，在傳承完成時只剩下 40 元。相比其他兩地，香港近 80 宗經歷傳承的企業，其價值損失更大，高達 -80%。❶ 范博宏表示，造成這種“接班折損”的原因，主要是創始人的人脈和價值觀等“無形關鍵資產”難以傳給下一代，以及外界對不斷惡化的家族內部爭鬥的擔憂。

如上所述，華人家族企業的傳承過程中，有兩個問題一直困擾著他們：其一是接班人的選擇和培養；其二是在中國的傳統文化中，父親逝世後，家族財富往往要由眾兒子均分，這種“細胞分裂”式的傳承，不僅會動搖家族對企業的控制權，造成企業內部的矛盾，而且會使家族企業無法積累資金，難以進一步發展。面對這一困境，包玉剛採取了將家族事業分割管理的分配模式。包玉剛沒有兒子，在傳統中國人的觀念中似乎稍有遺憾，自然 4 位女婿便成為他候選的接班人。最早加入包氏王國的是大女婿——奧地利人蘇海文（Helmut Sohman），1970 年他陪同妻子包陪慶返回香港，隨即加入環球船務，在短短十數年間，他從一個外行的環球船務執行董事，躍升為熟悉航運業務的環球集團第一副主席，很明顯他就是包氏挑選的航運業務的接班人。二女婿吳光正於 1975 年加入環球集團後便一直追隨包氏左右，1980 年九龍倉收購戰及 1985 年會德豐收購戰中，吳光正均是包玉剛的主要助手，深得包氏器重。包玉剛收購九倉及會德豐後，吳光正即出任董事總經理一職。顯而易見，在此期間包氏已在部署交班計劃。1986 年，包玉剛發覺身體不適，便宣佈正式退休，部署交班計劃。同年 10 月，他辭去環球航運集團以及隆豐國際、九龍倉等上市公司主席一職，分別由蘇海文和吳光正接任。

最後，包玉剛作了深謀遠慮的部署，他將亞洲航運從隆豐國際分拆出來，轉由環球航運擁有，而環球航運則交由大女婿蘇海文負責；二女婿吳光正負責隆豐國際及九龍倉等陸上王國部份；三女婿渡伸一郎則負責一間日式風格的綜合貿易公司，該公司是 1987 年包玉剛從隆豐國際及九倉控股的東京保險及貿易公司私有化的；四女婿鄭維健則主理包氏家族的投資基金。為此，包玉剛特意成立 4 個信託基金，由其 4 位女兒組成的 4 個家庭各自獨立持有，包氏的部署明顯是要避免家族日後出現財產的紛爭。英國《經濟學家》對此的評論是："包玉剛在他的生前對其龐大帝國的小心劃分，是最徹底地、令人感興趣的家族觀念的力量的展示。"1991 年 9 月，包玉剛病逝，不過他生前創下的事業在 4 位女婿的分掌下運作如常，繼蘇海文出任香港總商會主席及立法局議員之後，吳光正及鄭維健亦分別出任香港醫院管理局主席及香港聯合交易所主席，在商界政界嶄露頭角，吳光正更成為香港首任行政長官 3 位候選人之一，可見包玉剛的交班部署相當成功。

面對這一困惑，新鴻基地產創辦人郭得勝的部署，是將家族企業的股權以家族信託基金的形式，傳承給他的妻子和 3 位兒子郭炳湘、郭炳江、郭炳聯兄弟。郭氏的交班部署是為了讓學成返港的兒子加入家族企業長期追隨自己，從而將自己數十年經營地產的成功策略和秘訣傳授給他們，然後才讓他們接班。郭氏兄弟均受優良的教育，長子郭炳湘持有英國倫敦大學帝國學院土木工程系碩士學位，並為英國土木工程師學會會員，次子郭炳江持有英國倫敦商學院工商管理碩士學位及倫敦大學土木工程系學士學位，三子郭炳聯則持有劍橋大學法律系碩士學位及哈佛大學工商管理碩士學位。郭炳湘於 1972 年學成返港，次年即加入新地，郭炳江、郭炳聯亦於 1978 年相繼加入。到 1990 年 10 月郭得勝逝世時，郭氏兄弟在新地已有 12 年以上的工作實踐經驗，對地產經營的策略及秘訣已了然於胸。與包玉剛的分家模式截然不同，郭得勝透過建立郭氏家族基金持有旗下企業股權，由其妻子及 3 位兒子共同享有基金權

新鴻基中心

益，囑令 3 位兒子齊心合力繼承父業。郭得勝逝世後郭炳湘上任主席兼行政總裁，掌握最終決定權，其弟郭炳江、郭炳聯則出任副主席兼董事總經理，輔助兄長。

在相當一段時期內，郭氏兄弟攜手合作，令新鴻基地產業績大放光彩。郭氏兄弟合作經營新鴻基地產 20 年，公司的市值從 1990 年接班時的 254 億港元，增加到 2010 年的 2,000 億港元，資產增長近 7 倍，因而曾一度被標榜為家族傳承與兄弟經營的彪炳功業。可惜，天有不測風雲，三兄弟後來漸生嫌隙，發展至矛盾難調，導致公司董事會改組。其後，郭炳江、郭炳聯兄弟因涉嫌貪污，相繼被香港廉政公署拘捕，被迫匆匆部署第三代接班，給公司的發展蒙上陰影。2012 年 3 月 29 日，郭炳江與郭炳聯被廉署拘捕，當時為釋除市場疑慮，宣佈委任郭炳江兒子郭基輝及郭炳聯兒子郭顯澧作為兩兄弟的替代董事；同時擢升"老臣子"雷霆及黃植榮為副董事總經理。無可否認，這種匆忙的交班部署可能對公司的長遠發展構成某種負面影響。

新世界發展主席鄭裕彤的交接部署則稍有波折。1989 年，鄭裕彤有感於好友馮景禧的病逝，決定部署交班計劃，他首先辭去新世界發展董事總經理一職，讓長子鄭家純接任。鄭家純曾在加拿大攻讀工商管理，1972 年返港後一直在新世界發展工作，磨練的日子亦已不短。鄭家純被評為果斷、不拘小節、眼光長遠，他亦自言時間就是金錢，他的作風明快，在考慮清楚後迅速作決定，其後就不再"鑽牛角尖"。鄭家純出任新世界發展總經理後，即大刀闊斧地展開連串矚目收購行動，包括購入美國華美達酒店集團，收購永安集團、亞洲電視等公司，令原本負債頗低的新世界債台高築、股價急跌。結果，公司需要其父鄭裕彤重出江湖，收拾局面，快刀斬亂麻地將公司部份資產出售，套現減債，才令新世界重上正規。

華資家族財團創業大家長中，交班計劃部署得最為縝密，亦最矚目者當屬李嘉誠。李嘉誠有兩位兒子，分別是長子李澤鉅和次子李澤楷，據說兩兄弟在少年時，李嘉誠已在公司會議室一角安排兩張椅子，堅持要他們列席旁聽董事局會議。李嘉誠又刻意訓練兩位兒子的獨立性，李澤鉅在讀完中學三年級後就被送到加拿大接受教育，過著獨立生活，而李澤楷亦是剛滿 14 歲就被送到美國加州一間預讀學校就讀。李澤鉅在史丹福大學畢業後，擁有的學歷包括結構工程碩士、建築管理碩士，以及土木工程學士。他畢業後不久，即被李嘉誠指定負責統籌規模龐大的萬博豪園發展計劃，並藉此嶄露頭角。1989 年，李澤鉅被委任為長實執行董事，時年 24 歲，當時他奔走於香港、溫哥華兩地，既監督萬博豪園的工程，又兼顧香港事務。此後，李澤鉅迅速冒升，1993 年 2 月出任長實副董事總經理，僅在李嘉誠、"太傅" 麥理思（George Magnus）之下，1994 年 1 月再晉升為長實副主席，被初步確立為公司接班人。

次子李澤楷獲史丹福大學電腦工程學士後，被父親指定在加拿大多倫多一間投資銀行——哥頓投資公司（Gordon Capital Corp.）工作了兩年半，到 1990 年才奉命返回香港加入和記黃埔，初期出任和黃集團資金管理委員會董事經理，負責籌辦衛星電視，李澤楷在短短數年間，將衛星電視搞得有聲有色，並於 1993 年 7 月將衛視 63.6% 股權售予梅鐸的新聞集團，為和黃及李嘉誠家族賺取 30 億港元利潤。經此一役，李澤楷在香港商界聲名大振，順理成章地出任和黃副主席。李澤楷與其兄李澤鉅踏實低調的作風相反，他積極進取，曾被美國《華盛頓郵報》評為 "以驕橫的談判方式，以及對比他歲數大一倍的下屬倨傲不遜的態度而知名於商界"，❸ 李澤楷並不甘於守業，他將出售衛視所賺的資金到新加坡創辦亞洲基建投資公司——盈科集團，並透過盈科收購新加坡上市公司海裕亞洲，一時間光芒四射。

李嘉誠還刻意安排兩位兒子在香港社交界 "曝光"，並將他們介紹給香港及中國的商界、政界，藉此發展兩位兒子的社會關係。1990 年，萬博豪園在香港推出之際，在長實集團公關精心安排之下，李澤鉅接受兩份雜誌訪問，同年李澤楷成為和黃為衛視舉辦吹風會的主持人，兄弟倆開始曝光。1992 年，李嘉誠親自攜同兩位兒子上北京，將他們介紹給中央總書記江澤民，同年 7 月，香港總督彭定康參觀葵涌四號貨櫃碼頭時，李嘉誠率領兩名兒子及員工親迎。李嘉誠還推薦長子李澤鉅出任滙豐銀行董事及總督商務委員會委員。1995 年，李嘉誠加快交班部署，同年 5 月，他將名下所持 34.5% 長實權益轉由一間信託基金 Li Ka Shing Unity Trust 持有，除了他之外，他的兩名兒子為該信託基金受益人。1996 年 7 月，李嘉誠退居幕後，讓李澤鉅全權處理長江基建分拆上市事宜，李澤鉅並出任長建主席。1999 年底，在李澤鉅的主導下，和記黃埔向德國曼內斯曼公司出售旗下英國電訊 Orange 公司 44.8% 股權，換取曼內斯曼電訊 10.1% 股權。此次所謂的 "千億賣橙" 奠定了公司在歐洲的地位。2006 年 1 月，李澤鉅正式出任長實集團董事總經理一職。李嘉誠交班的時機漸趨成熟。

2012 年 1 月 25 日，在長江實業及和記黃埔股東年會後，李嘉誠首次主動向媒體披露了自己鉅額資產的分配方案：將李澤楷持有的三分之一家族信託基金 Li Ka Shing Unity Trust[19] 轉給李澤鉅，令李澤鉅持股量增至三分之二，餘下三分之一繼續由李嘉誠持有。換言之，李澤鉅將獲得其持有的逾四成的長江實業及和記黃埔權益，以及三成半的赫斯基能源權益，成為李嘉誠事業的繼承人；李澤楷則得到了李嘉誠撥予的鉅額現金，用於支持他發展個人事業，注資規模將會是李澤楷現有資產的數倍。李嘉誠亦承諾，將財產的三分之一捐給社會，為此注入 "李嘉誠基金會"，[20] 日後將由李澤鉅擔任主席，李澤楷參與管理。

至此，李嘉誠醞釀、部署近 20 年時間的交班 "大劇"，終於揭開其神秘的面紗。其中滲透著他一生積累的商業智慧和人生智慧：首先，將家族事業的精華——長和系四大上市公司交由長子李澤鉅接掌，完全符合中國人的傳統文化理念，在倫理上不會出現問題。李澤鉅人如其名，性格沉穩，在長江實業已經超過 20 年，行內人對他的評價是 "很守規矩"、"中規中矩"，與香港各界的關係也比較融洽。與李澤楷相比，李澤鉅無疑是更適合守業的人選。其次，次子李澤楷鋒芒在外、個性十足，並且早已在外創業，持有大藍籌公司電訊盈科，是一位開拓性的商界人物。李嘉誠沒有採取新鴻基地產的模式讓其輔助兄長，而是撥予鉅額現金支援李澤楷發展事業，可說是發揮了 "一石三鳥" 的功效：既可避免日後發生兄弟鬩牆的風險，又有利於發揮李澤楷的長處或優勢，將家族企業的傳承與創業有機結合起來。此外，社會輿論認為，李嘉誠還培育了 "永遠不會讓他失望" 的 "第三個兒子"—— 李嘉誠基金會，在交班的同時不忘回饋社會。

對此，社會輿論普遍給予正面評價，有評論認為 "這樣的決定可以說趨於完美，也給香港眾多富豪提供了一個家產分配的範例"。不過，李嘉誠的部署並非完全沒有風險：正如有評論所指出，相比起李嘉誠，李澤鉅沉穩有餘，開拓不足。一旦失去李嘉誠庇護後，由李澤鉅獨自導航的長和系，面對風雲變幻的香港及國際政經環境，仍然能夠像李嘉誠時代那樣遊刃有餘嗎？次子李澤楷固然衝勁十足，但有評論認為他"不很在乎方方面面的關係"、"不擅守業",一旦失去父親的庇護,他開創的事業能夠如過往那樣順利發展嗎?他們兩兄弟在守業和創業兩個層面上將如何相互協助、取長補短呢?是否有相關的制度安排呢?

2018年3月16日,在長和系旗下四大公司的業績會上,李嘉誠宣佈將在主持5月10日股東大會後正式退休。54歲的李澤鉅在經歷了30年的"學徒生涯"後,終於正式扛起了家族企業的大旗。同年3月20日,美國《華爾街日報》發表題為"李嘉誠的退休幾乎標誌著亞洲大亨時代的終結"的評論,指出對過去50年來創造大量財富的亞洲一代大亨來說,帷幕正在落下。香港和東南亞地區年事已高的精英富豪紛紛交棒,他們曾依靠出色的商業才能,精心打造政商關係,為地區的經濟發展作出貢獻。隨著他們陸續交出指揮棒,其接班人正面臨新的挑戰。更有評論指出,家族財富傳承雖難,但經營傳承更難。因為經營傳承更多的是精神層面,過程當中有兩個核心點,即"人"和"專",前者傳承家族中前人的中心思想、文化,後者更多指技能方面,所謂"授之以魚不如授之以漁"。

面對挑戰,華資家族大財團的創業家長可說絲毫不敢掉以輕心,均作最精心、縝密的部署。然而,新接班的一代均是含著"金鑰匙"出生的富家子弟,他們獲得父輩的庇蔭,無須艱苦地打江山,有部份繼承者不要說磨練不足,閱歷亦可能稍遜一籌,他們在父輩的指引下,在父輩的社會人際網絡中展開拳腳,自然事事順暢。但是,無論交接的過渡時期安排得如何完善,家族式企業仍難以完全抹煞危機出現的可能,真正的考驗相信仍在前面。可以說,在新的歷史發展時期,正面臨交接部署的華資家族企業所面對的首要挑戰,就是其家族的第二、三代能否順利接班,是否有能力繼承父輩業績,再創輝煌?

» 中資快速崛起與華資財團形成的競爭態勢

中資企業在香港的發展,最早可追溯到1872年香港招商局的成立。其後,中國資本又相繼在香港設立了中國銀行廣東分行(中國銀行香港分行前身)、中國太平保險公司、交通銀行、金城銀行、鹽業銀行、中國旅行社、華潤公司等企業。1949年中華人民共和國成立後，中資又先後在香港註冊成立了南洋商業銀行、寶生銀行等金融機構，和一些從事貿易的公司。據不完全統計，截至 1978 年，香港中資企業的總數，達到 122 家。㉑這一時期，除了中銀、招商、華潤、中旅等少數企業從事金融、航運、貿易、旅遊等業務外，其他中資企業大部份是內地貿易公司在香港的代理，主要從事與內地進出口貿易有關的業務。總體而言，業務領域不寬，經營規模不大，經濟實力也不強。

1978 年，中國實行開放政策，推動了中資企業的迅速發展。隨著內地對海外的經貿聯繫日趨緊密，內地各地區、各部門開始在香港設立機構，發展業務。特別是香港步入回歸中國的過渡時期，適逢中國沿海開放格局趨向形成，香港與內地的經貿關係進入全面發展的新階段，加上香港經濟進入另一次經濟週期的上升階段，中資企業在香港經濟的各個領域掀起投資高潮，對香港經濟的參與程度大大提高，經營作風亦轉趨進取。據粗略估計，回歸前的 1996 年，中資在香港共開設了 1,818 家公司，總資產達 13,175 億港元（1995 年底數據），其經營的業務範圍已拓展到貿易、銀行、保險、證券、運輸、倉儲、酒店、百貨、房地產、高科技、基礎設施、公用事業、廣告等多個領域。㉒其時，中資已超越美、日等國際資本，成為香港經濟中僅次於英資、華資的資本勢力。

回歸以後，隨著內地經濟的快速增長，以及香港與內地的合作、融合，中資企業在香港有了長足的發展。這首先體現在香港的資本市場。20 世紀 90 年代，香港與內地金融合作的標誌性事件，就是引入中國內地企業的 H 股，致力使香港發展成為"中國的紐約"。1993 年 7 月 15 日，第一隻 H 股——青島啤酒在香港聯交所掛牌上市，開啟了 H 股在香港發展的先河。回歸之後，包括紅籌股、H 股在內的中資企業股大舉在香港上市，使得香港發展為中國內地企業境外首要上市及融資中心。據統計，到 2019 年底，香港股市（主板）中的 H 股、紅籌股和內地民營企業已增加到 1,144 隻，佔香港股市（主板）上市公司總數的 55.24%；總市值為 279,296.83 億港元，佔香港上市公司總市值的 73.39%；成交股份金額（包括主板和創業板）為 123,301.30 億港元，佔當年成交股份金額的 79.05%。

隨著紅籌股和 H 股的大量上市，中資證券公司獲得空前的發展。特別 2005-

2006 年以後，香港證監會正式發放牌照允許中資金融機構到香港開展證券業務，諸如海通證券、廣發證券等內地證券公司相繼進入香港市場。2008 年全球金融海嘯爆發，部份外資大行縮減在香港的業務，這為中資金融機構帶來新的發展機遇和空間，迎來了中資金融機構快速發展的 10 年黃金時期。據數據顯示，1997-1998 年亞洲金融危機期間，有"紅籌之王"稱譽的華資投資銀行百富勤黯然倒下，歐美證券商趁機崛起，在香港 IPO 市場佔有率高達 85%，二級市場佔有率達 70-80%。不過，時移世易，據瑞恩資本（Ryanben Capital）的統計，2018 年 8 月至 2020 年 7 月的兩年期間，香港新上市公司共有 347 家，其中，310 家在主機板上市，37 家在創業板上市，以保薦人身份參與香港主機板 IPO 的 87 家證券商中，中資佔 36 家，港資佔 37 家，外資佔 14 家。所保薦的新上市公司超過 8 家的證券商有 23 家，中資佔 11 家，外資佔 5 家，港資佔 7 家。這 11 家中資證券商包括中信里昂、中金公司、海通國際、建銀國際、農銀國際、國泰君安和招銀國際等。一般估計，中資券商已佔香港 IPO 市場份額的七成左右，佔有相當大的優勢。當然，在二級市場，仍然由外資證券商佔主導性優勢。有評論指出，中資券商的快速崛起，是近 20 年間香港金融市場的顯著變化；無論是從券商、上市公司還是投資者結構來看，香港股市進入中資主導時代的趨勢似乎無可避免。

在銀行業，由於先後受到 1997 年亞洲金融危機和 2008 年全球金融海嘯的兩次衝擊，回歸後香港銀行業發展，特別是華資中小銀行的發展，受到了嚴峻的挑戰。不過，這一時期中國政府開始啟動人民幣的國際化進程，推動了香港離岸人民幣業務和人民幣債券市場的發展，為香港銀行業注入新的活力。為了適應新的發展形勢，中銀香港（控股）有限公司於 2001 年 9 月 12 日在原中銀集團基礎上組建、註冊成立，並於 2002 年 7 月 25 日在香港掛牌上市。上市後的中銀香港獲得快速的發展。到 2019 年，銀行資產總額達 30,260.56 億港元，除稅前利潤達 400.88 億港元。人民幣業務包括存款、貸款及結算等多年均佔據本地市場首位。中銀香港成為香港銀行業中僅次於滙豐控股的第二大銀行集團。

除了中銀香港之外，回歸以來中資銀行業務也有相當大的發展：包括興業銀行、上海銀行、民生銀行、光大銀行、浦發銀行、國家開發銀行等多家銀行，紛紛進入香港市場進行收購或投資，設立分支機構。2000 年 4 月，中國工商銀行與招商局集團達成收購協議，以 18.05 億港元收購香港友聯銀行 53% 股權，隨後友聯銀行改名為 "工銀亞洲"。2004 年 4 月，工銀亞洲收購華比富通銀行的零售及商業銀行業務，華比富通銀行隨後改名為 "華比銀行"，成為中國工商銀行（亞洲）的全資附屬公司。2005 年 10 月，工銀亞洲正式將華比銀行香港分行併入，重點發展人民幣業務。2008 年 5 月，招商銀行以 193 億港元的價格收購伍氏家族的永隆銀行。2013 年 10 月，中資越秀集團宣佈以 116.44 億港元價格收購廖創興家族的創興銀行。

據統計，截至 2019 年底，中資銀行集團在香港共擁有 34 家認可機構，包括 30 家持牌銀行、2 家有限制牌照銀行和 2 家接受存款公司。與 1996 年回歸前的情況相比，回歸以來中資銀行無論在銀行資產、客戶存款和客戶貸款等方面，都有長足的發展。2019 年，中資銀行集團的資產總額為 88,160 億港元，存款總額為 51,070 億港元，客戶貸款為 39,400 億港元，所佔比重分別從 1996 年的 11.0%、22.9% 和 9.0% 提高到 36.0%、37.1% 和 38.0%，在總資產和客戶存款方面僅次於滙豐控股集團，而在客戶貸款方面更已超越滙豐控股。（表 9-6）

表 9-6　2019 年香港主要銀行集團發展概況（單位：10 億港元）

認可機構實益擁有權 所屬地區／經濟體系	總資產	客戶存款	客戶貸款
中國內地	8,816	4,805	3,940
日本	1,430	358	578
美國	1,285	686	353
歐洲	3,438	1,362	1,413
其他 *	9,493	5,958	4,093
總額	24,462	13,772	10,377

* 其他包括滙豐控股集團
資料來源：香港金融管理局，《香港金融管理局 2019 年報》。

在影視傳播業，近年來從內地發展壯大起來的中資文化集團，更是積極透過香港進軍國際市場。在 20 世紀 80-90 年代，華資的兩家電影公司邵氏兄弟、嘉禾娛樂，以及兩家電視台無綫電視、亞洲電視，曾一度在香港影視市場上獨領風騷，佔據主導位置。然而，時移世易，踏入 21 世紀，隨著香港兩大影視集團主腦邵逸夫和鄒文懷年近古稀，家族事業後繼乏人，邵氏兄弟及嘉禾娛樂均相繼被內地文化娛樂公司——黎瑞剛旗下的華人文化傳媒投資公司和伍克波旗下的橙天娛樂收購。亞洲電視也被內地富商王征收購，並最終停播。顯而易見，中資企業正逐步取代華資而成為香港影視傳播業的主導力量。

即使在華資佔主導地位的地產業，近年來中資的發展也相當迅猛。數年前，內地海航集團以高價在香港搶地就一度引起香港社會的關注。據仲量聯行 2017 年 2 月的一份研究報告指出，香港七大發展商，包括新鴻基地產、長實集團、恒基地產、南豐、新世界發展、信和置業和會德豐等的買地支出，由 2012 年佔整體市場的 45% 下降至 2016 年的 22%。當年，中資發展商奪得 30% 的賣地，佔總金額的 40%。2017 年，香港的 3 次政府賣地，更全數由中資公司投得，總值超過 2016 年的總和，中標的包括萬科（以 13.1 億港元投得深水用地）、中國海外（以 21.3 億港元投得大埔用地）、高銀金融（以 63.8 億港元投得何文田用地）。仲量聯行國際董事兼亞洲估價及顧問部主管劉振江表示：“由於內地住宅開發市場競爭激烈，這

南豐中心

類項目的整體盈利大約為 10%，而香港住宅開發的利潤水平可以達到 20%，因此吸引了很多內地地產商進入香港市場。"

據香港中國企業協會的資料顯示，目前香港中資企業已超過 4,000 家，比回歸前的 1,800 多家翻了一番，企業總資產增加到 27 萬億港元，比回歸前增加了近 20 倍。而且，經過 20 多年的發展，部份中資公司已發展成為多元化、國際化的大型綜合企業，如華潤集團、招商局集團、中銀香港、光大集團、中旅集團、中國海外、中遠海運等。回歸前，總資產超過 1,000 億港元的公司只有中銀香港一家，但目前已增加到 42 家。現階段，中資企業在香港經濟中的部份行業，如銀行、證券、影視傳媒、航運等領域正發揮越來越重要的作用。中資企業快速發展的勢頭，無疑形成了華資企業必須面對的競爭態勢，雙方如何加強合作、避免惡性競爭，實現共贏，可以說是華資財團在新時期所面對的挑戰。

》 粵港澳大灣區的新機遇

展望未來，從亞太區和中國內地的經貿發展總體態勢來看，未來可能對香港華資財團發展產生影響的重要因素，是粵港澳大灣區發展的深化程度。2017 年 3 月 5 日，國務院總理李克強在人大《政府工作報告》中提出："要推動內地與港澳深化合作，研究制定粵港澳大灣區城市群發展規劃，發揮港澳獨特優勢，提升在國家經濟發展和對外開放中的地位與功能。"與此同時，國家"十三五"規劃綱要明確提出："支持港澳在泛珠三角區域合作中發揮重要作用，推動粵港澳大灣區和跨省區重大合作平台建設。"廣東省"十三五"規劃綱要也提出："創新粵港澳合作機制，打造粵港澳大灣區，形成最具發展空間和增長潛力的世界級經濟區域。"及至 2019 年 2 月 18 日，國務院正式公佈《粵港澳大灣區發展規劃綱要》，"粵港澳大灣區"的構建被正式提升至國家的戰略規劃層面。

粵港澳大灣區主要指由廣州、深圳、珠海、佛山、惠州、東莞、中山、江門、肇慶 9 市和香港、澳門兩個特別行政區形成的城市群。從發展的角度看，粵港澳大灣區的提出，是包括港澳在內的珠三角城市融合發展的升級版，從過去 30 多年"前店後廠"的經貿格局，升級成為先進製造業和現代服務業有機融合最重要的示範區；從單純的區域經濟合作，上升到全方位對外開放的國家戰略。這為粵港澳城市群未來的發展帶來新機遇。根據國家的相關文件，粵港澳大灣區城市群在國家對外開放中佔有相當重要的地位。國家發改委的《推動共建絲綢之路經濟帶和 21 世紀海上絲綢之路的願景與行動》指出：粵港澳大灣區是"21 世紀海上絲綢之路"的戰略要衝，是對接東南亞、南亞、中東、歐洲等"一帶一路"國家的必經之地，也是國家經略南海最重要的戰略支點。國務院印發的《關於深化泛珠三角區域合作的指導意見》也提出：要"構建以粵港澳大灣區為龍頭，以珠江—西江經濟帶為腹地，帶動中南、西南地區發展，輻射東南亞、南亞的重要經濟支撐帶"。

"灣區經濟"不僅是區域概念，更主要的還是產業概念，即需要有一個能夠輻射周邊腹地、甚至全球的產業群或者臨港產業群，從而成為區域、甚至全球的經濟增長極。從粵港澳大灣區來看，其中很重要的就是加強灣區內產業，特別是金融業、物流航運業、科技創新產業和旅遊休閒業的合作發展、協調發展和錯位發展。在金融領域，其中的重點是深化粵港澳金融合作，構建以香港為龍頭，以深圳、廣州和澳門—珠海橫琴為主要節點，壯大大灣區金融樞紐；在航運物流貿易方面，通過深化粵港澳航運物流貿易合作，建構中國對外開放經濟帶的世界級航運物流樞紐；在創新科技方面，要加強和深化粵港澳科技創新合作，共建世界級的中國"矽谷"；在旅遊休閒領域，通過深化粵港澳旅遊、會展合作，共建世界級旅遊休閒目的地。

上述這種宏觀經濟發展的態勢，有利於進一步發揮香港作為中國內地與國際市場的"超級聯繫人"角色，從而給香港的華資及華資財團帶來嶄新、龐大的發展商機。會德豐主席吳宗權在 2017 年年報中表示："預期未來 10 年，一帶一路和大灣區戰略將帶來越來越大的經濟貢獻。深圳與香港締造的雙城故事將愈見精彩。會德豐將憑藉過往取得的佳績繼續努力，順應潮流和形勢變化，積極進取。" ㉓ 長和主席李嘉誠在 2017 年公司年報中也表示："中央政府於第 19 次全國代表大會後重申，深化經濟及金融改革為首要任務，並推出'一帶一路'及'大灣區'藍圖。此等政策應可為香港及集團眾多地區業務創造大量機遇。" ㉔

新世界發展主席鄭家純在 2017 年年報中也指出："今年是香港回歸祖國的第 20

個年頭，國家的持續快速發展為香港提供了堅強後盾，機遇難得。中央政府將會繼續支持香港在推進一帶一路建設、粵港澳大灣區建設、人民幣國際化等重大發展戰略中發揮優勢和作用，為本地經濟及發展帶來源源不絕的新動力及新機會。新世界集團對香港及中國內地的未來發展滿懷憧憬，本集團會繼續致力優化業務及架構，通過可持續的企業文化，以創新的思維及營運概念，積極樂觀地迎接未來的挑戰，把握機遇、貢獻國家、服務社會、創造價值。" ㉕

正基於此，過去幾年，新世界積極佈局粵港澳大灣區投資項目，涉及行業包括商業房地產、醫療、科技、文化等領域，總投資超過 200 億港元。僅計 2016 年，新世界就先後奪得深圳市前海中心金融商務區桂灣片區商業地塊，以及深圳市太子灣包括高立宗地、長誠宗地、商鼎宗地及樂灣宗地等 4 塊優質土地。對此，新世界執行副主席兼聯席總經理鄭志剛表示："新世界再次於深圳市核心地段成功取得優質土地，反映出集團銳意提升中國內地資產的決心，並進一步加強新世界在中國內地的品牌地位。團隊將精巧細緻的工匠精神灌注在新項目內，為公司及持份者創造價值。" ㉖

展望未來，在當前新的國際經貿環境和區域發展格局，以及在香港錯綜複雜的政治、經濟發展態勢中，香港的華資及華資財團若能洞察先機，成功應對集團所面對的種種挑戰，並以創新精神準確把握商貿發展脈搏和機遇，將可在新時期取得新的突破、新的發展，部份甚至可能進一步轉型為全國性大型綜合企業集團，乃至全球性跨國集團，與國際財團並駕齊驅。否則，其中的落後者、誤判者在激烈的競爭環境中將可能逐漸衰落，甚至有被淘汰的危險。這在香港 170 多年的發展史中已屢見不鮮。

註釋

❶ 參閱《香港經濟日報》，1996 年 7 月 12 日。

❷ 曹仁超著，《從四行到五大華資反映經濟勢力轉型》，香港：《信報》，1996 年 11 月 23 日。

❸ 黃惠德著，《香港製衣業總商會會長陳瑞球訪問記》，香港：《信報財經月刊》雜誌，第 3 卷第 10 期，第 43 頁。

❹ 參閱《海外華人——一往無前的力量》，英國《經濟學家》雜誌，1992 年 7 月 18 日。

❺ 戈德著，《李嘉誠、謝國民、王永慶——日本人眼中的華人資本家》，香港：《信報財經月刊》雜誌，1993 年 1 月，第 48 頁。

❻ 伍少庭著，《香港華洋公司管理上的特色》，香港：《信報財經月刊》雜誌，1978 年 11 月，第 24 頁。

❼ 香港貿易發展局研究部著，《香港製造業：現況與前景》，香港：香港貿易發展局研究部，1988 年，第 19 頁。

❽ 同註 7，第 20 頁。

❾ 同註 8。

❿ 同註 4。

⓫ 同註 4。

⓬ 同註 6，第 25 頁。

⓭ 同註 7。

⓮ 梁福麟著，《香港財團無法衝出香港》，香港：《信報財經月刊》雜誌，1991 年 9 月，第 81 頁。

⓯ 馮國經著，《香港——海外華人的地區匯點》，《第二屆世界華商大會（22-24.11.1993）特刊》，香港：香港中華總商會，1993 年，第 128 頁。

⓰ 參閱《超人部署交班，兩名接棒待考驗》，香港：《經濟日報》，1996 年 7 月 18 日。

⓱ 范博宏、羅綺萍著，《家族企業價值為何在繼承中蒸發六成》，《新財富》，2009 年 12 月 30 日，http://finance.sina.com.cn/leadership/mroll/20091230/16517176523.shtml。

⓲ 參閱《香港新一代富豪——李澤楷》，美國《華盛頓郵報》，1991 年 1 月 24-30 日。

⓳ Li Ka Shing Unity Srust 持有共 22 間上市公司，包括長江實業、和記黃埔、長江基建、電能實業，以及 TOM 集團、匯賢產業等。

⓴ 李嘉誠於 1980 年成立李嘉誠基金會，以回饋社會，重點包括 3 個方面：培育奉獻文化、推動教育改革以及支持醫療發展等，至目前為止（2019 年 8 月）李嘉誠已捐出總款逾 250 億港元，項目遍及全球 27 個國家及地區，其中約 80% 項目在大中華地區，其中教育佔 46%，醫療佔 36%，文化與宗教佔 12%，公益佔 6%。

㉑ 李言斌著，《中資企業發展概述》，烏蘭木倫主編：《發展中的香港中資企業》，香港：新華通訊社香港分社經濟部編印，1997 年，第 306 頁。

㉒ 同註 21，第 314 頁。

㉓　參閱《會德豐有限公司 2017 年年報》，第 5 頁。

㉔　參閱《長江和記實業有限公司 2017 年年報》，第 13 頁。

㉕　參閱《新世界發展有限公司 2017 年年報》，第 11 頁。

㉖　新世界發展有限公司新聞稿，《新世界集團進一步提升中國內地資產質素，進行合資安排以發展深圳市太子灣核心優質土地》，2016 年 12 月 9 日。

附
錄

01

參考文獻

» 一、著作

1. 陳鏸勳著,《香港雜記》,香港:中華印務總局,1894 年
2. 陳湜、李史翼編,《香港——"東方的馬爾太"》,香港:上海華通書局,1930 年
3. 賴連三著,《香港紀略》,上海:萬有書局,1931 年
4. 《香港略志》,《香港華僑工商業年鑑》,香港:協群公司,1939 年
5. 香港上海滙豐銀行編,《百年商業》,香港:光明文化事業公司,1941 年
6. 董浩雲著,《中國遠洋航運與中國航運公司》,1954 年
7. 香港經濟導報編輯,《香港工業手冊》,1958 年
8. 丁熊照著,《真理與事實——一個香港工業家的回憶》,香港:香港開達實業有限公司,1970 年
9. 王敬羲等著,《香港億萬富豪列傳》,香港:文藝書屋,1978 年
10. 林友蘭著,《香港史話》,香港:香港上海印書館,1978 年
11. 齊以正、郭峰等著,《香港兆萬新富列傳》,香港:文藝書屋,1980 年
12. 齊以正、郭峰等著,《香港超級巨富列傳》,香港:文藝書屋,1980 年
13. 上海社會科學院經濟研究所編著,《上海永安公司的產生、發展和改造》,上海:上海人民出版社,1981 年
14. 魯言著,《香港掌故》,香港:廣角鏡出版社,1981 年
15. 復旦大學歷史系、《復旦學報》編輯部、《歷史研究》編輯部編輯,《近代中國資產階級研究》,上海:復旦大學出版社,1983 年
16. 戴維·萊思布里奇編著,《香港的營業環境》,上海:上海翻譯出版社,1984 年
17. 齊以正等著,《上岸及未上岸的有錢佬》,香港:龍門文化事業有限公司,1984 年
18. 齊以正、陶世明等著,《香港商場精英榜》,香港:龍門文化事業有限公司,1984 年
19. 饒餘慶著,壽進文、楊立義譯,《香港的銀行與貨幣》,上海:上海翻譯出版公司,1985 年
20. 黃南翔編著,《香江歲月》,香港:奔馬出版社,1985 年
21. 齊以正等著,《香港商場"光榮"榜》,香港:龍門文化事業有限公司,1985 年
22. 齊以正等著,《×氏王朝》,香港:龍門文化事業有限公司,1986 年
23. 齊以正等著,《銀行大風暴》,香港:龍門文化事業有限公司,1986 年
24. 齊以正、林鴻籌等著,《香港豪門的興衰》,香港:龍門文化事業有限公司,1986 年
25. 陳謙著,《香港舊事見聞錄》,香港:中原出版社,1987 年
26. 齊以正等著,《超級名利場》,香港:南北極月刊,1987 年
27. 元邦建編著,《香港史略》,香港:中流出版社有限公司,1988 年
28. 香港華商銀行公會研究小組著,饒餘慶編,《香港銀行制度之現況與前瞻》,香港:香港華商銀行

公會，1988 年

29. 香港證券業檢討委員會，《證券業檢討委員會報告書》（中文版），1988 年 5 月

30. 何文翔著，《香港家族史》，香港：三思傳播有限公司，1989 年

31. 高東山（T. K. Ghose）著、中國銀行港澳管理處培訓中心譯，《香港銀行體制》（中文版），香港：中國銀行港澳管理處培訓中心，1989 年

32. 楊奇主編，《香港概論》，香港：三聯書店（香港）有限公司，1990 年

33. 杜蒙特（Joho DeMont）、范勞爾（Thomas Fennel）著，程希譯，《香港億萬富豪進軍加拿大》（*Hong Kong Money-How Chinese Families Fortunes are Changing Canada*），香港：博益出版集團有限公司，1990 年

34. 張仲禮、陳曾年、姚欣榮著，《太古集團在舊中國》，上海：上海人民出版社，1991 年

35. 何文翔著，《香港富豪列傳》，香港：明報出版社，1991 年

36. 《銀海縱橫：近代廣東金融》，廣州：廣東人民出版社，1992 年

37. 霍禮義（Robert Fell）著、劉致新譯，《危機與轉變》，香港：三思傳播有限公司，1992 年

38. 方式光、李學典著，《李嘉誠成功之路》，香港：香江出版有限公司，1992 年

39. 齊以正等著，《王德輝傳奇》，南北極月刊出版社，1992 年

40. ［英］哈特臣（Robin Hutcheon）著、黃佩儀譯，《錦霞滿天——利豐發展的道路》，廣州：中山大學出版社，1992 年

41. 甘長求著，《香港房地產業》，廣州：廣東人民出版社，1993 年

42. 何文翔著，《香港富豪列傳之二（修訂版）》，香港：明報出版社，1993 年

43. 吳嘉琳、莊新田著，《香港至尊大家族》，南寧：廣西人民出版社，1993 年

44. 香港工商專業聯會著，《香港廿一：展望香港經濟十年路向》，香港：香港工商專業聯會，1993 年

45. 沈永興主編，《從砵甸乍到彭定康——歷屆港督傳略》，香港：新天出版社，1994 年

46. 冼玉儀著，《與香港並肩邁進：東亞銀行 1919-1994》，香港：香港大學出版社，1994 年

47. 余繩武、劉存寬主編，《十九世紀的香港》，香港：麒麟書業有限公司，1994 年

48. 王希著，《香港巨富風雲錄》，香港：明報出版社，1994 年

49. 冷夏著，《一代賭王——何鴻燊傳》，廣州：廣東人民出版社，1994 年

50. 吳多泰著，《私語拾記》，香港：國際鴻星集團投資有限公司，1994 年

51. 寄丹著，《報業豪門——胡文虎、胡仙傳》，廣州：廣州出版社，1995 年

52. 冷夏、曉笛著，《世界船王：包玉剛傳》，廣州：廣東人民出版社，1995 年

53. 莊炎林主編，《世界華人精英傳略・港澳卷》，南昌：百花洲文化出版社，1995 年

54. 馮邦彥著，《香港英資財團（1841-1996）》，香港：三聯書店（香港）有限公司，1996 年

55. 瞿琮編著，《霍英東傳》，北京：紅旗出版社，1996 年

56. 陳美華著，《香港超人——李嘉誠傳》，廣州：廣州出版社，1996 年

57. 約翰・奈思比著，林蔭庭譯，《亞洲大趨勢》（Megatrends Asia），台北：天下文化出版股份有限公司，1996 年

58. 冷夏著，《霍英東傳（上卷）》，香港：名流出版社，1997 年

59. 高承恕、陳介玄主編，《香港：文明的延續與斷裂》，台北：聯經出版事業公司，1997 年

60. 烏蘭木倫主編，《發展中的香港中資企業》，香港：新華通訊社香港分社經濟部編印，1997 年

61. 香港貿易發展局研究部著，《香港製造：現況與前景》，香港：香港貿易發展局研究部，1998 年

62. 曹文錦著，《我的經歷與航運五十載》，香港：萬邦集團，1998 年

63. 馮邦彥著，《香港商戰經典：企業兼併收購個案實錄》，香港：明報出版社，1999 年

64. 馮邦彥著，《盈動兼併香港電訊——香港商戰經典（四）》，香港：明報出版社，2000 年

65. 張曉輝著，《香港近代經濟史（1840-1949）》，廣州：廣東人民出版社，2001 年

66. 馮邦彥著，《香港地產業百年》，香港：三聯書店（香港）有限公司，2001 年

67. 馮邦彥著，《香港金融業百年》，香港：三聯書店（香港）有限公司，2002 年

68. 周佳榮、鍾寶賢、黃文江編著，《香港中華總商會百年史》，香港：香港中華總商會，2002 年

69. 利豐研究中心編著，《供應鏈管理：利豐集團的實踐經驗》，香港：三聯書店（香港）有限公司，2003 年

70. 鄭宏泰、黃紹倫著，《香港股史（1841-1997）》，香港：三聯書店（香港）有限公司，2006 年

71. 馮邦彥著，《百年利豐：從傳統商號到現代跨國集團》，香港：三聯書店（香港）有限公司，2006 年

72. 鄭宏泰、黃紹倫著，《香港大老何東》，香港：三聯書店（香港）有限公司，2007 年

73. 弗蘭克・韋爾什著，王皖強、黃亞紅譯，《香港史》，北京：中央編譯出版社，2007 年

74. 鍾寶賢著，《香港百年光影》，北京：北京大學出版社，2007 年

75. 馮邦彥、饒美蛟著，《厚生利群：香港保險史（1841-2008）》，香港：三聯書店（香港）有限公司，2009 年

76. 潘慧嫻著，《地產霸權》，北京：中國人民出版社，2011 年

77. 鄭宏泰、黃紹倫著，《一代煙王利希慎》，香港：三聯書店（香港）有限公司，2011 年

78. 馮邦彥著，《百年利豐：跨國集團亞洲再出發》，香港：三聯書店（香港）有限公司，2011 年

79.《櫛風沐雨八十年》編撰組編輯，《櫛風沐雨八十年——永隆銀行發展紀實》，香港：永隆銀行，2013 年

80. 馮邦彥著，《承先啟後：利豐馮氏邁向 110 週年——一個跨國商貿企業的創新與超越》，香港：三聯書店（香港）有限公司，2016 年

81. 馮邦彥著，《香港企業併購經典（增訂版）》，香港：三聯書店（香港）有限公司，2017 年

82. 杜博奇編著，《越秀三十年》，北京：中信出版集團，2017 年

83. 馮邦彥著，《不斷超越，更加優秀——創興銀行邁向七十周年》，香港：三聯書店（香港）有限公司，2018 年

84. 范岱克（Paul A. Van Dyke）著，江瀅河、黃超譯，《廣州貿易——中國沿海的生活與事業（1700-1845）》（*The Canton Trade: Life and Enterprise on the China Coast, 1700-1845*），北京：社會科學文獻出版社，2018 年

85. 馮邦彥著，《香港英資財團（1841-2019）》，香港：三聯書店（香港）有限公司，2019 年

》 二、報刊雜誌

1. 凌泰著，《父子兵——趙世彭先生訪問記》，香港：《信報財經月刊》雜誌，第 1 卷第 3 期

2. 高貞白著，《從元發行的盛衰看南北行的發展》，香港：《信報財經月刊》雜誌，1977 年，第 1 卷第 8 期

3. 留津著，《鄭裕彤先生訪問記摘要》，香港：《南北極》雜誌，第 84 期，1977 年

4. 留津著，《珠寶大王——鄭裕彤》，香港：《南北極》雜誌，第 84 期，1977 年

5. 伍少庭：《香港華洋公司管理上的特色》，香港《信報財經月刊》雜誌，1978 年 11 月

6. 黃惠德、趙國安著，《和記黃埔行政總裁韋里："我如何挽救一家瀕臨破產的公司"》，香港：《信報財經月刊》雜誌，第 2 卷第 1 期

7. 袁國培著，《鷹君有限公司創辦人羅鷹石細心地產市道，漫談兩代人心》，香港：《信報財經月刊》雜誌，第 3 卷第 6 期

8. 黃惠德著，《胡忠先生的傳奇——事業又稱流言風語惹煩惱，妻賢子肖得心應手耀門楣》，香港：《信報財經月刊》雜誌，第 3 卷第 9 期

9. 黃惠德著，《香港製衣業總商會會長陳瑞球訪問記》，香港：《信報財經月刊》雜誌，第 3 卷第 10 期

10. 郭艷明、趙國安著，《增購→爭購→憎購→九倉事件日誌》，香港：《信報財經月刊》雜誌，第 4 卷第 4 期

11. 洪一峰著，《沈弼和包約翰：香港銀行界的一對最佳配搭》，香港：《信報財經月刊》雜誌，第 4 卷第 5 期

12. 韋怡仁著，《向陳松青探佳寧虛實》，香港：《信報財經月刊》雜誌，第 4 卷第 11 期

13. 張先聞著，《何善衡先生訪問記》，香港：《信報財經月刊》雜誌，第 4 卷第 12 期

14. 林惠瑩、方中日著，《黃志祥談信和"生仔"》，香港：《信報財經月刊》雜誌，第 5 卷第 1 期

15. 陳憲文、方中日著，《李兆基處世之道——在於順勢應時》，香港：《信報財經月刊》雜誌，第 5 卷第 2 期

16. 思聰著，《鷹君——一個財團的興起》，香港：《信報財經月刊》雜誌，第 5 卷第 2 期

17. 香港布政司姬達，《向祁德尊爵士致敬》，祁德尊追悼會上的悼詞，香港：《信報財經月刊》雜誌，第 5 卷第 2 期

18. 陳憲文、方中日著，《兆業恒基享永泰，財來有方長順景——李兆基處世之道在於順勢應時》，香港：《信報財經月刊》雜誌，第 5 卷第 3 期

19. 思聰著，《怡和系連年收集動機難測：會德豐會被收購嗎？》，香港：《信報財經月刊》雜誌，第 5 卷第 3 期

20. 袁國培、方外著，《林秀峰捧出百寧順》，香港：《信報財經月刊》雜誌，第 5 卷第 6 期

21. 高英球著，《抽絲剝繭話滙豐》，香港：《信報財經月刊》雜誌，第 5 卷第 12 期

22. 思聰著，《細說佳寧置業的盛衰歷程》，香港：《信報財經月刊》雜誌，第 6 卷第 9 期

23. 思聰著，《作好進可攻退可守的慎密部署——細說新鴻基集團改組的長程目標》，香港：《信報財經月刊》雜誌，第 7 卷第 1 期

24. 曹志明、袁國培著，《恒隆銀行事件的真相》，香港：《信報財經月刊》雜誌，第 7 卷第 7 期

25. 黃耀東著，《佳寧帝國的一千零一夜》，香港：《信報財經月刊》雜誌，第 7 卷第 8 期

26. 范美玲著，《李嘉誠的收購哲學》，香港：《信報財經月刊》雜誌，第 8 卷第 11 期

27. 思聰著，《從港燈股權易手看和黃、置地的盛衰》，香港：《信報財經月刊》雜誌，第 8 卷第 11 期

28. 梁國材著，《剖析收購戰對會德豐及投資者的影響》，香港：《信報財經月刊》雜誌，第 8 卷第 12 期

29. 思聰著，《從會德豐被收購看馬登與包玉剛處理航運業危機的手法》，香港：《信報財經月刊》雜誌，第 9 卷第 1 期

30. 《包玉剛異軍突起，打破萊斯收購渣打好夢》，香港：《信報財經月刊》雜誌，第 10 卷第 5 期

31. 王敬羲著，《香港最有財勢的女人——胡仙》，《香港億萬富豪列傳》，香港：文藝書屋，1978 年

32. 郭峰著，《恒生銀行的崛興》，香港：《南北極》雜誌，第 116 期，1980 年 1 月 16 日

33. 郭峰著，《冰山一角看冰山——董浩雲集團究竟有多大？》，香港：《南北極》雜誌，第 117 期，1980 年 2 月 16 日

34. 郭泉自述，《四十一年來營商之經過》，齊以正著：《永安的創始人——郭樂與郭泉》，香港：《南北極》雜誌，第 120 期，1980 年 5 月 16 日

35. 郭峰著，《恒隆集團雄霸旺角》，香港：《南北極》雜誌，第 123 期，1980 年 8 月 16 日

36. 郭峰著，《李兆基經營地產的秘訣——兼談恒基兆業與永泰建業的發展》，香港：《南北極》雜誌，第 124 期，1980 年 9 月 16 日

37. 《華商鉅子雄霸香港》，美國：《洛杉磯時報》，1980 年 11 月 25 日

38. 康恒著，《地產界最強人——李嘉誠雄霸商場五個階段》，香港：《南北極》雜誌，第 127 期，1980

年 12 月 16 日

39. 梁道時著，《郭得勝先生——毋須擔心 1997》，香港：《經濟一週》雜誌，1981 年 6 月 25 日

40. 梁道時著，《地車站上蓋建費逾七十億，恒隆透露毋須向股東集資》，香港：《經濟一週》雜誌，1981 年 7 月 13 日

41. 《李福兆談聯合交易所新猷》，香港：《每週經濟評論》雜誌，1982 年 3 月 1 日

42. 譚隆著，《雄視港、澳、菲的三大賭博機構》，香港：《南北極》雜誌，第 146 期，1982 年 7 月 16 日

43. 譚隆著，《百年金舖謝利源倒閉》，香港：《南北極》雜誌，第 148 期，1982 年

44. 齊以正著，《廖寶珊與廖創興銀行》，香港：《南北極》雜誌，第 148 期，1982 年 8 月 16 日

45. 齊以正著，《陳曾熙兄弟在地鐵上蓋跌了跤》，香港：《南北極》雜誌，第 151 期，1982 年 12 月 16 日

46. 鄧永耀著，《接管恒隆銀行與挽救港元》，香港：《經濟一週》雜誌，1983 年 10 月 3 日

47. 蘇魯林，《港法美聯手 "穩定" 新鴻基》，香港：《經濟一週》雜誌，1983 年 10 月 10 日

48. 呂景里著，《香港電視上市可掀起熱潮》，香港：《經濟一週》雜誌，1984 年 1 月 9 日

49. 呂景里著，《嘉年地產清盤的前因後果》，香港：《經濟一週》雜誌，1984 年 1 月 23 日

50. 黃尚煌著，《和黃高層大地震的前因後果》，香港：《經濟一週》雜誌，1984 年 8 月 13 日

51. 歐陽德著，《馬登與張氏家族擬分家》，香港：《經濟一週》雜誌，1984 年 11 月 26 日

52. 謝家駒著，《華資企業如何邁向管理現代化》，香港經濟導報社：《香港經濟年鑑》，1984 年

53. 歐陽德著，《新鴻基地產不甘伏櫪》，香港：《經濟一週》雜誌，1985 年 1 月 21 日

54. 呂景里著，《會德豐收購戰揭開序幕，張玉良李察信動態矚目》，香港：《經濟一週》雜誌，1985 年 2 月 18 日

55. 呂景里著，《傅厚澤詳細談富麗華經營之道》，香港：《經濟一週》雜誌，1985 年 3 月 18 日

56. 《李嘉誠細說香港前景、收購、內幕買賣調查與證券法例》，香港：《經濟一週》雜誌，1985 年 5 月 26 日

57. 歐陽德著，《新世界發展前景秀麗趁低吸進》，香港：《經濟一週》雜誌，1985 年 6 月 10 日

58. 呂景里著，《恒隆決續發展地鐵港島線物業》，香港：《經濟一週》雜誌，1985 年 7 月 8 日

59. 郭榮標著，《楊秉正細說與置地的一筆賬》，香港：《經濟一週》雜誌，1985 年 10 月 21 日

60. 歐陽德著，《恒生注資永銀對永安集團的影響》，香港：《經濟一週》雜誌，1985 年 12 月 30 日

61. 歐陽德著，《嘉華銀行重組脫險境，短期前景難樂觀》，香港：《經濟一週》雜誌，1986 年 6 月 16 日

62. 紫華著，《劉鑾雄、李兆基與 "煤氣" 狂想曲》，香港：《南北極月刊》雜誌，1986 年 8 月 16 日

63. 郭榮標著，《董氏航運重露生機，東方謀復牌》，香港：《經濟一週》雜誌，1986 年 11 月 17 日

64. 林鴻碩著，《長實系勢將成為跨國企業》，香港：《信報財經月刊》雜誌，1986 年 12 月

65. 曉蕾著，《從 "海託" 事件終於人頭示眾談起》，香港：《南北極》雜誌，第 206 期，1987 年 7 月 16 日

66. 楊紫華著，《也來談佳寧案的判決》，香港：《南北極月刊》雜誌，1987 年 10 月 16 日

67. 李宗鍔著，《佳寧六名被告為何 "毋須答辯" ——從法律觀點剖析佳寧案的癥結》，香港：《信報財經月刊》雜誌，1987 年 10 月，第 11 卷第 7 期

68. 余赴禮著，《從產權角度剖析大東與市場壟斷和合併》，香港：《信報財經月刊》雜誌，1987 年 12 月

69. 《李嘉誠震撼加國，對手心悅誠服》，香港：《快報》，1988 年 5 月 10 日

70. 漢言著，《世界船王的興起》，香港：《每週財經動向》雜誌，1988 年 6 月 6 日

71. 《進軍 "香哥華"》，香港：《資本》雜誌，1988 年 7 月

72. 方元著，《李兆基的五千五百萬元大製作》，香港：《南北極》雜誌，1988 年 8 月 18 日

73. 雙慶譯，《使李嘉誠直上雲霄的一宗交易》，香港：《財富》雜誌，1988 年 10 月 3 日

74. 沈濟民著，《上海大亨壟斷香港紡織業》，香港：《信報財經月刊》雜誌，1988 年 10 月

75. 何文翔著，《周錫年家族發跡史》，香港：《資本》雜誌，1988 年 12 月

76. 《亞洲最富有的女人：胡仙》，香港：《資本》雜誌，1988 年第 8 期

77. 莫應溎著，《英商太古洋行在華南的業務活動與莫氏家族》，《文史資料選輯》第 14 輯，北京：中國文史出版社，1988 年

78. 何文翔著，《張祝珊家族發跡史》，香港：《資本》雜誌，1989 年第 1 期

79. 《資本》雜誌駐加拿大特派員霍得著，《一字錯，滿盤皆落索："雅濤苑事件"的迴響》，香港：《資本》雜誌，1989 年 1 月

80. 凌永彤著，《劉鑾雄取勝秘訣：策動"貪心遊戲"》，香港：《經貿縱橫》雜誌，1989 年 2 月

81. 《李嘉誠稱植根香港無意遷冊》，香港：《經濟日報》，1989 年 3 月 31 日

82. 戴裕著，《談新世界收購永安》，香港：《財富》雜誌，1989 年 4 月

83. 凌永彤著，《羅氏三傑各有千秋》，香港：《經貿縱橫》雜誌，1989 年 5 月

84. 方元著，《由包玉剛出售渣打股權談起》，香港：《南北極》雜誌，第 230 期，1989 年 7 月 18 日

85. 衛忻灝著，《信和集團三大發展目標》，香港：《經貿縱橫》雜誌，1989 年 7 月

86. 范美玲著，《有線電視經營權受各方覷覦》，香港：《信報財經月刊》雜誌，1989 年 7 月

87. 凌永彤著，《林氏家族在危機中再創"奇蹟"？》，香港：《經貿縱橫》雜誌，1989 年 8 月

88. 特稿《和記臨尾退縮耐人尋味》，香港：《信報》，1989 年 8 月 2 日

89. 《香港富豪揚威"三藩市"金三角》，香港：《信報》，1989 年 9 月 1 日

90. 《老牌的雙妹嘜》，香港：《資本》雜誌，1989 年 11 月

91. 《廣生行：百富勤的概念股》，香港：《資本》雜誌，1989 年 11 月

92. 林行止著，《移民帶錢走，基建"填氹"難》，香港：《信報》，1989 年 11 月 28 日

93. 《許愛周家族發跡史》，香港：《資本》雜誌，1989 年 12 月

94. 《先施公司成立及發展的經過》，香港：《明報》"先施九十週年紀念特刊"，1990 年 1 月 8 日

95. 唐守著，《郭得勝成功之道：人棄我取》，香港：《政經週刊》雜誌，1990 年 2 月 17 日

96. 《"先施"之由來》，香港：《資本》雜誌，1990 年第 8 期

97. 譚仁傑著，《永安公司創始人郭樂》，中國人民政治協商會議廣東委員會文史資料委員會編：《廣東文史資料》第 62 輯，廣州：廣東人民出版社，1990 年

98. 海倫譯，《同花大順——何鴻燊的澳門發展大計》，香港：《財富》雜誌，1990 年 10 月

99. 《香港新一代富豪——李澤楷》，美國《華盛頓郵報》，1991 年 1 月 24-30 日

100. 海語譯，《佳寧的崛起與陳松青的經營手法》，香港：《財富月刊》雜誌，1991 年 2 月 15 日

101. 《陳啟宗明言增添土地儲備》，香港：《信報》，1991 年 6 月 5 日

102. 《和黃正式要求港府檢討香港電訊獨享國際電話專利權》，香港：《信報》，1991 年 6 月 6 日

103. 黃炘強著，《舞臺之利》，香港：《壹週刊》雜誌，1991 年 9 月 20 日

104. 梁福麟著，《香港財團無法衝出香港》，香港：《信報財經月刊》雜誌，1991 年 9 月

105. 《馮漢柱家族發跡史》，香港：《資本》雜誌，1992 年第 2 期

106. 呂凱君，《恒隆投資策略轉趨積極》，香港：《每週財經動向》雜誌，1992 年 3 月 23 日，

107. 《海外華人——往無前的力量》，英國：《經濟學家》雜誌，1992 年 7 月 18 日

108. 李倩琴著，《狡兔之窟》，香港：《資本家》雜誌，1992 年 8 月

109. 何文翔著，《傅厚澤並非三世祖》，香港：《明報》，1992 年 12 月 7 日

110. 鍾蘊青著，《不斷創造財富的郭鶴年》，香港：《大公報》，1993 年 1 月 4 日

111. 戈德著，《李嘉誠、謝國民、王永慶——日本人眼中的華人資本家》，香港：《信報財經月刊》雜

誌，1993 年 1 月

112. 梁悅琴著，《一門四傑順利接班》，香港：《文匯報》，1993 年 4 月 26 日

113. 《楊秉正指出價偏低更非善意》，香港：《信報》，1993 年 6 月 15 日

114. 《恒基集團快刀斬亂麻，成功收購美麗華控股權》，香港：《文匯報》，1993 年 6 月 19 日

115. 《美麗華收購戰來龍去脈》，香港：《明報》，1993 年 6 月 19 日

116. 《李嘉誠部署長實鯨吞和黃》，香港：《經濟一週》雜誌，1993 年 6 月 27 日

117. 《梅鐸斥鉅資收購“衛視”控制性版權》，香港：《南北極》雜誌，1993 年 8 月

118. 津章著，《新世界捲起武漢旋風，鄭家純再投資 200 億》，香港：《廣角鏡》雜誌，1993 年 12 月

119. 馮國經著，《香港——海外華人的地區匯點》，《第二屆世界華商大會（22-24.11.1993）特刊》，香港：香港中華總商會，1993 年

120. 《愛美高：風風雨雨又十年》，香港：《資本》雜誌，1994 年 1 月

121. 《置地九倉爭奪戰》，香港：《現代時報》，1994 年 5 月 23 日

122. 盧永忠著，《林百欣永不言休》，香港：《資本》雜誌，1994 年 9 月

123. 思齊著，《何方神聖羅旭瑞》，香港：《南北極》雜誌，1994 年 9 月

124. 吳多泰著，《分層出售的回憶》，吳多泰著，《私語拾記》，香港：國際鴻星集團投資有限公司，1994 年

125. 卓健著，《董建華及東方海外苦盡甘來》，香港：《經濟一週》雜誌，1995 年 2 月 12 日

126. 盧永忠著，《締建電影王國：鄒文懷夢想成真》，香港：《資本》雜誌，1995 年 3 月

127. 張英著，《訪問“萬邦航運”主席曹文錦》，香港：《南北極》雜誌，1995 年 4 月

128. 盧永忠著，《霍英東再創新高峰（霍英東訪問記）》，香港：《資本》雜誌，1995 年 5 月

129. 張英著，《周文軒傳奇（專訪）》，香港：《南北極》雜誌，1995 年 5 月

130. 《馬景華與先施的蛻變》，香港：《資本》雜誌，1995 年第 7 期

131. 張英著，《在華光船務集團總部訪趙世彭》，香港：《南北極》雜誌，1995 年 8 月

132. 《股海“百變萬花筒”的百利保》，香港：《資本》雜誌，1995 年 8 月

133. 陳潛著，《撥開雲霧見新世界》，香港：《資本家》雜誌，1995 年 11 月

134. 陳潛著，《重組分拆，減輕負債》，香港：《資本家》雜誌，1995 年 11 月

135. 陳潛著，《新世界的“新世界”》，香港：《資本家》雜誌，1995 年 11 月

136. 陳光珍著，《九倉首要功能，擺脫控制，獨立出擊》，香港：《信報》，1996 年 1 月 6 日

137. 方元著，《東方海外是否將私有化惹憧憬》，香港：《南北極月刊》雜誌，1996 年 2 月

138. 招艷顏著，《九十年、三代人》，香港：《資本家》雜誌，1996 年 2 月

139. 《超人部署交班，兩名接棒待考驗》，香港：《經濟日報》，1996 年 7 月 18 日

140. 《專訪約翰·奈思比：華商作用將超越日本》，香港：《亞洲週刊》雜誌，1996 年 11 月 4-10 日

141. 《會德豐“商行夢”前路漫長》，香港：《經濟日報》，1996 年 11 月 6 日

142. 曹仁超著，《從四行到五大華資反映經濟勢力轉型》，香港：《信報》，1996 年 11 月 23 日

143. 邱誠武、許玉綿著，《韋健生憑建“橋”挽救董氏》，香港：《經濟日報》，1996 年 11 月 26 日

144. 《流動電話容量超越傳呼》，香港：《經濟日報》，1996 年 12 月 4 日

145. 《長實分賬 130 億，嘉湖樓越賣越有》，香港：《經濟日報》，1996 年 12 月 24 日

146. 《有線經營虧損程度持續改善，吳天海料明年底達 45 萬用戶》，香港：《經濟日報》，1996 年 12 月 27 日

147. 吳小明著，《李兆基神機妙算顯財技》，香港：《資本》雜誌，1996 年 12 月

148. 方式光著，《華商超級巨富李嘉誠》，廣州：《港澳經濟》雜誌，1996 年第 4 期

149. 黃紹倫、鄭宏泰著，《富不過三代的現實與假像——以香港富家為例分析逐個家族企業的分合》，香港：《信報財經月刊》雜誌，1999 年 6 月

150. 《利豐藉收購壯大》，香港：《東方日報》，2000 年 1 月 6 日

151. 麥國良著，《掌管太古洋行六十年的三代華人買辦——莫仕揚、莫藻泉、莫幹生、莫應溎祖孫》，《中山文史》，第 20 輯，2006 年 2 月 28 日

152. 《香港中小銀行的機遇》（CMB PURCHASE REFLECTS AIM TO BUILD PRESENCE IN HONG KONG），英國：《金融時報》中文網，2008 年 6 月 5 日

153. 范博宏、羅綺萍著，《家族企業價值為何在繼承中蒸發六成》，香港：《新財富》雜誌，2009 年 12 月 30 日

154. 廖冰清著，《郭炳湘：新鴻基長子的"退"與"進"》，《經濟參考報》，2012 年 12 月 13 日

155. 羅天昊著，《別讓李嘉誠跑了》，北京：新華社瞭望智庫，2015 年 9 月 16 日

156. 香港政府，《香港年鑑》，歷年

157. 香港經濟導報社，《香港經濟年鑑》，歷年

158. 香港聯合交易所，《股市資料》，歷年

》 三、公司資料

1. 先施九十週年特輯，《先施公司成立及發展的經過》，香港：《明報》，1990 年 1 月 8 日

2. 《利豐有限公司配售新股及公開售股章程》，1992 年

3. 《鱷魚恤有限公司專輯：色彩繽紛四十年》，香港：《經濟日報》，1993 年 4 月 16 日

4. 和記黃埔新聞稿，《和黃接受 Mannesmann AG 收購其 44.81%Orange plc 股權》，1999 年 10 月 21 日

5. 恒基地產新聞稿，《恒基兆業地產有限公司透過協議安排將恒基兆業發展有限公司私有化之建議》，2002 年 11 月 5 日

6. 恒基地產新聞稿，《恒基兆業地產有限公司提出以協議安排之方式建議私有化恒基中國集團有限公司》，2005 年 5 月 17 日

7. 恒基發展、中華煤氣新聞稿，《收購人集團提出以協議安排之方式建議私有化恒基數碼科技有限公司》，2005 年 8 月 5 日

8. 和記黃埔新聞稿，《深港合作擴建鹽田港區集裝箱碼頭》，2005 年 11 月 8 日

9. 《有關電訊盈科有限公司股權變動事件進程的報導摘要》，香港立法會秘書處、資料研究及圖書館服務部，2006 年 11 月 21 日

10. 《有關電訊盈科有限公司股權變動事件進程的本地報導摘要》，香港立法會秘書處、資料研究及圖書館服務部，2007 年 1 月 10 日

11. 里安房地產新聞稿，《里安房地產獲"傑出內房股"稱號》，2008 年 5 月 19 日

12. 《有關電訊盈科私有化的報導摘要》，香港立法會秘書處、資料研究及圖書館服務部，2009 年 2 月 20 日

13. 《利豐有限公司按照協議計劃以私有化形式收購利和經銷集團有限公司章程》，2010 年 8 月 27 日

14. 香港立法會 CB（1）2981/09-10（02）號文件：《香港廣播業的困局與未來發展的路向》，2010 年 8 月

15. 無綫電視新聞稿，《無綫電視宣佈邵逸夫爵士離世》，2014 年 1 月 7 日

16. 長江實業、和記黃埔新聞稿，《長江實業與和記黃埔將進行合併、重組、再分拆，成為兩間具領導地位的新公司在香港上市》，2015 年 1 月 9 日

17. 和記黃埔新聞稿，《和黃與 Telefónica 達成收購 O2 英國的協議》，2015 年 3 月 25 日

18. 無綫電視新聞稿，《通訊局批准無綫電視投資集團股權變動》，2015 年 4 月 22 日

19. 長江基建新聞稿，《建議將長江基建和電能實業合併，創立一間世界級的多元化基建公司》，2015 年 9 月 8 日

20. 長江基建新聞稿，《長江基建與電能實業合併新建議》，2015 年 10 月 17 日

21. 長和實業新聞稿，《長和就 3 與 O2 英國合併作三項簡單清晰承諾》，2016 年 2 月 4 日

22. 新鴻基地產新聞稿，《港島西 Imperial Kennedy 獨特玻璃幕牆設計成區內新地標》，2016 年 6 月 30 日

23. 新鴻基地產新聞稿，《新地二十年精心策劃打造西鐵沿線 YOHO 都會圈》，2016 年 7 月 26 日

24. 會德豐新聞稿，《會德豐有限公司、九龍倉集團有限公司聯合公告須予披露的交易：出售九倉電訊》，2016 年 10 月 4 日

25. 邵氏兄弟新聞稿，《黎瑞剛獲委任為邵氏兄弟控股有限公司主席》，2016 年 10 月 25 日

26. 邵氏兄弟新聞稿，《邵氏兄弟今日公佈電影大計，重啟本港電影傳奇品牌》，2016 年 10 月 27 日

27. 新世界發展有限公司新聞稿，《新世界集團進一步提升中國內地資產質素，進行合資安排以發展深圳市太子灣核心優質土地》，2016 年 12 月 9 日

28. 長江基建新聞稿，《長江基建 / 長實地產 / 電能實業合組財團，擬收購澳洲 DUET 集團》，2017 年 1 月 16 日

29. 富衛保險新聞稿，《富衛重點投資保險科技！》，2017 年 1 月 19 日

30. 富衛保險新聞稿，《富衛集團完成收購日本 AIG 富士生命保險公司》，2017 年 5 月 2 日

31. 《會德豐及九龍倉聯合公告》，2017 年 9 月 4 日

32. 光大新鴻基新聞稿，《新鴻基金融有限公司更名為 "光大新鴻基有限公司"》，2017 年 12 月 18 日

33. 恒隆地產新聞稿，《核心租賃業務持續增長，恒隆蓄勢待創新高》，2018 年 1 月 30 日

34. 恒隆新聞稿，《恒隆成功投得杭州市百井坊黃金地塊》，2018 年 5 月 28 日

35. 長江實業有限公司年報，1997-2019 年

36. 和記黃埔有限公司年報，1997-2019 年

37. 長江和記實業有限公司年報，2014-2019 年

38. 長江實業集團有限公司年報，2014-2019 年

39. 長江基建集團有限公司年報，1997-2019 年

40. 電能實業有限公司年報，1997-2019 年

41. 新鴻基地產發展有限公司年報，1997-2019 年

42. 恒基兆業地產有限公司年報，1997-2019 年

43. 香港中華煤氣有限公司年報，1997-2019 年

44. 新世界發展有限公司年報，1997-2019 年

45. 新創建集團有限公司年報，1997-2019 年

46. 周大福珠寶集團有限公司年報，2012-2019 年

47. 會德豐有限公司年報，1997-2019 年

48. 九龍倉有限公司年報，1997-2019 年

49. 九龍倉置業地產投資有限公司年報，2017-2019 年

50. 恒隆集團有限公司年報，1997-2019 年

51. 恒隆地產有限公司年報，1997-2019 年

52. 尖沙咀置業集團有限公司年報，1997-2019 年

53. 信和置業有限公司年報，1997-2019 年

54. 信和酒店集團有限公司年報，1997-2019 年

55. 電訊盈科有限公司年報，2007-2019 年

56. 香港電訊信託與香港電訊有限公司，2012-2019 年

57. 利豐有限公司年報，1997-2019 年

58. 瑞安房地產有限公司年報，2007-2019 年

59. 嘉里建設有限公司年報，1997-2019 年

60. 香格里拉（亞洲）有限公司年報，1997-2019 年

61. 銀河娛樂集團有限公司年報，2007-2019 年

62. 澳門博彩娛樂股份有限公司，2007-2019 年

64. 合和實業有限公司年報，1997-2018 年

65. 港燈電力投資有限公司年報，2014-2019 年

66. 美麗華酒店企業有限公司年報，1997-2019 年

67. 港華燃氣有限公司年報，2007-2019 年

68. 希慎興業有限公司年報，1997-2019 年

69. 鷹君集團有限公司年報，1997-2019 年

70. 嘉里物流有限公司年報，2017-2019 年

71. 世茂房地產控股有限公司年報，2007-2019 年

72. 德昌電機控股有限公司年報，1997-2019 年

73. 偉易達集團有限公司年報，1997-2019 年

74. 東亞銀行有限公司年報，1997-2019 年

75. 大家樂集團有限公司年報，1997-2019 年

76. 大快活集團有限公司年報，1997-2019 年

63. 各個相關公司的官網

》 四、英文著作

1. G. B. Endacott, *A History of Hong Kong*, Hong Kong: Oxford University Press, 1964

2. C. F. Joseph Tom, *The Entrepot Trade and Monetary Standards of Hong Kong, 1842-1941*, Hong Kong: Graphic Press Ltd., 1964

3. Richard Hughes, *Hong Kong: Borrowed Place-Borrowed Time*, London: Deutsch, 1968

4. Yen-p'ing Hao, *The Comprador in Nineteenth Century China: Bridge between East and West*, Cambridge, Massachusetts: Harvard University Press, 1970

5. Carl Smith, "The Emergence of a Chinese Elite in Hong Kong", *Journal of the Hong Kong Branch of the Royal Asiatic Society*, Vol. 11, 1971

6. Adam Lynford, *Hong Kong Stocks Sky-High-Intense Activity on Hong Kong Stock Exchange*, Hong Kong Government Information Services, Feature Article 6004/2

7. G. B. Endacott, *Hong Kong Eclipse*, London: Oxford University Press, 1978

8. "The Rules Must Change", *Hong Kong Trader*, Volume 2, 1978

9. Sir Philip Haddon-Cave, The Change Structure of the Hong Kong Economy, paper read to the XXII Association Cambiste Internationale Congress, Singapore, June 6, 1980

10. "Why the 'Barbarians' Are Losing Ground", *Financial Times*, 19 December, 1980

11. CLIVE A.BROOK-FOX, "Marketing Effectiveness in the Hong Kong Insurance Industry: A Study of the Elements of Marketing Strategy and Their Effect on Performance", In partial fulfillment of the requirements for the degree of masters of business administration of the university of Hong Kong, March 1982

12. Y. C. Jao, "The Financial Structure", in David Lethbridge (ed.), *The Business Environment in Hong Kong*, 2nd edition, Hong Kong; New York: Oxford University Press, 1984

13. Alan Chalkley, *Adventures and Perils: The First Hundred and Fifty Years of Union Insurance Society of Canton, Ltd.*, Hong Kong: Ogilvy & Mather Public Relations (Asia) Ltd., 1985

14. Yuen Tak Tim, Anthony. "A Study on The Popularity of Utilizing Insurance Brokers by Industrial Concerns in Hong Kong for Management of Their Insurance Programme", MBA thesis, Department of Management Studies Faculty of Social Science University of Hong Kong, May 20, 1986

15. T. K. Ghose, *The Banking System of Hong Kong*, Singapore: Butterworth & Co. (Asia) Ltd., 1987

16. Frank H. H. King, *The History of The Hongkong and Shanghai Banking Corporation Volume IV, The Hongkong Bank in the Period of Development and Nationalism, 1941-1984: From Regional Bank to Multinational Group*, Cambridge: Cambridge University Press, 1991

17. Gillian Chambers, *Hang Seng: The Evergrowing Bank*, Hong Kong: Hang Seng Bank Ltd., 1991

18. Robin Barrie and Gretchen Tricker, *Shares in Hong Kong: One hundred years of stock exchange trading*, Hong Kong: The Stock Exchange of Hong Kong Ltd., 1991

19. Vivienne Poy, *A River named Lee*, Scarborough: Calyan Publishing Ltd., 1995

20. "Inchcape Buying Services operations are now a part of Li & Fung organization", Li Fung News, No.22, August 1995

21. Hong Kong Monetary Authority, Banking Survey of Hong Kong, Quarterly Bulletin, May 1996

22. Jamie O' Connell, Li & Fung (Trading) Ltd., Harvard Business Case Studies, 1996

23. Michael J. Enright, Edith E. Scott, David Dodwell, *The Hong Kong Advantage*, Hong Kong: Oxford University Press, 1997

24. Roger Nissim, *Land Administration and Practice in Hong Kong*, Hong Kong: Hong Kong University Press, 1998

25. Angela Mah, Teresa Lai, "Li & Fung Ltd. Two Giants Under One Roof", Morgan Stanley Dean Witter, 10 November, 2000

02

香港華資財團大事記

————————

1840 年　6 月，懿律率領東方遠征軍抵達廣東海面，英國向中國發動第一次鴉片戰爭。

1841 年　1 月 20 日，義律單方面宣佈已與清政府達成所謂"穿鼻草約"，主要內容包括割讓香港島給英國，和向英國賠款 600 萬銀元。但琦善對該草約始終未正式簽字，也未蓋關防，因此該草約並不成立。

1 月 25 日，義律率領的東方達征軍侵佔香港島。

5 月 1 日，義律代表香港殖民當局首次公佈土地拍賣原則，即按照英國土地制度實行公開招標拍賣，價高者得。

6 月 7 日，義律代表香港殖民當局宣佈香港開埠，闢為自由港，准許商船自由出入。

6 月 14 日，義律代表香港殖民當局首次拍賣港島沿海土地。

1842 年　8 月 29 日，中英簽訂中國近代史上第一個不平等條約 ——《南京條約》，正式將香港島割讓給英國，並開放五口通商。

1845 年　8 月，香港 30 多家英商上書英殖民地大臣，謂中國五口通商後香港無商可營。

1848 年　怡和洋行買辦吳祝投得港島中央市場租權。

1850 年　澄海籍潮商高元盛在港島文咸西街開設第一家南北行商號 —— 元發行。三四年後元發行易手於同為澄海籍潮商的高滿華。

1851 年　饒平籍潮商陳煥榮在港島文咸西街開設乾泰隆南北行，這是迄今歷史最悠久的香港華資商行。

受僱於香港外資洋行的華人買辦達 6 人。

1852 年　由於 1849 年美國西海岸加利福尼亞州發現金礦，1851 年澳洲悉尼也發現金礦，香港成為販運內地勞工去美澳等地區的中轉站。

1854 年　鐵行輪船公司買辦郭甘章購入鐵行的機械工程部和修理廠，承辦船舶修理業務，同時開設發興行，經營船舶租賃業。1877 年，郭甘章擁有輪船 13 艘，成為香港航運業有名的船東。

1881 年	莫仕揚家族在廣州開設大昌棧，向太古洋行訂購大批太古糖，利用市場差價牟取暴利。
	保良局成立。
	受僱於香港外資洋的華人買辦增加到 95 人。
1886 年	香港九龍碼頭及倉庫有限公司創辦。
1888 年	李錦裳創辦的李錦記蠔油莊。
1889 年	1 月 24 日，香港電燈有限公司創立，翌年開始向港島供電。
	李陞與怡和洋行買辦唐廷樞合資開辦廣州城南地基公司。同年，置地公司創辦，李陞成為置地董事局兩名華人董事之一。
1891 年	受僱於香港外資洋行的華人買辦達 126 人。
	中華匯理銀行創辦。該行於 1911 年倒閉。
1894 年	由寶隆金山莊主古輝山、聚昌號疋頭綢緞莊主黃堯卿、中華匯理銀行買辦馮華川等數十位知名華商發起，香港中華會館成立。
1896 年	有利銀行買辦韋玉出任香港立法局非官守議員，成為香港立法局兩名華人非官守議員之一。
	美國華僑利奕良在香港中環皇后大道中開設禮昌隆金山莊，其後，利氏家族轉營鴉片貿易，成為香港著名的"鴉片大王"。
1897 年	青洲英坭公司從澳門遷到香港。
1898 年	6 月 9 日，中英在北京簽訂《展拓香港界址專條》，英強行租借九龍半島自界限街以北、深圳河以南地區以及附近 230 多個島嶼，為期 99 年。自 1898 年 7 月 1 日起生效，到 1997 年 6 月 30 日屆滿。
	馮福田在香港創辦廣生行，1910 年廣生行在香港註冊為有限公司。1941 年廣生行在香港上市，成為當時的藍籌股。
1899 年	廣州灣被法國強行租借，成為海外通往中國大西南的交通樞紐和土特產集散地、許愛周先後在吳川、湛江赤坎、霞山等地開設福泰號，廣泰宏、天元號，並在香港開設廣泰宏分號，經營土特產轉口，成為當地著名富商。
1900 年	1 月 8 日，澳洲華僑馬應彪等創辦的先施公司在香港中環皇后大道中 172 號開業，先施首倡"不二價"，並聘用女售貨員，在香港引起轟動。1909 年，先施改組為有限公司，正式在香港註冊。
1902 年	香港電車公司在英國倫敦註冊成立。
1906 年	馮柏燎與李道明合資，在廣州創辦利豐公司（Li & Fung Co.），利豐成為中國最早從事對外貿易的商行。

何東從當時的按察司 Francis Piggott 手中買入山頂 Mount Kellett 旁的 Eyrie 大屋，打破華人不能在山頂居住的規則。

1907 年	8 月 28 日，澳洲華僑郭樂、郭泉兄弟等創辦的永安公司在香港中環皇后大道中 167 號開業，該公司於 1916 年改組為公共有限公司，並在德輔道西興建樓高 5 層的永安貨倉。
1909 年	高滿華之子高舜琴逝世，元發行的經營開始衰落，並於 1933 年倒閉。 馮平山在廣州開設兆豐行南北行，兩年後將其遷到香港，兆豐行後來成為南北行中響噹噹的商號。
1911 年	10 月 10 日，武昌起義爆發，推翻清政府。1912 年 1 月 1 日，中華民國成立，結束了中國歷史上延續了 2,000 多年的封建帝制。 澳洲華僑蔡興等創辦大新公司。
1912 年	美國華僑陸蓬山、梁季典、李煜堂等創辦廣東銀行。
1913 年	11 月 22 日，經屈臣氏總行買辦劉鑄伯倡儀，香港華商總會成立，當時已有會員超過 1,000 名。香港華商總會是香港中華總商會的前身。
1915 年	先施創辦先施保險置業有限公司。 郭氏兄弟創辦永安水火保險有限公司。 馮柏燎獲當時中國政府委派，參加了在美國舉辦的巴拿馬—太平洋國際展覽會。
1917 年	10 月 20 日，上海先施公司在上海南京路開業。 工商銀行創辦。
1918 年	9 月 5 日，上海永安公司在上海南京路開業。 簡東浦、李冠春、周壽臣等合資創辦東亞銀行，東亞銀行於 11 月 24 日在香港註冊成立，其後成為"華南最穩健、實力最強的華資銀行"。簡東浦從創辦起即任該行董事總經理、直到 1963 年逝世，是香港著名的銀行家。 會德豐旗下的隆豐國際投資有限公司創立，1963 年在香港上市。 華商銀行創辦。
1919 年	香港華商銀行同業公會（Chinese Bankers' Association）由中國銀行倡議成立。
1921 年	馬應彪等在香港創辦香港國民商業儲蓄銀行。 道亨銀號創辦。 郭氏兄弟在上海創辦上海永安紡織有限公司，到 30 年代，該公司已成為紡、織、印、染全能的紡織企業集團，規模僅次於無錫榮氏家族的申新紡織，在內地居第 2 位。
1922 年	嘉華銀行在廣州創辦，當時稱為"嘉華儲蓄銀行"，1924 年 6 月在香港註冊，1949 年改

組為嘉華銀行。

先施創辦先施人壽保險有限公司。

馮平山與李冠春合資創辦華人置業有限公司，並於 1968 年在香港上市。

香港國民商業儲蓄銀行創辦。

1923 年　利希慎成立希慎置業公司，以 380 萬元代價向怡和洋行購入銅鑼灣鵝頭山後至跑馬地一帶地段，這是利氏家族經營地產業的起端。

香港小輪公司創立，當時稱為香港油麻地小輪公司。

1924 年　華商何啟與歐德合組的啟德投資公司，開始在九龍半島啟德機場現址填海發展地產。該地段後發展為啟德機場，初期為私人飛行俱樂部所用，20 年代末曾作軍用機場，1927 年後幾經擴建，1936 年開始經營客運。

1925 年　郭氏兄弟創辦永安人壽保險有限公司。

1926 年　先施在香港註冊成立先施化妝品有限公司。

東亞銀行董事局主席周壽臣出任香港行政局首位華人非官守議員。

1927 年　白花油製藥廠在新加坡成立，該廠於 1951 年遷往香港。

1929 年　周大福珠寶集團有限公司在廣州創辦，並於 1938 年及 1939 年先後在澳門、香港開設周大福珠寶金行。

1930 年　澳洲華僑陳少霞等在香港創辦中華百貨公司。

1931 年　郭氏兄弟創辦永安銀行，該行於 1934 年開業。

1932 年　緬甸華僑胡文虎兄弟將永安堂總行從新加坡遷到香港，並在香港開辦永安堂製藥廠。

1933 年　3 月 3 日，林炳炎、何善衡、梁植偉、盛春霖等人合資在香港永樂街 70 號創辦恒生銀號，該銀號於 1952 年註冊為私人有限公司，1960 年改組為恒生銀行，是當時規模最大的華資銀行。

永隆銀行創辦，當時稱為 "永隆銀號"。

邵醉翁將天一電影公司遷入香港，並創辦天一港廠。

華商鄧肇堅、雷瑞德、譚煥堂等華商創辦九龍汽車（1933）有限公司，專營九龍巴士客運。

1934 年　香港汕頭商業銀行創辦。

1935 年　恒隆銀號創辦，1965 年改組為恒隆銀行。

1936 年　英大東電報集團接管在香港的全部國際電訊業務，進入香港電訊市場。

1937 年	7 月 7 日，日本藉"盧溝橋事變"發動大規模侵華戰爭，抗日戰爭正式爆發。
	利豐在香港註冊"利豐（1937）有限公司"，由馮漢柱出任公司經理。
1938 年	8 月 1 日，胡文虎在香港創辦的《星島日報》正式出版。《星島日報》後來由胡仙繼承，發展為跨國經營的星島報業集團。
	馮秉芬創辦馮秉芬集團有限公司，在六七十年代成為當時著名的華資財團，旗下經營的業務遍及地產、銀行、保險、貿易、運輸、實業及傳播業等。
	張祝珊家族結束在廣州的生意，移居香港，在中環永吉街開設張錦記商號，其後張氏家族轉營西藥批發零售，在朝鮮戰爭爆發期間通過向內地銷售西藥，賺取厚利。
	邵醉翁在香港創辦邵氏父子公司。
1941 年	3 月，董浩雲籌集 25 萬元資金，在香港註冊成立中國航運信託有限公司。1949 年，董浩雲將中國航運公司和復興航業公司的船隊遷往台灣。
	12 月 25 日，日軍佔領香港。
	12 月，日軍偷襲美國珍珠港並佔領上海租界，太平洋戰爭爆發。
	亞洲航業創辦，並於 1948 年在香港上市。
1945 年	8 月 15 日，日本戰敗，宣佈無條件投降，太平洋戰爭結束。
	8 月 30 日，英國恢復對香港的管治。
	鄭裕彤前往香港開設周大福金舖分號。
	何鴻燊與霍英東等人創辦信德船務公司，經營煤油、汽油、布匹及航運業務，並在朝鮮戰爭期間衝破禁運將物資運往內地。
1946 年	8 月，董浩雲在上海創辦中國航運公司。
	林炳炎、何善衡、梁銶琚等在香港創辦大昌貿易行。
1947 年	7 月，董浩雲在上海創辦復興航業公司。
	上海著名實業家丁熊照派員到香港創辦開達實業，翌年丁熊照移居香港，主理開達實業業務，令開達實業走上軌道。
	鄭植之、鄭則耀、鄭翼之及鄭榮之四兄弟合力創辦捷和製造廠有限公司。
1948 年	廖寶珊在香港永樂街創辦廖創興儲蓄銀莊，該行於 1955 年正式註冊為廖創興銀行有限公司。
	上海著名實業家唐炳源移居香港，在荃灣青山道創辦南海紗廠，該廠是當時規模最大和設備最先進的紡織廠之一，於 1964 年改組為南海紡織股份有限公司，並在香港上市。
1949 年	3 月，英國麗的呼聲（香港）有限公司投資 400 萬港元，在香港開設麗的呼聲中英文混合有線電視，這是亞洲電視的前身。
	10 月 1 日，中華人民共和國成立。
	查濟民在香港荃灣創辦中國染廠，該廠是當時香港規模最大的漂染廠之一。

董浩雲在香港創辦金山輪船公司。

趙從衍在香港創辦華光航業公司。

莊重文在香港創辦莊士餐具廠,該廠在五六十年代曾錄得日產 50 多萬支餐具紀錄。

1950 年　李嘉誠在香港創辦長江塑膠廠,該廠於 1957 年改組為長江工業有限公司。

林百欣接辦位於香港深水埗的麗新製衣廠,該廠於 1972 年以"麗新製衣有限公司"名義在香港上市。

1951 年　陳瑞球在香港深水埗創辦長江製衣廠,該廠於 1961 年註冊為有限公司,1970 年 8 月在香港上市。

1953 年　霍英東成立霍興業堂置業有限公司,進軍香港地產業,他首創"分層出售,分期付款"的售樓方式,推動香港地產業的發展。

1954 年　陳廷驊投資 60 萬港元在荃灣創辦南豐紗廠有限公司,該廠於 1969 年改組為南海紡織聯合有限公司,並於 1970 年 4 月在香港上市。

曹光彪在香港開設首家毛紡廠——太平毛紡廠。

胡文虎病逝後,其遺下的報業集團由養女胡仙繼承。

1955 年　包玉剛創辦環球航運集團。

彭國珍創辦嘉年地產,嘉年地產於 1961 年建成"文華新邨",開創香港大型私人屋邨的先河。

張明添在香港創辦海外信託銀行,該行於 1972 年 10 月在香港上市。

呂志和創辦嘉華集團。

1956 年　海外信託銀行創辦,並於 1972 年 10 月在香港上市。

伍舜德及伍沾德兄弟創辦美心集團。

1957 年　5 月 27 日,麗的電視啟播。

黃克兢在香港創辦寶源光學。

許愛周在香港創辦中建企業,在中環畢打街興建著名的中建大廈。

楊志雲聯同何善衡、何添等創辦美麗華酒店企業有限公司。

1958 年　郭得勝、李兆基、馮景禧等人創辦永業有限公司,開始向地產業發展。

邵逸夫在香港創辦邵氏兄弟,在清水灣建成亞洲最大規模的電影製片廠,邵氏兄弟在 1971 年在香港上市,當時為香港電影業的霸主。

蔣震在香港創辦震雄集團。

李嘉誠在港島北角興建長江工業大廈,開始向地產業發展。

1959 年　汪松亮在香港創辦德昌電機,並於 1984 年在香港上市。

邱德根在新界創辦遠東錢莊，該錢莊後發展為遠東銀行。

林百欣在香港註冊成立麗新製衣有限公司，該公司於 1972 年在香港上市。

1960 年　陳曾熙兄弟在香港創辦恒隆集團。

陳澤富在九龍興建京華酒店，這是他創辦柏寧酒店集團的開始。

星島報業以 1 港元價格售賣分類廣告版位，爭奪客戶，開創香港報章開展分類廣告業務的先河。

1961 年　6 月 14 日，廖創興銀行被擠提，被稱為 "在港有史以來最大一次" 銀行風潮。

黃氏家族創辦南順集團。

陳瑞球在香港註冊成立長江製衣廠有限公司，1970 年 8 月長江製衣在香港上市。

1962 年　何鴻燊聯同霍英東、葉漢、葉德利合組澳門旅遊娛樂公司，擊敗傅、高兩大家族投得澳門博彩業專營權。

1963 年　郭得勝、李兆基、馮景禧合組新鴻基企業有限公司，1972 年 7 月 14 日該公司改組為新鴻基地產發展有限公司，並於同年 8 月 23 日在香港上市。

泰國華僑富商黃子明在香港創辦寶光實業。

羅鷹石創辦鷹君集團。

1964 年　11 月，友聯銀行創辦。

曹光彪創辦永新企業有限公司，該企業在 70 年代末首創以 "補償貿易" 形式在內地投資。

羅仲炳在香港創辦金山實業。

1965 年　1 月 27 日，明德銀號被香港政府接管。

2 月 8 日，廣東信託商業銀行被香港政府接管。

4 月，香港規模最大的華資銀行恒生銀行被擠提。4 月 9 日，恒生銀行被滙豐銀行收購 51% 股權。

利孝和、邵逸夫等註冊成立香港電視廣播有限公司，向港府投得經營電視廣播專營權，1967 年 11 月 9 日，無綫電視啟播。

和記洋行改組為和記國際有限公司。

香港地產建設商會成立，第一屆會董會議上霍英東被推選為首任會長。

1966 年　和記國際先後收購屈臣氏、德惠寶洋行和泰和洋行，進入大發展時期。

1967 年　11 月 19 日，香港無綫電視正式啟播，分別透過翡翠台和明珠台播放中英文電視節目，初期為黑白無綫電視。

香港政局動蕩，地產市道崩潰，李嘉誠、郭得勝、李兆基、王德輝、鄭裕彤等華商趁低大量吸納地產物業，奠定日後發展的堅實基礎。

1968 年	10 月，羅騰祥創辦大家樂。
	會德豐收購連卡佛公司，成為旗下附屬公司。
	世界中文報業協會成立，會員包括全球 89 家報社，胡仙當選為報協首任主席。
1969 年	7 月 11 日，安子介、周文軒、唐翔千等在香港註冊成立南聯實業，並於 11 月在香港上市，南聯實業是當時香港最大規模的紡織企業集團。
	12 月 17 日，李福兆聯同多名財經界名人創辦遠東證券交易所，打破英資控制的香港證券交易所的壟斷局面，開創香港證券業的新紀元。
	現代貨櫃碼頭公司創立。
1970 年	4 月，鄒文懷創辦嘉禾集團。
	5 月，鄭裕彤聯同何善衡等人創辦新世界發展，並於 1972 年 11 月 23 日在香港上市。翌年，新世界發展以 1.13 億港元價格向太古洋行購入尖沙咀藍煙囪貨倉地皮，並興建新世界中心。
	李嘉誠創辦長江地產有限公司，翌年 8 月改名為"長江實業（集團）有限公司"。
	包玉剛加入滙豐董事局。
1971 年	3 月 15 日，金銀證券交易所有限公司正式開業。
	黃廷芳在香港創辦信和地產。
	羅康瑞創辦瑞安集團。
1972 年	1 月 5 日，九龍證券交易所有限公司正式開業。
	5 月，現代貨櫃碼頭公司興建的葵涌一號貨櫃碼頭啟用。
	7 月，郭得勝創立新鴻基地產發展有限公司，並於同年 8 月在香港上市。
	8 月 3 日，貫通港九的香港海底隧道正式通車。
	8 月，陳德泰創辦大昌地產（集團）有限公司，並於同年 12 月 11 日在香港上市。
	曹文錦在香港註冊成立萬邦航業投資有限公司，同年 10 月在香港上市。
	胡應湘創辦合和實業有限公司。
	李兆基創辦恒基兆業有限公司。
	何鴻燊註冊成立信德企業有限公司，並於 1973 年 1 月在香港上市。
	置地以換股方式全面收購牛奶公司。
	何鴻燊、霍英東等創辦信德集團，當時稱為"信德企業"，並在香港上市。
	新加坡華僑富商黃廷芳在香港創辦信和地產，投得尖東大片土地興建高級商廈。
	太古船塢與黃埔船塢合併，成立香港聯合船塢有限公司，各佔 50% 股權。
	嘉年地產、信和地產、合和實業、新鴻基地產、恒隆、鷹君、長江實業、永泰建業、廖創興企業、新世界發展、大昌地產等一批華資地產公司先後在香港上市，其中新鴻基地產、長江實業、合和實業、恒隆、大昌地產並稱華資"地產五虎將"。

1973 年　2 月，馮景禧正式註冊成立新鴻基證券有限公司，當時稱為"新鴻基（私人）有限公司"。

3 月 16 日，郭得勝為了避免公司與馮景禧的新鴻基證券混淆，遂改名為"新鴻基地產發展有限公司"，並於 8 月 23 日在香港上市。

4 月，利豐於在香港上市。

11 月，李兆基在香港創辦恒基兆業有限公司，1976 年恒基兆業成立恒基地產發展有限公司，該公司於 1981 年 6 月在香港上市。

董浩雲在香港組成東方海外實業，並在香港上市。

馮景禧在香港註冊成立新鴻基證券公司，該公司於 1975 年在香港上市，1979 年分拆出新鴻基財務並在香港上市，1982 年新鴻基財務獲港府頒發銀行牌照，改組為新鴻基銀行。

康力電子製造有限公司在香港註冊成立。

傅厚澤家族創辦的富麗華酒店在香港開業。

趙從衍先後將華光航業和華光地產在香港上市。

1974 年　九龍倉先後收購天星小輪和香港電車公司。

環球航運集團與會德豐合組環球會德豐輪船有限公司。

李嘉誠透過長江實業與加拿大帝國商業銀行合組加拿大怡東財務公司，各佔 50% 股權。

黃埔船塢和均益倉創辦香港國際貨櫃碼頭有限公司，奪得葵涌四號貨櫃碼頭的發展經營權。

郭鶴年在香港創辦嘉里貿易公司，作為其在香港及海外投資的總部。

黃子明在香港創辦白花貿易公司。

1975 年　9 月 7 日，香港佳藝電視成立，成為第三家免費電視台。佳藝電視終於 1978 年 8 月 21 日倒閉。

9 月，滙豐銀行收購和記國際的 33.6% 股權，成為公司大股東，祁德尊辭去和記國際董事局主席。

11 月，滙豐銀行邀請韋理出任和記國際董事局副主席兼行政總裁，整頓和記集團。

柯俊文成立康力投資有限公司。

港府開標競投沙田新填海區，李兆基作為發起人，由恒基地產聯同長江實業、新鴻基地產和新世界發展組成百得置業有限公司（各佔 25% 股權），投得沙田新市鎮第一號地段。

李兆基以恒基兆業名下物業換取永泰建業 42.9% 股權，成為最大股東而入主永泰董事局。1977 年李氏再將控制權增至 70.8%。

1976 年　1 月 26 日，恒基兆業地產有限公司成立，並於 1981 年 8 月在香港上市。

黃子欣等創辦偉易達。

1977 年　長江實業擊敗置地公司，奪得港島地鐵中環站和金鐘站上蓋物業發展權。

長江實業收購擁有中環希爾頓酒店的美資永高公司。

陳松青在香港創辦佳寧集團。

嘉華將旗下安達臣礦場分拆在香港上市。

1978 年	1 月 3 日，和記國際與黃埔船塢合併成立和記黃埔有限公司，並取代和記國際在香港的上市地位。

1978 年　1 月 3 日，和記國際與黃埔船塢合併成立和記黃埔有限公司，並取代和記國際在香港的上市地位。

9 月 5 日，包玉剛宣佈已持有九龍倉 15-20% 股權，成為該公司最大股東。

李嘉誠透過長江實業收購青洲英坭 25% 股權。

劉鑾雄兄弟在香港創辦愛美高實業。

永新企業主席曹光彪與中國紡織品進出口總公司簽訂合同，以補償貿易形式在珠海投資創辦香港毛紡廠，開創外商以補償貿易投資中國的先河。

霍英東聯同何賢、何鴻燊、萬馬祺創辦中澳投資建設公司，興建中山溫泉賓館。

1979 年　4 月，霍英東與廣東省旅遊局簽訂協議，投資 2 億港元興建廣州白天鵝賓館。

9 月 25 日，長江實業與滙豐銀行達成協議，收購和記黃埔 22.4% 股權。

11 月 7 日，曹光彪在珠海投資設立香洲毛紡廠。

唐翔千透過半島針織與日商在新疆烏魯木齊創辦新疆天山毛紡織品有限公司。

1980 年　4 月，董浩雲以 1.125 億美元，買下英國第二大船業集團富納斯公司，成為首位接管英國大公司的華人。

6 月 23 日，包玉剛及其家族增購九龍倉股權至 49%，從置地手中奪取九龍倉的控制權。

6 月，邵逸夫取代剛逝世的利孝和，出任香港電視廣播有限公司董事局主席。

11 月，新鴻基地產收購九龍汽車公司 26% 股權。

恒隆收購淘化大同 63% 股權。

董浩雲訂購的超巨型油輪「海上巨人號」下水，該船載重噸位達 56.3 萬噸，成為全球最大船舶，而董氏本人亦被稱為「海上巨人」。

1981 年　1 月 1 日，李嘉誠出任和記黃埔主席，成為第一位入主英資大行的華商。

3 月，世紀城市成立，同年 9 月在香港上市。

3 月，黃廷芳將信和地產的部份業物，以「信和置業有限公司」的名義在香港分拆上市。

8 月，柯俊文將旗下 12 家附屬公司重組為康力投資有限公司，公開發售 7,000 萬新股在香港上市，成為香港第一家電子業上市公司。

9 月，利氏家族組成希慎興業在香港上市。

10 月，英國大東電報局與香港政府合組香港大東電報局有限公司，同時香港政府則重新向香港大東頒發國際電訊經營專利牌照，年期從 1981 年 10 月 1 日起，至 2006 年 6 月 30 日止，為期 25 年。

1982 年　3 月，新鴻基財務獲港府頒發銀行牌照，易名為「新鴻基銀行」，成為香港首家升格為銀行的接受存款公司。1985 年 3 月，阿拉伯銀行集團以 3.6 億港元價格，收購新鴻基銀行 75% 股權。翌年，新鴻基銀行改名為「港基銀行」。

3 月，郭令燦透過豐隆集團向英國 Grindlays 集團購入道亨銀行 100% 股權。

6 月，邱德根透過遠東集團收購麗的電視 50% 股權，同年 9 月 24 日麗的電視易名為「亞洲電視」。

9 月 6 日，謝利源金舖倒閉，拉開 80 年代初中期香港銀行危機的序幕。

11 月 1 日益大投資宣佈清盤。胡應湘、鄭裕彤等華商在廣州投資創辦廣州中國大酒店。

英國首相戴卓爾夫人訪問北京，拉開了中英兩國關於香港前途問題談判的序幕。

郭令燦家族透過豐隆集團收購道亨銀行。

1983 年　9 月 28 日，香港政府接管瀕臨倒閉的恒隆銀行。

9 月，受中英關於香港問題會談的影響，香港出現港元信用危機，港元與美元的匯價，最低跌至 9.6:1 的水平。

9 月，馮景禧將旗下業務重組，成立新鴻基有限公司，作為新鴻基證券和新鴻基銀行的控股公司。

10 月 17 日，港府宣佈實行港元聯繫匯率制。

10 月，佳寧集團破產。

合和實業與中國建設、越秀、深業等組成合和電力（中國）有限公司，斥資 33.33 億港元投資興建沙角 B 廠。

1984 年　1 月 16 日，嘉年地產破產。

3 月，鷹君集團陷入財政危機，被迫將所持富豪酒店，百利保股權售予韋理的亞洲證券。

10 月，李文正透過與林紹良及美國 Stephen Inc. 共同控制的力寶策略向海外信託銀行收購華人銀行 99.73% 股權，其後李氏家族逐步取得該行 99.73% 股權。

12 月 19 日，中英兩國經歷 22 輪談判後，終在北京正式簽署關於香港前途的《中英聯合聲明》，香港進入過渡時期。

12 月，和記黃埔與港府達成補地的協議，和黃著手發展黃埔花園。

12 月，新世界發展與香港貿易發展局達成協議，準備動工興建香港會議展覽中心。

南海紡織主席唐驥千出任香港總商會主席，成為出任該商會首位華人主席。

德昌電機在香港聯交所上市。

1985 年　1 月 22 日，和記黃埔向置地收購香港電燈公司 34.6% 股權。

2 月 14 日，南洋富商邱德拔宣佈已向馬登家族購入會德豐 13.5% 股權，向會德豐提出全面收購。

2 月 16 日，包玉剛介入會德豐收購戰。

3 月，包玉剛全面收購會德豐。

5 月 24 日，曹光彪等香港華商在香港註冊成立港龍航空公司。

5 月 27 日，中英兩國政府互換關於香港問題的聯合聲明批准書，《中英聯合聲明》正式生效。

6 月 6 日，香港政府宣佈接管已瀕臨倒閉的海外信託銀行。1993 年 7 月 23 日，香港政府將海外信託銀行出售予國浩集團。

恒生銀行收購永安銀行 51% 股權。

羅旭瑞收購世紀城市，作為其集團的控股公司。

董氏航運集團及東方海外實業陷入財政危機，被迫尋求債務重組。

新鴻基銀行被中東阿拉伯銀行收購，易名為"港基銀行"。

新世界發展向東方海外實業購入亞洲貨櫃公司 49% 股權，計劃斥資 40 億港元興建亞洲最大的貨櫃集散中心。

和記黃埔進軍傳呼機、流動電話等香港非專利電訊市場。

丁鶴壽、丁午壽兄弟藉椰菜娃娃熱潮將開達實業分拆在香港上市。

富麗華酒店企業有限公司在香港上市。

1986 年	3 月 27 日，香港政府宣佈"行政接管"友聯銀行。

4 月 2 日，香港聯合交易所正式開業，並透過電腦系統進行證券交易。

4 月，劉鑾雄透過愛美高實業向華人置業提出全面收購，取得該公司逾 40% 股權，成為大股東。

5 月，恒生銀行收購永安銀行 50.29% 股權。

6 月 23 日，中信集團收購嘉華銀行。

7 月，招商局與美資合組的新思想公司收購友聯銀行。

7 月，包玉剛斥資 22 億港元購入英國標準渣打銀行 14.95% 股權，成為該銀行最大第一股東。1989 年 6 月，包氏將所持渣打股權全部售出。

9 月，和黃透過旗下的 Union Faith 以 5,000 萬英鎊購入英國皮亞遜公司 4.99% 股權。

9 月，香港政府宣佈接管康年銀行，以改善其對銀行貸款組合的管理。其後，康年銀行被林紹良旗下的第一太平集團收購，並易名為"第一太平銀行"。

12 月，和記黃埔及李嘉誠家族斥資 32 億港元收購加拿大赫斯基石油公司 52% 股權。

華光航業陷入財政危機，被迫尋求債務重組。

九龍倉成立馬可孛羅國際酒店集團，接管香港大酒店集團對九倉屬下在香港的 3 家酒店（香港酒店、馬可孛羅酒店、太子酒店）及新加坡馬可孛羅酒店的管理權。

1987 年	5 月，劉鑾雄透過中華娛樂狙擊嘉道理旗下的香港大酒店。

6 月，英大東在香港註冊成立香港電訊有限公司（Hong Kong Telecommunications Ltd.）。1988 年 2 月 1 日，香港電訊在香港聯合交易所掛牌上市。

8 月，大新銀行向港府收購工商銀行。

9 月，林百欣透過麗新製衣向陳俊家族購入上市公司鱷魚恤 60% 股權。

10 月 16 日，美國杜瓊斯工業平均指數大幅滑落 91.55 點，引發全球股市如骨牌般連鎖下挫。

10 月 20 日，香港聯交所委員會決定從即日至 23 日停市 4 天，指數期貨市場亦同時停市。

謝國民在香港成立卜蜂國際，翌年在香港上市。

林紹良透過第一太平收購康年銀行，翌年再收購遠東銀行，合併為第一太平銀行。

李嘉誠斥資 29 億港元購入英國大東電報集團 5% 股權，於 1990 年拋售。

合和與廣東省公路建設有限公司簽訂合約，投資興建廣深珠高速公路，廣深珠高速公路第一期於 1992 年動工，1994 年 7 月 18 日全線通車。

嘉華集團旗下地產板塊——嘉華國際分拆在香港聯交所上市。

長江製衣重組,將海外生產業務和香港本銷業務分拆為 YGM International Ltd. 和 YGM Trading Ltd. 兩家公司,並在香港上市。

1988 年　1 月 2 日,香港廉政公署根據《防止賄賂條例》第 30 條第 2 款拘捕前聯交所主席李福兆、前行政總裁辛漢權及上市部經理曾德雄,指 3 人涉嫌非法收受利益。

4 月,李嘉誠、李兆基、鄭裕彤聯同加拿大帝國商業銀行合組協平世博發展有限公司,以 5 億加元標價奪得溫哥華世界博覽會舊址發展權,發展大型住宅項目萬博豪園。

4 月,淘大收購樂古置業 43.25% 股權,樂古置業後來易名為“格蘭酒店”。

5 月 5 日,李嘉誠、鄭裕彤、李兆基及香港中信向怡和策略售出所持置地 8% 股權。

6 月 2 日,證券業檢討委員會發表《證券業檢討委員會報告書》。

6 月,赫斯基斥資 3.75 億加元全面收購加拿大另一家石油公司 Canterra Energy Ltd.,令其資產值從原來的 20 億加元擴大一倍,並成為北美五大石油和氣體公司之首。

9 月,百富勤國際創辦。

9 月,羅旭瑞透過富豪酒店收購加拿大多倫多富豪星座酒店,邁開進軍海外酒店業的第一步。

10 月 10 日,利豐宣佈將向公司全體股東提出全面收購建議,使利豐成為經綸公司的全資附屬公司。1989 年 1 月收購行動完成,利豐撤銷上市地位。

10 月,羅旭瑞透過旗下的國泰城市向嘉道理家族旗下的香港大酒店發動狙擊。

11 月,香港國際會議展覽中心落成。1989 年 11 月,英國王儲查理斯王子攜夫人戴安娜王妃訪港,為香港國際會議展覽中心揭幕。

和黃旗下的國際貨櫃集團以 43.9 億港元高價奪得葵涌 7 號貨櫃碼頭發展權。

李嘉誠、鄭裕彤、李兆基、邵逸夫、曹文錦等華商合組新達城市發展有限公司,以 2.08 億新加坡元標價奪得新加坡國際會議展覽中心發展權。

包玉剛透過隆豐國際及九龍倉斥資 10.5 億港元收購美國奧麗酒店集團。

鄭裕彤與林百欣合作,透過旗下的新世界發展與麗新集團聯手購入亞洲電視三分之二股權,結束了邱德根長達 7 年的經營時期。

1989 年　1 月,馮景禧病逝。

3 月 21 日,新世界發展宣佈向永安集團提出全面收購。

4 月,新世界發展與美國 Prime Motor 集團合作,斥資 5.4 億美元收購美國華美達酒店集團。

7 月,鷹君集團以 27 億港元標價奪得中區花園道地區發展權,其後建成萬國寶通廣場。

10 月,百富勤國際有限公司購入廣生行 30% 股權,成為該公司最大的股東。

11 月,包玉剛將所持港龍航空股權售出。

道亨銀行向港府購入被其接管的恒隆銀行。

和記黃埔收購英國 Quadran 集團的流動電話業務,邁開進軍海外電訊市場的第一步。

和黃旗下的屈臣氏在中國內地北京開設第一家店,到 2011 年已突破 1,000 家店,2013 年開設第 1500 家店,從而完成了在中國區市場從一線城市到四線城市的全面覆蓋。

道亨集團收購恒隆銀行。1990 年 11 月，道亨集團易名為"國浩集團"。

1990 年　4 月，和記黃埔與英國大東電報集團、中信集團合組亞洲衛星通訊有限公司，發射"亞洲衛星一號"。

4 月，香港電訊宣佈重組，成立專責非電訊專利業務的香港電訊 CSL，並推出 GSM（歐式數碼系統）流動電話。

6 月，新世界發展與廣州市政府簽訂 3 個合作項目，投資 30 億港元發展廣州北環高速公路、珠江電廠及地產發展項目。

10 月 30 日，郭得勝因心臟病發逝世，享年 79 歲。

11 月，和黃與李嘉誠家族成立和記衛星電視，並取得港府頒發的經營牌照。

新鴻基地產建成半山帝景園，一舉開創了香港豪宅的新標準。

夏利文發展被九龍倉私有化，撤銷上市地位。

嘉禾進軍新加坡市場，與澳洲的 Village Road Show Ltd. 合資成立嘉年華（Golden Village），計劃在亞洲各地開發經營先進豪華的電影城。

1991 年　1 月，陳曾燾退任董事，恒隆集團董事局主席一職由其侄、陳曾熙長子陳啟宗接任，恒隆進入了家族第二代管理時期。

1 月，九龍倉組成九倉有線電視，並於 1993 年 6 月獲港府頒發有線電視經營牌照。1993 年 10 月，九倉有線電視正式啟播。

2 月，和記傳訊天地線、其士集團步步通、太平專訊經緯站及香港電訊點點電話獲港府頒發 CT2 第二代流動電話經營牌照。和記黃埔斥資 11 億港元購入英國菲力斯在港 75% 股權。

6 月，大昌貿易行的控股公司恒昌企業有限公司易手，新大股東為以中資榮智健為首的香港中信泰富等。

6 月，和記黃埔向英國鐵行輪船公司和東方海外實業收購其所持有的英國菲力斯杜港（Felixstowe）75% 股權（後已增持至 100% 股權），邁開進軍歐洲貨櫃碼頭業的第一步。

7 月，和黃透過和記通訊與英國宇航局換股，雙方合作以和記通訊（英國）進軍英國流動電訊市場。

10 月，黃志祥接替父親黃廷芳出任信和集團董事長。

九龍倉主席吳光正提出"香港十"概念。

百富勤透過全資附屬公司百富勤證券收購長實與加拿大帝國商業銀行合資的怡證公司，一舉躋身香港十大證券公司之列。

李文正收購香港上市公司萬眾財務 50.1% 股權，將其易名為"力寶有限公司"（Lippo Limited），作為集團在香港拓展業務的旗艦。

1992 年　春，鄧小平南巡廣東，中國進入改革開放新階段。

5 月，李嘉誠在深圳成立長和實業有限公司，此舉被視為李氏集團大舉進軍中國內地的開始。

5 月，花園道萬國寶通廣場落成。

6 月，淘大向渣打銀行購入中區渣打銀行大廈。

7 月，香港政府宣佈開放本地電訊市場，採用開放式發牌制度引進超過一個固定電訊網絡。

7月，新鴻基地產佔 40% 股權的數碼通奪得港府頒發的第四個經營流動電話牌照。

8月，和黃與上海港集裝箱綜合發展公司合組上海集裝箱碼頭有限公司，各佔 50% 股權。

11月 30 日，香港政府宣佈將發出 3 個新固定電訊網絡牌照予和記通訊、九龍倉的香港新電訊及新世界發展的新世界電話，由 1995 年 7 月 1 日起生效。

12月，恒隆取得位於上海最大的徐家匯地鐵站上蓋發展項目發展權。

長實與熊谷組（香港）、中信集團以及海南省 3 家銀行合組海南洋浦土地開發有限公司，計劃投資 180 億港元開發洋浦自由港區。

鄭裕彤組成財團收購加拿大能源公司 Unmac Oil & Gas Ltd. 40% 股權。

新鴻基地產與北京東安集團簽訂協議，合作重建北京王府井東安市場。

羅旭瑞透過百利保合組中團集團參與中國內地 7 省 11 個地產發展計劃。

霍英東透過旗下有榮有限公司與番禺市政府合作，開發南沙開發區東部 22 平方公里土地，計劃興建為高級商住區，總投資 200 億元人民幣。

利豐行再度分拆上市。

香港電訊有限公司在香港註冊成立，成為香港政府全面開放香港電訊市場後首批獲發固網電訊網絡服務經營牌照的公司之一。2003 年改名為 "九倉電訊有限公司"。

九倉有線電視成立，並於 1993 年 6 月獲香港政府頒發收費電視牌照，專營權 12 年。

1993 年　　5月，力寶集團與華懋集團展開亞洲證券收購戰。

5月，郭鶴年將香港兩間香格里拉酒店及位於中國內地的 5 家酒店部份權益，組成香格里拉（亞洲）有限公司在香港上市。

6月，九龍倉獲港府頒發收費電視經營牌照，同年 10 月，九倉有線電視啟播。

6月，李兆基透過旗下恒基發展收購美麗華酒店 34.78% 股權。

6月，新世界百貨成立。

7月 26 日，和黃及李嘉誠家族出售和記衛星電視 64% 股權，獲利 30 億港元。

8月，劉鑾雄透過華人置業反收購控股公司愛美高實業。

8月，長實與福輝首飾有限公司合組長江福輝置業有限公司，計劃斥資 35 億元人民幣改造福州 "三坊七巷"。

8月，李澤楷創立盈科拓展，並於 1994 年 5 月收購新加坡上市公司海裕亞洲 45.7% 股權，實現借殼上市。海裕亞洲後改名為 "盈科拓展亞洲有限公司"。

9月，恒基地產宣佈發行總值 4.6 億美元可換股債券，為分拆恒基中國上市作準備，1996 年 3 月 18 日恒基中國在香港分拆上市。

9月，郭鶴年透過嘉里集團旗下的嘉里傳播向澳洲傳媒大亨梅鐸的新聞集團購入歷史悠久的《南華早報》34.9% 股權。

9月，隆豐國際易名 "會德豐"，準備重塑香港大商行形象。

9月，嘉里集團透過嘉里傳媒購入南華早報 34.9% 股權。

10月，和黃與深圳東鵬實業有限公司合組鹽田國際集裝箱碼頭有限公司，計劃投資 50 億元人民幣發展深圳鹽田港首期。

11月，合和實業分拆亞洲電力在香港上市。

12 月，國浩集團分拆道亨銀行在香港上市。

國浩集團向港府收購被其接管的海外信託銀行。

鄭裕彤、李兆基、何鴻燊斥資 2.4 億加元收購加拿大西岸石油公司。

新世界發展斥資 7 億美元收購在美國擁有 28 間酒店的 Stouffer 集團及在歐洲擁有 9 間酒店的 Penta 集團。

九龍倉策劃興建的時代廣場落成。

利豐行以 4.5 億港元向英之傑太平洋收購天祥洋行，使其全球採購銷售網絡進一步擴大。

李兆基長子李家傑出任恒基地產副主席，並出任恒基中國董事長兼總裁，主力開拓內地市場。

時代廣場落成。

朱李月華創辦金利豐證券。

1994 年   4 月，和黃旗下的和記電訊（英國）投資 84 億港元組建 Orange 公司。

7 月 18 日，由胡應湘旗下合和實業投資的廣深珠高速公路第一期全線通車，成為貫通香港、深圳與廣州及珠江三角的交通大動脈。

百利保以換股方式購入大慶市慶大經濟貿易集團屬下石油化工廠六成權益，並向中國長江動力公司購入六大投資項目的五成權益。

和黃與珠海港務局合組珠海國際貨櫃碼頭（高欄）有限公司，各佔 50% 股權。

李澤楷收購鵬利保險，並改組為香港盈科保險，於 1999 年在香港上市。

1995 年   5 月，李嘉誠宣佈已將名下所持 34.5% 長實權益轉由一信託基金持有，除了他以外，兩名兒子李澤鉅及李澤楷均為該信託基金持有人。

7 月 1 日，香港電訊旗下香港電話公司經營本地電話專利權屆滿，獲港府頒發固定電訊網絡牌照的 3 家公司，包括和黃的和記廣訊、九龍倉的香港新電訊和新世界發展的新世界電話相繼加入競爭。

7 月 1 日，利豐與英之傑達成收購協定，以不超過 4.5 億港元現金收購英之傑採購服務（IBS）。

8 月，新世界發展將專責酒店管理及專營權業務的新公司 Renaissance Hotel Group N. V. 分拆在美國紐約上市。

9 月 25 日，由香港 20 位華商籌組的香港明天更好基金成立。

10 月，新世界發展將專責香港及中國內地基建業務的新世界基建分拆在香港上市。

10 月，九龍倉旗下的香港新電訊啟業。

12 月，和黃、新地等合組財團奪得屯門內河貨櫃碼頭的發展及經營權。

新鴻基地產、恒基地產合組財團奪得機場鐵路中環總站上蓋物業發展權，該發展項目總投資高達 400 億港元。

重建後的利舞台落成。

1996 年   1 月，和記黃埔重組電訊業務，成立和記電訊作為控股旗艦。

2 月，郭鶴年透過南華早報全面收購電視企業。

4月，和黃透過和記通訊分拆 Orange plc 在英國及美國證券交易所上市。

5月，李明治透過旗下聯合地產向馮氏家族收購新鴻基公司 33% 股權。

6月19日，和黃、英國大東電報集團和中信集團將亞洲衛星在香港上市。

7月17日，長江實業將專責香港及中國內地基建業務的長江基建分拆在香港上市。

7月23日，金利豐金融集團有限公司在香港上市。

8月5日，郭鶴年將嘉里建設分拆在香港上市。

9月11日，葵涌九號貨櫃碼頭問題最終獲得圓滿解決。

10月31日，新鴻基地產等將數碼通在香港上市。

11月15日，香港第一屆推選委員會第一次會議選出董建華、楊鐵樑、吳光正等 3 名香港特區行政長官候選人。

11月，華人置業分拆愛美高中國在香港上市。

12月11日，香港第一屆推選委員會推選董建華為香港第一任行政長官人選。

12月16日，中國總理李鵬簽署國務院第 207 號令，任命董建華為中華人民共和國香港特別行政區第一任行政長官，董氏於 1997 年 7 月 1 日就職。

和黃宣佈成立 Orange plc 作為和記通訊（英國）的控股公司，並將其在倫敦證券交易所和 Nasdap 上市。

郭鶴年將嘉里集團旗下經營地產業務的嘉里建設分拆在香港上市。

1997年　1月6日，李嘉誠旗下長江實業系 4 間上市公司宣佈重組計劃，重組的主題是"長江集團邁向基建新紀元"。

7月1日，香港回歸祖國，成為中華人民共和國轄下的特別行政區，按照"一國兩制"的方針，實行"港人治港"、"高度自治"，維持原有的資本主義制度和生活方式 50 年不變。

郭炳湘被黑社會頭目張子強綁架。在交付鉅額贖金後，郭炳湘雖然獲釋，但身心受創，患上抑鬱症，經過一年多治療才得以康復。

瑞安集團將旗下建築及建築材料業務重組為瑞安建業有限公司，並在香港上市。

羅康瑞與上海市盧灣區政府簽訂開發意向書，獲得該地區重建項目的發展權。

1998年　1月13日，百富勤被迫佈清盤。2月2日，法國國家巴黎銀行及旗下的法國國家巴黎東證券與百富勤臨時清盤人達成協議，購入百富勤中港證券業務，公司改名為"法國國家巴黎百富勤"（BNP Prime Peregrine）。

1月20日，香港政府與香港電訊達成協議，香港電訊提早結束原定於 2006 年屆滿的國際電訊專營權。

10月，九倉有線電視啟播 5 週年，改名為"香港有線電視"。

周大福進軍內地市場，在北京開設內地首家周大福珠寶金行。

新加坡發展銀行收購廣安銀行，並將其改名為"DBS 廣安銀行"。

1999年　1月，利豐以 11.62 億港元的價格，收購英之傑旗下的新加坡上市公司英之傑市場拓展（IMS）及其全資附屬公司英之傑集團亞太區市場推廣業務（IMAP）。

3月23日，胡仙在債權人的強大壓力下，為避免面對破產聆訊，被迫在最後一刻與何氏家族尋求和解，同意將所持星島股權售予 Lazard。

3 月，香港政府公佈與盈科集團合作發展"數碼港"的計劃。

5 月 1 日，李澤楷宣佈透過旗下的盈科控股收購得信佳 75% 的股權，並將其改名為"盈科數碼動力"

7 月，新世界中國成立，並在香港上市，作為新世界發展進軍中國內地地產市場的旗艦。

9 月，香港法庭宣佈王德輝在法律上死亡。

11 月，有線寬頻通訊有限公司成立，並於美國納斯達克及香港聯合交易所上市，而有線電視則成為其集團成員。2000 年 1 月，有線寬頻獲發固網電訊服務牌照，並推出有線寬頻上網服務。

12 月，利豐與太古達成收購協定，以 4.5 億港元現金收購太古貿易有限公司及金巴莉有限公司。

會德豐將上市公司連卡佛私有化，並於 2003 年將連卡佛股權全部售予大股東吳光正的私人公司。同時出售給吳光正私人公司的還有會德豐持有的上市公司 Joyce 52% 的股權。

和黃把握時機，先是在 2 月份出售了 5,000 萬股 Orange 股份，套現 52.8 億港元；同年 10 月，和黃再將 Orange 剩餘 44.81% 股權，以現金、票據及股票作交易，作價 1,130 億港元，全部出售給德國電訊商曼內斯曼（Mannesmann）。交易完成後，和黃持有曼內斯曼 10% 的股權，成為該公司的單一最大股東。從而創造了"千億賣橙（Orange）"的"神話"。

李嘉誠旗下的維港投資創辦，是一家重點關注能夠引領行業變革的技術創新性公司的投資機構。

2000 年　1 月，香港小輪以 1.55 億港元價格，把旗下香港客運渡輪業務資產售予新世界旗下的渡輪公司新渡輪，結束渡輪業務。

2 月 29 日，盈科數碼動力宣佈已與英大東達到併購協議，由英大東將所持香港電訊 54% 股權出售予盈科數碼動力。

8 月 9 日，香港電訊除牌。8 月 17 日，合併後的新公司以電訊盈科掛牌上市。

9 月，會德豐計劃私有化旗下上市公司新亞置業信託，但最終失敗。

9 月，新鴻基地產成功投得機鐵站上蓋最大型發展項目——九龍站第五至七期項目發展權。

11 月 8 日，利豐宣佈收購 Colby 集團。

九龍倉亦將所持上市公司寶福集團股權出售。

九龍倉先後成功推出北京首都時代廣場和大上海時代廣場，主打以"寫字樓 + 商場"的物業組合。

豐益國際整合在華投資糧油企業，成立益海集團。2006 年，豐益國際在新加坡上市。

2001 年　1 月 7 日，由何柱國持有 45.4% 及 12.3% 的上市公司泛華科技集團宣佈，將以每股 1.65 港元收購星島集團已發行股本的 51.36%，涉及資金 3.56 億港元。

4 月，國浩集團將所持道亨銀行股權出售予新加坡發展銀行（DBS）。

11 月 5 日，恒基地產發佈公告宣佈，將以協議安排的方式，私有化恒基發展，撤銷其上市地位。不過，由於遭到小股東反對，該計劃終告失敗。

和記黃埔港口與深圳市政府及鹽田港集團簽約，共同發展鹽田國際集裝箱碼頭三期工程項目，總投資總 66 億港元；2005 年，雙方再簽約投資 100 億元人民幣，推進深圳鹽田港區集裝箱碼頭擴建工程。

新世界發展出售麗晶酒店股權。

九龍倉將所持上市公司港通控股股權出售。

電訊盈科將旗下移動電話業務——CSL 的 60% 股份賣給了澳洲的 Telstra。

新加坡發展銀行收購道亨銀行。2003 年新加坡發展銀行將道亨銀行、DBS 廣安銀行及海外信託銀行合併，並改名為"星展銀行（香港）"。

中信嘉華銀行以 42 億港元價格收購華人銀行。其後，華人銀行改名為"中信嘉華銀行有限公司"。

2002 年　10 月 1 日，新世界發展宣佈重組計劃，由新世界基建旗下的太平洋港口有限公司，以換股方式購入新世界發展旗下的新世界創建有限公司，並收購新世界基建的傳統基建資產。新世界基建則將所持有的太平洋港口股份，分派予新世界基建股東。重組及分派完成後，新世界發展持有 54.25% 的新世界基建股權，以及持有 52.0% 太平洋港口股權，後者易名為"新創建集團有限公司"，成為集團從事基建及服務等業務的旗艦。新世界基建則改名為"新世界資訊科技有限公司"，並於 2006 年被私有化。

12 月，會德豐聯同新亞置業成功私有化聯邦地產。

上海新天地南里正式全面開業。2003 年，上海新天地北里榮獲國際房地產大獎——由 Urban Land Institute（ULI）頒發的 Award for Excellence 大獎，成為首度獲得此國際殊榮的中國內地項目。

新鴻基公司以"新鴻基金融集團"作品牌，成立財富管理業務，開展多元化經營。

澳門特區政府開放博彩經營權，呂志和旗下的銀河娛樂與何鴻燊的澳門博彩股份有限公司、史提芬·永利的永利有限公司，一道奪得特區政府發出的 3 張賭牌。

2003 年　1 月 1 日，香港本地固定電信網絡服務（FTNS）市場全面開放，標誌著香港電信市場全面開放。

7 月 2 日，新創見集團在香港聯交所上市，並加大對內地業務發展的投入。

新鴻基地產與上海陸家嘴金融貿易區開發股份有限公司簽訂土地使用權轉讓合約，計劃在上海陸家嘴投資逾 80 億港元，發展大型商業綜合項目——上海國際金融中心。上海國際金融中心於 2007 年動工，於 2011 年全部落成啟用。

和記黃埔港口宣佈合資成立上海浦東國際集裝箱碼頭有限公司，經營上海外高橋碼頭一期。

新世界相繼對新世界中心展開翻新工程，又在該中心旁投資興建旁興建一間 60 層高、樓面面積約 100 萬平方呎的五星級酒店，並在尖沙咀海濱長廊贊助興建"星光大道"。2010 年又決定對新世界中心展開龐大的重建工程，於 2019 年完成。

周大福珠寶在深圳設立中國業務營運總部。

永亨銀行收購浙江第一銀行。

2004 年　2 月，瑞安註冊成立里安房地產發展有限公司，以作為集團在中國內地從事房地產業務的旗艦，總部設於上海。2006 年 10 月 4 日瑞安房地產在香港上市。

11 月，利豐將英和商務以"利和經銷"的名義分拆上市。

12 月 15 日，李兆基宣佈成立私人公司——兆基財經企業公司。

工銀亞洲收購華比富通銀行的零售及商業銀行業務，華比富通銀行隨後改名為"華比銀行"。2005 年 10 月，工銀亞洲將華比銀行香港分行併入。

新亞置業信託和馬可波羅發展有限公司分別改名為"會德豐地產有限公司"及"會德豐地

產（新加坡）有限公司"。

南豐集團成立南豐中國，專責內地房地產業務發展。

2005 年　1 月，李澤楷將電訊盈科 20% 股權出售予中國網絡通信集團公司。

3 月，新創建出售三號貨櫃碼頭及八號貨櫃碼頭等權益。

5 月 17 日，恒基地產發佈公告宣佈，將以協議安排的方式，私有化恒基中國，撤銷其上市地位。

7 月，呂志和家族將手持澳門賭牌的銀河娛樂股權注入上市公司嘉華建材，並將其改名為"銀河娛樂集團有限公司"。

8 月 15 日，恒基地產透過旗下的恒基發展和中華煤氣提出了私有化恒基數碼科技有限公司的建議。

9 月 16 日，香港終審法院推翻原訟庭及上訴庭的裁決，裁定王德輝於 1990 年 3 月 12 日所立的遺囑為其生前的最後遺囑，龔如心成為王德輝的唯一遺產受益人。

李兆基次子李家誠出任恒基地產副主席兼恒基發展副主席、美麗華酒店主席兼行政總裁、中華煤氣非執董。

2006 年　2 月 17 日，澳博在香港成立了一家新公司——澳門博彩控股有限公司（簡稱"澳博控股"），為其在香港聯交所上市作準備。

新鴻基地產建成九龍站豪宅凱旋門並推出市場，成為了世界豪宅的最高標準，樹立了新一代超級豪宅的典範。

新界荃灣如心廣場落成。

新鴻基地產加快在內地投資步伐，購入上海浦西淮海中路一幅 40 平方呎優質地皮，發展上海環球貿易廣場。上海環球貿易廣場於 2009 年動工，於 2015 年全部落成。

中華煤氣與百江燃氣有限公司訂立交易協議，把旗下位於山東及安徽 10 項管道燃氣項目注入上市公司百江燃氣，換取百江燃氣 7.72 億新股，佔擴大後股本 44%。其後，百江燃氣改名為"港華燃氣有限公司"。

亞洲電視股權易手，由查懋聲牽頭的財團聯同內地中信集團附屬企業合作，成為新的最大股東。

新世界啟動對香港會展中心的擴建計劃，該計劃於 2009 年完成，使香港會展中心可出租樓面面積增加至 100 萬平方呎左右。

2007 年　2 月 11 日，澳門新葡京酒店正式開業。

3 月 27 日，恒基地產與恒基發展訂立協議展開重組，以現金換取恒基發展擁有的物業組合、所持有的香港小輪 31.36% 股權及美麗華酒店 44.21% 股權。同年 10 月，恒基地產再次向恒基發展收購所持有中華煤氣 39.06% 股權。交易完成後，恒基發展則轉變為一家專注經營內地基建業務的上市公司。

4 月 3 日，華懋集團主席龔如心病逝。

7 月 12 日，新世界百貨重組為新世界百貨中國有限公司，並於香港聯交所上市。

12 月 31 日，香港正式推出數碼地面電視廣播，無綫電視率先推出香港首個 24 小時高清頻道"高清翡翠台"。

國際房地產雜誌 *Liquid Real Estate* 將新鴻基地產評選為"全球最佳地產公司第一名"。當年，集團副主席兼董事總經理郭炳聯獲 *Euromoney* 頒發亞洲金融市場發展傑出貢獻終身成就獎。

恒基地產成功私有化恒基中國。

豐益國際整合在華投資糧油企業，成立益海嘉里集團。

南豐中國與滙豐銀行成立"滙豐‧南豐中國房地產基金"。

2008 年　5 月 27 日，新鴻基地產發佈公告，委任郭氏兄弟母親鄺肖卿出任集團主席，郭炳湘轉任非執行董事。

7 月 16 日，澳博控股在香港聯合交易所主板上市。

11 月，盈科拓展和中國網通提出聯合私有化電訊盈科計劃，不過該計劃最終在香港上訴法庭被裁決推翻。

新世界創辦人鄭裕彤獲香港政府頒授大紫荊勳章，以表揚其對香港作出的貢獻。

招商銀行收購永隆銀行 53.12% 股權，總收購價為 193 億港元。

2009 年　全球金融海嘯爆發，歐美經濟相繼陷入不景，其後歐洲更爆發持續的主權債務危機，資產市場價格低沉。

2010 年　2 月 2 日，信和集團創辦人黃廷芳病逝，享年 82 歲。

2 月 2 日，香港高等法院裁定陳振聰敗訴，認為陳振聰所持 2006 年遺囑屬偽造，而龔如心 2002 年遺囑才是最後遺囑。

7 月，會德豐以協議安排方式成功私有化會德豐地產，使之成為集團的全資附屬公司。

10 月 4 日，郭氏家族信託基金宣佈重組。

11 月，長江基建牽頭財團以 57.75 億英鎊（約 700 億港元）價格收購 EDF Energy plc 持有 100% 股權的英國受規管及非受規管電網 UK Power Networks。

利豐將利和經銷私有化。

中國內地富商王征宣佈投資 20 億元入主亞視。由於在操作過程引起蔡衍明不滿，結果演變成持續的股權糾紛。

2011 年　1 月 26 日，由香港德祥集團主席陳國強，台灣威盛集團董事長王雪紅及美資基金公司普羅維登斯合組財團 Young Lion，向邵氏兄弟購入無綫電視 26% 的股權，成為無綫單一最大股東。

5 月 15 日，銀河娛樂投資 149 億港元建造的大型綜合度假城——"澳門銀河一期"盛大開幕。

9 月 15 日，新鴻基董事局委任郭炳江及郭炳聯為集團聯席主席，兩兄弟從母親手中接過掌權大棒。

10 月 12 日，電訊盈科舉行股東大會，表決通過份拆香港電訊上市。同年 11 月 29 日，香港電訊正式在香港聯交所上市。

10 月，長江基建牽頭財團以 48 億英鎊（約 618 億港元）價格收購英國水務公司 Northumbrian Water Group plc。該公司在倫敦證券交易所上市，於英國從事食水供應、污水及廢水處理業務。

12 月 31 日，邵逸夫退任董事局主席及無綫電視非執行董事。

12 月，周大福控股將周大福珠寶分拆在香港上市。

12 月，新鴻基公司旗下的新鴻基證券改名為"新鴻基金融有限公司"，以配合集團的"新鴻基金融"的品牌策略。

環球貿易廣場全部落成啟用。

會德豐展開展位於九龍東（香港政府標誌其為第二個核心商業區"CBD2"）的 One Bay East 商業項目。

2012 年　2 月，鄭裕彤正式宣佈退休，由長子鄭家純接任新世界發展及周大福珠寶兩家上市公司董事局主席及執行董事。同時，鄭家純長子鄭志剛則出任執行董事兼聯合總經理。2015 年 3 月，鄭志剛更擢升為新世界發展執行副主席。

3 月 29 日，新鴻基地產發佈公告，郭氏兄弟中的聯席主席郭炳江和郭炳聯因涉嫌觸犯《防止賄賂條例》被香港廉政公署拘留。同時被捕的還有香港前政務司司長許仕仁。

6 月 17 日，南豐創辦人陳廷驊病逝。

8 月 1 日，利豐（1937）有限公司改名為"馮氏控股（1937）有限公司"，利豐集團（Li & Fung Group）亦相應地改名為"馮氏集團"（Fung Group）。

盈科拓展收購荷蘭國際集團（ING）旗下在香港、澳門及泰國的保險業務，組建並更名為"富衛保險"（FWD）。

2013 年　5 月 29 日，新世界酒店集團改名為"瑰麗酒店集團"（Rosewood Hotel Group）。

5 月，澳博獲得澳門特區政府在路氹新區批出土地，發展綜合度假村——上葡京。

10 月，李嘉誠旗下的長江實業、和記黃埔以 71.6 億元人民幣出售上海陸家嘴東方匯經中心，該項交易單價高達 8.2 萬元人民幣／平方米，成為上海大宗交易賣得最貴的項目。

12 月 20 日，香港電訊向澳洲電訊商 Telstra 旗下 Telstra Bermuda 及新世界發展旗下的 Upper Start，分別收購 CSL New World Mobility Limited（簡稱"CSL"）76.4% 及 23.6% 股權。

12 月，電能實業宣佈，將分拆港燈電力投資（簡稱"港燈"）上市，並根據情況出售港燈 50.1-70% 的股權。2014 年 1 月 16 日，港燈宣佈在香港交易所上市，發售 44.269 億股份，發售價為每股 5.45 港元，集資約 235 億元，同年 1 月 29 日在港交所掛牌上市。

新地以 217.7 億元人民幣投得上海徐家匯中心地塊，計劃打造集團在內地的最大商業綜合項目。

2014 年　1 月 1 日，吳光正退任會德豐董事會主席，但留任公司高級董事。吳光正之子、會德豐常務董事吳宗權接任公司主席職位。

1 月 7 日，一代影視大亨邵逸夫辭世，享年 107 歲。

1 月 29 日，李嘉誠宣佈將電能實業旗下的香港電燈公司分拆，後者於當年單獨上市，成為香港最大的 IPO 之一，電能實業套現 241.27 億港元。

2 月 5 日，越秀集團透過旗下的越秀金融控股向創興銀行大股東廖氏家族及其餘小股東共收購創興銀行 75% 股權，總交易作價 116.44 億港元。

3 月 21 日，和記黃埔將旗下屈臣氏集團 24.95% 權益出售予新加坡淡馬錫集團，作價 440 億港元，並保留兩年後分拆屈臣氏上市的權利。

4 月，和記黃埔投資 15.12 億美元在英國倫敦商業區金絲雀碼頭（Canary Wharf）重建 Convoys Wharf，開展商住地產項目。

6 月，李兆基再退任美麗華酒店主席職位，由次子李家誠接任。

7 月 9 日，利豐將利標品牌集團有限公司在香港分拆上市。

9 月，恒基發展獲控股股東恒基地產注入千色店業務，總代價為 9.345 億港元。

12 月，香港高等法院作出最終裁決：郭炳江被判監禁 5 年、罰款 50 萬港元，5 年內不能再做任何公司董事；弟弟郭炳聯則全部控罪均不成立，全身而退。

新加坡華僑銀行收購永亨銀行 97.52% 股權。永亨銀行改名為 "華僑永亨銀行"。

2015 年

1 月 9 日，長和系公佈重組計劃，將長江實業及和記黃埔重組為長和實業及長實地產兩家公司。2017 年 7 月 14 日，長江實業地產改名為 "長江實業集團有限公司"，英文名則改為 "CK Asset Holdings Limited"（原名為 "Cheung Kong Property Holdings Limited"）。

2 月 1 日，光大證券宣佈與新鴻基簽訂收購協議，收購新鴻基公司旗下全資附屬公司新鴻基金融有限公司 70% 股權。交易完成後，新鴻基金融更名為 "光大新鴻基有限公司"。

2 月 17 日，吳光正宣佈辭去九龍倉主席職位，並推薦副主席吳天海接任，為期 3 年。

3 月，和記黃埔宣告，集團已經與西班牙電訊公司 Telefónica SA 就收購其英國附屬公司 O2 英國達成協議，收購價為 92.5 億英鎊（約 1,067.5 億元）。和記黃埔計劃收購交易完成後，將 O2 英國與旗下的 3 英國集團合併，屆時將使 3 英國的客戶增至逾 3,300 萬，躍升為英國最大流動電訊營運商。不過，李嘉誠收購 O2 英國的計劃一波三折，進展並不順利，最終被歐盟委員會否決。

4 月 1 日，香港政府行政會議召開特別會議商討亞洲電視續牌事宜，決定不續牌予亞視；同時宣佈向電訊盈科附屬公司——香港電視娛樂發放 12 年免費電視牌照，在未來兩年內提供粵語及英語電視頻道服務。

4 月 22 日，無綫電視發佈公告稱，內地華人文化產業投資基金董事長黎瑞剛透過旗下華人文化傳媒投資公司，入主 TVB 控股公司 Young Lion。

5 月 15 日，香港終審法院最終裁定，華懋慈善基金為龔如心遺產的受託人。

5 月 27 日，銀河娛樂投資 160 億港元的 "澳門銀河二期" 宣告落成啟用。

6 月，新世界發展將所持出香港 3 間酒店（香港君悅酒店、萬麗海景酒店及香港尖沙咀凱悅酒店）的 50% 權益出售予阿布達比投資局，套現 158 億港元。

6 月，電能實業以 76.8 億港元的售價，將所持香港電燈公司 16.53% 權益售予中東的卡塔爾投資局。此外，卡塔爾投資局再向李嘉誠的長江基建購入電能實業 3.37% 股權。交易完成後，卡塔爾投資局共持有香港電燈 19.9% 股權；電能實業對香港電燈持股減至約 33.37% 股權，套現逾 92.5 億港元。

9 月 8 日，長江基建宣佈，計劃以換股形式合併旗下公司電能實業，以創立一間世界級的多元化基建公司。不過，長江基建合併能源實業的計劃進展並不順利，由於受到小股東的反對，被迫擱置。

9 月 13 日，羅天昊在新華社批准成立的瞭望智庫發表評論文章《別讓李嘉誠跑了》。

2016 年

1 月，黎瑞剛更透過 CMC 購入邵氏兄弟 29.73% 股權，成為公司第一大股東。同年 10 月 25 日，邵氏兄弟宣佈，經香港政府批准及董事局選舉，委任黎瑞剛為董事局主席兼非執行董事，由即日起生效。

4 月 1 日子夜，亞洲電視免費電視牌照最終到期，亞洲電視結束其 58 年又 308 天的營運。

9 月 29 日，周大福、新世界創辦人鄭裕彤病逝，享年 91 歲。

10 月 4 日，九龍倉宣佈以 95 億港元的價格，向 TPG 資本及 MBK Partners 所組成的財團 Green Energy Cayman Corp，出售主營商業寬頻業務的九倉電訊全部股權。2017 年 6 月

15 日，九倉電訊改名為"匯港電訊"（WTT HK Limited）。

10 月，李嘉誠旗下長實地產與李嘉誠海外基金會，以 230 億元人民幣出售上海世紀匯地產項目。

11 月，長實地產將所持香港中環中心 75% 權益以 358 億港元的售價，出生給中資公司中國郵政儲蓄銀行。

11 月，富衛保險宣佈成功收購美國國際集團（AIG）旗下的富士生命保險公司，進軍日本市場。2017 年 9 月，富士生命保險公司易名為"富衛富士生命保險公司"。

| 2017 年 | 1 月，長江基建聯同長實地產、電能實業合組財團，宣佈以總價值約 70 億澳幣（約 424 億港元）收購在澳洲證券交易所上市的澳洲 DUET 集團。

4 月 20 日，有線寬頻發佈公告，宣佈以每三股供五股，發行 33.53 億新股，大股東九龍倉將不會參與供股，並將其持股實物分派予其股東，持股量由 73.8% 大幅降至 6.76%。由鄭家純、邱達昌等持有的永升（亞洲）將擔任供股包銷商。計及貸款資本化後，永升（亞洲）於將最多持有有線寬頻 54.02% 股權，其中鄭家純間接持有 24.58% 股份，成為大股東。

4 月 24 日，香港高等法院正式批准解除德勤的亞視臨時清盤人職務，亞視轉由星鉑企業接管。

5 月，恒基地產以 232.8 億港元的高價，成功投得中環金融商業核心地段地皮——中環美利道的商業項目。

5 月，新世界發展宣佈將耗資 200 億港元，在香港尖沙咀打造藝術及設計新地標——Victoria Dockside（前身為新世界中心），預計於 2019 年全面落成啟用。

5 月，南豐集團以超過 246 億港元的價格，奪得香港特區政府批出九龍啟德第 1F 區 2 號地盤的新九龍內地段第 6556 號的用地，批租期為 50 年。

6 月，嘉里物流投資一家業務橫跨獨立國家聯合體的貨運集團 Globalink Logistics DWC LLC，令公司的環球物流網絡擴展至 51 個國家和地區。

6 月 6 日，新世界發展宣佈對新世界百貨展開要約收購。不過，該計劃歷經三度延期後，最後宣告失敗。

7 月，長和旗下的和記電訊香港以 144.97 億港元作價，將所持的和記環球電訊全部股權，售予 Asia Cube Global Communications Limited。

9 月 4 日，會德豐與九龍倉發佈聯合公告宣佈，將把九龍倉置業從九龍倉分拆獨立上市。同年 11 月 23 日，九龍倉置業在香港聯交所正式上市。

10 月，長實集團聯同長江基建成立合營企業，以代價約 45 億歐元（約 414 億港元），收購 ista Luxemburg GmbH（ista）全部股權。

12 月 15 日，英國法院頒佈書面判辭，裁定郭炳湘敗訴，郭炳湘不服並即時提出上訴。不過，及至 2018 年 5 月郭炳湘決定放棄上訴。

12 月，合和實業以 98.7 億港元價格，將所持和公路基建 66.69% 股權，出售予深圳投控國際資本，交易於 2018 年 4 月 4 日完成。

"無限極"品牌價值經世界品牌實驗室評估為 658.69 億元人民幣，位列"中國 500 最具價值品牌排行榜"第 45 位。

周大福珠寶響應中國政府倡導的創新與創業精神，配合"Smart+ 2020"策略框架，在武漢周大福珠寶文化產業園內設立"C+ 創意園"。 |

| 2018 年 | 1 月，新世界中國與羅湖區政府簽署《文錦渡口岸經濟帶戰略合作協定》，計劃在建設"口 |

岸經濟帶"、改造"一河六圈"等商業片區、綜合運營及招商引資等領域開展深度合作。

1月19日，重組後的亞洲電視改名為"亞洲電視數碼媒體有限公司"，並正式啟播，與香港寬頻（HKBN）攜手合作，透過以流動應用程式及OTT平台廣播節目。

5月10日，在長和系股東大會上，李嘉誠宣佈正式退休，轉任顧問，其董事局主席一職由長子李澤鉅接任。

5月，新世界投得香港國際機場SKYCITY航太城的世界級商業地標——航太城A2及A3地段。

5月，恒基發展以3億港元價格，收購日本第二大便利商店營運商FamilyMart UNY控股公司在香港的零售業務。

5月，恒隆成功奪得杭州下城區百井坊商業綜合體地塊。恒隆計劃投資約190億元人民幣，發展大型商業綜合項目。

7月20日，會德豐發表公告稱，將向會德豐地產（新加坡）提出自願性無條件收購要約，收購會德豐地產新加坡餘下股份，並撤銷其上市地位。

10月20日，郭炳湘因腦溢血在醫院病逝，享年68歲，遺下他於2014年組建的帝國集團，由兒子匆忙接任。

10月，會德豐持有會德豐地產（新加坡）90.1%股權，成功啟動私有化程序，會德豐地產（新加坡）退市。

下半年，長和先後收購意大利主要流動通訊商Wind Tre全部股權，以及斯里蘭卡的流動電訊業務Etisalat Group，並將其與Hutch Sri Lanka合併。

適逢"利園區"成立95週年。同年11月，希慎旗下的"利園三期"落成開業。

2019年　1月，長江基建以港幣約23億元出售電能實業2.05%權益，使所持股權下降至35.96%。

2月8日，國務院正式公佈《粵港澳大灣區發展規劃綱要》。

3月20日，李兆基宣佈將於5月28日，恒基地產股東大會當日辭去董事一職，並將向董事會建議由其兩個兒子李家傑和李家誠出任聯席主席及總經理。

5月3日，合和實業完成私有化，正式退市。

5月28日，李兆基在恒基地產股東大會上正式辭去董事一職，並向董事會建議由其兩個兒子李家傑和李家誠出任聯席主席及總經理。

7月，李國寶正式辭任行政總裁，但仍擔任董事局主席，其子李民橋和李民斌則接任聯席行政總裁。

8月，長實集團宣佈將以27億英鎊（相當於252億港元）全資收購英國具領導地位的釀酒廠及英式酒館營運商Greene King plc，包括承擔Greene King 19億英鎊的債務，總投資合共約46億英鎊。

2020年　5月27日，利豐完成私有化，正式退市。

7月27日，會德豐完成私有化，正式退市。

東亞銀行在"全球銀行品牌價值500強排行榜"中排名第195位。